国家社科基金西部项目（编号：08XTQ003）最终研究成果

西南地区图书馆服务体系理论研究

程结晶　刘雪峰　著

海洋出版社

2014年·北京

图书在版编目（CIP）数据

西南地区图书馆服务体系理论研究/程结晶，刘雪峰著．—北京：海洋出版社，2014.11
ISBN 978－7－5027－9023－3

Ⅰ.①西…　Ⅱ.①程…②刘…　Ⅲ.①图书馆服务－研究－西南地区　Ⅳ.①G259.277

中国版本图书馆 CIP 数据核字（2014）第 293276 号

责任编辑：黄新峰　赵　武
责任印制：赵麟苏
海洋出版社　出版发行

http://www.oceanpress.com.cn
北京市海淀区大慧寺路 8 号　邮编：100081
北京旺都印务有限公司印刷　新华书店发行所经销
2014 年 11 月第 1 版　2014 年 11 月北京第 1 次印刷
开本：787mm×1092mm　1/16　印张：32.5
字数：810 千字　定价：88.00 元
发行部：62132549　邮购部：68038093　总编室：62114335

序　言

图书馆距今已有几千年的历史，而现代图书馆最多只有几百年历史。现代图书馆首先诞生于欧美发达国家，它的产生适应着三个同时发生而又关联着的现象，即：需要知识普及的城市工业社会的出现；国家承担免费教育、普及教育和强制教育，国家和地方政府承担建立公共图书馆的费用；印刷术高度发展，蒸汽运转的印刷术和木浆制纸的机械方法使生产大量的书籍成为可能。这决定了现代图书馆的巨大数量和规模，使得图书馆具有比以往任何时候更丰富的职能：它既发挥人类“大脑”的作用，是人类记忆的储存，通过文献的收藏保存人类世代相传的文化；又是科学研究的实验室，知识传递、信息交流的中介和公民接受教育的终身大学；也是现代人通过广义“阅读”而获得高尚的休闲娱乐的地方。

欧洲自16世纪以来重视图书馆的发展。19世纪中叶英美国家图书馆法的颁布，为两国普遍地建立与完善图书馆提供了依据，西方各发达国家先后仿效。20世纪，凡寻求现代化道路的国家，无论地域，均重视各类图书馆的设立。由英、美、中等14国发起于1927年创立的国际图书馆协会与机构联合会（简称国际图联，International Federation of Library Associations and Institutions），是当今世界图书馆界最具权威、最有影响的非政府的专业性国际组织。据2013年召开的第79届年会统计，全世界有150多个国家各种类型图书馆的5000多名代表参会，这足以证明信息社会图书馆的影响力是“未来图书馆：无限可能”。西方发达国家以英美图书馆服务最有代表性。1999年至今美国投入图书馆的经费为每年人均超过21.99美元，每年人均上图书馆借阅超过7次。英国平均每3万~4万人拥有一所图书馆。其他发达国家如法国、德国、澳大利亚等，皆与此相若。即使亚洲强国日本也不例外，数万人即分享一所图书馆。韩国人口、地域和经济皆稍弱于以上各国，人口总数为48 289 037人（2013年），国土面积99 392平方千米，2013年韩国国内生产总值初值13 043亿美元，人均25 973美元，韩国的公共图书馆有487所，约近10万人拥有一所图书馆；但韩国各种类型图书馆的总数是1万余所，如果以各类图书馆计则平均每4 000~5 000人即拥有一所图书馆。[①] 显然，图书馆的发展是一个国家经济快速发展支撑的精神骨干和信息主流之一。

伴随着封建帝制被推翻，中国结束了2 000多年的封建统治，但取而代之的并不是一个成熟的现代化的统一的政权，中国仍然面临半封建半殖民地的局面。在这种条件下，西南地区图书馆和全国各地图书馆一样，虽然经历了开始创办和普遍设立的阶段，但在动荡不安、四分五裂的政局和外敌入侵的干扰下，难以获得正常发展的经济支撑和其他条件，在机构设置和公共服务方面也都是极不成熟和受时局影响很大的。

历史地看问题，有很多因素制约和影响着西南地区图书馆的发展，最重要的因素是社

---

① 以上数据来自2014年百度新闻网。搜索时间是2014年5月20日。

会的经济基础（包括社会生产力和经济发展水平），以及与之相适应的上层建筑（包括政治体制、文明程度和人们对文化生活的需求）。过去几千年，中国传统的农耕社会尽管造就过封建王朝的鼎盛时期和文明的辉煌，但总而言之，社会生产力低下，生产总值和社会人均产值低下。19 世纪，中国经过 40 年代的鸦片战争和 90 年代的甲午战争，均以东西方帝国主义的胜利和己方的失败而告终。因此，从 19 世纪末开始的对中国现代化的探索，乃至 1911 年辛亥革命后发生的长达数十年的革命，一直是中国寻求通往工业化和现代化道路的过程。一个漫长的时期是铺垫道路的时期，发生于 20 世纪 70 年代末以后的改革开放，是在此基础上的加速发展，中国从农业社会向工业社会和后工业社会过渡，迄今已取得转型的初步成效。21 世纪初，中国基本达到小康社会水平，预计将于 2020 年全面实现小康社会（人均国内生产总值 2 000 ~ 3 000 美元），于 2050 年达到中等发达国家水平（人均国内生产总值 4 000 ~ 5 000 美元以上）。

中国的社会转型首先在沿海地区、省会城市和大中城市实现，这些范围的图书馆相对发展较好。不仅如此，沿海地区和经济发达地区甚至基本达到县县有图书馆，并且图书馆服务质量有较好的体现。在此基础上，社区图书馆和乡镇图书馆作为最基层、为群众服务最直接的基层图书馆异军突起，走势良好。仅以深圳为例，除 2006 年完成耗资 10 多亿人民币建成的市图书馆，全市 700 多万人口（外来人口占 500 多万），共建有各类基层图书馆 500 余所，每个市民出门差不多 10 分钟就可到达其中的一所，几乎达到发达国家水准。

西南地区包括“大西南”和“小西南”地区。大西南地区包括西藏自治区、广西壮族自治区、云南省、贵州省、四川省、重庆市这六个省（直辖市、自治区）级区域，小西南地区是指广西壮族自治区、云南省、贵州省、四川省、重庆市五个省（直辖市、自治区）级区域，本课题将广西壮族自治区、云南省、贵州省、四川省、重庆直辖市这五个省级区域简称为“西南地区”。西南地区和其他西部省区一样，大大地落后于沿海地区和经济发达地区。虽然西南地区各个区域内地级市以上的图书馆建设（无论在数量、经费还是服务质量方面）已经比 10 年前上了一个台阶，但尚未达到县县有图书馆。据有关资料统计显示，在贵州省、四川省、重庆市、云南省、广西壮族自治区各个区域内的各个县区到 2013 年 12 月为止还有约 20% 的县区尚未设立公共图书馆，更谈不上社区和乡镇图书馆的全面覆盖和均衡发展。图书馆的服务质量，由于受到西南地区图书馆覆盖人口过少概率的限制，普遍难以和发达地区比拟。

但是，由于西南地区的社会转型和东部地区一样势在必行，最终需要和国际接轨走信息化的道路，西南地区各类图书馆应该比照东部地区图书馆的发展和中等以上发达国家图书馆的发展，来确立西南地区图书馆的战略目标，制订适合西南地区各个省、自治区、直辖市实际情况的西南地区图书馆发展战略。

信息时代的西南地区图书馆与一两个世纪前西方国家图书馆的发展有相似之处，但又和西方现代城乡工业、信息社会条件下发展起来的图书馆不完全一样。信息时代的西南地区图书馆跟西方在寻求工业化道路时期一样受制于经济社会转型的影响，同时还受到信息化技术、数字化技术、多媒体技术和网络技术等新技术的影响。

迄今为止，人类几千年历史经历了三次信息传播革命。第一次信息传播革命文字的产生，奠定了古代藏书楼或图书馆雏形的基础；印刷术的发明（西方机械活字印刷术）是第二次信息传播革命，奠定了西方现代图书馆的基础；电脑和网络技术则形成第三次信息传播革命，直接对现代图书馆的形态产生强烈而巨大的影响作用。如果说发达国家已处在完善的社会形态，现代图书馆体系受第三次信息传播革命新技术的影响，从容地进入后现代阶段，发展中的中国图书馆则既可能受其影响形成跨越式发展，又可能因其地方经济发展尚不够成熟，社会转型尚在进行之中，信息时代图书馆的传统机制本身尚不健全，而处于传统发展和新技术选择两难的境地。而其中西南地区图书馆是一个服务数量很大、服务人群很多的服务机构，于此尤甚。

信息社会和技术两种转型毫无疑问也对西南地区图书馆产生强烈的影响作用。西南地区图书馆在改革开放的30多年中，发展迅速。例如：四川省的图书馆从改革以前的30余所发展到2012年12月为止的188所公共图书馆和1所少儿图书馆[①]。最近10多年中，西南地区图书馆尤其在藏书建设、图书馆服务和信息技术服务方面取得较大进步。但是，西南地区图书馆的数量远远落后于西南地区广大用户的需求，到目前为止，在西南地区各个区域内，如成都市、重庆市、贵阳市、昆明市、南宁市等省级、地市级城市内大约20万~60万人拥有一所公共图书馆，而且70%以上的西南地区图书馆藏书不足，馆舍不足，服务质量滞后，现代图书馆机制没有形成。发展可谓方兴未艾，任重而道远。首先要按照现代传统图书馆的服务要求，力争在近几年内西南地区县县建立图书馆，确保建立的图书馆保质保量运行，提供有效的服务；其次，不断设立社区乡镇图书馆，扩大西南地区图书馆的数量。按照西南地区农业人口多，占西南地区总人口数的75%以上，传统阅读在较长一个时期仍然是主流阅读方式，完善现代图书馆的传统功能，应是正确的选择。西南地区各个省级和地市级（包括省、区、直辖市、地市州）的图书馆不排除积极采纳新技术普遍应用于图书馆服务，充分运用国家图书馆、省图书馆、高校科研机构图书馆、企事业单位图书馆和其他可供利用的西南地区文献信息资源，以“虚拟馆藏”补充基层图书馆藏量不足，以解西南地区基层图书馆购书费短缺、无书可读之虞。目前，西南地区各个省级、地市级（包括省、区、直辖市、地市州）图书馆将数字图书馆和文化信息资源共享工程合建的做法，已经初见成效，对西南地区地市州和各个县级图书馆服务既有帮助，又指导各个地市州和各个市县级、基层图书馆在新技术和传统业务交替中避免了盲目运作的现象发生。

西南地区图书馆的建设与发展是西南地区各级政府认真贯彻落实中共中央提出的“科学发展观”实施的体现所在，是数字时代信息社会、人文精神和民主制度在西南地区成功实现的产物。[②] 诚然，西南地区图书馆的发展所经过的路程是：①西南地区各类图书馆的诞生伴随着需要普及知识的城乡一体化信息社会的产生（知识是建设城乡一体化信息社会的基础）；②西南地区各类图书馆的发展也是由于我国城乡一体化信息社会经济形态下的国家和地方政府，能够承担建设和经营图书馆的费用；③自西方文艺复兴之后兴起的人文

① 数据来源于《中国文化文物统计年鉴》，北京：国家图书馆出版社，2013年第74-82页

② 李忠昊，王嘉陵，陈雪樵，谢青，程歌．四川省西南地区图书馆发展战略研究——四川省西南地区图书馆现状分析与发展战略［J］．四川图书馆学报，2007（1）：2-7

主义，要求对人的关怀，“同情地专心致志地研究人类”。因此，西南地区图书馆服务体系的建设与发展是实施城乡一体化信息社会、全面实现人文关怀的机制之一；④党中央国务院制定“国家中长期发展规划”和实施的“科学发展观”要求广大公民平等获取知识的权利；⑤我国城乡一体化信息社会的不断进步，促进西南地区图书馆的发展。

时至今日，西南地区各类图书馆历经100多年的世纪沧桑，虽然成就和问题并存，困难和机遇并重，但从无到有，从小到大，从数量少规模小积聚到一定数量和规模，形成一个以社会教育为宗旨的服务群体；从不成熟到趋于成熟，逐渐稳步发展起来。宏观地看，西南地区图书馆建设需要顺应潮流，把握机遇，克服困难，争取更上一层楼。

总而言之，过去一个多世纪，中国人民通过艰辛的探索和长期革命历程搭建了通往现代化的道路；现代图书馆伴随着社会变革产生和发展，而现代公共图书馆则是现代图书馆的主要骨干，是现代图书馆数量最大、提供知识服务和社会教育服务最广泛的一支。本课题是为了适应西南地区全面建成小康社会和加速现代化建设的需求，为建设与开发西南地区公共文化服务体系，促进西南地区图书馆事业的全面发展，希望通过西南地区图书馆服务体系的现状和发展的研究，探索正确的西南地区图书馆服务体系发展对策和策略，让西南地区图书馆服务适应数字社会的发展，为跟上数字社会的进步提供参考。由于图书馆是社会发展到一定历史时期的产物，其成长过程受到社会物质文明和精神文明形态的深刻影响，在对西南地区图书馆服务体系作出详尽的科学分析的时候，毫无疑问既涉及它自身发展的规律，又涉及它产生和发展的历史，以及它赖以生存和发展的经济基础和其他社会条件。本研究通过历史的回顾来加深对西南地区图书馆服务体系的认识。

程结晶

2014年5月18日

前　言

2000年2月25日江泽民同志在广东省考察工作时，首次对“三个代表”重要思想进行了比较全面的阐述，其中一点就是代表中国先进文化的前进方向。

2007年6月胡锦涛同志在中央政治局会议上指出要切实保障人民群众看电视、听广播、读书看报、进行公共文化鉴赏、参加大众文化活动等基本文化权益，是全面实施党和国家发展战略的需要。2007年10月15日，胡锦涛同志在中国共产党第十七次全国代表大会上做了题为《高举中国特色社会主义伟大旗帜——为夺取全面建设小康社会新胜利而奋斗》的报告中指出，“当今时代，文化越来越成为民族凝聚力和创造力的重要源泉、越来越成为综合国力竞争的重要因素，丰富精神文化生活越来越成为我国人民的热切愿望。要坚持社会主义先进文化前进方向，兴起社会主义文化建设新高潮，激发全民族文化创造活力，提高国家文化软实力，使人民基本文化权益得到更好保障，使社会文化生活更加丰富多彩，使人民精神风貌更加昂扬向上。”[①] 在2012年党的“十八大”报告中将文化建设作为国家发展的战略任务、在国家“十二五”规划中将公共图书馆建设作为文化体制建设的核心任务。这些新论断、新要求的提出，充分表明党中央在新的历史起点上，从全局和战略的高度，把文化建设摆上了空前重要的位置，显示了中国在世界文化多样性发展的进程中，不断增强中华文化的生命力、创造力和影响力的决心和信心，在当今经济全球化背景下，要勇于和善于吸收一切优秀的外来文化，为建设中国特色社会主义新文化服务展现了开放心态和博大胸怀。可以预见，随着我国经济的不断发展，人们生活水平和生活质量的不断提高，文化的重要地位和作用将会更加突出。

文化是一个国家、民族精神和智慧的长期积淀和凝聚。先进文化是一个社会的文化核心，它代表着一定社会的文化发展方向，是推动社会持久发展的精神动力。[②] 而图书馆是国家文化发展和建设的重要组成部分，是人类共同创造的精神财富的集散地，肩负着提高全民族的思想道德素质和科学文化素质，为推动经济发展和社会全面进步提供强人的精神动力和智力支持的艰巨任务。[②]纵观古今中外，无论哪个朝代、哪个国家，凡是在文明强盛时期，其图书馆必然也十分兴旺繁荣，因为发达的图书馆在国家文明强盛建设中的作用非常重要，贡献十分巨大。[③] 如当代最发达强盛的资本主义国家美国，图书馆也是世界上最发达的国家，美国最大城市纽约公共图书馆的规模也堪称全美第一，拥有公共图书馆总数300多个；英国是世界上第一个以制度来保证图书馆发展的国家，首都伦敦的公共图书馆规模在世界大城市中名列第一，上至国家图书馆，中间有市级图书馆，下至社区图书馆，

---

① http：//cpc. people. com. cn/GB/64093/67507/6429849. html［2013－12－30］

② 喻文清，向荣，王玉静．关于图书馆与先进文化的思考［J］．中国西部科技，2004（11）：82－83

③ 舒悦琴．论图书馆事业在建设文化大区中的地位与作用［J］．内蒙古科技与经济，2005（23）：127－128

400 多个公共图书馆遍及城市的各个角落；在土地资源十分紧张的日本东京也拥有 160 多个公共图书馆；欧洲发达国家更是在图书馆发展上久负盛名。这充分体现了发展图书馆与先进文化的发展是一致的，密不可分的。显然，西南地区图书馆工作是我国乃至整个图书馆事业的重要组成部分，是公共文化服务体系建设中的核心任务，因此，深入研究与建设西南地区图书馆，科学把握西南地区图书馆服务体系建设，对推动我国乃至整个图书馆事业整体性发展在和谐社会文化建设中的地位和作用无疑具有十分重要的意义。

本研究在写作过程中坚持理论与实际相结合，继承与发展相结合的原则。采用调查、分析、比较、理论归纳等方法开展研究。力求按照区域图书馆发展研究、现状调研、定位研究、服务体系构成研究、服务体系创新研究、服务体系发展研究、公共文化服务中的作用研究的思路进行论述。

第一，区域图书馆发展研究。课题组深入分析并借鉴国外发达国家和地区区域图书馆联盟建设研究的实践与理论经验，结合我国发达地区区域图书馆联盟和西南五省（市）区域图书馆联盟建设现状的基础上，遵循继承与发展相结合的原则，以区域图书馆服务理论为基础，对西南地区各民族特色图书馆服务体系建设的现状进行调查与分析，界定富有少数民族特色的西南地区图书馆服务联盟的内容体系，形成一个具有开放性的西南地区图书馆服务体系理论创新的组织结构、基本模型、系统框架、建设流程框架、资源管理框架、服务品牌、预警机制。

第二，现状调查分析与定位研究。课题组在对西南五省（市）各个民族、各地区图书馆服务体系现状进行深入调查和数据分析的基础上，结合案例贵州省图书馆环比发展速度与全国图书馆环比发展速度的比较、重庆市与上海市相关指标进行比较，整合各图书馆长远发展的核心要素，从整体角度探讨其发展速度与发展水平，提出构建西南地区图书馆服务体系资源有效融合的创新模型、组织管理创新、资源管理创新、保障机制和联盟协同服务体系的观点，并提出构建西南地区图书馆联盟协同管理模式框架，为科学地解决信息时代西南地区图书馆各类图书馆联盟协同（其中包括各民族图书馆）服务的组织管理体系、资源体系、保障体系的要素配置、组织、协调、聚集、传播、开发和共享等方式方法与机制建设等问题提供参考，为西南地区图书馆服务体系的建设建立了新的理论基础和指导思路。

第三，服务体系构成研究。本成果力图寻求推进我国图书馆建设及西南区域图书馆建设的发展模式。与国外相比，国内起步较晚，认真剖析国外走过的历程，结合国内发达地区与西南地区图书馆联盟建设的现状，整合西南地区少数民族特色的图书馆信息资源与结构，探讨适合我国国情的西南地区区域性图书馆服务体系整合建设的一般模型与构建机理，描绘出未来西南地区图书馆信息资源服务创新与虚拟咨询服务创新的整体走势，无疑对推进我国欠发达地区图书馆服务体系建设大有裨益。

第四，服务体系发展与创新研究。在现代公共文化服务体系理论的指导下，在西南地区各省（市）区域图书馆联盟建设的基础上，构建新的区域图书馆文化，优化西南地区图书馆资源的地域、空间、等级、规模、结构，优化各个图书馆服务系统，探索新的西南地区图书馆服务体系结构模式与措施，从而建立起符合西南地区社会经济发展大背景的西南地区图书馆连锁空间服务体系、虚拟咨询服务平台。

西南地区图书馆服务体系创新之一是民族特色数字化资源服务。图书馆传统资源建设是通过各自馆内实际资源的储存来实现的。在资源数字化、网络化的环境下，西南地区图书馆实现了从以实体资源建设服务为主到以建设数字信息资源服务体系为主和以建设虚拟资源服务体系为主的转变。着重研究组建具有西南地区民族特色的数字资源库，整合西南民族图书馆丰富的特色馆藏资源，引进广大用户急需的数字化信息资源，为各类图书馆提供联合的文献保障、信息支持等方面的具体措施以实现资源共享，提高区域信息资源的投资效益。

第五，公共文化服务中的作用研究。西南地区图书馆是推进公共文化服务体系创新的重要任务。信息资源服务是图书馆服务工作的核心内容。该研究分析西南地区各种类型的地方文献和不同载体的信息资源、公共性数字化信息需求与民族特色数据库的建设，直观地向西南地区各类图书馆用户提供特色服务，来反映西南地区政治、经济、文化、教育等各个方面的发展现状，揭示本地区的历史发展、地理沿革、风俗、物产、宗教、人物等内容。研究西南地区图书馆和谐服务、联动发展的战略决策，以技术研发为突破口，以各级政府政策和标准规范为保障，以实现实体和虚拟资源的整合利用为核心，建立西南地区若干总分馆体系、延伸体系（包括乡村、街道、社区、农家书屋、文化站点等体系）、流动体系、联盟联合体系、互动体系、共享体系、移动体系、自助体系及虚拟咨询服务平台，积极利用现代科技手段，为优秀传统资源的采集与筛选、组织与序化、集成与整合、传承与保护构建起有效的民族特色服务体系。

总之，该成果立足于图书馆可持续发展的理念，发挥西南地区图书馆民族文化服务体系在国家文化产业中的重要地位和作用，以及在新形势下西南地区图书馆服务体系对和谐社会文化大发展、大繁荣中的作用及其实现途径。从文化服务的角度，探讨西南地区图书馆多元文化的民族性、多维性与复合化、图书馆物质文化的数字化与网络化、图书馆精神文化的互补性与融合化、图书馆制度文化的开放性与一体化、图书馆活动文化的广泛性与时效性等特征；从调查统计、文献分析、模型建立、比较研究等多个角度对西南地区图书馆服务体系进行全面深入的探索；从用户需求、区域信息化发展角度，运用区域地理学、区域经济学、社会学、文化学、系统论及计算机等多学科的原理相结合，以图书馆服务与管理为基点构筑起来的西南地区图书馆服务体系理论本身就是理论上的创新。这一体系突破传统西南地区图书馆服务以“借书还书”为中心的基本思路和服务模式，既不脱离西南地区图书馆服务工作，又扩大了该区域各类图书馆服务的范畴，有利于西南地区图书馆服务体系理论的创新与实践的发展。

限于作者的专业视野和学术水平有限，研究中出现的问题还很多，遗漏和错误之处在所难免，请各位专家、学者、读者们批评指正。

程结晶

2014 年 5 月 18 日

目　　录

第一部分　基础理论篇

第二部分　现状分析篇

第三部分　组织管理篇

第五部分　服务创新篇

第一部分　基础理论篇

第一章　区域图书馆服务概述

中共第十七届中央委员会第六次会议指出，要“深化文化体制改革，增强文化发展活力，繁荣发展文化事业和文化产业，满足人民群众不断增长的精神文化需求，基本建成公共文化服务体系”。这是继续延伸了十六大以来，党和国家对公共文化服务体系建设的关注和重视。2011 年 9 月 26 日中共中央政治局会议认为，坚持中国特色社会主义文化发展道路，深化文化体制改革，推动社会主义文化大发展大繁荣，必须坚持社会主义先进文化前进方向，以科学发展为主题，以建设社会主义核心价值体系为根本任务，以满足人民精神文化需求为出发点和落脚点，以改革创新为动力，发展面向现代化、面向世界、面向未来的，民族的科学的大众的社会主义文化，培养高度的文化自觉和文化自信，提高全民族文明素质，增强国家文化软实力，弘扬中华文化，努力建设社会主义文化强国。[①] 而图书馆是公共文化服务体系的重要组成部分，是建设和谐社会的重要阵地和知识资源。它不仅仅是一个文化机构，还体现着一种公共生活的理念：任何一个公民，都有权利接触他所需要的信息。不仅是文化人需要图书馆，任何人都有权利走进图书馆。这是一个文明社会的基本特征，也是构建公共文化服务体系中不可忽略的重要环节。

因此，图书馆服务与发展和创新是公共文化服务体系中的服务载体，图书馆正日益面临着文化传播载体和传播方式的变革所带来的挑战和冲击。在文化传播载体数字化和传播方式多元化的影响下，图书馆的传统服务正在被电视、广播、网络所替代，传统的文献收藏与服务方式已越来越不适应网络环境下读者对文献信息的需求，面临着日益严峻的竞争局面。图书馆除了在硬件上要有所提高外，更重要的是图书馆服务的创新。作为图书馆来说，服务的更新与创建不仅是自身发展的需要，同时也是应对网络环境下各种信息中心挑战的竞争需要。从这一点说，图书馆服务的更新同样也是一种改革，而真正的改革必须是有破有立。没有立的改革只能停留在旧有的秩序与格局上故步自封。不断陷入夹缝中求生存的图书馆如想重新恢复社会文献信息中心的龙头老大地位，必须迅速摆脱各种陈腐观念的束缚，没有创新就不可能有改革。只有图书馆创新服务才有可能重建图书馆的社会地位与社会形象。

第一节　图书馆服务概述

人类社会已经进入了信息时代，信息已经成为人类进步不可缺少的因素。提供文献信息服务为宗旨的图书馆服务，显得尤其重要。图书馆服务是图书馆工作的出发点和最终目

---

① 新闻中心．中共十八大会议、十七届六中全会闭幕：深入推进文化体制改革［EB/OL］．［2014－04－20］．http：//www. cpcss. org

的，图书馆服务的理念和方法直接体现了图书馆的性质与使命。

一、图书馆服务的概念

维基百科认为：服务在字义上来说是履行某一项任务或是任职某种业务，在中文地区以及法国等，也将它当作为了公众做事，替他人劳动的含义。其他一般西洋地区的这句话是个用语，涵盖所有在买卖过程后不会有物品留下，提供其效用来满足客户的这类无形产业。[①] 这也就是英国经济学家（Colin Grant Clark）所提到“菲迪－克拉克法则”中所谓的“第三产业”。

服务是被服务的人和提供服务的人在一定的技术、资金、设备等的基础上互动，以合作创造价值并获取价值的情形，它能给带来新利润，同时也能够使在服务行业工作的人获得新技能。[②] 近几年的相关统计数据显示，以 OECD 为代表的发达国家服务业者比例均在 60% 以上，而美国和日本则超过 70%；而呈现强劲发展势头的金砖四国（中国、印度、俄罗斯和巴西），服务业从业人数也已远远超过了工业行业。从全球范围来看，40% 的劳动力人口受雇于服务行业，而农业为 38.7%，工业为 21.3%。可以看出，随着社会经济总量的不断扩大，服务业已经成为超越第一产业和第二产业的庞大产业群。

图书馆服务是指在图书馆工作中有着特定的内涵和外延，它反映了人们对图书馆服务本质属性的认识，这也就是通常所说的图书馆读者服务。图书馆服务的形式有外借服务、阅览服务、视听服务和复制服务、参考咨询服务、文献检索服务、导读服务等等。图书馆的发展中，经历了从封闭到开放，从借阅服务到参考服务，从坐等服务到主动推荐服务，从信息服务到知识服务，从无偿服务到有偿服务，从按时服务到即时服务，从在馆服务到多馆服务、馆外服务，从在线服务到全球服务的漫长过程。

服务理念是图书馆服务工作的基本方针，是图书馆整体工作理念的主要组成部分，是图书馆用户服务原则、服务态度、服务方式的集中体现。它长期指导着图书馆服务工作的实践，反映了图书馆服务的客观发展规律。

图书馆服务具有与政府公共行政服务相同的“公共”属性。然而，图书馆服务确实又与政府的公共行政服务有所差别。图书馆与现代服务业中的企业一样都以相同的行为方式提供某一种类的服务，同时都不具备“统治”、“管理”、“治理”乃至“协调”的权力。单从这个意义看，图书馆其实就是一个典型的服务“提供商”。长期以来，正是图书馆服务的双重属性定位影响了图书馆的功能和发展。在构建图书馆服务理论时也不得不费尽思量去双面处理一个产业服务和一个公共服务之间的特质关系。还好，随着服务在人类经济和社会政治生活中的重要性愈加突出，20 世纪末以来西方学者分别在上述方向上创造了两大服务理论：一个是植根于服务产业的服务指导性理论——服务管理和服务营销；一个为探讨政府行政服务及行政管理本质的“新公共服务理论”。服务管理、服务营销以及新公共服务理论，是迄今为止人们对服务这个特殊的社会活动进行理论探究所取得的最具理论意义的代表性成果。学者张明霞发表在昆明大学学报 2007 年第 3 期上的《我国图书馆

---

① 魏建良，朱庆华．服务科学理论研究及其面临的挑战［J］．外国经济与管理，2008，30（6）：15－21

② 王培林．服务科学研究与分析［J］．图书馆杂志，2008，27（3）：2－7

服务理论的当代缺失与重构》一文中认为“服务管理和服务营销、新公共服务理论”这两大理论体系在构建图书馆服务理论、如何处理好图书馆服务双重属性的研究中最具实在的借鉴意义。

从20世纪以来，图书馆服务的理念就在不断地演变中，在传统的图书馆读者服务理念中，“一切为了读者”、“读者至上、服务第一”、“公益服务、平等服务、知识服务、服务营销”以及“读者第一”等口号，进一步形成了现代图书馆服务观念。图书馆服务不同于图书馆读者服务，图书馆读者服务工作的研究代替不了图书馆服务的研究。正如彭斐章教授在《数字时代的图书馆学研究》一书中的表述：“图书馆学是强调服务的科学，服务观念应成为图书馆学的主要因素，离开了服务，图书馆事业就失去了存在的价值；离开了服务，图书馆学研究也就偏离了方向。”现代图书馆服务具有几个共同的结构因素：一是图书馆的服务对象——以读者为主体的社会各种组织和个人组成了图书馆服务的用户。二是图书馆服务资源，它是图书馆开展服务的基础条件，包括文献信息资源、人力资源、设施资源以及其他一切可以为社会和个人所利用的资源。三是图书馆服务对象是以文献信息为主，包括其他各种形式的服务需求。四是为满足社会和用户需要的各种服务手段和方式，是服务实现的前提和条件。

二、图书馆服务的原则

（一）客观性原则

用户接受服务，利用图书馆文献信息资源是用来指导客观实践活动的，它要求图书馆提供的文献信息资源要保持“原创性”，所以，图书馆服务要立足文献信息资源的本义，保持提供的深层加工的文献信息资源与原文献信息资源在本质上一致，坚持实事求是的客观性原则。客观性原则能充分体现文献信息资源服务的“客观性”，它要求图书馆提供服务的产品——文献信息资源所包含的内容要与加工、整合前的原本文献信息资源的内容在本质上相吻合，也就是文献信息资源服务中提供给用户的文献信息资源及文献信息资源产品必须反映客观事物的本质属性。尽可能客观、全面地揭示文献信息资源的各个知识点和有价值的知识单元，客观地反映文献信息资源的原貌，不做人为的添加或拔高，避免原本文献信息资源在内容上走样。只有这样，才能形成高质量的二、三次文献信息资源产品，才能真正满足用户的文献信息资源需求。①

（二）持续性原则

图书馆服务是一个系统工程，是整个信息资源服务系统中的子系统，不是一蹴而就完成的，它需要很漫长的过程，因此，要坚持持续性原则。知识经济的不断发展，图书馆文献信息资源环境的不断变化，文献信息资源技术的不断完善，用户对图书馆文献信息资源需求的不断增长，图书馆事业发展的需要等多方面原因促使图书馆文献信息资源服务也要跟上时代步伐，不断推陈出新，要可持续性地的发展。持续性原则还表现为图书馆服务要将过去、现在和未来相结合，将局部和全局相结合，将当前和长远相结合。只有持续性地

① 王培林．服务科学研究与分析［J］．图书馆杂志，2008（3）：2－7

开拓各项服务内容和模式，才能赢得用户的信任，才能赢得良好的社会效益，才能在激烈的服务市场中站稳脚跟。

（三）协调性原则

现代图书馆的文献信息资源服务与传统图书馆的文献资源服务在文献资源形式、文献信息资源服务形式和服务对象等几个方面都发生了根本性的变化，比原来服务环境更加复杂，图书馆内的任何一个要素都是不可缺少的，所以，图书馆各个要素是相辅相成的、共同发展的，要全面性地考虑各个方面，不能顾此失彼，要充分协调好各个环节和要素的关系，发挥图书馆功能的优势。协调性原则还体现在为积极发展图书馆网络文献信息资源服务时，要兼顾传统文献信息资源服务的拓展，使二者协同发展。

（四）适用性原则

图书馆服务的目的是为用户提供更贴切、更满意的信息资源，是以用户的需求为出发点的，因此，必须符合用户的要求，适合用户解决问题，讲究适用性。倘若图书馆服务与用户解决问题的关系不大，那么其类型再多，内容再新颖，也是毫无意义和价值的。所以，应根据用户的知识结构、认识规律、思维能力、使用习惯等来创新服务，一切围绕解决用户的实际问题来开展，只有这样，图书馆服务内容才能赢得用户，才能赢得市场。

（五）特色性原则

特色化、个性化服务是图书馆文献信息资源服务的发展重点和趋向。在庞大的文献信息资源中，用户的文献信息资源需求更加趋向特色化和个性化，因此，图书馆服务要有针对性和特色性。没有特色就难以生存和发展，特色也就意味着在图书馆服务过程中要有所选择。它要求图书馆在文献信息资源内容的加工和处理上，要尽可能地贴近和适应个性化用户的知识结构、智力储备和利用文献信息资源的环境，针对用户要解决的问题，提供准确答案。特色性原则还体现在提供与其他文献信息资源服务机构有区别的文献信息资源服务，独树一帜，利用特色服务来吸引更多的潜在用户，树立品牌服务形象。

（六）效益性原则

图书馆服务的效益体现为广泛的社会效益和一定的经济效益。图书馆服务是一项公益性事业，因此，以社会效益为主，并通过自身服务能力来体现。服务就是要提高图书馆文献信息资源的使用能力，提高社会效益，但由于技术的改善，数字化资源的购进，参考咨询服务系统的建立、网络资源的维护和更新等都需要一定的经费来维持。而目前大多数图书馆还是靠上级拨款，资金有限，所以，在服务过程中要考虑成本问题，力争低成本高收益，在成本和效益之间寻找平衡点，使图书馆文献信息资源不仅适用，而更实用。

图书馆服务是一个综合化概念，它贯穿于文献信息资源服务的整个过程，包括服务观念、文献信息资源的建设和开发、文献信息资源产品的研制和加工、文献信息资源服务方法的运用、用户需求的挖掘和满足等各个方面。图书馆建设就是用服务理念来指导工作，为用户提供文献信息资源产品。由此可以看出，图书馆服务既是社会发展、人类知识创造的本质体现，也是维系图书馆文献信息资源服务“生命之树常青”的机制保障。[①]

三、图书馆服务的理论

国内外许多学者认为，图书馆本质上是服务性的机构，因为图书馆的根本宗旨是服务，其理论上的根据就是公共物品（Public goods）理论。图书馆服务作为人类稀缺资源的一种，与公共物品一样，在它们的消费中存在以下特征：使用的非竞争性，读者享受图书馆服务并不排斥或者妨碍其他人享受服务的数量和质量；受益的非排他性，图书馆服务能够满足社会公共需要。正如1998年5月，美国加利福尼亚大学伯克利分校信息管理和系统学院M. K. 巴克兰（Michael. k. Buckland）教授在《重新设计图书馆服务：宣言》中指出的：“图书馆的首要目的是提供服务，即使人们能够从中获得信息。”

图书馆服务需要新理论的指导与应用。长期以来，人们对图书馆服务的理解简单化，对图书馆服务的认识感性化，对图书馆服务的态度实用化，认为图书馆服务没有什么理论，图书馆服务只需要工作实践，有了好的条件、好的思路和方法，就能做好服务。随着社会的变革，图书馆服务理论的延伸和实践，给传统的图书馆服务提出了严峻的挑战，图书馆服务理论成为当前共同关注的热点问题，为此柯平教授从图书馆与社会需求的视觉对现代的图书馆服务提出新的实践理论观点，包括服务新五律论、读者第一论、服务本质论、公益服务论、平等服务论、知识服务论、服务营销论，并对这些问题进行了深入的探讨。柯平教授对这些问题的研究，本课题将借鉴并作为西南地区图书馆服务体系理论研究的支撑理论。

（一）图书馆服务的理论基础——新老五律论

世界杰出的图书馆学家阮冈纳赞1931年提出著名的“五定律”。其主要内容是：书是为了用的；每个读者都有其书；每本书有其读者；节约读者的时间；图书馆是一个生长着的有机体，实际上这五定律主要是关于图书馆服务的阐释。[②] 比如，第一定律“书是为了用的”，改变了传统图书馆以收藏为主要使命的观念，确立了以利用为根本的服务宗旨。第二定律“每个读者有其书”，是要求图书馆为每一个读者提供图书，强调服务对象。第三定律“每本书有其读者”，要求图书馆的藏书发挥作用，强调服务的针对性。第二、三定律从根本上确立了图书馆服务从书本位到人本位的基本思想认识，用“为人找书”和“为书找人”这两个短语十分简练地概括了这两个定律。第四定律“节约读者的时间”，强调图书馆服务的效率和效益，图书馆服务的直接作用就是节约读者的时间。第五定律“图书馆是一个生长着的有机体”，概括了图书馆的发展观，馆藏在增长，需求也在变化，因而图书馆服务也需要不断发展。可见，从这五条对图书馆服务的强调，说明图书馆最主要的任务是服务。五定律既是图书馆服务的基本原理，也是图书馆服务的指导原则。[③] 阮冈纳赞的五定律对现代有没有价值呢？为此，到20世纪90年代，美国著名的图书馆学专

① 刘巧英．信息生命周期管理对图书馆信息服务的启示［J］．图书馆学研究，2006（8）：23－26

② 赵石萍，荆延德．从图书馆的服务性看图书馆公益性与效益性之争［J］．科技情报开发与经济，2008（20）：22－24

③ 柯平．图书馆服务理论探讨［J］．大学图书馆学报，2006（1）：38－44

家克劳福特（Wakt Crawford）和戈曼（Michael Gorman）先生在其合著的《未来的图书馆：梦想、狂热与现实》一书中，在阮氏五定律的基础上，又提出了图书馆事业的五条新法则。将它称之为“新五律”，其主要内容是：图书馆服务于人类文化素质；重视各种知识的传播方式：明智地采用科学技术提高服务质量；确保知识的自由存取；尊重过去，开创未来。新老五定律都指明了图书馆存在的价值在于为社会所提供的文献资源服务，在于以最少的时间，最快的速度，为最多的用户找到最多的文献信息资源。两者都指明了图书馆服务的根本方向，将“用户第一，服务至上”的服务精神和服务理念作为图书馆人不懈的精神追求。

从老五律到新五律的提出有80多年的间隔，在此期间，图书馆工作的技术条件、面临的外部环境以及内部机制都经历了前所未有的变化，但从新老五律可看出，无论图书馆如何发展，发展形态如何改变，唯一不变的是图书馆的服务宗旨。当然，面对当今文献资源信息化、数字化和网络化快速发展的服务环境，要求图书馆服务要从服务模式、服务对象、服务内容、服务重点、服务手段等多方面进行变革和创新，而这些在新老五律中的前四律都不同程度地进行了阐释和指明，对图书馆如何服务都有很好的现实指导意义。从某种程度上说，新五律是老五律的继承和发展，印证和补充，同时两者也都是图书馆服务的理论基础，它们指明了图书馆服务的方式方法，阐明了图书馆服务的目标。新老五律中的第五律，“图书馆是一个发展着的有机体”，“尊重过去，开创未来”，指明图书馆是不断发展的，通过不断地创新进行自我演进，同时在创新中公正地、理智地将过去与未来相融合，尤其是在目前的图书馆转型期，不仅要调整和变革图书馆服务的功能和意义，还要以传统服务为基础，并继承和发展之，只有这样，才能“尊重过去”，才能更好地“开创未来”，才能赋予图书馆新的生命力，使图书馆真正成为一个不断发展的有机体。①

在我国，图书馆学家黄俊贵认为“应该说，阮氏五定律的1~4定律对当今网络条件下的图书馆仍然适用，特别是对于反对知识、信息垄断，提倡知识、信息平等，解决知识、信息贫困具有积极意义”。但他又说：“阮氏五定律的价值在于体现了‘以读者为中心’的永恒真理，其缺陷也在于仅有‘以读者为中心’。”②

柯平认为，虽然时代环境发生了变化，但是五定律在今天仍然是实用的，比如今天的图书发生了变化，但是仍然是服务，只不过服务的内容不再仅仅是图书了，而是各类型文献资源；今天的读者发生了变化，图书馆的做法也发生了变化，但读者服务这一根本任务没有改变。在20世纪90年代，学者戈曼提出新的图书馆事业五定律。与阮冈纳赞的五定律相比，戈曼的新五律更适用于今天这个信息环境，而且是明确地高举图书馆服务大旗，突出了图书馆服务在图书馆事业中的主体地位。

专门从图书馆服务的角度论述“定律”，我国过去一直强调图书馆的服务原则：主动服务、充分服务、区分服务和科学服务。③ 张树华等的《图书馆读者工作教程》（北京大学出版社，1986年）将读者工作的原则归纳为：满足读者的需求，充分发挥藏书效益，

---

①刘巧英．信息生命周期管理对图书馆信息服务的启示［J］．图书馆学研究，2006（8）：23－26

② 黄俊贵．图书馆原理论略——从阮冈纳赞五定律及戈曼新五定律说起［J］．中国图书馆学报，2001（2）：5－10

③ 张树华，赵世良，张涵．图书馆读者工作教程［J］．北京：北京大学出版社，1986：16

区别服务。指出"'满足读者的需求'是读者工作的基本原则","充分发挥藏书效益"是贯彻第一项原则的重要措施,只有充分利用文献、发挥文献的作用,才能达到"满足读者需求"的目的,而"区别服务"是实现第一、第二项原则的重要保证,只有有区别地服务,才能提高服务质量,真正发挥藏书的作用。

2003年,蒋永福、付军提出图书馆服务应遵循五大原则:开放原则、方便原则、平等原则、创新原则和满意原则。柯平将阮氏五定律和戈氏新五律中关于图书馆服务的精神提炼,结合现代图书馆服务的发展要求,提出建立图书馆服务的新五定律:第一定律"全心全意为每一个读者或用户服务";第二定律"服务是'效率、质量与效用'的统一";第三定律"提高读者或用户的素养";第四定律"努力保障知识与信息的自由存取";第五定律"传承人类文化"。这里的第一条是图书馆服务的基本理念,做好服务,首先要在思想上真心为读者服务,在态度上诚恳为读者服务,尊重读者,为读者之所急所想。第二条是图书馆服务的基本要求,要强调效率,快速地提供文献或信息,节约读者的时间;也要强调质量,准确提供文献或信息;还要强调效用,使读者获得的文献或信息发挥作用,体现经济效益或社会效益。但这三个方面仅仅强调一个方面是不够的,只有它们的统一,才是真正充分而有效的服务。过去讲"广、快、精、准"四个字,形象地说明了做好服务的基本方法。第三条是图书馆服务的重要基础,服务是一种社会教育,读者从服务中提高素养是一种能动的力量,它与服务本身有着相互作用的关系,服务越好,越能提高读者的文化素养特别是信息素养;反过来,读者的文化素养特别是信息素养越高,服务也就越好。第四条是图书馆服务的理想目标,知识与信息的自由存取既不是一句空话,也不是简单的一句话,它包含提高可存取性、可获得性、信息保障率等一系列指标,既要有社会环境、信息技术和知识系统的支持,又要有图书馆服务体系的完善,实现起来有相当的难度。第五条是图书馆服务的深远意义,有了图书馆服务,知识和信息得以传播,知识信息可转化为生产力和财富,劳动者素质得到全面提高,进而促进生产力和社会的进步,从长远来说促进人类文化的发展。①

(二)新老五定律对图书馆服务的现实指导

1. "重视各种知识传播方式"、"明智地采用科学技术提高服务质量"是图书馆服务的方法指导

传递知识和利用文献资源是图书馆的基本职能之一。在戈曼的新五定律中曾明确指出"图书馆无论如何变革,都应是肩负历史赋予伟大使命的知识传播机构"。相对阮氏来说,戈曼将图书馆的基本职能明确为"知识传播",将图书馆定位于"知识传播机构",这本身来说就是对阮氏的发展和创新。② 图书馆作为知识传播机构,传播的是知识和文献信息资源,其使命是"服务于人类文化素质",是实现"书是为了用的"。在完成其使命的过程中,可以"重视各种知识传播方式",这为图书馆服务模式提供了很好的方法指导,从而可以大胆地尝试各种新的服务方式和手段,发挥图书馆的多重优势,充分利用网络通信

---

① 蒋永福,付军.图书馆服务五原则[J].中国图书馆学报,2003(3):21-24

② 刘巧英.信息生命周期管理对图书馆信息服务的启示[J].图书馆学研究,2006(8):23-26

技术、计算机技术在图书馆中的应用，采取手工与计算机相结合、面对面服务与远程服务、网络导航服务与自助服务、参考咨询与虚拟服务相协作等多样的，多类型的面向来来、面向网络的文献信息资源服务方式，以满足不同用户的文献信息资源需求习惯，通过服务方式的多样性来吸引更多的用户群体。

综观图书馆的发展，都是向着现代化方向进行，而图书馆的现代化进程表现出的是一个图书馆不断技术化的过程。在这一过程中，能明显地看到，技术正以点滴的方式向图书馆渗透，逐渐改变和替代图书馆传统的工作方法，使图书馆的技术含量和现代化程度越来越高。但实质上，图书馆的现代化过程是图书馆不断利用先进技术手段改进传统服务，提高自身服务能力和服务水平的过程。而科学技术的应用往往又会使图书馆人产生多种改革措施，所以，戈曼提出了要“明智地采用科学技术提高服务质量”，就是要清醒地、理智地分析改革措施与图书馆使命之间的关系，不能盲目地追崇技术。当然，也不能保守，而是要“明智”。主要表现为：一是要借助科学技术的应用去“探索解决问题的方法”，提高服务质量；二是要“对成本—效益、成本—收益进行权衡”。一句话，要讲究实用与适用。

2. “确保知识的自由存取”、“人人有书”、“书为人人”、“节省读者的时间”是图书馆服务所追求的目标

图书馆的第一任务是传播知识，其次是传递文献信息资源。其服务的目标是使读者（用户）获取知识或文献信息资源，使图书馆文献信息资源发挥最大的效益。所以，图书馆服务要围绕此目标进行，努力达到“知识自由存取”、“人人有书”、“书为人人”的理想状态。阮氏五定律提出后，传统图书馆纷纷采取开架式服务，如今现代图书馆开展的集成服务或一站式服务，这些都是在为“节省读者时间”而努力服务。相应地，“及时性”也成为衡量图书馆服务的一个指标，所以，未来服务就是要建立全方位的文献信息资源传输系统，充分运用多样化的文献信息资源传输手段，以达到“及时性”的具体要求。除此外，还要在文献信息资源服务的广度、深度和力度上进行变革。在广度上是指广泛收集各类文献信息资源，扩展服务对象，运用综合信息技术提高文献信息资源的获得性和适应性，以实现“人人有书”、“书为人人”。在用户个性化需求越来越有特点的今天，要求图书馆针对个性化的需求所提供的服务要有一定深度，这样才能体现图书馆的服务特色和服务水平。所以，在图书馆服务方面要以加强深层次文献信息资源加工服务以及深度研究咨询服务为方向，同时进一步建立良好的用户服务系统，以便形成双向的服务关系。最后，在力度上主要是指图书馆作为知识传播机构不是唯一的能提供文献信息资源服务的部门，它同样面临着残酷的竞争。在新的环境中，其如何定位、生存？新老五定律为其指明了方向。所以，要在服务力度上努力，这是一个信息处理的综合性标志，表现了图书馆整体服务水平。它不仅是指在实现“人人都有书”的过程中，要多方面为弱势群体服务，还指要扩展图书馆的存取能力，使每个读者都可拥有图书馆，都可向图书馆提供信息，以实现“知识的自由存取”。

（三）“尊重过去，开创未来”是图书馆服务应遵循的原则

从阮氏的第五定律“图书馆是一个有机生长体”，可见图书馆跟其他一切有机物一样

是不断发展变化的。是通过不断的服务创新来进行自身的新陈代谢，赋予自己新的生命和活力，不再是个毫无生气的，静静地等人去翻阅的藏书楼，而是通过创新，勇敢地走向社会，走向明天，成为信息社会最富活力和创造性的部分，成为“一个成长着的有机体”。当然，图书馆服务也不是毫无原则地进行：不是随心所欲地开展，而是要遵循一定的原则。戈曼的新五律就为其明确了创新的原则，即“尊重过去，开创未来”，也就是要坚持可持续性的原则。踏踏实实地进行全新服务，抛开一切急于求成的思想，认清图书馆事业的发展规律，明白“明天的图书馆，必定是不仅继承了过去的图书馆优良传统，而且保持了图书馆历史观念和人类知识传播观念的图书馆”。否则，图书馆将成为纯粹活性的瞬间的事物，时而有用，时而无用，但永远不会成为人类社会的文献信息资源中心。因此，现代图书馆服务就要在传统图书馆服务的基础上进行，这样才能延续昨天而拓展明天，才能保证图书馆价值的永续性。同时，在图书馆服务建设时还要坚持特色，没有特色就难以生存和发展，而特色就意味着要有所选择，将过去、现在与未来相结合，在保持特色的同时以争取图书馆美好的明天。

（四）“读者第一”论

从20世纪50年代起，“读者第一”的理念，一直成为读者工作的根本原则。可是到了80年代，美国的罗森帕斯旅行管理公司的总裁倡导了一个“顾客第二”的企业管理方法。图书馆界把它引进来，提出了“职工第一、读者第二”这样一个理论命题。20世纪80年代末90年代初，图书馆学专业期刊上发表了不少这方面的研究论文，突然引起了图书馆员的震动，直到现在，期刊上仍然有这方面的文章，争论还在继续：有的人坚持读者第一，有的人却认为读者第一已经过时，应该改为馆员第一。

柯平认为，这两个概念并不矛盾，只是角度不同。读者第一是从整个图书馆的服务来讲的，而馆员第一是从图书馆管理的角度出发的。从整个图书馆事业来讲，仍然应该坚持读者第一；对于图书馆的管理层来讲，馆员第一是应该坚持的。二者不在一个层面上。只有把馆员放在一个重要的位置，才能更好地做好读者工作，真正实现读者第一，这就是辩证法。过去强调了读者，却忽视了馆员，的确存在着“读者第一，馆员第二”的思想与做法。比如说，在一些图书馆，有读者的地方才装空调，馆员工作的地方却没有空调；有的馆只有机房才有空调，而且是为了保护机器。这样的话，把读者放到第一位时，却把馆员放到一个非常次要的地位，使馆员得不到起码的重视。现在应该强调两个第一的思想：任何一个馆员，都应该树立读者第一的思想；而作为图书馆管理者，就不仅要有读者第一的思想，而且要有馆员第一的思想，要调动馆员的积极性，依靠他们的努力工作去实现图书馆服务中的读者第一。

（五）服务本质论

多年来，我国图书馆界一直强调图书馆的学术性。中山大学图书馆程焕文馆长直击多年来的学术论说：①“程焕文从来不认为图书馆是一个学术或学术研究机构，虽然它具有

---

① 程焕文. 新世纪中国大学图书馆发展之我见（五）——中山大学图书馆馆长程焕文访谈录［J］. 大学图书馆学报，2001（6）：2-5，13

很多学术的味道。这并不代表看低或看不起图书馆及其作用，事实恰恰相反。程焕文一直坚持认为图书馆是一个文化教育服务机构，而其文化教育职能乃是通过其服务来体现的，所以，归根到底图书馆的本质属性乃是服务二字。”① 钟山学院图书馆司步林则对程焕文的观点提出了不同意见。提出“高校图书馆的学术性不容否定”，“‘服务性学术机构’更能反映图书馆的本质特征，对专业人才具有更大的凝聚力”。在2002年全国高校图书馆馆长培训班上，程焕文又说：“他认为图书馆是服务部门，而不是什么学术机构，过去那种定位从根本上抹杀了馆员们的服务意识，使馆员在工作中普遍高估了自己的本职，以为自己和教授们一样也是搞学术研究的，从而轻视了或忽视了服务的重要性。事实上，为读者服务才是图书馆唯一的目标，也是开展工作的根本出发点和终极意义。”还说：“为什么人们会认为图书馆是一个学术性机构呢？……把图书馆定义为‘学术性服务机构’应该更为准确。”然而，2002年2月21日教育部发布的《普通高等学校图书馆规程（修订)》第一章总则第一条：“高等学校图书馆是学校的文献信息中心，是为教学和科学研究服务的学术性机构，是学校信息化和社会信息化的重要基地”，虽然强调了服务，但仍然定性为学术性机构。对于图书馆学术性与服务性的争论，柯平认为，一是要将图书馆的性质与图书馆的宗旨联系起来；二是要区分不同类型图书馆对学术性与服务性的不同要求。就图书馆的本质来讲，国外许多学者认为，图书馆的本质是服务性的机构，因为图书馆的根本宗旨是服务。1998年5月，美国加利福尼亚大学伯克利分校信息管理和系统学院 M. K. 巴克兰（Michael K. Buckland）教授在《重新设计图书馆服务：宣言》中指出：图书馆的首要目的是提供服务，即使人们能够从中获得信息。图书馆服务有两条根本原则：一是图书馆服务的作用是便利文献的获取；二是图书馆的使命是帮助它所服务的机构完成其使命，或帮助它所服务的个人实现自己的利益。这两条原则在任何情况下都适用，对它们的解释可以成为有效的图书馆服务的依据。他又说现代图书馆服务主要是在19世纪下半叶发展起来的，其特点是：①图书馆馆藏是为了服务的思想；②系统地、有目的地选书的思想；③在技术上进行一系列革新，如相关排架、改进编目条例、主题分类、目录卡，以及在标准化和合作方面的不懈努力；④在20世纪，通过开架和共同编目而形成了走向自我服务的趋势。② 就不同类型图书馆而言，公共图书馆的服务性是毋庸置疑的。联合国教科文组织的《公共图书馆宣言》指出：“公共图书馆，作为人们寻求知识的渠道，为个人和社会群体进行终身教育、自主决策和文化发展提供了基本条件。本宣言宣告，联合国教科文组织坚信公共图书馆是传播教育、文化和信息的一支有生力量，是促使人们寻找和平和精神幸福的基本资源。”这就把公共图书馆提高到一个很高的地位。公共图书馆宣言提出服务的12个使命，显示出公共图书馆不仅仅要提供外借、阅览服务，更是一种提供精神食粮的渠道，而且还要培养人们的道德情操、净化人们的心灵，提高整个社会的素质，从而在社会上占有重要地位。综合国内外公共图书馆的理论与实践，公共图书馆应准确地定性为服务性文化机构。对于高校图书馆来说，单纯界定为学术性机构或服务性机构都是不正确的。③ 从图

---

① 司步林．图书馆的学术地位刍议——兼与程焕文先生商榷［J］．大学图书馆学报，2002（3）：76－78

② 程焕文，王蕾．21世纪高校图书馆管理的新理念［J］．大学图书馆学报，2003（2）：15－21

③ （美）M. K. 巴克兰著，黄育馥摘译．重新设计图书馆服务［J］．国外社会科学，2001（2）：28－33

书馆角度看，离不开服务性，但要与高校的后勤等服务机构区别开来；从高校的角度看，离不开学术性，但又要与学术研究机构区分开来。高校图书馆是高校的三大支柱之一，是教学和科研的重要平台、公共服务保障等，而且，随着高等教育的发展，图书馆不仅仅是一个教学辅助部门，它越来越多地成为教学与科研体系的重要组成部门。从这个意义说，高校图书馆就是体现学术性和服务性的教育机构。具体到高校研究性图书馆和普通图书馆，前者属于学术性为主的教育机构；后者则属于服务性为主的教育机构。在高校图书馆，藏书建设体现了学术性，其目的是为了服务，如采访工作是为了服务而采访，而服务又是为了教育；读者服务直接面向读者，各种服务活动如参考咨询、学科馆员、查新服务等，都不是简单的服务，而是体现学术性的服务，归根到底，不是为服务而服务，为学术而研究，而是为了教育。

（六）平等服务论

“区分服务”历来是我国图书馆服务确立并强调的一个重要原则，写进了教科书并贯彻到图书馆的各项读者工作之中。然而，随着人类文明和社会的进步以及图书馆服务的发展，人们普遍认识到“平等服务”的重要性。邓彦和张磊将“平等”作为构筑读者与图书馆的桥梁。上海图书馆提出“平等享用”服务理念，打破常规，使人人都可以利用公共图书馆。所谓平等服务，是指图书馆对待任何读者都应当是平等的，或者说，读者在图书馆应当获得平等的服务。具体来说，包括：①对任何读者在任何图书馆都是一视同仁的，不论他的年龄、种族、性别。②读者应当平等享有利用图书馆的权利。③图书馆应当在服务内容、服务方式、服务质量等方面对读者提供平等的服务。柯平认为，平等服务应当成为当代图书馆服务的重要原则，与读者第一的根本宗旨相吻合，并成为新图书馆学的重要理念。关于“平等服务”与“区分服务”的关系之争，已形成了图书馆服务理念的讨论。张玉珍认为，“平等服务”与“区分服务”这两个原则包含的范畴是不完全相同的，因而并不是完全对立的；“平等服务”与“区分服务”的关系是方针与策略、指导思想与方式方法的关系；“区分服务”是绝对的，“平等服务”是相对的；“区分服务”的科学地、正确地运用能实现更具有实质意义的读者间的平等。[①] 这里，强调了“区分服务”的合理性，忽略了“区分服务”存在的弊端以及从“区分服务”向“平等服务”的发展关系。的确，“区分服务”作为图书馆服务的一个原则，在一定历史时期有其存在的合理性。“区分服务”的提出，是根据教育学中的“区别对待”理论，即根据不同教育对象的智力和其他条件，因材施教。将“区分服务”作为图书馆服务的原则，与长期以来我国图书馆强调图书馆的教育职能是一致的。“区分服务”在相当长的时间里，发挥了重要作用：一是区分了不同图书馆的职能，明确图书馆服务的分工与协作，有利于各类型图书馆服务的专门化；二是区分了不同类型的读者对象，充分考虑到读者的年龄、文化程度、工作性质等，针对不同的需求提供不同的服务内容与服务方法，提高了图书馆服务的针对性；三是区分了图书馆馆藏各类文献的差异，根据不同文献在使用上的不同特点，以及不同的文献

① 邓彦，张磊．平等——构筑读者与图书馆的桥梁［J］．图书馆理论与实践，2001（2）：26－28

收藏，有目的地开展有特色的服务。[①] 但是，由于这一原则，给图书馆服务带来了许多问题，比较突出的是：其一，服务的过多区分，造成图书馆布局的不合理，如期刊阅览室一定要划分为中文期刊阅览室和外文期刊阅览室，划分为现刊阅览室和过刊阅览室，而不是根据需要和实际情况布局。有些图书馆，既按文献类型划分，又按功能划分，还要按读者对象划分，造成布局的混乱。其二，人为的区分将读者限制在图书馆的某一空间，如图书馆教师阅览室与学生阅览室的限定，自修室与阅览室的限定，无异于将读者“锁牢”于一室，读者在图书馆内无自由可言。比如有些大学图书馆的外文资料只允许教师和研究生借阅，这就将大学生排除在外文资料之外，阻碍了对大学生的教育。其三，繁琐的区分使图书馆服务制度不合理，图书馆对借书范围、册数和期限、服务方式以及服务措施的区分，既无科学的解释，也没有真正为读者着想，而强加于读者，带来服务的极不平等。其四，“区分服务”使图书馆满足于为少数读者服务，常常忽视甚至轻视了广大的读者群。[②] 由于有了“区分服务”的原则，使得图书馆将读者对象划分出重点服务对象和一般服务对象，这就人为造成了重点读者与一般读者的服务差异。对重点读者来说，图书馆在各方面都有保障和优先权，而一般读者则不能享有同等的服务。其五，“区分服务”强调针对性和服务重点，这种导向导致在整体上服务态度和服务质量的下降。公共图书馆有了“区分服务”，使得大量的纳税人无法享受图书馆的服务。大学图书馆因为只考虑校园读者，使得长期以来大学图书馆不向社会开放。甚至一些图书馆员错误地理解区分服务，造成了图书馆服务中的种种不正常现象：对官员或领导，笑容可掬，甚至可以不顾图书馆的制度满足其不合理要求，而对待普通百姓则缺乏热情，服务质量差；对待儿童读者，随意训斥；等等。问题在于过去界定的“区分服务”含义较广，不够明确。实际上，“区分服务”中所讲的一部分不是针对读者对象的，比如合理布局的服务、服务方式的多样化等等，其实是科学服务的范畴。如果把“区分服务”理解为针对读者对象的不平等的种种服务，那么，这种“区分服务”与“平等服务”是相冲突的。然而，真正实现平等服务，有许多实际困难。一方面是因为目前图书馆资源仍然有限，不能满足所有读者的需求；另一方面，也是因为图书馆的性质和任务需要突出重点。从这个意义上，区分服务作为服务的方式在目前仍有存在的合理性。尽管如此，今天的图书馆服务要淡化并努力抛弃“区分服务”的原则，代之以平等服务原则，才能促进图书馆服务的进步，最终实现读者平等自由地利用图书馆。

（七）信息生命周期论

1. 信息生命周期的提出

著名信息管理专家霍顿提出，信息是有生命的，信息是一种具有生命周期的资源，他认为，信息生命周期是指信息运动的自然规律，它一般由信息需求的确定以及信息资源的生产、采集、传播、处理、存储和利用等阶段所组成。国内外许多专家学者们都十分赞同

---

① 王世伟．树立新颖的图书馆服务理念．见：王世伟．图书馆管理与服务论丛［M］．上海社会科学院出版社，2004：165－172

② 张玉珍．关于平等服务与区分服务关系的思考［J］．图书馆，2004（2）：31－34

信息具有生命、信息生命周期的提法。① 当今社会，信息以每年成倍的速度无限增长。信息同其他事物一样，并不是一个孤立不动的元素，它也像人类生命一样有一个产生、发展和消亡的过程。信息从它产生的那一刻起，就自然而然地进入了一个循环，经过收集、复制、访问、迁移、删除等多个步骤，最终完成一个生命周期，周而复始。信息的生命周期根据划分的标准不一可划分为不同的阶段，根据价值变化或作用变化来进行划分，也有根据利用的次数或使用频率来划分。

最常见的就是流行的“六分法”，将信息的生命周期分为信息的采集、存储、传输、加工、使用和销毁六个阶段。

信息是流动的，只有在流动中才能发挥其价值作用。流动着的信息有无序和有序之分，而只有有序的信息流对用户才有用，要想让信息有序的流动，就必然要对其进行必要的管理，也就是对信息生命周期进行管理。信息生命周期管理是世界各国数据存储管理供应商们提出的数据存储新理念，是一种信息管理新模型。它力图对信息进行贯穿其整个生命周期的管理，从创建和使用到归档和处理。信息生命周期管理的目的在于帮助客户在信息生命的各个阶段以最低的成本获得最大的价值。换句话说，也就是根据信息在不同阶段的价值和作用不同，对其进行不同程度的管理。管理的目的是为了提供更好的服务，对图书馆来说，将生命周期管理理念用于馆藏资源的建设和管理，国内外已有专家学者对其进行关注和研究。对馆藏资源管理的目的是为信息服务提供基础，至此，可做进一步延伸，将信息生命周期与图书馆信息服务直接融汇在一起，根据信息在不同阶段的价值，提供不同的服务内容，使信息的价值得到最大程度的利用。

2. 馆藏文献资源生命周期与图书馆服务

与传统图书馆相比，现代图书馆馆藏的内涵已发生很大变化。用户的多种需求使得馆藏的含义超越了印刷型文献的范畴，并扩展到各种电子出版物、数字化文献资源，包含了各种不同文献资源格式，如磁带、录像带、磁盘和光盘等，以及各种文献资源类型，如应用软件、全文文献资源和多媒体等。此外，馆藏内涵的变化还体现在外部文献资源逐步成为图书馆的“虚拟馆藏”，这就是说，如今完整的馆藏概念应为“实体馆藏 + 虚拟馆藏”。不同的馆藏资源其生命周期阶段划分大致相同，经过采集、存储、传输、加工、使用和销毁等几个阶段，但周期长短不一，故在不同阶段其处理的思维、方式和方法也应不尽相同。如传统文献的文献资源生命周期较长，尤其是生产周期长，大量文献资源在生产传递的过程中已陈旧，满足不了用户对文献资源的新、快、精、准的要求。而一些网络文献资源更新周期较短，传递速度快。对这种动态性和变化性较强的文献资源的管理就显得较为困难，必须用新的管理系统来适应旧的标准。数字化网书馆集团近年来也开始关注这种变化对馆藏质量的影响，开始从不同角度捕捉文献资源生命周期数据来对其进行管理。

文献资源的生命周期即文献资源的有效期，过了有效期，其生命就要结束，就要失去价值，也就是说并非所有的文献资源永远都是有价值的，文献资源会随着科技的发展、社会的变迁而贬值或丧失价值。馆藏文献资源也是如此，在其整个生命过程中，其价值和作用与用户的需求有着必然的内在联系。因此，其价值和作用存在着阶段性的差异，这种差

① 刘巧英．信息生命周期管理对图书馆信息服务的启示［J］．图书馆学研究，2006（8）：23－26

异也决定了不能用同一方式去管理它们。在实际工作中，这种基于文献生命周期对馆藏资源进行分级、分类管理的思想早就有，根据图书的流通率进行的图书三线典藏，体现了依据价值存放与服务的理念。图书馆馆藏由闭架到开架的创新，也同样体现了根据用户需求进行科学存储的思想。

图书馆服务的基础即丰富的馆藏文献资源，馆藏文献资源建设和管理的水平直接影响着服务能力。研究馆藏文献资源的生命周期不仅可用于指导图书馆馆藏资源的建设和管理，也有利于在信息生命周期内通过用户的利用使其价值得到最大程度的利用，使其以最低的成本获得最大的服务效益。信息生命周期中的每个信息运动阶段都与信息服务息息相关，针对不同的阶段，采取不同的处理方法，可针对性地提高服务的质量。如在信息采集时，利用信息的第一时间性，加快采集过程，为用户提供及时的服务；科学合理地存储不同类型的馆藏文献资源，提高文献资源服务的可获得性；通过深加工，延长信息生命周期，提高信息服务的层次，扩展信息服务的内容等。如何将信息生命周期理论应用于图书馆服务，在后面将进行详细叙述。

（八）知识服务论

长期以来图书馆强调的是文献服务，因为图书馆拥有丰富的文献资源以及书刊借阅的传统。随着社会信息化、信息经济、信息文化的推进，图书馆的文献服务发展到信息服务。但是，如果单纯强调信息服务的时候，就降低了图书馆的职能，因为信息并不是图书馆的专有，咨询公司、政府机关、网站等都可以开展信息服务，图书馆开展信息服务的优势在哪儿？所以图书馆的信息服务就应该发展到一个新的层次，也就是知识服务。知识服务在知识经济的背景下一提出，就被看做是新时期图书馆服务新的生长点。然而对于知识服务的理解却存在着较大的差异。有人认为，文献服务实质上就是知识性服务，但文献服务不等于知识服务，知识服务是文献服务的深化，以知识服务为导向的文献建设、文献加工和文献传递，应当以知识存储、知识重组和知识配送为目的。也有人认为，知识服务是一种价值取向，"所谓'知识服务'是建立在图书情报机构的服务功能和专门知识基础上的一种价值取向，这种价值定位体现的是'知识'的价值和'服务'的价值。[①] 基于这一取向，柯平教授认为'知识服务'工作不再是以规范化的信息资源收藏和组织为标志，而是以灵活的服务模式充分利用和调动知识工作者的智慧进行的特定问题的分析、诊断、解决为标志"[②]。张晓林的一篇《走向知识服务：寻找新世纪图书情报工作的生长点》（中国图书馆学报，2000 年第 5 期）研究了现代信息环境和知识经济对图书情报工作的深层次影响，提出将图书情报工作核心能力定位于知识服务；分析了知识服务的观念、形式和操作模式。王均林、岑少起则认为张晓林所定义的知识服务不能作为图书馆核心能力的理由，提出新世纪图书馆的核心能力是高素质的员工队伍的观点[③]。目前人们对知识服务的认识都是从提供知识或知识产品的角度出发的，导致认识的简单化和模糊，以及过分夸大

---

① 任俊为. 知识经济与图书馆知识服务［J］. 图书情报知识，1999（1）：27－29

② 李桂华，张晓林，党跃武. 知识服务之运营方式探索［J］. 图书馆，2001（1）：18－22

③ 王均林，岑少起. 知识服务与图书馆的核心能力——与张晓林先生商榷［J］. 图书情报工作，2002（12）：115－119

知识服务功能，贬低信息服务效用的现象。如果知识服务专门提供知识或知识产品，那么信息服务就与知识或知识产品无关吗？没有信息服务的基础，能实现知识服务吗？柯平认为，信息服务是运用先进的信息技术或信息手段，提供信息或信息产品，满足社会信息需求的一种普通服务，而知识服务则是以集成的服务模式，运用知识与智慧来解决读者特定问题的专门化服务。信息服务是知识服务的基础，知识服务可以从四个方面来看：第一，信息服务和知识服务都离不开信息与知识，但信息服务主要是从工作对象（以信息为主）出发的，而知识服务主要是从工作方式（知识型或智慧型）出发的。第二，信息服务和知识服务都是面向用户的服务，但信息服务是面向所有用户的大众化服务，而知识服务是面向目标方案帮助用户解决问题的专门化服务。第三，信息服务和知识服务都是对传统文献服务的升华与拓展，但信息服务强调的是信息传递质量与速度，新颖性与广泛性。知识服务则是结构化、专业化和个性化的服务。结构化：过去的信息服务不是结构化，而是按照文献或信息的类型来划分的，这样的服务体现不了知识性，应打破这种类型划分方法，从知识出发；读者到图书馆不是考虑是借书还是借期刊，而是带着问题的意识，图书馆就是为读者提供解决问题的地方。专业化：比如读者到图书馆是为了解决物理学问题，就可以找物理学学科馆员。学科馆员有专业特长或者有特定的专业背景。个性化：针对每个人的需求进行。第四，信息服务和知识服务都离不开先进的技术与信息网络，但信息服务体现模式化，无论是文献的数字化，网上搜索引擎或信息导航，还是电子文献传递与信息咨询，特别依赖于技术，并趋向于自动化服务，是一种技术型服务。而知识服务要利用技术与工具，更需要脑力劳动与智慧，体现出人与机器的结合，知识的创造与转化，知识的发现与应用，是一种创新型服务。

（九）知识管理论

1. 图书馆知识管理的提出

人类进入21世纪，知识经济替代传统工业经济的趋势愈加明显，知识管理作为知识经济的产物应运而生。知识管理最初是应用于企业管理的一种管理思想和管理模式。随着知识经济的发展，知识管理渗入图书情报学的研究逐渐成为一个热点。在2001年，台湾的顾敏教授在《知识管理与知识领航：新世纪图书馆学门的战略使命》一文中，从知识管理的演进出发，认为图书馆学与知识管理有不可解除的关系，图书馆早就是知识管理的单位，从网络革命、数位革命到知识管理革命，与图书馆最为密切的就是知识导航。[①] 这也说明知识管理对图书馆学的意义首先在于图书馆的应用。几年来，国内外的专家学者对图书馆知识管理做了许多不同方向的研究，以期知识管理真正应用到图书馆的管理和服务中，且有些理论经过检验已初见成效。如柯平教授2008年主持的国家社会科学基金重点项目《图书馆知识管理战略研究》等成果。可见，将知识管理引入图书馆，是图书馆工作的一个新思维，也是图书馆文献信息资源服务体系的新理论。

2. 图书馆知识管理的内容

图书馆知识管理是指运用知识管理理论与方法，合理配置和使用图书馆各种资源，充

---

① 刘巧英．信息生命周期管理对图书馆信息服务的启示［J］．图书馆学研究，2006（8）：23－26

分满足用户不断变化的多样文献信息资源需求，并提升图书馆的各项职能和更好地发挥其作用的过程。其主要内容有两方面：一是用知识管理体系管理图书馆工作；二是用知识管理思想指导图书馆服务。前者体现为不仅对图书馆所拥有的现实文献信息资源、网上虚拟资源进行结构化和有序化处理，即对显性知识的有序化组织，以便建立知识库，供用户使用。也包括对员工头脑中的工作经验和专业技能等内在的非具体的文献信息资源的开发和利用，即对隐性知识的发掘。同时，将显性知识与隐性知识纳入同一共享体系，有效地完成知识的组织、传递、开发和利用，以便将最有用的知识在最恰当的时间内传递给最需要的用户。后者体现为将知识管理理念和机理真正运用到服务工作中去，以知识和文献信息资源作为桥梁和纽带，以用户和服务为中心，最大限度地发挥图书馆显性知识和隐性知识的能动作用，发挥服务的价值和知识的价值，走知识服务之路，以便达到知识创新、知识传播与利用的目标。

知识管理是将知识作为核心，重视知识的创新、传播和应用。中国科学院的盛小平博士将图书馆知识管理的内容概括为知识创新管理、知识应用管理、知识传播管理、知识服务管理、人力资源管理和知识产权保护管理。

3. 用知识管理思想指导图书馆服务

（1）图书馆实施知识管理的最终目的

知识管理在于以创新的服务满足用户的需求。而用户日益增长的信息资源需求与现代图书馆相对落后的服务内容、服务方式、服务手段之间的矛盾是现阶段图书馆服务的主要矛盾。解决矛盾的方法或搞好服务的根本是知识管理。知识管理对图书馆服务的指导首先表现为深化文献信息资源服务内容，即提供知识服务。它不是简单的文献信息资源积累和传递，而是知识的再开发和利用，是传统文献服务的深化。是以知识的搜寻、组织、分析、重组为基础，为用户提供有效的支持知识应用和知识服务。在服务内容的深度上，不仅要重视用户需求分析，而且还强调对现成文献进行加工，形成新的具有独特价值的文献信息资源产品，解决用户的知识和能力所不能解决的问题。还要求知识服务人员将智慧发挥出来，增加服务中的知识因素，动态地搜寻、选择、分析、利用各种知识，形成针对性和适用性更强的再生知识，实现知识资本的更新、组合、增值。在服务内容的广度上，应有尽可能宽的知识涵盖面，真正起到知识传播和共享的作用，如实施知识导航。知识导航是建立在知识管理基础上，运用多种先进技术与手段，主动地向用户提供帮助与指导，以快捷有效的方法满足用户的知识需求。知识导航是知识管理的具体服务和重要组成部分，也是图书馆进行知识管理与其他行业进行知识管理的最大不同之处，通过优良的知识导航，可展现图书馆知识管理的成效。

（2）图书馆服务模式

互联网的发展为图书馆的文献信息资源服务提供了全新的平台，也成为图书馆需开拓的一个崭新的空间。不仅可将传统文献信息资源服务在网络下延伸，也可开拓新的服务模式。目前，一些传统的文献信息资源服务通过网络已可以完成，如网上预借和续借、馆际互借、网上参考咨询、目录查询、文献信息资源检索、新书通报等等，这些都是服务模式的表现。在知识管理思想指导下，还应开展更高层次，更深内容的知识服务模式。如尝试建立结构化参考服务模式。目前的单一平台咨询服务模式多是围绕文献信息资源的利用展开的，只能解答相对简单的问题，服务的深入程度不够，难以展开个性化、专业化的服务。而结构化参考服务模式是将人力资源和文献信息资源纵向分类，按照问题的难易程度、资源利用方式或者专业类型等标准划分成若干具体咨询部门，并在人力、资源等方面进行对应的配置和分布，为用户问题的深入解决提供了相应的人力和资源支持，在一定程度上为实现服务的个人化和连续性提供了可能。不但可提高服务效率，改善服务的友好性界面，而且服务的深入程度也会有所提高。

（3）改变服务策略

图书馆作为向社会提供服务的组织机构，已融于整个社会服务体系中，是启动社会知识工程的要素之一。它的主要职能不是本身创造知识，也不是自身利用知识，而是通过对文献信息资源的组织把知识和用户联系起来，起到知识交流的中介作用。用知识管理思想指导图书馆服务就是以知识为内涵，以用户为中心，注重知识共享和服务，改变传统以馆藏为中心的服务，注重服务策略，兼顾传统服务与网络文献信息资源服务，发挥二者的整体优势。以“用户为中心”的知识服务，就是要深入研究用户的文献信息资源需求，建立多样有效的文献信息资源反馈渠道和科学、可行的评测指标，连续搜集有关用户对文献信息资源的阅读倾向、阅读数量、需求层次、满足程度，以及用户利用图书馆的方式等有关数据，并对这些数据进行系统的分析和比较研究，以便及时地改变服务策略，改进服务环节，增加服务类型，扩大服务规模，优化服务项目，从而可使偶尔用户变为经常用户，潜在用户变为现实用户。

（十）服务营销论

1. 服务营销的内涵

营销是由英文“Marketing”一词翻译过来的，它是商品经济高度发展和市场竞争的产物。美国营销泰斗菲利普·科特勒对“营销”的定义是：个人和群体通过创造、提供与他人交换有价值的产品而满足自身的需要和欲望的一种社会和管理过程。也就是说营销是通过市场交换，以满足人类各种需求和欲望为目的的各种活动总称，是在一种经营思想指导下有意识的经营活动。1980 年以后，市场营销领域对营销的定义进行了新的拓展，即市场营销不仅仅限于企业的活动，而且可以扩展到非营利性事业组织与公共机构等。同时又为产品本身归纳了三种形态：有形的物质产品、无形的劳务（服务）、社会行为（观念、思想）。对营销定义作出新的解释，使营销的理论、方法、手段与营销策略得以扩展到非企业活动的新领域。从而服务具有了等同于产品的增值意义，也为非营利性服务的营销活动找到了支撑点。对于非营利性服务而言，营销理念的引入不是个简单的思想和观念的导入问题，而是要使现在的非营利性机构有一个大的变革，使营销理念真正贯彻到服务内容、服务资源、服务的运行方式和服务过程当中，从而实现一个全面的、全过程的改变和创新。①

2. 图书馆信息资源服务的营销

图书馆作为一个非营利性机构，对营销问题的研究早已开始关注。如美国各类型图书

---

① 刘巧英．新时期我国文献传递服务的发展现状及路向分析［J］．图书馆建设，2010（5）：55－57

馆自1980年以来，在管理方面对营销的可行性与有利性方面有了极大的兴趣与关注，并已经在实践中运用营销理论，且已初见成效。① 我国图书情报学专家徐引篪、霍国庆在《现代图书馆学理论》一书中也提出：图书馆服务的市场营销是将整体的图书馆服务作为营销对象，其目的不是赢利，而是更好地完成图书馆的任务和服务于图书馆的法定用户，在此前提下，适当扩大服务范围，收取一定的费用，尽力拓宽图书馆的经费来源，确保图书馆的生存与发展。不可否认，图书馆信息资源服务的营销不是一个新的课题，但在新的环境下，它的确有更深的含义和内容。作为非营利性的图书馆，实施一切营销活动都是为了更好地提供服务，在服务过程中引入营销理念就是切实要以用户为中心来开展经营活动，深入了解用户的真实需求，运用不同的营销策略，提供不同的服务方式和内容，从而拓展图书馆信息资源服务市场。也就是说，要将图书馆信息资源服务作为营销对象，通过调查、收集和分析目标用户的信息资源需求，利用丰富的馆藏资源，依据信息资源特点，利用营销理论，围绕用户需求开展的经营活动。图书馆信息资源服务营销的核心是以用户的需求为服务的出发点，这与图书馆信息资源服务"以用户为中心"的服务宗旨是相吻合的。借用营销大师菲利普·科特勒对市场营销的归纳，图书馆信息资源服务营销可归纳为在适当的时间、适当的地点，以适当的成本和适当的方式将适当的图书馆信息资源产品提供给适当的用户。

目前，图书馆信息资源服务的营销在每个图书馆都有不同程度的开展，如新书通报、读者宣传日、送书上门等服务活动，都体现了图书馆服务的营销思想。随着图书馆信息资源服务的拓展，营销理论在图书馆信息资源服务中的应用将逐渐广泛和深入，将会更普遍地应用到服务的整个过程中，如可依托网络引入网络营销法，将网络作为服务营销的主战场，同时进行内部营销、外部营销和互动营销相结合，建立一套有特色的图书馆信息资源服务营销体系，通过实施不同的营销战略，来提高图书馆的服务水平，创建图书馆的品牌服务形象。

图书馆信息资源服务的营销是在市场经济体制下为改变自身的服务方式所做的大胆尝试，它打破了常规的服务观念，打破了图书馆与生产、科研、市场分割的封闭格局，积极参与了知识信息资源的生产、消费、收入分配活动，使图书馆的各项职能得到了充分的实现和适度的发展。将营销学理论运用到图书馆服务中，使得无论是图书馆信息资源服务内容、服务方式还是整体服务形象都会有所变化，同样，服务的结果又会为服务营销提供可供营销的产品。营销与服务是相互促进的，因此，可利用营销策略，来推动图书馆信息资源服务的发展。

自从1974年美国拉斯摩的第一部服务市场营销学专著出版，服务市场营销学发展经过了四个阶段，产生了一系列的理论与方法②。将服务营销理论引入图书馆服务，目的在于撇开营销的商业目的，借鉴先进的服务理念与方法，全面提高图书馆服务水平与服务质量。服务营销与管理理论认为，服务是顾客消费的产品，也是创造服务产品和满足服务消费的过程，"在营销学意义上，服务是一种可供销售的活动，是以等价交换的形式为满足

① 刘巧英．新时期我国文献传递服务的发展现状及路向分析［J］．图书馆建设，2010（5）：55－57

② 李海洋，牛海鹏．服务营销［M］．北京：企业管理出版社，1996：38－44

企业、公共团体或其他社会公众的需要而提供的劳务活动或物质产品”①。虽然营销学服务与图书馆服务有着本质的差别，但两者在服务方法与形式上又有着相似性。借鉴服务接触（Service Encounter）三元组合的原理②，图书馆服务也存在着服务接触的三角，如图1－1所示。

服务接触三角中的服务组织对应于图书馆，顾客对应于读者，员工对应于馆员。其实，图书馆服务营销就是围绕图书馆、读者和馆员这三个点来做的面，可以应用内部营销和外部营销来实现图书馆的服务。服务质量评价一直是图书馆服务研究中难以解决的问题。国外“服务质量”（Service Quality）的研究产生了较多的成果，如以“服务质量差距理论”为基础的“Servqual”评价法将服务质量的测量分 Tangibles（有形性）、Reliability（可靠性）、Responsiveness（反应性）、Assurance（保障性）和 Empathy（移情性）五个标准。美国研究图书馆协会（ARL）1999 年以 SERVQUAL 为基础，进行了图书馆服务质量评价模式——LibQUAL+TM的研究，以评价、改进和提高图书馆的服务质量，这一模式已在 Texas A&M 大学图书馆及其他图书馆应用③。这说明服务营销理论对图书馆服务的适用性。服务营销与管理者通过对传统营销与管理的质疑，提出服务营销与服务管理新的定位，即“服务营销是以关系为核心的营销”，“服务管理是以服务为导向的管理”。涉及营销组合、生命周期、营销理论，新型的服务营销是以由“3R”（Retention，Related Sales，Referrals）领衔的营销理念为核心和思维方法，以经典“4P”（Product，Place，Price，Promotion）或更多的“P”（如 People，Public，Politics，Physical Evidence，Process）为工具或手段的营销模式。这些新的原理和方法都可以应用到图书馆服务中。值得注意的是，应用服务营销与管理理论，一定要注意图书馆自身特点，不能套用，在实际应用当中，基本理论可以应用，但是一定要结合图书馆的实际，比如说，图书馆与企业就不能简单对应，读者与客户不能等同，馆员与员工也不会完全一样，引入理论一定要体现图书馆的独特性，这样的引用才是有价值的。

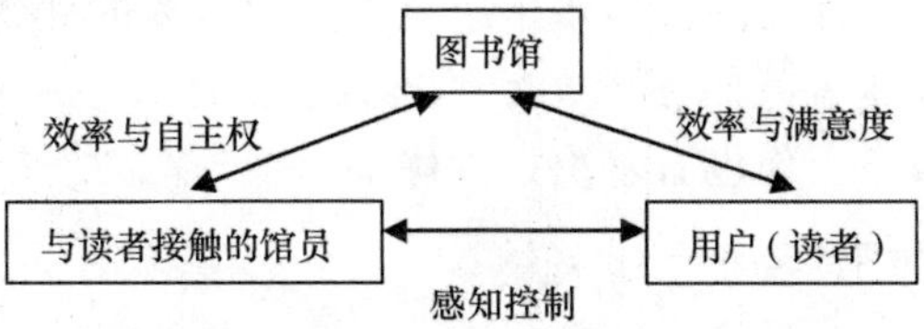

图1－1　图书馆服务接触三元组合

四、图书馆服务的环境

图书馆服务具有与政府公共行政服务相同的“公共”属性。然而，图书馆服务确又与

---

① 马龙龙，李智．服务营销与管理［M］．北京：首都经济贸易大学出版社，2002：24

② （美）詹姆斯 A. 菲茨西蒙斯，莫娜 J. 菲茨西蒙斯著；张金成，范秀成等译．服务管理：运营、战略和信息技术（第二版）［M］．北京：机械工业出版社，2000：165

③ 常唯．LibQUAL+TM——图书馆服务质量评价方法新进展［J］．大学图书馆学报，2003（4）：23－26

政府的公共行政服务有所差别。图书馆与现代服务业中的企业一样都以相同的行为方式提供某一种类的服务，同时都不具备“统治”、“管理”、“治理”乃至“协调”的权力。单从这个意义看，图书馆其实就是一个典型的服务“提供商”。长期以来，正是图书馆服务的双重属性定位影响了图书馆的功能和发展①。随着服务在人类经济和社会政治生活中的重要性愈加突出，自20世纪末以来西方学者分别在上述方向上创造了两大服务理论：一个是植根于服务产业的服务指导性理论——服务管理和服务营销；一个为探讨政府行政服务及行政管理本质的“新公共服务理论”。服务管理、服务营销以及新公共服务理论，是迄今为止人们对服务这个特殊的社会活动进行理论探究所取得的最具理论意义的代表性成果。②

图书馆服务工作是图书馆工作的重要组成部分，是展示图书馆工作质量的主要窗口，也是图书馆联系社会的重要途径。多年来，许多专家学者对图书馆服务理论进行了较深入的探讨，取得了一定成果，对图书馆服务工作起到了很好的指导和推进作用。由于是在不同时代、从不同角度对图书馆服务理论进行研究，观点和结论不尽相同，有必要对这些理论研究进行回顾和总结，以了解图书馆服务理论的发展历史和现状，加大研究的力度，更好地指导图书馆服务工作。

（一）社会需求是图书馆服务理论产生的先决条件

作为社会文化教育机构的图书馆，与社会的发展息息相关。只有社会需要图书馆服务，才有图书馆服务工作和图书馆服务理论产生发展的必要，其理论才有现实意义和存在价值。只有在一定的社会条件下，图书馆服务工作才有可能发展。社会经济状况决定着人们利用图书馆服务的愿望，人们只有在经济不断发展，解决了物质生活的第一需要后，才可能去读书，才有更多的时间读书。社会的科学文化水平决定着图书馆服务工作普及的范围和服务的内容。读者科学文化程度的高低又决定着他们的阅读水平和阅读内容，从而也影响着图书馆服务的内容。社会的技术水平决定着文献载体的变化、文献出版量的大小及出版发行的速度，从而改变着人们利用文献的方式、方法，也决定着图书馆服务的方式。社会政治环境对图书馆服务工作也有着决定性影响。

（二）实践是图书馆服务理论的关键

任何理论都是在实践—认识—再实践—再认识的过程中不断完善、不断发展起来的。图书馆服务理论也不例外。没有图书馆服务工作的实践就没有图书馆服务理论。

图书馆服务是随着社会对图书馆需求的变化而不断变化的，它经历了由简单到复杂、由低级到高级的发展过程。古代社会对图书馆服务的需要一直处于萌芽状态，图书馆服务工作并未受到重视。只是到了近代，大量读者涌进图书馆，图书馆工作开始由搜集珍藏转向藏书的利用，开始了图书借阅的服务工作。20世纪后期，社会对文献信息需求提出了新的要求。数量多，水平高，难度大，针对性强，图书馆的服务工作也逐步由单纯的借借还还转向组织读者、宣传辅导、书目参考、解答咨询、文献检索等各个方面。服务内容拓

---

① 张明霞．我国图书馆服务理论的当代缺失与重构［J］．昆明大学学报，2007（3）：94－96

② 张怀涛，刘广普．图书馆服务理论的研究进展［J］．［2014－02－01］．http：//www. google. com

展了，服务方式增多了，图书馆工作者在实践中积累了许多宝贵的经验，为图书馆服务理论的研究创造了条件。所以，实践也迫切需要理论来指导。

（三）对图书馆服务工作的重视是促进图书馆服务理论的条件

在工作实践中，人们对服务工作的认识逐步提高，并升华为理论，又用于指导图书馆服务。伟大的革命导师列宁，既是图书馆的忠实读者，也是图书馆事业的研究者和指导者。他曾明确指出，图书馆要“方便读者”、“吸引读者”、“满足读者对图书的一切要求”、“帮助人民利用图书馆现有的每一本书”。

这些提法对图书馆服务工作有着重要指导意义，体现了他的图书馆服务思想。印度图书馆学家阮冈纳赞，1931 年出版了《图书馆学五定律》，提出：书是为了利用的；书是为一切人而存在的；给读者所有的书；节省读者的时间；图书馆是生长着的组织，它既体现了以读者为中心的服务思想，也体现了整体化思想和发展思想。新中国成立以来，我国图书馆界提出过“一切为了读者”，“千方百计为读者服务”，“为书找人，为人找书”、“读者第一，服务至上”等口号。我国图书馆界对服务工作的认识，达到了一定的深度，形成了共识。随之而来的是研究图书馆服务工作方面的文章和专著逐步增多，理论研究逐步深入。

五、图书馆服务的形式

图书馆的传统服务形式在日趋多样化，基本适应了现代社会发展的需要。我国图书馆的服务形式主要有十几种，服务方式已达 40 多种。各种服务形式和服务方式交织、交叉在一起，形成图书馆服务事业的产业链，体现了现代图书馆服务事业的未来和发展①。

（一）外借服务

在众多的服务形式和服务方式中，外借服务是图书馆传统的用户服务方式，是图书馆为了满足图书馆读者的阅读需要，允许有借阅权限的读者，获得自己所需要的文献。从图书馆内部管理的角度，外借主要有三种形式：开架借书、半开架借书、闭架借书。开架借书是图书馆目前最多的借书方式，它有很多的优点，让读者直接到图书馆里查找自己需要的图书，减少拒借率和换手率以及误借率，大大减少工作人员的工作强度，可以让工作人员有更多的时间做图书馆服务的开发项目。半开架借书和闭架借书是图书馆服务的传统借书方式，由于读者不准进入书库，不能直接看到文献实物，造成图书文献不能被充分利用，使图书馆馆藏文献失去了作用，这是图书馆服务人员最不想看到的结果。

（二）图书馆的阅览服务

利用图书馆的设施组织读者在馆内阅读各种文献资料的服务形式，读者可以充分利用图书馆提供的良好环境条件和馆藏文献进行学习研究。图书馆最基本的阅览室称之为综合阅览室，为各种类型的读者提供最经典的著作，各个学科的基础读物、权威著作和各种类型的参考工具书。图书馆阅览室还设有专门阅览室，是为满足特定读者群的不同需要而设

① 鲁黎明．图书馆服务理论与实践［M］．北京图书馆出版社，2005

立的，便于读者集中使用某一范围的文献，也便于管理人员对待特定读者群和特定范围文献的研究。可按知识门类、读者类型、文献类型和语种设立阅览室。图书馆还专门为专家、学者进行科研活动设立了参考研究室，图书馆将某一课题所需文献集中放置在室内，供读者在课题研究期间专用，这种特配阅览室一般规模比较小。由于参考阅览室读者需求的专指性极强，图书馆可以采用在特定时间内设专人专室或专座的特殊做法，为读者构建一个安静舒适的环境和条件，同时也可以根据读者需求，在借阅册数和品种上不予以限制，同时还可以为读者延长一段阅读时间。图书馆参考阅览室的设立深受专家学者和科研人员的欢迎。

（三）视听服务和复制服务

这是两项图书馆利用现代技术手段的服务项目。

（1）视听服务

视听服务是通过现代化的声像视听技术设备为用户服务的一种方式，由于视听服务主要通过现代电子设备实现文献信息的交流和传播，被视为图书馆现代化建设和服务的重要标志之一。视听文献的特点是成本相对较低，体积小，占地面积少，便于存储、易于检索。同时还具有直观、真切的特点，使人一目了然，易于学习和记忆，提高了读者接受信息的效果。声像文献的视和听还能把抽象概念形象化、微观概念宏观化、复杂过程简单化，从而直观地揭示事物本质和内在联系，为科学相互交叉渗透、完善读者知识结构提供了新的手段，促进用户智力的发展，对早期教育的作用最为明显，传播速度快。图书馆可以通过设立音像文献视听室、电子文献阅览室、网络资源检索室、缩微文献阅览室等来满足不同类型不同需求的读者。图书馆视听文献的自由交换服务是一种比较新型的服务，是通过开展公众之间视听文献的自由交换，既可以让人们互通有无，又可以变废为宝，让闲置的视听文献找到新的用户，从而发挥其应有的作用。图书馆应为开展这项活动提供必要的场地和用于公众交换所必需的一定数量的基础性视听文献，同时还必须承担日常管理和服务工作。

（2）复制服务

复制服务是图书馆服务的一个新型服务工作，长期以来一直被版权的问题束缚着，2001 年修正的《中华人民共和国著作权法》（以下简称为《著作权法》）已有明确规定，复制权是著作权人的财产权之一。在《著作权法》中，复制权被定义为“以印刷、复印、临摹、拓印、录音、录像、翻录、翻拍等方式将作品制作一份或多份的行为”。它是著作权人最重要的经济权利，因而成为著作权制度的核心所在。无论使用上述的任何方式制作和再现作品的行为都属于复制行为。图书馆在行使复制服务过程中，对用户复制目的、复制数量通常没有审查和限制，这就直接侵犯了著作权人所拥有的复制专有权。为了尊重著作权人的合法权益，我国图书馆可以参照和研究国外图书馆处理复制中某些成熟的做法，严格遵守《中华人民共和国著作权法》，以避免不必要的纠纷。

（四）参考咨询服务

利用特定的图书馆工作环境，了解读者用户的目的和需求，依靠图书馆丰富的馆藏资料和社会共享资源，制定合理的检索策略，运用现代信息技术和先进设备来搜寻读者用户咨询的文献资料。图书馆参考咨询服务不仅帮助读者用户解决重大疑难问题，同时也是发挥图书馆情报职能、开发文献信息资源、提高文献利用率的重要手段。目前很多院校图书馆就设有专门的参考咨询室，集中摆放参考工具书和专业检索工具书等文献资源供本院师生查阅。

（五）文献检索服务

根据读者研究课题的实际需要，从大量的书目、索引、题录、文献中获得相关文献信息。文献检索可以把读者引入更广阔的知识空间，不断扩展知识、更新知识。在科研过程中，重复浪费的情况时有发生，通过文献检索，可检获各学科领域已有的成果，避免课题重复研究。文献检索还可以克服自然语言、专业语言障碍，即使是不懂外语的读者，也可以通过文献检索工具，了解原文的主要观点、论据、原理、结论，取得跨学科的文献信息。

（六）导读服务

图书馆按照社会需求有目的地主动影响和干预读者正确利用图书馆信息资源的活动，引导读者选择适合于自己学习和研究的文献资料，一方面能方便读者利用图书馆的馆藏资源，另一方面还能扩大图书馆的读者队伍。通过图书馆馆员撰写书评、馆藏文献介绍等导读文章，向读者宣传推荐图书，并根据读者的意见要求及时调整馆藏图书，做好导读工作，促进图书馆工作的发展和提高。图书馆服务形式还有许多，从不同的角度和不同的服务对象还可以有文献报道与学科导航服务、情报调研和编译服务、定题服务、查新服务、虚拟参考咨询服务、个性化定制服务、文献传递服务、展览服务、图书馆有偿服务等等，在此就不再赘述。

六、图书馆服务质量

服务是图书馆发展的核心，是图书馆工作的主体，图书馆应取消对读者有限制的规章制度，鼓励读者来图书馆，图书馆将馆藏资源以最大限度地向读者开放，做好新书到馆的宣传导读工作，应该在图书馆网页的主页上设置电子邮件地址，为读者提供电子邮件服务，而这项工作是不受时间、地点的限制，读者可以在任何时间发送问题或接收答案。在图书馆网站提供 FAQ（常见问题答案），这样读者就可以在 FAQ 系统中查找自己所需要的答案。图书馆可以根据读者兴趣爱好而主动地向读者推荐图书、论文等信息资源，根据读者的特征提供具有针对性的馆藏信息，根据读者的专业、研究兴趣主动向读者推荐需要的文献资料。图书馆服务的理论与实践中存在许多问题，有偿服务问题、平等服务问题、知识服务问题、信息服务与传统文献服务的关系问题，以及现在流行的自助服务问题等等，都是从多种角度审视图书馆服务、研究图书馆服务的切口，有助于更深入认识和掌握图书馆服务工作的规律，促进图书馆事业的可持续性发展①。

“读者第一，服务至上”是图书馆全部工作的出发点和归宿。也是现代图书馆区别古代藏书楼的根本特征。尽管图书馆拥有丰富的图书和现代化设备，如果没有读者，或者说

① 俞政灵．图书馆服务的理论与认识［J］．科技创新导报，2010（12）：209－210

不为读者服务，那就失去了图书馆存在的价值①。

第二节 区域图书馆服务相关概念

一、区域图书馆服务

Internet的高速发展推动了全球网络化、信息化的进程，网络在信息服务中正发挥着越来越重要的作用，图书馆也不例外。利用网络通信提供服务已经成为当今图书馆共享资源的一种方式，这样就充分利用了各个图书馆的有限资源，从而可以充分满足用户日益增长的信息需求。由此可见，区域图书馆服务是指区域图书馆将收集到的各种文本、图片等信息资源进行加工、处理后，利用各种手段和方式为区域内外的用户提供信息产品和服务，满足用户信息需求的一种有组织的活动。

区域图书馆服务是以区域内各个图书馆为核心，按照以人为本、资源共建共享的原则，将本区域内尽可能多的图书馆组织起来，实现联合采购、联合编目、联合建库，从而达到真正意义上的资源共享的区域图书馆服务。这个区域图书馆服务具有开放性的特点，它不仅是本区域内图书馆的资源共享平台，还能实现与其他区域图书馆资源的互相传递和利用。区域图书馆服务的建设与发展，对于解决长久以来困惑馆际资源共享的服务问题，具有十分重大的意义。然而，也必须看到，不管是大型还是中小型的区域图书馆服务，都需要具备以下几个条件：国家和区域内各级政府政策的支持、组织机构的建立、人员素质的培养、网络环境与硬件设备、特色数据库的建设、相关门户网站的建立。

区域图书馆服务作为一种新型的强化集体优势的知识服务，已经被越来越多的人所认可并期盼着。区域图书馆服务的建设，不仅仅是解决了区域内资源共享问题，还将提高一个地区人民的文化素质水平，并将带动整个社会经济和科研的发展。这是一个良性的互动发展过程。

区域图书馆服务是指一个地区的若干总分馆体系或独立建制的图书馆在一定的协调组织和计算机管理系统支持下，共同形成的网状行业管理结构，通过区域网络，连接地理位置相近或相邻的公共图书馆形成的一个区域化、集群化、数字化、网络化，可以通过一个统一的门户对读者提供服务的文献信息共享空间。其核心在于网络的建设、实质在于资源的整合、目的在于全方位的共享，把不同建设主体设置的图书馆通过行业合作连结起来。

二、区域图书馆网络平台

区域图书馆网络平台是在区域内各个图书馆网络建设与合作的基础上发展起来的横向组织体系。它是将区域内分散的图书馆网络组织起来，按照自愿参加、平等协商、共建资源、共享资源的原则建立起来的，形成既有分工，又有合作的区域图书馆网络平台。该平

① 孙志权．浅议公共图书馆服务的理论与实践［J］．科技信息，2010（21）：759

台在整个区域图书馆网络组织中起着承上启下的作用，是整个区域图书馆网络组织中不可缺少的一个网点。目前，高速城域网的发展，为区域图书馆网络平台的建立提供了依托和保障。①

区域图书馆网络平台的建立，在于合理地进行文献资源布局，集中发挥区域内图书馆整体资源优势，及时了解、传播区域外的信息，为开发区域内的信息资源和自然资源共同努力，提高区域内的整体经济发展水平，推动区域图书馆发展。还可以把有限的资金集中起来合理调配，避免浪费，把每一分钱都用在最需要的地方，起到“1+1”大于“2”的作用。② 因此，网络平台的发展是促使区域图书馆对原有工作内容、业务管理、服务效能等诸多方面做出新的调整和改变，必须树立资源整合、联合服务、文献共享的区域性图书馆网络创新管理理念。

三、区域图书馆资源

建立区域图书馆，实现资源的共建共享，是图书馆生存与发展的法宝。主要是指：馆藏资源（书目、数字资源）、服务与管理、借阅、参考咨询、文献传递、用户教育、知识服务等。

（一）书目资源

各图书馆应建立基于 Web 的馆藏目录数据库，将自己各种实体馆藏的书目信息通过 Web 站点提供给所有用户，以便用户能明确地通过 E - mail 形式提出诸如馆际互借、原文复制、网上文献传递等信息服务的具体要求，实现区域图书馆实体信息资源的共享。像高校图书馆一般使用了 OPAC 书目查询系统，可以在任何时间、任何地点的任何一台联网的计算机上查询图书馆书目信息。区域内其他图书馆也应考虑使用同样的系统，便于统一标准，统一界面，为实现馆藏实体资源共享提供便利。

（二）数字资源

数字资源主要包括馆里的电子文献、所购买的各种数据库（包括镜像的和包库的）、自建的各种特色数据库、地方文献数据库，以及从网上搜索、挖掘、制作的知识库等可通过网络提供服务的各种资源。购买数据库可以采取集团购买的方式，压低厂商价格，有效降低各成员单位购买电子资源的费用。目前用得较多的中文数字资源主要有清华同方的 CNKI、重庆维普的中国科技期刊全文数据库、万方数字化系统中的期刊数据库、学位论文全文数据库，以及超星数字图书馆、方正 Apabi 数字图书馆等。外文的主要有 OVID、OCLC、EBSCOhost、SprinLinking 等数据库。对于确实需要但用户群规模不是特别大的数字资源则应实行网上包库。对于自建的各种特色数据库、地方文献数据库、知识库等可以直接拿来共享。

---

① 王艳秀，涂中群. 区域图书馆：网络资源的共建共享［EB/OL］.［2014 - 05 - 28］. 中国科技论文在线网（http：//www. paper. edu. cn）：1 - 5

② 王艳秀，涂中群. 区域图书馆：网络资源的共建共享［EB/OL］.［2014 - 05 - 28］. 中国科技论文在线网（http：//www. paper. edu. cn）

（三）服务与管理

服务与管理是图书馆永远不变的主题与宗旨，网络环境为区域图书馆的服务与管理共享提供了机遇与挑战，为图书馆的服务与管理提出了新的研究课题。服务与管理共享，可以得信息资源共享与智力资源共享共同之裨益，为读者提供优质、便捷的服务与管理，是图书馆生存与发展的又一法宝。

（四）借阅

传统的纸质文献借阅，是需要读者到文献所在馆进行借阅，除了一卡通、馆际互借等方式保障区域图书馆资源共享外，数字资源共享平台建设、文献传递服务等促进了区域图书馆网上借阅的共享。

（五）参考咨询

传统的参考咨询、参考信息源都是以印刷型文献信息为主，服务模式是在图书馆里设立参考咨询台或专门参考咨询服务部门，参考馆员与用户面对面直接交流的方式。网络环境下的参考咨询，咨询信息趋于电子化、数字化，咨询模式基于网络化。区域图书馆可以加强合作化参考咨询服务，真正实现数字资源和智力资源的共享；可以共同使用一套切实可行的合作化参考咨询软件，该系统可提供多种咨询方式等；可以根据各成员馆用户所咨询内容的特征，通过成员单位文档数据库进行分派，以寻求最合适回答该问题的成员机构来接收用户提问并进行提问解答和跟踪。①

（六）文献传递

网络环境下的原文传递已成为现代馆际互借工作过程中的重要环节，在图书馆参考咨询工作中占有重要的地位。它在开发文献资源、发挥情报职能、为读者深层次服务上发挥着巨大的作用。区域图书馆的原文传递共享可以建立原文传递系统，利用不断扩大的可利用资源，通过不断延伸的原文传递网络，为不断壮大的用户群提供多层次的信息资源传递服务。

（七）用户教育

图书馆用户教育是图书馆工作过程中的重要研究课题，促进人的全面发展是图书馆的最终与最高目标。只有提高用户信息素养，信息资源才会被用户充分地利用，实现图书馆信息资源的价值。网络时代的读者教育无处不在，各种网络课程、在线教室比比皆是。区域图书馆可以把各成员馆的网络课程拿来共享。当然各种数据库的使用方法也是用户教育必不可少的内容。区域图书馆可以把各成员馆的用户教育的特色资源通过集中、整合的办法，借助区域图书馆门户网站的 WEB 页供用户点击使用，达到用户教育共享。

（八）知识服务

网络时代的来临，赋予了图书馆工作新的内涵，从过去的信息服务发展到现在的知识服务是图书馆工作模式的一次质的飞跃。知识服务是新时期图书馆工作新的生长点，伴随

---

① 洪文．试论网络环境下高校图书馆开展合作化参考咨询工作［J］．图书馆，2005（1）：57－59

着图书馆电子化、数字化、网络化的飞速发展，确立知识发现、知识组织、知识管理和知识创新的理念，积极开展知识服务，是图书馆提高服务质量的最佳选择。图书馆拥有丰富的知识资源和现代化设备，是知识传播的重要枢纽，能够为知识创新提供必需的知识资源。图书馆通过对知识的选择、搜集和整序，通过对知识资源进行多功能、深层次的开发，达到知识再生产的目的，创造出新的知识。通过知识服务来保障社会和用户的知识需求，缩短知识创新的周期，促进知识创新效率的提高。

四、区域图书馆集群管理

20 世纪 80 年代以来，描述区域经济集聚现象的集群理论在美国和其他西方国家迅速繁荣。目前比较权威和公认的则属美国哈佛商学院波特教授提出的产业集群概念，即“在某一特定区域下的一个特别领域，存在着一群相互关联的公司、供应商、关联产业和专门化的制度和协会，它们由于具有共性和互补性而联系在一起”。[①]

信息化、网络化的发展催生我国区域图书馆集群管理的诞生。进入 21 世纪，人们对文献信息的需求不再仅仅局限于某一主题相关联的文献，而是注重于文献内容的精确性和形式的多样化。这种读者需求的变化促使图书馆对原有的工作内容、业务管理、服务效能等诸多方面作出新的调整和改变，必须树立资源整合、联合服务、文献共享的区域图书馆集群管理理念。所谓区域图书馆集群管理，就是通过总分馆制的实施和基于互联网环境的技术支撑将一个区域（或行业）内的图书馆紧密联系起来，组成布局合理、职责明确、协调有序、管理规范、便捷高效的图书馆联合体。通过统一业务管理、开展联合服务，形成一个资源高度共享、业务密不可分的图书馆网络集群组织。

城市区域图书馆合作是图书馆区域合作的一种重要类型，是图书馆合作网络中最基础的环节。由于我国农村图书馆资源相对贫乏。城市区域内图书馆构成了一个数量大，区域广泛，服务人口众多、结构复杂、资源各有特色等特点的基层图书馆资源体系。城市图书馆合作可以扩展辐射到邻近农村的图书馆，促进广大农村的图书馆事业建设。目前，我国正在建立以国家级文献信息资源网络为主导、地区级文献信息资源网络为基础的全国图书馆文献信息资源共建共享网络。城市区域图书馆合作必将交融于全国性、行业性的文献资源共享体系的建设之中。在城市信息化进程中，图书馆扮演着重要的角色，它既是信息储存中心，又是信息处理中心，同时也是信息交流的中心。建设以城市为基础，结构有序、功能完善的城市图书馆服务体系，实现图书馆单馆到多馆、信息资源共享、读者服务联动的合作模式，必将提高城市区域内图书馆的网络化和信息化水平，以提高整个城市的信息化水平。

五、区域图书馆联盟

区域图书馆联盟具有各个区域内的自然环境（包括地理、地貌、交通等）、经济、科学、技术、文化等各方面的特点以及区域内各组织、机构、团体、居民等的需求特点，能

---

① 于力．浅析区域图书馆集群发展［J］．大科技·科技天地，2010（11）：16－17

通过区域内的各类图书馆，统筹安排考虑区域内外的各种信息资源。

区域图书馆联盟是以用户为中心，在区域内各级政府的支持和协调下，动态集成区域内的各级公共图书馆、学校图书馆、专业图书馆、出版社、企业、商业及其他各相关组织、机构、团体及个人参与的深度和广度的信息资源，按照一定规范和模式，组成的地位平等、互助合作、共建共享的图书馆联合体。能为社会提供优质的公益性服务，担当起区域性网络化技术支持中心和服务中心的重任，在区域性图书馆管理中心的协调下，形成共享与获取区域内外各种信息资源的网络联盟系统。区域图书馆联盟具有政府性、公益性、开放性、稳定性的特征。

1. 政府性

区域图书馆联盟中的政府作用很突出，政府的支持和参与有利于网络化支撑系统的快速建设和区域内外信息资源的共享，有利于区域内各图书馆、出版社、企业、商业及其他各相关组织、机构、团体及个人参与的深度和广度，有利于网络联盟系统中各种矛盾的协调和解决。①

2. 公益性②

区域图书馆联盟是受政府财政拨款与自愿捐赠支持的，是被当做公共信念管理的，维护该区域的居民都有平等地享有服务的权利。为社会提供优质的公益性服务，是区域图书馆联盟存在和发展的根本，社会效益始终是区域图书馆联盟及其服务运作的首要准则。

3. 开放性

开放性是区域图书馆联盟最显著的特征之一，其开放性具体表现在：区域性网络联盟系统成员对信息资源采集的开放性，每个成员按照联盟协议构建自己的特色馆藏；对信息数据编目的开放性，每个联盟系统成员之间可以互相借鉴、修改或者直接套录书目数据，形成自己新的书目数据；对用户提供服务的开放性，每个区域网络联盟系统成员都可以共享合作区域内外的信息资源：对用户信息发布的开放性，每个联盟系统成员可以即时发布自己的新信息。

4. 稳定性

区域图书馆网络联盟系统的稳定性，是保证区域图书馆联盟健康发展，信息资源长期、稳定流通的关键，也是实现整个国家信息资源共享，促进国家经济、文化事业发展的基础和条件。

第三节 区域图书馆服务的研究态势

区域性图书馆服务是指一个地区的若干总分馆体系或独立建制的图书馆在一定的协调组织和现代化管理系统支持下，共同形成的网状行业管理结构，通过区域网，连接地理位

---

① 李世玲，李素喜，王晓云．城市区域性图书馆门户的构建［J］．图书情报工作，2007（5）：57－59

② 周秀荣．试论网络化图书馆运转的开放性［J］．图书馆学研究，2001（2）：14－15

置相近或相邻所形成的一个区域化、集群化、数字化、网络化服务，可以通过统一的门户对用户提供文献信息共享空间服务，其核心在于网络的建设、实质在于资源的整合、其目的在于全方位的共享。①

一、区域图书馆服务的现状

（一）国外现状

早在20世纪30年代初期，西方国家图书馆就已经开始尝试各种服务模式以服务公众。美国的区域图书馆信息服务起步较早，服务方式多种多样，并开展各种服务模式，如网页推送、合作式网上咨询及虚拟参考咨询等。欧洲各国为确保满足用户的信息需求，将所有图书馆的资源及服务连接起来，建立一个较为宽泛的统一的信息服务体系，支持馆际图书馆网络的发展。20世纪年80代初，美国图书馆学情报学家兰开斯特在其《电子时代的图书馆和图书馆员》一书中，就率先提出了区域图书信息服务是今后满足用户知识信息需求和知识开发服务为主的一种模式。随后，Betsy Baker提出了在瞬息万变的信息时代图书馆变化的是服务的策略，其服务的原则没变。Harish Chandra则认为数字图书馆提供E－SERVICE可以扩大图书馆的服务范围，可以更好地提供社区服务。在区域图书馆信息服务方面，国外大多数专家和学者把研究重点放在图书馆实现的价值方面，并发表了多篇论文及出版了相关的专著专门探讨区域图书馆信息服务的目的、功能等。例如，② Ross Atkinson认为图书馆的信息服务的目的是提供服务而不是创造收入。③ Diana Miranda Murillo在其专著中探讨了图书馆信息服务的价值，从各个方面研究了图书馆的信息服务特点，认为图书馆是以服务为方向的，服务是以用户为中心的。④ 与国内区域图书馆信息服务比较，国外区域图书馆的确有很多优势，如重视馆员的综合素质，在思想上“以用户为中心”，从用户的角度出发，考虑用户的真正需求，并把图书馆信息服务融入社会发展，加强图书馆与社会之间的公共关系。

国外区域图书馆联盟起步早、发展快。20世纪90年代以来，由于网络技术的快速发展和国家信息基础设施的完善，推动了国外新型的图书馆联合体迅速发展。⑤ 美国是图书馆联盟发展最快的国家，有相当规模的大约有150多个。1997年，加拿大国家图书馆发起的全国联盟运动，到2013年底，已有3 000多个图书馆加盟，并成立为加拿大数字图书馆联盟。德国图书馆的联盟工作合作分本地、区域性和跨区域性三个层次，涉及图书馆的各

---

① 该节内容选自本课题系列成果之一：区域图书馆信息服务联盟研究［J］. 情报理论与实践，2009（9）：60－63；网络环境下区域图书馆信息服务联盟研究［D］. 南昌大学硕士学位论文，2011－04－02

② Baker Betsy. Can Library Service Survice in a Sea of Change［J］. American Libraries，2000：47－49

③ Chandra Harish. Development of E－Services for Promoting Education and Research Through Digital Library Initiative［EB/OL］.［2014－03－13］In Kaul，H. K. and Sen，Gayathri，Eds. Proceedings National Conventionon Library and Information Networking（NACLIN），Bangalore（India）. http：//eprints. rclis. org/archive/00004660/01/NACL

④ Atkinson Ross. Contingency and Contradiction：The Place（s）of the Library at the Dawn of the New Millennium［J］. Journal of the Amer ican Society for Information Science and Technology，2001，52（1）：3－11

⑤ Miranda Murillo Diana. The Value of Service in Library and Information ScienceMaster's Thesis，Information School，University of Texas at Austin（US）［EB/OL］.［2014－02－20］. http：//eprints. rclis. org

个工作领域。日本区域性图书馆联盟虽然不如欧美等国家的有影响，但由于图书馆协会等中间组织的主导，联盟是高度组织化、制度化和有序发展的实体式合作。纵观国外区域图书馆联盟的发展情况，都是从高校图书馆界发展起来的，这与当时的环境因素有很大关系。国外图书馆联盟建设注重质量和目的而轻手段，重视软件建设，为避免重复建设，协调计划性很强；在合作组织及机制上，采用利益均衡的机制，使每个成员能够确信其财政投入是安全的，同时使各个成员机构能严格履行各项组织规定以及所赋予的各项义务。对国外图书馆的发展进行研究，无论是从思想上，还是在管理上都可以为我国图书馆今后的建设有一定的启示。

为了解更多的国外图书馆服务的研究现状，笔者采用文献数据库 ISI WEB of Knowledge，以 library 和 service 为主题词，数据库 = SCI - EXPANDED，CPCL - S，CCR - EXPANDED，IC 进行检索，从 1994 年 1 月 1 日到 2013 年 12 月 30 日为止，共命中文献 489 篇，检索结果自动分析，见表 1 - 1。如果选择数据库 = Web of Service 进行检索，共命中文献 128 篇，检索结果自动分析，见表 1 - 2 和表 1 - 3。可以看到刊出的文献是以英文文献为主，其次是俄语。美国在这方面的研究比其他任何国家都要多，其次是中国。经过对近年的检索文献查阅得知，英国、美国、日本等国十分重视图书馆信息服务方面的研究，而且它们都在加大对图书馆服务方面的投入力度。

表 1 - 1 国外图书馆服务相关文献年度变化

序号	出版年	记录数	比例（%，共489）
1	2013	49	10.020 44
2	2012	53	10.838 44
3	2011	56	11.451 94
4	2010	14	2.862 98
5	2009	44	8.997 95
6	2008	38	7.770 96
7	2007	31	6.339 46
8	2006	39	7.975 46
9	2005	33	6.748 46
10	2004	33	6.748 46
11	2003	18	3.680 98
12	2002	18	3.680 98
13	2001	17	3.476 48
14	2000	23	4.703 47
15	1999	14	2.862 98
16	1998	13	2.658 48
17	1997	10	2.044 98
18	1996	10	2.044 98
19	1995	13	2.658 48
20	1994	12	2.453 98

（二）国内现状

党的十七大、十八大会议指出“加强西部大开发战略”和“加强公共文化服务体系建设”的战略任务；中越两国提出的“两廊一圈”区域经济发展规划；西南五省市提出的出海大通道建设规划以及“9+2”泛珠合作规划等。所有这些都是关系到图书馆服务体系建设理论与实践相结合的问题。显然，关注和研究区域图书馆服务体系是落实科学发展观，建设和谐社会文化的需要，区域性图书馆服务体系的建设与发展研究是和谐社会建设中的重要内容。

表1-2　国外图书馆服务相关文献的语种记录

序号	语种	记录数	比例（%，共128）
1	ENGLISH	125	97.656 2
2	RUSSIAN	2	1.562 5

表1-3　国外图书馆服务相关文献的地区分布

序号	国家/地区	记录数	比例（%，共128）
1	USA	31	24.218 8
2	PEOPLES R CHINA	24	18.750 0
3	ENGLAND	17	13.281 2
4	ITALY	4	3.125 0
5	TAIWAN	4	3.125 0
6	BRAZIL	3	2.343 8
7	GERMANY	3	2.343 8
8	SCOTLAND	3	2.343 8
9	SOUTH AFRICA	3	2.343 8
10	SOUTH KOREA	3	2.343 8

在中国图书馆学会近10年的年会中，每次年会都将公共图书馆服务体系构建列为主要议题讨论。很多学者撰文研究，如王溪林在《公共图书馆阅读服务体系》论文里阐述了社区图书馆的建设对培养全民阅读习惯的促进作用；程松全在《21世纪图书馆地方文献工作发展研究——网络环境下的地方文献特色服务》论文里探讨了地方文献特色服务的观点是地方图书馆今后的发展方向；常红在《区域性图书馆联盟文献传递模式研究》论文中分析了区域图书馆联盟文献传递服务的发展方向；漆钜宏在《略论西部公共图书馆服务体系建设》论文里阐述了建设公共图书馆服务体系的历史背景和理论价值；徐欣禄和黄艳在《广西文化信息资源共享工程资源建设思考》一文里提出了进一步明确资源建设思想、政府主导作用、资源共建共享机制、突出特色、科学建设等的建设思考；包和平在《西部图书馆可持续发展战略研究》一文里阐述了西部大开发给西部图书馆带来的优势与机遇等。这些论文对我国公共图书馆服务体系建设现状及发展思路和区域图书馆文献服务的相应模

式进行了较为深刻的分析；然而对区域性图书馆服务体系在和谐文化建设及服务理论与实践方面的研究尚待完善；对如何建立与区域经济体制相适应的、充分保障区域各民族基本文化权利、文化需求的区域图书馆服务体系，为尽快制定一部全面、系统、科学的，对区域整体的图书馆服务体系提供系统准则与指南的研究尚待细化；对区域性图书馆联盟建设延伸服务政策体系、机制与路径、民族特色资源协调配置服务与虚拟咨询服务体系、文化体系、评价体系的构建研究尚待丰富。

在云南省图书馆学会近10年的年会上都围绕“构建和谐社会与图书馆的创新和发展”这一主题展开研讨；在近几年的西南地区高校图工委联席会议上都围绕西南高校图书馆的特藏资源建设、西南高校图书馆文献资源共享问题研究、和谐社会与大学图书馆、高校图书馆与公共图书馆服务体系构建的问题研究等议题进行讨论。会上，多数西南图书馆馆长、专家、学者认为，20世纪90年代以来，地方图书馆服务研究在理论与实践脱节、忽视新技术方法的研究、缺乏服务创新、缺乏强有力的组织协调机构与行之有效的规章制度来管理和服务等，无法跟上党的十七大提出的和十八大实施的“西部大开发战略”建设与发展的需要。这势必会影响科学发展观落实与和谐社会建设的进程。目前，区域图书馆的建设还处于起步阶段，正面临着海量网络资源信息服务及城乡信息化建设中的创新服务与可操作性等方面的巨大问题。因此，本研究对推动区域图书馆服务体系建设具有重要的理论与实际价值。

我国区域图书馆的信息服务发展起步比较晚，国内的有关专业人员也一直在这一领域中努力，致力于研究出发展我国图书馆信息服务的道路。近10年来，在中国知网上检索与图书馆信息服务相关的文献数据中，可以看到与图书馆信息服务相关的文献总量变化量呈现逐年上升的趋势。总的来说，主要集中在图书馆信息服务的特点、模式、发展的趋势、存在的问题、相应的对策等几个方面。如郭海明在《数字图书馆信息服务模式研究》中，其阐述了按不同的方法分为多种信息服务模式，即资源产品服务模式、馆员中心模式和用户中心模式，分散服务模式、集中服务模式、分布式服务模式和集成式服务模式。黄燕君在《图书馆信息服务的走向》中围绕图书馆信息服务发展走向问题进行探讨、分析，从集成化、个性化、社区化、分布式协作、营销理念、创新性等方面进行了论述。汪善建在《论高校图书馆信息服务创新》中分析了现代高校图书馆信息服务所面临的挑战，提出了网络信息文献服务、建立网络资源导航库、个性化信息服务、数字参考咨询服务、远程教育等信息服务创新模式，并探讨了相应的对策。黄敏的《图书馆信息服务模式及创新研究》和《图书馆信息服务内容及层次研究》论文，前篇是在“图书馆学五定律”的启示下，从对几种关系的解析中探讨图书馆信息服务的新模式；后者是从信息服务的任务出发，分析信息服务的逻辑前提。在此基础上提出和分析信息服务的二层结构，阐述用户信息需求定位服务的内容、原则、意义，探讨现代信息环境下用户信息需求满足服务的未来发展。兰天阳在《网络环境下图书馆信息服务的特点及馆员的资讯素养》中探讨的是，网络环境下图书馆的信息服务呈现出服务手段数字化和网络化、服务范围和对象市场化、服务产品多样化的特点，对馆员的资讯素养有一个全新的要求，它要求馆员除具备良好的职业道德和资讯道德外，还必须具有“精”而“博”的知识结构，较强的网络检索能力和信息产品的营销能力。这些研究从不同方面反映了我国图书馆信息服务研究的进展情况。

我国学者对图书馆联盟的研究始于20世纪末。进入21世纪，随着实践的发展，图书馆联盟的理论研究也不断深入。从1983年至1995年，基于网络的全国性图书馆联盟正蓬勃发展。在2003年之后，我国学者对图书馆联盟的研究正不断扩展深入。代表性成果有戴龙基和张红扬的《图书馆联盟——实现资源共享和互利互惠的组织形式》、张雁的《对我国图书馆联盟建设的一些思考》、陈琳的《地区性图书馆联盟建设的思考》等，这些文章都是分别对图书馆联盟从定义、历史任务、联盟文化、联盟模式和联盟管理等方面对图书馆联盟进行了介绍，以及探讨了地区性图书馆联盟运作的基础，包括建立图书馆联盟文化、制定一系列的基本原则与规章制度、来自各方的支持和参与、图书馆联盟应该是一致性和灵活性的统一、设立专职人员、加强成员之间的沟通、进行人员培训；地区性图书馆联盟建设的主要内容：书目资源的共建共享、丰富多样的文献信息资源体系建设、建立图书馆联盟内的馆际互借系统和文献传递服务、地区性图书馆联盟人力资源的共建共享；而王南的《图书馆联盟数字资源建设研究》、李富玲的《我国数字图书馆联盟建设的现状与未来发展》等都是从图书馆联盟数字资源建设方面和联盟组织的发展、联盟的组织管理与运行、联盟建设取得的成绩与存在的问题进行了深入的研究。事实上，我国区域性图书馆联盟的建设已经取得了一定的进展。现在有不少学者们对河北省高等学校数字图书馆联盟、长三角图书馆联盟、辽宁省高校图书馆联盟、陕西省高校图书馆联盟、山东省高校数字图书馆联盟、少数民族地区图书馆联盟以及粤港澳图书馆联盟、香港地区图书馆联盟等进行了探讨。

二、区域图书馆服务的趋势

随着计算机和通讯技术的日益发展，文献数字化、网络化的发展给图书馆之间互相合作带来更多的机会。在网络环境下，区域图书馆联盟就是在一定的地域范围上，利用计算机技术和网络技术将这一区域内的各个单一的、不同性质的图书馆连接起来，形成综合的面向群众服务的区域图书馆联合体。它不仅实现了区域图书馆信息资源与其他网络资源真正意义上的共享传递和利用，还可以避免重复建设，有助于各成员馆自身独特的定位和发展目标。

（一）服务理念的变革

区域图书馆服务的革新会导致评价服务理念的变化。以往，图书馆强调的是以图书馆为中心，馆员根据用户要求，为其提供其所需要的最原始的信息。现在，则强调以用户为导向的服务让满足用户的需要作为驱动力，激发促使馆员去不断研究不同时代、不同环境用户个性化的信息行为规律，注意探讨用户在信息活动中的信息需要、行为习惯和决策方式，动态性地创造和组织针对用户个性化行为的信息导航、检索和利用机制，创造适应用户个人行为的信息环境。当用户来到图书馆时，执行“用户满意”的服务工作理念，挖掘他们的真实需要，提供深加工信息产品，帮助用户获得他们真正需要的信息服务。

（二）服务范围的社会化

网络环境下，区域图书馆服务可以根据广泛的社会要求，利用网络等先进的信息技术，对各馆藏信息资源和网络信息资源进行挖掘的服务活动。其目的是将隐藏的、静态的知识信息开发成有价值的、动态的知识信息，进而满足全社会的需求。网络环境中信息交流日趋广泛和频繁，导致用户的信息需求也越来越多样化，同时区域图书馆也是面向社会提供多种信息服务的实体，这就使得区域图书馆需承担满足用户开放化的信息需求。网络技术的发展加速了区域图书馆服务联盟的进程，实现了区域图书馆服务范围社会化。

（三）服务方式变被动为主动

传统的条件下，区域图书馆服务由于受硬件资源的限制，向用户提供服务的方式一般是口头咨询、定题检索和文献借阅等，馆员一般都是在馆内等用户上门。在网络环境下，不需要亲自去图书馆面对面进行，现在都可以在网上进行，并向用户推荐各种产品。这种服务方式改变了区域图书馆传统被动的地位，同时也加强了馆员与用户之间的联系，提供主动服务的方式，如网页参考服务的交流平台。现在有很多的区域图书馆都在网站上提供用户需求表，馆员根据用户的需求进行操作，然后再通过电子邮件、传真等方式反馈给用户。

（四）服务内容的拓展

1. 网络信息服务

传统图书馆如同一个文献信息的资料库，从事文献信息的简单传递工作，信息服务方式完全属于一种被动“应答”模式。网络技术的发展与普及使传统图书馆的服务内容有了很大的变化。区域图书馆可以借助于高科技手段，根据用户的需求，提供各种载体形式的、经过筛选与整合的大量信息资源，不再局限于为用户简单地提供文献。在知识经济时代，区域图书馆信息服务不仅要能提供原始文献信息，还需要向用户提供经过高度加工、综合提炼的深层次信息产品，及时而有针对性地提供给用户。在网络环境下，区域图书馆可以让用户实现在线阅读与自由下载，实现电子文献传递、离线阅读与打印；可以享受以网站服务形式提供的服务，网络参考咨询、实时 BBS、在线文献传递、浏览、查询、最新信息报道服务等；可以获得信息库、教育环境、参考服务、个性化服务等多种服务。区域图书馆通过联网实现信息服务联盟，使各类图书馆进行合作。

2. 政府信息服务

区域图书馆可以发挥自身优势和特长对政府信息科学组织、加工整合、深度揭示以方便公众检索和利用。区域图书馆可以根据当地的实际情况，形成当地政府信息公开的分类体系，并对政府信息做出深度标引，为公众提供方便检索的政府信息检索平台或数据库，并就某些重要问题、热点问题整合或编纂专题性政府信息汇编，或形成累积性专题资料数据库等。

区域图书馆参与政府信息服务具有多重意义。对于各级政府机构来说，有助于提升政府信息公开的透明度，形成全方面的政府信息传播服务体系。对于区域图书馆来说，彰显自身的社会地位及社会价值，为发挥专业优势，促进专业活动和各方面的相结合迎接新的挑战。

3. 企业信息服务

企业信息服务是针对企业创新的信息需求和区域图书馆提供信息服务的优势，来分析基于企业创新的图书馆信息服务的必要性和可行性。在必要性和可行性的基础上，学者提出区域图书馆为企业创新提供信息服务的基本方式，再从企业创新过程的角度分析区域图书馆信息服务的基本内容，希望能为区域图书馆与企业的合作提供一些参考。此外，随着数字技术的发展与应用，区域图书馆可通过构建学科服务平台、信息共享空间、特色数据库等形式加快向企业提供信息服务的步伐，以更好地实现区域图书馆的社会职能。

4. 公益信息服务

区域图书馆是以提供无偿信息服务为主，有偿信息服务为辅的公益性信息服务机构。其提供的信息服务内容包括了公益性信息服务、有偿信息服务、特色信息服务。

区域图书馆本质是一种社会福利设施，是一种公益性的公共事业，是社会精神文明建设的表征，它以免费服务或收取轻微必要费用服务于全社会或有关区域与部门，为社会保存了人类文化遗产。

（1）提供公益信息资源

公益性信息资源是指面向社会公众，带有公共福利性质，以提高全民素质和人民生活质量等社会效益为主要目的的信息资源。区域图书馆主要采用无偿或低价服务，不以赢利为目的向公众提供公益性信息资源，让全社会或一定区域内共享这些公益性资源。对于公益性的信息，如气象、自然资源、人口等信息，开展无偿服务。例如有的图书馆的主页中建有时事政治专栏，其余各馆均可通过相关资源链接获取到这些公益性信息。

（2）开展教育文化服务和休闲文化服务

区域图书馆可以在农村和农民工集中的地方设点、为弱势群体提供文献借阅服务、推出免费读书辅导等面向弱势群体的辅导和培训活动。例如，厦门少儿图书馆在农村和城市民办学校建立4家电脑联网分馆，免办证押金、免工本费，图书超期也不罚款，使农民孩子可以充分利用图书馆。区域图书馆可以向公众提供文化休闲服务，比如可以是简单的生活信息，如机构地址、邮政编码、列车时刻表、社区服务点等，也可以是复杂的统计数据、信息技术、前沿科学。区域图书馆也展开休闲文化的服务，如可以在网站上随时公布新片上映、社会展览、音乐演出等娱乐休闲的时间地点，也可以设立影音视听室、举办小型音乐会满足需求。例如，广东省立中山图书馆在网站上实况转播图书馆内筑巢的一对高髻冠鸟的繁殖、生长经过，这一事件对信息用户起到了一定的科普教育作用。

5. 有偿信息服务

现代区域图书馆打破了传统的服务方式和服务模式，让信息服务面向社会，开展有偿信息服务。这样不仅可以弥补国家投资的不足，也可以促使图书馆拓展自身发展能力，同时在激烈的竞争与挑战面前也寻找到了新的发展机遇。

在网络环境下，信息十分庞杂，区域图书馆人员努力提高自身的业务素养，充分发挥自身专业优势，运用扎实的专业知识，对有关信息进行筛选、求证，为用户做好信息导航和咨询辅导等服务。图书馆以社会需求为出发点和导向，界定服务目标，利用网上信息资源及馆藏特色信息，开发出有针对性的信息产品，占领信息服务市场，开阔信息服务领域，从中获得可观的经济效益和社会效益。而这些数据库的建立和多媒体信息资源的出现，对一些资金有限的图书馆来说可能因经费不足而导致图书馆信息资源不全。因此，区域图书馆应开展有偿信息服务，并为区域图书馆信息服务提供更广阔的发展前景。

随着市场经济的发展和社会信息化程度的提高，用户的信息商品意识和信息需求意识将日益得到强化，其对信息服务的要求也将更高。这些要求包括专题信息检索、定题跟踪服务、信息调研分析、代查代译、专业技术报导、与某些行业开展特色服务、与企业联合开发信息资源，等等。这一方面需要馆员付出更多的创造性劳动（劳动的增值将使信息服务的成本增加）；另一方面，信息服务所使用设备的日益现代化和用户高层次的信息需求，将大大加剧图书馆经费紧张的矛盾，促使它去开辟新的合理的经费来源渠道，这样，区域图书馆开展有偿信息服务就是顺理成章的了。

6. 特色数据库服务

区域图书馆可以根据用户的需求和自身条件与优势，建立特色数据库。区域图书馆建立特色资源数据库，将特色馆藏资源用科学方法加以组合后转化为数字形式，以提供给用户检索和利用。为此，区域图书馆应加强调查研究，弄清本区域的经济地方特色和科学研究的实际需要，制定信息服务的计划，建设有自己特色的数字产品来满足读者和用户的需求。例如上海图书馆的“家谱专藏”，北京东城区图书馆的“服装资料馆”，北京崇文区图书馆的“包装图书馆”，汉川的“淡水养殖图书馆”，南京图书馆的“服装面料资料库”等的建设都是区域图书馆提供的特色信息服务。[①] 区域图书馆提供的特色服务项目有利用网络信息资源提供定题服务、跟踪服务，还有，馆员可以有计划地跟踪了解有关学科的研究成果，向教师、研究生提供最新的专业研究动态；有组织有专业特色的讲座、开发有特色的信息产品等。

7. 联盟信息服务

信息资源作为一种经济资源，具有“高生产成本，低复制成本”这一经济特性。信息资源的这种经济特性和信息资源的共享性使得区域图书馆开展信息服务联盟成为必然。随着信息技术的迅速发展，图书馆信息服务的方式、手段和内容等已经随之改变。图书馆若不能与现代信息社会同步发展，在未来的社会中图书馆必将被其他的信息服务行业所取代。因此，图书馆联盟是图书馆今后发展的必然趋势。区域图书馆信息服务联盟作为图书馆联盟其中的一个方面也必然是今后的发展趋势。

---

① 杨长进．论网络环境下公共图书馆特色信息服务［J］．苏州图书馆学报，2002（3）：55－56

第二章　西南地区图书馆服务体系建设

第一节　西南地区图书馆服务体系的界定与构成

网络环境给区域图书馆服务体系建设带来了巨大的冲击，同时也带来了更多的发展空间。区域图书馆服务体系建设应把握这一发展的契机，利用网络带来的变革，大力倡导创新意识和创新精神，寻找自己生存与发展的空间，使区域图书馆服务体系建设开创新的局面。①

一、西南地区图书馆服务的基本属性

随着技术与人文领域的不断发展，服务业与许多其他学科正发生着激烈的碰撞和融合，与管、学以及包括计算机学科在内的工学正不断地走向融合。因此，服务科学强调跨学科性，重视信息技术、管理学、经济学和用户心理分析的结合，为服务提供者和客户创造更多的价值。

图书馆业务活动本身就是服务的基本属性。从技术上看，图书馆服务是现代信息技术忠实的应用者，并依据行业特色提出自己的业务需求。从读者服务工作看，现代图书馆服务重视读者的心理需求，强调以用户为核心的服务观念，读者心理分析与图书馆服务工作有着非常紧密的联系。从服务管理的过程看，图书馆服务作为社会分工中的组织同样需要管理学理论和实践的指导。虽然图书馆服务业务活动相对单一，但是由于其既是以文化服务为核心的组织，又是追求投入产出平衡的机构。因此，不管是从传统的手工借阅到现代化管理，从书目数据库到数字图书馆，还是从信息服务到知识服务，都代表着图书馆不同阶段服务创新的轨迹。因此，西南地区图书馆作为该地区文化传播服务的重要机构，对该地区文化事业的发展已经具有鲜明的服务科学属性、已经具备建立西南地区图书馆服务体系的科学基础。

（一）西南地区图书馆概念的界定

本课题将广西壮族自治区、云南省、贵州省、四川省、重庆直辖市这五个省（直辖市、自治区）级区域简称为“西南地区”。所以本课题所研究的图书馆服务体系是指西南地区五个省（直辖市、自治区）级区域内的图书馆，简称为“西南地区图书馆”，即这五个省级区域内的图书馆，还包括若干图书馆总分馆、图书馆联盟、行业（单位）图书馆合作服务以及他们的延伸服务体系，也包括西南地区图书馆若干总分馆体系或独立建制的图

---

① 该节内容选自本课题阶段性成果：区域图书馆信息服务联盟研究［J］．情报理论与实践，2009（9）：60－63

书馆在一定的协调组织、行业合作和计算机技术、信息技术、网络技术等与管理系统的支持下，共同形成西南地区图书馆服务行业合作建设的综合服务结构。

（二）西南地区图书馆服务的公益性

公益性是公共文化服务体系的基本特征，也是西南地区图书馆的本质属性。[①] 西南地区图书馆作为公共事业，是由政府和一些社会团体通过全民税收支持其经费开支而面向全民开放、免费为全民所利用的文化教育设施。从某种意义上说，西南地区图书馆的一切文献和设施均是国家所有。因此，无偿地向社会公众提供服务也是理所当然的。

网络环境给图书馆事业带来了发展前景，这为图书馆事业的发展提供了十分广泛的服务空间和机动灵活的服务时间。正因如此，西南地区图书馆服务在网络化环境下正在按照用户的信息需要来灵活地链接、组织和利用合适的信息资源来高效地服务社会，使西南地区图书馆的服务变得真正的开放，完成“以图书馆为中心”到“以用户为中心”的转变。

（三）西南地区图书馆普及科学知识、终身教育

图书馆是西南地区社会文明发展的产物，是搜集、整理、存储、开发、传递和利用文献信息资源为经济、文化、教育科研服务的重要场所。西南地区图书馆是重要的文化机构，是构成西南地区图书馆公共文化服务体系的重要组成部分，也是对西南地区图书馆全民实行终身教育的学校。它的教育职能是任何学校都无法代替的，可为西南地区图书馆全民学习科学技术和文化知识提供有力的支持。从某种角度说，图书馆是西南地区知识的宝库，是没有围墙的大学，是对西南地区全民进行终身教育的大学校。多媒体技术、网络技术的发展更为图书馆普及科学知识，为西南地区公民进行终身教育提供了技术支持。通过网络，不但读者可获得更广泛的教育资源，在学习时间、进度方面，可自行安排，使更广泛的人群获得了教育机会。

（四）西南地区图书馆服务面向科学

西南地区图书馆不仅是借阅资料的场所，也是做学问、搞科研的阵地，这是西南地区图书馆的重要功能之一。知识经济时代，作为社会知识信息枢纽之一的西南地区图书馆，面向西南地区全社会提供联合化的信息服务，更强调为学术科研服务，把为学术科研服务摆在了公共文化信息服务之前。要摆正西南地区图书馆学术科研的位置，首先就要做好学术资源的整合与利用，要专中求全，广中求精；要建立起自己的参考咨询服务网站，分析了解学者的文献需求，开展参考咨询课题，则西南地区图书馆学术科研位置将日益突出。

（五）西南地区图书馆文化遗产的保护

图书馆是作为保存各民族文化财富的机构而存在的，担负着保存人类文化典籍的任务。这种保存文化遗产的功能，是任何机构都无法替代的。保存人类文化遗产是图书馆最古老的职能。时至今日，该职能仍是图书馆的基础职能。图书馆作为西南地区文化遗产的承载者，保存了大量西南地区文化典籍，从古代典籍到现代文献，无不成为重要组成部分。当然，随着时代的发展，西南地区图书馆在自身的发展过程中，保存对象的形式在不

① 杜跃华．图书馆知识创新平台的构建研究［D］．辽宁师范大学硕士论文，2009

断发生变化，保存手段不断更新，保存目的不断拓展。

二、西南地区图书馆服务的目标

1. 以人为本

服务是图书馆工作永恒的主题，也是图书馆的立身之本，“读者第一，服务至上”一直是图书馆工作的主旋律。为读者服务是图书馆工作的出发点和归宿。因此，图书馆要了解、尊重、爱护读者，以满足读者需求为己任，读者是图书馆的真正主人。图书馆工作人员必须从根本上更新观念，从重藏轻用的思想桎梏和思维模式中解脱出来，树立以人为本的观念，一切以读者的需求为准则，为读者提供优质服务，以最短的时间，最高的效率，满足读者对图书馆信息资源的需求，这才是对读者最大的尊重。① 无论图书馆发展到何种地步，人文关怀都将是西南地区图书馆服务永恒的主题。

2. 方便快捷

随着知识时代的来临，传统的以馆藏为基础的“已知文献”的服务已不能满足读者的需求，读者可通过多种渠道获取信息，图书馆服务工作的重点正逐渐从满足书刊借阅文献需求为主，转移到以满足知识信息和知识开发为主。读者流向的新特点，要求图书馆的服务形式也趋向多样化、个性化和素质化，如为读者提供更大更广的信息通道，通过局域网和地方网提供图书馆服务，不断丰富和更新该馆的网页内容，建立有特色的馆藏文献数据库和信息导航系统，完善网上咨询服务业务，对文献信息资料开展深层次信息加工和参考咨询服务。如：对各类读者，应该分类分别了解他们不同时期的检索心理，有针对性地提供服务，同时还要提供较深层次的服务，教育和引导他们查找和利用信息，培养他们的信息意识和获取网上信息知识的能力，凸显馆员在知识经济时代的信息开发人员和信息导航员职能。②

3. 人性化

图书馆建筑设计要有浓厚的人文意蕴和时代精神。恬淡温馨的读书环境，体现了对来馆读者的尊重和爱护。当读者进入书库时，工作人员一句温暖的话语“你需要帮助吗”会让读者倍感亲切；但如果工作人员喋喋不休地询问或者频繁地走来走去，就会打断他们的思路，影响他们的借阅心理。了解读者的心理，工作人员就会调整自己的行为，给读者创造一个宽松和谐、更为人文化的借阅环境。未来科学技术水平无论如何发达，即便人们获取信息不出家门就能在虚拟的图书馆得到所需的信息，但读者一定还会留恋往返于图书馆，尽情享受书的气息，找寻图书馆人给予的那份尊重与关怀。

三、西南地区图书馆服务体系的构成

区域图书馆服务体系是各区域内图书馆开展服务工作的实体场所、服务网络、服务人

---

① 高晶．论图书馆以人为本的服务理念及管理机制［J］．考试周刊，2010（54）：56－57

② 高晶．论图书馆以人为本的服务理念及管理机制［J］．考试周刊，2010（54）：56－57

员、知识资源流的有机组合。如果就“区域图书馆服务体系”的构成而言，应该是指：各类由公共财政支持的国有图书馆，诸如各级公共图书馆、大学图书馆、科研机构图书馆、中小学图书馆、党校图书馆等，部分得到政府审批并认可的、有意从事公益服务的非政府组织和私人举办的图书馆，在公平获得政府公共财政或社会公益捐赠的政策引导下，一起加入到面向全社会提供直接图书馆公益服务的行列中。这样，以这些多体制的各类公益性图书馆为“节点”，真正构成了所谓的“实用、便捷、高效的区域图书馆服务体系结构”。随着知识信息的生产和传播不断向现代化、产业化和网络化的方向发展，区域图书馆服务体系的主流已经形成了体系的网络化发展路径，主要体现在四个方面：一是区域图书馆服务网络体系；二是信息资源共建共享；三是手工信息服务结合网络信息服务；四是可以进行网络培训服务。

综上所述，结合西南地区图书馆的实际，笔者认为西南地区图书馆服务体系是社会文化服务体系的重要组成部分，它是西南地区各级政府举办的、非营利性的、收集和传递文献信息资源，传播先进文化，以保障大众基本文化需求的西南地区图书馆机构和服务的总和。① 西南地区图书馆服务体系，服务于构成该体系的各个西南地区图书馆（即“成员馆”）和所有读者或用户。本节将所有的读者或用户分为普通读者或用户（简称“读者或用户”）和特殊读者或用户、图书馆从业人员。因此，西南地区图书馆服务体系的服务对象可分为以下三类：第一，各个成员馆。是指该区域服务体系内的人、财、物的统一调配，图书馆藏资源的统一采购，书目数据统一编制，业务的培训、指导和评估等；第二，用户。对其服务内容包括：阅读、外借、阅读推广、资源获取、查询、参考咨询、专题服务等文化信息的需求服务；第三，特殊群体。对其服务内容除了阅读、外借、参考咨询等文化信息服务外，还有为了促进西南地区图书馆职业发展而专门为西南地区图书馆从业人员展开的服务，比如：针对馆员职业发展规划及继续教育，增加馆员再就业能力等。

西南地区图书馆事业要发展，要形成并提高其核心竞争力，最终还是需要依靠内生力量，大力培育内生动力。而其内生动力就是大量的高素质人才。将“西南地区图书馆从业人员”单独列为该体系服务对象，就是要突出其重要性，使西南地区图书馆从业人员具备可持续发展的高素质，为服务体系的可持续发展提供人才保障。

四、西南地区图书馆服务体系的功能

图书馆是人类知识的宝库和文献信息资源中心，在构建社会主义和谐社会中，图书馆服务具有文明传承和价值引导作用。因此，深入研究构建和谐社会实践中图书馆如何发展创新问题，是当前图书馆界的一项重要任务。②

（一）西南地区图书馆体系功能的重新审视

求知是人类的本性，学习是构建和谐社会的基础，作为西南地区图书馆重要的公共教育机构的西南地区图书馆，是构建和谐社会中实施党的十七大任务“西部大开发战略”的

① 该节内容来自课题阶段性成果：从可持续发展角度看区域图书馆服务体系的服务对象［J］. 图书馆学研究，2012（11）：73－76

② 哈斯其木格. 图书馆发展现状与对策研究［J］. 内蒙古师范大学学报（教育科学版），2010（3）：151－153

一项重要内容，在认真贯彻落实“科学发展观”，构建和谐社会过程中具有不可替代的功能。

图书馆的公共属性：人们对信息与知识的承载、组织、开发、创新、使用与传承的功能。信息与知识的承载即是对人类信息与知识的公共记忆，也是图书馆的一种信息与知识服务功能，为人类的认识发展提供客观信息与知识服务。而文献的实质是人类知识记忆的脑外载体，图书馆又是文献的载体（即文献的集中存储与整合装置），所以，图书馆自然就是人类知识的公共记忆装置。这是图书馆的一种本质规定，也是图书馆活动必须遵循的最高准则。这就是信息与知识的继承和发展功能体现了图书馆的时代性和社会性以及图书馆与人类文明的同步性。因此，西南地区图书馆服务功能要以信息与知识传承和发展为基础。

提供普遍服务，维护信息公平，保障公民权利。建设和谐社会，必须正视和解决目前存在的社会不公问题。信息不公是社会不公的一个重要方面，它反映了社会在信息资源的分配和信息服务的普及等方面还存在着不平等现象。同时，信息权利也是公民人权的重要组成部分，图书馆在保障公民权利方面的作用是不可抹杀与低估的。解决信息不公问题，保障全体公民在知识信息的获取和利用方面的权利公平和机会公平关系社会的和谐发展。图书馆的公益性质决定了它以面向公众传递文献信息为己任，为广大人民群众提供无差别、无歧视的平等的知识信息服务，是保障公民信息获取权的社会公共渠道之一。由此可见，西南地区图书馆以其特定的公共服务功能，在消除信息不公平，保障西南地区图书馆知识信息的享有权、利用权和获得权，以及促进西南地区图书馆及社会和谐发展方面起着重要的作用。

（二）西南地区图书馆的服务功能

随着社会经济基础以及人类历史文化发展，人类知识不断增加，大脑记忆和口头流传已不适应社会发展，以文字记载保存和传播时代文化知识以及传统价值观念的社会需要，催生了图书馆，是图书馆社会建设和文化建设取向的根本原因。图书馆以人类文化保存与传播为基本任务，并且决定了图书馆建设的文化建设取向。于是，历代各次文化运动不仅是构成人类文明史的经纬线，也是确立图书馆发展方向、馆藏性质、馆藏组织管理方法以及图书馆服务的决定性因素。① 而图书馆的产生又极大地促进了人类文化的进步与信息交流活动的社会化发展。这就强化了图书馆作为社会文化的推进器、社会化组织环节以及社会制度安排的地位。因此，图书馆建设包括文化建设与社会建设两个方面，它不仅是文化设施和工具，同时也是保障公民基本信息权益的社会公共服务机构与制度。由此可见，图书馆的服务是其社会职能的体现，图书馆的服务功能主要表现在图书馆服务的文化特性与社会特性两方面，它的发展推动和体现着经济、政治、社会、文化建设的和谐发展。为此，西南地区图书馆的服务功能定位也不例外，可以概括为：信息交流的中心、自主学习的乐园、文化进步的阶梯。从本质上来讲，西南地区图书馆应在拓展区域内社会空间的视野中去理解西南地区图书馆的服务，冷静地看待西南地区图书馆服务的实质，同时也应该以拓展西南区域内社会空间的理念践行西南地区图书馆的服务功能。

---

① H. 谢拉．张沙丽译．图书馆学引论［M］．兰州：兰州大学出版社，1986

（三）西南地区图书馆的传播功能

由上可知，图书馆具有文化性与社会性这两大基本属性，而传播的载体（媒介）正是这两大属性的主体。随着各类文化传媒行业呈现不断扩张态势，当前，图书馆正处于一个信息繁杂的社会，电视、报纸、电台、手机等媒体各种各样的信息扑面而来，充斥着人们的视听，令人应接不暇。不论人们愿意不愿意都被裹在这巨大的信息旋涡中。而图书馆正在被各种各样文化传媒行业排挤出公众的信息消费领域，已被边缘化。其社会影响力、信息知识传播功能和服务功能在弱化，这主要表现在图书馆读者人数逐步减少、公众阅读率逐步下降。①

图书馆功能弱化、读者锐减的主要原因是由外部竞争环境和自身因素造成的。外部因素：进入21世纪以来，网络已成为人们获取知识信息的重要来源，同时，电视、报纸、电台等也随着市场的不断深入，在大众信息消耗市场中呈现出多彩缤纷的繁荣景象。自身因素：长期以来，西南地区乃至全国图书馆一直在计划经济模式下生存，在知识信息提供方面一统天下。“重藏轻用”，行政上的条块分割使图书文献信息资源不能共享，这主要体现在传播的媒介上。因此，其传播方式落后，效率低下，不能与时俱进。传统工作方式和读者知识信息消费方式错位，使得人们越来越远离图书馆，改革迫在眉睫。

在信息时代，网络信息虽然方便、快捷，但其内容庞杂而无序。其信息的权威性、准确性和可信度都大打折扣。报纸、电视、电台所对应的信息消费群体主要是一般大众或特定人群。而图书馆则集中了网络、报纸、期刊和图书等众多的媒体优势，有众多的知识信息资源，是一门独立的系统的知识学科，拥有一支庞大的从业人员，涌现出一大批具有很高资历建树的专家、学者，在知识信息传播方面取得一大批科研成果；还拥有一批忠诚读者和用户，在服务读者用户的同时，读者和用户在有形或无形的支持着西南地区图书馆的发展。从而实现西南地区图书馆与读者用户的共赢。这些都是西南地区图书馆宝贵资源财富，是其赖以生存之基石。

尽管西南地区图书馆拥有这些优势，然而面对日新月异的社会发展，如何应对严峻的挑战，将自身优势转化为巨大的市场能量和读者效应，使西南地区图书馆具有更为广阔的生存发展空间。因此，强化西南地区图书馆信息知识传播功能和服务功能势在必行，这也是摆在西南地区图书馆工作人员面前亟待解决的问题。

（四）西南地区图书馆服务的文化功能

近年来，随着企业文化研究热潮的方兴未艾，以陈步峰教授为代表的企业文化研究者提出了企业服务文化的新概念，开辟了企业文化研究的新领域。图书馆界则于20世纪90年代末提出了图书馆服务文化的初始概念，由此引发出图书馆学一个新的研究增长点。因此，图书馆服务文化概念的提出，旨在从文化的角度去讨论图书馆的服务，以“让服务形成文化”的创新构思，让图书馆的服务运行在文化的层面上。也就是说，图书馆一切的服务流程，也是文化构建的一个过程。②

西南地区图书馆服务文化功能是指以西南地区图书馆服务的价值观为核心，以构建用

---

① 贺秦峰．浅谈图书馆功能的更新［EB/OL］．［2013－12－30］．http：//www. google. com

② 刘水养．图书馆服务文化体系构成初析——概念、要素与结构［J］．农业图书情报学刊，2010（1）：201－203

户满意的服务为目标，以改善服务环境、提高服务素养、提高服务效率、深化服务内容、拓展服务方式为手段，以体现该区域图书馆馆员对服务价值和行为规范的共同认知为主要内容，注重体现图书馆服务的精神内涵、服务的组织构架和服务的组织形象的管理型文化。① 其结构由内到外分为图书馆服务的精神文化、制度文化、物质文化和行为文化四个层面，这四个层面既相互独立，彼此之间又相互联系、浑然一体。于是就构建了西南地区图书馆服务文化体系的基础框架，形成了一个由多元素构成的西南地区图书馆服务文化体系，为西南地区图书馆服务文化功能的实践构建、深入了解西南地区图书馆服务文化功能的核心价值提供基础依据，其主要功能有：

1. 整合功能

图书馆通过对共有价值观体系的倡导、服务行为规范的确立和文化氛围的形成，来影响、约束员工群体达成观念共识和行为一致，从而实现服务行为系统中的员工之间关系的最佳组合。同时，通过促进员工素质的提高和全面发展，充分释放和发挥员工个人与技术设备中蕴含的巨大潜能，进而使员工单位系统得到高度协调和合理配置。服务文化的整合作用使西南地区图书馆各生产力要素形成，是推动西南地区图书馆工作发展的巨大合力。

2. 导向功能

图书馆服务文化具有导向的功能。良好的、先进的服务文化能够使西南地区图书馆朝着健康向上的方向发展，能够引导图书馆员工从服务的价值观、道德观、服务理念、个人发展目标等各个方面向图书馆的总体发展目标看齐。图书馆的每个员工都会自觉将自身发展目标融入图书馆的发展目标当中，以图书馆的宗旨、办馆目标为价值取向，为之奋斗，为之奉献，并使员工的这种奋斗、奉献行为变成自觉性、认同性和习惯性的行为。

3. 约束功能

图书馆服务的制度文化具有行为约束功能。这种约束作用与其他规章制度的约束不同，这种约束作用是一种软约束而非强制性的硬约束，它与西南地区图书馆特色的办馆宗旨、发展目标、图书馆员工的价值观、道德观、服务观、目标观等要素融合为一体，通过微妙的文化渗透和行业精神的激励与感染，形成一种约束倾向，从精神上、理念上形成一种对自身行为的自我约束，这种约束将成为西南地区图书馆员工的无形准则，是一种自我管理的过程。这种约束作用的主要特征就是高度的自觉性、习惯性和非强制性。

4. 凝聚功能

凝聚功能表现在两个方面：首先从西南地区图书馆全局上看，西南区图书馆服务文化的形成能够对图书馆员工产生向心力、凝聚力，能够统一图书馆员工的思想，对图书馆员工的价值观和使命感向图书馆总体目标看齐，从而齐心协力推动图书馆向更高的目标发展，更好地发挥图书馆的整体效能。其次，西南地区图书馆特色服务文化的这种凝聚作用能够在图书馆的局部达成某种共识，形成团队精神，发挥局部团队优势，有利于西南地区图书馆服务管理的创新，以小环境推动西南地区各类图书馆大环境的发展。

---

① 刘水养．图书馆服务文化体系构成初析——概念、要素与结构［J］．农业图书情报学刊，2010（1）：201－203

5. 激励功能

西南地区图书馆服务文化体系的形成对图书馆员工能够起到激励的作用。先进的服务文化能够使图书馆员工健康的精神需求得到满足，如读者的赞扬、同事的尊重、个人素养的提高、工作环境的和谐等等，服务文化对图书馆员工的这些精神上的回报反过来会对图书馆员工起到一种激励作用，更能增强图书馆员工的事业心和责任感，激发图书馆员工的积极性和创造性，不断激励图书馆员工完善自我和创新服务。①

6. 辐射功能

良好的西南地区图书馆服务文化体系不仅能够提高图书馆员工的事业心和责任感，提高图书馆服务能力和服务水平，并且能够对西南地区图书馆周围的社会环境起到一种辐射的作用。例如在高等院校，先进的高校图书馆服务文化能够促进良好的校园文化的建设，能够带动校风、学风向着良好的方向发展，建设和谐的校园。先进的公共图书馆服务文化则能对其所服务的社区和社会群体产生辐射作用，对社会良好风气和高尚道德情操的形成起到良好的促进作用。

7. 协调功能

首先，服务文化能够协调图书馆与社会、图书馆与图书馆及图书馆与相关利益行业之间的关系。在共同价值观的作用下，各利益团体间能够统一共识、团结协作，铸造和谐的大团队精神。其次，良好的图书馆服务文化具有协调的服务环境，美观的馆舍、艺术的装饰、合理的布局、舒适的阅读环境等，都是服务环境协调的体现。再次，良好的图书馆服务文化具有协调的人际关系，如上下级之间的和谐，同事间的和谐，馆员与读者的和谐等。最后，良好的图书馆服务文化具有协调的人文环境，如优良的馆风，以人为本的办馆理念，人文关怀的读者关爱，尊重读者的权利等。图书馆服务文化的这种协调作用能够使西南地区图书馆服务体系处于一种和谐的状态。

通过以上文化功能的分析，基本厘清了西南地区图书馆文化体系构成的各项概念与含义，对于西南地区图书馆文化这个新生事物有了一个大概的了解，认识到西南地区图书馆文化是一个内涵丰富的文化体系。同时也认识到西南地区图书馆文化是一项全新的命题，是西南地区图书馆学一个新的研究增长点。在此基础上，需要进一步探讨的是如何去构建西南地区图书馆特色文化服务，让西南地区图书馆在文化服务的熏陶下，成为真正意义上的和谐图书馆服务。这将是一个任重而道远的过程。①

第二节　西南地区图书馆服务体系的定位与发展趋势

一、西南地区图书馆服务体系的科学定位

（一）服务资源建设定位

图书馆资源建设是图书馆服务的基础，其服务资源应该以文献资源、信息资源、人力

---

① 刘水养．图书馆服务文化体系构成再析、核心、特征与功能［J］．农业图书情报学刊，2010（2）：19－21

资源、网络资源、数据库资源、数字资源的建设为核心，以信息资源共享与网络信息服务为目的，在功能上涵盖信息采集、信息管理、信息服务整个过程。将不同途径、载体、数据类型的信息资源（馆藏文献、网络资源）按统一的格式、标准进行分类、标引建成数据库，通过全文检索、信息的动态发布、个性化信息服务将数据库中的信息发布出来。① 为实现这一目标，应该构建西南地区图书馆信息资源服务应用系统平台，并具备以下功能：①对西南地区图书馆纸介质的文献资料进行数字化加工与管理，并具备通用格式的文档转换及批量数据分类标引功能；②网上资源的快速智能化采集与获取；③对西南地区图书馆特色数字资源科学的开发与管理：科技文献、规程规范、科技档案以及部分书籍等进行内容管理，并提供强大的信息发布与全文检索功能，全文检索方式灵活，能够满足不同层次读者的需要；④西南地区图书馆信息资源服务应用系统与图书馆自动化管理系统无缝结合，能够进行信息的相互调用；⑤能够对西南地区图书馆馆内一些重大活动的照片与视频、领导照片、史料图片等多媒体信息进行有效的关联管理，并提供强大的查询服务；⑥异馆资源进行统一的在线查询。

（二）服务对象定位

图书馆服务的核心对象是广大用户。用户对自身需求的表达实际上是以自身知识结构欠缺的表达，这种表达首先是一个认知问题。用户的信息认知是经过选择、构造、补充三个环节而形成的。这三个环节都和信息心理有着密切的联系，直接影响到用户对信息的获取。选择关系到用户获取信息的适用性，构造意味着信息的整体性，补充预示着信息的完整性。面对纷繁复杂的网络信息，用户很多时候都无从下手或难以选择。2005 年 OCLC 推出的《对图书馆与信息资源的认知：给 OCLC 成员的报告》显示，基于 Web 的超文本信息环境的形成使得可利用的潜在认知信息资源的数量和质量大为增长和提高；传统认知信息活动的固定逻辑结构发生随意性变化；认知信息活动难以收敛；认知信息目标出现快速而多维度的转变；用户获取信息的活动面临更多、更复杂的认知选择。这些变化启动了 Web 用户许多以往未加运用的认知潜能。同时，由于网络信息超载、信息迷航和信息疲劳等问题也可能引起用户利用信息时的认知失调。网络信息的查寻和利用是用户基于自己的知识储备和认知能力，与检索系统交互作用，以解决当前问题为目的，以完善、改变知识结构为结果的过程。这一过程始于知识结构不充分导致的情报需求，结束于知识结构暂时充足状态。检索系统和信息服务的任务是助成用户这一转换过程的实现和完成。因此，西南地区图书馆必须关注用户对信息吸收和利用的效果，就需要用认知的观点去看用户需求和用户行为，用构建用户认知的视角审视信息服务，了解用户的知识结构和认知特征，扩展通向相关信息资源的路径支持，使检索系统发挥综合效应。② 显然，用户认知结构、特征和模式的新视角对网络信息资源、主观需求和世界观的再认识，不仅能改变西南地区图书馆的工作方式，更将催生出新的西南地区图书馆资源整合与用户需求之间的服务方式。诚然，用户的认知结构既非先天形成也非客观环境单纯作用的结果，而是在认知主体与客体相互作用的过程中由主体主动构建而成。西南地区图书馆的知识组织产品中检索系统的

---

① 刘玉华．浅谈对图书馆管理的研究［EB/OL］．［2013－12－30］．http. //www. google. com

② 陆浩东．基于信息用户认知的图书馆“信息唤醒”［EB/OL］．［2013－12－30］．http：//www，google. com

设计，不应只以“规范”为依据，而应对用户的需求表达为根本依据。也就是说，不应只以注重知识组织的技术方法问题，更应重视如何识别用户需求的认知问题。鉴于此，以人为本，从信息用户认知的角度实施西南地区图书馆“信息唤醒”行动方案，以求探索适应用户认知结构的信息组织体系的途径。

（三）服务环境定位

1. 西南地区图书馆服务的宏观环境

公共文化服务体系的建设强调公共文化教育与文化管理体系的建设、公共文化组织的建设和公共文化机制的建立，在这其中，图书馆体系是公共文化服务体系建设的主要任务，必然要受到从外部环境、理念、服务方式到服务对象等多方面的影响。

（1）西南地区图书馆服务机遇的新发现

公共文化服务体系的建设强调公共文化教育与文化管理体系的建设、公共文化组织的建设和公共文化机制的建立等方面的任务。从公共文化服务的理论视角来看，还要加强西南地区公共文化服务组织间的关系网络和社会文化资源需求的建设。西南地区图书馆服务有资源体系、服务对象和服务方式，如图书馆主要凭借馆藏信息资源为用户提供图书馆借阅和信息咨询服务，为各级政府信息公开和前来查阅的信息的服务，为各类学校教学和科研、企业知识创新提供帮助。随着我国公共文化服务体系的建设的推进，大大促进了西南地区各类图书馆文献信息资源的建设。各类公共文化教育与文化管理机构的建设、公共文化组织机构和学校、企事业单位都需要各类图书馆提供相应的文献信息资源与帮助查找所需信息。同时西南地区各类图书馆也需要和其他组织通力合作，提供服务，如重庆市的维普公司。这些都预示着公共文化服务体系的建设对于各类图书馆外部环境的改变，促使各类图书馆也要适应环境，做出相应的改变，对西南地区图书馆来说这是一个新的发展机遇。

（2）西南地区图书馆若干理念的转变

公共文化服务体系建设要求各种关系网络和社会文化机制的构建，这必然要求西南地区图书馆破除本位主义的理念，开阔眼界，开拓思维，取长补短，相互学习和合作。开放和协作的理念必不可少。在公共文化服务体系中，西南地区图书馆的服务对象是这个区域内所有愿意参与到文化服务活动中来的所有用户，不论这些人是不是在西南地区图书馆传统的服务范围之内，是不是有能力参与到有效的文化活动中来，都应一视同仁，提供公共的、平等的服务。公共服务、平等的服务理念是公共文化服务体系中不可或缺的服务理念。对于西南地区公共图书馆来说，过去一直就是西南地区公共服务机构，但一般服务于正式办证的和到馆的读者，而城乡社会文化服务中心的构建则要求它们放下架子，亲自参与到城乡图书馆的创建和社会文化活动的举办中去，对于区域内的残障人士和低保户等过去不能利用公共图书馆服务的弱势群体，要利用免费阅览、送书到家、配置盲人电脑等方式使他们也能享受到图书馆的服务。

（3）西南地区图书馆多元服务体系的构建

服务是西南地区图书馆的根本职能，但在公共文化服务体系中，西南地区图书馆原有的服务对象和服务方式都显示出了或多或少的不适应之处。为了更好地促进公共文化服务体系的构建，西南地区图书馆必须进行相应的变革，拓展服务对象，开发新的服务方式，提供体系化的服务来满足公民和各类组织的文化信息需求。首先，西南地区图书馆要把社会所有需要提供文献信息服务的个人和组织视为自己的服务对象，利用开辟分馆、设立流动图书车、设立自动借还书机、参与社会文化服务中心的创建、为各类学校提供文献资料支持、利用馆舍举办各种读书、学习活动等方式来吸引大家关注图书馆。把图书馆服务送进各个城乡基层图书馆中去，有效地融入城乡一体化教育与学习体系，实现西南地区图书馆的社会价值。其次，西南地区图书馆要开阔视野，把民生需求和区域文化遗产的传承作为馆藏的有机组成部分之一。如可把人们成长过程的各种纪念品和学习记录等好好保存下来，为人们的终身教育与学习提供参考和纪念。可将西南地区的少数民族、民间手工艺品选取部分精品到图书馆保存下来，作为区域文化遗产的传承，成为对于青少年的民族文化教育的形象教学资源。图书馆还要把公共服务和公共图书馆的建设作为将来业务发展的突破点，延长开放时间，与图书馆、企事业单位、团体、城乡居委会等其他机构合作开辟更多的深入社区和各个组织的服务点，采取电话、网上预约、送书上门、服务宣传等方式灵活为用户服务，并可帮助各个企事业单位、团体、城乡村建立自己的图书馆（室）。最后，图书馆和科技情报机构密切配合，建立科技信息服务平台，开展联合科技信息服务。如可为城乡各类学校提供科技资源的支持，并可派相关人员担任教员为城乡各类学校的学员提供科技知识和技能的培训。

2. 西南地区图书馆服务的中观环境

（1）西南地区图书馆公共信息服务中心

随着文化的发展，西南地区图书馆文化教育特性也更加明显，为西南地区图书馆用户提供文献信息资源的借阅指导等服务形式也更灵活多样，可以是自动借还书机，也可以是西南地区图书馆各个基层图书馆、流动图书车等，这样无论从服务对象还是服务方式上都比以往有所扩大。西南地区图书馆把信息资源、文化服务、科技服务等和人们生活密切相关的信息，采取办展览、培训等方式来开展服务。因此，对于西南地区图书馆来说，联合服务成为大势所趋。各种机构如何有机融合，整合服务范围，服务于对方的用户，对传统服务方式造成了更大的冲击。可见，公共文化服务体系的建设对传统的服务对象和服务方式造成了不小的影响，如何扩大服务对象和开拓新的服务方式，成为迫切需要解决的问题。

信息服务是图书馆的基本职能。在西南地区图书馆服务的文化体系建设中，要加强公共信息服务和平等服务的理念，成为西南地区图书馆公共信息服务中心。首先，要对社会公众开展多样化的服务，如建立西南地区城乡基层社区图书馆和各专业分馆，提供流动书车服务，提供和人民生活密切相关的各种信息资料等。其次，西南五省（直辖市、自治区）各图书馆要努力参与到城乡社区信息服务中和社会公众集中的地方，满足社会公众的文献科技信息需求。

（2）西南地区图书馆多元文化服务

主要指为适应多元文化社会的需要，向不同民族、语言和文化的群体所提供的服务，它既包括为所有类型的用户提供多元文化的信息服务，也包括为传统服务中较少涉及的少数群体提供的服务。[①] 这里的少数群体是指那些在民族、语言、文化上与本地居民有差异的人群，

① 刘雅琼．论图书馆多元文化服务［EB/OL］．［2013－12－30］．http：//www，google. com

包括外国移民、难民及国内的少数民族、外来务工人员等。需要指出的是，更不能把多元文化服务视为西南地区图书馆常规服务的附加部分，而应将它看成是整个西南地区图书馆服务中不可分割的一部分。在多元文化社会中，如何公平地为多民族、多语种、多文化背景的读者群体提供服务，应该成为衡量西南地区图书馆服务是否合理与充分的标准之一。

联合国教科文组织《公共图书馆宣言》（1994 年版）指出：每一个人都有平等享受公共图书馆服务的权利，而不受年龄、种族、性别、宗教信仰、国籍、语言或社会地位的限制。因此，为了适应社会文化和语言的多样性，确保所有公众都能享受平等的文化服务，西南地区图书馆必须开展多元文化服务，并在服务中遵循以下基本原则：①为该区域全体成员服务，而不应有基于文化和语言遗产的歧视；②以适当的语言和文字提供信息；③开放各种反映所有区域及其需求的资料和服务；④聘用的员工要能够反映该地区图书馆服务的多样性，并接受过为多样性、个性化、多元化等主题内容提供服务方面的培训。

如何公正、公平地为多民族、多语种、多文化背景的读者服务，是衡量图书馆现行服务是否得当与充分的一个指标。1982 年 7 月，美国公共图书馆学会实行的“公共图书馆：民主的资源——原则宣言”，重点为：尊重各族群的多元文化与平等提供自由使用图书馆馆藏与服务的机会。1986 年，国际图联成立了多元文化服务的图书馆分委员，并陆续制定了一系列关于多元文化服务的指导性。显然，西南地区图书馆可以借鉴美国的经验，来尊重西南地区各个民族的多元文化结构体系在每个西南地区图书馆中应得到特别的关注及重视。

（3）西南地区图书馆社会学习机制

公共文化服务体系建设是一项整体的事业，要求西南地区内各个组织和个人通力合作才可以实现最终目标。对于西南地区图书馆公共文化服务体系来说，其中的“文化”包含物质文化、精神文化和社会文化。其中物质文化和精神文化是基础，社会文化的建立才是西南地区图书馆公共文化服务体系与其他地区的根本区别。社会文化要求西南地区内各类图书馆组织相互联系，建立资源共享、互惠互利的西南地区图书馆网络，相互学习对方的长处，共同进步。只有在成功地构建各个层次的社会关系网络后，才能够跨越组织边界，在一个城镇、乡村的范围内，建立有效的资源共享机制，推动西南地区公共文化服务体系的建设。

（4）西南地区图书馆自身学习需求

西南地区图书馆作为公共文化服务体系建设中的重要任务，在帮助政府、企事业、团体等组织加强组织文化教育的同时，自身更要加强学习，才能够真正达到公共文化服务体系建设的目标。对于西南地区图书馆来说，如果要向广大公众更好地提供图书馆知识信息服务，本身要具有极好的知识素养才行，整体知识素养的提高靠的是图书馆整体的学习能力，不断学习、消化新知识，并把它有效地融入日常的知识信息服务中去。

西南地区图书馆建设是公共文化服务体系建设的重要组成部分之一，作为提供智能型服务的西南地区图书馆，相比其他组织而言，自身更需要加强建设，才能够胜任其肩负的职责。通过有效的组织学习，来提高工作人员和组织自身的能力和素质，提高馆藏和服务水平，满足用户知识信息的需求。从这个意义上来说，西南地区图书馆自身建设对于该组织而言不仅是提高自身服务能力的有效途径，更是以身作则，推进西南社会整体发展的有力举措。当然，西南地区各类图书馆各有其特点，创建途径可灵活多样。

3. 西南地区图书馆服务的微观环境

（1）图书文献信息资源的保障

随着用户信息需求的增加，西南地区图书馆原有的文献收藏范围也随之扩大。图书馆除了收藏传统的图书、期刊、报纸等外，还针对某一个专题广泛搜集相关文献资料；还有就是针对政府工作热点和社会各界的需求，扩大图书馆的收藏范围，将名人信息资源、某一主题相关的各种信息资源等列入收藏范围之内。

如西南地区各类图书馆除了收集一般的书刊报纸外，还要针对西南地区图书馆信息产业发展较为落后的局面，积极收集英、美、日、法等国和香港、台湾等地区的信息产业文献信息资源，在信息产业文献收藏上达到“人无我有，人有我全，人全我新”的文献资源特色，为广大信息产业相关专业的师生、各类信息企业提供充足的文献信息资源保障。西南地区图书馆针对该区域内综合开发，大量收集了和西南相关的各种文献信息资料，还积极参与其他重大活动的图书收集整理工作，派人参与党代会、人代会等重要活动，向社会征集政界、艺术界、教育界等名人文献信息资源。西南地区各类图书馆要收集关于西南五省（直辖市、自治区）各类开发区的各种文献信息资料，丰富西南地区图书馆文献信息资源，为服务积累物质基础。

（2）西南地区图书馆是提供公共信息服务的场所

西南地区图书馆开展的延伸服务已初见效果，在四川省、重庆市、广西壮族自治区、云南省、贵州省都先后建立了总馆、总分馆、分馆、合作图书馆、联盟图书馆，还有社区图书馆、农家书屋、流动图书馆等多种途径。同时与各个企事业、各类学校、科研机构、社会团体等合作设立了行业分馆和专业分馆，如贵州省图书馆与贵州省公安厅合作在该省部分监狱和看守所开设了多家分馆；与贵州省武警总队合建了多个武警分馆，与省工商联、省残联建立了工商分馆、残联分馆等。遵义市图书馆与旅游公司合作创建了乡村旅游度假村“旅游图书室”。[①] 为各个社区、公安机关、武警总队、市工商界和残疾人、乡村旅游度假村提供了较好的公共图书文化信息服务，有力地推动了西南地区图书馆城乡社区、各级机关、每个家庭的和谐建设。峨眉山图书馆针对广大用户的需求定期开设各种讲座、培训等实用性的活动，为城乡社区、乡镇、行政村、街道和中小学等其他教育机构学习、接受知识和技术培训体系的设计提供了一定的参考，更能够因材施教，提高和谐文化教育的效果。

当然，西南地区图书馆还可以模仿上海、北京、天津、深圳、东莞、嘉兴等区域的图书馆信息服务机构，开发出更多新的西南地区图书馆信息服务模式。如上海综合图书馆、深圳南山图书馆、东莞城乡一体化图书馆等在内的各类图书文化信息服务机构在每个社区建立城乡社区的图书文化信息服务中心，其中的信息苑便是相当于城乡社区的数字图书馆，这值得西南地区图书馆界的借鉴。

（3）西南地区图书馆是传播知识资源的场所

西南地区图书馆所收藏的不仅仅是信息资源，如果稍加整理就可以成为有价值的知识资源。西南地区图书馆可与媒体、教育机构、乡镇村委员会等合作，将部分知识资源传播给各

① 波尔深．瑞典人的“学习型社区”——自由成人教育和“学习圈”[J]．社区，2006（4）上：31－32

类用户。目前，西南地区各类图书馆可以积极参与到城乡一体化的乡镇、街道、行政村、社区教育中来，为各类用户提供相关的文献信息资源，如各种书籍、期刊、报纸、实物等，还可以提供相关的知识丰富的工作人员来为各个乡镇、街道、行政村、社区的用户学习使用进行咨询与授课。如贵州省图书馆钟馆长和古籍部馆员一起为各类用户、学员讲解古籍整理和若干历史知识，图书馆的工作人员为用户提供图书馆的若干服务咨询、信息咨询、科学知识的普及教育。这些都有利于西南地区图书馆馆藏知识资源的广泛传播。如遵义市图书馆从2007年至今举办的展览种类多达十几种，如摄影、书画、水彩画、版画、油画、科普、民间工艺等活动。这些文化活动包括由遵义市文化局等相关机构主办，遵义市图书馆承办的“文化讲坛、文艺晚会、茶话会、历史讲坛”等，由遵义市政府和遵义图书馆联合主办的系列讲座“红色文化周”，由重庆市政府和重庆少儿图书馆、重庆市图书馆联合主办的“图书馆少儿知识教育”等各类活动。对于西南各个少数民族图书馆来说，都有着悠久的各自的民族历史文化，峨眉山的佛教、大理白族的礼仪、少数民族各种舞蹈艺术，各种民族音乐，西双版纳的贝叶经、彝族指路经等均在全国享有盛名。贵州荔波县档案馆自2000年开始将水族最珍贵的水书以及民俗物品的收集与加工、整理纳入档案馆馆藏建设的范畴之内，加以保存传播，并建有专门的水书文化展览服务中心，还给各个乡村文化服务站提供相关收集与保存的知识，帮助这些孩子们了解水族的历史文化、传承水族语言文化。

（4）西南地区图书馆可提供公民公共知识的场所

公共文化服务体系建设要求个人、组织都要具有一定的文化意识和思维，而目前西南地区图书馆个人和组织对这种公共文化服务的意识非常有限，这为该地区公共文化服务体系建设制造了不小的障碍。如对于个人来说，大多缺乏公共意识，没有专门的知识学习区域；对于各个乡镇、街道、行政村、社区来说，很多区域面临着知识学习与传播场所的匮乏；对于各机关来说，往往缺少专门的学习知识场所。各类西南地区图书馆可以帮助缓解这种状况。

西南地区图书馆不仅提供信息资源服务，更提供自习室供广大公民学习知识使用，并且若干期刊阅览室、图书阅览室等也可以开放供公民学习，这为家中面积狭小的公民、城乡公民休闲的时候提供很好的学习场所。在西南地区图书馆公共文化服务体系建设中，要求各个区域内学校的各种设施在节假日对外开放，这其中就包括了各类学校的图书馆，可以缓解若干公民缺乏图书室、缺乏活动室的困境。从理想的状况来说，各个区域内的每个城乡最好有自己单独的文化服务中心（室），提供读书、培训、上网等服务，并且要有自己的阅览室。但是从实际情况来看，并不是所有的城乡社区、行政村、街道、乡镇等都有足够大的空间建设文化服务中心（室），有的甚至连行政村、街道、社区居民委员会都缺乏办公场所。这样，各城乡社区、行政村、街道、乡镇图书馆就可以暂时分担一部分功能，为所有公民提供公共知识学习场所。目前，西南地区图书馆设有文化信息资源共享的网上终身学习平台，其中，文化信息资源的保障部分和若干信息服务的提供是由西南地区各个基层图书馆来实现的，这就为广大公民提供网上虚拟的公共知识学习空间，推动了西南地区公共文化服务体系的建设。

（5）西南地区图书馆是公民自主学习的示范与指导场地

图书馆作为西南地区智能型服务机构，在为西南地区各类用户服务的同时，加强自身知识学习的建设，能够起到很好的示范作用，并用切身经验和馆藏的知识信息资源帮助其他组织进行自主学习知识组织的建设。

西南地区图书馆还可以帮助其他组织来学习知识。如西南地区公共图书馆可以发挥公共图书馆的文化资源优势，通过举办多样化的导读活动、营造学习与家庭建设的氛围等措施来推动家庭自主学习的建设。西南地区图书馆也可以通过提供相关文献信息资源和各种培训的方式对其他组织的学习与创建学习活动提供指导。

（6）西南地区图书馆是公民终身教育的重要基地之一

西南地区图书馆是公民终身教育的重要基地，是公共文化服务体系建设的重要内容之一，也是重要的教育基地之一。第一，西南地区图书馆可成为教育资源的提供者，将馆藏的专业文献、专业档案和科技文献提供给城乡社区学院等各类教育机构。第二，西南五省（直辖市、自治区）公共图书馆、城乡社区图书馆等可作为自学和培训的场所供广大公民学习使用。第三，西南地区图书馆的工作人员可亲自担任教师来为广大公民提供各种培训服务。如图书馆的信息素养培训、地方历史文化培训、科技情报机构的科学技术培训等。

（7）西南地区图书馆是城乡教育与学习组织机构建设的推动者

各个机关、企业、社区、家庭等的建设是西南地区图书馆公共文化服务体系建设的重要组成部分，是西南地区图书馆城乡教育与学习的重要组织机构。第一，西南地区图书馆可为各机关、企业等组织提供他们所需要的学习资源，如机关所需的信息资源，企业所需的技术和市场信息资源，社区所需的民生图书信息资源、区域文化遗产等信息资源，家庭所需的家庭成员科研、学习、消遣的信息资源等。第二，西南地区图书馆可指导城乡各类教育组织和学习活动的开展与进行。如图书馆可指导家庭成员搜寻自己所需的学习资源，可指导城乡社区进行该社区文化遗产信息资源的收集、整理、宣传等。第三，西南地区图书馆城乡教育与学习组织机构的建设可为其他信息资源组织的建设起到示范作用，推动西南地区图书馆信息资源组织的建设。

二、西南地区图书馆服务体系的发展思路

西南地区图书馆服务体系涵盖更大的地域范围，包括西南五省（市）若干总分馆服务体系，它是指西南地区五省（市）若干总分馆体系或独立建制的图书馆在一定的协调组织、行业合作和计算机技术、信息技术、网络技术等与管理系统的支持下，共同形成西南地区图书馆服务行业合作建设的综合服务结构。为此该项目围绕以下目标来快速发展。

（一）服务体系创新须符合“以人为本、西部大开发战略”的科学发展观

大力推进国民经济和社会信息化，是覆盖现代化建设全局的重大战略举措。作为揭示与传递文献信息的区域各类图书馆，应最大限度满足广大用户特定信息需求的图书馆信息服务工作，在信息社会面临新的发展机遇与新任务时，借鉴俄罗斯及欧美等发达国家和台湾地区、发达地区的理论与实践，科学地解决信息时代西南地区图书馆各民族资源的生产配置、组织、协调、聚集、传播、开发和共享等方式方法与机制问题，是党的十七大“西部大开发战略”城乡一体化建设中西南五省（直辖市、自治区）各图书馆服务创新研究所面临的重要问题。

（二）服务体系的研究必须全面反映西南图书馆服务特征各个地域的空间尺度

在现代公共文化服务体系理论的指导下，在西南地区各省（市）区域图书馆联盟建设的基础上，构建新的区域图书馆文化，优化西南地区图书馆资源的地域、等级、规模、结构，优化各个图书馆服务系统，探索新的西南地区图书馆服务体系结构模式与措施，从而建立起符合西南地区图书馆社会经济发展大背景的西南地区图书馆联盟服务体系、虚拟咨询服务平台。

（三）服务体系必须着眼于各民族资源特色的数字化资源服务需求

图书馆传统的资源建设是通过各自馆内的实际资源的储存来实现的。在信息资源数字化、网络化的环境下，力图使西南地区图书馆实现从以实体资源建设服务为主到以建设数字信息资源服务体系为主和以建设虚拟资源服务体系为主的转变。着重组建具有西南地区图书馆各民族特色的数字资源库，整合民族图书馆丰富的特色馆藏资源，引进广大用户急需的数字化信息资源，为各类图书馆提供联合的文献保障、信息支持，实现资源共享，提高区域信息资源的投资效益。

（四）服务体系必须以变化的社会环境与服务性质的认识为基础

信息服务是图书馆服务工作的核心内容，信息服务能力将成为决定西南地区图书馆生存发展的关键因素，西南地区图书馆必须大力发展信息服务以适应变化的社会环境，重点关注与研究西南地区图书馆用户服务。

（五）服务体系必须是“体现一个地区深厚的历史文化积淀”的创新服务体系

分析西南地区图书馆各种类型的地方文献和不同载体的信息资源、公共性数字化信息需求与民族特色数据库的建设，直观地向西南地区图书馆各类用户提供图书馆特色服务，反映西南地区政治、经济、文化、教育等各个方面的发展现状，揭示本地区的历史发展、地理沿革、风俗、物产、宗教、人物等内容。

（六）服务体系必须与国家和本区域内的区域经济发展的规划相符

研究应立足于西南地区图书馆和谐服务、联动发展的战略决策，以技术研发为突破口，以各级政府政策和标准规范为保障，以实现实体和虚拟资源的整合利用为核心，力争建立起西南地区图书馆统一的各民族特色的图书馆连锁空间服务系统及虚拟咨询服务平台，积极利用现代科技手段，为优秀传统资源的采集与筛选、组织与序化、集成与整合、传承与保护，构建起有效的民族特色服务体系。推动国家和西南地区信息经济的发展。

（七）服务体系必须是落实科学发展观、加强公共文化服务体系建设的重要途径

本课题立足于图书馆可持续发展的理念，发挥西南地区图书馆民族文化服务体系在国家文化产业中的重要地位和作用，以及在新形势下西南地区图书馆服务体系对和谐社会文化大发展大繁荣中的作用及其实现途径。从文化服务的角度，探讨西南地区图书馆多元文化的民族性、多维性与复合化、图书馆物质文化的数字化与网络化、图书馆精神文化的互补性与融合化、图书馆制度文化的开放性与一体化、图书馆活动文化的广泛性与时效性等特征。

第二部分　现状分析篇

第三章 西南地区图书馆服务体系的现状概况

图书馆服务是指图书馆把储存的各种文本、图片等有形资源和无形资源进行加工、处理后，通过利用各种手段和方式为用户提供信息产品和服务，满足客户信息需求的一种有组织的活动。如今 Internet 的飞快发展带动了全球经济发展的同时也加速了社会信息化的进程，由此可以看出，网络的发展在图书馆信息服务中起着举足轻重的作用，其他信息服务机构也不例外。① 利用网络通信技术提供服务已经成为当今服务机构共享资源的一种方式，这样就充分利用了各个图书馆的有限资源，从而可以充分满足用户日益增长的信息需求。

20 世纪 90 年代中期，我国才开始对区域图书馆协作网进行理论研究和具体实践操作，这也主要是受国家图书馆网络的发展和带动，具体实践速度非常惊人，现已经在全国范围的很多区域都建立起了地方性、综合性或专业性的区域图书馆协作网。20 世纪 90 年代中后期，比较成功的有：上海市文献资源共建共享协作网、JALIS 和河南省数字图书馆工程等，珠江三角洲地区、长三角地区、东部沿海地区等发达地区的公共图书馆网络和数字图书馆的快速建设与发展。② 近来，国家积极组织规划的"中国图书馆计算机网络工程"即"金图工程"的建设目的就是要充分发挥图书馆整体优势，充分利用馆藏文献资源，以实现"一切为了用户"的服务宗旨，同时借助现代信息和通信技术，以国家图书馆、中国科技信息研究所、中国科学文献情报中心、中国社会科学院文献信息中心、清华大学图书馆和上海图书馆为网络中心，以省级公共图书馆、科技情报所、大学图书馆为节点，以中心城市级和县级图书馆为网点，以广大的基层图书馆为网员，形成一个巨大的信息资源体系，实现资源共建共享。这对促进区域内图书馆服务的合作与发展，对完善区域内图书馆服务体系的建设，为用户提供区域性图书馆信息资源获取的保障具有重要的现实价值。③

第一节 西南地区高校图书馆服务体系建设的概况

图书馆在高校的教学和科研中担当着非常重要的角色。知识服务是高校图书馆的核心职能，为教师提供特定的学科知识和学科发展动向，为科研人员提供学科前沿知识，服务于特定的科学研究，为学生撰写论文提供相应的数据库资料支持，并且图书馆在大学生的学习中作为第二课堂，对大学素质教育有着举足轻重的作用。

课题研究的西南地区高校图书馆主要是指广西壮族自治区高校、云南省高校、贵州省

① Baker Betsy. Can Library Serviee Survive in a Sea of Change [J]. American Libraries，2000：47 - 49

② 孙承鉴．我国数字图书馆十年回顾 [J]．数字图书馆论坛，2006 (1)：6 - 10

③ 王丽华．我国图书馆联盟研究综述 [J]．图书与情报，2008 (2)：55 - 58

高校、四川省高校、重庆市高校这五省（直辖市、自治区）的图书馆，截止到2013年12月30日，在国家教育部官方网站上获得广西壮族自治区有各类普通高校81所、云南省有各类普通高校59所、贵州省有各类普通高校41所、四川省有各类普通高校114所、重庆市有各类普通高校53所。[①] 下面就将所调查的数据与资料进行统计归纳如下。

一、西南地区高校图书馆服务建设的基本数据统计与构思

（一）基本数据统计的依据

1. 数据统计的目的

了解西南地区高校图书馆服务的基本情况，即西南地区高校图书馆的服务的具体形象，以便为西南地区高校图书馆服务体系的科学定位、组织管理、资源建设、保障体系、特色服务以及创新服务提供基础材料。

2. 数据统计的内容

主要是西南地区各类高校图书馆的基础设施、组织机构、从业人员、馆藏资源服务、特色资源服务、经费问题、读者服务、联盟协作服务、数据库建设与服务、政策保障等内容的基本情况。

3. 数据统计的来源

通过面向西南地区各类高校图书馆的使用群体中的管理人员、学生、教师、其他读者开展的“实地调查、直接发放问卷、电话咨询、专家咨询、网上E－mail发放”的形式获得的数据资料和近几年出版的《中国图书馆年鉴》。

（二）基本情况的数据统计

根据2009年1月至2013年12月30日为止课题组分批对西南地区各类高校图书馆展开的实地调查资料和回收有效资料的原始数据与近几年出版的《中国图书馆年鉴》所公示的相关官方数据对比后，从这些调查所得到的资料与数据中抽样选取部分西南地区高校图书馆纸质资源购置费的统计、数字资源购置费的统计、馆舍面积的统计、工作人员的统计等情况如表3－1[②] 至表3－8所示和图3－1所示的西南地区高校图书馆基本情况的重新整理与构思描述。

表3－1　2013年西南地区部分高校图书馆基本情况及资源购置费用统计表

序号	高校名称	馆舍面积（平方米）	文献资源购置费（元）	纸质资源购置费（元）	电子资源购置费（元）	工作人员数（人）
1	电子科技大学	67 000.00	12 089 723.00	6 665 157.00	5 265 527.00	142
2	重庆大学	66 974.00	14 712 000.00	7 390 000.00	7 196 000.00	264
3	四川大学	64 547.00	15 193 493.00	6 700 605.00	8 480 580.00	360

① 中国高校［EB/OL］．［2013－12－30］．来自中国教育部官方网站

② 表3－1中数据来自2011年《中国图书馆年鉴》第662－719页

续表

序号	高校名称	馆舍面积（平方米）	文献资源购置费（元）	纸质资源购置费（元）	电子资源购置费（元）	工作人员数（人）
4	西南交通大学	59 472.00	15 283 621.00	8 395 549.00	7 107 861.00	190
5	西南财经大学	50 000.00	8 454 417.00	6 531 902.00	1 927 515.00	178
6	四川农业大学	44 607.00	8 588 750.00	6 613 977.00	1 969 773.00	80
7	贵州大学	92 190.00	6 702 363.00	3 207 911.00	3 488 680.00	227
8	成都中医药大学	395 000.00	4 833 868.00	3 532 668.00	1 300 400.00	83
9	西南政法大学	37 684.00	3 703 164.25	2 543 342.25	1 159 822.00	145
10	西南科技大学	36 475.00	10 092 337.00	8 333 153.00	1 756 583.00	118
11	西华师范大学	34 000.00	3 270 000.00	2 890 000.00	1 360 000.00	82
12	成都信息工程学院	33 298.00	3 679 113.00	3 087 229.00	587 954.00	87
13	西南石油大学	32 867.00	4 290 509.00	1 952 208.00	2 337 956.00	116
14	广西大学	32 338.00	7 091 108.00	3 320 000.00	3 030 190.00	293
15	成都电子机械高等专科学校	30 200.00	1 324 509.00	1 196 109.00	126 400.00	67
16	宜宾学院	30 078.00	3 809 300.00	2 950 700.00	853 850.00	101
17	重庆交通大学	29 000.00	4 484 076.00	3 267 876.00	1 154 700.00	90
18	四川民族学院	6 415.00	1 443 480.00	1 064 060.00	378 500.00	43
19	凯里学院	27 703.00	1 315 616.00	1 134 816.00	180 000.00	58
20	西南大学	66 000.00	12 316 349.00	2 620 000.00	7 260 000.00	178
21	渝西学院	26 417.00	520 000.00	2 452 682.00	387 318.00	105
22	四川外语学院	26 000.00	6 626 888.00	4 908 005.00	1 717 683.00	65
23	贵州师范大学	18 656.00	4 107 283.00	3 218 870.00	880 960.00	129
24	成都东软信息技术职业学院		10 946 909.00	10 716 909.00	230 000.00	18
25	四川文理学院	31 999.00	6 776 500.00	6 765 060.00	10 000.00	65
26	成都理工大学	8 193.00	6 507 903.00	3 983 130.00	2 524 773.00	143
27	桂林电子工业学院	13 646.00	5 668 785.00	2 466 385.00	3 202 400.00	89
28	内江师范学院	12 500.00	4 473 487.00	3 555 727.00	917 760.00	84
29	贵州财经学院	44 000.00	5 491 479.00	3 805 979.00	1 685 000.00	143
30	广西财经学院	43 561.00	3 952 900.00	3 576 700.00	385 400.00	131
31	重庆医科大学	864 574.00	3 728 904.50	2 864 330.00	864 574.00	194
32	四川工程职业技术学院	18 200.00	2 800 200.00	259 8200.00	192 000.00	43
33	西华大学	43 882.00	4 212 170.00	2 578 681.00	1 617 489.00	78
34	四川烹饪高等专科学校	7 400.00	442 220.00	432 220.00	10 000.00	63
35	贵阳中医学院	10 814.00	774 666.00	385 466.00	389 200.00	94
36	四川美术学院	20 409.00	2 120 000.00	2 080 000.00	30 000.00	42
37	四川民族学院	6 415.00	1 443 480.00	1 064 060.00	23 100.00	43

续表

序号	高校名称	馆舍面积（平方米）	文献资源购置费（元）	纸质资源购置费（元）	电子资源购置费（元）	工作人员数（人）
38	四川职业技术学院	23 300. 00	1 133 865. 00	1 076 865. 00	57 000. 00	19
39	四川机电职业技术学院	6 004. 00	213 000. 00	207 000. 00	6 000. 00	14
40	内江职业技术学院	4 000. 00	342 660. 00	316 660. 00	26 000. 00	19
41	成都职业技术学院	7 104. 00	377 205. 00	316 205. 00	61 000. 00	36
42	四川财经职业技术学院	2 200. 00	1 404 936. 00	1 395 936. 00	9 000. 00	18
43	四川电力职业技术学院	15 525. 00	999 677. 00	572 677. 00	427 000. 00	21
44	四川建筑职业技术学院	18 500. 00	1 308 580. 00	1 202 580	109 000. 00	61
45	四川音乐学院	16 000. 00	1 434 439. 00	1 129 767. 00	269 060. 00	47
46	川北医学院	15 508. 00	2 861 359. 00	2 169 234. 00	692 125. 00	144
47	绵阳职业技术学院	6 442. 22	816 500. 00	804 500. 00	12 000. 00	24
48	泸州医学院	27 311. 00	1 779 323. 00	1 260 479. 00	518 844. 00	54
49	四川邮电职业技术学院	10 991. 00	480 777. 00	431 777. 00	49 000. 00	12
50	成都航空职业技术学院	13 000. 00	1 414 260. 00	1 322 760. 00	91 500. 00	28
51	成都医学院	14 567. 00	2 129 604. 00	1 609 304. 00	517 100. 00	29
52	成都农业科技职业学院	12 000. 00	747 122. 00	638 122. 00	109 000. 00	24
53	四川交通职业技术学院	12 166. 00	1 334 199. 00	1 244 827. 00	89 372. 00	31
54	贵州师范学院	193 000. 00	665 410. 00	635 410. 00	30 000. 00	30
55	贵州民族学院	22 200. 00	2 528 950. 00	2 198 735. 00	292 878. 00	56
56	贵阳学院	21 700. 00	2 497 302. 50	2 187 302. 50	310 000. 00	85
57	重庆三峡学院	50 091. 00	2 804 000. 00	2 496 000. 00	298 000. 00	50
58	遵义师范学院	19 770. 00	811 373. 69	460 173. 69	351 200. 00	57
59	遵义医学院	10 634. 00. 50	2 278 116. 50	1 560 180. 50	717 936. 00	65
60	广西工学院	34 041. 00	2 951 658. 00	2 094 209. 00	857 449. 00	67
61	重庆工学院	31 793. 00	3 459 433. 00	2 559 671. 00	893 262. 00	84
62	贵阳医学院	13 420. 00	2 354 386. 00	1 714 280. 00	640 106. 00	35

表 3 - 1 中数据出自 2011 年度《中国图书馆年鉴》第 662 - 719 页。2013 年全国高校图书馆统计数据和截止到 2013 年 12 月 30 日各个高校图书馆主页的概况，其中有部分高校图书馆是原有的建筑面积加上正在建设的建筑面积的和，成都东软信息技术职业学院的图书馆不能进其网页，在该年鉴也没有提供图书馆建筑面积

（三）西南地区部分高校图书馆特色数字资源库建设情况

在西南地区高校图书馆各馆数字资源体系现状的调查结果中，根据课题组调查的资料和 2011 年《中国图书馆年鉴》的数据，综合四川高校文献保障体系（SCA - LIS）① 和各

① 四川省各高校［EB/OL］．［2013 - 12 - 30］．四川高校文献保障系统，http：//www. scalis. org. cn/

高校馆网站，依据四川省高校图工委网站下的高校馆名录①，通过中国教育在线（http：//www.eol.cn）提供的各学校网址并结合百度搜索引擎，课题组选取四川省的这些高校图书馆为例，对四川省高校图工委所属45所高校图书馆网站进行了调研。此次调研访问到建有独立图书馆网站的高校共40所，占总数的89%，其中26所高校有自建特色数字资源数据库，占总数的58%。45所高校图书馆共建有各类特色数字资源数据库129个（见表3-2）。另外有6个图书馆虽然建有图书馆网站，但校外无法访问。

在表3-2中调研的45所高校图书馆中，普通本科院校29所，高职高专11所，民办高校和独立学院5所。在129个特色库中，本科院校有122个，约占95%；高职高专有6个，约占6%；5所民办高校和独立学院只建设有1个特色库，约占0.8%。由此可见，本科院校图书馆是西南地区内高校特色数字资源数据库建设的主力军，高职高专相对较弱，民办高校及独立学院图书馆特色数字资源数据库的建设明显落后，几乎都是空白，甚至很多学校还未建立独立的图书馆网站。另一方面，在同一层次的图书馆中，特色数字资源数据库的建设差别也很大。在本科院校特色数字资源中，四川大学、成都理工大学、四川农业大学、乐山师范学院、四川农业大学、四川理工学院等高校处于领先位置，他们所建特色数字资源数据库都在8个以上。在高职高专中，阿坝师范高等专科学校依托丰富的藏羌文化，建设的特色数字资源数据库达到了5个，在高职高专院校中独占鳌头。

表3-2　四川省高校图书馆特色数字资源数据统计表

序号	图书馆	数量	特色库名称
1	四川大学	11	高等学校中英文图书数字化国际合作计划（CADAL），口腔医学网络资源导航库，中国语言文学网络资源导航库，学苑汲占——高校古文献资源库，皮革导航数据库，巴蜀文化特色库，四川大学教学参考书系统，中国循证医学特色库，四川大学图书馆随书光盘发布系统，四川大学学位论文数据库，中国藏学研究及藏文化数据库
2	西南交通大学	4	交大文库，西南交大文库自助提交系统，交大教学参考书，峨眉山特色库
3	电子科技大学	5	电子科技大学学术典藏库，本校馆内刊物、SCI论文查询库，世界著名大学视频导航库，电子科技大学教学资源库，物理电子学、光电子学网络原生数字资源库
4	西南石油大学	1	西南石油人学图书馆教学参考书查询系统
5	成都理工大学	10	地质、石油专业数据库，成都理工大学博硕士论文库，成都理工大学优秀毕业论文数据库，恐龙数字图书馆，四川省地质矿产资源文献数据库，地质工程重点学科导航，矿产普查与勘探重点学科导航，学科导航指南，外文地学期刊，网络导航
6	成都信息工程学院	4	西南地区气象专家论文数据库，气象类期刊篇名数据库，学科导航数据库，成都信息工程学院学位论文数据库

① 四川省高校图工委网［EB/OL］．［2013-12-30］．http：//202.115.54.22/libcommittee/directory/directory.aspx

续表

序号	图书馆	数量	特色库名称
7	西华大学	4	地方文化资源保护与开发，高校教学参考书系统，农业科学专题数据库，汽车特色数据库
8	中国民用航空飞行学院	6	民用航空技术与飞行安全数据库（中、英文版），馆藏航空期刊篇名数据库，民航各型飞机故障汇编数据库，中国民航飞行学院学士学位论文数据库，民航各型飞机机型数据库，CAFUC 优秀学位论文数据库
9	四川烹饪高等专科学校		无图书馆网站
10	成都纺织高等专科学校	1	巴蜀服饰文化特色库
11	四川农业大学	9	四川农业大学优秀学士论文资源库，大熊猫专题数据库，禽流感中外文专题数据库，水稻遗传育种专题数据库，四川农业大学教师论著数据库，小麦遗传育种专题数据库，玉米遗传育种专题数据库，植物无融合生殖专题数据库，猪的营养，中外文专题数据库
12	成都中医药大学	4	高校特色数据库——基本药剂库，巴蜀中医药名家，成都中医药大学基藏数据库，成都中医大学教师论文库
13	四川师范大学	7	本校学位论文数据库，精品课程导航数据库，考测数据库，教育专题数据库，本校科研成果数据库，四川省旅游资源特色数据库，畅想之星非书资料管理系统
14	阿坝师范高等专科学校	5	羌族藏族研究文献数据库，羌族研究图书集锦，羌族沙朗舞曲精选——羌魂，中国羌族的天籁之音——羌韵，羌族风情歌曲集——风从羌山来
15	四川民族学院		无法访问
16	西南财经大学	4	学科导航，经济类报刊篇名数据库，MBA 经典案例和西南财经大学硕博论文库
17	成都体育学院	3	本院博硕论文全文库，本院优秀学士论文库，学院竞赛视频库
18	四川音乐学院	2	艺术学科导航库，王光祈著述及其研究资料全文数据库
19	西南民族大学		无法访问
20	成都大学	4	巴蜀名人资源数据库，豆腐及豆腐菜肴数据库，民俗研究全文数据库，高校发展研究动态库
21	成都工业学院	4	成都电子机械高等专科学校图书馆特色资源库资源，基于“国家机械电子工程实训基地”的高职高专学生实训与师资培训特色数据库，模具设计与制造技术特色资源数据库，塑料模具技术电子文献资源库
22	成都航空职业技术学院	1	数控技术特色数据库
23	成都医学院		无法访问
24	武警成都指挥学院		无图书馆网站
25	成都教育学院		无图书馆网站
26	成都农业科技职业学院	0	未建特色库
27	四川交通职业技术学院	0	未建特色库

续表

序号	图书馆	数量	特色库名称
28	四川生殖卫生学院		无图书馆网站
29	西南科技大学	3	西南科大硕士学位论文全文数据库，无机非金属材料特色库，网络学术资源导航库
30	川北医学院		未建特色库
31	西华师范大学	4	学位论文数据库，南充名人信息系统，珍稀动物数据库，学科研究信息
32	绵阳师范学院	4	大禹文化特色数据库，文昌文化特色数据库，李白文化特色数据库，中外人文社科文献荟萃全文数据库
33	达县师范高等专科学校		无图书馆网站
34	绵阳职业技术学院		未建特色库
35	四川工程职业技术学院		未建特色库
36	四川理工学院	8	腐蚀与防护专题数据库，中国盐文化数据库，酿酒数据库，物竞化学品数据库，全球样本数据库，博看数据库，畅想之星非书资源远程包库，银符考试系统库等
37	泸州医学院		未建特色库
38	内江师范学院		无法访问
39	宜宾学院		无法访问
40	乐山师范学院	13	乐山旅游，郭沫若研究，三苏研究，大学英语教学资源，高等数学教学资源，乐山师范学院学位论文，硕士研究生入学考试资源，乐山师范学院教师成果等8个特色数据库和旅游、教育等5个重点学科的“资源导航库”
41	宜宾职业技术学院		未建特色库
42	泸州职业技术学院		无法访问
43	内江职业技术学院		未建特色库
44	西昌学院	2	攀西特色农业数据库，民族地方特色文献数据库
45	攀枝花学院	3	苏铁数据库，苴却砚数据库，钒钛数据库
总计	45所	129	

根据表3－2得到四川高校图书馆所建特色数字资源数据库，可归为以下几类（见表3－3），并分布在四川省的成都地区、川西地区、川北地区、川南地区、攀西地区等各个区域内（见表3－4）。①

表3－3　四川省高校图书馆特色数字资源数据库类型统计

类型	数量	比例（%）
高校特色数据库	42	33
学科特色数据库	47	36

① 杨永健．四川省高校图书馆特色数据库建设调查分析［J］．图书馆学研究，2012（22）：30－32

续表

类型	数量	比例（%）
地域特色数据库	13	10
人文特色数据库	5	4
其他特色数据库	22	17
总计	129	100

表 3－4 四川省高校图书馆特色数字资源数据库地域分布统计

区域	图书馆数量	图书馆比例（%）	特色库数量	特色库比例（%）	平均建设特色库个数
成都地区	23	51	84	65	3
川西地区	5	11	14	11	3
川北地区	7	16	10	8	1
川南地区	8	18	16	12	2
攀西地区	2	4	5	4	3
总计	45	100	129	100	

从表 3－3 特色库类型统计看，四川省高校图书馆所建特色库中，高校特色数字资源数据库和学科特色数字资源数据库所占比例较大，反映出省内高校图书馆特色数字资源数据库的建设是紧紧围绕本校馆藏资源和学科特色而建。而地域和人文类相对较少，说明高校在与地方的融合上，还有潜力可挖。

表 3－4 数据显示，成都作为四川省的省会，分布着占该省总数 51% 的高校图书馆，建有的特色电子资源数据库共 84 个，占该省特色库总数的 65%，充分表明了成都这座古蜀之都，是四川省的政治、经济、文化中心。但从地区各馆平均建设特色数字资源数据库数量来看，四川省内 5 个地区差别不大，分别为 1 个、2 个和 3 个，说明各地区核心馆对特色数字资源数据库的建设还是很重视的。不过各地区高职高专、民办院校图书馆还有很大的建库潜力。

（1）高校特色数字资源数据库

这类特色库主要收集储存本校教学科研中产生的文献资源，包括本校师生撰写的著作、论文、博硕士论文以及本校学报等，如四川大学学位论文数据库、成都理工大学博硕士论文库。

（2）学科特色数字资源数据库

四川省内高校通常都有悠久的办学历史，经历多年的学术文化积淀，形成了本校的学科特色和专业特色。因此高校都把自己的学科特色作为重点建设对象，如电子科技大学的光电子学网络原生数字资源库、成都理工大学的四川省地质矿产资源文献数据库、四川农业大学的水稻遗传育种专题数据库。

（3）地域特色数字资源数据库

反映特定地域和历史传统文化，或与地方政治、经济和文化发展密切相关的独特资源为主要内容。因此，建设能反映当地经济、文化、地理情况的特色数据库也成为许多图书馆的选择，如四川大学的巴蜀文化特色库、成都大学的巴蜀名人资源数据库、成都纺织高等专科学校的巴蜀服饰文化特色库。

（4）人文特色数字资源数据库

四川省内还有很多高校从名人与本校的关系或从历史文化关系入手，建立特色库，如四川音乐学院的王光祈著述及其研究资料全文数据库、绵阳师范学院的李白文化特色数据库。

（5）其他特色数字资源数据库

除了上述4种以外的特色数字资源数据库都归为该类，主要包括图书馆建设的随书光盘数据库、教学参考书数据库等，如电子科技大学教学参考书系统、四川大学图书馆随书光盘发布系统。

（四）西南地区高校图书馆数字资源建设现状——以四川省部分高校为例

本课题组成员根据以上所调查的数据和相关资料中，认为中西南地区各个高校图书馆在建设或购买本馆数字资源时，有很多图书馆的数字资源库与其他多馆的数字资源库都存在较严重的重复现象。例如，课题组在参考王倩、刘金玲的“图书馆联盟电子资源的重叠及互补关系定量研究——以四川省高校图书馆为例”观点认同他们所选取的四川省几所高校图书馆的案例，结合四川省各个高校图书馆的网站，对他们建设的或者是购买的数字资源量以及数字资源重复情况进行统计分析，如表3－5所示①。

容易重复建设或购买的数字资源所涉及的学科范围一般都较广，学科综合性较强，比如CNKI、超星、Springer、Elsevier SD等。在本统计中，CNKI、超星、读秀、书生和维普的重复率均达到了100%，而万方、EBSCO、Springer Ebooks等数据库的重复率也在80%左右。四川省高校图书馆的数字资源，从品种上看，主要集中在四川大学、西南科技大学、西南交通大学、成都理工大学等多所高校，他们购买的数字资源几乎包括了四川高校的全部品种。而其余60多所高校图书馆购买的数字资源，基本没有其他的品种，趋同问题严重。而这种重复建设与购买数字资源的现象在整个西南地区其他各省（直辖市、自治区）内的高校图书馆数据库建设与购买的重复率也基本在80%左右。

表3－5　四川省高校数字资源及重复情况统计表

高校	中文电子资源					外文电子资源					总计				
	购买数	重复数	重复比（%）	互补数	互补比（%）	购买数	重复数	重复比（%）	互补数	互补比（%）	购买数	重复数	重复比（%）	互补数	互补比（%）
四川大学	47	31	65.96	16	34.04	74	33	44.59	41	55.41	121	64	52.89	57	47.11
四川大学	42	30	71.43	12	28.57	56	34	60.71	22	39.29	98	64	65.31	34	34.69
西南交通大学	36	26	72.22	10	27.78	37	28	75.68	9	24.32	73	54	73.97	19	26.03

① 王倩，刘金玲．图书馆联盟电子资源的重叠及互补关系定量研究——以四川省高校图书馆为例［J］．图书馆论坛，2012（3）：118－120

续表

高校	中文电子资源					外文电子资源					总计				
	购买数	重复数	重复比（%）	互补数	互补比（%）	购买数	重复数	重复比（%）	互补数	互补比（%）	购买数	重复数	重复比（%）	互补数	互补比（%）
西南财经大学	26	22	88.00	3	12.00	28	20	71.43	8	28.57	53	42	79.25	11	20.75
四川农业大学	24	19	79.17	5	20.83	27	14	51.85	13	48.15	51	33	64.71	18	35.29
成都理工大学	17	16	94.12	1	5.88	27	24	88.89	3	11.11	44	40	90.91	4	9.09
成都理工大学	26	21	80.77	5	19.23	13	8	61.54	5	38.46	39	29	74.36	10	25.64
西南石油大学	18	14	77.78	4	22.22	17	9	52.94	8	47.06	35	23	56.71	12	34.29
四川师范大学	22	18	81.82	4	18.18	7	4	57.14	3	42.86	29	22	75.86	7	24.14
西华大学	24	18	75.00	6	25.00	4	3	75.00	1	25.00	28	21	75.00	7	25.00
绵阳师范学院	16	12	75.00	4	25.00	4	3	75.00	1	25.00	20	15	75.00	5	25.00
四川理工学院	17	9	52.94	8	47.05	6	5	83.33	3	50.00	23	15	65.22	8	34.78

说明：在本统计中（1）数据库个数均统一统计至子库；（2）如某电子资源被3所图书馆或以上购买，则该资源按重复计；如某资源只被1至2所图书馆购买，则该资源按互补计

1. 西南地区不同高校图书馆数字资源建设的现状

西南地区各高校图书馆购买的数字资源中除有重复外，也必然会有部分不同，甚至某些资源只会被一两个馆购买。例如，在上面对所选取的10所四川省高校图书馆建设与购买数字资源的情况进行了统计，结果见表3-5。由于数字资源通常具有某些较强的专业和学科特色，比如成都理工大学图书馆建设与购买的地学类数据库等，在四川省内其他高校一般不会购买，从而使该校的数字资源具有一定的建设价值。

表3-6　四川省高校图书馆部分自建特色资源

序号	数据库	高校图书馆
1	巴蜀文化特色库	四川大学
	中国循证医学特色库	四川大学
2	峨眉山特色资源数据库	西南交通大学
3	中国金融信息港	西南财经大学
4	大熊猫专题数据库	四川农业大学
5	恐龙数字图书馆	成都理工大学
	四川省地质矿产资源文献数据库	成都理工大学
6	物竞化学品数据库	四川理工学院
7	石油天然气特色数据库	西南石油大学
8	四川省旅游资源特色数据库	四川师范大学
9	汽车特色数据库	西华大学
10	大禹文化特色数据库	绵阳师范学院

不同高校图书馆自建特色资源的独特价值。它们都是根据各校教学、科研的需要，有针对性地进行选择和建设。一般以本校的主要及优势学科为重点，因此能充分表达出数据库的专题性。从总体上看，四川省高校图书馆的自建特色资源比较丰富，表3－6列出了其中已建成的部分特色资源数据库①。

这些自建特色数据库，比如四川大学的巴蜀文化特色库、西南石油大学的石油天然气特色库等，由于特色性强，各高校图书馆间不会出现重复建设的情况。

2. 西南地区高校图书馆数字资源购买的现状

整个西南地区图书馆的良好建设，能够更好地利用学科数字资源，推动学科结构日趋完整。但这种建设的实现需要以西南地区多个高校图书馆间数字资源的共享性为前提。

无论是西南地区各个高校图书馆自身还是各个高校图书馆之间，作为主要信息源的数字图书和期刊等，都容易产生重复购买的问题。这些数据库价格不菲，资源重复率较高，购买同类数字资源过多，无疑会加重西南地区各个图书馆的经济负担，在一定程度上造成浪费，并影响到其他资源的购置。

期刊方面，据统计，CNKI 有 89% 的期刊被万方、维普收录，万方有 94% 的期刊被维普、CNKI 收录，而维普也有一半被另两库收录。这都显示资源品种在各个高校图书馆的重复收录问题还非常严重。② 笔者也认同学者王倩、刘金玲选取图情类期刊对各个高校图书馆重复收录情况进行统计的观点来统计西南地区高校图书馆数字资源购买情况，见表3－7所示。

表3－7　西南地区高校图书馆图情类期刊重复收录情况

数据库	收录（种）	资源企业	重复（种）	重复率（%）	资源企业	重复（种）	重复率（%）
CNKI	47	与维普	40	85.1	与万方	35	74.5
维普	76（含已停刊）	与 CNKI	40	52.6	与万方	35	46.1
万方	36	与 CNKI	35	97.2	与维普	35	97.2

表3－8　西南地区高校图书馆中文图书数据库收录图书量统计

数据库	超星	读秀	书生之家	万方 Apabi
图书数量（万册）	>100	220	>70	>20

图书方面，表3－8为西南地区高校图书馆几大中文图书数据库收录图书数量的统计，通过 SCALIS 统一整合检索平台分析，超星与读秀收录的中文数字书几乎涵盖了书生之家和方正 Apabi 的全部品种，如果一个馆这几个库全部购买，资源重复购置现象就十分突出。

---

① 王倩，刘金玲．图书馆联盟电子资源的重叠及互补关系定量研究——以四川省高校图书馆为例［J］．图书馆论坛，2012（3）：118－120

② 陈万寅，金明华，邹小筑．中文网络学术数据库数据质量分析［J］．中国图书馆学报，2007（1）：46－51

（五）西南地区高校图书馆多馆联手建设数字资源的构思

图 3-1 用集合的形式简单地表示出西南地区高校图书馆多馆联手建设数字资源与商业数字资源之间的逻辑关系。从图中可看出，两者都有大多数重复相交的部分，又有互为补充的部分，这与西南地区各高校图书馆数字资源间的关系类似。

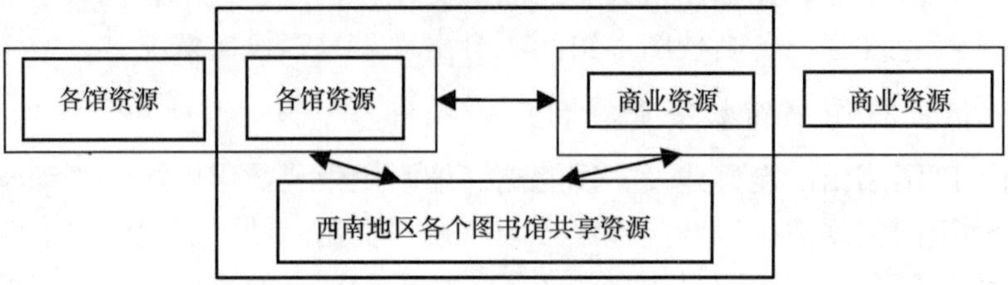

图 3-1　西南地区各个图书馆资源与商业性资源的共享的逻辑关系

为减轻西南地区高校图书馆数字资源重复带来的影响，发挥建设现状，优化其数字资源建设结构，西南地区各个高校图书馆数字资源的建设可采取如下对策：

1. 建立西南地区高校图书馆联合体，统一采购，降低成本，提高效益

针对西南地区高校图书馆数字资源重复的问题，应通过建立西南地区高校图书馆联合体进行统一采购的方式，甚至通过该联合体专项经费购买各个图书馆的使用权，从而降低建设数字资源的使用成本，提高采购效益。就西南地区一所高校图书馆而言，为缓解有限的购置经费与读者日益增加的数字资源需求间的矛盾，在购买数字资源、特别是外文数字资源时图书馆应积极争取集团采购的方式，凭借各个图书馆或数字资源公司的联合购买力，寻求一个更加优惠的价格，一般比西南地区一所高校图书馆购买同一资源优惠 25% ~ 40%，能较大幅度地降低西南地区各个高校图书馆购买数字资源的资金、人力和时间成本①。此外，该方式还便于西南地区各高校图书馆在参考咨询和数字资源的使用等方面进行交流与合作。

例如，以四川省为例，在未采用联合采购时，四川大学图书馆、西南财经大学图书馆每年各需支付近 20 万元以购买 EBSCO 数据库；而进行数字资源公司的联合购买后，四川大学只需投入 8 万多元，西南财经大学投入 7 万多元，比以前西南地区一所高校图书馆购买时节省了 60% 以上的资金②。从 2003 年开始，四川省高校图工委便积极组织相关数字资源的公司购买。几年来，四川省高校图书馆联合采购了维普、读秀、EBSCO、Springer Ebooks 等多个数据库③，既丰富了各馆的数字馆藏，又提高了各馆文献经费使用的效益、文献信息资源的利用率和四川省高校图书馆整体的文献保障水平。

---

① 蔡筱青．图书馆联盟电子资源采购［J］．图书馆学研究，2005（1）：57-59

② 赵锦茱，吕先竞，李勇，等．四川省高校文献信息资源保障体系建设与实践［M］．成都：四川大学出版社，2008：359

③ 四川省高校图工委．四川省高校图工委近年工作总结［EB/OL］．［2013-12-20］．http：202.115.54.22/Libcommittee/news/shownews.aspx？id=137

2. 优化西南地区高校图书馆馆藏数字资源结构，减少重复率

第一，作为西南地区各个高校图书馆，可在数字期刊或图书等同类库中选择一个主库购买，其他同类库再分专题购买有建设现状、特色性强的学科或模块，尽量减少馆内重复。比如成都理工大学图书馆，在中文数字图书方面，买齐了读秀的 220 万册中文图书，而在方正 Apabi、书生之家等其余同类数据库中只购买具有本校特色的一些专辑或学科，在减少馆内数字资源重复的同时，又节省了经费。

第二，通过西南地区高校图书馆相互协调合作的方式，优化配置资源，即同类库分别由西南地区不同的高校图书馆购买，从而使整个西南地区高校图书馆数字资源建设的重复率下降，资金使用效率增加。

3. 实现西南地区各个图书馆自建特色资源的统一整合和服务共享

通过西南地区高校图书馆相互协调合作，实现西南地区高校图书馆自建特色数字资源的统一标准和规范，平台互通，元数据共享，全文互传递等功能，使这些独特而宝贵的资源成为联盟的资源财富。当用户要检索的信息在馆藏数字资源中无法找到，但在联盟自建特色数字资源中可以找到时，这些特色资源就是西南地区高校图书馆数字资源的很好补充，可以采用原文传递、西南地区高校图书馆内部或者合作之间的共享等方式来获取用户所需的文献。

4. 建立和完善西南地区高校图书馆各类资源的联合目录与导航体系

建立充分揭示西南地区高校图书馆相互协调合作后所有高校图书馆的馆藏书目、购买商业数字资源、自建特色资源和集成的网上数字资源等各类资源的联合目录与资源导航体系，建立以元数据为基础的统一整合和联合导航揭示系统，是大大减少西南地区高校图书馆数字资源的重复浪费，充分发挥西南地区高校图书馆相互间资源建设现状的根本保障。例如，四川省高校图书馆的数字资源间以及他们与商业数字资源间都是既相互重复，又互为补充的。因此，以商业数字资源为依托，以自建特色资源为补充，通过建立各类资源的联合目录与导航体系，充分发挥多馆相互协调合作的优势，使各个高校图书馆数字资源建设结构不断优化，提升数字资源共享与保障能力。

5. 建立西南地区高校图书馆的联盟协作模式

一年一度的西南地区高校图工委工作会议为西南地区高校图书馆的资源建设、科学管理、信息服务和学术研究搭建共享平台的做法，为西南地区各高校图书馆进一步增强合作力度，扩大交流范围，深化交流内容，为推进文化信息资源的共建共享，为提高西南地区高等教育的发展，为图书情报事业的繁荣产生促进作用。为促进西南地区大学图书馆联盟框架下跨省区的高校图书馆联盟打下了基础，推进了西南地区各省高校图书馆资源共建共享的平台建设和联盟协作体系的发展。例如，2011 年 3 月 30 日云南高校数字图书馆共享平台建设项目启动。作为中央财政支持地方高校发展专项资金资助的公共服务体系建设项目，云南高校数字图书馆共享平台的建设将依托中国高等教育文献保障系统云南省中心及云南省高校图工委，云南师范大学、云南大学、昆明理工大学、云南财经大学图书馆的基础条件，搭建服务该省、面向全国的数字图书馆共享平台。共享平台的建设内容包括联合

省内高校图书馆共建联合目录数据库，开展联机合作编目，联合采购权威数据库，协作共建特色资源及教学教参资源数据库等，最终通过资源共建共享，打造具备资源整合、信息服务、技术支持等功能的创新型知识资源服务体系。

云南高校区域数字图书馆建设是云南高校图书馆利用商业平台实现区域内图书馆馆藏资源的共知、共建和共享的一种尝试，很有意义。

自2011年12月开始，由云南大学、云南师大、昆明医科大学、云南农业大学、云南中医学院、云南民族大学、西南林学院、云南警官学院、云南开放大学、昆明学院、文山学院、昭通学院、云南艺术学院等高校在云南省教育厅领导下，在云南省高校图工委协调下，这些高校自愿参加组成的非营利性、非法人的高等学校图书馆联合体。到目前为止，共45所高校图书馆先后签署了该联盟协议。加入云南高校图书馆联盟的范围涵盖本科院校、独立学院和高职高专。云南高校图书馆的联盟掀开了云南图书情报事业战略发展的新篇章。云南高校图书馆的联盟以资源共享、优势互补、互信互利、共同发展为原则，旨在加强云南高校图书馆的整体发展规划，构建协同、共生、共赢的云南高校图书馆良性合作发展机制，引导和促使优质教育资源要素在联盟成员内部的合理流动与配置，提高高等教育文献信息资源的联合保障能力，形成云南高等教育合理的发展结构与分工体系，不断提升云南高校的教学质量、办学水平与社会声誉，也为西南地区跨省联盟协作的发展提供了实践性和可供操作的联盟协作模式。

总之，中国高等教育文献保障系统（China Academic Library & Information System，简称CALIS）项目在西南地区高校图书馆的广泛应用、中美百万册数字图书馆建设项目在四川大学图书馆的建设、中国数字图书馆联盟项目在西南地区公共图书馆的应用与推广、西南地区高校图书馆联盟以及西南地区高校图书馆的联合建设与快速发展，有力地促进了西南地区高等学校图书馆服务体系的建设与管理，推动了西南地区高等院校图书馆的发展。

下面选择西南地区各省代表性的高校图书馆来进行描述。

二、广西壮族自治区的高校图书馆概况

（一）广西大学图书馆

广西大学新图书馆于2002年11月20日竣工，2003年正式投入使用。图书馆建筑面积达32 338平方米，阅览座位3 634个。现有馆藏文献总量544万册，包括学员资料室。涵盖哲、经、法、文、理、工、农、管、教等九大学科门类，形成了多层次、多载体、特色明显并能有效支撑学科建设和人才培养的藏书体系。每周开放达101小时（教育部规定为70小时/周），极大地便利了师生员工，高峰期每天入馆人次超过1万，还提供除常规服务外的读者培训、科技查新、定题服务等。广西大学图书馆是CALIS联机编目合作中心的C级编目成员馆，现为广西高等学校图书情报工作委员会、广西高教学会图书馆专业委员会的秘书处所在地。广西大学图书馆建立了主干为千兆、百兆到桌面的高速局域网，馆内设有600余台计算机（或终端）与校园网、教科网和互联网连接，形成了便利的分布式

数字化信息服务网络。[①]

（二）广西医科大学图书馆

广西医科大学图书馆创建于1934年12月，曾因学校名称更改而随之改动过。图书馆大楼面积29 276平方米，阅览座位1 200多个，馆内设有流通书库、书刊阅览室、电子阅览室、影视视听室、医学科技查新室和24小时自助图书室等服务部门；现有纸质图书114.38万册（图书32万余种），中、外文期刊4 000多种（现刊1 742种）；拥有CNKI、VIP、PML、SCI等中、外文图书、期刊数据库19个，电子图书92.31万册。该馆从1984年起开设《医学信息检索与利用》课程，是广西最早承担高校医学文献检索课程教学任务的高校馆之一。1994年获得广西壮族自治区科技查新资格，开展医学科技查新服务。广西医科大学图书馆是全国高等学校医药图书馆协会委员馆、CALIS华南地区成员馆、CALIS医学成员馆、广西高等教育学会图书馆专业委员会常务理事馆。[②] 图书馆现设有馆长和副馆长各一人，下设办公室、采编部、流通部、期刊部、信息服务部（含技术部、医学信息检索与利用教研室）。

（三）百色学院图书馆

百色学院图书馆分东合校区和澄碧校区两个馆舍，东合校区馆舍面积约6 300平方米，澄碧校区馆舍面积约1 500平方米，总建筑面积约7 800平方米。在职工作人员28人，其中：本科以上学历14人，占50%；专科学历7人，占25%；中专（含高中）7人，占25%。到2013年10月止，具有专业技术职称的有26人，其中：高级职称2人，中级职称18人，初级职称8人，技术工人2人。[③]

馆藏纸质图书48万册，电子图书16.3万册（超星电子图书馆）。每年订购报刊共1 200种，并订有《中国学术期刊网》（清华同方）和《中文科技期刊数据库》（重庆维普）两大期刊网络全文数据库。在读者服务方面，采取全开架管理方式，每周开放时间达70小时以上，年均借书量达12万册，年均阅览读者量达10万人次，并实现了全馆数字资源24小时全开放服务。百色学院图书馆在保证满足校内读者借阅需求外，还坚持向社会读者开放。

（四）桂林航天工业高等专科学校图书馆

桂林航天工业高等专科学校图书馆始建于1979年。新馆于2003年竣工，并正式投入使用。目前文献资源入藏总量达135.01万册。其中印刷型文献94.01万册，电子图书41万册，形成了能够有效支撑学校学科建设和人才培养的藏书体系。

图书馆设有办公室、采编部、参考咨询部、信息技术部、阅览部、流通部等6个部门，实行全开架借阅和计算机管理，提供外借、阅览、文献检索、读者教育、参考咨询、文献复制等多种服务。目前有工作人员29人，其中高级职称2人，中级职称12人，研究生6人，83%的人员具有大专以上学历。图书馆设有现刊阅览室、过刊阅览室、工具书阅

---

① 来自广西大学图书馆官方网站［2013-12-30］

② 来自广西医科大学图书馆官方网站［2013-12-30］

③ 来自百色学院图书馆官方网站［2013-12-30］

览室、电子阅览室等4个阅览室和1个自习室。每周开放时间达100小时以上。①

（五）广西水利电力职业技术学院图书馆

广西水利电力职业技术学院图书馆是学院重要的教辅部门之一，作为学院的文献信息中心，应根据学院的性质、专业设置和发展方向来进行馆藏资源建设，藏书类型包括图书、期刊和各类工具书等。图书馆共有独立馆舍两处（本部馆及南区分馆），加上本部设在计算机网络中心和学生公寓的自习室/阅览室，总建筑面积达8 136平方米，以在校高职高专生4 889人计算，生均面积为1.66平方米。图书馆各类印刷型图书资料馆藏总计246 454册（含期刊合订本7 487册），电子读物折合41 258册，总馆藏量达295 199册，生均60.38册。数据库方面，引进了CNKI中国期刊专题全文数据库C、I两个专辑及会计等6个专题的网上包库服务。图书馆2005年订阅报纸136种，订阅杂志485种。② 图书馆共有阅览室座位1 200位，生均0.25位/人。电子阅览室配备服务器两台：图书馆管理系统服务器Dell Power EDGE 2600配置了PⅣ2.4G双CPU，1G内存和2个36G硬盘；WEB服务器配置了PⅣ1.8G CPU，512M内存和80G×4硬盘。

三、云南省高校图书馆概况

（一）云南大学图书馆

云南大学图书馆由校本部和新校区图书馆两部分组成，总面积53 975平方米，生均馆舍面积为2.17平方米/人。截至2013年12月30日学校总藏书量为2 511 748册，藏书以生物生态学、历史学、民族学及地方民族文献为收藏重点和收藏特色，170 170册古籍线装书及2 000余种民国时期报刊为珍藏。另有电子图书433 369册，自制电子图书327册，中文数据库5个，外文数据库10个，缩微资料511件。电子阅览室计算机为100台，业务用计算机55台，读者检索用机37台，网络信息点总量达到350个。现有服务器8台，分别应用于ILASII图书馆管理系统、图书馆网站、DHCP服务、清华学术期刊全文数据库、电子图书、试用数据库等。建成了10.5 TB的数字资源存储平台，全面实现计算机自动化管理图书馆，初步实现现代化、人性化的管理模式。图书馆改造建设了内部的网络，提升了图书馆局域网的性能，增加了信息点，还为师生提供了人性化的自由下载终端18台，开放式检索用机17台，读者信息查询点及相关配套设施48套，全馆覆盖了无线网络，为携带笔记本电脑的师生提供了便捷的接入方式。③

（二）云南民族大学图书馆

云南民族大学图书馆按照一馆三区的布局，在莲华校区、教场校区、雨花校区设有分馆，形成相对独立的办馆模式。其中莲华校区建筑面积为8 659平方米，教场校区分馆面积为585.6平方米，雨花校区面积为39 850平方米。截止到2013年底，云南民族大学图书馆全馆文献总量已达156万余册种片，纸质图书总量为81万余册，数字图书75.3万

---

① 来自桂林航天工业高等专科学校图书馆官方网站［2013－12－30］

② 来自广西水利电力职业技术学院图书馆官方网站［2013－12－30］

③ 来自云南大学图书馆官方网站［2013－12－30］

册。在馆藏文献资料中，具有特色优势的省级重点学科，如少数民族语言文学、民族学、文化人类学、民族地方文献等占有相当的藏书量。图书馆实行计算机网络信息管理，馆藏机读目录数据库约有19万余种，近72万册书刊，存储服务平台容量35 TB，并购有多种专题数据库。①

（三）云南师范大学图书馆

云南师范大学图书馆由校本部、学府路校区和龙泉路校区的3个分馆组成，统一领导、统一规划、统一配置。目前三校区图书馆面积为2.07万平方米，拟建面积为5万平方米。截至2013年8月31日，全校图书期刊总量为241.80万册，图书馆纸质文献资源总量达200万册（件），其中古籍图书近6万册，院系资料室图书期刊总量为40.35万册。近年来，云南师范大学图书馆逐渐向数字化图书馆的建设方向发展，电子资源成为馆藏的重要组成部分，主要包括数据库20个、电子图书25万册。② 该校图书馆各读者服务部门全周/全天开放，每周开馆时间平均86小时，网络服务每天24小时不间断，同时还购置了包括中国知网CNKI、人大复印资料全文光盘在内的多个学术数据库供师生使用。各校区的电子阅览室是图书馆开展网上服务的一个窗口，目前共设有90台电脑供读者上网使用。图书馆设有采编部、技术部、信息部、流通部、期刊部、办公室等业务及行政部门。现有工作人员90人，其中博士2人，硕士2人，本科学历50人。专业结构也较为合理，专业人员中具有高级职称23人，占25.56%，具有中级职称45人，占50%。

四、贵州省高校图书馆概况

（一）贵州大学图书馆

贵州大学图书馆是一所综合性大学图书馆，现有馆舍面积42 190平方米，初步实现了图书馆管理与服务的自动化与信息化。贵州大学三个校区分别设有图书馆，且其馆藏根据支持教学和科研的原则各具特色，北校区图书馆以文史哲、法经管、理学文献为馆藏重点；南校区图书馆以农学、生物科学文献为馆藏重点；蔡家关校区图书馆以工业技术为馆藏重点。

贵州大学纸质文献资源丰富，并且积极推进数字化资源建设，拥有较为丰富的电子图书资源及各类中外文电子文献数据库30余个。图书馆使用ILASII图书馆集成管理系统，完成了多校区中文书刊统一、规范的机读目录建库工作，实现了统一的自动化管理、多校区图书的通借通还。另外，图书馆积极满足读者需求，每周7天开放，周开馆时间为94小时，数字资源提供24小时不间断服务。贵州大学图书馆作为校园信息网的一级接点，实现馆内主干千兆、百兆交换到桌面的网络环境，有线网络信息节点600多个，无线网络信息节点覆盖图书馆各个阅览区域。建立了性能先进、功能齐全的信息化网络平台，拥有各类型专用服务器16台、容量达46 TB的磁盘阵列系统和6个数字资源镜像站，各类信

① 来自云南民族大学图书馆官方网站［2013-12-30］
② 来自云南师范大学图书馆官方网站［2013-12-30］

息终端500余台。①

（二）兴义民族师范学院图书馆

兴义民族师范学院图书馆市内校区现有独立馆舍一栋，1 640平方米，北校区和安龙校区分别有馆舍500平方米、200平方米，新校区24 000余平方米的现代图书馆正在建设中。图书馆现有纸质文献资源47.1万册（其中中外文图书43.6万册，期刊合订本3.5万册），电子图书45万册，数据库3个（超星数字图书、万方全文数字化期刊、中国知网硕博论文）。馆内设：办公室、采编部、流通部（社科室1、社科室2、科技室、外文室）、期刊部（现刊室、过刊室）、参考咨询部和信息技术部。②

（三）贵阳医学院图书馆

贵阳医学院图书馆建立于1938年，现有馆舍面积约13 420.32平方米，藏书约69万余册，其中英、日、俄、德文书刊约10万余册，另有万方数据、Medline、中国医学生物学数据库、CMCC、中国生物学数据库、维普资讯、OVID（四个core collection）、OVID LWW、EBSCO等电子资源，同时，依托中国教育科研网和校园网可与省内高校共有共享中国学术期刊数据库、中国d－library等电子资源。③

图书馆现有工作人员32人，其中博士1人，硕士2人，副高职称11人。馆内采用金盘图书馆集成管理系统并于1998年实现采购、分类、编目、典藏、借阅自动化管理，2005年升级为Web版，现已接入校园网，图书馆可以建立自己的虚拟图书馆。建有200座位的电子阅览室，既满足了本科生、研究生文献检索教学和实践的需求，也切实解决了贵州省经济不发达状况对学生利用网络的不良影响。贵阳医学院图书馆是中国高等院校医药图书馆协会委员馆、中国医学文献检索教研会理事馆、贵州省图书馆学会理事馆、贵州省情报学会理事馆、贵州省高校图书馆工作委员会理事馆。同时还是贵州省医学信息中心，作为全国医学信息的三级中心，贵阳医学院图书馆除向该省提供医学信息服务外，还承担贵阳医学院学生和贵州省医学工作者医学文献检索继续教育的教学任务，该馆所属的情报中心还承担着贵州省医学卫生科研课题的查新工作，先后有7人参加相关部委的查新人员培训，并取得合格证。

五、四川省高校图书馆概况

（一）四川大学图书馆

四川大学图书馆始建于1896年，是我国西南地区藏书规模最大的大学图书馆；馆舍总面积63 100平方米；馆藏纸质文献591万余册，并拥有丰富的电子文献资源。拥有阅览座位9 682个，其中包括6个多媒体阅览室。四川大学图书馆由四个分馆组成，分别为：文理分馆、工学分馆、医学分馆、江安分馆。四川大学数字图书馆作为一个开放性、分布式的数字信息资源网络系统，其核心组成包括以下几个部分：门户网站系统、图书馆自动

---

① 来自贵州大学图书馆官方网站［2013－12－30］

② 来自兴义民族师范学院图书馆官方网站［2013－12－30］

③ 来自贵阳医学院图书馆官方网站［2013－12－30］

化管理系统、综合文献服务系统、存储备份系统、VOD 点播系统以及其他应用服务系统。数字图书馆数据系统采用目前 IT 业界公认的先进的存储区域网（SAN）方式来构建存储系统，核心信息系统采用 Cluster 群集管理软件进行双机热备份，以保证核心服务的稳定运行。在三校区四个分馆之间建立了物理独立的 1 000 M 内部网，再通过高速防火墙与校园网及 Internet 互连，望江、华西、江安三校区四个分馆之间的网络高速畅通、安全可靠。

引进了以色列 EX LIBRIS 公司的图书馆自动化管理系统 ALEPH 500（16 版）和资源统一检索与开放式链接服务系统 METALIB/SFX，实现了对三个校区四个分馆采访、编目、阅览、流通、信息检索等各项业务的统一的自动化集成管理。通过 Internet 开展了各种网上服务，网络数据库为师生提供全天 24 小时网络检索服务。

四川大学图书馆近年来承担了若干项国家、省、校级科研课题，出版和发表了一批学术专著和学术论文，主办了各种大型的学术研究交流会。与国内百余家图书馆、研究单位以及美、英、法、俄、日等 36 个国家和地区的 70 多个图书馆建立有交换、赠阅或互借关系。同时，还经常收到海内外关心高校图书馆事业的知名人士和机构的捐赠。四川大学图书馆是中国高等教育文献保障系统（CALIS）西南地区中心、中国高校人文社会科学文献中心（CASHL）西南区域中心、教育部文科文献信息中心、中英文图书数字化国际合作计划（CADAL）四川大学数字资源中心、教育部科技查新工作站和卫生部医药卫生科技项目查新站。此外，四川省高校图书情报工作委员会秘书处、四川省图学会资源建设与共享专业委员会等也设在四川大学图书馆。①

（二）四川师范大学图书馆

四川师范大学图书馆由狮子山校区图书馆、东校区图书馆、成龙校区临时图书馆和各院系资料室四部分组成，建筑面积 26 013.64 平方米（正在修建中的成龙校区图书馆建筑面积为 28 210 平方米），阅览座位 6 031 个。图书馆下设行政办公室、采编部、技术部、参考咨询部、流通部和阅览部。截至 2008 年底，四川师范大学图书馆共有各种印刷型图书、期刊 310 万册（其中图书 270 万册，期刊、报纸共 5 000 余种、30 万册（合订本），线装书 9.2 万余册，善本书 1.2 万余册。同时，还拥有电子图书 70 万余册、电子期刊 15 000 余种，涵盖了理、工、文、史、哲、政、经、法等学科，能满足全校师生不同层次的文献信息需求。

四川师范大学图书馆拥有电脑设备 350 台，引进了“金盘图书馆自动化集成管理系统”（GDLIS XP），实现了采编、流通、阅览及行政办公系统的自动化管理，建立了馆藏书目数据库，购买各种电子资源包括中国学术期刊全文数据库、人大复印资料网络版、书生电子图书、PQDD、EBSCO 等电子资源数据库 20 多个；此外，还收藏了大量有关教学科研、中外历史文化、经典名片等方面的光盘，以及自建的本校教师科研成果、学位论文、精品课程、考研辅导、教师教育等特色数据库。②

（三）西南财经大学图书馆

西南财经大学图书馆成立于 1952 年，现有馆舍 50 000 余平方米，藏书 200 万册，购

① 来自四川大学图书馆官方网站［2013－12－30］

② 来自四川师范大学官方网站［2013－12－30］

置有丰富的电子资源，是目前中国西南地区最大的财经文献中心。该馆已实现全面的网络化管理，开通了流通、采访、编目、典藏、参考咨询、期刊、阅览、行政管理、公共查询等系统；拥有服务器20台，磁盘阵列容量达20TB，工作用计算机57台，读者查询用计算机10台，电子阅览室拥有450台计算机，另有为读者提供音像视听文献阅览和欣赏的多媒体阅览室和音乐欣赏厅。①

资源建设方面，在保证纸质文献的品种和数量的前提下，重视电子资源的建设，优化馆藏文献的载体结构，积极开展文献传递，提高了文献资源的保障率。该馆购置的重要电子资源包括中国学术期刊网，学术期刊全文数据库（Academic Search Premier）和商业资源集成全文数据库（Business Source Premier），中国经济信息网（专网）在内的20余个数据库以及光盘数据。西南财经大学自建数据库有：学科导航库、经济类报刊篇名数据库、MBA经典案例库和本校博硕士论文库。

该馆现设资源建设部、资源服务部、信息参考部及办公室等部门。文献中心为各学科馆员提供学科信息咨询，还开展情报开发、代查代检、课题跟踪、原文传递、资料翻译、教学与用户培训等多种信息服务。文献中心编辑出版有：《金融文献译丛》（月刊）；《经济学文献译丛》（月刊）；《管理学译丛》（月刊）；《财经法学译丛》（月刊）；《海内外高校发展动向》（半月刊）；经济学科、财税学科、金融保险学科、工商管理学科、经济信息工程、电子商务、法学与人口学科、思想政治、MBA等学科和课程的《学科最新发展动态》（月刊）及《读者报》（月刊）；与相关单位合作编辑有《金融文化报》和《四川钱币报》；承担有中国经济发展史、经济思想史、名著导读、外国文化概论、中国传统文化概论、美术欣赏、西方美术史、装饰画、影响人类发展的百部图书及经济信息检索与利用等课程的教学任务；2002年5月成立了翻译中心，为与海外的交流提供服务，并承担学校《经济学家》英文版的编辑出版工作。

2003年8月文献中心建成后，馆舍面积扩大了一倍多，条件得到了极大的改善，还设有读者讨论室和读者研究室，方便读者在进行研究和学术探讨、交流时随时取阅文献。2005年3月柳林图书馆“其孜”楼建成后，馆舍面积扩大了30 000余平方米，新增了5 000个阅览座位。在藏、借、阅、咨等各方面为全校师生提供了一条龙服务。货币证券博物馆暨货币证券阅览研究室、校史陈列馆暨光华学术成果阅览研究室、美术展厅暨艺术阅览研究室位于新建成的文献中心，旨在进一步丰富和扩大图书馆的功能。

文献中心是西南财经大学“211工程”重点建设项目之一。围绕学校的整体目标，充分利用现代信息技术，文献中心“十五”、“211工程”建设，将实现由传统图书馆向现代文献信息中心、学校文化素质教育中心的转变，把联合校内外相关单位共同建设“中国金融信息港”作为战略目标，为金融部门、工商企事业单位及其他高校文献资源共享提供支持和服务。

---

① 来自西南财经大学图书馆官方网站［2013-12-30］

六、重庆市高校图书馆概况

（一）重庆大学图书馆

重庆大学图书馆是中国西部地区最大的高校图书馆之一，创办于1930年，是历史悠久、馆藏丰富的现代化大学图书馆。图书馆建有理工、建筑、应用技术、虎溪、艺术、法学6个分馆，建筑面积达63 000平方米，馆员160人。截至2010年12月，图书馆馆藏680万统计单位。纸质文献330万册，其中古籍2 332册，民国文献23 213册；电子图书160万种；中文电子期刊10 700余种，外文电子期刊20 800余种；学位论文250万篇；检索数据库12个；专业全文数据库34个；自建数据库36万多条；各种收藏品982件。该校图书馆积极让大学生参与图书馆管理，成立了大学生图书管理委员会，承担两个阅览室的读者接待服务，同时也是图书馆与读者之间联系的桥梁。该校图管会成立20多年，编辑《书苑》报纸，已发行101期，举办“今日我值班”、读者沙龙、援建灾区图书馆等各类活动。流通与阅览实行全天候开放，藏、借、阅、网一体化的管理与服务模式，每周7天，每天从早上8：30到晚上22：00，服务时间近100小时。图书馆年借阅量近百万册次，每年约90万多人次进馆阅览。①

重庆大学图书馆依托自己的海量资源和专业团队开展校友服务，并且在图书馆的所有办公区和阅览室内均可无线上网，方便工作人员和读者。该图书馆成立科技查新中心，是教育部认定的部级查新中心，2009年科技查新中心受理科技查新630余项。拥有5个电子阅览室，座位600个。通过电子阅览室读者可以检索数字图书馆的全部数字资源。特藏室拥有民国期刊、民国报纸、古籍、博士论文、传世藏书、再造善本等5万余件藏品，为校内外读者提供特藏文献阅览服务。为了弥补馆藏文献的不足，重庆大学图书馆与国内大多数文献信息中心建立合作关系，通过CALIS和CASHL平台开展文献传递与馆际互借服务，很好地满足了校内外读者的文献需求。图书馆积极参与各级区域文献信息服务共享联盟，发挥自身文献资源和专业人才的优势，积极履行服务社会的职责。目前图书馆是教育部文献保障体系CALIS的省级中心、重庆市科技文献资源共享平台的资源中心、重庆市数字文献资源服务体系CDISS的管理中心。图书馆坚持通过电话、E－mail、BBS等多种形式开展参考咨询服务，及时解答读者遇到的各类问题。还充分利用民主湖论坛“图书馆服务”版块开展虚拟参考咨询，部门负责人每天登陆论坛及时解答读者问题。

图书馆通过“我的书斋”提供个性化服务平台，打造读者知识社区。读者不仅可以方便查询各项服务状态、申请各类信息服务，SNS模式还可以让读者展示自我、结交更多的朋友。手机图书馆是重庆大学图书馆利用手机的短信服务平台，读者随时随地可使用手机进行查询、预约、挂失等操作，不受有线网络的限制，使用简单方便，只需要记住几个简单的代码即可完成所有操作。该图书馆广泛邀请校内外专家、学者，平均每半个月举办一次专题文化讲座，充分发挥图书馆在素质教育方面的重要作用，有效提升读者的综合素质。

---

① 来自重庆大学图书馆官方网站［2013－12－30］

自2001年4月18日起，为了适应学校教学和科研日益增长的信息需求，重庆大学图书馆开始建设数字图书馆。截止到2013年底，数字图书馆搭建了良好的软硬件环境，拥有服务器35台，可利用存储容量为60 TB。数字图书馆拥有数量庞大的网络信息资源等共计66个数据库。数字图书馆加强数字资源整合，构建读者书斋个性化服务平台，建设校友服务平台，使用量稳步提高，年数字文献下载总量超过1 000万篇，图书在线阅读达到每年363万多册次，检索次数每年超过529万次，日主页访问量超过2万人次，日登陆人次超过3 000人次。数字图书馆自2002年创办民主湖论坛，已经发展成为重庆大学的官方论坛，成为重庆大学重要的文化场所，也是学校开展思想政治工作的主要基地。民主湖论坛还每年编辑出版《重庆大学学习生活羊皮书》赠送给新生，每年举办“不见不散”歌会欢送毕业生等丰富多彩的文化活动。

（二）西南大学图书馆

西南大学图书馆现有馆舍面积3万余平方米，其中校本部图书馆馆舍面积2.6万余平方米；荣昌校区图书馆目前有馆舍43 70平方米。在建中心图书馆建筑面积约3.6万平方米。中心图书馆建成后，图书馆总建筑面积约6.6万平方米。截至2010年，图书馆纸质文献累积262万余册，电子文献累积726万余册；磁盘阵列达到147 TB，拥有IBM机架服务器19台。藏书涵盖社会科学和自然科学多学科、多专业领域，其中尤以古籍善本、抗战文献资料及教育学、心理学、农业经济管理等藏书为特色，特别是抗战时期大后方出版物为海内外珍本。经过几年的发展，西南大学图书馆先后成为教育部科技查新工作站、国务院颁发“国家古籍重点保护单位”及重庆市科技资源共享平台西南大学文献分中心。①

西南大学图书馆拥有万方、CNKI、Web of Science、Elsevier、Springer等中外文数据库80多个；拥有终端检索机、查询计算机600余台，为读者提供网上浏览、查询及光盘检索；设立了信息咨询部、特藏部及科技查新工作站，使图书馆的资源优势得到了更全面的发挥，使图书馆服务进一步向纵深深化；建立了经济管理分馆、竹园学生园区阅览室、师范教育阅览室等，扩大了图书馆传统服务的新领域。近几年，图书馆年均接待到馆读者115万余人次、平均每年借还图书150万余册（次）。图书馆还面向全校学生开设文献信息检索课及新生入馆教育、信息检索培训、专题讲座等。这一系列的服务举措深受全校师生的欢迎，使图书馆日益成为学校教学、科研的重要支柱和全面培养学生综合素质最重要的“第二课堂”。

（三）西南政法大学图书馆

西南政法大学图书馆现设渝北校区中心馆和沙坪坝校区分馆两座馆舍。沙坪坝校区分馆建成于1982年，面积为6 249平方米；渝北校区中心馆建成于2007年，面积为31 435平方米。两座馆舍总面积共38 000平方米，阅览座位约3 000个。渝北校区图书馆成为西南政法大学校园文化标志性建筑，是目前重庆高校中信息设备先进、单体建筑面积最大、楼宇智能化最高的图书馆之一。

图书馆馆藏丰富，载体多样。目前，馆藏文献总量达400万册。其中数字文献折合馆

---

① 来自西南大学图书馆官方网站［2013－12－30］

藏240余万册。除了常用的CNKI、万方等法律专业数据库外，有国际著名以及国内高水平的法律专业数据库，还有该馆自建的法律文献资源。馆藏纸本文献约160万册，涵盖古今的法律文本文献期刊以及社会人文类图书期刊，其中，珍藏的部分善本法律古籍文献，特别是清代法律古籍文献，片羽吉光，弥足珍贵，如《钦定大清律例》等。现有普通古籍线装书17 000多册，善本书53种，605册。2010年图书馆成功入选首批“重庆市古籍重点保护单位”。

图书馆现设读者服务一部、读者服务二部、读者服务三部、信息咨询部、文献资源建设部、电子资源部、办公室等“六部一室”，有正式职工近70人，大学专科以上文化程度职工占85%以上。图书馆创办有《学科信息快报》、《西政图书馆通讯》和《法府书香》馆报。其中由学生志愿者担任主要策划和编辑的馆报《法府书香》影响广泛。①

第二节 西南地区公共图书馆服务概况

一、西南地区公共图书馆基本现状概述

自古以来公共图书馆一直是老百姓汲取知识、接受教育、共享信息资源与娱乐休闲的一块文化“基地”。然而，笔者于2009年8月和2013年12月在西南地区各个公共图书馆调查时发现，由于受藏书“供需脱节”、服务质量不高以及互联网普及等因素的影响，大多数西南地区公共图书馆特别是基层公共图书馆“上座率”不高，仅有的几家优质图书馆（如成都市图书馆）则人满为患。

笔者2012年8月15日在成都市图书馆看到，虽然已近中午12点，但自习室、阅览室、借阅室仍座无虚席，借还书的读者络绎不绝。笔者咨询该馆一位副馆长和相关部门负责人的谈话内容进行归纳得到：“到2012年8月为止成都市图书馆条件在整个四川省乃至整个西南地区都是算不错的，但该馆里每天只能容纳1 000多人阅读。经常图书馆还没开门，就有人在等着了。”

而另一方面，更多的西南地区公共图书馆却门前冷落鞍马稀。例如，坐落于成都市中心的四川省图书馆就显得有些“落寞”、坐落在云南省西双版纳景洪的市图书馆整天几乎没有一个读者、贵州省凯里市黔东南州图书馆被政府强令撤迁几年都没有图书馆的现实、重庆市开县图书馆由于在建新馆导致很多馆藏资源不能及时提供给读者阅读等这些现象在西南地区公共图书馆还很多。笔者在调查期间看到，西南地区的省级图书馆和市级图书馆的现刊阅览室和新书阅览室，有一半的座位还闲置着，多媒体阅览室仅有一两个年轻人在使用，如四川省图书馆、南宁市图书馆等等。更不可想象的是云南省西双版纳景洪市图书馆的读者阅览室和借书室内的桌椅、书架上的灰尘可能有一个月没有打扫过，而且馆员和领导的服务态度极其恶劣，询问“所谓图书馆”楼下商店的所有工作人员都不知道景洪市图书馆在哪里；贵州省凯里市黔东南州图书馆租来的100多平方米阅览室也是一两位老年读者在看报，等等。

① 来自西南政法大学图书馆官方网站［2013-12-30］

同时笔者在调查时发现，基层社区的图书馆同样格外冷清。西南地区大部分基层图书馆因图书数量少、品种少、硬件条件较差，变成无人问津的“场所”。部分社区、街道图书馆位置隐蔽，宣传不到位，“养在深闺人不识”，辛辛苦苦建起的图书馆成了可有可无的“摆设”。

如何能使西南地区图书馆真正成为传播文化教育、知识的基地？一些西南地区图书馆开始了自下而上的探索，通过开展多元化服务，打造科技教育、文化、信息、学术、娱乐“五中心”，满足广大群众精神文化生活需要。作为每家西南地区基层公共图书馆都在积极面对社会的需求，来不断改变自己的服务途径。例如，广西南宁市少年儿童图书馆、广西柳州市图书馆、广西河池市图书馆、云南玉溪市通海县图书馆、云南保山市图书馆、云南腾冲县图书馆、云南宾川县图书馆、云南石林县图书馆、云南魏山县图书馆、贵州桐梓县图书馆、贵州湄潭县图书馆、贵州天柱县图书馆、重庆黔江区图书馆、重庆大足县图书馆、重庆合川县图书馆、四川眉山市图书馆、四川德阳市图书馆、四川峨眉山市图书馆等等基层公共图书馆都经历了从“遭冷落”到“受热捧”的蜕变。从以前的平均每天到图书馆借阅图书的只有几人、几十人，到现在的几十人、几百人等。这些都是由于西南地区各级政府加大投入，使各个基层图书馆馆内硬件改善、服务方式转变以及图书馆功能延伸，是西南地区各个基层图书馆的“创新之路”。

以前西南地区各个基层图书馆几乎都是“关起门”来办馆，群众知晓度、认可度、使用度不高。现在是主动把文化资源“送”到各个公民、读者手中，通过进机关、进社区、走乡村来开展“上门服务”，不定期向该区域内所有公民发放新书推荐、图书馆简报等宣传册，真正把文化的种子“播”到所有公民手中。①

在众多延伸服务中，让所有公民获益匪浅的是西南地区各级政府大力推进的数字图书馆工程。以重庆市图书馆和成都市图书馆为例，2012 年该两馆的数字资源总量各自都突破了好几千万篇，接待读者都超过了 150 多万人次，实现网上借阅都超过了 160 多万篇次。

虽然近年来西南地区各级政府不断推进图书馆等基层公共文化服务体系建设，但专家普遍认为，长久以来西南地区基层文化建设历史“欠账”太多，购书经费投入不均、人均藏书量偏低、专业人才缺乏等导致西南地区基层图书文化服务体系还比较薄弱，西南地区图书资源没有得到有效优化配置。

笔者调查发现，在购书经费“捉襟见肘”的同时，西南地区各级图书馆还缺乏打造自身特色的意识，盲目地追求“大而全”，用有限资金“千馆一面”地配置了种类繁多的书籍，既加剧了购书经费紧张，又导致了资源浪费，一些很少被读者涉猎的书籍躺在馆中“睡大觉”。另外，专业人才缺失也是制约西南地区图书馆发展的一大瓶颈。虽然西南地区各级政府已出台相关配套政策和保障制度为该区域内的图书馆良性运转“保驾护航”，但西南地区图书馆工作人员待遇不高也容易影响其工作积极性和服务质量。一些西南地区图书馆工作人员反映，和图书馆“365 天全年服务、平均每天开放 12 小时”

---

① 晓颖，叶建平．公共图书馆如何焕发生机，四川图书馆现状调查［EB/OL］．［2013－12－30］．http://news.sohu.com/20100814/n274211289.shtml

的工作量相比，自己每月 700 ~ 1 500 元左右的工资，实在有些“廉价”。因此，待遇差、社会保障体系不完备，西南地区各级图书馆很难吸引到高质量的图书管理人才，更不利于自身服务质量的提升。所以，只有打破西南地区各级图书馆资金瓶颈、人才瓶颈，不断创新各自图书馆资源，共建共享服务的长效机制，才能推动西南地区各级图书馆的和谐发展。

二、西南地区公共图书馆基本现状的数据统计

（一）调查设计

1. 调查目标

目的是了解西南地区公共图书馆服务的基本情况，即西南地区公共图书馆的服务形象特点，以便为西南地区公共图书馆服务体系的科学定位、组织管理、资源建设、保障体系、特色服务以及创新服务提供基础材料。

2. 调查内容

第一，西南地区各类公共图书馆的基础建设、组织机构、从业人员、馆藏服务、流通服务、外借服务、经费问题、读者服务、社会活动、政策保障等内容的基本情况；第二，针对各类用户、读者对公共图书馆的了解程度、了解途径、对各类公共图书馆服务的各个环节提供的信息需求以及对各类公共图书馆服务的综合评价等内容的调查。

3. 调查方式

采用“实地调查、直接发放问卷、电话咨询、专家咨询”和“网上 E - mail 发放”的形式。

4. 调查对象

面向西南地区各类公共图书馆，主要包括三个群体：一是所有读者、二是各类工作人员、三是普通用户。

5. 起止时间

2009 年 6 月到 2013 年 12 月。

（二）调查数据统计

根据课题组分批对西南地区各类公共图书馆的实地调查资料统计和回收有效问卷的原始数据，与 2011 年的《中国图书馆年鉴》所公示的相关数据相比，确实有很大的差别，为了缓解这一矛盾，课题组在提交本课题的最终成果撰写之时，再次通过电话和 E - mail 的形式征求各个公共图书馆相关负责人的意见之后，也只能在不受影响的情况下，选择 2011 年的《中国图书馆年鉴》数据为主要参数，当然有些数据还是调查资料中的原始的数据（这些资料是征求相关图书馆意见之后的），这些数据的统计如表 3 - 9 到表 3 - 38 所示。

表 3－9　2005—2010 年西南地区公共图书馆机构数和公共图书馆从业人员数

	机构数（个）					从业人员数（人）				
	2005 年	2006 年	2008 年	2009 年	2010 年	2005 年	2006 年	2008 年	2009 年	2010 年
广西	95	100	100	100	108	1459	1484	1482	1471	1509
重庆	43	43	43	43	43	755	759	802	805	854
四川	141	146	154	156	161	1869	1889	1976	1974	1972
贵州	91	91	92	93	93	905	883	913	946	937
云南	149	149	150	150	150	1661	1693	1743	1754	1760

说明：表 3－9 中该数据来自 2011 年度《中国图书馆年鉴》第 594～595 页

表 3－10　2005—2010 年西南地区公共图书馆总藏量和公共图书馆人均藏书册数

	总藏量（万册件）					人均藏书册数（册）				
	2005 年	2006 年	2008 年	2009 年	2010 年	2005 年	2006 年	2008 年	2009 年	2010 年
广西	1491	1564	1695	1760	1881	0. 27	0. 29	0. 32	0. 36	0. 41
重庆	768	792	932	988	1031		0. 26	0. 27	0. 35	0. 36
四川	2 002	2 094	2 305	2 480	2 595	0. 21	0. 21	0. 2	0. 30	0. 32
贵州	764	771	731	800	812	0. 18	0. 19	0. 20	0. 21	0. 23
云南	1 371	1 397	1 453	1 508	1 566	0. 28	0. 29	0. 31	0. 33	0. 34

说明：表 3－10 中该数据来自 2011 年度《中国图书馆年鉴》第 596～597 页

表 3－11　2005—2010 年西南地区公共图书馆总流通人次和公共图书馆外借册次

	总流通人次（万人次）					外借册次（万册次）				
	2005 年	2006 年	2008 年	2009 年	2010 年	2005 年	2006 年	2008 年	2009 年	2010 年
广西	896	1 381	1 518	1 100	1 343	761	684	723	774	733
重庆	595	330	505	588	621	472	586	539	760	706
四川	766	889	952	1 151	1 168	651	713	1 071	949	924
贵州	187	190	258	267	369	118	123	157	213	222
云南	735	695	754	962	907	701	631	568	770	702

说明：表 3－11 中该数据来自 2011 年度《中国图书馆年鉴》第 598～599 页

表 3－12　2005—2010 年西南地区公共图书馆财政拨款公共图书馆总支出

	财政拨款（万元）					总支出（万元）				
	2005 年	2006 年	2008 年	2009 年	2010 年	2005 年	2006 年	2008 年	2009 年	2010 年
广西	5 469	6 542	8 997	11 353	12 191	6 288	7 443	9 819	12 343	13 369
重庆	2 975	4 022	7 145	7 268	7 650	3 856	3 994	7 812	9 123	9 335
四川	7 229	8 963	17 105	18 586	16 955	8 218	9 057	15 436	20 540	17 841
贵州	3 401	4 408	4 970	5 383	5 939	3 497	4 314	5 933	6 350	6 736
云南	6 096	7 348	14 918	11 670	11 763	6 786	7 614	12 425	15 896	12 632

说明：表 3－12 中该数据来自 2011 年度《中国图书馆年鉴》第 600～601 页

表3－13　2005—2010年西南地区公共图书馆购书经费支出和公共图书馆人均购书费

	购书经费支出（万元）					人均购书费（元）				
	2005年	2006年	2008年	2009年	2010年	2005年	2006年	2008年	2009年	2010年
广西	674	747	857	1 697	1 863	0.064	0.116	0.145	0.349	0.405
重庆	569	570	759	1 461	1 626	0.038	0.107	0.203	0.511	0.564
四川	1 095	1 230	2 045	2 145	2 129	0.029	0.058	0.133	0.262	0.265
贵州	301	383	474	491	682	0.111	0.047	0.081	0.129	0.196
云南	720	843	926	1 605	1 700	0.058	0.125	0.162	0.351	0.370

说明：表3－13中该数据来自2011年度《中国图书馆年鉴》第602～603页

表3－14　2005—2010年西南地区公共图书馆购书经费支出占总支出的比重和新均购图书册数

	购书经费支出占总支出的比重（%）					新均购图书册数（万册）				
	2005年	2006年	2008年	2009年	2010年	2005年	2006年	2008年	2009年	2010年
广西	10.7	10.0	8.7	13.8	13.9	16	20	26	61	56
重庆	14	14.3	9.7	16.0	17.4		12	23	58	52
四川	13.3	13.6	13.2	10.4	11.9	25	21	47	160	95
贵州	8.6	8.9	8.0	7.7	10.1	5	8	7	24	27
云南	10.6	11.1	7.5	10.1	13.5	22	15	26	52	43

说明：表3－14中该数据来自2011年度《中国图书馆年鉴》第604～605页

表3－15　2005—2010年西南地区公共图书馆阅览室座席数和建筑面积

	阅览室座席数（千个）					万人公共图书馆建筑面积（平方米）					
	2005年	2006年	2008年	2009年	2010年	2005年	2006年	2007年	2008年	2009年	2010年
广西	18	19	20	23	25	45.1	47.7	47.4	47.3	48.6	55.8
重庆	8	9	8	10	14	47.2	47.7	49.4	56.7	58.1	70.8
四川	23	22	25	26	26	34.2	33.5	34.8	40.1	39.2	42.1
贵州	11	11	12	12	12	35.7	35.7	40.9	41.7	40.8	44.5
云南	19	20	20	20	21	78.4	61.6	62.5	58.3	62.8	65.5

说明：表3－15中该数据来自2011年度《中国图书馆年鉴》第606～607页

表 3-16　2010 年西南地区公共图书馆基本情况

	机构（个）	从业人（人）	高级（人）	中级（人）	总藏量（千册件）	图书（千册件）	古籍（千册件）	善本（千册件）	报刊（千册件）	视听文献、缩微制品（千册件）	其他（千册件）	在藏量中开架书刊（千册）	当年购买的报刊种类（种）	书架单层总长度（米）	累计发放有效借书证数（个）	总流通人次（千人次）
广西	95	1 509	65	479	18 808.77	13 714.82	451.20	21.12	3 749.63	532.23	812.10	5 782.95	33 093	290 341	262 427	13 427.83
重庆	43	854	84	222	10 307.69	7 194.56	675.10	75.88	1 068.46	754.10	1 290.58	3 472.76	18 278	132 223	159 850	6 212.75
四川	141	1 972	79	532	25 991.18	20 162.73	1 589.45	101.69	3 251.68	684.51	1 892.25	9 989.62	33 531	1 216 263	482 352	11 680.39
贵州	91	937	72	231	8 120.57	6 552.64	342.05	11.40	1 202.21	107.10	258.62	4 332.16	15 867	156 565	189 489	3 690.56
云南	149	1 760	138	722	15 659.98	12 647.06	965.46	43.95	2 396.49	413.98	202.46	7 522.17	33 572	437 241	318 400	9 070.41

说明：表 3-16 中该数据来自 2011 年度《中国图书馆年鉴》第 612~613 页

表 3-17　2010 年西南地区公共图书馆基本情况续 1

	书刊文献外借人次	书刊文献外借册次	组织各类讲座次数	参加人次（千人次）	举办展览（个）	参观人次（千人次）	举办培训班（个）	培训人次（千人次）	计算机（台）	电子阅览室终端数（个）	本年收入合计（千元）	财政拨款（千元）	购书专项经费（千元）	事业收入（千元）	经营收入（千元）	其他收入（千元）
广西	3 563.99	7 327.95	641	152.84	193	561.95	264	25.80	4 990	3 341	133 204	121 911	16 755	2 807	390	9 977
重庆	3 404.40	7 055.00	653	165.21	257	481.95	561	62.00	3 591	2 179	113 503	76 499	17 403	6 877	250	791
四川	5 441.91	9 235.28	1 307	309.78	526	681.81	792	102.92	5 773	3 507	182 656	169 546	22 466	5 013	50	5 373
贵州	1 426.86	2 223.00	377	104.91	95	219.02	200	20.74	3 043	2 107	66 798	59 386	8 484	1 032		5 114
云南	4 026.12	7 024.23	705	94.14	208	309.32	666	43.65	5 816	4 070	125 753	117 630	15 627	1 340	4 409	2 054

说明：表 3-17 中该数据来自 2011 年度《中国图书馆年鉴》第 614~615 页

表 3-18　2010 年西南地区公共图书馆基本情况续 2

	本年支出合计（千元）	基本支出（千元）	项目支出（千元）	经营支出（千元）	工资福利支出（千元）	商品和服务支出（千元）	差旅费（千元）	劳务费（千元）	福利费（千元）	各种税金支出（千元）	对个人和家庭补助支出	抚恤金和生活补助（千元）	其他基本性支出（千元）	各种设备购置费（千元）	新增藏量购置费（千元）	本年新购藏量（千册）
广西	133 688	83 345	45 539	336	47 655	28 057	1 061	208	239	1 117	18 584	990	33 696	12 463	18 625	563. 33
重庆	93 348	43 682	46 287	1 274	25 193	33 500	1021	877	838	287	9 104	871	21 570	2 694	16 263	515. 59
四川	178 413	109 303	61 674	90	60 972	34 685	2 058	2 237	1 170	453	19 256	978	38 502	9 654	21 294	948. 57
贵州	67 360	50 402	14 321		26 713	13 819	814	182	620	569	11 646	453	13 584	5 989	6 816	265. 90
云南	126 321	86 721	28 541	4 299	54 767	19 295	1 363	764	434	491	15 015	237	27 930	8 247	17 000	429. 34

说明：表 3-18 中该数据来自 2011 年度《中国图书馆年鉴》第 616~617 页

表 3-19　2010 年西南地区公共图书馆基本情况续 3

	资产总计（千元）	固定资产（千元）	公用房屋建筑面积（千平方米）	书库面积（千平方米）	阅览室面积（千平方米）	书刊阅览室面积（千平方米）	电子阅览室面积（千平方米）	阅览室座席数（个）	少儿阅览室座席数（个）	图书馆延伸服务情况				
										流动图书馆车书刊借阅人次（千人次）	流动图书馆车书刊借阅册次（千册次）	分馆数量（个）	借阅人次（千人次）	借阅册次（千册次）
广西	397 799	354 069	256. 93	72. 89	71. 41	53. 60	14. 36	24 665	6 755	89. 61	193. 42	16	58. 34	94. 84
重庆	356 359	308 386	204. 36	48. 45	49. 24	34. 97	10. 36	13 568	3705	11. 56	15. 56	169	585. 84	1 089. 45
四川	640 083	445 521	338. 74	87. 20	91. 79	63. 40	17. 50	26 281	6 495	663. 26	918. 87	595	934. 99	1 692. 27
贵州	202 627	180 498	154. 54	36. 59	42. 11	31. 22	7. 48	12 220	2 754	57. 45	126. 01	104	145. 25	227. 35
云南	576 750	538 756	300. 91	74. 88	75. 86	51. 05	19. 26	21 034	5 566	390. 66	555. 73	274	462. 30	678. 28

说明：表 3-19 中该数据来自 2011 年度《中国图书馆年鉴》第 618~619 页

表 3－20　2010 年西南地区少儿公共图书馆基本情况

	机构（个）	从业人（人）	高级（人）	中级（人）	总藏量（千册件）	图书（千册件）	古籍（千册件）	善本（千册件）	报刊（千册件）	视听文献、缩微制品（千册件）	其他（千册件）	在藏量中开架书刊（千册件）	当年购买的报刊种类（种）	书架单层总长度（米）	累计发放有效借书证数（个）	总流通人次（千人次）
广西	3	56	1	33	522.83	625.67			126.80	18.08		5.65	1 626	7 611	18 069	1 276.80
重庆	4	132	16	38	1 325.67	971.41	19.03	0.18	47.41	41.13	265.73	310.75	2 283	12 353	17 645	617.06
四川																
贵州	1	6			75.34	63.45			7.49	0.20	4.21	39.00	50	2 500	1 800	25.00
云南	3	17			195.28	162.66	3.00		30.26	2.37		139.80	420	4997	9230	380.52

说明：表 3－20 中该数据来自 2011 年度《中国图书馆年鉴》第 620～621 页

表 3－21　2010 年西南地区少儿公共图书馆基本情况续 1

	书刊文献外借千人次	书刊文献外借千册次	组织各类讲座次数（千人次）	参加人次（千人次）	举办展览（个）	参观人次（千人次）	举办培训班（个）	培训人次（千人次）	计算机（台）	电子阅览室终端数（个）	本年收入合计（千元）	财政拨款（千元）	购书专项经费（千元）	事业收入（千元）	经营收入（千元）	其他收入（千元）
广西	455.62	705.26	7	4.19	20	19.10	1	0.02	208	132	4 715	3 851	802	234	14	616
重庆	398.81	828.14	101	37.40	28	40.50	44	1.80	490	204	14 128	12 332	2 400	1 416		380
四川																
贵州	12.50	24.80					1	0.50			147	147				
云南	297.20	469.46	26	0.70	4	3.00	17	9.69	152	132	1 236	1 236	375			

说明：表 3－21 中该数据来自 2011 年度《中国图书馆年鉴》第 622～623 页

表 3－22 2010 年西南地区少儿公共图书馆基本情况续 2

	本年支出合计（千元）	基本支出（千元）	项目支出（千元）	经营支出（千元）	工资福利支出（千元）	商品和服务支出（千元）	差旅费（千元）	劳务费（千元）	福利费（千元）	各种税金支出（千元）	对个人和家庭补助支出（千元）	抚恤金和生活补助（千元）	其他基本性支出（千元）	各种设备购置费（千元）	新增藏量购置费（千元）	本年新购藏量（千册）
广西	4 686	4 812	1 860	14	1 700	605	11		2	3	684		1 683	717	966	47. 14
重庆	15 985	7 634	8 351		5 468	5 384	258	257	267	207	1 452	170	3 460	185	2 200	158. 67
四川																
贵州	147	141			141								6		6	0. 50
云南	1 236	861	375		582	262	10		2		191		200		200	4. 55

说明：表 3－22 中该数据来自 2011 年度《中国图书馆年鉴》第 624～625 页

表 3－23 2010 年西南地区少儿公共图书馆基本情况续 3

	资产总计（千元）	固定资产（千元）	公用房屋建筑面积（千平方米）	书库面积（千平方米）	阅览室面积（千平方米）	书刊阅览室面积（千平方米）	电子阅览室面积（千平方米）	阅览室座席数（个）	少儿阅览室座席数（个）	图书馆延伸服务情况				
										流动图书馆车书刊借阅人次（千人次）	流动图书馆车书刊借阅册次（千册次）	分馆数量（个）	借阅人次（千人次）	借阅册次（千册次）
广西	15 235	13 544	9. 67	2. 59	2. 94	2. 58	0. 37	1 075	875	12. 52	25. 05			
重庆	44 296	29 708	16. 04	4. 59	6. 57	5. 47	0. 90	1 831	1 061			64	215. 65	354. 44
四川														
贵州	500	500	2. 10	0. 18	0. 33	0. 33		242	142					
云南	2 986	2 986	5. 00	1. 00	2. 50	2. 50	0. 50	300	200			13	1. 83	12. 78

说明：表 3－23 中该数据来自 2011 年度《中国图书馆年鉴》第 626～627 页

表 3-24　2010 年西南地区省级公共图书馆基本情况

	机构（个）	从业人（人）	高级（人）	中级（人）	总藏量（千册件）	图书（千册件）	古籍（千册件）	善本（千册件）	报刊（千册件）	视听文献、缩微制品（千册件）	其他（千册件）	在藏量中开架书刊（千册件）	当年购买的报刊种类（种）	书架单层总长度（米）	累计发放有效借书证数（个）	总流通人次（千人次）
广西	3	329	46	146	4 995.02	3 926.40	260.65	7.84	937.72	126.08	4.51	1 337.80	9 233	41 850	46 856	2 182.07
重庆	2	313	44	73	3 690.32	2 747.93	442.96	55.88	366.88	54.39	521.11	648.99	5 274	38 000	39 763	1 495.65
四川	1	233	21	50	4 932.78	3 849.72	686.96	60.74	872.83	209.92	0.30	595.01	3 090	86 124	17 898	146.96
贵州	1	156	35	43	1 616.00	1 304.34	250.00	5.00	303.91	7.07	0.68	1 321.69	2 149	59 668	55 265	522.48
云南	1	189	32	88	2 824.19	2 159.40	582.98	28.38	626.07	38.37	0.34	1 638.26	3 987	129 035	76 401	1 660.00

说明：表 3-24 中该数据来自 2011 年度《中国图书馆年鉴》第 628～629 页

表 3-25　2010 年西南地区省级公共图书馆基本情况续 1

	书刊文献外借人次	书刊文献外借册次	组织各类讲座次数（千册件）	参加人次（千人次）	举办展览（个）	参观人次（千人次）	举办培训班（个）	培训人次（千人次）	计算机（台）	电子阅览室终端数（个）	本年收入合计（千元）	财政拨款（千元）	购书专项经费（千元）	事业收入（千元）	经营收入（千元）	其他收入（千元）
广西	445.35	1 443.10	139	23.93	25	253.90	13	1.35	685	262	45 078	40 152	8 550	826		4 100
重庆	456.41	1 320.95	110	19.75	20	107.00	267	11.27	711	277	41 637	36 123	10 102	5 410		103
四川	24.12	47.63	11	10.30	3	9.93	6	0.88	438	30	27 811	23 522	5 000	649		3 640
贵州	234.41	452.38	40	11.80	11	70.20	10	1.54	405	200	20 833	16 843	3 000			3 990
云南	229.01	570.00	66	3.70	38	100.00	85	2.97	391	160	22 424	17 284	5 000		4 409	731

说明：表 3-25 中该数据来自 2011 年度《中国图书馆年鉴》第 630～631 页

表 3－26　2010 年西南地区省级公共图书馆基本情况续 2

	本年支出合计（千元）	基本支出（千元）	项目支出（千元）	经营支出（千元）	工资福利支出（千元）	商品和服务支出（千元）	差旅费（千元）	劳务费（千元）	福利费（千元）	各种税金支出（千元）	对个人和家庭补助支出（千元）	抚恤金和生活补助（千元）	其他基本性支出（千元）	各种设备购置费（千元）	新增藏量购置费（千元）	本年新购藏量（千册）
广西	45 487	23 874	21 613		14 366	8 346	497	142	15	977	6 311	137	16 462	7 255	9 207	199. 29
重庆	49 426	16 754	32 672		10 826	22 835	357	202	87	211	3 878	426	11 665	884	10 102	218. 88
四川	27 308	13 089	14 218		7 849	5 572	245	213	50	339	3 821	102	6 654	182	5 300	78. 01
贵州	21 235	11 935	9 300		4 867	7 096	150		153	322	2 098		7 173	4 173	3 000	36. 18
云南	23 100	9 018	9 782	4 299	4 487	3 902	346	136		209	3 519	50	7 102	1 731	5 370	91. 87

说明：表 3－26 中该数据来自 2011 年度《中国图书馆年鉴》第 632～633 页

表 3－27　2010 年西南地区省级公共图书馆基本情况续 3

	资产总计（千元）	固定资产（千元）	公用房屋建筑面积（千平方米）	书库面积（千平方米）	阅览室面积（千平方米）	书刊阅览室面积（千平方米）	电子阅览室面积	阅览室座席数（个）	少儿阅览室座席数（个）	图书馆延伸服务情况				
										流动图书馆车书刊借阅人次（千人次）	流动图书馆车书刊借阅册次（千册次）	分馆数量（个）	借阅人次（千人次）	借阅册次（千册次）
广西	622 963	120 226	44. 49	13. 36	17. 11	16. 62	0. 49	2 717	681	51. 55	108. 28	1		
重庆	145 870	106 518	54. 68	10. 35	12. 09	9. 96	0. 92	2 482	808	1. 56	3. 56	7	187. 65	309. 44
四川	246 659	80 306	17. 09	8. 61	4. 60	4. 47	0. 13	636	15			12	19. 76	79. 05
贵州	30 953	30 953	22. 74	3. 01	8. 59	8. 27	0. 32	1 097	80			14	27. 00	54. 00
云南	215 704	203 384	31. 50	7. 20	8. 20	7. 45	0. 75	1 324	88			5	10. 25	29. 00

说明：表 3－27 中该数据来自 2011 年度《中国图书馆年鉴》第 634～635 页

表 3－28　2010 年西南地区地市级公共图书馆基本情况

	机构（个）	从业人（人）	高级（人）	中级（人）	总藏量（千册件）	图书（千册件）	古籍（千册件）	善本（千册件）	报刊（千册件）	视听文献、缩微制品（千册件）	其他（千册件）	在藏量中开架书刊（千册件）	当年购买的报刊种类（种）	书架单层总长度（米）	累计发放有效借书证数（个）	总流通人次（千人次）
广西	13	362	15	180	4 207.99	2 977.45	90.12	4.04	725.41	67.54	437.58	1 678.65	7 339	74 373	79 673	4 019.74
重庆																
四川	21	667	44	223	9 121.57	6 953.09	452.56	14.59	869.12	250.67	1 048.69	2 602.89	11 575	970 289	195 892	4 536.77
贵州	8	257	31	92	1 988.09	1 778.04	45.18	0.70	161.03	15.21	33.81	988.66	5 145	27 265	52 829	1 513.27
云南	18	446	63	183	3 574.39	2 773.49	94.35	0.27	562.02	219.28	19.60	1 805.36	8 925	113 280	82 565	1 936.02

说明：表 3－28 中该数据来自 2011 年度《中国图书馆年鉴》第 636～637 页

表 3－29　2010 年西南地区地市级公共图书馆基本情况续 1

	书刊文献外借千人次	书刊文献外借千册次	组织各类讲座千人次数	参加人次（千人次）	举办展览（个）	参观人次（千人次）	举办培训班（个）	培训人次（千人次）	计算机（台）	电子阅览室终端数（个）	本年收入合计（千元）	财政拨款（千元）	购书专项经费（千元）	事业收入（千元）	经营收入（千元）	其他收入（千元）
广西	1 043.73	2 054.50	141	63.88	66	183.14	25	4.70	833	517	40 829	37 610	5 180	907	374	1 580
重庆																
四川	2 239.85	3 735.74	293	90.95	120	255.91	93	13.89	1 418	779	71 064	66 001	8 285	3 022		697
贵州	338.88	515.02	57	36.22	32	30.00	8	1.51	297	146	22 163	20 183	2 870	591		1 088
云南	859.87	1 676.76	94	17.75	46	71.02	109	6.01	1 263	785	40 312	38 643	5 260	836		716

说明：表 3－29 中该数据来自 2011 年度《中国图书馆年鉴》第 638～639 页

表 3－30　2010 年西南地区地市级公共图书馆基本情况续 2

	本年支出合计（千元）	基本支出（千元）	项目支出（千元）	经营支出（千元）	工资福利支出（千元）	商品和服务支出（千元）	差旅费（千元）	劳务费（千元）	福利费（千元）	各种税金支出（千元）	对个人和家庭补助支出（千元）	抚恤金和生活补助（千元）	其他基本性支出（千元）	各种设备购置费（千元）	新增藏量购置费（千元）	本年新购藏量（千册）
广西	40 052	24 288	15 444	320	14 144	11 091	163	3	85	75	6 293	184	7 512	1 961	5 025	219.32
重庆																
四川	68 584	43 598	22 732		23 207	12 344	748	732	439	96	6 717	295	15 137	2 419	7 675	228.15
贵州	20 952	17 825	2 588		8 227	3 386	503	51	247	77	5 447	105	3 647	1 296	1 673	43.05
云南	38 747	26 256	10 470		16 057	8 195	742	317	280	264	4 366	53	9 964	2 799	6 522	148.89

说明：表 3－30 中该数据来自 2011 年度《中国图书馆年鉴》第 640～641 页

表 3－31　2010 年西南地区地市级公共图书馆基本情况续 3

	资产总计（千元）	固定资产（千元）	公用房屋建筑面积（千平方米）	书库面积（千平方米）	阅览室面积（千平方米）	书刊阅览室面积（千平方米）	电子阅览室面积（千平方米）	阅览室座席数（个）	少儿阅览室座席数（个）	图书馆延伸服务情况				
										流动图书馆车书刊借阅人次（千人次）	流动图书馆车书刊借阅册次（千册次）	分馆数量（个）	借阅人次（千人次）	借阅册次（千册次）
广西	126 262	112 373	82.20	13.62	14.29	11.20	2.29	4 568	1 263	16.06	31.93	2	3.89	4.85
重庆														
四川	188 419	177 393	123.17	33.29	30.67	22.42	3.92	6 994	1 226	550.46	701.15	76	578.28	1 064.55
贵州	68 282	62 435	39.40	11.55	0.85	8.60	0.67	1 639	456	6.00	12.69	9	10.06	26.06
云南	134 103	125 707	72.76	18.24	24.33	18.98	4.59	5 113	876	256.67	281.85	44	234.59	354.30

说明：表 3－31 中该数据来自 2011 年度《中国图书馆年鉴》第 642～643 页

表 3－32　2010 年西南地区县市级公共图书馆基本情况

	机构（个）	从业人（人）	高级（人）	中级（人）	总藏量（千册件）	图书（千册件）	古籍（千册件）	善本（千册件）	报刊（千册件	视听文献、缩微制品（千册件）	其他（千册件）	在藏量中开架书刊（千册件）	当年购买的报刊种类（种）	书架单层总长度（米）	累计发放有效借书证数（个）	总流通人次（千人次）
广西	92	818	4	153	9 605.76	6 810.66	100.43	9.24	2 086.49	338.61	370.00	2 766.70	16 521	174 118	135 898	7 226.02
重庆	41	541	40	149	6 617.38	4 446.62	232.13	20.01	701.58	699.71	769.47	2 823.77	13 004	94 223	120 087	4 717.10
四川	139	1 072	14	259	11 936.83	9 359.92	449.91	26.36	1 509.73	223.92	843.25	6 791.73	18 866	159 850	268 562	6 996.66
贵州	84	524	6	96	4 516.48	3 470.26	46.87	5.70	737.27	84.82	224.14	2 021.81	8 573	69 632	81 395	1 654.81
云南	131	1 125	43	451	9 261.40	7 714.16	288.13	15.30	1 208.40	156.32	182.52	4 078.55	20 660	194 926	159 434	5 474.40

说明：表 3－32 中该数据来自 2011 年度《中国图书馆年鉴》第 644～645 页

表 3－33　2010 年西南地区县市级公共图书馆基本情况续 1

	书刊文献外借千人次	书刊文献外借千册次	组织各类讲座千人次数	参加人次（千人次）	举办展览（个）	参观人次（千人次）	举办培训班（个）	培训人次（千人次）	计算机（台）	电子阅览室终端数（个）	本年收入合计（千元）	财政拨款（千元）	购书专项经费（千元）	事业收入（千元）	经营收入（千元）	其他收入（千元）
广西	2 074.91	3 830.35	361	65.04	102	124.01	226	19.74	3 472	2 562	47 297	44 149	3 025	1 074	16	297
重庆	2 947.99	5 734.05	543	145.46	237	374.95	294	50.72	2 880	1 902	71 866	40 376	7 301	1 467	250	688
四川	3 177.94	5 451.91	1 003	208.53	403	415.97	693	88.15	3 917	2 698	83 781	80 023	9 181	1 342	50	1 041
贵州	853.57	1 255.60	280	56.89	52	118.82	182	17.69	2 341	1 761	23 802	22 360	2 614	441		36
云南	2 937.24	4 777.47	545	72.70	124	138.29	472	34.67	4 182	3 125	63 017	61 703	5 367	504		607

说明：表 3－33 中该数据来自 2011 年度《中国图书馆年鉴》第 646～647 页

表 3－34　2010 年西南地区县市级公共图书馆基本情况续 2

	本年支出合计（千元）	基本支出（千元）	项目支出（千元）	经营支出（千元）	工资福利支出（千元）	商品和服务支出（千元）	差旅费（千元）	劳务费（千元）	福利费（千元）	各种税金支出（千元）	对个人和家庭补助支出（千元）	抚恤金和生活补助（千元）	其他基本性支出（千元）	各种设备购置费（千元）	新增藏量购置费（千元）	本年新购藏量（千册）
广西	48 149	35 183	8 482	16	19 145	8 620	401	63	139	65	5 980	669	9 722	3 247	4 393	144.72
重庆	43 922	26 928	13 615	1 274	14 367	10 665	664	675	751	76	5 226	445	9 905	1 810	6 161	296.72
四川	82 521	52 616	24 724	90	29 916	16 769	1 065	1 292	681	18	8 718	581	16 711	7 053	8 319	642.41
贵州	25 173	20 642	2 433		13 619	3 337	161	131	220	170	4 101	303	2 764	520	2 143	186.67
云南	64 476	51 447	8 289		34 223	7 198	275	311	154	18	7 130	134	10 864	3 717	5 108	188.58

说明：表 3－34 中该数据来自 2011 年度《中国图书馆年鉴》第 648～649 页

表 3－35　2010 年西南地区县市级公共图书馆基本情况续 3

	资产总计（千元）	固定资产（千元）	公用房屋建筑面积（千平方米）	书库面积（千平方米）	阅览室面积（千平方米）	书刊阅览室面积（千平方米）	电子阅览室面积（千平方米）	阅览室座席数（个）	少儿阅览室座席数（个）	图书馆延伸服务情况				
										流动图书馆车书刊借阅人次（千人次）	流动图书馆车书刊借阅册次（千册次）	分馆数量（个）	借阅人次（千人次）	借阅册次（千册次）
广西	138 247	121 470	130.24	45.91	40.00	25.78	11.59	17 380	4 811	21.99	53.22	13	54.45	90.00
重庆	210 552	201 868	149.68	38.10	37.15	25.01	9.44	11 086	2 897	10.00	12.00	162	398.18	780.01
四川	205 005	187 822	198.37	45.30	56.52	36.59	13.45	18 651	5 254	112.80	217.72	507	336.95	549.38
贵州	103 392	87 110	92.39	22.03	23.68	14.36	6.49	9 484	2 218	51.45	113.93	81	108.19	147.29
云南	226 943	209 665	196.66	49.45	43.33	24.61	13.92	14 597	4 602	133.99	273.88	229	217.46	294.98

说明：表 3－35 中该数据来自 2011 年度《中国图书馆年鉴》第 650～651 页

表 3 – 36　2010 年地区公共图书馆分级别总藏量排序

省级			地市级			县市级		
排序名次	图书馆名称	总藏量（册、件）	排序名次	图书馆名称	总藏量（册、件）	排序名次	图书馆名称	总藏量（册、件）
1	上海图书馆	52 718 632	1	广州图书馆		1	浦东新区图书馆	2 724 171
2	南京图书馆		2	大连图书馆				
3	广东中山图书馆		3	宁波		14	重庆北碚	895 300
4	山东图书馆		4	杭州				
5	首都图书馆		5	深圳		32	重庆长寿区	596 513
6	天津图书馆		6	成都市图书馆	2 920 640			
7	浙江图书馆					48	重庆涪陵区	501 783
8	湖北图书馆		28	广安市图书馆	1 154 000			
9	辽宁图书馆	5 050 642				82	四川双流县	414 000
10	四川图书馆	4 932 776	38	柳州图书馆	919 749			
11	湖南图书馆	3 665 037				86	四川郫县	402 509
12	吉林图书馆		49	贵阳市图书馆	798 935			
13	陕西图书馆					96	广西博白县	368 990
14	甘肃图书馆		54	南宁市图书馆	744 526			
15	安徽图书馆					98	重庆渝北区	359 291
16	河南图书馆		72	昆明市图书馆	603 000			
17	黑龙江图书馆	31 016 996				100	山东青州市	358 514
18	重庆图书馆	3 056 722	78	绵阳市图书馆	580 666			
19	福建图书馆	2 999 075						
20	云南图书馆	2 972 642	85	泸州市图书馆	544 800			
21	江西图书馆	2 824 186						
22	山西图书馆	2 722 071						
23	广西图书馆	2 346 129						
24	广西桂林图书馆	2 323 038	92	广西梧州图书馆	525 493			
25	内蒙图书馆	2 085 099	100	遵义市图书馆	500 000			
26	宁夏图书馆							
27	河北图书馆							
28	新疆图书馆	1 764 433						
29	贵州图书馆	1 615 997						
30	青海图书馆	1 602 402						
31	天津市少年儿童图书馆	1 189 383						

续表

省级			地市级			县市级		
排序名次	图书馆名称	总藏量（册、件）	排序名次	图书馆名称	总藏量（册、件）	排序名次	图书馆名称	总藏量（册、件）
32	上海市少年儿童图书馆	923 495						
33	湖南省少年儿童图书馆	799 123						
34	重庆市少年儿童图书馆	691 241						
35	海南图书馆	533 894						
36	西藏图书馆	388 304						
37	广西少年儿童图书馆	325 849						

说明：表 3－36 中该数据来自 2011 年度《中国图书馆年鉴》第 652～653 页，其中省级图书馆是指全国的 37 个省级馆，地市级和县市级图书馆是指全国地市级、县市级图书馆总藏量排名前 100 位的图书馆

表 3－37　2010 年地区公共图书馆分级别按外借册次排序

省级			地市级			县市级		
排序名次	图书馆名称	总藏量（册、件）	排序名次	图书馆名称	总藏量（册、件）	排序名次	图书馆名称	总藏量（册、件）
1	辽宁图书馆	2 440 490	1	深圳市图书馆	4 108 272	1	常熟市图书馆	1 280 890
2	首都图书馆		2	杭州市图书馆		4	重庆巴南区图书馆	1 115 066
3	天津图书馆		3	厦门市图书馆		27	重庆渝北区图书馆	480 000
4	上海图书馆		4	广州市图书馆		31	昆明少儿馆图书馆	469 462
5	南京图书馆		5	苏州市图书馆		51	重庆涪陵区图书馆	384 000
6	湖南图书馆		6	成都市图书馆	1 664 619	56	广西灵山县图书馆	319 592
7	浙江图书馆		50	柳州市图书馆		77	四川崇州市图书馆	296 130
8	天津市少年儿童图书馆					84	四川龙泉驿区图书馆	267 237
9	安徽图书馆		55	内江市图书馆	358 000	89	重庆沙坪坝区图书馆	261 035
10	陕西图书馆		58	北海少儿图书馆	346 157	90	四川威远县图书馆	260 000
11	广西图书馆	998 950	64	昆明市图书馆	329 144	96	重庆九龙坡区图书馆	250 000
12	河南图书馆		73	泸州市图书馆	299 000	97	重庆铜梁县图书馆	250 000
13	重庆图书馆	967 061	76	曲靖市图书馆	281 099			
14	黑龙江图书馆		82	广西贺州图书馆	268 223	100	广州市南沙区图书馆	250 000
15	山东图书馆		87	南宁市图书馆	251 389			
16	甘肃图书馆							
17	湖北图书馆							

续表

省级			地市级			县市级		
排序名次	图书馆名称	总藏量（册、件）	排序名次	图书馆名称	总藏量（册、件）	排序名次	图书馆名称	总藏量（册、件）
18	福建图书馆							
19	云南图书馆	570 000						
20	上海市少年儿童图书馆		100	山东潍坊市图书馆	228 382			
21	贵州图书馆	452 383						
22	吉林图书馆							
23	江西图书馆							
24	重庆市少年儿童图书馆	353 885						
25	山西图书馆							
26	海南图书馆							
27	湖南省少年儿童图书馆							
28	广西桂林图书馆	293 043						
29	宁夏图书馆							
30	新疆图书馆							
31	青海图书馆							
32	广东中山图书馆							
33	广西少年儿童图书馆	151 105						
34	四川图书馆	47 627						
35	内蒙图书馆							
36	河北图书馆							
37	西藏图书馆							

说明：表3－37中该数据来自2011年度《中国图书馆年鉴》第654～655页，其中省级图书馆是指全国的37个省级馆，地市级和县市级图书馆是指全国地市级、县市级图书馆外借册次排名前100位的图书馆

表3－38　2010年地区公共图书馆分级别购书费占总支出的比重排序

省级			地市级			县市级		
排序名次	图书馆名称	总藏量（册、件）	排序名次	图书馆名称	总藏量（册、件）	排序名次	图书馆名称	总藏量（册、件）
1	广东中山图书馆	47.7	1	抚州市图书馆	62.4	1	杭州西湖区图书馆	74.6
2	南京图书馆	38.6	11	黔西南州图书馆	34.6	2	四川宁南县图书馆	73.8
3	福建图书馆	34.4	17	成都市图书馆	31.2	8	广西金秀县图书馆	67.4

续表

省级			地市级			县市级		
排序名次	图书馆名称	总藏量（册、件）	排序名次	图书馆名称	总藏量（册、件）	排序名次	图书馆名称	总藏量（册、件）
4	上海图书馆	33.3	24	昆明市图书馆	28.7	23	贵州德江县图书馆	54.3
5	浙江图书馆	32.7	29	普洱市图书馆	25.3	25	四川宜宾县图书馆	54.1
6	天津市少年儿童图书馆	32.4	40	保山市图书馆	23.1	30	重庆市双桥区图书馆	50.0
7	辽宁图书馆	31.0	48	大理州图书馆	22.2	40	贵州锦屏县图书馆	43.6
8	河北图书馆	30.1	49	北海市少儿图书馆	22.0			
9	陕西图书馆	29.3	68	南宁市少儿图书馆	20.1			
10	海南图书馆	28.3	73	玉溪市图书馆	19.7			
11	山东图书馆	26.3	94	雅安市图书馆	17.4			
12	天津图书馆	25.8						
13	甘肃图书馆	24.1						
14	云南图书馆	23.3						
15	新疆图书馆	23.1						
16	山西图书馆	22.6	99	安徽蚌埠市图书馆	16.8	50	浙江海宁县	40.7
17	重庆图书馆	21.6						
18	广西桂林图书馆	21.6						
19	西藏图书馆	21.2						
20	安徽图书馆	20.9						
21	首都图书馆	20.8						
22	广西图书馆	19.8						
23	四川图书馆	19.4						
24	吉林图书馆	18.9						
25	湖南图书馆	18.5						
26	黑龙江图书馆	18.0						
27	河南图书馆	17.8						
28	江西图书馆	17.4						
29	重庆市少年儿童图书馆	16.2						
30	贵州图书馆	14.1						
31	湖南省少年儿童图书馆	12.3						
32	宁夏图书馆	11.2						
33	上海市少年儿童图书馆	11.0						
34	内蒙图书馆	8.4						

续表

省级			地市级			县市级		
排序名次	图书馆名称	总藏量（册、件）	排序名次	图书馆名称	总藏量（册、件）	排序名次	图书馆名称	总藏量（册、件）
35	青海图书馆	7.8						
36	湖北图书馆	2.8						

说明：表3－38中该数据来自2011年度《中国图书馆年鉴》第656～657页，其中省级图书馆是指全国的37个省级馆，地市级是指全国地市级图书馆购书费占总支出的比重排名前100位的图书馆，县市级是指全国县市级图书馆购书费占总支出的比重排名前50位的图书馆

三、西南地区公共图书馆第四次评估定级结果

为全社会读者服务是现代公共图书馆的重要特征。西南地区各个公共图书馆服务经历了一个缓慢发展的过程。例如，民国初年，四川公共图书馆即已经“面向广大劳工和平民开放”，但以当时初具规模的省图书馆而言，“读者进馆凡取阅图书，皆须征费”。稍后才取消收费。新中国成立后，图书馆免费接待读者，但查阅书籍要受到身份限制，需要填写家庭出身、本人成分，特别的书刊文献必须要读者单位出具介绍信。改革开放后，百业待兴，图书馆有了新的发展，然而受商品大潮影响，围绕有偿还是无偿服务不断展开讨论，给正常的公共图书馆服务带来极大的负面影响。直到进入21世纪，图书馆服务导向又逐步回到纯公益服务。广西是少数民族自治区，经济发展底子薄、基础差。但是，广西的图书馆事业却出现了超常规的发展，1980年实现“六五”计划“县县有图书馆”的目标，是全国最早达到该目标的五个省（区）之一；1994年率先开展“知识工程”活动，到2000年12月基本实现“乡乡镇镇有图书馆（室）”的目标，乡镇图书馆的发展也走在全国先进行列。2010年我国公共图书馆馆舍面积9003.80千平方米，万人面积为67.2平方米，有16个省（直辖市）公共图书馆的万人馆舍面积超过全国平均水平，其中，位列前三位的上海、宁夏、福建的数据分别为106.9平方米、133.9平方米、117.1平方米，最低是河南省，仅为34.5平方米。广西公共图书馆馆舍面积256.93千平方米，千人面积为55.8平方米，在31个省（自治区、直辖市）中排第22位。2009年全国县级以上公共图书馆第四次评估定级结果中：广西壮族自治区共有100所县级以上图书馆参加评估，在这次评估结果中达标一级馆广西有7个、二级馆有5个、三级馆有53个、未达标的图书馆有31个；云南省共有150所县级以上图书馆参加评估，在这次评估结果中达标一级馆云南有8个、二级馆有8个、三级馆有103个、未达标的图书馆有31个；贵州省共有90所县级以上图书馆参加评估，在这次评估结果中达标一级馆贵州有2个、二级馆有4个、三级馆有32个、未达标的图书馆有52个；四川省共有156所县级以上图书馆参加评估，在这次评估结果中达标一级馆四川有17个、二级馆有43个、三级馆有40个、未达标的图书馆有56个；重庆市共有43所县级以上图书馆参加评估，在这次评估结果中达标一级馆重庆市有8个、二级馆有8个、三级馆有10个、未达标的图书馆有17个。①

① 资料数据来自2011年度《中国图书馆年鉴》第618～659页，即表3－9到表3－38

四、西南地区五省（直辖市、自治区）代表性的公共图书馆服务概况

1. 四川省代表性的公共图书馆服务概况

到2011年12月为止四川省共有161个县级以上公共图书馆参加全国评估，详细情况参见该课题成果专著第四章第二节西南地区图书馆服务存在的问题分析，这里笔者选择如下代表性的公共图书馆进行概括。从表3－39[①]中可以说明基层图书馆普遍情况是：①财政投入少；②编制少，职称低；③职工学历低，专业人才缺乏；④馆舍面积小；⑤藏书量少；⑥现代装备少（只有少数新建的图书馆，才有一定的规模）。

（1）四川省图书馆

四川省图书馆是中国最早建立的公共图书馆之一，始建于1912年，是中国西部大型的综合研究型公共图书馆，是巴蜀文化、典籍文献的研究基地，中国西部重要的公益性文献信息基地。四川省图书馆是四川省总书库、四川省古籍保护中心、中国国家数字图书馆四川分馆，也是“全国文化信息资源共享工程”四川省分中心、“全国联合编目中心”和“全国图书馆文献缩微复制中心”的四川省中心，同时还是国际图联成员馆和世界银行资料存放馆。

表3－39　四川省部分基层公共图书馆（区、县、县级市）基本情况统计（2011年）

项目		图书馆名	合江县	安岳县	珙县	东坡区	洪雅县	汶川县	五通县	蓬安县	苍溪区	纳溪县	达县	渠县	罗江
人员情况	编制		5	10	6	13	5	5	10	6	6	5	20	16	2
	在职		5	10	5	13	4	5	6	7	9	4	23	27	4
	离职			4	3	4	1	3	14	2	1	4	7	13	
	学历	中专	1		1	1		3	3	2	3	2	2	5	2
		大专	3	9	4	8	4	2	1	3	6	1	15	5	1
		本科	1	1	1	3							6	3	1
	图书专业	中专			1			1						3	
		大专		3	2	3							7	3	
		本科	1	1		1							2		
	职称	初级	1	6	3	4	4	3	3	6	2	3	6	4	
		中级	1	3	1	5		2	1	1	3		17	8	
		副高													
	性别	男（在职）	3	6	1	5	1	2	3	2	4	1	5	12	
		女（在职）	2	4	4	8	3	3	1	5	5	3	19	15	4
	平均年龄（在职）		43	37	37	37	36	42	40	38	39	43	38	42	28

① 资料数据由四川省各个基层图书馆于2013年9月提供

续表

项目	图书馆名	合江县	安岳县	珙县	东坡区	洪雅县	汶川县	五通县	蓬安县	苍溪区	纳溪县	达县	渠县	罗江
经费	办公费（万）	0.1	0.6	0.3	2		0.2	0.7	0.18	0.2	1	2.3	2	0.2
	购书费（万）	2	3	2	8	4	2	2		2	2	3	4	3
	购书费是否单列	是	是	是	是	是	是	是		是	是	是	是	
藏书总量（万）		6.5	8.78	4.5	2	2.5	4.5	1	3.5	8.8	3.5	30	10	2
馆舍面积（km^2）		3.1	2.5	1.1	1.1	1.2	0.9	1	0.4	1.7	1.2	2	1.4	1.5
电脑数量	总数	74	30		2	1	4	1	1	20	3	93	38	6
	自有	74	11		2	1	4	1	1	20	3	93	38	6
儿童阅览室					有		有	有	有		有	有	有	
残疾人阅览室														
资源共享工程	规划中			是		是	是	是	是	是	是	是		
	筹建中													
	初步建成	是	是		是								是	
空调		3P，2	3P，4				无	无	无	2	无	2	4	1

四川省图书馆馆藏极为丰富，拥有图书文献计480余万册。最具特色的典藏有：隋唐时代手写经卷；宋、元、明、清著名文人诗词集；历代四川方志；古医书、古农书；近代文化名人手稿；民国暨抗战文献等70余万册。目前，按照全国古籍保护中心的工作部署，全力抢救古代典籍，四川省图书馆现已抢救整理再造了《南阆盐务图说》、《四川方志简编》和《印经》等馆藏珍贵古籍，并全面组织开展全省性的古籍普查与定级工作。

新中国成立后，四川省图书馆主要以呈缴本、选购、国内外交换、捐赠与调拨、复制等手段，逐步建立了大型综合性研究级人文科学为基础的核心文献体系。

目前，四川省图书馆在传统的阵地服务基础上重点以“巴蜀讲坛”和“共享工程”建设为依托，联合市州县（区）图书馆和省内各大专院校、科研单位并充分利用基层图书馆服务窗口，把数字图书馆与共享工程建设有机结合，整合数据并率先在互联网上开通，将馆藏数字资源向该省覆盖；变“请进来”为“走出去”举办“巴蜀讲坛”——文化惠民百场讲座；为四川省委、省政府、省人大、省政协及相关职能部门提供决策信息达数千万字；全面减免服务收费，延长开放时间，全年365天免费重点为农民工、现役军人、离退休人员、残障人员及未成年人服务；在省委宣传部、省机关事务管理局和上级职能部门、学校、监狱及成都市残联和总参驻蓉某部建立分馆十余个，开辟了全新的服务项目和范围，拓展了服务领域，发挥了图书馆作为行使政府职能基本理念转变的作用，强化了公共文化服务，取得了明显成效。[①]

① 川图简介［EB/OL］.［2013－12－10］. http：//www. sclib. org/imap/index/detail_ template? id＝111&IDF＝川图概况 &Flag＝1

（2）成都市图书馆

成都市图书馆也称为成都数字图书馆，可以说成都市图书馆的数字化水平是所研究图书馆中据有较高水平的，它有 5 个独立域名的网站，以及众多的在线数据库供用户使用。“阳光课堂”、“阳光读友会”、“读者沙龙”、“有奖征文”、“读者座谈会”、“阳光博客”、“超级读者评选”等形式多样的活动中，阳光读友会和阳光课堂都有博客记载相关的活动图片和文字信息，别具意义，与大家共享。

此外，最近的微博热潮在成都图书馆也得到了体现，成都图书馆已经注册微博并得到认证，这是一个好的趋势，图书馆服务也需要与时俱进。

（3）绵阳市图书馆

绵阳市图书馆拥有该省市级图书馆中第一家文献缩微阅读器，可供读者阅读缩微文献。绵阳市图书馆具有相关的农业频道和农家书屋，这是所调查过的图书馆中唯一的一家。农业频道提供科技信息、种业信息等。而农家书屋的功能也在进一步的完善之中。

（4）雅安市公共图书馆

雅安市目前有市（县）级公共图书馆 8 个，馆藏各类文献 55.86 万册，其中电子文献 3 种，图书 41.54 万册（古籍 3 万册）、期刊 14.8 万册。年均文献入藏量 5 298 册。图书文献利用情况：年接待进馆阅读 57 936 人次；年外借 39 296 人次，开展读者活动 47 次（表 3－40）。

表 3－40　雅安市 8 个县（市）级公共图书馆①

项目 \ 馆名		雅安市图书馆	名山县图书馆	天全县图书馆	芦山县图书馆	宝兴县图书馆	荥经县图书馆	汉源县图书馆	石棉县图书馆	合计
图书馆藏书	馆藏总量（万册）	31	2	5.3	2.7	5	5.96	1.4	2.5	55.86
	电子文献（种）	0	3	0	0	0	0	0	0	3
	年均入藏量（册）	1 900	200	500	143	500	1 600	350	600	5 298
纸质文献	图书（册）	226 466	16 603	32 000	16 322	30 000	58 000	13 000	23 000	415 391
	期刊（册）	79 255	3 390	21 000	10 670	20 000	1 600	10 000	2 000	147 915
馆藏利用情况	年外借人次（人）	5 780	7 200	500	16	3 000	15 000	1 800	6 000	39 296
	年内阅人次（人）	21 932	2 004	3 500	3 500	2 000	15 000	1 500	12 000	57 936
开展读者活动		19	4	6	4	3	5	3	3	47

目前雅安市、县 8 个公共图书馆，核编人数 54 人，在职人数 45 人。其中：35 岁以下的 10 人，35～50 岁的 27 人，50 岁以上的 11 人；高中以下文化程度的 10 人，大专文化程度的 26 人，本科文化程度的 12 人；初级职称 16 人，中级职称 11 人，没有高级职称。

全市 8 个图书馆馆舍总面积 10 292 平方米，阅览座位 766 个；8 个市（县）级图书馆财政拨付年购书经费 16.3 万元，占区域人口人均购书经费 0.064 元（表 3－41）。

① 资料数据由雅安市图书馆张建跃馆长于 2013 年 8 月提供

表 3-41　雅安市 8 个县（市）级公共图书馆基本情况表①

项目 \ 馆名		雅安市图书馆	名山县图书馆	天全县图书馆	芦山县图书馆	宝兴县图书馆	荥经县图书馆	汉源县图书馆	石棉县图书馆	合计
基础设施	馆舍面积（m^2）	6 000	888	1 000	210	220	870	720	384	10 292
	阅览座位（个）	412	64	60	42	30	80	48	30	766
经费使用	年购书经费（元）	100 000	10 000	10 000	3 000	5 000	30 000	3 000	2 000	163 000
	区域人均购书费（元）	0. 064	0. 038	0. 071	0. 025	0. 087	0. 210	0. 008	0. 016	
总人口（万人）		154	26	14	12	5. 7	14. 2	35	12	
经费来源		财政全额拨款	财政全额拨款	财政全额拨款	财政全额拨款	财政全额拨款	财政全额拨款	财政全额拨款	财政全额拨款	

（5）广安市邓小平图书馆

2011 年 4 月 20 日广安市邓小平图书馆大门旁，一台长约 5 米、高约 2. 5 米、宽约 1. 5 米、写着“城市街区自助图书馆”的大书橱格外引人注目。书橱内有一个三层的书架，书架旁有“入钞口”、“插卡/出证口”、“身份证感应区”等，周围贴着“功能介绍”、“操作提示”等标示，书橱侧面还有一个带有键盘的“图书馆查询系统”。邓小平图书馆馆长邹来云介绍，“城市街区自助图书馆”操作系统有申办新证、自助借书、自助还书、图书续借、缴纳欠款、预付款充值、预约登记、预约取书、查询服务等功能。这种“自助图书馆”目前在整个西南地区尚属首家。②

2. 重庆市公共图书馆

（1）重庆图书馆

重庆图书馆与成都图书馆一样，开通了官方微博，并得到认证，实时通知图书馆最新消息以及与大家共享知识。重庆图书馆的农民工培训项目也是众图书馆中唯一仅有的，这个项目主要是免费向农民工以及下岗职工提供计算机培训，这对农民工就业以及下岗职工再就业起着不可小觑的作用。③

重庆图书馆已形成在国内外颇有影响的三大馆藏特色。第一，民国时期出版物：是目前全国首家抗战书刊全部数字化并提供网上查阅的图书馆。该馆是我国抗战时期图书、报刊收集最全、最完整的图书馆之一。第二，古籍线装书：重庆图书馆收藏有宋代以来的古籍线装书 53 万册，内有孤本或稀见本 424 种，目前已经有 172 种珍贵古籍进入《全国珍贵古籍名录》，古籍线装书的数量和质量在全国也位居前列。第三，联合国资料：重庆图书馆是我国两个最早的联合国文献寄存馆之一，并一直未曾间断。现有联合国资料 20 余万册（件）。

重图掌上图书馆：重图手机数字图书馆以手机为平台，通过无线网络拓展传统的图书

① 资料数据由雅安市图书馆张建跃馆长于 2013 年 8 月提供

② 广安市邓小平图书馆［EB/OL］.［2013 - 12 - 10］. 广安市邓小平图书馆网站

③ 资料数据由重庆市图书馆副馆长于 2013 年 8 月提供

馆服务，使读者能够随时随地查阅借阅信息、预约续借图书、下载电子书刊。重庆图书馆的读者只要下载并安装重图手机图书馆客户软件，通过 GPRS、WIFI 等无线网络就可以登录到重图手机图书馆（在重庆图书馆外并无 WIFI 热点区域，登录掌上重图需按通信运营商规定产生 3G、GPRS 流量费用，在重图馆内热点区免费使用掌上重图所有服务）。目前，重图手机图书馆向读者提供"书目检索"、"我的图书馆"、"重图电子书"、"入馆指南"、"读者互动"、"阅读通"、"讲座预告"、"重图新闻"、"使用说明"等服务，支持目前大多数型号的智能手机，提供 Android、IOS、JAVA 3 个版本的手机图书馆客户端软件。重图手机图书馆将为读者提供公益的、无限的全天候服务。

（2）重庆市少年儿童图书馆

重庆市少年儿童图书馆于 1964 年 6 月 1 日建成开放，为我国最早建立的少年儿童图书馆之一，是西南地区唯一独立建制省级（直辖市）少年儿童图书馆，是重庆市委、市政府命名的"重庆市青少年教育基地"。2010 年在文化部第四次全国公共图书馆评估定级中被评定为国家一级图书馆。历经 46 年的奋斗，现已发展成为全市少年儿童的文献收藏中心和课外阅读活动中心；少年儿童工作者学习交流和文献信息检索中心；少图工作者学术研究和业务辅导中心；青少年学习中心和信息中心。①

重庆市少年儿童图书馆坐落于渝中区两路口长江一路 11 号。交通便利，环境优雅。馆舍由阅览大楼、罗斯福图书馆及培训楼组成，建筑面积 8 133 平方米。馆内藏书近 60 万册，报刊有 1 440 余种，声像资料 35 000 余件，阅览座席 631 个。目前实现了服务对象全免费、开放时间全年候、文献资源全开架、服务模式全方位的"四全服务"。馆内设连环画借阅厅、报刊借阅厅、综合书借阅厅、教参教辅借阅厅、多媒体借阅厅、"明德英文图书馆"、多功能厅、儿童活动室等服务窗口。

重庆市少年儿童馆长期开展主题鲜明、形式多样的读书活动，并形成一系列品牌，如"雨露"讲座、"图书淘宝我快乐"、"七色花亲子活动"等。同时坚持开展馆外延伸服务，目前已在全市建立分馆 7 个，流通点 66 个，遍及重庆市 23 个区县。

重庆市少年儿童图书馆始终致力于构建"普遍均等、惠及全民"图书服务体系，秉承"一切为了读者，为了读者一切"的服务理念，为全市 600 余万少年儿童提供优质服务。

（3）重庆市黔江区图书馆

重庆市黔江区图书馆占地 3 495.12 平方米，建筑面积16 953.3 平方米，为 6 层建筑，总建筑 27 高度米。计划藏纸质图书 80 万册，设纸质图书阅览座位 2 000 个，电子阅览室 2 个，配备电脑 200 台。其功能定位为全区公共图书馆，在主要服务于职教基地内的高职学院、区职教中心、教师进修学院和各类民办职业培训机构的教学、科研、实训活动的同时，面向全区广大市民开放，并将辐射渝东南周边地区。

3. 广西壮族自治区图书馆公共图书馆

（1）广西图书馆

广西壮族自治区图书馆（以下简称"广西图书馆"），始建于 1931 年，原名广西省立第二图书馆，1937 年改名为广西省立南宁图书馆，1953 年定名为广西省第二图书馆，

① 重庆市少年儿童图书馆简介［EB/OL］.［2013－12－30］. 重庆市少年儿童图书馆网站

1958 年改名为广西壮族自治区第二图书馆，1980 年更名为广西壮族自治区图书馆，成为广西的标志性文化建筑。

广西图书馆藏书丰富，种类齐全，拥有政治、经济、法律及其他各门类学科图书 300 多万册；中外文期刊近万种；音、像带及学术期刊光盘 1 万多件，被誉为“八桂学府，壮乡书城”，其中，太平天国运动、桂系军阀史料及广西地方志为馆藏特色。

广西图书馆拥有计算机管理系统、缩微拍摄、阅读系统以及音像视听等自动化设备。目前，已建有书目数据、连续出版物数据库、中文古籍数据、视听资料数据库、外文图书数据库、科技小报索引数据库、广西文献索引数据库、广西名人文库以及农村适用信息、太平天国资料、广西地方志、广西民族民俗图文等全文数据库。还开办了汽车图书馆流动服务点上门服务。广西图书馆始终坚持“读者至上”的原则，不断改进服务方式、提高服务质量、深化服务层次，被全国“知识工程”领导小组评为“读者喜爱的图书馆”。①

广西图书馆从 2001 年开始致力于广西地方特色资源的建设，2002 年 7 月成为共享工程省级分中心，至今一直采用北京中数创新的数字图书馆资源加工和发布（CDI）系统进行建库和数据发布工作。

2006 年广西图书馆作为共享工程资源建设西部示范点，申报了广西游记、广西戏曲等 9 个专题数据库 4 892 条，共 661 GB 多媒体数据的建设任务。在资源建设中，广西图书馆十分注重资源建设项目的策划和方案的制订，注重资源间的相互关联、资源加工标准的执行、资源的表现形式和利用途径等，其工作和成果得到文化共享工程国家中心和兄弟省中心的好评。2007 年，广西图书馆也因共享工程和数字资源建设取得的成绩获得全国第十四届群星奖服务奖。截至 2007 年 12 月，广西图书馆分中心共建有太平天国专题库、广西民族民俗研究论文库、东南亚研究论文库、广西游记等 20 个特色数据库，内容涵盖广西的政治、经济、文化、教育、旅游资源等方面，资源总量达到 25 000 条，750 多 GB。所建特色数据库的类型有文本、图文、多媒体等数据库。数据均基于 XML 格式，改变以往数据条目列表的发布模式，每个数据库按照不同的类别分为若干栏目，以美观、操作简便的专题网页形式展现给读者，读者还可以通过题名、作者、关键词等途径进行单库和跨库的检索。

（2）南宁市图书馆

南宁市图书馆的资料收藏具有较强的针对性。在结构上注重收藏南宁市政治、经济、文化和社会建设需要的文献，尤其侧重南宁地方文献、民间民族文化文献和东南亚地区文献的收集与收藏，初步形成极富地域性和民族性的馆藏特色。特色馆藏也是公共图书馆进行信息资源共享的策略之一。②

（3）柳州市图书馆

柳州市图书馆也注重地方特色数据信息的提供，比如名城柳州、柳州名人、柳侯文化和柳州奇石等版块。柳州市移动图书馆与重图掌上图书馆一样，也是方便手机用户在 3G

① 广西图书馆［EB/OL］．［2013－12－30］．广西图书馆网站

② 南宁市图书馆［EB/OL］．［2013－12－30］．南宁市图书馆网站

时代更加便捷的获得信息，也给信息资源共享提供了条件。①

（4）南宁市少年儿童图书馆

南宁市少年儿童图书馆成立于1988年。目前，馆内设有外借处、中学阅览室、小学阅览室、幼儿活动室、教学参考室、声像服务室和电子阅览室等多个读者服务窗口，现有各种载体文献16.6万册，全部实行开架借阅，使用计算机管理。还设有大屏幕彩电、VCD放映机、摄像机、录像机等先进音像设备。

学校图书馆是少儿图书馆事业的重要组成部分，因此，少儿图书馆与南宁市各中小学图书馆建立了协作网关系，深入学校、上门服务是少儿图书馆的一大特色，设立分馆和流通点，定期免费为他们送书上门，并根据需要举办读者活动，了解读者的需求和培养重点读者，为他们开展定题服务。

作为校外教育的重要阵地，少儿图书馆始终把对少年儿童普及科学文化知识、进行爱国主义教育作为自己的首要任务，每年不同主题的图书馆活动日，像磁铁般深深吸引了成千上万的小读者；一个个内容丰富，构思独特的少儿读书活动，使孩子在轻松愉快的活动中崭露聪明智慧，各类人才脱颖而出。少儿图书馆真正成为孩子们喜欢的知识乐园，成为建设社会主义精神文明的重要阵地。少儿图书馆被命名为"南宁市爱国主义教育基地"，多次获得"优秀青少年维权岗"称号。该馆是"中国少年儿童信息大世界——网上图书馆"管理委员会的成员馆之一，2002年6月成为"中国数字图书馆少年儿童南宁分馆"。

"以书育人，优质服务"是少儿图书馆的办馆宗旨，多次受到上级有关部门的嘉奖，先后获得了全国文化工作先进集体、国家一级少儿图书馆、广西"知识工程"先进单位、广西"优质图书馆"等光荣称号。

（5）广西壮族自治区桂林图书馆

广西壮族自治区桂林图书馆创建于1909年（清宣统元年），是广西历史最悠久的图书馆，也是全国建馆最早的十座省级公共图书馆之一。该馆先后称"广西图书馆"、"广西壮族自治区第一图书馆"等名，1980年改为广西壮族自治区桂林图书馆，为省级公共图书馆建制。该馆藏书体系具有综合性特点。门类齐全、新旧并蓄、内容丰富、地方特色浓厚，是广西文献收藏和利用中心之一。至今共收藏有中外文书刊200余万册，收藏的文献类型有图书、线装古籍、期刊、缩微胶片、只读光盘、手稿、书法绘画作品、拓片、照片等。该馆先后被国家文化部授予"全国文明图书馆"、"全国公共图书馆文献抢救先进集体"、"全国文化工作先进集体"等称号；图书馆计算机网络建设获文化部科技进步三等奖和"中华优秀文化网站"称号，还受到自治区、桂林市党和政府及有关部门的表彰和奖励40余次。②

（6）广西壮族自治区象州县图书馆

象州县图书馆始办于1933年，该馆现有工作人员15人，均为中专以上学历，其中大专以上的有12人、中专的3人；已获中级职称的有2人、初级职称的有13人；中共党员11人。目前馆舍面积为1 211平方米，开设有外借处、综合阅览室、科技阅览室、少儿借

① 柳州市图书馆［EB/OL］．［2013－12－30］．柳州市图书馆网站

② 广西壮族自治区桂林图书馆［EB/OL］．［2013－12－30］．广西壮族自治区桂林图书馆网站

阅室、地方文献室和参考咨询室等服务窗口，阅览座位共210个。现在该馆藏书为10万多册，其中地方文献900多册（份），书架单层总长为2 830米。现是国家二级、自治区一级图书馆。[①]

4. 云南省公共图书馆

（1）云南省图书馆

云南省图书馆始建于1909年，在100多年的时光中，云南省图书馆先后沿用了云南图书馆、云南图书博物馆、云南省立国学图书馆、云南省立昆华图书馆等不同的馆名，开创了引领云南近代图书馆规范化建设、首办云南博物馆事业、编辑刻印大型宏伟巨著《云南丛书》、搜访珍贵的古籍文献和地方文献等。[②]

近几年来，云南省图书馆发展十分迅速。2004年总投资1.5亿元，按照现代化图书馆理念设计建设的新馆，共有22个阅览室和报告厅、多功能厅等多种公共服务设施，配备有先进的自动化、数字化硬件，集借阅、参观、学习、交流、展示于一体，可同时接待读者3 000多人，是该省最大的标志性文化设施。该馆已建成国内首家“全国新书样本库”。

目前该馆网站访问量达150万人次；123种馆藏古籍入选了《国家珍贵古籍名录》；在该省范围建成了15个文化信息资源共享工程州市支中心、129个县级支中心、885个乡镇农民素质教育网络培训学校。2010年1—7月，全馆外借书刊近30万册次，读者流通量80余万人次；还获得了“国家一级馆”、“国家级古籍修复中心”等荣誉。

云南省图书馆现共有286万余册（件）各类文献，其中58万余册古籍文献、地方文献和民族文献最具特色，像明嘉靖年间丽江著名文人木公的自刻本《雪山庚子稿》和《雪山始音》、清乾隆年间昆明钱南园的手稿《钱氏族谱》、清嘉庆年间的刻本《黑盐井志》、清光绪年间的石印本《云南地志》和刻本《滇南本草》、1903年创刊的云南最早出版的报纸《滇南钞报》等，都是极为珍贵且富于云南地方特色的人类文化遗产。纳西族的《东巴经》、傣族的《贝叶经》、白族的《南诏备考》和包括了彝文、哈尼文等17个少数民族文字的文献，都是独特而稀有的民族文化瑰宝。从大理国时期的《护国司南钞》到明代的《南藏》、《北藏》等历代写本和刻本佛经，都是收藏系统、价值连城的系列佛教经典善本。在馆藏地方文献的基础上，由云南省图书馆编著出版的《历代昆明地方文献述评》、《云南地方文献概说》、《历代宦滇督抚生平概略》、《云南历代僧人著述考略》、《孙髯翁存世遗作选注》等专著，填补了该省地方文献学术研究、阐理立论方面的空白。此外，作为“中国数字图书馆云南图书分馆”，收藏有近20万种电子图书，建成了一系列富于地方特色和民族特色的全文数据库与多媒体数据库，开展了网上联合参考咨询等数字化服务，推动了数字化进程，促进了资源共建共享。与一流的硬件和馆藏资源相匹配的是结构合理、充满活力的人才队伍。如今，云南省图书馆已被确立为“云南省科学普及教育基地”、“云南省哲学社会科学教育基地”、“云南省直机关廉政文化建设教育基地”、“云南省青少年思想道德教育研究实验基地”等四大省级教育基地；同时，荣获了国际图书馆协会联合会颁发的“2005年度古斯特读书奖”；获得了国家人事部、文化部授予的“全国文

① 广西壮族自治区象州县图书馆［EB/OL］．［2013-12-30］．广西壮族自治区文化厅网站

② 云南省图书馆［EB/OL］．［2013-12-30］．云南省图书馆网站

化工作先进集体”，中宣部、中央文明办等14个部委联合授予的“全国文化科技卫生三下乡先进集体”，文化部授予的“第十四届全国群星奖”等三项国家级荣誉；还被评为云南省文明单位和云南省未成年人思想道德建设先进集体。

（2）云南省昆明市官渡区图书馆

官渡区图书馆于1987年建成，现有馆员26人，馆藏文献约20余万册（含音像资料、电子出版物），其中特色藏书有：官渡区地方文献、工具书、科技书以及《四库全书》和《二十五史》电子版。部门设置为：办公室、文献采编部、计算机网络中心、外借部、阅览室、宣传辅导部。其中服务窗口有：成人图书外借处、少儿图书外借处、期刊阅览室、报纸阅览室、少儿阅览室、过刊合订本外借处、电子阅览室。各项工作均实现了自动化管理。①

官渡区图书馆除搞好馆内业务工作外，经常深入基层，对乡镇、街道办事处文化站、村（居）委会图书馆进行业务辅导，培训管理人员，总结交流经验，促进了基层图书馆（室）的巩固和发展。现为“国家一级图书馆”，并荣获“全国文明图书馆”、云南省“文明单位”、昆明市“巾帼文明示范岗”荣誉称号。

（3）云南省嵩明县图书馆

嵩明县图书馆建于1979年11月。现有馆员共5人，馆舍637平方米，成人座椅95个，少儿座椅80个，书架118个1 140米，微机打印机一台，书刊资料53 000余件册，其中期刊合订本3 000余册，报纸合订本1 500余册，各类工具书1 800余种（册），古籍书1 200余册，磁盘、光盘资料200余件。设有分类、书名4套读者检索目录和公务目录，执行国家第四版《中图法》、《中文文献著录标准》、《中文连续出版物分类、著录标准》、《中文机读目录著录标准》文献整序标准。该馆开展的特色活动中包括创办二次文献资料《决策信息》为县委政府及有关部门服务，每年举办各种读书活动和绘画、舞蹈、文化各种培训班50余次；组织三下乡和图书宣传周巡回送书下乡100余次，送书下乡8万余册，服务读者3万余人；收集信息万余条，编发《决策信息》50期，4 000余份，进行资料查询服务5 000余人次；先后多人20余篇论文在国家、省、市级获奖或发表。现是文化部授予的三级图书馆。②

（4）云南省寻甸民族图书馆

寻甸县图书馆总建筑面积1 531.71平方米。现有藏书42 548册（含报刊合订本），全馆设阅览座位300个，少儿阅览室座位60个。共有专业管理人员8人，均为大专以上学历，其中中级职称1人。设有办公室、采编室、外借处、综合阅览室、少儿阅览室、工具书地方民族文献室、农村图书流通宣传室、过刊室、文印部9个部门。特色藏书：回族、彝族、苗族地方历史文献资料。现为国家二级图书馆。③

（5）云南省呈贡县图书馆

呈贡县图书馆成立于1983年，馆舍总面积1 209平方米。现有工作人员7人，藏书

① 公共文化——图书馆［EB/OL］．［2013－12－30］．云南省文化厅网站

② 资料由云南省嵩明县赵馆长于2013年8月提供

③ 公共文化——图书馆［EB/OL］．［2013－12－30］．云南省文化厅网站

2.8 万册，报刊 150 余种。设有图书采编兼办公室、图书外借室、报刊阅览室、参考资料室、少儿阅览室、宣传辅导、农村流动等业务部门。有读者阅览座席 80 个。除开展图书及报刊外借、查询服务外，还为读者提供各种资料信息、工具书，查找科技资料并跟踪服务；参考资料室下设地方文献专柜，收集、整理当地的各种文献资料 30 余种。此外，对全县乡（镇）图书室进行业务辅导，送书下乡服务到基层。现为"国家三级图书馆"①。

（6）云南省禄劝彝族苗族自治县图书馆

禄劝彝族苗族自治县图书馆于 1986 年落成，占地面积 344.6 平方米，馆舍面积 1 410.96平方米。该馆现设馆长办公室、采编室、参考资料室、外借室、报刊阅览室、少儿阅览室、宣辅室、微机室。现有专业管理人员 7 人，大专学历 4 人，中专学历 3 人。其中中级职称 3 人。自 1992 年后，由于县财政困难，一直没有购书的专项经费，多年来只有每年 5 000 元的期刊和报纸订阅费，致使本馆藏书至今仅为 2 万余册，无法满足广大读者的要求。由于图书馆硬件设施、设备严重不足，藏书量长年有减无增，近 10 多年来，几次在全市的图书馆评估定级中，本馆均未达到国家标准。②

（7）云南省宜良县图书馆

宜良县图书馆成立于 1978 年。该馆舍面积 1 122 平方米，为"国家三级图书馆"。现有藏书 50 500 册，以社科（文学）类图书为主，自科类图书较少。编制 4 名，现在编人员 3 名，文化程度均大专以上。设有综合阅览室、外借室、少儿阅览室 3 个服务窗口。该馆特色藏书：有线装书《四部备要》、《云南通志》、《宜良县志》等 2 273 册，1930 年版《万有文库》第一、二集共 3 027 册。

5. 贵州省公共图书馆

截至 2013 年 12 月，笔者整理调查的资料如下：③ 贵州该省有建制的县级以上公共图书馆共 92 个。其中 1 个市级图书馆和 1 个县级图书馆虽有机构建制，却无馆舍、藏书、设施设备及专业人员等，所以实际有公共图书馆 90 个（省级馆 1 个，地市级馆 8 个，县市级馆 81 个）。

同时在这些调查的资料中还发现，从图书馆基础设施建设方面看以下实例：贵阳市作为贵州省的省会城市，共有 10 个区县市，可是中心两城区云岩区、南明区和小河开发区一直就没有图书馆建制，息烽县、花溪区、乌当区没有馆舍；清镇市图书馆是贵阳县市级馆中唯一有独立馆舍的图书馆，却建在清镇一中的校区内，更像一所学校图书馆，其业务和服务均施展不开，影响力和知名度受限。其余的白云区图书馆、修文县图书馆和开阳县图书馆虽然有自己的馆舍，但都是与众多单位合在一幢建筑物内，读者服务工作的开展受到很大限制。可见无建制、无馆舍的图书馆就占去了贵阳市区县图书馆的 60%。

2008 年为了在黔东南州举办省政府第三届旅游发展大会，黔东南州政府拆除了 1985 年建成的面积为 4 580 平方米的位于市中心地段的黔东南州图书馆馆舍。

---

① 公共文化——图书馆［EB/OL］．［2013－12－30］．云南省文化厅网站

② 公共文化——图书馆［EB/OL］．［2013－12－30］．云南省文化厅网站

③ 该内容是课题系列成果：贵州省基层公共图书馆从业人员现状的调查与分析［J］．国家图书馆学刊，2010（4）：68－72

遵义地区是贵州省经济发展较好的地区，虽然12个县都建有图书馆，但有的图书馆舍在新馆建设还未启动的情况下就已经拆迁，如：遵义县图书馆、湄潭县图书馆、仁怀县图书馆等；2009年10月遵义县政府在新馆舍至今无着落的时候下令强拆遵义县图书馆；务川县图书馆用国债专项资金建成后却外租，图书馆有名无实，公众的文化权、阅读权难以保障。道真县图书馆新馆建成后，政府极不重视，被几个单位瓜分，图书馆名存实亡。

六盘水市的钟山区图书馆于2004年8月成立，是区文体局所属的正股级事业单位，在编人员3人，文化程度均为本科。该馆舍于2005年底动工修建，2006年完工，建筑总面积2 030平方米。钟山区图书馆建成后，大部分馆舍成为钟山区会展中心主会场，被用于会议及演出。区政府以该图书馆规划不够科学，未能突出图书馆的综合性以及区政府暂时也没有资金投入购置设备及图书为由，至今未作为图书馆投入使用。诸如以上情况的图书馆还有不少，不再一一列举。

“十一五”期间，贵州省公共图书馆基础设施建设有较大发展。该省2006年至2013年新建公共图书馆舍23个，其中地市级馆1个，县市级馆22个。该省县级以上公共图书馆馆舍建筑总面积166 388.6平方米。其中省级馆22 744平方米，占13.7%；地市级馆58 000.3平方米，占34.9%；县市级馆85 644.3平方米，占51.5%。1个市（州）级和15个县（市、区）级图书馆，由于原建有的馆舍因各种原因被拆除，处于无馆舍状态。①

贵州公共图书馆服务人口数在全国排名第19位，馆藏总量却排在27位，累计发放有效借书证数、书刊文献外借册次均排在全国第27位。就全国各地公共图书馆财政拨款总经费和新增藏量购置费来看，贵州排名分别为27和28位，若按公共图书馆均数和地区人口均数计算将还要靠后。

2009年全国公共图书馆评估定级数据表明，贵州上等级图书馆共38个，其中一级馆2个；二级馆4个；三级馆32个；未上等级图书馆39个，不具备参评条件的图书馆13个。未上等级和无条件参评的图书馆就占了该省公共图书馆的57.8%。上等级图书馆的数量与发达地区相比差距很大，如：贵州一级馆仅占2%；而上海一级馆占97%；北京一级馆占75%；江苏一级馆占58%。与贵州周边省份相比也有不小差距，如：四川一级馆17个，二级馆43个，三级馆40个；云南一级馆8个，二级馆8个，三级馆103个；广西一级馆7个，二级馆5个，三级馆57个；重庆一级馆8个，二级馆8个，三级馆10个。②

从本章表3－9到表3－38中的数据和笔者调查的实际资料中可以看到，长期以来贵州相当一部分地市级、县市级图书馆的新书购置费、报刊订购费、基本行政运行费等都得不到保障。②该省县级图书馆购书经费单列的只占40.51%，其中大多数馆每年只有几千元的报刊订购费，基本上无钱购买图书。2008年贵州省新闻出版局、省文化厅启用640万专项资金，平均为该省81个县、区、市公共图书馆配发图书4 175种，使贵州所有参加评估的县级图书馆在“图书年入藏量”的评分项上，全部拿了满分30分，但这终不是长久之计。财政投入的不连续、不稳定以及地区差异成为该省公共图书馆发展的重要制约因素。

---

① 该内容是课题系列成果：贵州省基层公共图书馆从业人员现状的调查与分析［J］. 国家图书馆学刊，2010（4）：68－72

② 该内容是课题系列成果：贵州省基层公共图书馆从业人员现状的调查与分析［J］. 国家图书馆学刊，2010（4）：68－72

6. 特殊图书馆

特殊图书馆这里是指专门为儿童、智障、残疾等特殊群体用户提供服务的图书馆。本次调查的两个少年儿童图书馆，重庆少年儿童图书馆和广西少年儿童图书馆，发现其功能都不算非常完善，有待改进和加强。在数字化时代，各图书馆提供的信息不再单一化，大都有传统载体的书刊杂志，还有视频信息以及数字化的信息，与时代同步。

图书馆越来越体现出人文关怀，为残疾读者开通了无障碍设施以及残疾人阅览室，这方面做得最好的是南宁市图书馆，在社会不断进步的过程中，会有越来越多的图书馆会向这方面发展。图书馆主页咨询服务，只有三个馆，即成都图书馆、重庆图书馆以及重庆少年儿童图书馆有。并且选择了两家咨询，都得到了回复，咨询功能可见其重要性。

然而，自改革开放以来，西南地区五省（直辖市、自治区）公共图书馆服务又有若干改进。各个图书馆开架借阅书刊文献的力度加大了。改革开放之初（大约20世纪80年代前期），西南地区五省（直辖市、自治区）各个省级图书馆藏书几乎全闭架借阅，藏书利用率仅占馆藏的40%左右，西南地区五省（直辖市、自治区）各个地县图书馆通常借阅率约占馆藏50%～60%。目前，西南地区五省（直辖市、自治区）公共图书馆借阅率大幅提高，西南地区五省（直辖市、自治区）各省级、地州（市）、县（区）图书馆平均可达到80%，西南地区五省（直辖市、自治区）各省级图书馆排除因受馆舍限制无法上架的图书文献，借阅率也可达到60%以上。将来，无论西南地区五省（直辖市、自治区）省级图书馆，还是其他各级公共图书馆，努力的方向在于充分地发挥每一本图书的作用，把馆藏100%地向所有的读者开放。

由于图书馆数量增大，图书馆服务人口覆盖率也有较大幅度改观。在中国，根据有关资料显示，到2013年12月为止，每46万人口才拥有一所公共图书馆；333个地级行政区划中，有41个地市没有图书馆；2 859个县级行政区划中，有445个县没有图书馆；2414个县级图书馆中，不具备基本服务条件的有675个。不少县级图书馆成了网吧、茶室，甚至只是堆放旧书的仓库。[①] 而20多年前在西南地区五省（直辖市、自治区），由于图书馆为数不多，西南地区五省（直辖市、自治区）各个省内一所公共图书馆服务人口平均约200万至220万，现今是每一所图书馆服务平均约64万人口。西南地区五省（直辖市、自治区）各个省级县县建立图书馆，部分县镇设立图书馆，能达到一所图书馆平均服务35万～40万人口。2020年，当全国全面实现小康社会时，力争达到一所图书馆平均服务15万～20万人。最终的目标是不足lO万人拥有一所公共图书馆。这与联合国教科文组织规定的每2万人口拥有一所图书馆的标准差别还是很大的。

当然，图书馆数量的增多不仅仅是数字的增多，还需要图书馆的质量（包括馆舍、经费、藏书、新技术的采用和专业人员）达到行业规定指标，能够提供有效的服务。在目前西南地区五省（直辖市、自治区）各个公共图书馆发展尚未臻成熟的阶段，尤应如此。

---

① 王安雄，方明．新环境下公共图书馆免费开放服务创新工作探讨［EB/OL］．［2013－12－30］．http：//qx-qxsy. lingd. net/article－4837623－1. html

第三节　西南地区科学、医学图书馆服务体系建设的概况

西南地区科学技术信息研究所都隶属于西南地区各省（直辖市、自治区）的科学技术委员会，是西南地区各省（直辖市、自治区）和国家各部委西南中心的专业化科技信息服务机构。他们紧扣西南地区经济发展的脉搏和方向，围绕西南地区经济发展的战略性和全局性问题，向各级政府部门、企业及社会各界提供多种科技信息服务，有力地促进了西南地区科技成果的转化和经济的增长，取得了良好的社会效益。在相关业务发展的基础上，建有西南地区各类科技信息中心、科技网络中心、科技评价中心、科普中心。服务范围包括：科技网络建设与服务、科技文献服务、科技评价与评估、项目查新检索、发展战略研究、刊物编辑出版，科学传播与普及、科技电视制作、会展策划、中外文翻译等。西南地区科学技术信息研究所下设网络中心、文献馆、评价中心、研究室等业务部门，通过各部门间的联动和资源整合，围绕科技主管部门的职能和社会需求，提供从低端到高端、多层次、专业化、“一条龙”式的服务，得到了各用户单位的肯定，奠定了各科技信息研究所在科技创新服务体系中的重要地位。

一、西南地区科技图书馆服务体系建设概括

（一）中国科学院西南地区各类科技文献信息服务机构

截至2013年6月，中国科学院在西南地区先后建立了独立的科研机构文献信息服务中心和与西南地区各省联合建设的科研所实验室等科技信息服务中心有10余所，分别如下：

（1）中国科学院国家科学图书馆（NSLC）成都分馆。即：中科院成都文献情报中心。这是中科院设在西南地区的文献情报机构，始建于1958年。经过半个多世纪的创新发展，现已成为西南地区资源最丰富的科技图书馆、实力雄厚的信息服务中心和情报研究中心，权威的知识产权信息研究与服务中心，中科院资深的科技查新咨询中心、四川科技成果查新咨询服务分中心，并负责管理中国互联网的先驱——中国科技网成都网络管理中心，同时还建有国家科技图书文献中心（NSTL）成都镜像站。招收图书馆学、情报学硕士研究生和情报学博士研究生。

（2）中国科学院地球化学研究所文献信息中心有馆藏书刊约122 000册（件），其中英文图书15 000册，中文图书23 000余册，期刊74 000余册。以及各类资料约31 000余件。

（3）中国科学院重庆绿色智能技术研究院科技处文献情报中心以学科馆员服务为模式，依托中国科学院国家科学图书馆文献平台，借助中科院成都分院文献情报中心，根据全院3大研究领域方向17个研究中心的需求，提供面向学科发展和科研需求的情报服务，为承担国家重大项目提供全程跟踪和专门化的信息支撑服务。

（4）中国科学院・水利部成都山地灾害与环境研究所（简称“成都山地所”）文献中心主要是结合区位优势、学科特点和学科发展基础，面向国家山区开发和生态环境建设战

略需求，提供基础性、战略性和前瞻性研究的科技文献服务。

(5) 中国科学院光电技术研究所（简称光电所），是中国科学院在西南地区规模最大的研究所。中国科学院光电技术研究所科技信息中心主要是为光电技术的发展提供科学技术情报的保障服务。

(6) 中国科学院上海科技查新咨询中心昆明分中心是中国科学院上海科技查新咨询中心在昆明的分支机构，挂靠在中国科学院昆明动物研究所图书馆，负责昆明地区的科技查新、引文检索等有关业务工作。

(7) 中国科学院昆明动物研究所图书馆具有良好的网络条件，计算机与国内外网络互通，具有多种途径可直接在网络上检索国内外多个大型文摘数据库，并提供科技文献查询、复制、全文传递、定题服务等多种服务方式。同时拥有中外文科技图书4万册，中外文科技期刊1 777种20万册，购买了多个国内外全文数据库，为科研工作提供了良好的文献基础。

(8) 中国科学院西双版纳热带植物园（以下简称版纳植物园），是目前我国最大和保存物种最多的植物园。建有科技信息中心等科学实验支撑系统。

(9) 中国科学院昆明植物研究所（以下简称昆明植物所）位于云南省昆明市黑龙潭风景区，具有先进水平的种质资源库、植物标本馆、公共技术服务中心、科技信息中心及植物园等重要科技支撑条件。主要建有中国西南野生生物种质资源库。

(10) 贵州省中国科学院天然产物化学重点实验室是贵州省人民政府和中国科学院共建的独立科研事业机构，实行省、院双重领导、以省为主的管理体制；坚持“开放、流动、联合、竞争”的发展方针和开放型、带动型、市场化的建室原则；以应用研究和开发研究为主，兼顾基础研究；重视具有自主知识产权的研究及其发明专利的申请，兼顾发表论文的数量和质量；参照中国科学院知识创新工程基地的方针、政策和规定，建立新的科技体制和运行机制。

(11) 中国科学院成都生物研究所科技信息情报中心是该研究所的一个支撑部门，由生物科技图书馆、《应用与环境生物学报》编辑部、Asian Herpetological Research 编辑部组成。其职能是以该所科技自主创新为核心，以保障信息资源、优化信息利用平台、提供学科化知识化信息服务为主要手段，为研究所的科学研究和科研管理提供有力信息支撑；主要工作职责包括组织与管理信息资源，建设相关学科领域的信息运用平台与环境，提供各种文献服务与知识服务，开展情报研究以提供决策参考，编辑出版生物科学学报，促进国内外科技交流。该中心以研究所全体职工和在学研究生为主要服务对象，同时面向中国科学院系统以及社会各界开展各类信息服务。

该中心生物科技图书馆现馆藏以生物资源和生物技术的研究与开发为主要特色的中外文文献21万册，其中中文图书40 000余册、外文图书17 000余册、中文期刊1 300种80 000余册、外文期刊1 000种80 000余册；每年订阅300多种中文期刊和50多种外文期刊，交换50多种中外文期刊，采购中外文图书1 000多册；每年采购并开通专业及综合英文全文数据库近10个。图书馆实行数字化建设与网络化管理，其网站平台共集成与生物研究相关的中外文文献数据库70余个，以满足科研工作需要，同时开展书刊借阅、电子资源利用、文献检索与原文传递、专题文献检索与分析、研究动态通报、信息技能培训、战略情报研究、科技文献翻译等各项信息服务。其中原文传递服务和数字化建设工作在中国科学院所级图书馆中名列前茅。该中心不断强化员工自身培训，提升综合信息素养与服务技能，努力实行从传统文献情报服务向学科化知识化信息服务的转型，信息服务、知识管理和利用对研究所科技创新的支撑力度得以不断增强。

该中心现编辑出版中文科技期刊《应用与环境生物学报》和英文科技期刊 Asian Herpetological Research（亚洲两栖爬行动物研究）。《应用与环境生物学报》创刊于 1995 年，由中国科学院主管，中科院成都生物研究所主办，科学出版社出版，现为双月刊。该刊属国内外公开发行的全国性科技学术期刊，是我国应用生物学和环境生物学的核心刊物。在编委会和编辑部的不懈努力下，该学报在政治、学术、编印质量上不断稳步提高，其影响力、知名度和美誉度得到快速提升，并在规范化、网络化、国际化办刊方面取得了良好的进步，现已成长为中国科技核心期刊，先后荣获诸多奖励并被国内知名和国外诸多评价与检索数据库收录。Asian Herpetological Research（亚洲两栖爬行动物研究）2010 年 3 月获得国家新闻出版总署批准创办，并于 2010 年 9 月 25 日面向国内外正式出版发行。该刊由中国科学院主管，中科院成都生物研究所第一主办，科学出版社有限公司第二主办，科学出版社出版。

（二）四川省科学技术信息研究所

西南地区各级科学技术信息研究所的行政业务机构设置有科学技术委员会、科技期刊管理办公室，负责西南地区各级科技成果的查新、转让、开发、应用及科技期刊管理工作。西南地区各个省的科学技术情报学会、西南地区各个省的科学技术期刊编辑学会和西南地区各个省的科技咨询业协会，是挂靠在西南地区各个科技信息研究所的学术团体。① 例如四川省科学技术信息研究所设立了四川省科学技术信息网络中心、四川省科学技术信息中心、四川省科普中心、四川省科学技术评价中心等四个中心构成，在这些中心的合作与推动下先后成立了网络中心、查新中心、情报中心、文献中心、科技中心、评价中心、推广中心等分中心来完善四川省科学技术信息研究所服务体系。其中，四川省科技信息研究所是西南地区唯一获得国家“一级科技查新咨询单位”资质的科技查新咨询服务专业机构，1988 年被原四川省科委（现四川省科学技术厅）批准为该省第一家具有科技查新咨询服务资格的专业咨询机构，1989 年被原四川省科委（现四川省科学技术厅）批准为“四川省科技成果查新咨询服务中心”，1990 年被原国家科委（现国家科学技术部）批准为全国首批 11 家具有科技查新资格的单位之一，1990 年被国家发明奖评审委员会批准为国家发明奖项目查新单位，1994 年被原国家科委（现国家科学技术部）授予“一级科技查新咨询单位”。

四川省科学技术信息研究所的科技查新业务工作全权由检索咨询室担任。该部门是代表四川省科学技术信息研究所行使“四川省科技成果查新咨询服务中心”和“国家一级科技查新咨询单位”双重职能的部门，也是专业从事科技查新咨询服务的专业部门，具有近 20 年的科技信息咨询与查新经验。从业人员专业知识扎实，检索经验丰富，依托本所

① 加强公共文化服务体系建设实施意见［EB/OL］.［2013 - 12 - 30］. http://www.yjjajt.com.cn/2008/9 - 18/15183943158.html

丰富的馆藏资源和强大电子信息资源，遵照国家《科技查新规范》开展工作。

（三）重庆市科学技术研究院

重庆市科学技术研究院是整合原属中央和地方的10个研究院所于2008年重组而建，原名为重庆市应用技术研究院，是重庆市政府批准成立的正厅级事业单位。科研院是集研究开发、技术转移、成果转化、人才培训和国际交流为一体的工业技术的综合研究机构，是重庆市组建的最大的科学研究和科技创新服务机构，辖有9个转制所（中心）和9个事业性质的中心以及“重庆市应用技术有限公司”，负责科技研发、成果转化和科技资源管理等。

重庆市科研院的组建，坚持“整合”与“新建”相结合的原则，采用“完善、发展和提升”三步走发展战略，立足服务重庆市经济社会发展，瞄准世界科技前沿和全市经济社会发展中的关键技术问题与产业发展中的技术瓶颈，坚持科研与产业化并重、创新与服务并重，突出以技术开发与成果转化为主导，重点开展科技创新、产业共性技术研发和相关应用技术基础研究；承担重大科技攻关项目，建设工业科技资源共享平台、科技开发平台和成果转化平台，提供科技成果转化、科技咨询、技术培训、国际合作交流等服务，是“西部领先、全国一流、有重要国际影响”的省级科学技术研究院。目前，重庆科学技术研究院面向科研机构、企业等创新主体开放的科技文献信息资源数据库主要有20多个专题数据库以及自主开发的多个特色数据库。

中央政治局委员、国务委员刘延东2010年4月深入重科院视察指出：重科院发展定位清晰，勇于创新，在很短的时间里取得了很好的成绩，特别在优化科技资源配置、促进成果转化等方面成果突出，既节约了资金，又提升了服务。这种科技公共服务开风气之先，为区域经济发展提供了较强的科技支撑，很有推广意义。对重科院的国际合作也给予了高度肯定，认为搞得很好。刘延东同志要求重科院走出重庆、面向西部、面向全国。

（四）云南省科学技术情报研究院

云南省科学技术情报研究院的前身是云南省科技情报所，成立于1971年10月，直属于云南省科技厅，是财政全额拨款的省级公益性独立科研机构。2007年8月9日，经云南省委同意，正式更名为云南省科学技术情报研究院。2011年6月，云南省委批复在该院挂牌云南省技术转移中心暨上海到云南技术转移基地。

近年来，随着业务不断发展和服务范围不断扩大，云南省科学技术情报研究院相继批准成立了“云南省科技咨询评估中心”等8个科研业务咨询中心机构，现已发展成为云南规模最大、实力最强的科技信息研究服务中心与权威的综合性科技咨询评估机构。在科技文献信息资源建设开发与服务、科技发展战略与政策决策咨询研究、项目咨询与评估评审、科技统计信息服务、技术转移与对外科技合作、工程咨询服务、清洁发展机制技术服务、企业竞争情报服务等方面做出了重要贡献，发挥了不可替代的“耳目、尖兵、参谋”作用。

云南省科学技术情报研究院具有国家级工程咨询甲级资质、国家一级查新资质，通过ISO9001：2008国际质量管理标准认证，是国际咨询工程师联合会（FIDIC）会员和中国工程咨询协会常务理事单位。2008年被科技部授予首批“国家技术转移示范机构”，2009

年被科技部认定为国际科技合作基地。

（五）西南地区科技信息共享平台

西南地区维普科技信息服务共享平台的研建，实现了导航检索和统一检索两大检索功能，为用户提供了功能强大的个性化信息服务平台，包括“数据库”、“文献搜索”、“专题”等多种个性化功能，为政府机关、科研单位、各大院校、高新企业提供了专业化入口，可以运用信息规划、信息管理、用户认证、商城管理等特色管理功能建立自己的网上信息库。

通过引进、共享、集成国内外各类网络化科技文献资源，维普科技信息服务网已经建立起以科技期刊、科技论文、学位论文、专利、标准、科技报告、法律法规等类型为主体的网络信息资源体系，目前通过网络可使用的全文数据资源容量已经达到 10 TB。

二、西南地区医学图书馆服务体系建设的概况

医学图书馆是西南地区各个省级医学信息中心，已成为各个区域综合性医学信息研究机构。主要功能为西南地区各个省级医学信息的收集、加工、存储、检索、咨询、分析研究和交流。主要业务科室包括医学图书馆阅览室、信息研究室、医学杂志编辑室、检索咨询室、开发营销部和网络中心，各个医学图书馆都分别藏有中外文图书杂志等；各个医学杂志编辑室编辑出版多种医学专业期刊 20 多种，如《云南医药》、《云南中医中药》、《四川医学》、《重庆医学》、《贵州医药》、《广西医学》等，其中《贵州医药》和《四川医学》均为省优秀期刊；《广西医学》是西部地区较有影响力的综合性医学（医药）学术期刊；《广西中医药》曾被评为全国中医药优秀期刊，广西优秀期刊；《重庆医学》为全国中文核心期刊；《云南医药》杂志是中华医学会云南分会主办的向国内外公开发行的综合性医药学学术刊物；而《云南中医中药》是具有云南地方特色的综合性中医药学术技术刊物。这些医学期刊都是在西南地区各级政府和卫生部的领导下，按照各级卫生部门“聚焦”、“提速”的工作基调和“快、硬、实、严”的工作要求，全面启动和实施国家“十二五”发展规划中确定的医学建设工程。西南地区各个医学图书馆的网络中心提供网上服务，都在网上安装中国生物医学文献，以及卫生、管理、医药、中国医学等多种中外文数据库，能够全方位地为西南地区卫生系统领导、医学科研、医疗、预防、教学、管理人员和医药生产单位提供优质的医药卫生信息的查新检索服务。

西南地区各个医学图书馆多年来树立以诚信为本，为医学科技进步多做贡献的基本原则，为西南地区的医学事业发展做出了贡献，同时也得到了国家和社会的认可和表彰。《云南医药》杂志重点报道云南省医药学基础研究成果及临床各科诊疗实践经验，是广大医务工作者了解云南省临床医疗和科研工作的窗口，也是云南省广大医学会会员及医务人员进行学术交流的园地。《实用中医药杂志》是由重庆市创办的面向海内外公开发行的期刊，刊物从实用出发，以吐故出新、振兴中医药为宗旨，以临床实践的推广指导及研究为重点，同时开展医药评介，提供医药信息，探讨医院管理，发布医药广告等，具有实用、新颖、兼蓄、多彩的特色。《贵州医药》以高中级医药卫生人员为主要服务对象，全面反映贵州省医学科研最新成果及学术水平，面向省内进行医学技术指导，面向国内外传播医

学信息。《广西医学》已发展为广西壮族自治区科技学术期刊中影响较大的、知名的优秀科技期刊之一，成为我国西部地区较有影响力的综合性医学（医药）学术期刊。《中国医学文摘——计划生育和妇产科学分册》是四川省医学情报研究所承办，卫生部主管的国家级检索刊物，全面报道了全国公开发行的医药卫生期刊、学报等刊物上计划生育和妇产科学的文献，为各级计划生育和妇产科医务人员提供国内主要医学期刊上的计划生育及妇产科学信息。

维普医药信息资源系统由科技部西南信息中心主办，重庆维普资讯公司制作，为我国医院、医药院校、医药科研机构、医疗卫生机构、制药工业及相关企业的信息化建设而设计的大型全文数据库，是目前国内能快捷、准确、全面、方便地反映国际医学界的研究动向和国际医学研究水平的最大的中文医药文献信息平台。

三、西南地区科技情报服务体系的发展

（一）科技情报网络化发展方面

在网络信息业务方面，西南地区各省科技信息网络中心在网络系统集成、软件开发、网络运维、平台服务、科技信息化业务内容及流程管理研究等方面汇集了一批具备 IT 技术背景、了解科技信息化需求的高素质人才，形成了具有较高管理水平和技术素质的服务团队。2004—2011 年，西南地区各省科技信息网络中心主要承担西南地区各类科技骨干网、西南地区科技网核心设备改造、西南地区各省科技信息平台改造和科技文献中心项目的建设。网络中心倾心打造的“西南地区各省科技网”正在逐渐成为助力西南地区科技自主创新的公共服务平台，基本形成了围绕科研活动生命周期的网络化服务链条，用户遍及西南地区各个行业并辐射周边地区，“西南地区各省科技网”的服务品牌逐步显现。

（二）西南地区科技情报决策参考方面

在科技情报研究方面，西南地区各省科技情报研究中心汇集了一批科技情报、企业管理、计量经济、国际贸易、热能工程、化工等多个学科领域的硕士以上人才，形成了信息分析研究、情报学基础研究、软课题研究等具有战略高度的科技情报中心研究服务团队，面向政府部门提供科技决策的快速反应服务。

为了适应新的形势，做大做强发展战略研究这一主业，西南地区各省科技情报研究中心的青年骨干们在科室领导的带领下，经过多年的拼搏和积累，现已形成了显著的业务优势和品牌效应，取得了一批具有较高学术价值和实际应用价值的高水平研究成果。在西南地区各省科技部门组织的“各类优秀调研成果”评选中，有很多项目荣获各类奖项。

（三）西南地区科技情报面向社会服务方面

西南地区各省科技图书馆在馆藏文献信息增值服务方面，大多数科技信息研究单位的图书馆都引进了一批具备专业知识背景、年轻化的、高学历、高素质的服务人才，在馆藏文献资源布局、二次文献加工、增值信息产品开发、科技翻译以及科技兴贸等方面的工作取得了良好的社会效益和经济效益，为西南地区各个区域科技信息服务工作的研究与开展提供了很好的发展空间。

近几年来，西南地区各省科技图书馆在调整科技文献资源布局，优化资源采购和利用结构等方面，探索了一条行之有效的发展之路，并与西南各个区域内的图书馆和相关本地化的科技服务机构主动合作，不断探索和创新图书馆的馆藏文献咨询增值服务模式，加强图书馆在馆藏文献服务产品的整合和管理。同时，还积极推动翻译服务，引入市场推广机制，加强专职和兼职译员的质量管理，扩大小语种覆盖范围，与国际大公司、国际知名企业都建立了长期稳定的合作关系。

（四）西南地区科技情报机构协作方面

近年来西南地区各省科技情报学会纷纷承办国家和地方组织的各类学术论坛、发展论坛等，这些论坛的范围内容广、规模大、层次高、国际代表性强。每次论坛都有多个国家和地区的代表及部委领导、院士、国家级专家、企业高层管理者等汇聚西南地区各个区域，对推进西南地区各个区域信息化建设，促进西南地区经济社会发展，发挥巨大作用并产生深远影响，也充分展示了西南区域信息化建设的新成就，加强与国内外各地区的交流与合作。

有关资料显示，自 2001 年以来到现在，重庆市科技信息研究所和重庆市科技情报学会每年都相互协办各类专题研讨会和专题论坛，参加者不仅有主管部门领导和著名专家学者，还有业内著名企业的高层，有来自美国、法国、德国、日本、韩国等国家和台湾、香港等地区的代表，在不同的论坛上参会的专家和各级领导们纷纷对信息时代的经济发展需求及重要性等方面进行了广泛深入的研讨。每次论坛的成功召开都对推动重庆市乃至整个西南地区的社会经济、文化、教育、科学事业全面发展与建设产生深远的影响。

西南地区各省（直辖市、自治州）政府和各个区域科学技术信息研究机构为落实“国家科技发展规划、加强高新技术产业化建设”和党的十七大会议指出“加强西部大开发战略、加强公共文化服务体系建设与中越两国提出的‘两廊一圈’区域经济发展规划”的战略任务。云南、广西、贵州、重庆、四川联合提出了出海大通道建设规划以及“9 + 2”泛珠合作规划等战略决策。先后与中央机构和地方 31 个省、自治区、直辖市合作，承办国家西部大开发建设、西南边疆建设、南亚共同发展等国家重要战略会议。各个会议期间，国内外的与会单位代表围绕为科技创新服务、为西南地区经济建设服务这一主题，坚持以科技情报服务为主业，加强信息资源、科技信息服务平台和人才队伍建设，坚持资源建设与开发利用并重，科技信息服务速度、质量与效益相统一；重点为科技管理等政府部门服务，为创新体系的各类主体服务；同时对积极探索体制改革的有效途径和措施，促进管理模式和服务模式的创新等进行了广泛的交流和讨论，通过并修订了西南地区各个省（直辖市、自治州）经济建设的相关章程和保障办法。这些战略性会议的召开，对于探讨新形势下西南地区各个省（直辖市、自治州）政府和各个区域科学技术信息研究机构改革与发展的新思路、新理念、新举措，加强各个机构的合作与交流产生了积极的推动作用。

（五）西南地区科技情报工作的发展思路

西南科技情报所在信息资源建设与服务、业务拓展、内部管理、运行机制改革等方面都取得了较大的进展，成为西南地区规模最大、资料最全、信息最新、最具权威性的科技情报（信息）收藏与服务中心，成为西南地区社会经济发展、企业技术开发和创新的重要咨询部门，科技信息服务工作初具规模，服务能力显著提升，绩效逐步显现。但必须清醒地看到，西南科技情报事业的发展与发达省份水平相比仍有很大差距，因此，必须科学发展、加快发展、跨越发展，才能逐步缩小差距，必须学习和借鉴外省情报所的做法和经验，结合西南地区实际，来研究制定西南科技情报工作发展的对策，加快西南科技情报事业的发展。

1. 加快科技文献信息资源建设，为西南经济建设提供有力的保障

科技文献信息资源如何为增强自主创新能力、提高科技竞争力服务，是西南科技情报所在未来发展中必须把握的机遇和挑战。要加快科技文献信息资源建设，就必须全力推进西南地区科技文献共享与服务平台建设，进一步改造和完善平台的软硬件系统，开展网络信息采集处理系统、科技查新管理等系统的研究开发；健全服务体系，完善平台管理制度和运行机制，加大区域服务节点建设力度，逐步建立“研、学、图”三位一体的科技文献服务联盟；加快建设平台“一站式”服务大厅，形成平台的对外整体形象；加快文献平台的宣传推广与应用，组建专门的平台推广和营销队伍，深入企业、科研院所等发展会员，开展文献信息的综合服务。

2. 探索科技信息服务的新路子，创新科技信息服务方式

要充分利用情报所的资源和人才优势，向高层次的信息服务方面发展，开展特色信息服务，扩大服务效果，提高服务质量，研究和把握信息用户的需求，找准服务的突破口。一是围绕科技经济建设和社会发展的重点、热点和难点问题，收集、加工提炼有参考价值的信息；二是围绕西南各科研所项目的研究方向和领域开展定题、跟踪情报服务；三是围绕企业的生产、经营活动，搜集、分析、加工整理各种市场信息，为企业提供竞争情报服务；四是围绕城乡生产的热点、难点问题开展专题信息服务；五是围绕科技创新和自主创新战略，及时收集、加工处理国内外各种科技战略信息、科技政策信息、科技前沿动态信息，将科技信息服务转变为科技情报服务。通过探索科技信息服务的新路子，创新科技信息服务方式，拓宽服务领域，才能充分发挥科技情报“耳目、尖兵、参谋”作用，为科技工作的科学决策提供有力依据。

3. 坚持以人为本，培养高素质科技情报人才队伍

要坚持以人为本，努力造就一支专业结构合理、学识素质优良、职业道德优秀、勇于开拓创新、适应形势发展的现代化科技情报人才队伍，营造优良的创新环境与文化，培养、吸引和用好人才，充分发挥创新人才在科技发展中的核心作用，优化机制，动员广大科技工作者投身经济建设主战场，推动西南地区科技创新和科技进步。

在制度改革方面，一是实行竞聘上岗，把单位所有部门的中层领导岗位，面向所内全部员工，实行竞聘上岗，选拔一批德才兼备、实绩突出、员工公认的优秀干部，增强全体职工的竞争意识。二是实行目标考核。通过制订和实施《绩效考核办法》，签订《中层干部聘期目标管理责任书》等，激发领导干部的责任感、紧迫感、危机感，提高工作绩效和管理水平。

在管理方法方面，要大力弘扬和倡导“好学、求新、高效”的单位事业文化，不断更新技术知识，充分挖掘专业人员潜力，鼓励广大员工积极参加各种业务培训、学习外语、报读研究生等，掌握新技能，提高服务能力；培养员工们奋发向上、积极进取的精神，激

励员工的成长，使员工争先承担科技项目，积极踊跃晋升正高、副高职称，营造积极学习、勇于创新的良好氛围，激发事业发展的活力和动力，促进人才队伍综合素质的提高。

4. 扩大省际间和区域间科技情报的交流与合作

加强科技情报学术会议和科技情报刊物的交流与合作，加强与科研所（站）、大专院校及其他相关部门的联系与合作，提高科技情报研究的科学性、有效性、专业性。通过签订交流协议和互访等途径，积极开展与省外发达地区科技情报部门及相关高校的联系与交流，注重人员的培训和人才的引进，学习先进的情报研究理论、管理模式、业务方向等，提高西南地区科技情报事业的发展水平。

第四节　西南地区图书馆服务延伸建设概况

一、流动图书馆建设

自20世纪80年代起，伴随着社会经济的快速发展，以图书馆、文化馆为代表的文化基础设施建设也步入了快速发展轨道。截至“十一五”期末，西南地区各省基本实现县县有图书馆。但是，由于地方经济发展水平与地方领导对图书馆职能、作用认识上的差异，导致了西南地区各省大部分已建成的图书馆，尤其是县级公共图书馆，藏书、阅读条件等严重不足。有的馆数年甚至数十年未新购进图书，供读者使用的阅览阅读设施陈旧落后的情况比比皆是。基层群众“读书难”的问题没有得到有效解决，人民群众基本文化权利得不到有效保障。

例如以贵州流动图书馆建设为例。自2006年民进贵州省委《关于建立贵州流动图书馆建议》的提案提出引进广东“流动图书馆”的发展模式以来，以政府新增的固定专项经费为依托，以贵州省图书馆为主导，在全省县级图书馆设立流动图书馆分馆，为其补充配备必要的图书文献资源和必要的阅读阅览设施设备。最终形成以先进服务理念为指导，以网络技术为手段，以不断更新的文献资源为依托的覆盖全省的新型图书馆服务网络，并在此基础上，逐步形成辐射到乡村的图书馆服务体系。

此项提案引起贵州省政府高度重视。贵州省政府办公厅于2006年8月18日下发的黔府办函（2006）51号《贵州省人民政府办公厅关于对林树森代省长与省政协部分委员座谈时政协委员所提出的提案进行督办的通知》，其中将“关于建立流动图书馆问题”列入了第八项督办内容。2007年“两会”期间，民进贵州省委再次将此项提案提交，得到了中共贵州省委领导的肯定。王富玉副书记专门批示“此提案很好”，要求“把流动图书馆办得富有成效”，要“狠抓落实”。中共省委办公厅黔党办发（2007）6号《中共贵州省委办公厅关于转办省政协重点提案的通知》明确省文化厅为贵州流动图书馆主要承办单位，省委宣传部、省财政厅、省新闻出版局为协助办理单位。

在民进贵州省委的建议和督促下，在贵州省委、省政府及相关部门的重视和支持下，尤其是2008年在省财政划拨出100万元专项经费的保障下，贵州流动图书馆项目得以顺利启动。经主、协办单位协商和对该项目规划的设计，当年完成了施秉、惠水、福泉、锦屏及贵阳白云区流动图书馆的试点建设工作。5个贵州流动图书馆合计投入图书经费60万元，阅览设施设备配置30万元，保证了各流动图书馆5 000余册图书和必要阅览阅读的设施配备。

贵州省流动图书馆建成并实现对公众开放服务后，由于所配备的图书文献经贵州省图书馆专家的精心挑选，其类目完善、针对性强，非常适合于广大基层群众的阅读，深受广大基层群众的欢迎和喜爱，吸引了大批读者到馆阅读，致使这些过去由于购书经费严重缺乏的县级公共图书馆，一改往日无人问津、无所事事的局面，成为门庭若市，广大读者流连忘返，阅读热烈的场面。在一年内5个流动图书馆接待各类读者达数万人次。贵州省流动图书馆的建立，缓解了基层群众的“读书难”问题，满足了群众对知识的渴望，产生了良好的社会效益。贵州省流动图书馆建成后，《中国文化报》等全国多家媒体进行了报道，由此在全国尤其是西部地区产生了强烈的反响和重要社会影响。但是，该省财政2008年划拨100万元建设贵州省流动图书馆启动经费，5个贵州流动图书馆建成后，2009年就停止了贵州省流动图书馆专项经费的下拨，这不仅导致了这项工作不能进一步深化和拓展，还造成已建成的几个流动图书馆既没有新书补充，又没能使现有各流动图书馆之间进行图书流动，只能依靠仅有的几千册图书维持局面。

二、社区图书馆建设

（一）西南地区社区图书馆现状

从2001年开始，我国许多城市将社区图书馆建设作为政府文化建设工作的一项重要内容。社区图书馆也如雨后春笋般在全国各地迅速发展起来。2003年7月民政部、中央文明办联合发起“万家社区图书室援建活动”，到2013年12月为止，共援建社区图书室5.7万个。四川省2013—2004年12个月共建设了600多个社区公共文化活动中心，其中2008—2013年建设100多个，并下设若干个信息苑，与社区图书馆合并。同期，国内外社会力量援建了大批基层图书馆、中小学图书馆、农民工子女图书馆公益或爱心图书馆。[①]

成都图书馆自2005年起开始在区、县、街道（乡镇）设立分馆，向区内居民正式开放，到2010年底成都城市社区图书馆建设达到100%覆盖，有图书馆、文化站的村达65.1%。重庆到2012年社区图书馆已覆盖市区的所有社区。贵阳2013年底达标社区图书馆已达500多家，建成共享工程基层网点200多个；截至2013年12月云南省的大中型城市90%以上的居委会建立了社区图书馆；截至2013年12月广西南宁市90%以上社区都拥有了图书室，其他西南地区各地市县随着社区图书馆建设进程的加快和社区图书馆援建活动的开展，社区图书馆也得到一定的普及和发展。但是，西南地区社区图书馆分布状况极不平衡，社区图书馆受经济发展状况因素的影响较大。[②]

例如，到目前为止我国的公共图书馆建设滞后，特别是社区图书馆、县级图书馆、乡镇等各级各类公共图书馆与国外还存在很大差距。我国图书馆界专家于良芝教授、吴慰慈

① 该节内容为课题阶段性成果．西南地区公共图书馆的评估与思考［J］．现代情报，2010（11）：25－27

② 王荣，崔宜庆．我国社区和乡镇图书馆近况与对策［EB/OL］．［2013－12－30］．http：//www. google. com

教授认为，这些差距主要是在各级政府对图书馆的认识还不够全面，由于城乡差别较大使各级图书馆分布不均衡、布局不合理、基层图书馆资源贫乏等。据《2013 中国文化文物统计年鉴》有关数据显示，到 2012 年底我国累计发放有效证件的人数为 20 195 175 个，约占总人数的 2%，而发达国家则达到 60%，这说明我国公共图书馆还存在小众化、精英化的弊端。另外，我国平均每 45.8 万人口才拥有一个公共图书馆；人均拥有 0.46 册。从可度量和专业角度，国际衡量图书馆事业发展水平有两个主要指标：一是平均一座图书馆的服务人口数；二是一座城市的人均公共藏书量。根据国际图联 20 世纪 70 年代颁布的标准，每 5 万人应有一座公共图书馆，人均拥有藏书最少 3 册，一座图书馆服务辐射半径通行标准为 4 公里。[①] 到目前为止，深圳市已基本实现了每 15 万常住人口拥有一座公共图书馆，每 1.5 万常住人口拥有一个社区图书馆（室），实现全市常住人口人均 2 册（件）、户籍人口人均 6 册（件）的藏书指标，并实现全市公共图书馆之间的文献信息资源互补与共享。调查资料显示，到 2012 年 12 月为止，四川省全省常住人口有 8 750 万人（最后一次全国人口普查数据）、公共图书馆有 188 个，约 54.35 万人拥有 1 个公共馆，2012 年人均拥有 0.32 册藏书；2012 年末贵州省常住人口有 3 793 万人（最后一次全国人口普查数据）、全省公共图书馆有 93 个，约 40.78 万人拥有 1 个图书馆，2012 年人均拥有 0.23 册藏书；到 2012 年云南省常住人口有 4 543 万人（最后一次全国人口普查数据）、全省公共图书馆有 150 个，约 30.29 万人拥有 1 个图书馆，2012 年人均拥有 0.34 册藏书；等等。[②] 以上这些数据显示我国无论是发达地区还是欠发达的西南地区公共图书馆的人均分布情况都远远低于国际图联 20 世纪 70 年代颁布的标准。同时以行政区划来确定馆的建设规模，如省、地、县级公共图书馆，每个行政区划都建一个与行政区划相当的图书馆，不管服务人口多少，造成服务资源的不均等化，有的资源不够用而有的资源却闲置。如表 3－42 所示。

表 3－42　西南地区人均拥有公共图书馆和藏书情况

地区	人口数（万）	机构数（个）	总藏量（千册）	万人／1 所	人均（册）
四川	8 750	188	25 991.18	54.35	0.32
贵州	3 793	93	8 120.57	40.78	0.23
云南	4 543	150	15 659.98	30.29	0.34

备注：根据 2011 年《中国图书馆年鉴》594～655 数据统计制表

由于没有具体标准可供参考，各自为政，造成很多县级图书馆在建设和管理中概念不清，为了积极争取政府投入和办好图书馆，不断咨询相关问题。各级图书馆对于什么是合格，什么是不合格没有明确的标准。有的布局既不合理也不科学。有的地区人口密集却只有一所图书馆，有的地区人口很少却也有一所图书馆。如图书馆应该建多大面积、配备多少藏书和多少工作人员、政府应该拨付多少经费等之类问题，只能参照评估标准来答复，但是评估标准不等于法律法规，它不是各级政府必须执行的标准，显得很苍白和没有说服力度。与国外公共图书馆相比，缺乏管理的规范性，国外图书馆的管理体制、责任、权利

① 黄小驹．《公共图书馆法》将体现以人为本［N］．中国文化报，2009－2－17（2）

② 该数据来自 2013 年度《中国文化文物统计年鉴》第 74～88 页

非常明确。

在西南地区各个区域内社区图书馆的组建大致分为三种模式：①分馆制，以市馆或区馆为中心馆，下设社区分馆；②大学或企业等与社区共建；③社区自己组建社区图书馆。具体又可分为：①分馆建设模式；②政府建设模式；③物业承办模式；④社区自助模式；⑤个人或企业等独资筹建模式；⑥联合共建模式；⑦网络化建设模式；⑧社区流动图书馆，志愿者图书银行，民营图书馆等。其中，联合办馆是目前西南地区乃至国内外普遍接受的社区图书馆建设模式。

（二）西南地区社区图书馆组建与发展的思路及其途径

西南地区社区图书馆，对西南地区各个城乡而言，是一个全新的概念，是新生事物。目前，我国的社区图书馆总体发展水平不高，组建县（市）城区的西南地区社区图书馆，还没有可借鉴的典型参照，因此，有必要进行西南地区城乡社区图书馆试点，不断摸索和总结经验，逐步推行，直至全面普及。同时，西南地区社区图书馆要时时与各级公共图书馆保持密切协作的关系，做到互为补充，协调发展。

1. 西南地区政府支持与民间融资是创办社区图书馆的有效途径

社区图书馆可以说是办在民众家门口的图书馆，如何保持它的可持续发展劲头，探索出一条具有中国特色的可持续发展之路，是当前问题的关键。笔者认同王荔的观点，县（市）社区图书馆的建设必须将之纳入到城市建设的轨道上来，把它列入地方和社会发展规划中去，制定建设及达标标准。比如对多大规模的城乡社区必须建立西南地区社区图书馆，必须有所在区域政府的重视和政策支持，保障西南地区社区图书馆的运行经费、设备设施、人员服务等基本要素的规定，西南地区各级公共图书馆负责技术上的指导和人员的培训，制定和完善西南地区社区图书馆内部规章制度等。西南地区各级政府的主要职责就是通过规划、资金的支持和严格的宏观控制与管理进行引导，政府应每年给予一定的发展资金，帮助社区图书馆不断完善服务配套设施并每年增加一定量的新书。同时西南地区社区图书馆也要扩大自治的能力，建立科学的筹资机制，规定筹资的合理比例，充分整合区域内各类社区机关、社会团体、企事业单位的资源，建立多元化投资体系，从而使社区图书馆运行经费有一个最基本的保证。

2. 多渠道共办共建西南地区社区图书馆

场地是西南地区社区图书馆组建的基本条件之一，各级政府行为是其重要保障。政府部门可根据城区发展的总体状况及人口分布情况，分别在驻地的东西南北中等地设立社区图书馆。各级政府部门一旦选定在某一地域组建社区图书馆，该地域范围的企事业单位，应同心同德，全力支持，做到有钱的出钱，有物的出物，有人的出人。向社会融资，开展有偿服务，是社区图书馆经费来源的一个重要渠道。调动社区民众参与图书馆的建设，鼓励和动员那些资源拥有者参与社区公共事务，如将自己收藏的图书捐给图书馆，义务参与图书馆的管理，通过休闲、培训和咨询服务等收取一定的服务费等，都是发展西南地区社区图书馆的有效途径。[①]

---

① 冯长美. 社区图书馆建设探讨［J］. 图书馆学刊，2005（4）：34－35

3. 合理选配西南地区社区图书馆管理人员

选配业务骨干时，以不增加政府机构人员编制为前提，根据需要，一个社区图书馆配备3~5人为宜。应从公布的该社区单位的范围抽调，把那些文化水平高，业务素质全面，责任心强，热爱社区图书馆工作的人员调进社区图书馆工作，也可聘用下岗职工，或离退休人员，他们的业务辅导和管理隶属于西南地区城乡社区图书馆。

4. 加强馆际合作，促进图书流通

西南地区社区图书馆是面对各个社区及西南社会全面开放的图书馆，采取无偿服务，仅靠自己购买的书、报、期刊等，还不能满足广大居民的需要，因此，有必要与西南地区各类图书馆密切合作，互通有无，资源共享，使更多的图书进入流通。西南地区各类公共图书馆可以在社区通过各种关系开办分馆，图书馆将馆藏图书、工作人员以及工作设施分出一部分建立社区分馆，或定期、定点、定时将图书送到社区图书馆，也可赠送一部分图书充实社区图书馆。这样既保证了办馆所需条件的适应性、合理性、科学性和针对性，也使得社区各项工作在短期内步入正轨。

社区分馆是社区文化建设的重要组成部分，它能够发挥西南地区各类图书馆难以发挥的作用，解决了西南地区各类图书馆辅助面窄的问题。因此建立西南地区城乡社区图书馆是十分必要的。社区图书馆规模小、灵活方便，容易形成自己的特色。又因为在居民身边，容易听取居民意见，随时调整服务，使西南地区各类图书馆的利用率提高。

5. 立足社区发展，凸现社区文化，并使之多姿多彩

如果社区发展是一种有目标、有计划引导社会变迁的行动过程，社区图书馆与之组成的社区文化则是经济发展和社会进步的加速器。由于社区成员的经济生活水平和文化背景不尽相同，所以，生活方式、娱乐时尚和要求呈现出多样性，因此，西南地区城乡社区图书馆要融合或包容多种方式方法，可综合多样，雅俗共赏。[①] 应多在以下方面投入精力，如图书借阅、宽带上网、阅读交流、琴棋书画、图书推荐、信息公布、网上查询、举办讲座、建立读者档案等等。

社区居民知识面广，需求多样，要想提升西南地区城乡社区图书馆的价值，就必须满足他们的阅读需求，即从文献单元向信息单元和知识单元转化。在任何一个阶段，西南地区各类图书馆服务都必须与用户的需求相适应，才能促进用户对图书馆的利用。图书采集要针对读者需求购进，图书分类编目后，要设立新书阅览室，做到像商店卖东西一样方便读者。根据用户素质调整和做好自己的服务，积极适应信息社会中读者对西南地区图书馆的利用需求，在社会公众面前经营好自己的形象，要在自身的特色上下工夫，找准西南地区图书馆自身的特点并经营好自身的特色“产品”[②]。

社区图书馆在共建共办的发展阶段，不能贪多求全，面面俱到，必须突出西南地区区域性特点，筛选活动内容，优化活动方案，宣扬正气，抨击不良现象。不仅在潜移默化中宣传政策法规，树立典型，还要使西南地区社区图书馆成为知识与力量的源泉，成为社区

① 戴卓萍．社区图书馆的文献资源建设［J］．图书馆建设，2005（8）：23－25

② 顾汉新．社区文化的再认识［N］．中国文化报，1997

内一道亮丽的风景。社区图书馆达到繁荣发展时期，社区文化的形式与内容不再只是广场、露天和户外，也不只是扭秧歌、唱歌、跳舞和汇演。同时，还有宽敞明亮的阅览室，排排整体的新书架，红红火火的服务台；也还有书友们的阅读交流，棋友们的精彩对弈，画友们的泼墨挥毫；引人入胜的讲座，及时的新书推荐和信息发布等。文化生活生动活泼，异彩纷呈，西南地区各类社区图书馆将大大受到居民们的欢迎。

6. 加强对西南地区各类文献资料的收集、保管与管理工作

社区图书馆藏书量一般以1万~2万册为宜，主要以科普、文艺、生活和娱乐类图书为主，适当订阅一些期刊和报纸，并不断征求居民的意见，扩大知识面和需求面。采购图书时应将计划报县市级以上图书馆，进行总体统筹，避免复本图书过多造成浪费。本着简便、实用、节省的原则，有计划地进行开支。同时，要把一些过期期刊、报纸等及时进行整理，以备查用。管理部门要定期进行检查，给予指导和帮助，督促社区图书馆各项工作的开展。

三、农家书屋建设

一个国家的国民阅读水平标志着一个国家社会发展的文明程度。我国是农业大国，农民占了人口的大多数。农村地区良好文化环境的形成，广大农民群众良好阅读习惯的养成和整体文化素质的提高，对于中国文化大发展、大繁荣将起着至关重要的作用。

2012年全国新闻出版工作会议显示，从2007年3月在全国64万个行政村范围内开展实施农家书屋建设计划，截至2011年底，全国累计建成农家书屋50.5万家，已覆盖84%的行政村。2012年已建成并覆盖全国各个行政村，使每个行政村都拥有图书室，直接让农村受益。

（一）广西壮族自治区农家书屋服务概况

广西农家书屋建设自2006年6月启动到2013年中期，共建成6 314个，惠及近1 500万人口，覆盖全区44%的行政村。

根据新闻报道，柳州市自2007年启动“农家书屋”建设以来，目前已建成“农家书屋”1 147家。下一步，柳州市将对管理成熟、读者较多的“农家书屋”实行社会托管，通过建立社会捐赠机制，保障图书补充、更新，建立和完善农村书屋长效运行机制。

据广西日报数字报刊显示，截至2013年底，广西荔浦县共建123个“农味”十足的农家书屋，为农民提供了大量的农业科技文化信息，推动了当地的经济发展。

桂林生活网—桂林日报讯，桂林市2013年初已经有1 563个农家书屋，且已经成为农民的文化加油站。

2011年底广西东兴市东兴镇已经完成了对该镇14个村农家书屋的设备采购和安装工作，成为农民学习农业知识和文化知识的新阵地。

（二）云南省农家书屋服务概况

据云南新闻出版局党组书记、局长杨文虎说，到2013年底，云南省农家书屋已建成11 933个，覆盖该省85.3%的行政村，3 504万农村人口享受到文化服务。玉溪、迪庆、

怒江、保山、德宏、丽江、西双版纳7个州市以及25个边境县、3个藏区实现了全覆盖。而卫星数字农家书屋把文化、科技与民心工程相结合，必然能够让越来越多的农民从高科技、高便利的模式中轻松快捷地享受到丰富实用的文化产品，极大地提升了出版物在农村地区的覆盖。

中国卫通集团航天数字传媒有限公司总经理卓超表示，云南是卫星数字农家书屋工程率先服务的少数民族聚居省份之一。云南在建立“农村党员书屋”、“国门书屋”、“手拉手红领巾书屋”等一系列新颖的书屋形式上，积极探索符合云南特色的农家书屋长效发展模式，而“卫星数字农家书屋”将为云南广大人民群众提供更为便捷、更加及时的现代化信息服务手段，对普及和提升出版物在农村地区的传播能力、丰富广大农民朋友的文化娱乐生活、缩小城乡知识鸿沟具有重大意义。

云南有行政村13 994个，除去已建成书屋的6 606个村和2010年完成书屋建设的5 327个村，目前尚有2 061个行政村没有书屋，剩余的这些村在2011年6月底全部完成书屋建设。2011年8月30日，绥江县32个行政村、3个社区农家书屋建设全面完成，成为昭通市11个县区第一个实现行政村农家书屋全覆盖的县。切实缓解了该县农民买书难、看书难、借书难的问题。据中华读书报报道，云南昌宁县百分之百行政村“农家书屋”全部建设完成，每个“农家书屋”配备图书1 225种，1 500多册；音像制品100种，194张（盘）；报刊20余种。

（三）四川省农家书屋服务概况

四川省自2006年农家书屋工程建设试点以来，已建成农家书屋22 300个，覆盖近50%的行政村。到2012年9月底前，四川省实现行政村农家书屋100%全覆盖，为此该省已经完成8 000多个农家书屋建设。

2011年12月初，“四川农家书屋”已落户到四川省合江县佛荫镇8个行政村，12月底前，第一批图书已经全部编号上架，共约12 300多册，于2012年1月份正式对外开放，供百姓日常借阅。截至2012年2月底，此8个村的农家书屋共有借阅记录260多条，涉及图书300余册。在政经、文化、科技、生活、少儿五大类书籍中，科技类借阅明显走俏。

四川省2012年农民读书节于2011年12月2日在四川泸州市泸县兆雅镇文化广场启动。截至2011年10月，四川泸州纳溪区已建成农家书屋176个，实现农家书屋村村全覆盖，提前4年完成全区农家书屋工程建设任务。此外，宜宾筠连县243个行政村已经村村有农家书屋对群众开放，广安邻水县已经实现了522个村（社区）“一村一室”和“一人一册”的目标。

据阿坝州文化网2012年2月刊载，在四川省新闻出版局的大力支持和关心下，阿坝州农家书屋建设工程取得了一定的成绩，建设任务稳步推进，农家书屋全面覆盖阿坝州，基本实现了“一村一室”的目标。阿坝州农家书屋工程建设自2007年开始，在省新闻出版局的大力支持和各县的共同努力下，经过4年大规模建设，目前已经建成农家书屋1 354个，覆盖了全州行政村，投入资金2 708万元，其中2007年建设64个、2008年建设338个、2009年建设325个、2010年建设400个、2011年建设227个。其中马尔康县105个、金川县108个、小金县134个、阿坝县83个、若尔盖县95个、红原县35个、壤塘县60个、汶川县118个、理县81个、茂县149个、松潘县142个、九寨沟县120个、黑水县124个。

（四）重庆市农家书屋服务概况

截至2011年底，重庆市共建成农家书屋9699个、书屋外借点29 047个，比全国提前一年实现全覆盖。重庆市自2007年启动农家书屋工程以来，各级政府狠抓落实，并深入农村调查，了解农民的读书需求，由此策划出版了“农村实用知识丛书”近300种、“进城务工实用知识与技能丛书”150种，深受广大群众的喜爱。丰都县在财政紧张的情况下，开展农家书屋共建，将建设任务分到每个部门，通过开源节流支持农家书屋建设，确保了每个农家书屋有“3个书柜、6套桌椅”。沙坪坝区现有86个行政村和119个社区，2011年已全面完成农家书屋建设任务，覆盖率达100%。自2008年以来，沙坪坝区累计为86个行政村和119个社区配送图书20余万册，总投入达358万元。

近年来，中央财政向重庆市投入资金1.55亿元，市财政投入配套资金2 495万元，共建成农家书屋5 400个、书屋外借点16 150个，配送图书1 287万余册、报刊12万余份、音像制品和电子出版物129万余张，标牌5 400个、制度牌27 000个、新华书店代销点牌4 000个、灭火器5 400个、“五簿一册”4 000套。每个书屋配送图书高于全国1 500册的要求达2 000余册，音像制品和电子出版物高于全国100张的要求达200余张，报刊20余种。同时，重庆还在全国首创“一带三”配置模式，为每个农家书屋增设三个外借点，每个点配送500元图书200余册。

另外，巴南区实施“背篼书屋工程”，还组织47名大学生村官成立“背篼书屋”，利用假期以及闲暇时间将农家百姓喜欢的书装在背篼里，送到老百姓的家中，受到了农家百姓的一致好评。选送的书籍包括通俗演义、种植养殖技术和儿童教辅课外读物。因此农家书屋成为了农民的精神家园以及农村儿童特别是留守儿童的欢乐屋。在忠县忠州镇九莽村，过去的村民习惯打牌赌博，有了农家书屋后，农闲以及过年过节都聚集在农家书屋看书聊天，并且积极参加书屋举办的各类活动，书屋经常有人在专心致志地看书，总体呈现出一派欣欣向荣的景象。

（五）贵州省农家书屋服务概况

近年来，西南地区认真贯彻中共中央办公厅、国务院办公厅《关于进一步加强农村文化建设的决定》精神，以新农村建设为切入点，将农村书屋建设作为农村文化建设的一项重要内容。贵州省农家书屋工程建设工作自2005年开始以来，从试点到全面铺开，由农家书屋到数字农家书屋发展，2007年进入全面实施，截至2011年底，该省已累计建成农家书屋15 615个，共配送图书2 890万余册，音像制品156万余张，报刊32万余份，覆盖了该省80%以上的行政村。在此基础上，到2012年，农家书屋将覆盖贵州省所有行政村，这也是该省农家书屋最后一批建设点，届时将实现该省行政村农家书屋全覆盖。各地区建设数量见图3-2所示。

为探索农村公共文化服务体系的新模式，解决图书的后续补充问题，该省着手数字农家书屋试点，将贵州数字图书馆资源引入农家书屋，有效解决农家书屋图书后续补给不足的问题，并为具备通信条件的已建农家书屋点配备计算机、打印机等设备，让农户能够网上阅读、下载和打印图书文档。数字农家书屋于2010年在贵阳市、遵义市、黔西南州开始

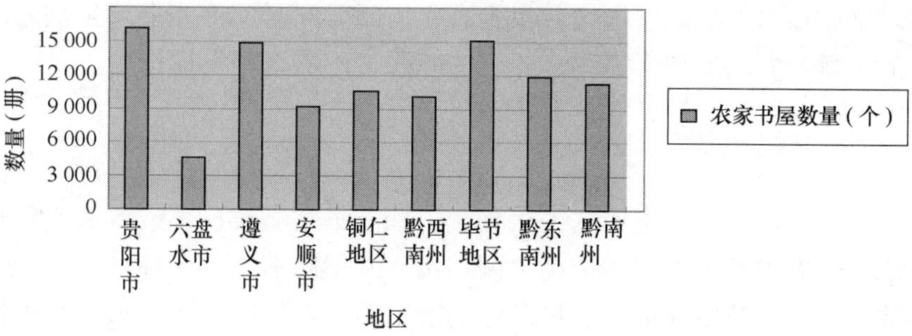

图 3-2　2005—2012 年贵州农家书屋分布情况

试点，共建数字农家书屋 200 个（贵阳市 80 个点，遵义市 70 个点，黔西南州 50 个点）。每个数字农家书屋点配备有装入 1 万册图书的电脑一套，配置激光打印机一台。目前已在贵阳、遵义、黔西南三地建设“数字农家书屋”200 个，运行效果良好。截至目前，该省共建成农家书屋 7 161 个，约占该省 1.96 万个行政村的 36.5%。2011 年新建 3 654 个农家书屋，500 个数字农家书屋已列入贵州省十大民生工程内容。例如，安顺市到目前为止，已建有 15 个“农家书屋”，其中西秀区 3 个、平坝县 2 个、普定县 2 个、镇宁县 2 个、关岭县 2 个、紫云县 2 个、开发区 1 个、黄果树管委会 1 个，按省新闻出版局的要求，在 2012 年底完成 300 个村级“农家书屋”的选点工作。

在调查的几个乡镇和村寨中，普定县白岩镇建有 2 个农家书屋，其中 1 个设在农村旅游示范点——讲义村。讲义村的农村书屋建设比较完善，在村委会办公楼开辟专门的图书室，有种植、养殖、医药、卫生等各类图书几千册，由村委会成员协助管理。

西秀区罗仙村拥有独立的图书室一个，有种植、养殖、医药、卫生等各类图书几千册，由村委会成员协助管理。平坝县黄土桥村投入 4 万元建设农村书屋，在村委会办公楼二楼建立图书室一个，在操场旁建小图书室一个。省市及县各级配有各种图书几千册，由村委会成员协助管理。关岭县顶云乡在 2007 年曾上报三个村成立农家书屋，但到现在仍未落实，因此现在仍无一处农家书屋。

贵州遵义红花岗区“农家书屋”已全部覆盖了全区 7 个镇 8 个街道办的 73 个村（居委会），老城办、插旗山、舟水桥 3 个街道居委会，建成了 39 家数字农家书屋，共计图书 29 160 册，接待 3 000 多人次。且该区的农家书屋制定了相应的农家书屋规章制度，包括管理制度、借阅制度、服务公约和读者须知等。做到了农家书屋的规范化管理和服务。

在调查中了解到，到农村书屋看书和借书的农民很少，到农村书屋来看书和借书的多为在校读书的学生。他们除了看一些文学性和知识性的书籍之外，更多的是借阅课程参考书。

在农村还有相当一部分人，对农家书屋的了解不够。主要体现在一方面对书的内容选择方面比较盲目，不会根据需要选书；另一方面是当前随着劳务市场的扩大，农村具有一定文化知识的年轻人基本都外出务工，留守的大都是文化水平非常低甚至是文盲的老年人，这些人根本不进书屋。第三是农村大部分家庭经济水平低，整天忙于从事解决基本生活的具体事务，无进书屋的时间和精力。以上情况导致图书的借阅率相对较低，使用情况不乐观。许多书放在书架上成了摆设，很少有人借阅。同时，许多书籍是从各个部门配发下来的，有的书籍与农民的现实需要有一定的差距，不能很好发挥作用。

四、农村图书馆建设

在我国，一直沿用农村图书馆这一名称，一些图书馆学教科书或专著也曾用基层图书馆这一名称来涵盖农村图书馆和城市街道图书馆。基层图书馆这一称谓实际上是个泛指概念，只能表述它是图书馆事业中属于最底层的图书馆。农村图书馆、城市街道图书馆以及乡镇图书馆、城乡社区图书馆，他们都是基层图书馆“家族”中的一员。

黄宗忠在《图书馆学导论》里认为农村图书馆（室）是直接为农民服务的图书馆（室）。其主要任务是为农民服务，为生产服务。它通过借阅书刊等活动，对农民进行政治思想教育，普及科学文化知识，活跃农村的文化生活，发展农村的生产，是图书馆在城乡的延伸和发展。

（一）农村图书馆的作用

图书馆是农村“科教兴国”、“科技兴农”的教育阵地，是精神文明的“导航台”和经济发展的“指导站”。建设农村图书馆是时代发展的需要，是实现“科教兴国”、“科技兴农”战略的需要。农村图书馆事业作为中国图书馆事业的重要构成，是社会主义文化事业的一部分。关注和研究新时期的农村图书馆问题，体现着图书馆人的使命感和荣誉感。

我国至今有9亿人口生活在农村，约占全国总人口的69%，他们构成了世界上规模最大的农村教育群体。从目前来看，国家的九年义务教育制度还不能满足农民实现自我发展的需要，而农村社区图书馆的建立，则能很好地解决这一问题。它可以突破时间和空间的限制，把学习和培训贯穿人们的一生，让村民从多种资源中获得知识和技能，帮助他们发展经济，提高自身的综合素质，并与整个社会和谐发展。因此，农村图书馆的作用具体表现有三个方面的内容：①舆论、宣传、政治导向，促进农村法治制度和民主自治制度的建设；②全面建设小康社会的基地教育作用；③信息传递，促进农民知识的更新和创新。

（二）农村图书馆的重要性

图书馆作为文化教育的职能机构，作为最广泛人群终身教育的最理想场所，是构建现代化农村建设的重要环节和组成部分。现代化农村建设，离不开科技信息资源和先进的生产技术。而科技信息的有效利用与传播，又离不开图书资料信息工作。农村图书馆的建设是农村现代化建设的客观要求。农村图书馆的重要性主要有四个方面的内容：①农村图书馆是现代化农村建设信息服务的资源中心；②农村图书馆是推动现代化农村经济建设的重要工具；③农村图书馆是促进农村法制文明和精神文明建设的重要途径；④农村图书馆是加快城乡文化融合的有效动力。

（三）典型案例——云南省腾冲和顺图书馆

和顺图书馆建于1928年，是本乡旅缅华侨为振兴家乡文化教育而捐资创办的乡村图书馆。1980年，纳入公共图书馆建制。现有藏书8万余册，分藏古籍、民国、现代三个书库，典藏文献图书较为丰富。

1919年，受五四新文化运动的影响，和顺在海内外的进步青年于1924年成立了先进组织“崇新会”，他们创办刊物、抨击时弊、反对封建。崇新会会员在乡设立了“阅书报社”。1928年，崇新会将“阅书报社”扩建为图书馆，并将馆址迁移到“咸新社”内（即现在的馆址），本乡举人张砺先生书写“和顺图书馆”匾额悬挂。

1938年，建成一幢五开间中西合璧式主馆屋和一座中门，编成《和顺图书馆十周年纪念刊》一册，名人学者胡适题书二门匾额，王云五、熊庆来、龚自知、李根源、李曰垓、周钟岳、李石曾、张邦翰等题诗、题词。其中有张天放先生题的“在中国乡村文化界堪称第一”。艾思奇亦从延安远道寄来信件及中共领袖像以示关怀。20世纪80年代初，全国人大副委员长廖承志为该馆题赠匾额。1988年，举行建馆60周年庆典，旅缅瓦城云南同乡会、和顺联谊会赠送“文化泉源”大匾，名人学者钱伟长、顾廷龙、郭绍虞、周谷城、楚图南、李希泌等题词祝贺。

1993年，云南省人民政府公布为“重点文物保护单位”。1998年，于主馆屋后面新建藏书楼一座，名“藏珍楼”。1999年，在各级政府的关怀下，将文昌宫、土主庙、三元宫所有权划归图书馆，使馆址规模扩大到5 500多平方米。2003年9月，中国侨联命名为“爱国主义教育基地”。2004年3月，云南省委、省政府命名为“爱国主义教育基地”。2006年6月，国务院公布为“全国重点文物保护单位”。

和顺图书馆第一任馆长是教育家李启慈先生。第二任馆长是艾思奇长兄李生庄先生。第三任馆长是先后任益群中学首任校长、云南大学副校长的寸树声先生，继任者俱为乡中后起之秀。和顺图书馆位于侨乡和顺风景如画的双虹桥畔，占地1 392平方米，建筑物由大门、中门、花园、馆舍主楼、藏书楼等组成，为一中西合璧式的建筑群。大门为清光绪年间所建汉景殿的牌楼式大门，门额悬和顺清代举人张砺书“和顺图书馆”匾额，蓝底白字，十分醒目。步入大门，登石级而上，至西式造型的平顶拱形中门，门额悬胡适先生题书馆名。中门内为花园，园内花木扶疏，布局典雅。穿过花园即达馆舍主楼，主楼为二层五开间木结构楼房，正面两侧突出两个半六角亭，建筑立面玲珑别致，门窗造型西式设计，建筑结构新颖，气宇轩昂。主楼后为藏书楼。在和顺乡，你可以看到，那些白天在田地里劳作的农民，晚上会来到图书馆的灯下读书，看到年轻人在电子阅览室里上网。这就是中国乡村第一图书馆。

第四章　西南地区图书馆服务体系建设的现状与分析

近年来，在广西壮族自治区、重庆直辖市、四川省、贵州省、云南省（简称“西南地区”后文相同）各级政府的重视下，加大了对公共图书馆的投入建设和各种重要举措，使西南地区公共图书馆的基础设施和办馆条件得到明显改善，尤其是在国家财政支持下“全国文化信息资源共享工程、送书下乡工程、两馆建设、乡镇综合文化站建设、农家书屋建设工程”等文化工程的实施在很大程度上激活了西南地区图书馆的各项业务工作。这主要表现为西南地区图书馆办馆条件有较大改善，馆舍建筑面积得到较快增长，经费补助基本得到落实，有些地方还有大幅度增长，队伍建设得到加强，专业人员普遍增加，现代化技术装备从无到有，藏书总量有较大幅度的增长，基础业务建设普遍加强，读者服务工作有新突破。许多由于缺乏购书经费、无法正常对公众开放的县图书馆，由此一改往日门庭冷落、无所事事的局面，一下子从传统、落后的手工服务阶段跨进现代的数字图书馆服务阶段，并走在当地数字化、信息化建设的前列①。许多西南地区图书馆不断创新工作思路，克服困难，创造条件，充分利用图书馆各种资源，拓展图书馆服务，把图书馆公益服务触角延伸到农村、社区、军营、学校等基层单位，充分发挥了西南地区图书馆公共文化服务的重要作用。

第一节　西南地区公共图书馆服务体系的现状分析

在2009年我国公共图书馆评估检查中，专家们欣喜发现，文化共享工程、农家书屋工程、乡镇文化站建设等文化工程项目的实施和推进，促使全国基层公共图书馆尤其是县级图书馆肩负起文化共享工程基层服务点、乡镇文化站图书室和农家书屋人员的业务辅导和培训工作。尽管各图书馆在办馆条件、基础业务建设、读者服务工作等方面，各有千秋，甚至差别很大，但在指导基层服务点、文化站、农家书屋建设及业务辅导方面，大多数县级馆都尽其所能，全力以赴地去完成②。例如：贵州省平坝县图书馆对10个共享工程基层服务点和34个农家书屋的工作人员进行业务培训，制定《平坝县农家书屋管理办法》对其实行统一管理，各村图书室定期交换图书。一些被拆迁无馆舍正常开展本馆业务工作的县图书馆，如贵州省镇宁县图书馆、长顺县图书馆、贵阳市乌当区图书馆等都把主要精力和时间投入到对共享工程基层服务点、乡镇文化站、农家书屋人员的指导培训工作中。

---

① 岳云龙．从传统管理到现代治理——事业单位改革的目标取向及路径选择［J］．中国行政管理，2008（4）：55－57

② 陈茹，张秦．论公共图书馆的管理创新［J］．科技情报开发与经济，2008，18（31）：23－24

由此可见，通过对西南地区公共图书馆基本现状的调查以及各项文化工程的实施，说明“服务体系的建设”是公共图书馆建设与发展的核心任务。因此，这里结合课题组调查的资料发现，西南地区公共图书馆服务与管理在运行过程中还不完全适应社会发展的需要，存在一些亟须解决的问题，严重阻碍了西南地区图书馆事业的发展。以下重点就西南地区公共图书馆服务体系建设的现状进行调查，选择最具代表性的西南地区公共图书馆服务体系建设作为案例分析。

2009年、2010年、2011年、2012年、2013年12月课题组成员在西南地区各级文化部门、各级图书馆的帮助和支持下，采用多种手段和方法，对西南地区的各个地（市）、县（市）的社会经济发展情况，以及云南省的150个县级以上的公共图书馆、贵州省的93个县级以上的公共图书馆、四川省的188个县级以上的公共图书馆、重庆市的43个县级以上的公共图书馆、广西壮族自治区的108个县级以上的公共图书馆的基础设施建设、政府支持力度、人才队伍建设、信息资源建设、信息服务工作、共享工程等方面进行了全面调查。调查工作都是通过多次发放调查表法、访谈法、年鉴查询法、网络资源查询法、实地调查、访谈、发放问卷、电话咨询、E－mail信箱、QQ在线等形式开展的。调查过程中得到了西南地区各级公共图书馆的积极配合与支持，提供了大量真实可靠的第一手材料，让本课题组对西南地区公共图书馆各方面的现状有了较全面的了解，对西南地区大部分公共图书馆面临的困境仍然尽最大努力提供优质服务、促进事业发展的精神所感动。这些材料反映出来的数据与官方公布的统计数据在某些指标上有一定出入，但总体发展趋势是一致的。通过对这些材料深入广泛的研究与分析论证，充分认识到制约西南地区公共图书馆发展的主要问题。

课题组从这些调查资料中选取广西壮族自治区、重庆市、云南省、贵州省的部分公共图书馆调查收集数据作为本课题研究的典型代表，再结合西南地区社会经济发展特点及全国公共图书馆建设发展方向，找出西南地区公共图书馆发展中的主要障碍及与其他各省（自治区、直辖市）的差距，试着提出西南地区公共图书馆服务体系的建设目标，以期能得到有关部门的重视，全面推进更加开放、具有鲜明时代特点的西南地区公共图书馆服务体系建设，使西南地区各级公共图书馆得到更快更好的发展，进一步提升西南地区和谐社会的公益服务能力。

一、西南地区公共图书馆服务体系的基本情况分析

西南地区公共图书馆是该区域内公共文化服务体系的重要组成部分，承担着保存西南地区各民族文化遗产、开展社会教育、传播公共知识和信息以及开发智力资源的重要职责。近十多年以来，国家通过实施西部大开发的宏伟战略，加快了西南地区各级图书馆和文化体系建设、文化信息资源共享工程等重大文化项目，使西南地区公共图书馆设施条件不断改善，公共文化产品日益丰富，服务能力有所提高，西南地区社会效益显著增强。但从总体上看，随着西南地区经济社会的快速发展，各族人民精神文化需要日益增长，西南地区公共图书馆事业还存在总量不足、地区发展不平衡、经费严重不足、西南地区公共文化服务资源总量偏少等许多突出问题。那么如何解决这些问题，采取哪些措施来促进西南地区公共图书馆事业进一步健康快速发展是以下所要分析的内容。

（一）西南地区公共图书馆机构与基础设施建设现状

目前，西南地区公共图书馆机构数逐年增加。2010 年，西南地区共有公共图书馆 555 个，比 2009 年增加 13 个（表 4－1）。包括省级、地（市和州）级、县级公共图书馆。按照西南地区行政区划，公共图书馆已基本实现西南地区全覆盖，其中，省级、地市级公共图书馆覆盖率较大于县市级公共图书馆覆盖率。

表 4－1　2009—2010 年西南地区公共图书馆机构数情况表

		广西	重庆	四川	贵州	云南	合计
机构数（个）	2010 年	108	43	161	93	150	555
	2009 年	100	43	156	93	150	542

说明：表 4－1 中该数据来自 2011 年度《中国图书馆年鉴》第 604～605 页

2009—2010 年，在国家财政对全国各个县级图书馆建设的支持下，由中央财政安排专项资金对全国面积未达标的县级图书馆修缮给予资金补助，使其更好地为基层群众提供文化服务。为解决西南地区各个省（直辖市、自治区）级、地（市）级、县（市）级、乡镇（村）级图书设施设备落后等问题，在中央财政资金的带动下，西南地区各级政府也实施了对公共图书馆的建设规划力度，加大投入，从区域内各级财政资金中安排专项基金建设各级公共图书馆及延伸发展项目，使公共图书馆设施状况得到极大改善。2010 年，西南地区每万人公共图书馆房屋建筑面积达到 278.7 平方米，比 2009 年增加 29.2 平方米，增长 11.7%。西南地区平均每万人公共图书馆房屋建筑面积由 2009 年的 249.5 平方米，提高到 2010 年的 278.7 平方米。其中如表 4－2 和表 4－3 所示的西南地区各省公共图书馆房屋建筑面积（千平方米）包括书库面积、阅览室面积、书刊阅览室面积，阅览室面积包括书刊阅览室面积、电子阅览室面积；计算机、电子阅览室终端数、阅览室座席数、书架单层总长度等基础设施情况都有了明显的提高。

表 4－2　2009—2010 年西南地区公共图书馆基础设施建设基本情况表

省（自治区）	公用房屋建筑面积（千平方米）		计算机（台）		电子阅览室终端数（个）		阅览室座席数（千个）		万人建筑面积（平方米）	
	2010 年	2009 年	2010 年	2009 年	2010 年	2009 年	2010 年	2009 年	2010 年	2009 年
广西	256.93	236	4 990	4 445	3 341	2 838	25	23	55.8	48.6
重庆	204.36	166	3 591	2 945	2 179	1 805	14	10	70.8	58.1
四川	338.74	321	5 773	5 625	3 507	3 386	26	26	42.1	39.2
贵州	154.54	155	3 043	2 556	2 107	1 607	12	12	44.5	40.8
云南	300.91	287	5 816	4 677	4 070	3 255	21	20	65.5	62.8
合计							98	91	278.7	249.5

表 4-3　2009—2010 年西南地区公共图书馆基础设施建设基本情况表

省（自治区）	公用房屋建筑面积（千平方米）								书架单层总长度（米）	
	书库面积		阅览室面积		书刊阅览室面积		电子阅览室面积			
	2010 年	2009 年	2010 年	2009 年	2010 年	2009 年	2010 年	2009 年	2010 年	2009 年
广西	72.89	72	71.41	66	53.60	50	14.36	13	290 341	321 010
重庆	48.45	40	49.24	41	34.97	27	10.36	7	132 223	121 163
四川	87.20	85	91.79	89	63.40	63	17.50	16	1 216 263	1 197 982
贵州	36.59	37	42.11	39	31.22	29	7.48	6	156 565	147 085
云南	74.88	72	75.86	71	51.05	47	19.26	18	437 241	425 761

说明：表 4-2、表 4-3 中数据来自 2011 年《中国图书馆年鉴》第 618～619 页和 2010 年《中国图书馆年鉴》第 616～626 页

随着信息技术的广泛应用，西南地区公共图书馆的信息化装备水平显著提升，计算机台数、电子阅览室终端数均大幅增加。2010 年，西南地区公共图书馆共有计算机 23 213 台，比 2009 年增加 2 965 台，增长 14.64%。电子阅览室终端数 15 204 个，比 2009 年增加 2 313 个，增长 17.94%。2010 年，平均西南地区五省（直辖市、自治区）每省公共图书馆共有计算机 4 642.6 台，电子阅览室终端数 3 040.8 个，分别比 2009 年增加 593 台和 462.6 个。

近年来，西南地区公共图书馆电子阅览室建设步伐加快，占阅览室总面积的比重逐年增加。2010 年，西南地区公共图书馆电子阅览室面积共为 68.96 千平方米，比 2009 年增加 8.96 千平方米，增长 14.93%。平均西南地区每省（直辖市、自治区）公共图书馆电子阅览室面积由 2009 年的 12 千平方米，提高到 2010 年的 13.792 千平方米。2010 年的电子阅览室占阅览室总面积的比重从 2009 年的 19.61%，提高到 2009 年的 20.87%。

（二）西南地区公共图书馆资源共建共享现状

近五年以来，随着西南地区各级财政对图书馆购书经费投入的增加，公共图书馆文献资源更加丰富，总藏量和新增藏量逐年增长。2010 年，西南地区公共图书馆总藏量为 78 888.19 千册件（套），比 2009 年增加 3 525.19 千册件（套），增长 4.68%。平均西南地区五省（直辖市、自治区）每省公共图书馆总藏量由 2009 年的 15 072.6 千册件（套），增加到 2010 年的 15 777.638 千册万件（套）。① 2009 年全国人均藏书由 0.44 册，提高到 2010 年的 0.46 册，西南地区。2009 年全国公共图书馆总藏量为 58 521 万册件（套），2010 年为 61 726 万册件（套）。

西南地区各级公共图书馆也更加注重图书更新，新增藏量占总藏量的比重有所提高。然而，2010 年，西南地区公共图书馆新增藏量 2 722.73 千册件（套），比 2009 年却减少了 827.27 千册件（套），减少 30.38%。平均西南地区五省（直辖市、自治区）每省公共图书馆新增藏量由 2009 年的 710 千册件（套），减少到 2010 年的 544.55 千册件（套）。

① 该数据来自 2011 年度《中国图书馆年鉴》第 595～605 页

新增藏量占总藏量的比重从2009年的4.71%减少到2010年的3.45%。如表4-4、表4-5所示公共图书馆资源共建共享基本情况表。

表4-4 2009—2010年西南地区公共图书馆资源共建共享基本情况

省（自治区）	总藏量（万册件）		人均藏书册数（册）		年度新购图书册数（万册）	
	2010年	2009年	2010年	2009年	2010年	2009年
广西	1 881	1 760	0.41	0.36	56	61
重庆	1 031	988	0.36	0.35	52	58
四川	2 595	2 480	0.32	0.30	95	160
贵州	812	800	0.23	0.21	27	24
云南	1 566	1 508	0.34	0.33	43	52

表4-5 2009—2010年西南地区公共图书馆藏量情况表

省（自治区）	总藏量（千册件）		新购藏量（千册）		人均藏书（册）	
	2010年	2009年	2010年	2009年	2010年	2009年
广西	18 808.77	17 597	563.33	607	0.41	0.36
重庆	10 307.69	9 880	515.59	577	0.36	0.35
四川	25 991.18	24 804	948.57	1 604	0.32	0.30
贵州	8 120.57	8 003	265.90	244	0.23	0.21
云南	15 659.98	15 079	429.34	518	0.34	0.33
合计	78 888.19	75 363	2 722.73	3 550		

注：表4-4、表4-5中数据来自2011年《中国图书馆年鉴》第614～619页和2010年《中国图书馆年鉴》第616～626页

（三）西南地区图书馆队伍建设现状

目前，西南地区公共图书馆从业人员数量稳中有升。从表4-6中看到2010年西南地区公共图书馆共有从业人员7 032人，比2009年的从业人员（6 950人）增加82人，增长1.18%。平均来看，西南地区每省（直辖市、自治区）公共图书馆有从业人员12.67人。

从表4-6人员结构来看，西南地区公共图书馆中高级职称人员占从业人员总数的比重逐年提高，西南地区公共图书馆从业人员的整体素质进一步提高。2010年，西南地区公共图书馆从业人员中，中级职称2 186人，高级职称438人，分别比2009年中级职称、高级职称人员情况指标（自2010年《中国图书馆年鉴》的统计公告）减少了47人和3人，分别下降了0.68%和2.2%。中级职称人员比重为31.09%，高级职称人员比重为6.23%。平均来看，2010年平均每个西南地区公共图书馆有中级职称3.94人、高级职称0.79人，分别比2009年增加3.88人和0.48人。

表 4－6　2009—2010 年西南地区公共图书馆从业、职称人员情况

省（自治区）	2010 年			2009 年		
	从业人（人）	高级（人）	中级（人）	从业人（人）	高级（人）	中级（人）
广西	1 509	65	479	1 471	76	455
重庆	854	84	222	805	89	224
四川	1 972	79	532	1 974	83	533
贵州	937	72	231	946	58	224
云南	1 760	138	722	1 754	135	703
合计	7 032	438	2 186	6 950	441	2 139

说明：表 4－6 中数据来自 2011 年度《中国图书馆年鉴》第 614～619 页和 2010 年度《中国图书馆年鉴》第 616～626 页

（四）西南地区图书馆财政经费投入现状

2010 年西南地区各级财政对公共图书馆财政拨款一共达到 54 498 万元，比 2009 年增加 238 万元，增长 0.44%，年均增长 0.22%。2010 年西南地区各级财政对公共图书馆的投入占西南地区公共图书馆总支出的 90.96%，比 2009 年下降 6.51 个百分点。如表 4－7 所示。

表 4－7　2009—2010 年西南地区公共图书馆财政经费投入情况表

省（自治区）	财政拨款（万元）		购书经费支出（万元）		人均购书费（元）		图书馆总支出（万元）		购书经费支出占总支出的比重（%）	
	2010 年	2009 年	2010 年	2009 年	2010 年	2009 年	2010 年	2009 年	2010 年	2009 年
广西	12 191	11 353	1 863	1 697	0.405	0.349	13 369	12 343	13.9	13.8
重庆	7 650	7 268	1 626	1 461	0.564	0.511	9 335	9 123	17.4	16.0
四川	16 955	18 586	2 129	2 145	0.265	0.262	17 841	20 540	11.9	10.4
贵州	5 939	5 383	682	491	0.196	0.129	6 736	6 350	10.1	7.7
云南	11 763	11 670	1 700	1 605	0.370	0.351	12 632	15 896	13.5	10.1

说明：表 4－7 中数据来自 2011 年度《中国图书馆年鉴》第 614～619 页和 2010 年度《中国图书馆年鉴》第 616～626 页

（五）西南地区公共图书馆服务与管理现状

从表 4－2 至表 4－6 中看到 2010 年，西南地区公共图书馆阅览室面积一共达到 330.410 千平方米，比 2009 年增加 24.41 千平方米，增长 7.98%。平均西南地区五省（直辖市、自治区）每省公共图书馆阅览室面积由 2009 年的 61.2 千平方米，提高到 2010 年的 66.082 千平方米。

从表 4－3 中看到 2010 年，西南地区公共图书馆阅览室座席数共为 98 000 个，比 2009 年增加 7 000 个，增长 7.69%。平均西南地区五省（直辖市、自治区）每省公共图书馆阅览室座席数由 2009 年的 18 200 千个，增加到 2010 年的 19 600 个，增长 18.6%。

随着服务条件的改善，西南地区公共图书馆社会服务效益也显著增强，流通人次、书刊外借人次及册次都明显增加。2010年，西南地区公共图书馆总流通人次达到4 408.194万人次，比2009年增加340.194万人次，增长8.36%。书刊文献外借人次为1 786.328万人次，比2009年增加66.028万人次，增长3.84%。书刊文献外借册次为3 286.546万册次，比2009年减少了179.854万册次，减少5.47%。如表4－8和表4－9所示。

表4－8 2009—2010年西南地区公共图书馆服务与管理情况表

省（自治区）	总流通人次（万人次）		书刊文献外借人次（万人次）		书刊文献外借册次（万册次）		累计发放有效借书证数（个）		组织各类讲座次数（千人次）	
	2010年	2009年	2010年	2009年	2010年	2009年	2010年	2009年	2010年	2009年
广西	1 342.783	1 100.2	356.399	3 683	732.795	7 738	262 427	285 479	641	532
重庆	621.275	588.0	340.440	2 903	705.500	7 603	159 850	203 840	653	510
四川	1 168.039	11 514	544.191	5 275	923.528	9 489	482 352	410 542	1 307	1 406
贵州	369.056	2 665	142.686	1 445	222.300	2 134	189 489	162 550	377	404
云南	907.041	9 619	402.612	3 897	702.423	7 700	318 400	310 419	705	719
合计	4 408.194	40 680	1 786.328	17 203	3 286.546	34 664	1 412 518	1 372 830	3 683	3 571

表4－9 2009—2010年西南地区公共图书馆延伸服务情况

省（自治区）	图书馆延伸服务									
	流动图书馆车书刊借阅人次（万人次）		流动图书馆车书刊借阅册次（万册次）		分馆数量（个）		借阅人次（万人次）		借阅册次（万册次）	
	2010年	2009年	2010年	2009年	2010年	2009年	2010年	2009年	2010年	2009年
广西	89.61	54	193.42	85	16	11	58.34	22	94.84	39
重庆	11.56	19	15.56	27	169	92	585.84	679	1 089.45	1 546
四川	663.26	125	918.87	233	595	90	934.99	573	1 692.27	1 114
贵州	57.45	37	126.01	52	104	136	145.25	296	227.35	375
云南	390.66	265	555.73	435	274	129	462.30	285	678.28	535

说明：表4－8、表4－9中数据来自2011年《中国图书馆年鉴》第614～619页和2010年《中国图书馆年鉴》第616～626页

（六）西南地区图书馆服务体系中全国文化信息资源共享工程建设现状

全国文化信息资源共享工程（以下简称“文化共享工程”）是2002年4月起，由文化部、财政部共同组织实施的一项繁荣社会主义先进文化的基础性、标志性创新工程，是完善公共文化服务体系，惠及广大群众的一项民心工程，亦称为国家新农村文化建设“二号工程”，是“十一五”期间国家公共文化服务体系建设的重大项目。它采用现代科学技术，将中华优秀文化信息资源进行数字化加工与整合，通过互联网、卫星、光盘等方式，实现优秀文化信息资源在全国范围内的共建共享，对丰富广大基层群众特别是经济欠发达地区群众的精神文化生活，保障人民群众的基本文化权益，满足不同层

次的文化需求，缩小城乡之间文化发展的差距，建设社会主义新农村，构建和谐社会具有重要作用。

西南地区各个省级图书馆和条件较好的地州（市）、县（区）图书馆，无疑也会受到技术面的挑战，接受多元化图书馆、数字图书馆建设的模式，应该是较佳的选择。欧美发达国家在20世纪70年代开始图书馆自动化管理，90年代初期又很快在图书馆业务和服务中应用数字化技术，提出建数字图书馆。90年代中期英国图书馆学家苏顿（S. Sutton）即提出建复合图书馆的理论，并应用于实践。

经过几年的快速发展，至2011年底，西南地区各省在国家政策和基金的大力扶持下各项文化工程得到飞速发展。例如，到2011年12月为止，有关资料显示，送书下乡工程、村村通工程、农家书屋等工程在西南地区已经完成了90%的计划。西南地区各省各分中心文化机构通过集中与分散、教师面授与远程视频、课堂教学与知识竞赛等不同方式，从系统构建、资源制作、信息服务等方面对西南地区各省各级文化共享工程人员进行系统培训，全面提高了工程队伍的业务素质和服务能力，初步建立了一支能够从事系统维护、资源建设和开展服务的专业队伍，这支队伍日益成为文化共享工程和当地公共文化建设与服务的骨干力量。

二、西南地区公共图书馆服务的障碍分析

综合第三章第二节“西南地区公共图书馆服务概况”中对西南地区公共图书馆现状调查的数据统计表3－9至表3－38所列的西南地区公共图书馆的各方面情况，不难得出这样的结论：西南地区公共图书馆经过各级政府和几代图书馆人的努力，得到了极大发展，但是基础设施薄弱，投入不足和公益服务供给能力不足仍然是影响西南地区公共图书馆事业发展的主要问题，与文化部的要求以及群众需求还有一定距离，任重而道远。为此，这里将从以下几个方面对发展中遇到的障碍进行分析。

（一）西南地区公共图书馆设置机构与基础设施环境的障碍

主要是指现有西南地区公共图书馆设置数量及馆舍建筑面积未能符合文化建设国家标准。近年来出台的我国首个文化建设国家标准公共《图书馆建设用地指标》（以下简称“用地指标”）规定，公共图书馆服务人口在150万以上，服务半径不得大于9千米，应至少设置1处相应规模的大型公共图书馆用地，同时每50万人口设置1处中型公共图书馆用地，每20万人口设置1处小型公共图书馆用地；服务人口在20万至150万之间，服务半径不超过6.5千米，除设置1处相应规模的中型公共图书馆用地以外，还应满足每20万人口设置1处小型公共图书馆用地；服务人口在5万至20万之间的城镇或地区，至少应设置1处相应规模的小型公共图书馆用地。要根据服务人口、服务半径设置相应的公共图书馆用地，逐步形成大、中、小型图书馆构成的公共图书馆体系，不同图书馆具有不同功能、不同藏书量和建设规模，图书资料可以通过通借通还并能够提供实用、便捷、高效服务的公共图书馆服务网络。“用地指标”还特别提出，公共图书馆用地的选址，要在城市人口集中、交通便利、公交发达、环境较好、相对安静的地区，同时兼顾各级公共图书

馆服务半径覆盖的合理服务范围。[①] 例如，广西壮族自治区市区人口 30 万～40（不含 40）万的有百色市、河池市和崇左市，40 万～50（不含 50）万的有梧州市、防城港市，50 万～60（不含 60）万的有北海市，70 万～80（不含 80）万的有桂林市，90 万～100（不含 100）万的有玉林市、贺州市，100 万～120（不含 120）万的有柳州市、来宾市，120 万～150（不含 150）万的有钦州市，150 万～200（不含 200）万的有贵港市，200 万～300（不含 300）万的有南宁市。而在公共图书馆建设方面，除南宁市设置有 1 个大型馆、2 个中型馆、6 个小型馆，桂林市、柳州市、河池市、玉林市各设置有 1 个中型馆，北海市设置有 1 个中型馆、1 个小型馆之外，其余 8 个地级市均只设置有 1 个小型馆，百色市和来宾市还没有地市级馆，与“用地指标”的要求相距甚远。

同时，现有的大多数西南地区公共图书馆馆舍建筑面积与“用地指标”中满足服务人口需求的指标范围有很大差距。以市辖区公共图书馆为例，市区人口为 30 万～40（不含 40）万的城市设置的中型馆建筑面积控制指标在 5 500～6 500 平方米。如上述所描述的广西百色图书馆和崇左图书馆的建筑面积分别只有 2 540 平方米、3 364 平方米，离指标的下限都还有相当距离；50 万人口的城市设置的中型馆建筑面积控制指标为 7 500 平方米，梧州市图书馆和防城港市图书馆的建筑面积分别只有 2 270 平方米、1 000 平方米，离指标的下限距离更大，这在西南地区很多区域内也是普遍现象。

显然，西南地区目前存在图书馆数量设置不足，现有馆舍面积偏小的问题，有待于在今后一段时间里西南地区各级政府和相关部门重新规划和建设。

（二）西南地区图书馆财政支出与地区经济增长率分配的障碍

近年来，西南地区经济飞速发展，综合经济实力进一步提升，经济增长速度逐年加速。可是，现实的情况是西南地区图书馆新增藏量购置费的增长率与当地经济快速增长现状不相适应[②]。2011 年，在西南地区各个省（直辖市、自治区）2011 年的新增 GDP 提高得很快，经济扩张速度明显加快。人均 GDP 跃上新台阶，按常住人口计算的人均 GDP，在西南地区的广西、云南、重庆、四川等地都有较大突破。例如，2011 年，广西生产总值（GDP）为 11 714.35 亿元，比 2010 年增长 12.3%。按广西常住人口计算，人均地区生产总值 25 315 元。广西突破万亿元的经济指标达到 7 个，分别是：地区生产总值 1.17 万亿元；全社会固定资产投资 1.02 万亿元；全部工业总产值 1.56 万亿元；规模以上工业总产值 1.3 万亿元；规模以上工业主营业务收入 1.2 万亿元；各项存款余额 1.4 万亿元；各项贷款余额 1.06 万亿元。其中，有 5 个指标是 2011 年新增的万亿元指标，实现了“十二五”的良好开局。

虽然财政收入连年显著增加，与当地的经济增长还是相差比例较大。例如，2011 年广西壮族自治区全年财政收入 1542.49 亿元，比上年增长 25.5%，其中一般预算收入 947.59 亿元，增长 22.7%。各项税收收入 644.64 亿元，增长 20.7%。一般预算支出 2545.42 亿

---

① 中华人民共和国住房和城乡建设部，中华人民共和国国土资源部，中华人民共和国文化部．公共图书馆建设用地指标［S］．北京：中国计划出版社，2008：4－5

② 2011 年广西国民经济和社会发展统计公报［EB/OL］．［2013－12－25］．广西壮族自治区人民政府门户网站（www.gxzf.gov.cn）

元，增长 26.8%。广西壮族自治区公共图书馆财政拨款和公共图书馆总支出虽然连年显著增加，但是增加的比重相对较小，见第三章内容中表 3－12 所示的西南地区 2005—2010 年公共图书馆财政拨款和公共图书馆总支出情况。

县域经济竞相发展促进了文化的进步。2011 年西南地区有三分之二以上的县域单位 GDP 年增长超过 7.0%，其中有很多县域财政收入增长 10.0%。2011 年西南地区的县域经济占西南地区经济的比重超过 50% 的经济增长率。这对整个西南地区的经济发展需要完善的文化体系具有不可抗拒的力量。

而纵观西南地区各级公共图书馆新增藏量购置费仍然紧张，虽有增长，但增速缓慢，2010 年西南地区公共图书馆新增藏量购置费增速分别为广西新增藏量购置费 18 625 000 元、重庆新增藏量购置费 16 263 000 元、四川新增藏量购置费 21 294 000 元、贵州新增藏量购置费 6 816 000 元和云南新增藏量购置费 17 000 000 元，2010 年广西人均新增藏量购书费为 0.405 元、重庆人均新增藏量购书费为 0.564 元、四川人均新增藏量购书费为 0.265 元、贵州人均新增藏量购书费为 0.196 元、云南人均新增藏量购书费为 0.370 元。这些数据显示西南地区图书馆每年新增藏量购置费和人均新增藏量购书费的比重仍远远低于西南地区各个地方财政收入年均增长的速度及全社会固定资产投资年均增长的增幅，可见两者差距之大。可以从下面的图 4－1 中看到 2009—2010 年西南地区公共图书馆新增藏量购书费增长的对比情况、图 4－2 中看到 2009—2010 年西南地区公共图书馆人均新增藏量购书费增长的对比情况①。

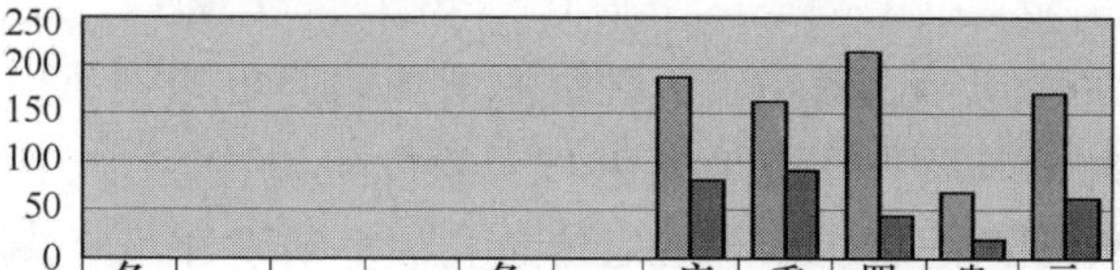

	各地				各地		广西	重庆	四川	贵州	云南
2010 新增购书费（万元）	0				0	0	186	163	213	68	170
2009 新增购书费（万元）	0				0	0	82	92	44	20	63

图 4－1　2009—2010 年西南地区公共图书馆新增藏量购书费增长的对比情况

西南地区图书馆每年新增藏量购置费和馆舍一样，是图书馆开展公共文化服务的基本条件之一，是衡量一个地区公共图书馆事业持续发展的重要指标之一，投入不足将严重制约公共图书馆发展。北京大学信息管理系李国新教授针对图书馆经费问题作了深刻的剖析："图书馆没有经费，便无法补充资源；没有资源，图书馆就没有服务能力；没有服务能力，图书馆就吸引不来读者；没有读者，图书馆在社会发展和文明进步中发挥作用便是空谈；看不到图书馆的作用，奢望政府增加对图书馆的投入又成难题。可见，图书馆运行经费，特别是购书经费的投入，对公共图书馆事业的发展起到了核心的、直接的推动作用。如果经费短缺，就会陷入恶性循环之中。"在以上资料和第三章第二节统计数据表 3－9 到表 3－38 显示。近年来尽管西南地区各级财政对公共图书馆的投入逐年递增，但是

① 该数据来自 2011 年度《中国图书馆年鉴》第 609～613 页

与西南地区各级财政收支持续增长水平和其他一些省份财政对公共图书馆的经费投入增势相比，差距仍十分明显。要加大西南地区各级财政对公共图书馆的投资力度，适当提高西南地区公共图书馆财政投入的增长比例，达到确保西南地区公共图书馆事业经费的增长不低于当年各级财政收入增长幅度的目标，亟须西南地区各级政府的重视与支持。

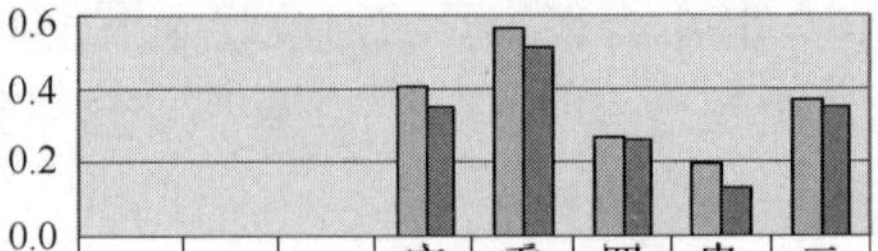

				广西	重庆	四川	贵州	云南
2010 年人均新增藏量购书费（元）				0.41	0.56	0.27	0.2	0.37
2009 年人均新增藏量购书费（元）				0.35	0.51	0.26	0.13	0.35

图 4－2　2009—2010 年西南地区公共图书馆人均新增藏量购书费增长的对比情况

（三）西南地区公共图书馆馆藏资源需求与信息资源供应商的障碍

从第三章第二节表 3－9 至表 3－38 中可以看到，目前，西南地区公共图书馆新增藏量购置费与我国文献资源出版数量激增、出版成本大幅提高的现状不相适应。随着社会文化的发展，我国出版业近年来处于高速发展的时期，无论是出版种数，还是定价总金额，均呈现连年稳步上扬的趋势。图书（不含课本与图片）出版种数年平均增长率在 6% 以上，音像制品及电子出版物出版种数的增长趋势更为明显，年平均增长率接近 7.5%，电子出版物的年平均增长率更是高达 13.242%①。再加上由于纸张价格上涨、人力成本增加等因素，每年图书、报纸杂志的定价总金额不断攀升，公共图书馆新增藏量购置费的增长幅度远不足以满足出版物品种的增加及定价总金额的增长。这势必影响到馆藏资源的科学合理建设，造成收藏资源比例下降、质量滑坡的不良后果。

现在，不少公共图书馆根据实际情况，对藏量购置费进行科学分配，按比例购进多种载体文献，提高馆藏利用率，把有限的资金功用最大化，也不失为一种应对措施。

（四）西南地区公共图书馆信息资源总量增长率的障碍

信息资源是公共图书馆的基础，是开展服务的基本条件。公共图书馆必须每年随着社会发展、经济增长、科技进步来购进足够的藏书，不断充实馆藏，增加藏书品种，才能满足读者的需求，提供优质服务。反之，则会影响其综合功能的充分发挥。近年来，全区公共图书馆信息资源总量虽有所增长，但随新增藏量购置费的相对减少也相对减少，致使增幅不断回落。以 2005—2010 年为例，参见第三章第二节统计数据表 3－9 到表 3－38 所示的 2005 年西南地区公共图书馆总藏量：广西为 1 491 万册（件）、重庆为 768 万册（件）、四川为2 002 万册（件）、贵州为 764 万册（件）、云南为 1 371 万册（件）；到 2010 年西南地区公共图书馆总藏量：广西为 1 881 万册（件）、重庆为 1 031 万册（件）、四川为

① 该数据来源于中华人民共和国新闻出版总署．全国新闻出版业基本情况［EB/OL］．［2013－05－25］．http：//www.gapPBw.cn/cms/html/21/464/List－－1.html

2 599 万册（件）、贵州为 812 万册（件）、云南为 1 566 万册（件）。在 2010 年西南地区各个省总人口增幅不大的前提下，人均拥有公共图书馆藏量广西约为 0.41 册（件）、重庆为 0.36 册（件）、四川为 0.32 册（件）、贵州为 0.23 册（件）、云南为 0.34 册（件）。这些数据表明西南地区各个省公共图书馆要求每年新增藏量购置费要超过 3 000 万元，对于经济仍处于欠发达地区中的西南地区而言的确是个不小的挑战。从第三章第二节统计数据表 3－9 到表 3－38 中可以看到每一个五年中西南地区公共图书馆总藏量年增速的变化趋势。

从调查结果来看，西南地区县级以上公共图书馆从业人员的性别比失调。尤其是县域公共图书馆，男、女比例差别很大，比例在 5 以上的公共图书馆有很多家，甚至有好几家公共图书馆出现男性工作人员为 0 的现象。传统图书馆业务单一，技术性要求不高，女性的细腻和热情在服务上占有优势，但信息化、网络化的发展对图书馆员的综合素质有了更高要求，性别比例失衡会制约图书馆现代化的发展。

西南地区各个省（直辖市、自治区）公共图书馆大专及以上学历的人员据不完全统计约占总人数的 70% 以上，其中大学本科及以上学历的人员约占总人数的 20% 以上，除极个别馆外，西南地区大部分公共图书馆硕士学历人员处于空白状态。而且，多数大学本科及以上学历人员中，有 80% 以上都集中在各个省级、地级（州市）公共图书馆中，而县（市）级公共图书馆只有 20% 左右的大学本科及以上学历人员。调查还发现有好几家地市级公共图书馆和 31 家县市级公共图书馆无大学本科学历人员，例如，云南省景洪市图书馆只有一位大专生，其余都是中专及以下水平。

西南地区各个省（直辖市、自治区）公共图书馆职称结构极不合理。根据表 3－9 到表 3－38 所示的数据中可以看出，西南地区公共图书馆高级职称人员，远低于全国平均数；中级职称人员还占不到总人数的三分之一。和高学历人员分布情况类似的是，西南地区各个省（直辖市、自治区）公共图书馆高级职称馆员和中级职称馆员有 90% 以上都集中在各个省级、地市级公共图书馆。在县市级公共图书馆中，高级职称馆员很少还不到 10%，中级职称人员也只有 20% 左右。其中，还有 10 多家地市级公共图书馆和三分之一的县市级公共图书馆没有 1 个高级职称馆员，甚至还有几家地市级公共图书馆和 20 多家县市级公共图书馆连中级职称馆员方面都是空白。

相较于 2009 年“全国公共图书馆有高级职称人员 4 177 人，从业人员总数 52 688 人，占总从业人员的 7.93%”，据统计 2010 年全国公共图书馆高级职称人员人数及占总从业人员数的比例均在 2009 年的基础上略有增长，从业人员总数 53 564 人，高级职称人员 4 408 人，占从业人员数的比例是 8.23%。再看广西，2009 年公共图书馆拥有高级职称人员 76 人，占从业人员 1 471 人的比例是 5.17%；2010 年高级职称 65 人，占从业人员 1 509 人的比例是 4.31%，比当年全国的平均数偏低很多。在云南，2009 年公共图书馆拥有高级职称人员 135 人，占从业人员 1 754 人的比例是 7.70%；2010 年高级职称 138 人，占从业人员 1 760 人的比例是 7.84%，比当年全国的平均数偏低很多。在重庆，2009 年公共图书馆拥有高级职称 89 人，占从业人员 805 人的比例是 11.06%；2010 年高级职称 84 人，占从业人员 854 人的比例是 9.84%，比当年全国的平均数稍微高一点。在贵州，2009 年公共图书馆拥有高级职称 58 人，占从业人员 946 人的比例是 6.13%；2010 年高级职称 72 人，占从业人员 937 人的比例是 7.68%，比当年全国的平均数要低一点。在四川，2009 年公共图书馆拥有高级职称 80 人，占从业人员 1 974 人的比例是 4.05%；2010 年高级职称 79 人，占从业人员 1 972 人的比例是 4.01%，比当年全国的平均数要低很多。

很显然，从以上数据的比较来看，2010 年西南地区公共图书馆新晋高级职称人数大大低于退休的高级职称人数。

（五）西南地区公共图书馆发展极不平衡的障碍

由于西南地区各地政府对公共图书馆在公共文化服务中的重要性认识不一，造成西南地区公共图书馆建设存在较大差异。

根据调查表统计的数据表 3 -9 到表 3 -38 中数据可以看到，截至 2010 年，西南地区公共图书馆千人建筑面积（平方米）、人均新增藏量购置费（元）、人均拥有藏量（册、件）的最低与最高值区域的差别很大。其中各个市辖区图书馆的数据区别显得特别突出。

西南地区各个省级、地市（州）级公共图书馆与县域公共图书馆发展极不平衡，截至 2010 年，从表 3 -9 到表 3 -38 中数据可以看到，西南地区各个省级、地市（州）级、县域公共图书馆中建筑面积的比值、阅览座席比值、拥有计算机台数比值、人均拥有藏量比值、人均新增藏量购置费等。这些数字都显示，西南地区各级政府和公共图书馆要大力加强县域公共图书馆的建设。当然，也从另一些数据上看到一部分县域政府和相关部门已经开始重视公共图书馆的资源建设，如县域新增藏量购置费的年增长率比市辖区域要高几个百分点，等等。

西南地区各地政府对公共图书馆经费投入不平衡的问题十分突出。例如，由表 4 -10 所示的同是地市级图书馆，广西有 13 家，2010 年财政拨款是 37 610 000 元，新增藏量购置费是 18 625 000 元，占财政拨款的 4.95%；四川有 21 家，2010 年财政拨款是 66 001 000 元，新增藏量购置费是 7 675 000 元，占财政拨款的 11.63%；贵州有 8 家，2010 年财政拨款是 20 183 000 元，新增藏量购置费是 1 673 000 元，占财政拨款的 8.29%；云南有 18 家，2010 年财政拨款是 38 643 000 元，新增藏量购置费是 6 522 000 元，占财政拨款的 16.88%。显然，从以上云南省的财政投入来看就远高于广西地市级图书馆的财政投入。

表 4 -10 2010 年西南地区公共图书馆新增藏量购置费、财政拨款比较情况

	2010 年新增藏量购置费（千元）										
	2010 年各级公共图书馆										少儿公共图书馆
	合计	省级			地市级			县市级			
		购置费（千元）	机构（个）	财政拨款（千元）	购置费（千元）	机构（个）	财政拨款（千元）	购置费（千元）	机构（个）	财政拨款（千元）	
广西	18 625	9 207	3	40 152	18 625	13	37 610	4 393	92	44 149	966
重庆	16 263	10 102	2	36 123				6 161	41	40 376	2 200
四川	21 294	5 300	1	23 522	7 675	21	66 001	8 319	139	80 023	
贵州	6 816	3 000	1	16 843	1 673	8	20 183	2 143	84	22 360	6
云南	17 000	5 370	1	17 284	6 522	18	38 643	5 108	131	61 703	200

说明：表 4 -10 中该数据来自 2011 年度《中国图书馆年鉴》第 604 ~616 页

对于同一地区所辖县市级图书馆，这种差异也很普遍。广西有92家，2010年财政拨款是44 149 000元，新增藏量购置费是4 393 000元，占财政拨款的9.95%；四川有139家，2010年财政拨款是80 023 000元，新增藏量购置费是8 319 000元，占财政拨款的10.40%；贵州有84家，2010年财政拨款是22 360 000元，新增藏量购置费是2 143 000元，占财政拨款的9.58%；云南有131家，2010年财政拨款是61 703 000元，新增藏量购置费是5 108 000元，占财政拨款的8.28%；重庆有41家，2010年财政拨款是40 376 000元，新增藏量购置费是6 161 000元，占财政拨款的15.26%。

显然，从以上西南地区各县财政投入的比较来看，由于每个地区经济的不同，导致相互之间的差距比较明显，这说明西南地区各个县域图书馆是非常重视其发展的。

三、西南地区社会经济与公共图书馆基本情况之比较分析

西南地区每个省之间都有着不少相似之处。比如同处西部地区，地形都以山地为主，经济基础均比较薄弱，人均收入较全国平均水平偏低。西南地区各省的经济发展水平（除贵州省外）都较接近，固定资产投资额增速大体接近，与全国平均水平基本持平，并且以内资为主。

表4－11　2008—2010年西南地区公共图书馆基本情况

年份		公共图书馆机构数（个）	从业人员（人）	总藏量（万册、件）	流通人次（万人次）	书刊外借册次（万册次）	新增藏量购置费（万元）	本年新购藏量（千册）	图书购置费（万元）	本年新购图书（千册）
2008	广西	100	1 482	1 695	1 518	723	8.7	26	857	40
	重庆	43	802	932	505	539	9.7	23	759	31
	四川	154	1 976	2 305	952	1 071	13.2	47	2 045	98
	贵州	92	913	731	258	157	8.0	7	474	17
	云南	150	1 743	1 453	754	568	7.5	26	926	30
2009	广西	100	1 471	1 760	1 100	774	16.973	13.8	1 697	61
	重庆	43	805	988	588	760	14.606	16.0	1 461	58
	四川	156	1 974	2 480	1 151	949	21.446	10.4	2 145	160
	贵州	93	946	800	267	213	4.900	7.7	491	24
	云南	150	1 754	1 508	962	770	16.046	10.1	1 605	52
2010	广西	108	1 509	1 881	1 343	733	18 625	13.9	563.33	56
	重庆	43	854	1 031	621	706	16 263	17.4	515.59	52
	四川	161	1 972	2 595	1 168	924	21 294	11.9	948.57	95
	贵州	93	937	812	369	222	6 816	10.1	265.90	27
	云南	150	1 760	1 566	907	702	17 000	13.5	429.34	43

说明：表4－11中该数据来自2011年度《中国图书馆年鉴》第604～609页

近年来，西南地区各省的经济增长速度都在快速提高，其中重庆、广西、四川省略高

于全国平均水平，但仍属欠发达的低收入地区。西南地区各省都属于自然资源型经济，劳动力文化水平偏低。重庆、四川的工业基础相对较强，广西的交通设施相对较好，而云南、贵州的区位条件相对较差，但重庆、四川、云南、贵州是劳动力输出大省，而广西相对较少。重庆、四川特别强调了扩大与南亚、中亚和俄罗斯的合作，广西、云南、贵州着力打造东南亚大通道区域位置和强调大力推动对港澳台、日、韩以及东盟国家等重点区域的合作。

从近些年社会和经济基本数据看来，在土地面积和人口上，广西与四川基本保持着1∶2的比例，重庆、云南、贵州在土地面积和人口上都有一定的比例。但是重庆、广西、四川三省区在经济发展上保持着接近的发展比例，云南、贵州两省由于区域位置的影响受到国家财政的重点扶持，因此西南地区公共图书馆事业的发展具有可比性。

表 4－12　西南地区公共图书馆跟全国公共图书馆人均比较数据

		全国	广西	重庆	四川	贵州	云南
2008 年	总藏量（册）	55 064	1 695	932	2 305	731	1 453
	新增藏量购置费（元）	83 832	857	759	2 045	474	926
	人均拥有藏书（册）	0.37	0.4	0.3	0.3	0.2	0.3
	人均购书费（元）	0.457	0.145	0.203	0.133	0.081	0.162
2009 年	总藏量（册）	58 521	1 760	988	2 480	800	1 508
	新增藏量购置费（元）	104 404	1 697	1 461	2 145	491	1 605
	人均拥有藏书（册）	0.44	0.36	0.35	0.30	0.21	0.33
	人均购书费（元）	0.782	0.349	0.511	0.262	0.129	0.351
2010	总藏量（册）	61 726	1 881	1 031	2 595	812	1 566
	新增藏量购置费（元）	111 093	1 863	1 626	2 129	682	1 700
	人均拥有藏书（册）	0.46	0.41	0.36	0.32	0.23	0.34
	人均购书费（元）	0.829	0.405	0.564	0.265	0.196	0.370

说明：表 4－12 中该数据来自 2011 年度《中国图书馆年鉴》第 604～609 页

表 4－13　西南地区县级以上公共图书馆与第四次全国公共图书馆评估定级结果比较

地区	参评馆（个）	一级（个）	达优率（%）	二级（个）	达优率（%）	三级（个）	达标率	无等级（个）	达优率（%）
广西	100	7	7.000 0	5	5.000 0	57	57.000 0	31	31.00
四川	156	17	10.897 4	39	25.000 0	52	33.333 3	48	30.769 2
云南	150	8	5.333 3	8	5.333 3	102	68.000 0	32	21.333 3
贵州	90	2	2.222 2	4	4.444 4	32	35.555 7	52	57.777 7
重庆	43	8	18.604 7	8	18.604 7	8	18.604 7	19	44.186 0

说明：表 4－13 中该数据来自 2011 年度《中国图书馆年鉴》第 604～609 页

从表 4－11 至表 4－13 中的数据可见，在县级以上公共图书馆建制上，重庆、广西略走在四川、云南、贵州前面。重庆、广西已经基本实现了县级以上行政地区全部有独立建制的公共图书馆；而四川、云南、贵州的少数边远贫困地方，还未建立县级以上公共图书馆，四川、云南、贵州三省边远地区的行政县（市、区）还在逐年向着县县有图书馆的目标发展。基于这个原因，四川、云南、贵州三省的人均图书拥有量略低于重庆、广西将近0.1～0.2个百分比左右；而重庆、广西2010年人均分别为0.36、0.41册藏书量，稍少于全国的人均藏书量。在四川、云南、贵州三省逐年建设县级图书馆的趋势下，这个差距将会逐步与重庆、广西持平；四川、云南、贵州三省2010年人均分别达到0.32、0.34、0.23册藏书量。而在相近比例的全社会固定资产投资和一般预算支出条件下，另外一个图书馆事业发展的主要数据——人均购书费上，云南、贵州、广西的增长速度明显落后于重庆、四川，2010年广西人均购书费为0.405元、重庆为0.564元，四川则为0.265元、贵州为0.196元、云南为0.370元，而同期全国人均购书费为0.829元，凸显出西南欠发达地区公共图书馆购书经费的捉襟见肘，广西、云南、贵州尤为突出。在2009年全国第四次公共图书馆评估定级中，西南地区达优的图书馆都比较少。四川的达优率为10.897 4%，广西只有7.000 0%，云南只有5.333 3%，贵州只有2.222 2%，重庆只有18.604 7%是最高的。究其原因，经费投入的不足和自动化建设的落后，是制约西南各个省区不能更好开展达标服务的重要因素。在西南地区各个省的公共图书馆体系乃至全国公共图书馆体系的水平线上，经费投入尤其是新增购置藏量费的投入不足，是制约西南地区公共图书馆事业更好发展的一个重要瓶颈。

四、西南地区四省（直辖市、自治区）公共图书馆服务体系的现状分析

（一）云南省公共图书馆服务体系建设现状分析

随着社会经济水平的日益增长和公共图书馆公众服务功能的日益突显，如何为社会大众提供全方位的信息服务，保障他们的文化权益，成为各级公共图书馆发展中遇到的重大课题。而公共图书馆自身的健康、全面发展是做好服务保障的前提。

1. 云南省公共图书馆服务体系建设的现状概况

为了全面了解云南省公共图书馆的建设现状，充分挖掘图书馆在建设方面的成功经验，正确认识图书馆发展过程中的问题，为整体推进云南省公共图书馆事业的健康快速发展提供较为科学的依据，于2009年7月至2012年3月期间，课题组在云南省各级文化主管部门、各级图书馆的帮助下分别对昆明市、玉溪市、西双版纳州、保山市、大理市、临沧、文山州、楚雄市、曲靖市、昭通市等地州市管辖的70多个地级图书馆、县（区）级图书馆、乡镇（村）级图书馆（室）、农家书屋（文化站）进行了实地调查和访谈，并从获得的一手资料中进行随机抽样选取有代表性的五个基层图书馆——昭通市图书馆、大理市宾川县图书馆、玉溪市通海鲜县图书馆、石林县图书馆、腾冲和顺图书馆的现状情况进行分析。笔者抽样调研资料分析的对象虽然只是云南省的几个地县级图书馆，但是对于经济、社会、文化发展都呈立体式、非均衡发展的云南省来说，仍具有代表性。调研结果对准确掌握云南省基层公共图书馆事业发展的情况、更加科学合理地开展基层公共图书馆业务工作、推动基层公共图书馆事业健康发展具有参考意义。

课题组成员通过调研，看到近几年在云南省各级党委、政府的关心和支持下，基层公

共图书馆建设不断加强，总体情况不断好转。比如在馆舍建设方面：昭通市图书馆已经准备扩建部分阅览室。腾冲县图书馆、镇雄县图书馆、文山州图书馆、大理州图书馆、鲁甸县图书馆、玉溪市图书馆已得到政府批准建设新馆；彝良县图书馆、威信县图书馆在原有基础上进行装修，其他很多地市级、县区级图书馆的馆舍也都相对独立，完全可以保障正常的读者服务。随着各地政府对公共图书馆的重视程度逐步加强，图书馆工作者也开始充满了信心。表3－9至表3－38中的相关数据与调研资料显示，云南省各个基层图书馆在地区业务活动中发挥了重要作用，作为一个地区的中心图书馆，云南省各个基层图书馆重视人才的培养，重视地方文献的建设，重视未成年人的教育。他们的工作影响和推动了各县公共图书馆向标准化、规范化靠拢，各县公共图书馆也根据本馆实际制定了每周的开馆服务时间，在图书宣传推荐、流通方式、农村网点建设、开放少儿阅览室、地方文献建设、古籍普查工作等方面给予了不同程度的重视，为整个云南省各个基层图书馆事业的均衡、可持续发展奠定了良好的基础。①

2. 云南省公共图书馆服务体系建设的基本情况分析

下文是课题组成员就所调研的资料中随机选取云南省地级图书馆1个、县级公共图书馆4个作为样本。选取的资料内容主要有：基层图书馆现状调查，包括图书馆办馆条件、机构设置及服务、自动化应用、网点建设和服务、购书经费、馆藏特色、基层辅导及活动推广等；以及基层图书馆硬件需求、新业务培训需求、职工继续教育需求等内容，这5个公共图书馆的馆舍条件、硬件设施及业务活动开展情况，如表4－14所示②。

表4－14　云南省五个基层图书馆基本情况

	办馆条件	年购书费	自动化应用程度	馆藏特色	网点建设及服务	基层辅导及活动推广	其他服务
昭通市图书馆	馆舍达标，机构设置全，电脑数（含共享工程配置）有90台，图书藏书量20余万册，报刊5（10余种/年，全是开架服务	10万元	图书采访、编目、流通、书目检索、办公等已经实现自动化管理。设立“昭通市政府信息公开查询中心”。2010年自筹资金50余万元建设共享工程昭通市支中心，为全市图书馆网络和协调中心创造了条件	有重要的古籍及地方文献、地方史料和图片。昭通作家群作品的收藏，由专人制作目录、专人管理	目前已建成15个图书流通点。每年开展送书下乡活动	完成全市中小学图书馆（室）从业人员培训；全市40人的农家书屋建设系列培训；全市古籍普查工作培训及所属县区公共图书馆基础业务培训	除传统借阅服务外，还开展报刊文章剪辑、搜集专题材料，编制专题书目等工作

① GELIHUI101 全国美术馆公共图书馆文化馆（站）免费开放工作电视电话会议强调：把免费开放工作做实做细做好［EB/OL］．［2013－12－20］．http：//wenku. baidu. com

② 刘红梅．云南省基层公共图书馆现状调查与发展分析——以昭通市、县图书馆为例［J］．昆明冶金高等专科学校学报，2012（2）：95－97

续表

	办馆条件	年购书费	自动化应用程度	馆藏特色	网点建设及服务	基层辅导及活动推广	其他服务
大理市宾川县图书馆	馆舍达标，机构设置较全，电脑数（含共享工程配置）有26台，图书6.6万册，报刊近百种/年，全是开架服务	1万元，用于购买90余种报刊	采访、编目、流通、馆藏文献检索等工作基本实现自动化。网站建设相对较好，栏目丰富。共享工程2009年6月20日正式服务读者；县红十字会卫生救护技能培训学校依托共享工程成立，定期培训达近千人次；7个乡镇基层站点建成了农民素质网络培训学校	现有古籍930册，民间藏本100余册	2010年以来，重点建立流动图书室，开展送书活动：向武曹官兵送流动图书3 000余册；为监区（看守所）新建的图书室提供图书2 000余册	从2007年至今共培训县乡图书馆（室）从业人员300人次。2010年针对农家书屋建设，完成千人的系列集中培训	培训、讲座、研讨班及红色电影放映活动。2010年开通县政府政务信息网，信息总量450余万字，查询人员1 500余人次。完成古籍普查登记。利用馆藏为委托方提供参考咨询千余条
腾冲县和顺图书馆	馆舍达标，机构设置全，电脑数（含共享工程配置）有30台，图书7.2万册，报刊156种/年，部分开架	5万元	电子阅览室正常对外开放。设备、人员、馆藏资源分离，未开展网站建设，自动化程度严重滞后	古籍11 675册，含善本420册。列入省级“非遗”项目的边疆特色资源因缺乏制作经费无法开展加工	在多个乡镇、社区、村建农村图书流通室，在武警、消防大队设立流动图书室	负责农家书屋、农民网络培训学校的培训管理工作	重点举办昭通作家群作品展览
石林县图书馆	馆舍达标，机构设置较全，电脑数（含共享工程配置）有50台，图书5万余册，报刊70余种/年，全是开架服务	2万元	利用CSLN网图管理系统完成了前期的回溯建库等工作，2010年8月正式使用网图管理系统开展流通工作。网站建设进一步完善当中	彝文“指路经”被列入国家珍贵文化遗产保护的文物因缺乏制作经费无法开展加工、保管条件很差	重点扶持乡镇图书室49个（培训35个），合计赠送图书5万余册、期刊累计700余种，光盘4 000多张	负责7个农家书屋、1所农民网络培训学校的培训管理工作	图书宣传周、阅读辅导及经典电影放映活动，并为政府部门召开视频会议，提供技术支持

续表

	办馆条件	年购书费	自动化应用程度	馆藏特色	网点建设及服务	基层辅导及活动推广	其他服务
玉溪市通海县图书馆	馆舍达标，机构设置较全，电脑数（含共享工程配置）有30台，图书3.1万册，报刊不足百种/年，全是开架服务	1万元用于购买报刊、杂志费	无电子文献藏量，未设立机读目录，无数据库，未开展网站建设。电子阅览室正常对外开放	自建图书编目系统	开展图书流动服务6次，流通量达3 000余册	坚持11年编印农村信息《致富之友》。负责对3个乡镇、25个村/社图书室、7个农家书屋进行业务辅导	开展为老年人、少儿、残疾人等弱势群体的服务。2010年开展读者座谈会2次，“读书日”活动开展读者咨询流动服务，每日接待读者千余人次

（1）各馆最后一次参与评估定级情况

在2009年全国公共图书馆州、市级馆评估定级中，昭通市被评为“三级图书馆”。同期进行的全国公共图书馆县级馆评估定级中，大理市宾川县图书馆、石林县图书馆、玉溪市通海县图书馆被定为“三级图书馆”。大理州图书馆、腾冲县和顺图书馆在2009年的同类评估定级中为“一级图书馆”。

（2）馆舍条件、硬件设施及业务活动等基本情况比较

（3）人员年龄、知识及职称结构分析

人才是事业发展最重要的基石。笔者所调研的5个公共图书馆从业人员年龄、学历及职称情况如表4－15所示。

表4－15 人员基本情况

	学历			职称		平均年龄	合计（人）
	大学（人）	大专（人）	中专（高中）及以下（人）	专业技术人员（人）	工勤人员（人）		
昭通市图书馆	3	10	3	副高2；中职5；初职2	7	40岁以上	16
大理市宾川县图书馆	3	2	0	副高1；中职3；初职1	0	40岁以上	5
腾冲县和顺图书馆	4	3	5	副高1；中职5；初职1	5	40岁以上	12
石林县图书馆	0	3	4	中职1；初职1	5	45岁以上	7
玉溪市通海县图书馆	0	1	5	中职2；初职4	0	40岁以上	6

（4）图书馆经费的运作、投资与保障分析

课题组通过调研资料的汇总，并结合表3－9至表3－35中的相关数据发现，几乎所有的西南地区县级图书馆都面临经费严重短缺的问题。虽然从已建成和正在规划的新馆来看，各级政府加大了图书馆基础建设的资金投入，但相对于各馆的实际需求而言，却还是

杯水车薪。除大理州图书馆、昭通市图书馆、和顺图书馆还相对能保障各项服务外，其他各县（区）级馆的状况都出现不容乐观的局面：人员配置与新馆建设要求不相匹配，基础设施建设、文献资源建设无法满足现代化读者需要。如魏山县图书馆、巧家县图书馆、景洪市图书馆等因为书刊陈旧、单一，借阅量低，电子阅览室无法交纳电费和上网费，因而无法向社会公众提供电子阅览服务，导致共享工程配发的所有设施设备也无法利用，造成资源的严重浪费。再以云南省绥江县为例：现有的7个乡镇农家书屋远远不能解决农民借书难、看书难、买书难的问题；而根据需求，还需配置农家书屋32个。[①] 因为经费制约，各县“农民网络学校”数量与培训人数比例偏低，不能满足广大农民群众学科学、学技术的发展需求。由于缺乏资金，大多数图书馆必备的设施得不到配置，更无法更新，图书馆办公自动化、数字图书馆建设严重受阻。各县级馆作为共享工程县级支中心，虽然都配备有一定数量的电脑，但是除了因经费短缺而不能正常运转以外，还由于缺乏计算机专业技术人员和有效的培训机制，无法实现现代化管理。电子文库基本空缺，信息资源与时代发展相脱节，直接影响着图书馆业务自动化管理的顺利实现和以网络为依托的信息服务的开展，阻碍了图书馆事业的发展。

根据我国当前的现状，基层公共图书馆的经费来源主要是各地政府拨款。但是由于云南省各地经济发展差异较大、个别地方政府对图书馆工作重视不够，财政投入少，导致图书馆经费匮乏。为此，要做好云南省各个基层图书馆工作，就要确保经费投入。首先，各级政府应确保财政补助资金按时拨付到位，专款专用，这是云南省各个基层图书馆健康可持续发展的关键。在2011年2月18日举行的全国美术馆、公共图书馆、文化馆站免费开放工作电视电话会议上，财政部副部长张少春表示，目前确定的2011年地市级图书馆、文化馆补助标准为50万元，云南省各个县级图书馆、文化馆补助标准为20万元，乡镇综合文化站补助标准为5万元[②]。这对于云南省各个市、县级公共图书馆的发展来说，无疑是注入了一剂强心针。其次，要坚持政府扶持引导、群众自筹和集体资助为主，社会各界共同参与的图书馆筹资方式，拓宽经费来源渠道。由政府在政策方面给予扶持，动员和鼓励社会各界在资金和物质上支持基层图书馆建设，如云南省普洱市澜沧县图书馆就通过多种渠道争取到了“联合国儿童基金会”、“宋庆龄儿童基金会”在边疆少数民族地区的赞助项目，首次赞助物品及款项就达50余万元。最后，图书馆要充分发挥主观能动性，寻找适应自身发展的出路，本着“钱多办大事、钱少办小事、没钱也办事”的原则，充分利用现有的资金和资源，使其产生最大的社会效益，如云南省孟连县图书馆，为弥补书源不足，面向社会发动捐书活动，首次活动就收到6 000余册图书，其中一些离退休老干部捐出的书多为地方文献，弥补了馆藏的不足；又如云南省通海县图书馆在当年无任何经费购书、刊、报时，并没有放弃工作，馆长发动职工去各机关收集报纸，依然将报纸阅览室办得有声有色。此外，应加强自身宣传，争取得到政府和社会各界的重视与支持，使图书馆的发展变成全社会共同关心的事，使全社会成员都来为图书馆的发展谏言献策。

---

① 唐峻，周宇青. 2003年云南省地级公共图书馆评估情况综述［J］. 云南图书馆，2004（1）：33－35

② 蔡月萍. 在困境中谋求生机与发展——关于思茅市、县公共图书馆工作的调研报告［J］. 云南图书馆，2006（2）：22－28

（5）图书馆信息资源与读者的信息资源需求分析

目前云南省各个县级图书馆普遍存在购书经费严重不足、藏书少、书刊陈旧、种类单一等问题。除大理州图书馆、昭通市图书馆、玉溪市图书馆等几个经济较好的地级图书馆以外，其他多数县级图书馆的购书经费只能订购少量现刊，几十种报纸，有很多个县（区）图书馆无订刊费，只能订购不到百种报纸，根本不能满足读者的阅读需求。面对有深度的文献信息查询需求，则更是无法满足。

图书馆要积极探索工作开展途径，创新办馆理念。可以根据各自区域特点开展特色馆藏建设，同时加强馆际之间的协作联合，实现资源共建共享。特别是要争取在政府支持下，本着“共建共享、互利互惠”的宗旨，全面整合公共图书馆、专业图书馆、高等院校及中小学图书馆、流动图书馆、图书流通点、乡村文化站（室）以及各类机构的图书馆资源，构建遍布城乡的基层公共图书馆服务体系，如四川省、重庆市的公共图书馆联盟体系，由多数不同类别的成员馆联合，这些成员馆之间的资源就可以共建共享，全面整合了各类图书馆的优势，在很大程度上减少了浪费，提高了资源的利用率。

（6）图书馆队伍素质建设的分析

云南省各个基层图书馆及笔者所抽样调研的这 4 个县级公共图书馆共有在编人员 46 人。从年龄结构上看，平均年龄均在 40 岁以上，没有形成老、中、青三级传、帮、带的合理结构。从学历上看，拥有大学本科学历者 10 人，占总人数的 21.74%；专科以下学历者 17 人，占总人数的 39.53%；在职人员学历教育程度偏低，连大专教育都未基本普及，缺乏专业技术人才，特别是图书馆专业和计算机专业方面的人才。由于系统性业务培训不够，导致工作人员的业务水平和综合服务素质偏低。从职称结构上来看，高职 4 人，占总人数的 8.69%；中职 16 人，占总人数的 34.78%；其余为初职及工勤人员 26 人，占总人数的 56.52%。这些数据表明：从业人员以中低级专业技术人员为主，缺乏高层次业务研究人员，在业务创新和学术研究等方面都存在很大局限性。由于编制有限，暂时不可能有新鲜血液注入，只有对现有从业人员进行专业知识的系统性、普及性培训才能解决这一问题。

云南省各个基层图书馆领导要积极争取文化主管部门的支持，增加培训投入，将人才培训纳入重要议事日程，制订切实可行的人员培训计划，保障必要的培训经费，切实解决人员培训中的实际问题，使培训工作顺利开展。与此同时，要争取国家、省一级的培训项目，与相关培训部门加强业务知识培训合作，在人才培养方面要“请进来”、“走出去”并举。

（7）基层公共图书馆网点建设的分析

目前，全国文化信息资源共享工程和全国古籍保护工程是图书馆工作中的两大重点项目，国家对这两大工程上的投入是前所未有的，资金投入、硬件设施的配备、人员的培训等工作都垂直、有序地开展，这对于图书馆的现代化进程起了极大的推动作用。例如，云南省水富县图书馆首创的“农民素质网络培训学校”已成为全国先进经验，而全国的第一所“农民素质网络培训学校”就成立于昭通的水富县。所以，各级图书馆要借助大项目的东风，以项目来推动图书馆的服务工作，加强云南省基层网点的建设，这是改善云南省薄弱的基层文化服务条件的一条捷径。

（8）基层公共图书馆发展途径分析

云南省图书馆应承担对基层图书馆业务、现代化培训的责任。作为云南省一级公共图书馆，云南省图书馆除了要做好自身各项工作外，对州、市、县等基层兄弟图书馆，具有责无旁贷的帮扶责任。云南省公共图书馆的长远、均衡、健康发展都需要云南省一级图书馆的指导和帮助。云南省省馆要提供条件和培训机会，帮助县一级基层图书馆从业人员掌握专业知识，做合格的图书管理员；要帮助基层图书馆做好现代应用技术的培训，使基层图书馆馆员提高信息收集、加工处理能力和网络服务的能力，具备较强的专业知识和管理能力，适应现代化图书馆发展形势；还要从基层的实际情况出发，因地制宜，制订针对基层的、切实可行的长、短期教育培训计划，为基层图书馆的可持续发展储备人才。

发挥云南省省级图书馆业务中心馆的带动作用。目前全球各行业、各领域都极力推动一体化进程。在图书情报领域，业界大力推动建立总—分馆体系，如欧美、加拿大、日本及部分东南亚国家的区域分馆体系建设已经比较完善。云南省省级图书馆可考虑在该省范围内建立总—分馆体系，实现资源共建共享，以总馆的资金、项目、人才优势带动基层分馆发展；带头加强公共图书馆、学校图书馆（包括高校和中小学）、情报所、专业图书馆间的合作，建立跨系统文献服务体系，打破目前除公共图书馆以外的其他图书馆自我封闭的现状，实现资源利用最大化。此举在我国已经有较多成功的做法，如上海、广东、吉林、四川、重庆等地区成立的图书馆服务联盟，实现了跨行业信息资源借阅服务“一卡通”。云南省图书馆应借鉴其经验，试行并推广。

（9）各类图书馆联盟协作的机制分析

目前，虽然有不少地区和系统的图书馆都建立了图书馆联盟体系，如在四川省、云南省、贵州省、广西壮族自治区、重庆市的部分高校图书馆和部分公共图书馆已经进行了联盟。但总体上还存在着基础薄弱，技术手段落后的问题，很多工作的开展还只停留在口号和形式上，缺乏实质性的资源共享内容。信息技术在馆际互借、文献提供等方面在西南地区特别是云南省各类图书馆联盟中没有得到普遍应用。所以要努力构建云南省各类图书馆联盟的意识宣传机制、馆与馆之间的合作发展机制、经费保障机制、政府资助与协调建设与发展的混合机制。

综上所述，从云南省各个基层图书馆的现状调查情况来看，作为公益性文化事业重要组成部分的公共图书馆建设，实际上还处于明显弱势；云南省内各州市及县级公共图书馆发展不平衡，地州市级公共图书馆发展好于县级馆，这一不平衡的主要原因，一是地区间经济发展悬殊导致投入差距大；二是和主要领导观念、从业人员素质紧密相关。在2011年文化部、财政部关于“三馆一站”免费开放的政策春风沐浴下，相信云南省的各级公共图书馆会抓紧时代发展的机遇，确保投入、加快发展步伐，缩小与东部沿海地区的差距，力争在“十二五”时期，让公共图书馆的进步成为体现该省社会全面发展的窗口之一，成为公众分享社会发展成果的载体之一，并为满足群众精神文化生活需求、构建和谐社会发挥更大的作用。

（二）重庆市公共图书馆服务体系建设现状分析

自2000年国家实施西部大开发战略以来，重庆市已成为全国经济发展最快的地区之一。随着重庆经济的快速发展，重庆市公共图书馆事业建设突飞猛进，馆藏资源稳步增长，服务领域不断扩大，服务手段越来越先进，但同时也存在诸如图书馆城乡区域发展不平衡、部分乡镇图书馆经费得不到保障、读者流失等问题，这些问题严重制约了重庆市公共图书馆事业进一步发展。这里课题组主要选取重庆市公共图书馆业务活动及经费状况方面分析重庆市公共图书馆的建设现状，并提出图书馆发展策略，以促进重庆市公共图书馆事业的协调发展。

1. 重庆市公共图书馆服务的基本概况

课题组从重庆市统计年鉴（2006—2010）中公共图书馆数据的统计内容可以看到，从2005年至2009年重庆市公共图书馆的业务活动及经费情况，重庆市公共图书馆的建设发展非常迅速。从表4－16中可以看出，与2005年相比，2009年的总藏量是其1.29倍，书架总长度是其1倍，发放借书证数是其1.33倍，总流通人次是其0.99倍，书刊外借册次是其1.61倍，为读者服务举办的各种活动次数是其0.83倍，总支出是其2.37倍，藏量购置费是其2.35倍，本年新购藏量是其1.66倍，公用房屋建筑面积是其1.31倍，书库是其1.33倍，阅览室座席数是其1.29倍。

表4－16　重庆市公共图书馆业务活动及经费状况①

项目＼年份	2005	2006	2007	2008	2009
总藏量（万册、件）	768	792	858	932	988
书架总长度（m^2）	120 000	120 000	120 000	130 000	120 000
发放借书证数（万个）	15	12	14	15	20
总流通人次（万人次）	595	330	483	505	588
书刊外借册次（万册次）	472	586	554	539	760
为读者举办各种活动服务次数（次）	1 527	577	711	986	1 268
总支出（万元）	3 856	3 994	6 545	7 812	9 123
藏量购置费（万元）	623	624	1 350	864	1 461
本年新购藏量（万册）	35	28	46	72	58
公用房屋建筑面积（m^2）	130 000	130 000	140 000	160 000	170 000
书库（m^2）	30 000	40 000	30 000	30 000	40 000
阅览室座席（万个）	8 019	8 600	8 094	8 153	10 308

表4－17　2005—2009年重庆市公共图书馆经费及各项业务活动增长率统计表②

项目	最大值	最小值	均值	标准差	变异系数	年均增长率（%）
总藏量（万册、件）	988	768	867.6	92.7	0.11	6.50
书架总长度（m^2）	130 000	120 000	122 000	0.45	0.04	0

① 重庆统计信息网. 重庆市统计年鉴（2006－2010）[EB/OL]. [2011－06－04]. http://www.cqtj.gov.cn/
② 重庆统计信息网. 重庆市统计年鉴（2006－2010）[EB/OL]. [2011－06－04]. http://www.cqtj.gov.cn/

续表

项目	最大值	最小值	均值	标准差	变异系数	年均增长率（%）
发放借书证数（万个）	20	12	15.2	2.95	0.19	7.46
总流通人次（万人次）	595	330	500.2	107.22	0.21	-0.30
书刊外借册次（万册次）	760	472	582.2	107.74	0.19	12.65
为读者举办各种活动服务次数（次）	1 527	577	1 013.8	390.91	0.39	-4.54
总支出（万元）	9 123	3 856	6 266	2 323.82	0.37	24.02
藏量购置费（万元）	1 461	623	984.4	398.69	0.41	23.75
本年新购藏量（万册）	72	28	47.8	17.67	0.37	13.46
公用房屋建筑面积（m^2）	170 000	130 000	146 000	1.82	0.12	6.93
书库（m^2）	40 000	30 000	34 000	0.55	0.16	7.46
阅览室座席（万个）	10 308	8 019	8 634.8	962.37	0.11	6.48

表4-17是依据表4-16计算得到的2005—2009年重庆市公共图书馆经费和各项业务活动增长率统计表。从表4-17中可看出，年均增长率最高的是总支出，为24.02%；而年均增长率最低的是为读者举办的各种活动次数，为-4.54%。增长率波动最大的是藏量购置费；增长率波动最小的是书架总长度。

2. 重庆市公共图书馆服务的基本情况分析

从表4-16和表4-17中的统计数据不难发现重庆市公共图书馆建设还存在如下主要问题：

（1）重庆市公共图书馆服务活动与经费的差距

①从纵向上看，重庆市公共图书馆经费及各项业务活动在不同年份的增长率极不稳定，且各项目之间的波动差异性也很大。②从横向上看，在同一年份的重庆市公共图书馆经费及各项业务活动发展也不平衡。从表4-17中可看出，重庆市公共图书馆经费及各项业务活动增长差异性很大，增长最快的是总支出，而总流通人次和举办活动的总次数呈负增长。

（2）重庆市公共图书馆服务基础设施环境的分析

如表4-18中所示，我国《公共图书馆建设标准（建标108—2008）》详细地列出了公共图书馆总建筑面积以及相应的总藏书量、总阅览座席数量控制指标等一系列关于公共图书馆建设标准。国际图联规定，通常每5万人口建设一个公共图书馆，特殊情况人口不足5万的也需要建立公共图书馆，但最小公共图书馆服务人口不得少于3 000人。服务人口5万～10万，建设标准千人面积为48平方米至28平方米，人均藏书为2～3册，千人阅览座席为2～3席。

表4－18　我国《公共图书馆建设标准（建标108—2008）》有关图书馆建设指标①

规模	服务人口（万人）	藏书量		阅览座席	
		人均藏书（册、件/人）	总藏量（万册、件）	千人阅览座席（座/千人）	总阅览座席（座）
大型	400～1 000	0.8～0.6	320～6 000	0.6～0.3	2 400～3 000
	150～400	0.9～0.8	135～320	0.8～0.6	1 200～2 400
中型	100～150	0.9	90～135	0.9～0.8	900～1 200
	50～100	0.9	45～90	0.9	450～900
	20～50	1.2～0.9	24～45	1.2～0.9	240～450
小型	10～20	1.2	12～24	1.3～1.2	130～240
	3～10	1.5～1.2	4.5～12	2.0～1.3	60～130

表4－19　2005—2010年重庆市公共图书馆经费和各项业务活动每千人拥有量

项目＼年份	2005	2006	2007	2008	2009
每千人拥有的藏量（册、件）	606.66	603.99	630.26	656.76	669.87
每千人拥有的书架总长度（米）	9.48	9.15	8.81	9.16	8.14
每千人拥有的发放借书证数（个）	11.85	9.15	10.28	10.57	13.56
每千人中流通人次（人次）	470.00	251.66	354.79	355.86	398.67
每千人书刊外借册次（册次）	372.84	446.89	406.95	379.82	515.28
为每千人举办的活动次数（次）	1 206.21	440.02	522.28	684.81	859.71
每千人参加的人数（人次）	3 045.93	3 045.86	4 807.73	5 504.94	6 185.42
每千人拥有的支出（元）	492.12	475.87	991.66	608.84	990.56
每千人拥有的藏量购置费（元）	27.65	21.35	33.79	50.74	39.32
每千人拥有的木年新购藏量（册）	10.27	9.91	10.28	11.27	11.53
每千人拥有的书库面积（平方米）	2.37	3.05	2.20	2.11	2.71
每千人拥有阅览室座席（个）	6 334.37	6 558.43	5 945.57	5 745.23	6 988.85

说明：表4－19中数据由重庆市图书馆2010年提供的问卷和访谈数据

表4－19是根据《重庆市统计年鉴（2006—2010）》公布的重庆市公共图书馆业务活动及经费情况数据和城镇人口数据计算出的2006—2010年重庆市公共图书馆经费及各项业务活动每千人拥有量统计表。从表4－18和表4－19可以看出，重庆市公共图书馆经费及各项业务活动每千人拥有量还没有达到《公共图书馆建设标准（建标108—2008）》，与国际图联标准相比还有一定的差距。2010年和2009年外借图书册次与2008年和2007年相比明显下降，这说明公共图书馆社会服务功能在削弱，图书馆服务与公众需求不相适应。以上状况既有重庆市公共图书馆存在体制落后、经费投入不足、服务功能低下等内部

① 住房和城乡建设部、国家发展和改革委员会关于批准发布《公共图书馆建设标准》的通知［EB/OL］.［2013－12－02］. http：//www.cin.gov.cn/zcfg/jswj/bzdc/200902/ t20090226－186362.htm

因素，也有因现代信息迅速发展带来的网络、电视、手机等新兴媒体对读者的冲击等外部因素的影响。

3. 重庆市公共图书馆服务机制的保障分析

公共图书馆是政府为社会公众提供公共文化服务的窗口。公共图书馆的公益性和社会性的体现及其发展离不开政府在政策上的重视和扶持。强化政府的主导作用，政府加大对公共图书馆事业的扶持力度是发展公共图书馆事业的关键所在。

首先，政府应明确思路，站在统筹城乡的角度建立公共图书馆事业的宏观调控机制和健全的经费保障机制，各级政府要科学规划，并通过法律、行政、经济等多种调控方式，以保证公共图书馆的健康有序发展。①

其次，要加强政策倾斜和政府推动的作用。根据当前城乡发展不平衡的状况，政府要把图书馆发展的重点放在区、县一级，特别在政策等方面更多考虑公共图书馆事业发展的需要。要加大财政支持力度，把对公共文化基础设施投入从主要由农民负担转变为由公共财政承担。

最后，政府应制定切实可行的公共图书馆管理办法，降低公共图书馆的使用门槛，鼓励全民走进并利用公共图书馆。同时还应加大公共图书馆事业的宣传力度，利用广播、电视、报刊、网络等多渠道宣传，争取社会公众对公共图书馆事业有更多的理解和支持。

4. 重庆市公共图书馆服务的路径分析

服务是图书馆的基本宗旨。在公共图书馆建设投入严重不足、服务设施不尽完善的情况下，政府持续均衡的投入，确保图书馆信息资源更新，改善基础设施，确实能在某种程度上增强图书馆的吸引力。但仅有硬件设施的改善，而图书馆的服务理念和服务方法仍沿用传统模式，读者大量流失的现象还是无法改变。因此，公共图书馆更需要在建设过程中牢固树立以人为本的服务理念，准确定位自己的功能和服务，最大限度地满足服务对象的需求，才能有效提高公共图书馆的吸引力，让老百姓充分享受文化、信息所带来的实惠。

长期以来，在现有的行政体制与政策体制下，重庆绝大多数公共图书馆一直遵循着“一级政府建设与管理一个图书馆”的分级建设与分级管理模式。这种垂直管理的行政体制和分级管理的财政体制造成了公共图书馆相互分割、各自为政的局面，严重制约了图书馆之间资源共建共享，阻碍了跨级别、跨地区的公共图书馆联盟服务体系的发展。尤其在广大的小城镇和农村地区，因为经济落后、经费不足、政府不重视，基层图书馆往往满足不了公众的需求，影响了公民平等获取知识的权利。广东流动图书馆、陕西公共图书馆服务联盟等图书馆创新服务模式为重庆市公共图书馆服务体系的构建提供了宝贵的经验与崭新的思路。重庆市高校图工委应发挥其作用，协调各馆资源配置以确保人才与资源的效益最大化，探索推行总分馆制，建立重庆中心图书馆，以社区图书馆、乡镇图书馆、农村图书室为分馆，实行通借通还、资源共享的城乡服务体系。

总之，重庆地处我国西部腹地，是我国人口和面积最大的直辖市，也是一个大城市和

① 吕建新. 关于统筹城乡图书情报事业发展的若干思考［J］. 图书馆馆理论与实践，2007（1）：10－11

大农村并存的直辖市。[①] 公共图书馆作为重庆市重要的社会公益机构，在传承文化、促进社会进步和保障实现人民群众基本文化权益上发挥着重要作用。从 2011 年 6 月 1 日起，重庆市 43 个公共图书馆全部免费开放，这意味着重庆市公共图书馆将迎来新的发展时机。重庆图书馆界要积极探索具有重庆特点的公共图书馆发展新路子，使公共图书馆事业的发展步入快速发展轨道。[②]

5. 重庆市公共图书馆联盟合作体系的现状分析

联盟是两个以上的图书馆结合在一起的共同体，合作是联合的深化。联盟合作是图书馆信息资源产业发展的一项组织竞争策略，其关系是结合在一起共同执行带有一定目的性的优化结构体。用博弈论的收益属性划分可为：零和博弈、常和博弈和变和博弈。变和博弈是最一般的博弈方式，变和博弈意味着在不同策略组合下，博弈各方均有得益。如果从时间与空间两个维度权衡资源的利用效率，力求以最小的资源成本获取最大的福利总量，就应该追求变和博弈的结果[③]。变和博弈是联盟各成员馆的合作目的，即在重庆市图书馆联盟中使各个图书馆资源能够在合理配置的基础上提高整体实力和服务水平，实现合作的良性运转、产出高效、相互激励、共同发展、增强竞争优势等。如果说重庆市图书馆联盟的合作目的是动力，那么重庆市图书馆联盟的原则是合作的全程保障，是推进重庆市图书馆联盟馆之间合作的相互信任、联盟合作文化的形成、联盟合作有效监管机制的构建。

（三）广西壮族自治区公共图书馆服务体系建设现状分析

1. 广西公共图书馆基础设施建设分析

截至 2010 年底，广西壮族自治区县级以上公共图书馆有 108 家（参加 2009 年文化部对公共图书馆评估的有 100 家）[④]，其中省级公共图书馆 3 家（广西壮族自治区图书馆、广西壮族自治区桂林图书馆），地市级公共图书馆 13 家（含独立建制的少年儿童图书馆 3 家），县市级公共图书馆 92 家（含 9 家县级市图书馆、56 家县图书馆、12 家自治县图书馆，15 家市辖区图书馆）。下面是课题组通过回收调查的数据和实地、访谈、咨询等途径得到的调查统计数据。

2010 年底，广西壮族自治区县级以上公共图书馆公用房屋建筑面积为 25.693 万平方米、55.8 平方米/万人，阅览座席 25 000 个，计算机 4 990 台。

从行政级别的角度统计，广西壮族自治区省级公共图书馆公用房屋建筑面积为 4.449 万平方米，阅览座席 2 717 个，计算机 685 台，计算机 208 台，地辖区市级公共图书馆公用房屋建筑面积为 8.220 万平方米，阅览座席 4 568 个，少儿公共图书馆公用房屋建筑面积为 9 670 平方米，阅览座席 1 075 个，计算机 833 台，县市级公共图书馆公用房屋建筑面积为 13.024 万平方米，阅览座席 17 380 个，计算机 3 472 台。

---

① 马秀娟．重庆市公共图书馆的建设现状与发展研究［J］．江西图书馆学刊，2011（5）：14－18

② 重庆公共图书馆个部免费开放［EB/OL］．［2013－06－06］．http：//www. cq. xinhnanct. com/vidco/2011－06/01/ content_ 22916s78. htm

③ 陈建先．从零和博弈到变和博弈的裂变［J］．行政论坛，2011（7）：47－48

④ 该数据来源于 2011 年度《中国图书馆年鉴》第 594～613 页和 2009 年文化部评估结果的数据

（1）信息资源建设

截至2010年底，广西壮族自治区县级以上公共图书馆新增图书量56万册（件），文献总藏量1 881万册（件），比2009年的新增图书量61万册（件）减少了5万册（件），人均拥有藏量为0.36册（件）。从行政级别的角度统计，省级公共图书馆文献总藏量499.502万册件，少儿公共图书馆522.83万册（件），地辖区市级公共图书馆2010年文献总藏量达420.799万册（件），平均每馆总藏量为323.6915千册（件）；县市级公共图书馆2010年文献总藏量达960.576万册件，平均每馆总藏量为1044.1043千册（件）。①

另外，截至2010年底，广西壮族自治区县级以上公共图书馆文献总藏量1 881万册（件），人均拥有藏量为0.41册（件）；县域公共图书馆文献总藏量960.576万册（件），人均拥有藏量为0.21册（件）。

（2）新增藏量购置费

2010年，广西壮族自治区县级以上公共图书馆购书经费支出为1 863万元，人均新增藏量购置费为0.405元（2009年的购书经费支出为1 697万元、人均新增藏量购置费为0.349元）。从行政级别的角度统计，省级公共图书馆新增藏量购置费9 207万元（2009年的藏量购置费8 194万元），少儿公共图书馆802万元，地市级公共图书馆新增藏量购置费5 025万元（2009年的藏量购置费4 865万元）；县市级公共图书馆新增藏量购置费4 393万元（2009年的藏量购置费3 914万元）。

（3）信息服务工作

广西壮族自治区县级以上公共图书馆总流通人次为13 427.83万人次（2009年总流通人次为1 100万人次）。其中省级公共图书馆总流通人次为2 182.07万人次，少儿公共图书馆1 276.80万人次，地市级公共图书馆总流通人次为4 019.74万人次，县市级公共图书馆总流通人次为7 226.02万人次。另外，市辖区公共图书馆总流通人次为836.89万人次，县域公共图书馆总流通人次为506.11万人次。

2010年，广西壮族自治区县级以上公共图书馆书刊外借册次为7 327.95万册次。其中省级公共图书馆书刊外借册次为1 443.10万册次，少儿公共图书馆705.26万册次，地市级公共图书馆书刊外借册次为2 054.50万册次，县市级公共图书馆书刊外借册次为3 830.35万册次。另外，市辖区公共图书馆书刊外借册次为3 864.60万册次，县域公共图书馆书刊外借册次为3 463.35万册次。

2010年广西壮族自治区县级以上公共图书馆发放借书证262 427个。其中省级公共图书馆发放借书证46 856个，少儿公共图书馆18 069个，地市级公共图书馆发放借书证79 673个，县市级公共图书馆发放借书证135 898个。另外，市辖区公共图书馆发放借书证146 670个，县域公共图书馆发放借书证115 757个。

2010年，广西壮族自治区县级以上公共图书馆共举办讲座和读者活动641次，参加人数为15.284人次。其中省级图书馆举办讲座和读者活动139次，参加人数为23 930人次；少儿图书馆举办讲座和读者活动7次，参加人数为4 190人次；地市级图书馆举办讲座和读者活动141次，参加人数为63 880人次；县市级图书馆举办讲座和读者活动361次，参

① 该数据来自2011年度《中国图书馆年鉴》第609～653页

加人数为65 040人次。另外，市辖区图书馆举办讲座和读者活动383次，参加人数为87.68万人次；县域图书馆举办讲座和读者活动258次，参加人数为65.16万人次。①

（4）从业人员

2010年底，广西壮族自治区县级以上公共图书馆从业人员1 509名，男、女比例为1∶1.95；大学本科及以上学历人员561人，占总人数的37.18%；高级职称65人，占总人数的4.31%；中级职称479人；占总人数的31.74%；50岁（不含50）以下人员占总人数的83%。从行政级别的角度统计，广西壮族自治区省级公共图书馆从业人员329名，男、女比例为1∶1.32；大学本科及以上学历人员158人，占总人数的48.02%；高级职称46人，占总人数的13.98%；中级职称146人，占总人数的44.38%；50岁（不含50）以下人员占总人数的79%。少儿公共图书馆从业人员56名，男、女比例为1∶1.80；大学本科及以上学历人员15人，占总人数的26.79%；高级职称1人，占总人数的1.79%；中级职称33人，占总人数的58.93%；50岁（不含50）以下人员占总人数的84%。地市级公共图书馆从业人员362名，男、女比例为1∶1.17，大学本科及以上学历人员122人，占总人数的33.70%；高级职称15人，占总人数的4.14%；中级职称180人，占总人数的49.72%；50岁（不含50）以下人员占总人数的81.87%。县市级公共图书馆从业人员818名，男、女比例为1∶2.07，大学本科及以上学历人员112人，占总人数的13.69%；高级职称4人，占总人数的0.49%；中级职称153人，占总人数的18.70%；50岁（不含50）以下人员占总人数的83.31%。②

另外，市辖区公共图书馆从业人员779名，男、女比例为1∶1.20；大学本科及以上学历人员328人，占总人数的42.11%；高级职称12人，占总人数的1.54%；50岁（不含50）以下人员占总人数的83.15%；县域公共图书馆从业人员730名，男、女比例为1∶2.32，大学本科及以上学历人员96人，占总人数的13.15%；高级职称2人，占总人数的0.27%；50岁（不含50）以下人员占总人数的78%。

（5）共享工程

广西文化共享工程是全国文化共享工程的重要组成部分，在自治区党和政府的领导关心下，通过全区各地的共同努力，目前已取得阶段性成果。到2010年底，全区共建文化共享工程各级分中心691个，其中省中心2个（广西壮族自治区图书馆、广西壮族自治区桂林图书馆），市级中心9个（含南宁市少年儿童图书馆），县级中心（含市辖区）92个，乡镇基层点132个，社区219个，政府事业单位1个，村基层点180个；到2010年底，县级中心（含市辖区）增长至105个，村级服务点则随着广西党员干部现代远程教育点的铺开进行建设，10 000多个广西远程教育点均可看到共享工程资源。

2. 广西公共图书馆在全国公共图书馆中的位置

一直以来，广西各级公共图书馆各项业务指标保持着增长的发展势头，但与其他部分省（自治区、直辖市）仍有一定距离。由于调查表统计的数据与2011年出版的《中国图书馆年鉴》上公布的数据有一些出入，为体现公平原则，并准确把握广西壮族自治区公共

① 该数据来自2011年度《中国图书馆年鉴》第609~613页

② 该数据来自2011年度《中国图书馆年鉴》第609~613页

图书馆在全国公共图书馆中的位置，此部分所有数据都取自《中国图书馆年鉴》。

（1）人均馆舍建筑面积指标靠后。2010 年我国公共图书馆馆舍面积 900.4 万平方米，以全国 13.3 亿人计算，人均占有面积为 6.77 平方米，有 15 个省（直辖市）公共图书馆的人均馆舍面积超过全国平均水平，上海、宁夏、福建、浙江、天津、辽宁、海南、内蒙古、西藏、北京、江苏、新疆、青海、重庆、山西等的数据分别为 16.09、13.39、11.71、10.67、10.31、10.08、9.82、9.04、8.66、8.31、8.20、7.89、7.08、6.78，最低是河南省，仅为 3.45，其次是河北 3.46。广西公共图书馆馆舍面积 25.693 万平方米，以广西壮族自治区全区约 4 800 万人计算人均面积为 5.58 平方米，在 31 个省（自治区、直辖市）中排第 22 位，仅高于湖北、湖南、贵州、山东、陕西、四川、河南和安徽。在该课题所研究的西南地区排在第三位，而重庆排第一为 7.08 平方米、云南为 6.55 平方米、贵州为 44.58 平方米、四川为 42.1 平方米。在 5 个少数民族自治区中排在最末位。[①]

（2）公共图书馆万人占有率略高于全国平均数。2010 年我国有公共图书馆 2 884 个，以全国 13.3 亿人计算，平均约有 45 万人拥有 1 个公共图书馆。广西有 108 个公共图书馆，以广西壮族自治区全区约 4 800 万人平均约有 44 万人拥有 1 个公共图书馆，略低于全国平均数，在 31 个省（自治区、直辖市）中排第 18 位。但在 5 个少数民族自治区中排第 4 位，仅高于西藏。

（3）人均购书费、人均新增藏量购置费与全国的差距不断扩大。1980—2010 年，全国公共图书馆新增购书费在 2 273 万元的基础上，到 2010 年为 11 093 万元，而广西公共图书馆新增购书费在 82 万元的基础上，到 2010 年为 1863 万元，远远低于全国要求。

2010 年我国公共图书馆人均购书费为 0.829 元，有 8 个省（直辖市）公共图书馆人均购书费超过全国平均水平，其中，列前八位的上海、天津、北京、浙江、广东、辽宁、江苏、海南等省份的数据分别为 6.494 元、2.525 元、2.286 元、2.004 元、1.199 元、1.181 元、1.052 元和 1.008 元。最少的地区是河南省，仅为 0.154 元，而广西则为 0.405 元，在 31 个省（自治区、直辖市）中排列第 20 位，仅高于贵州、河南、河北、安徽、湖南、四川、江西、云南、青海、内蒙古、西藏等 11 个省（自治区）。在 5 个少数民族自治区中排第 3 位。

近年来，由于信息资源的多元化，各馆不同程度增加了图书以外资源，尤其是电子资源的资金分配额度，这也使得图书购置费（购书费）在新增藏量购置费中所占的比例有一定程度的减少。我国公共图书馆购书费支出占总支出的比重由 2009 年的 17.2% 上升为 2010 年的 17.3%，2010 年广西公共图书馆购书费支出占总支出的比重为 13.9%，远低于全国平均数，所以 2010 年广西公共图书馆购书费支出占总支出的比重反而较人均购书费略高，在 31 个省（自治区、直辖市）中排第 13 位，超过了人均购书费排在第 19 位的河北、第 22 位的江西、第 21 位的湖南。

（4）人均拥有藏量居中。全国公共图书馆总藏量在 2000 年为 40 953 万册（件）的基础上，增长到 2010 年的 61 726 万册（件）。而广西公共图书馆总藏量在 1 312 万册（件）的基础上，增长到 2010 年的 18 808.77 万册（件）。2010 年我国公共图书馆人均拥有藏量

① 该数据来自 2011 年度《中国图书馆年鉴》第 609 ~ 613 页

为0.46（册、件、套），列前三位的上海、天津、北京的数据分别为2.96、0.97、0.87（册、件、套），另有12个省（自治区）在0.4以上，最少的是西藏，仅为0.18（册、件、套）。广西为0.41（册、件、套），在31个省（自治区、直辖市）中位置居中，与湖北和甘肃、广西三省（自治区）并列排第14位。在5个少数民族自治区中排第3位，高于内蒙古和西藏。

（5）拥有计算机数量偏低。2010年，我国公共图书馆共有计算机142 772台，有13个省（直辖市）公共图书馆每千人拥有计算机数量超过全国平均水平。其中，位列前三位的广东、江苏、山东的数据分别为10 808、8 562、8 099台，最低是西藏，为178台。广西公共图书馆有计算机数量为4 990台，在31个省（自治区、直辖市）中排第10位。在5个少数民族自治区中排第1位。同年，我国公共图书馆共有电子阅览室终端83 124台，有5个省（直辖市）公共图书馆拥有电子阅览室终端数超过4 000台。其中，位列前三位的广东、山东、浙江的数据分别为6 453台、5 081台、4 473台，最低是西藏，为163台。广西公共图书馆拥有电子阅览室终端数为3 341台，在31个省（自治区、直辖市）中排第10位，在5个少数民族自治区中排第1位。

（6）高级专业技术人才偏少。2010年全国公共图书馆有高级职称人员4 408人，占总从业人员数53 564人的8.229%。其中，列前三位的山东、江苏、黑龙江的公共图书馆有高级职称人员数据分别为352、328、287人，占高级职称总人员比例分别为7.99%、7.44%、6.51%，最少的是海南7人和西藏6人，仅为0.16%和0.14%。广西公共图书馆有高级职称人员65人，占全国公共图书馆有高级职称人员数的1.47%，在31个省（自治区、直辖市）中位置靠后，排第25位。在5个少数民族自治区中排最后3位。

（7）馆舍建筑面积。在省级、地级、县级公共图书馆定级必备条件中，地市级一级图书馆的必备条件之一是“馆舍建筑面积不低于8 000平方米”，县市级一级图书馆的必备条件之一是“馆舍建筑面积不低于3 000平方米，城市的区图书馆不低于2 000平方米”。地市级二级图书馆的必备条件之一是“馆舍建筑面积不低于6 000平方米”，县市级二级图书馆的必备条件之一是“馆舍建筑面积不低于2 000平方米，城市的区图书馆不低于1 500平方米”。广西壮族自治区除少儿图书馆以外的13家地市级公共图书馆①，馆舍建筑面积达到一级馆标准的只有南宁市图书馆、柳州市图书馆、北海市图书馆和河池市民族图书馆4家，占总数的30.77%，其余9家均在5 000平方米以下，连被评为二级馆的资格都丧失了；在92家县市级公共图书馆（含9家市辖区图书馆）中，馆舍建筑面积达到一级馆标准的只有横县图书馆、鹿寨县图书馆、博白县图书馆、北流市图书馆4家县市级图书馆以及南宁市邕宁区图书馆、百色市图书馆2家城区图书馆，仅占总数的6.52%，达到二级馆标准的只有宾阳县图书馆、柳江县图书馆、融水苗族自治县图书馆、永福县图书馆、资源县图书馆、灵山县图书馆、平南县图书馆、桂平市图书馆、凌云县图书馆、田林县图书馆、扶绥县图书馆等11家县市级图书馆以及南宁市兴宁区图书馆、南宁市青秀区图书馆、南宁市江南区图书馆、南宁市西乡塘区图书馆、防城港市防城区图书馆、来宾市

① 该数据来自2011年度《中国图书馆年鉴》第636~637页

兴宾区图书馆等6家城区图书馆，占总数的18.48%。①

（8）年新增藏量购置费。《省级图书馆评估标准》中规定的省级图书馆新增藏量购置费每年为1 000万元、800万元、500万元、400万元、200万元五个档，达到最高一档1 000万的可得满分20分，最低一档200万则可得6分。而从广西壮族自治区2家省级馆2010年新增藏量购置费只有9 207 000元的数据来看，广西壮族自治区图书馆能拿到最低一档的6分，广西壮族自治区桂林图书馆为省级馆不得分。《地市级图书馆评估标准》中规定的地市级图书馆新增藏量购置费每年为60万元、55万元、50万元、45万元、40万元、35万元、30万元七个档，达到最高一档60万的可得满分20分，最低一档30万则可得2分。而从广西壮族自治区除少儿图书馆之外的13个地市级馆2010年新增藏量购置费5 025 000元的数据来看，除南宁市图书馆、柳州市图书馆可拿满分，玉林市图书馆可拿到第六档35万的4分外，其余9家（占69.23%）在此项上均不得分。《县市级图书馆评估标准》中规定的县市级图书馆新增藏量购置费每年为15万元、12万元、10万元、8万元、6万元、4万元六个档，达到最高一档15万的可得满分20分，最低一档4万得5分。而从广西壮族自治区92家县级馆2010年新增藏量购置费来看，除靖西县图书馆2010年的新增藏量购置费超过210万元可拿满分20分，横县图书馆可拿第三档10万的14分，北流市图书馆可拿第四档8万的11分，武鸣县图书馆、上林县图书馆、柳江县图书馆、藤县图书馆、合浦县图书馆、昭平县图书馆、宜州市图书馆7家可拿第五档6万的8分；宾阳县图书馆等18家可拿最低一档的5分之外，其余64家（占69.57%）在此项上均不得分。

（9）总藏量。《省级图书馆评估标准》中规定的省级图书馆总藏量为350（万册、件）、300（万册、件）、250（万册、件）、200（万册、件）、150（万册、件）五个档，达到最高一档350万的可得满分10分，最低一档150万则可得2分。而从广西壮族自治区2家省级馆2010总藏量为4 995 020（册、件）的数据来看，两家省馆均只能拿到第四档的4分。《地市级图书馆评估标准》中规定的地市级图书馆总藏量为50（万册、件）、45（万册、件）、40（万册、件）、35（万册、件）、30（万册、件）五个档。从广西壮族自治区除少儿图书馆之外的11个地市级馆截至2010年底总藏量4 207 990（册、件）的数据来看，达到第一档的只有南宁市图书馆和柳州市图书馆2家；达到第二档的有梧州市图书馆和玉林市图书馆2家；其余9家（占69.23%）连最低一档都达不到，在此项上不得分。《县市级图书馆评估标准》中规定的县市级图书馆总藏量为20（万册、件）、17（万册、件）、14（万册、件）、11（万册、件）、8（万册、件）、4（万册、件）、5（万册、件）六个档，从广西壮族自治区92个县级馆截至2010年底总藏量为9 605 760（册、件）的数据来看，达到第一档的只有桂平市图书馆、博白县图书馆2家；达到第二档的有合浦县图书馆、容县图书馆、北流市图书馆3家；达到第三档的有武鸣县图书馆、横县图书馆、全州县图书馆、平乐县图书馆、平南县图书馆、百色市图书馆、靖西县图书馆、钟山县图书馆8家；达到第四档的有18家；第五档的21家；第六档的22家；其余18家（占

① 该数据来自2011年度《中国图书馆年鉴》第609～613页

19.57%）在此项上不得分。[①]

（四）四川省公共图书馆服务体系建设现状分析

1. 四川省公共图书馆服务现状概述

公共图书馆过去一直是老百姓汲取知识的一块文化“热土”。然而，从课题组成员于2009年1月至2011年12月在四川各地实地调查和有效回收问卷的情况可以看到，在四川省很多公共图书馆都受藏书供需脱节、服务质量不高、服务环境有限以及互联网普及等很多因素的影响，大多数公共图书馆“上座率”不高，仅有的几家优质图书馆则人满为患。如在成都市图书馆看到其馆内的自习室、阅览室、借阅室仍座无虚席，借还书的读者络绎不绝。在该馆两位馆长的介绍下，也了解到成都市图书馆条件在整个四川省算不错的，但馆里每天只能容纳1 000多人阅读。经常图书馆还没开门，就有人在等着了。而另一方面，更多的图书馆却门前冷落鞍马稀。例如，坐落于成都市中心的四川省图书馆就显得有些“落寞”。2010年8月的一天，课题组成员在那里看到，能容纳近200人的二楼现刊阅览室和新书阅览室，有三分之二的座位还闲置着，多媒体阅览室仅有一两个年轻人在使用。

基层社区的图书馆同样格外冷清。课题组成员在调查中发现，大部分基层图书馆因图书数量少、品种少、硬件条件较差，变成乏人问津的“鸡肋”。[②] 部分社区、街道图书馆位置隐蔽，宣传不到位，“养在深闺人不识”，辛辛苦苦建起的图书馆成了可有可无的“摆设”。

乐山市图书馆席毅强馆长说：“如何能使图书馆真正成为传播文化的沃土，有很多图书馆开始了自下而上的探索，通过开展多元化服务，打造文化、信息、学术、教育‘四中心’，满足广大群众精神文化教育生活的需要。作为一家基层公共图书馆，乐山市图书馆经历了从‘遭冷落’到‘受热捧’的蜕变。特别是在5年以前，平均每天来借阅图书的只有几十人，现在已达到四五百人。乐山市图书馆席毅强馆长的艺术专长也带动了该馆各种活动的开展，为图书馆的发展给很大的帮助。从与乐山市图书馆馆长的交流中也体现到该馆的发展主要力度是政府加大投入、管理理念的深入、馆内硬件改善、服务方式转变以及图书馆功能延伸是他们的‘五大法宝’。”

峨眉山市图书馆也是一家以图书馆带动艺术氛围的基层县级图书馆，在当地很有名气的书法专家峨眉山市图书馆林栩馆长说：“在10年以前峨眉山市图书馆是‘关起门’来办馆，群众知晓度、认可度、使用度不高。现在主动把文化资源‘送’到市民、村民手中，通过进机关、进社区、驻乡镇等来开展‘上门办证、培训服务’，不定期向辖区内市民、乡镇、各个行政村、农家书屋、文化站发放新书推荐、图书馆简报等宣传册，真正把文化的种子‘播’到市民中。”

在众多延伸服务中，让公民获益匪浅的是四川省大力推进的数字图书馆工程和农家书屋的快速发展。以成都市图书馆为例，到2010年数字资源总量突破5 000万篇，接待读者100多万人次，实现网上借阅120多万篇次。

---

① 该数据来自2011年度《中国图书馆年鉴》第609～613页

② 吴晓颖、叶建平．公共图书馆如何焕发生机，四川图书馆现状调查［EB/OL］．［2012－2－12］．（新华网）．http：//news. sohu. com/20100814/n274211289. shtml

《四川省公共图书馆条例》规定，各级公共图书馆基本收藏文献信息资源，不得低于以所属行政区域常住人口计人均0.5册（件）。公共图书馆入藏文献信息资源应当逐年增加。其中，省图书馆每年新增文献藏量不得低于15万册（件）；市（州）图书馆不得低于1.5万册（件；县（市、区）图书馆不得低于5 000册（件）；街道、乡镇、社区、村图书馆（室）不得低于400册（件）。《条例》对公共图书馆每周开放时间作了规定，省图书馆、成都市图书馆70小时以上；市（州）图书馆63小时以上；县（市、区）图书馆及其分馆56小时以上；街道、乡镇、社区公共图书馆（室）28小时以上，少年儿童图书馆（室）31小时以上。虽然近年来四川省各级政府在快速推进图书馆等基层公共文化服务体系建设，但专家普遍认为，长久以来我国基层文化建设历史“欠账”太多，购书经费投入不均、人均藏书量偏低、专业人才缺乏等导致基层县市、乡镇图书文化服务体系还比较薄弱，图书资源没有得到有效优化配置。例如，从表3－9到表3－38所示的四川省2010年省级公共图书馆、地市级公共图书馆、县市级图书馆的基本情况数据显示了四川省的基层图书馆服务体系存在的问题。

四川省图书馆王嘉陵馆长说：在四川省各级财政收入分配购书经费“捉襟见肘”的同时，四川省各级公共图书馆还缺乏打造自身特色的意识，盲目地追求“大而全”，用有限资金“千馆一面”地配置了种类繁多的书籍，既加剧了购书经费紧张，又导致了资源浪费，一些很少被读者涉猎的书籍躺在馆中“睡大觉”。另外，专业人才缺失也是制约四川省公共图书馆发展的一大瓶颈。

虽然《四川省公共图书馆条例》可以为公共图书馆良性运转“保驾护航”，但四川省公共图书馆工作人员待遇不高也容易影响其工作积极性和服务质量。很多图书馆工作人员反映，和图书馆“365天全年服务、平均每天开放12小时”的工作量相比，自己每月1 500元左右的工资，实在有些“廉价”。“待遇差、社会保障体系不完备，很难吸引到高质量的图书管理人才，也不利于服务质量的提升。”四川省图书馆馆长李忠晨认为，只有打破了资金瓶颈、人才瓶颈，并不断创新资源服务和共享长效机制，才能让图书馆这颗“文化种子”长成“参天大树”。

2. 四川省公共图书馆服务体系的基本情况分析

四川省公共图书馆的基本情况参见表3－9到表3－38所示的数据。由于公共图书馆的基本情况包括种类很多、又复杂，如人均藏书册数、总流通人次、机构数、从业人员数、财政拨款、总支出、新均购图书册数、购书经费支出、公用房屋建筑面积、延伸服务情况、阅览室面积、电子阅览室面积、本年新购藏量、新增藏量购置费等内容。笔者在这里选取2010年四川省公共图书馆的省级、地市级、县市级公共图书馆的购书费、外借图书册次、总藏量来与全国和西南地区的情况进行比较分析并提出相关问题和措施。

（1）数据的统计分析

2010年西南地区公共图书馆分级别购书费占总支出的比重、外借图书册次、总藏量在全国的排序及在西南地区的排序如表4－20、表4－21、表4－22所示。

表 4-20 2010 年西南地区公共图书馆分级别购书费占总支出比重在全国的排序

省级			地市级			县市级		
全国排序	图书馆名称	比重（%）	全国排序	图书馆名称	比重（%）	全国排序	图书馆名称	比重（%）
14	云南图书馆	23.3	11	黔西南州图书馆	34.6	2	四川宁南县图书馆	73.8
17	重庆图书馆	21.6	17	成都市图书馆	31.2	8	广西金秀县图书馆	67.4
18	广西桂林图书馆	21.6	24	昆明市图书馆	28.7	23	贵州德江县图书馆	54.3
22	广西图书馆	19.8	29	普洱市图书馆	25.3	25	四川宜宾县图书馆	54.1
23	四川图书馆	19.4	40	保山市图书馆	23.1	30	重庆市双桥区图书馆	50.0
29	重庆少儿图书馆	16.2	48	大理州图书馆	22.2	40	贵州锦屏县图书馆	43.6
30	贵州图书馆	14.1	49	北海市少儿图书馆	22.0			
37	广西少儿图书馆		68	南宁市少儿图书馆	20.1			
			73	玉溪市图书馆	19.7			
			94	雅安市图书馆	17.4			

说明：表 4-20 中该数据来自 2011 年度《中国图书馆年鉴》第 656~657 页，其中省级图书馆是指全国的 37 个省级馆，地市级是指全国地市级图书馆购书费占总支出的比重排名前 100 位的图书馆，县市级是指全国县市级图书馆购书费占总支出的比重排名前 50 位的图书馆

从表 4-20 中 2010 年四川省公共图书馆省级、地市级、县级这三级图书馆购书费占总支出的比重在全国的排序及在西南地区的排序情况。

2010 年在全国 37 家省级公共图书馆购书费占总支出的比重在全国的排序中四川省只有 1 家省级公共图书馆入选，即四川省图书馆购书费占总支出的比重为 19.4%（册、件）排第 23 名；而在西南地区省级公共图书馆购书费占总支出的比重中排第 5 名。

2010 年全国 100 家地市级公共图书馆购书费占总支出比重在全国的排序中四川省只有 2 家地市级公共图书馆入选，即成都市图书馆购书费占总支出的比重为 31.2%，排第 17 名；雅安市图书馆购书费占总支出的比重为 17.4%，排第 94 名。而在西南地区地市级公共图书馆购书费占总支出的比重中成都市图书馆购书费占总支出的比重排第 2 名，雅安市图书馆购书费占总支出的比重排第 10 名。

2010 年全国 100 个县市级公共图书馆购书费占总支出的比重在全国的排序中四川省只有 2 家县市级公共图书馆入选，即四川宁南县图书馆购书费占总支出的比重为 73.8%，排第 2 名；四川宜宾县图书馆购书费占总支出的比重为 54.1%，排第 25 名。而在西南地区县市级公共图书馆购书费占总支出的比重中四川宁南县图书馆购书费占总支出的比重排第 1 名，四川宜宾县图书馆购书费占总支出的比重排第 4 名。

表 4-21 为 2010 年四川省公共图书馆省级、地市级、县级这三级图书馆外借图书册次在全国及西南地区的排序情况。

2010 年全国 37 家省级公共图书馆外借图书册次在全国的排序中四川省只有 1 家省级公共图书馆入选，即四川省图书馆外借图书册次为 47 627（册、件）排第 34 名；而在西南地区省级公共图书馆外借图书册次中排第 8 名（排在最后，四川省人口在西南地区是最

多的省）。

2010 年全国 100 家地市级公共图书馆外借图书册次在全国的排序中四川省只有 1 家地市级公共图书馆入选，即成都市图书馆外借图书册次为 1 664 619（册、件）排第 6 名，而在西南地区地市级公共图书馆外借图书册次中成都市图书馆外借图书册次排第 1 名。

表 4－21　2010 年西南地区公共图书馆分级别按外借图书册次在全国的排序

省级			地市级			县市级		
全国排序	图书馆名称	总藏量（册、件）	全国排序	图书馆名称	总藏量（册、件）	全国排序	图书馆名称	总藏量（册、件）
11	广西图书馆	998 950	6	成都市图书馆	1 664 619	4	重庆巴南区图书馆	1 115 066
13	重庆图书馆	967 061	50	柳州市图书馆	424 833	27	重庆渝北区图书馆	480 000
19	云南图书馆	570 000	55	内江市图书馆	358 000	31	昆明少儿馆图书馆	469 462
21	贵州图书馆	452 383	58	北海少儿图书馆	346 157	51	重庆焙陵区图书馆	384 000
24	重庆少儿图书馆	353 885	64	昆明市图书馆	329 144	56	广西灵山县图书馆	319 592
28	广西桂林图书馆	293 043	73	泸州市图书馆	299 000	77	四川崇州市图书馆	296 130
33	广西少儿图书馆	151 105	76	曲靖市图书馆	281 099	84	四川龙泉驿区图书馆	267 237
34	四川图书馆	47 627	82	广西贺州图书馆	268 223	89	重庆沙坪坝区图书馆	261 035
			87	南宁市图书馆	251 389	90	四川威远县图书馆	260 000
						96	重庆九龙玻区图书馆	250 000
						97	重庆铜梁县图书馆	250 000

说明：表 4－21 中该数据来自 2011 年度《中国图书馆年鉴》第 654～655 页，其中省级图书馆是指全国的 37 个省级馆，地市级和县市级图书馆是指全国地市级、县市级图书馆外借册次排名前 100 位的图书馆

2010 年全国 100 个县市级公共图书馆外借图书册次在全国的排序中四川省只有 3 家县市级公共图书馆入选，即四川崇州市图书馆外借图书册次为 296 130 册（件）排第 77 名、四川龙泉驿区图书馆外借图书册次为 267 237 册（件）排第 84 名、四川威远县图书馆外借图书册次为 260 000 册（件）排第 90 名；而在西南地区县市级公共图书馆外借图书册次中四川崇州市图书馆外借图书册次为 296 130 册（件）排第 6 名、四川龙泉驿区图书馆外借图书册次为 267 237 册（件）排第 7 名、四川威远县图书馆外借图书册次为 260 000 册（件）排第 9 名。

从表 4－22 中显示 2010 年四川省公共图书馆省级、地市级、县级这三级图书馆总藏量在全国及西南地区的排序情况。

2010 年全国 37 家省级公共图书馆总藏量中四川省只有 1 家省级公共图书馆入选，即四川省图书馆总藏量为 4 932 776 册（件）排第 10 名；而在西南地区省级公共图书馆总藏量中排第 1 名。

2010 年全国 100 家地市级公共图书馆总藏量中四川省只有 4 家地市级公共图书馆入选，即成都市图书馆总藏量为 2 920 640 册（件）排第 6 名、广安市图书馆总藏量为 1 154 000 册（件）排第 28 名、绵阳市图书馆总藏量为 580 666 册（件）排第 78 名、泸州市图书馆

总藏量为544 800册（件）排第85名；而在西南地区地市级公共图书馆总藏量中成都市图书馆总藏量排第1名、广安市图书馆总藏量排第2名、绵阳市图书馆总藏量排第7名、泸州市图书馆总藏量排第8名。

2010年全国100个县市级公共图书馆总藏量中四川省只有2家县市级公共图书馆入选，即四川双流县图书馆总藏量为414 000册（件）排第82名、四川郫县图书馆总藏量为402 509册（件）排第86名；而在西南地区县市级公共图书馆总藏量中四川双流县图书馆总藏量排第4名、四川郫县图书馆总藏量排第5名。

表4-22 2010年西南地区公共图书馆分级别总藏量在全国的排序

省级			地市级			县市级		
全国排序	图书馆名称	总藏量（册、件）	全国排序	图书馆名称	总藏量（册、件）	全国排序	图书馆名称	总藏量（册、件）
10	四川图书馆	4 932 776	6	成都市图书馆	2 920 640	14	重庆北碚区图书馆	895 300
18	重庆图书馆	3 056 722	28	广安市图书馆	1 154 000	32	重庆长寿区图书馆	596 513
20	云南图书馆	2 972 642	38	柳州图书馆	919 749	48	重庆涪陵区图书馆	501 783
23	广西图书馆	2 346 129	49	贵阳市图书馆	798 935	82	四川双流县图书馆	414 000
24	广西桂林图书馆	2 323 038	54	南宁市图书馆	744 526	86	四川郫县图书馆	402 509
29	贵州图书馆	1 615 997	72	昆明市图书馆	603 000	96	广西博白县图书馆	368 990
34	重庆市少儿图书馆	691 241	78	绵阳市图书馆	580 666	98	重庆渝北区图书馆	359 291
37	广西少儿图书馆	325 849	85	泸州市图书馆	544 800			
			92	广西梧州图书馆	525 493			
			100	遵义市图书馆	500 000			

说明：表4-22中数据来自2011年度《中国图书馆年鉴》第652~653页，其中省级图书馆是指全国的37个省级馆，地市级和县市级图书馆是指全国地市级、县市级图书馆总藏量排名前100位的图书馆

（2）四川省公共图书馆服务建设的障碍因素分析

在四川省各级公共图书馆范围内，凸显出基础设施和硬件设施滞后，购书经费和人员编制不足，管理科技含量低等问题。通过调研和表3-9到表3-38所示的数据分析，四川省各级公共图书馆存在的主要问题集中体现在以下几方面。

（1）四川省各级公共图书馆服务基础环境问题

大多数公共图书馆馆舍面积偏小，馆藏图书陈旧，多数为20世纪90年代以前购进，之后受经费限制、书价上涨等因素的影响，采购图书的数量少，质量差，不能满足读者需求，导致阅读人次不多，因缺乏现代化设施设备导致服务方式被动，服务手段落后。例如，2010年8月19日，课题组在眉山市图书馆查阅读者登记的笔录中看到，该馆综合阅览室每天最多的读者还不到20人次。

（2）四川省各级公共图书馆队伍建设与经费投入问题

由于历史原因和传统偏见，大多数四川省公共图书馆编制很难受到重视，普遍存在着编制不足，在岗人员少的问题。如雅安市宝兴县、芦山县图书馆，编制人数只有3人或2

人，在岗人员 3 人或 1 人。再如雅安图书馆编制 17 人，在职人数 19 人，现有馆藏 31 万册，对外服务窗口 7 个，按规定编制应为 30 ~ 35 人。专业技术人员缺乏，特别是县（区、市）图书馆，调进人员多为老、弱、病、残的关系户，学历偏低、业务水平差，延伸服务无法进行，很不适应现代图书馆发展的要求。办公经费和购书经费不足，人均购书经费仅 0.064 元，居该省低水平，很多馆办公经费挤占购书费，影响了正常工作的开展。

人才是四川省图书馆事业发展中最重要的因素，对于四川省公共图书馆编制不足的问题，应引起高度重视。对于图书馆人才的培养一是要严把准入关，坚持“凡进必考”的原则，有选择性引进高技术人才；二是加强培训，对现有人力资源优化组合、岗位培训。要想办法对职工进行图书馆业务知识和计算机知识的培训，可以采取自办培训班和送出去培训或“请进来，走出去”，学习和交流，不断地更新知识，更新观念。同时要培养和造就一支掌握图书馆专业知识，熟练现代化技术的图书馆管理人才。加强思想政治工作，培养职工的荣辱观，帮助职工树立爱岗敬业精神，激发职工的积极性和创造性。综上所述，虽然四川省公共图书馆的发展现状不尽如人意，但是有四川各级政府领导的关心和支持，有社会各界人士的呼吁帮助，四川省公共图书馆人应增强自信心，解放思想，开拓创新，克服因循守旧，妄自菲薄的思想，树立主人翁责任感，盘活现有人力物力资源，并不断探索新的发展思路。

四川省各级公共图书馆要认真贯彻国家、四川省各级政府关于支持文化事业发展若干经济政策的精神，把文化建设纳入经济和社会发展总体规划，文化经费列入当地财政预算。把四川省各级公共图书馆发展需求转化为各级政府的意旨，根据当地经济发展状况，人民群众对文化的需求，科学的制定发展规划和目标的实施。四川省各级财政部门要认真落实国家、四川省各级政府有关图书馆建设的文件精神和遵循《四川省公共图书馆条例》的规定，确保四川省各级公共图书馆购书经费每年地市级图书馆不低于 10 万元，县（区、市）级图书馆不低于 5 万元，并逐年有所增加。借文化大发展、大繁荣之机，改变四川省各级公共图书馆基础设施落后的现状，增加购书经费，加快馆藏文献资料的更新换代，更好地服务社会经济，为构建和谐社会和新农村建设提供信息保障和智力支持。

（3）管理服务模式问题

四川省有很多地市级图书馆对各县（市、区）图书馆的业务指导执行力度非常弱，缺乏统一领导，各馆独立发展，缺乏馆际协作。由于管理体制的限制，各县（市、区）图书馆“各自为政”、“条块分割”，造成业务工作重复劳动，资源浪费，无法实现图书、人员、技术、数字资源等全面共享。

公共图书馆建设是构建社会主义公共文化服务体系的一个重要组成部分。加大财政投入力度，加快公共图书馆网络体系建设，实现资源共享，是保障公民充分享有信息资源基本文化权益的体现；是实现政治、经济、文化、社会协调发展，全面推进小康社会建设的迫切需要。

四川省各级公共图书馆网络建设严重滞后，传统管理、手工操作仍占主流。在被调查的 80 多个馆中，只有十几家县（市、区）图书馆采用计算机管理，其他的图书馆还处于传统手工管理阶段，还有一些图书馆没有电子阅览室，只有各个地市级图书馆建了电子阅览室，且设施不完善。在已步入信息时代的今天，如此传统落后的手工管理模式和现代服务设施的缺乏必将严重阻碍四川省各级公共图书馆的发展，同时影响到社会公众对图书馆的利用和认同。

（4）四川省各级图书馆信息资源网络体系建设问题

借鉴发达国家和我国发达地区图书馆集群管理的模式，即在一定地域范围采用总分馆管理，实现人员、资金、文献及设备等由总馆统筹管理，业务上统一协调分工合作，资源共享。根据我国实情，在不能改变原有行政隶属、人事和财政关系的情况下，可采取“政府主导，统一组织，经费分担，分步实施”的基本原则，由各级政府发文、各级文化局与各地（市）、区县（市）政府签约，地（市）政府和各区县（市）政府共同出资，推动实施总分馆建设。其优势表现为：首先是能够整合各个地（市）级、区县（市）级图书馆资源，各种资源得到优化组合，并逐步系统化；其次是建立统一的服务平台，扩大资源共享范围，实现真正的资源共享，构建方便人民群众的图书馆服务网络；第三是拓展服务范围，延伸服务领域，举办丰富多彩的活动，满足人民群众不同的文化需求；第四是提升基层水平，促进本地区图书馆事业的整体发展；最后是节省资金和劳动力，经济效益明显。①

（5）加强文化共享工程的建设力度

抓住“全国文化信息资源共享工程建设”、国家投入专项资金建设乡镇文化站、农村书屋等项目建设的契机，构建四川省各个区域内城乡公共图书馆服务体系。国家分批为每个县投入68万元的设施建设“共享工程”基础中心，这些先进设备为县（市）级图书馆网络建设提供了物资条件和技术支持，大大降低了基层馆使用现代信息技术的门槛，将推动四川省各个公共图书馆的网络建设。国家投入的18万元乡镇文化站专项建设资金，使文化站有了固定场所阵地，也为乡镇图书馆（室）建设发展带来机遇，农村书屋项目的建设提供了文献资源。以上重点工程和项目建设，加之当地财政配套资金，把“共享工程”运转费用纳入四川省各个区域内图书馆的正常工作经费，四川省各个区域内现代化图书馆服务体系的构建、数字化、网络化服务就可以实现。

（6）四川省基层公共图书馆的联盟协作建设问题

公共图书馆联盟是当代图书馆事业建设的重要组成部分，由于众多的公民都分散在各类城市、城镇、乡村生活工作，使得基层公共图书馆是国家图书文献传递体系中十分重要的基础功能部位，对当地的社会和经济的发展，对民众的文献信息需求、生产和生活的质量影响极大。但是长期以来，四川省各个地方对基层公共图书馆财政投入严重不足，导致基层公共图书馆生存困难，事业发展缓慢，馆内资源严重匮乏，根本无能力为社会公众提供有效的、适合的文献情报服务。② 构建四川省各个基层公共图书馆联盟，将四川省各个城乡区域范围内各类型的图书馆联合起来，利用馆际之间资源优势互补，在区域内构建全方位、多层次的信息资源保障体系，发挥各类图书馆的整体效应作用，提高各类联盟成员馆间读者群和区域内各单位的文献信息资源保障能力，实现《图书馆服务宣言》和《图书馆合作与信息资源共享武汉宣言》中信息资源共建、共享和服务所有社会成员的目标，

---

① 张建跃 沈云丹．雅安市公共图书馆发展现状与思考［EB/OL］．［2012－12－22］．http：//www. baidu. com

② 王丽华．我国图书馆联盟研究综述［J］．图书与情报，2008（2）：29－34

使有限资源为大家所共享，保障全体社会成员的信息权利公平，才能使普遍、平等信息服务的图书馆精神真正落实。

四川省基层公共图书馆联盟是满足各个区域内所有公民对文献情报的需要，为全体社会成员提供普遍、平等、适用的文献情报信息服务，是图书馆尤其是公共图书馆的基本职能。随着城市化进程的加快，四川省内的县城人口通常由5万以下增长到30万以下，地级城市则通常达到50万人以上；新城区的面积也是老城区的数倍，然而基层公共图书馆的数量和服务网点并没有增加，其基础设施和馆藏资源增加缓慢，个别地方甚至是“零”增长，导致四川省各个基层公共图书馆平均覆盖面积太大，不能方便用户，资源总量和结构根本无法服务社会大众。如果四川省各个基层公共图书馆不和其他类型的图书馆有效地合作，不能实现区域内各个图书馆资源的共建、共享，为区域内的所有人提供普遍、平等的文献信息服务就是空话。① 这些问题在一定时期内不可能靠新建图书馆来解决，只有尽快建立四川省各个区域内的基层各类图书馆联盟体，才能基本化解读者文献需求的矛盾。

五、案例分析：以贵州省公共图书馆服务体系的现状为例

2009年7月至2011年12月，课题组成员从贵州省文化厅了解到，针对该省公共图书馆的真实情况不明，数据不完善等实际情况，2009年贵州省文化厅借全国公共图书馆第四次评估定级工作的机会，决定对该省所有地、州、市、县、区公共图书馆进行深入认真评查。为确保这次评估定级和调研工作的顺利进行，贵州省文化厅从省图书馆、高校图书馆和地市级图书馆中抽调具有副研究馆员以上职称的专家，组建了9个专家组，深入到该省9个地、州、市和81个县、区、市图书馆进行检查评估。② 本课题组主要成员贵州省图书馆钟海针馆长作为专家组成员参加这次评估工作，故借此机会专门设计了《2009年贵州省公共图书馆情况调查表》。各专家组所到之处，除实地察看基层公共图书馆的情况，把每个图书馆的馆舍、馆貌拍摄下来，还要求各馆填写《2009年贵州省公共图书馆情况调查表》，盖上公章，由评估专家组收回。之后，课题组又通过电话、走访等形式对一些数据进行核实，虽然本次课题调研工作的内容多和难度大，但对贵州省各级公共图书馆进行一次拉网式摸底调查，能较真实地、全方位地掌握贵州省各级公共图书馆的基本情况。

（一）贵州省公共图书馆基础设施建设方面

从调查的材料中显示，“十一五”期间贵州省公共图书馆基础设施建设有较大发展。贵州省2006年至2011年新建公共图书馆舍23个，其中地市级馆1个，县市级馆22个。截至2011年底，贵州省有建制的县级以上公共图书馆93个。由于1个地市级图书馆和1个县级图书馆仅有编制，没有馆舍、藏书、设施设备等，所以实际是91个公共图书馆。其中省级馆（贵州省图书馆）1个，地市级馆8个，县市级馆82个。截至2011年底，贵州省县级以上公共图书馆馆舍建筑总面积166 388.6平方米。其中省级馆22 744平方米，

---

① 江新．论区域性文献资源共建共享活动的运行障碍［J］．图书馆建设，2009（4）：13－15

② 该节内容选自本课题阶段性成果：西南地区公共图书馆服务管理的现状与分析［J］．图书情报工作，2010（17）：8－13；西南地区公共图书馆特色数据库建设的现状调查与分析［J］．新世纪图书馆，2010（6）：78－81；贵州省基层公共图书馆从业人员现状的调查与分析［J］．国家图书馆学刊，2010（4）：68－72

占13.7%；地市级馆58 000.3平方米，占34.9%；县市级馆85 644.3平方米，占51.5%。笔者将调查的事实材料数据统计结果见表4－23所示。

从表4－23中发现，贵州省9个地州市中铜仁地区虽有图书馆建制和机构，但一直没有馆舍、设施设备、藏书等。黔东南州图书馆原有建筑面积为4 580平方米的馆舍（1985年建）。2008年5月，因贵州省第三届旅游发展大会在黔东南召开和凯里市城市规划要求，黔东南州图书馆馆舍被拆除，贵州省88个县区市中一些地州市行政直辖区没有公共图书馆建制，如贵阳市云岩区、南明区、小河开发区、安顺市西秀区、遵义市红花岗区、汇川区。六盘水市中山区虽有图书馆建制，却没有馆舍、设施设备、藏书。另有15个县级图书馆，原建的馆舍由于各种原因处于无馆舍状态。

表4－23　2011年贵州省公共图书馆馆舍情况

各地区馆建筑总面积（平方米）	贵州省馆	毕节地区	六盘水	遵义市	贵阳市	铜仁地区	安顺市	黔东南州	黔南州	黔西南州	合计
	22 744	13 584	9 034	43 030.64	18 921	8 496.2	6 527.2	14 599.92	16 731.04	12 720.64	166 388.6
各级图书馆建筑总面积（平方米）		省级图书馆			地市级图书馆				县级图书馆		
		22 744			58 000.3				85 644.3		
地市级馆（个）	20 000平方米以上		15 000～20 000平方米		10 000～15 000平方米		5 000～10 000平方米		2 000～5 000平方米		无馆舍
	1		0		1		2		3		1
县市级馆（个）	2 000平方米以上		1 500～2 000平方米		1 000～1 500平方米		500～1 000平方米		500平方米以下		无馆舍
	14		8		17		19		8		15
馆舍建成时间	2006～2009		2001～2005		1996～2000		1991～1995		1986～1990		1981～1985
	22		12（含省馆）		11		7		9		12
地市级	1		0		0		3		1		1
县市级	21		11		11		4		8		11

注：1980年前建的馆舍只有六盘水市图书馆（1978年建成）；表4－23中该数据来自2011年度贵州省图书馆学会年度报告

计算机设备是现代图书馆的重要标准之一。“十一五”之前，贵州公共图书馆尤其是县级公共图书馆除遵义县图书馆和六枝特区图书馆仅有的几台电脑外，其他县级馆计算机设备均为零。“十一五”期间，文化部、财政部“文化信息资源共享工程”的实施，极大促进了该省县级图书馆的现代化建设，2011年该省各县公共图书馆计算机设备拥有情况见表4－24所示。

表4－24　贵州省公共图书馆计算机设备情况

省馆/各地区	微机总数（台）	电子阅览室PC机（台）	服务器（台）	OPAC设备（台）
省　馆	405	86	24	16
贵阳市	393	204	26	6
六盘水	196	105	13	5
遵义市	568	387	60	6
安顺市	131	94	12	0
黔南州	271	205	30	5

续表

省馆/各地区	微机总数（台）	电子阅览室 PC 机（台）	服务器（台）	OPAC 设备（台）
黔西南州	366	265	27	2
毕节地区	178	137	19	6
黔东南州	319	269	37	0
铜仁地区	216	190	21	0
该省总计	3043	1942	269	46

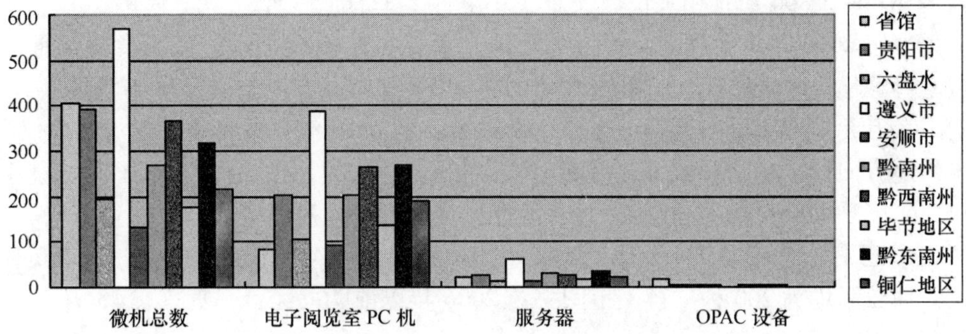

图 4－3　贵州省各地区的计算机设备数量图

从表 4－24 中看到，截至 2010 年底，贵州省各级公共图书馆拥有电子计算机 3 043 台，其中省级馆 405 台，占 13.31%；地市级馆 297 台，占 9.76%；县市级馆 2341 台，占 76.93%。[①] 从省级、地市地级、县级三级公共图书馆的情况看，该省地市级公共图书馆电子计算机设备配置较差，8 个地市级图书馆电子计算机不足 200 台的馆有 3 个，其中安顺市图书馆仅有 131 台电子计算机。笔者通过比较，得到贵州省各地区的计算机设备数量也存在不均衡现象，如图 4－3 所示。

（二）贵州省公共图书馆资源共建共享方面

公共图书馆是属于消费型的公益事业，需要充足的经费才得以维持和发展。由于现有的图书馆管理体制，使得经济发达地区与相对贫困地区政府在经费的投入上不一致，包括同一级的图书馆也有很大的差距，导致了图书馆事业发展的不平衡，主要体现在经费的投入和观念上。有关资料显示，2010 年我国人均拥有馆藏图书 0.46 册、年购书经费 0.829 元；有 756 个县级公共图书馆全年无一分钱的购书费，远低于国际图联要求人均拥有藏书 2 册的标准。从现有体制标准及费用投入来看，东西部地区差别很大，特别是经济不发达和贫困地区图书馆的购书经费投入有很大区别。例如，2010 年部分西南地区公共图书馆总经费和藏书情况如表 4－25 所示[②]，即重庆开县图书馆 1998 年购书经费 2 万元，现 2010 年增加到 15 万元，目前总藏书量 20 余万册。西双版纳州图书馆 2010 年经费为 50 余万元，

① 该数据来自 2011 年度《中国图书馆年鉴》第 612～651 页

② 该数据来自 2011 年笔者回收的问卷和实地调查时由各个图书馆提供的数据

截至2011年8月共有馆藏图书43 103种，142 542册。云南勐腊县图书馆2000年购书经费2万元，到2010年购书经费才增加到3万元、目前总藏书量27 204册。云南开远市图书馆2010年经费为16万元，藏书123 045册（其中电子图书10 008册）。云南南诏大理文献中心2010年清点藏书统计数目为：全部藏书9 539种，31 908册（含地图、书画作品、拓片、照片、木刻板片、线装古籍、民国时期出版物、大型丛书、期刊合订本、个人捐赠图书、建，后出版文献、内部资料等12项）。在这些藏书中，1911年以前的古籍线装书共有8 089种10 483册（其中地方文献258种1 409册）；1911年至中华人民共和国成立前的旧平装书有3 671种7 894册；现、当代研究记述南诏大理史、白族学研究文献资料共1 581种2 806册；相关民族文献1 694种2 923册；期刊合订本147种1 935册。巍山县图书馆2010年年度购书经费为4万元，藏书量为15余万册，其中急需修补的元史珍贵古籍善藏本2 000余册。广西桂林图书馆2010年馆藏文献总量223万册，2010年购书经费185万元。四川眉山市图书馆原馆设被撤，到2010年只是在馆舍建筑面积仅有900平方米的地方向社会免费开放少儿借阅室、报刊阅览室、图书外借室和电子阅览室4个服务窗口，年度购书经费约10万元，共享工程经费2万元，报刊费2万元，业务费2万元，目前眉山市图书馆总藏书8 412册，2005—2010年，图书年入藏种数平均为2100种，报刊年入藏种数平均为200种。遵义市图书馆2006年以前购书经费一直只有15万，2010年才达到85万等。

由此可见，西南地区落后于全国水平。在笔者调查的资料中以遵义市2010年为例，遵义市全市人口744万，市县公共图书馆年购书总经费85.8万元，藏书总量120.61万册，人均拥有购书经费才0.11元，人均拥有藏书只有0.162册。就遵义市县级馆之间也有比较明显的差别，如遵义市的县级馆购书经费也有0—10万元的差距，有的馆几年没有一分钱的购书经费。运转经费也是如此，有的县级图书馆只保工资，无其他开展活动经费（开展活动所需的资料费用、交通工具等）。

表4-25 2009年西南地区部分公共图书馆总经费和藏书统计

经费与馆藏 图书馆	总经费（万元）	藏书种（册）					
		总藏书（万册、种）	地方文献	民族文献	旧平装书	古籍线装	珍贵古善藏
西双版纳州图书馆	50余	43 103种142 542册					
遵义（各县在内公共图书馆）	85.8	120.61万册					
勐腊县图书馆	3	27 204册					
开远市图书馆	16	123 045册					
南诏大理文献中心		9 539种 31 908册	258种 1 409册	2 275种 5 729册	3 671种 7 894册	7 831种 9 074册	
巍山县图书馆	4	15余万册					2 000余册
广西桂林图书馆	185	223万（册、件）					
重庆开县图书馆	15	20余万册					
四川省眉山市图书馆	16	8 412册					

以上事实证明，一些地方领导不重视图书馆建设，致使西南地区公共图书馆经费严重不足，远远达不到国家规定的图书馆经费的比例，西南地区很多公共图书馆都面临“人吃书”或是“书吃人”的窘境。一些基层乡镇图书馆十几年没有购进一本书的情况并非个别现象。笔者调查发现，西南地区各省（市）80%的县级财政对图书馆的拨款仅限于人员工资，有50%～70%的县级馆没有购书经费，长年不购一本新书，只订三五份报刊维持局面。其结果是造成了一系列严重问题，馆藏文献量锐减，供求矛盾日益尖锐，书、刊错误率越来越高，等等。由于西南地区公共图书馆在公众中的地位往往被人们忽视，工作人员待遇偏低，图书经费不足，使图书馆工作队伍不稳，读者工作的发展和提高缺乏足够的资金和人才保障。

表4－26　贵州省公共图书馆文献总藏量情况

省馆/各地区	总藏量（册件）	图书册件	报刊册件	其他册件
省 馆	1 616 000	1 294 691	307 933	13 376
贵阳市	1 382 561	1 081 947	280 361	20 253
六盘水	340 334	298 890	49 444	7 797
遵义市	1 451 182	1 173 006	251 561	26 615
安顺市	342 685	289 619	42 600	10 786
黔南州	725 745	659 214	49 561	16 970
黔西南州	444 588	292 293	149 584	3 708
毕节地区	695 730	578 303	78 716	24 546
黔东南州	699 150	606 234	134 716	19 217
铜仁地区	422 595	357 247	51 094	14 254
该省总计	8 120 570	6 431 744	1 141 026	139 040

在表4－26中看到，截至2010年，贵州省县级以上公共图书馆文献总藏量8 120 570册（件），其中省级图书馆文献总藏量161 600册（件）；地市级图书馆总藏量1 988 090册（件）；县市级馆总藏量4 516 480册（件）。各地区公共图书馆文献总藏量及结构见表4－26。

从表4－26中可以表明贵州省地市级图书馆的总藏量、图书、报刊和其他资源的数据，笔者根据这些数据给出这些资源的比例差别如图4－4所示。

另外，根据课题组于2010年调查的资料表明，贵州省县级图书馆购书经费严重缺乏，2008—2009年贵州省文化厅、省新闻出版局启用640万专项资金，为贵州省81个县（市）级公共图书馆平均配发赠送4175种图书。2009年和2010年是贵州省省公共图书馆新购藏书最多，藏量增长最快的两年（详见表4－27）①，但2010年贵州省公共图书馆新购藏量比2009年下降0.05%。

① 该数据来自2010年和2013年8月笔者在贵州省调查时由贵州省图书馆和各地图书馆提供的数据

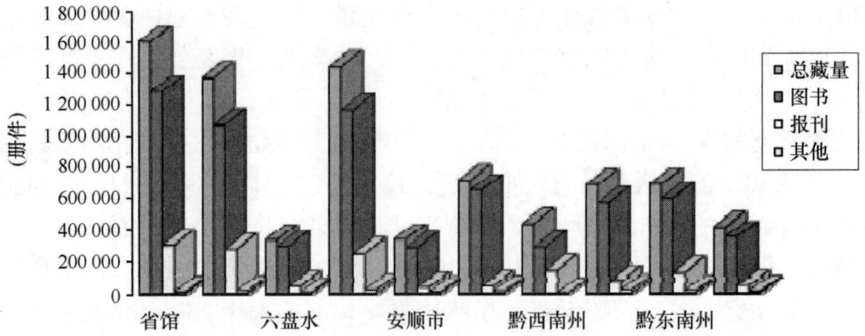

图 4－4 贵州省地市级图书馆资源比例图

表 4－27 贵州省公共图书馆 2009 年、2010 年新购藏量

省馆/各地区	2009 年		2010 年	
	新增馆藏	无新增藏书的县级馆（个）	新增馆藏	无新增藏书的县级馆（个）
省 馆	82 956	/	62 533	/
贵阳地区	39 259	4	34 257	5
六盘水地区	13 712	1	19 700	1
遵义地区	31 737	6	74 328	4
安顺地区	6 750	0	2 437	2
铜仁地区	5 020	4	7 700	6
黔西南地区	12 762	3	19 228	3
毕节地区	20 495	3	16 746	4
黔东南地区	29 261	10	2 938	13
黔南布地区	13 186	8	4 350	9
总计	255 138	39	244 217	47

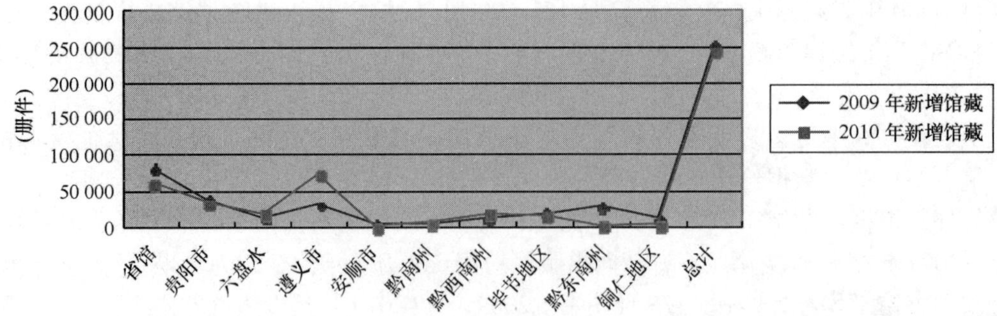

图 4－5 贵州省各个地市级图书馆 2009 年与 2010 年新增馆藏对比图

表 4－27 中显示，2008 年贵州省公共图书馆新购藏量 255 138 册。其中贵州省省级图书馆 82 956 册，占 32.5%；贵州省地市级图书馆 66 560 册，占 26.1%；贵州省县级馆 105 622 册，占 41.4%。贵州省全年无新购藏量的县级图书馆 39 个。2009 年贵州省公共

图书馆新购藏量为 244 217 册。其中贵州省省级图书馆 62 533 册，占 25.6%；贵州省地市级图书馆 62 162 册，占 25.5%；县级馆 119 522 册，占 48.9%。贵州省全年无新购藏量的地市级图书馆 1 个、县级图书馆 47 个。于是得出贵州省各地市级图书馆 2009 年与 2010 年新增馆藏对比如图 4－5 所示、贵州省各个县（市）级图书馆 2009 年与 2010 年新增馆藏对比如图 4－6 所示。

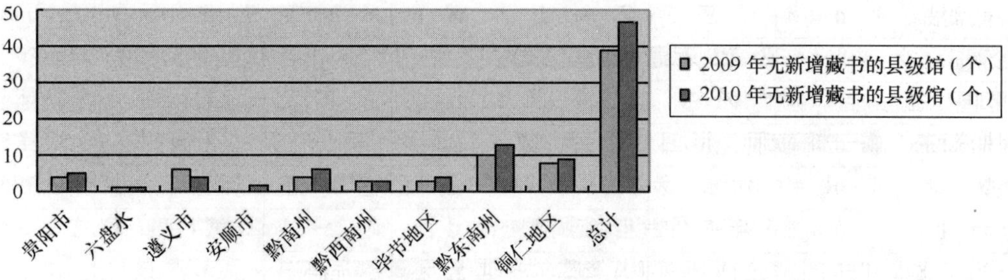

图 4－6　贵州省各个县（市）级图书馆 2009 年与 2010 年无新增藏书的县级馆对比图

（三）贵州省公共图书馆队伍建设方面

根据调查的数据资料，笔者以贵州省县级以上图书馆为例，将所有调查数据统计如表 4－28、表 4－29、表 4－30、表 4－31 所示。[①]

从调查的数据表 4－28 中显示贵州省县级以上公共图书馆人员编制为 1 020 人，实有人数总计 917 人，实际人数占人员编制的 89.9%。其中男性 298 人，占 32.5%；女性 619 人，占 67.5%。高级职称 60 人，占 6.5%；中级职称 230 人，占 25.1%；初级职称 417 人，占 45.5%。见表 4－28。

表 4－28　贵州省公共图书馆人员基本情况统计表

省馆/各地区	人员编制（人）	实有人数（人）	性别（人）		高级职称（人）	中级职称（人）	初级职称（人）
			男	女			
省馆	160	154	52	102	29	43	54
贵阳市	124	113	32	81	6	31	45
六盘水	51	42	17	25	7	9	14
遵义市	147	134	40	94	7	30	69
安顺市	45	40	13	27	0	3	24
黔南州	99	90	29	61	2	19	48
黔西南州	106	84	20	64	6	17	49
毕节地区	101	90	29	61	0	36	28
黔东南州	109	99	36	63	2	29	47
铜仁地区	78	71	30	41	1	13	39
总计	1 020	917	298	619	60	230	417

① 该数据来自 2010 年和 2013 年 8 月笔者在贵州省调查时由贵州省图书馆和各地图书馆提供的数据

表4－29 贵州省公共图书馆人员学历情况统计表

省馆/各地区	研究生（人）	本科（人）	大专（人）	高中/中专（人）	初中及以下（人）	图书情报专业（人）	计算机专业（人）
贵阳市	1	47	57	5	3	20	5
六盘水	0	15	22	4	1	9	2
遵义市	0	33	80	15	6	13	10
安顺市	0	8	25	3	4	2	1
黔南州	1	14	51	21	3	12	4
黔西南州	0	5	50	25	3	10	1
毕节地区	0	20	52	12	6	7	2
黔东南州	0	13	60	23	3	7	0
铜仁地区	0	10	36	22	3	6	9
总计	2	247	483	145	39	110	45

在表4－29中，可以得到贵州省公共图书馆人员基本情况，分析如图4－7所示。贵州省各级公共图书馆从业人员的学历及专业情况为：硕士研究生2人，占0.2%；本科生247人，占26.9%；大专生483人，占52.7%；高中及中专生145人，占15.8%；初中及以下39人，占4.3%。图书情报专业毕业110人，占12%；计算机专业毕业45人，占4.9%。见表4－29。

从表4－28和表4－29中，可以得到贵州省公共图书馆人员职称基本情况分析，如图4－8所示。贵州省图书馆（省级馆）的从业人员占该省16.8%；其中高级职称人数占该省48.3%；中级职称占18.7%；初级职称占13%。研究生学历为零，本科学历占该省33.2%；大专学历占10.4%；高中/中专学历占10.3%；初中及以下学历占18.4%。

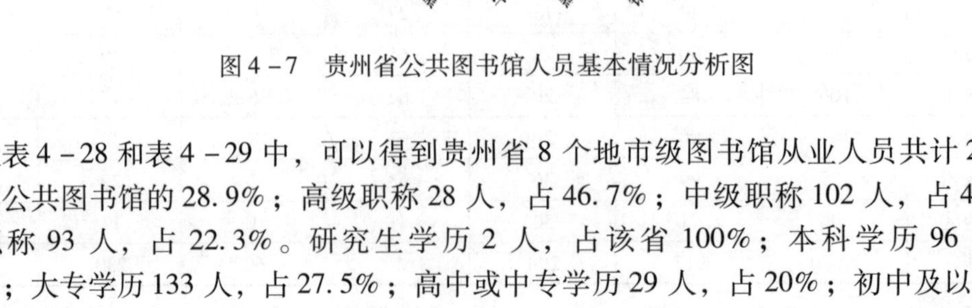

图4－7 贵州省公共图书馆人员基本情况分析图

从表4－28和表4－29中，可以得到贵州省8个地市级图书馆从业人员共计265人，占该省公共图书馆的28.9%；高级职称28人，占46.7%；中级职称102人，占44.4%；初级职称93人，占22.3%。研究生学历2人，占该省100%；本科学历96人，占38.9%；大专学历133人，占27.5%；高中或中专学历29人，占20%；初中及以下学历5人，占12.8%。该省81个县级图书馆从业人员共计498人，占该省公共图书馆的69.5%；高级职称3人，占5%；中级职称85人，占37%；初级职称93人，占22.3%。

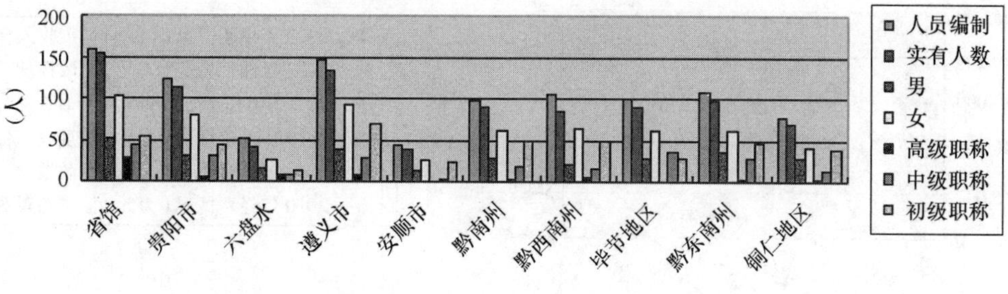

图4-8　贵州省公共图书馆职称比例基本情况分析图

研究生学历人员零；本科学历69人，占27.9%；大专学历301人，占62.3%；高中或中专学历101人，占69.7%；初中及以下学历27人，占69.2%。

（四）贵州省公共图书馆财政经费投入方面

从调查的数据资料中，笔者以贵州省县级以上图书馆为例将所有调查经费数据统计如表4-30到表4-35所示。从表4-30和表4-31中，可以得到贵州省8个地市级图书馆2009—2010年的各项经费的比例如图4-9所示。

表4-30　贵州省公共图书馆2009年、2010年经费情况

省馆/各地区	2009年经费情况（万元）			2010年经费情况（万元）		
	年度收入合计	财政拨款	图书购置费	年度收入合计	财政拨款	图书购置费
省 馆	15 305	12 980	2 000	19 918	16 506	2 000
贵阳市	10 007	9 170	1 665	8 102	7 470	1 570
六盘水	3 627	2 854	124	4 826	2 894	350
遵义市	10 639	6 970	691	7 745	6 753	1 075
安顺市	1 669	1 626	86	2 681	2 573	90
黔南州	3 399	3 270	168	3 551	2 978	235
黔西南州	3 074	3 073	107	3 906	3 628	153
毕节地区	4 307	3 827	478	4 644	4 339	299
黔东南州	4 238	4 049	151	4 261	4 225	148
铜仁地区	1 911	1 756	68	2 084	2 071	600
合计	58 176	49 575	5 538	61 718	53 437	6 520

表4-31　2009年和2010年贵州省各级图书馆新增图书购置费详情

	2009年	2010年
新增图书购置费（万元）	553.8	652
省级馆（万元）	200（36.1%）	200（30.7%）
地市级馆（万元）	262.1（47.3%）	316（48.5%）
县级（万元）	91.7（16.6%）	136（20.9%）

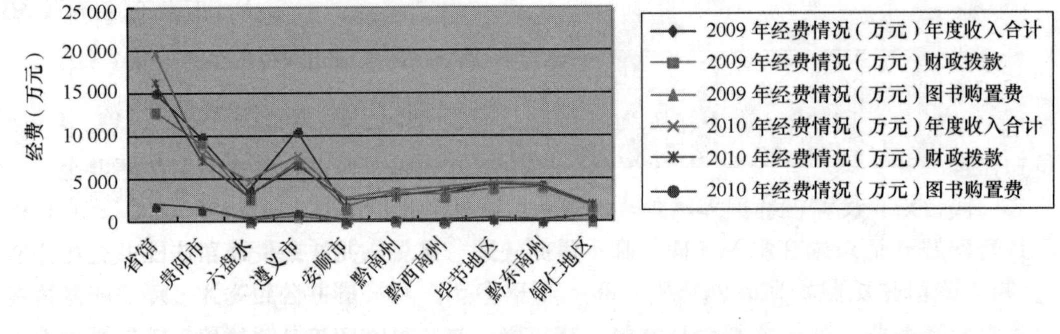

图 4－9　贵州省 8 个地市级图书馆 2009—2010 年各项经费比例图

从表 4－30、表 4－31 和图 4－9 中看出，在 2009—2010 年，贵州省公共图书馆新增图书购置费 553.8 万元，其中省级图书馆 200 万元，占 36.1%；地市级图书馆 262.1 万元，占 47.3%；县级馆 91.7 万元，占 16.6%。2009 年，该省县级以上公共图书馆新增图书购置费 652 万元，其中省级图书馆 200 万元，占 30.7%；地市级图书馆 316 万元，占 48.5%；县级馆 136 万元，占 20.9%。2010 年，该省公共图书馆新增图书购置费比 2009 年增加 0.18%，其中省级图书馆持平；地市级图书馆增加 0.21%；县级图书馆增加 0.48%。如图 4－10 所示 2009 年和 2010 年贵州省各级图书馆新增图书购置费比例图。

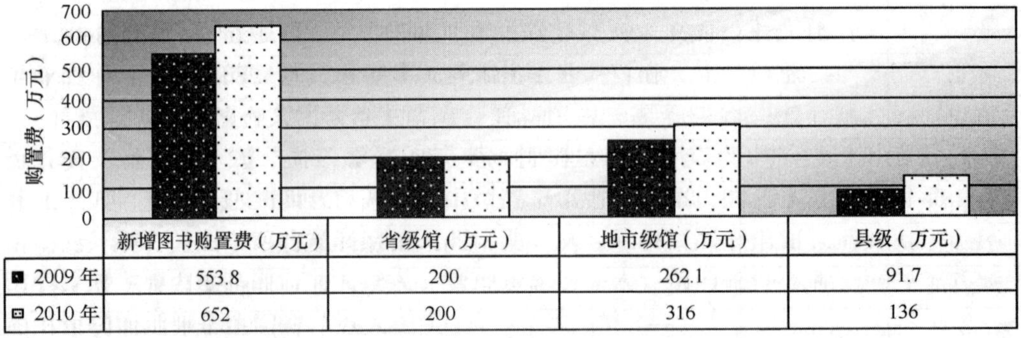

图 4－10　2009 年和 2010 年贵州省各级图书馆新增图书购置费比例图

从表 4－30、表 4－31 中可以看到，2009 年，贵州省公共图书馆财政拨款 4 957.5 万元。其中省级图书馆 12 980 万元，占 26.2%；地市级图书馆 1 867.4 万元，占 37.7%；县级图书馆 1 792.1 万元，占 36.2%。2010 年，该省公共图书馆财政拨款 5 343.7 万元。其中省级图书馆 1 650.6 万元，占 30.9%；地市级图书馆 1 934.5 万元，占 26.2%；县级图书馆 1 758.6 万元，占 32.9%。2010 年贵州省公共图书馆总财政拨款比 2009 年增加 0.08%，其中省级图书馆增加 0.27%；地市级图书馆增加 0.04%；县级图书馆减少 0.02%。

表 4－30、表 4－31 中所有数据显示 2010 年贵州省县级图书馆的新书购置费最低的地区是六盘水市，图书购置费为零；毕节地区的总经费不足 10 万元；安顺市、黔东南州低于 50 万元；贵阳市、黔南州、黔西南州低于 100 万元。

从全国范围来看，贵州省公共图书馆的经费总体排名是很靠后的，见表4－32所示。关于西南地区图书馆经费的情况笔者借鉴《中国图书馆年鉴》（2011年）的数据来加以分析，如表4－32所示（表中该数据来自2011年度《中国图书馆年鉴》第614～615页）。

表4－32　2010年全国各地公共图书馆经费排名

排名	省、市、自治区	财政拨款（千元）	排名	省、市、自治区	购书专项经费（千元）	排名	省、市、自治区	新购藏量（千册）
1	上海	563 448	1	上海	168 634	1	广东	2 682.06
2	广东	582 955	2	广东	113 449	2	浙江	3 368.25
3	浙江	435 357	3	浙江	101 980	3	江苏	2 588.76
4	江苏	342 402	4	辽宁	51 247	4	上海	1 764.49
5	辽宁	311 210	5	江苏	76 120	5	辽宁	1 568.87
6	北京	327 462	6	山东	34 180	6	山东	1 334.48
7	湖北	292 404	7	天津	35 212	7	北京	602.61
8	山东	229 955	8	北京	41 072	8	四川	948.57
9	四川	169 546	9	四川	22 466	9	福建	1 033.23
10	天津	185 004	10	云南	15 627	10	河北	675.97
11	内蒙古	178 982	11	湖南	15 321	11	天津	740.31
12	黑龙江	136 159	12	湖北	16 093	12	安徽	611.75
13	河南	122 519	13	广西	16 735	13	河南	953.88
14	吉林	123 850	14	福建	26 313	14	湖北	602.61
15	福建	149 753	15	安徽	14 786	15	吉林	519.41
16	云南	117 630	16	河北	12 877	16	广西	563.33
17	广西	121 911	17	河南	13 670	17	黑龙江	707.91
18	湖南	121 537	18	吉林	14 623	18	湖南	795.98
19	河北	100 341	19	黑龙江	17 176	19	重庆	515.59
20	安徽	100 078	20	山西	17 772	20	云南	429.34
21	山西	98 381	21	江西	13 942	21	内蒙古	667.00
22	陕西	115 468	22	甘肃	12 565	22	山西	444.98
23	甘肃	96 481	23	内蒙古	19 159	23	江西	650.72
24	江西	97 255	24	陕西	14 988	24	陕西	424.88
25	重庆	76 499	25	重庆	17 403	25	新疆	323.10
26	新疆	80 886	26	新疆	9 610	26	贵州	265.90
27	贵州	59 386	27	宁夏	4 860	27	甘肃	259.60
28	宁夏	50 670	28	贵州	8 484	28	海南	252.88
29	青海	30 964	29	海南	5 955	29	宁夏	306.77
30	海南	33 730	30	青海	1 469	30	青海	55.83
31	西藏	11 451	31	西藏	1 225	31	西藏	22.16

从表4-32中可以看出2010年全国各地公共图书馆财政拨款排名情况和西南地区各个公共图书馆财政拨款排名情况的比例差别，这些排名的数据分析详见本章第一节和第三节中西南地区公共图书馆服务体系的现状分析与服务管理存在问题的分析。

（五）贵州省公共图书馆服务与管理方面

传统图书馆“等、靠、要”的服务模式，培养了比较固定的用户，尤其是中老年用户。由于他们习惯把获取信息的主要渠道和方式仅仅放在图书馆，获得信息的方式和渠道比较单一。许多贵州省公共图书馆满足于提供相应的服务，却对书刊的利用率、用户借阅的满足率以及服务效果从不过问，把图书馆办得像行政办事机构。① 具体可归纳为以下几点。

1. 贵州省公共图书馆服务与管理素质不高

传统图书馆的服务一般是等读者上门，所有的服务基本是以图书馆为中心，可谓是围绕图书馆馆舍展开的。由于贵州省公共图书馆在机制、经费、人员、设备等方面存在诸多局限，许多服务人员仍然缺乏主动服务的精神，而这种精神在贵州省乃至整个西南地区都是存在的。笔者列举一个真实的案例来证明现实的存在，虽然这个案例不是笔者在贵州省公共图书馆调查时所发生的，但根据在贵州各地调查的信息可以看出贵州省的广大公民也有类似的反映。例如，2009年7月20—24日笔者在云南省景洪市图书馆时的感受，目睹这个地市级图书馆的服务与管理情况，该馆的工作人员根本不懂图书馆的工作本质，更不欢迎读者入馆，以不友善甚至非常恶劣的服务态度对待读者，导致全馆每天几乎只有几位读者光临。当天笔者在该馆借阅书架找书时竟然被副馆长和工作人员用恶劣言语对待。为此，笔者以读者的身份在该馆的阅览室等候三天，竟然发现只有几位读者来图书馆只是看报纸。该图书馆共四层楼，二、三楼是借书室和阅览室、书库等，四楼是娱乐和藏书室、办公室，只有一楼的电子全国文化共享工程电子阅览室有好多人在那里打游戏、看电影，该电子阅览室是收费的，2元/小时。笔者在这里感受了三天的收费情况，同时询问了与该图书馆前面并连在一起的三层楼的商场（后来知道该商场是图书馆出租的，是原来的阅览室和借阅室）的工作人员、营业员，问了10来个同志，都说不知道该图书馆在那里；在周围社区里笔者调查了50多家居民，只有年龄较大的老年人知道该图书馆的位置，中年和青年人很少有人知道。

2. 贵州省公共图书馆业务管理不规范，服务水平不高

在我国，政府文化部门管理的职能是引导和限制，图书馆学会的职能是协调。由于贵州省各级图书馆学会与图书馆不是上下级关系，所以只对贵州省各级公共图书馆起到协调、指导的作用，不能参与具体业务操作，也没有法定的行业标准。还有贵州省文化行政主管部门对各级公共图书馆的管理没有规范的业务标准进行考核管理，所以贵州省各级公共图书馆的行政部门只能按照对行政的管理来要求、来管理。而贵州省各级图书馆学会也没有一个行业的具体标准，不知道各级公共图书馆的建设基本要求，工作搞得好不好全凭

---

① 该节内容选自本课题阶段性成果：西南地区公共图书馆服务管理的现状调查与思考［J］．图书馆理论与实践，2010（7）：57-61，75；西南地区公共图书馆特色数据库建设的现状调查与分析［J］．新世纪图书馆，2010（6）：78-81；西南地区公共图书馆服务体系建设的现状与思考［J］．图书馆，2011（1）：87-89；来自本课题延伸课题2009年贵州省艺术科学规划课题“贵州省公共图书馆服务体系建设研究（编号：09BG11）”成果内容

自己的责任心。同时还由于没有行业准入制，导致贵州省各级图书馆进入成了政府解决人事困难的地方，造成贵州省公共图书馆从业人员的业务素质参差不齐，不能保障贵州省公共图书馆工作规范的正常开展。

表4－33　贵州省公共图书馆读者借阅服务量一览表①

图书馆级别及所属地区		累计发放借书证（个）	总流通人次	书刊文献外借人次	书刊文献外借册次
贵州省馆	省级	31 821	516 025	225 796	451 593
贵阳市	地市级	27 466	253 507	160 600	186 509
	县 级	6 913	86 616	60 584	100 549
	本地区合计	34 379	340 123	221 184	287 058
六盘水	地市级	7 628	136 478	110 556	121 856
	县 级	824	42 914	22 110	24 594
	本地区合计	8 452	179 392	132 666	146 450
遵义市	地市级	5 358	271 082	152 164	184 328
	县 级	27 400	481 882	262 920	318 350
	本地区合计	32 758	752 964	415 084	502 678
安顺市	地市级	600	23 500	15 000	18 000
	县 级	4 671	55 092	21 646	34 954
	本地区合计	5 271	78 592	36 646	52 954
黔南州	地市级	2 150	11 125	5 192	23 134
	县 级	13 815	132 185	76 389	136 657
	本地区合计	15 965	143 310	81 581	159 791
黔西南州	地市级	332	5 528	3 426	6 754
	县 级	2 775	163 262	96 250	141 375
	本地区合计	3 107	168 790	99 676	148 129
毕节地区	地市级	6 878	12 3721	70 064	85 898
	县 级	6 276	79 231	45 197	56 088
	本地区合计	13 154	202 952	115 261	141 986
黔东南州	地市级	750	6 000	2 000	5 200
	县 级	11 122	131 656	48 548	85 564
	本地区合计	11 872	137 656	50 548	90 764
铜仁地区	地市级	0	0	0	0
	县 级	5 571	140 828	65 734	151 954
	本地区合计	5 571	140 828	65 734	151 954
总计		162 350	2 660 632	1 444 176	2 133 357

① 该数据来自2010年和2013年8月笔者在贵州省调查时由贵州省图书馆和各地图书馆提供的数据，该数据与2011年中国图书馆年鉴公布的数据有很大差别

3. 贵州省公共图书馆文献服务管理效率不高

西南地区是经济欠发达地区，衡量一个图书馆服务工作的效果，往往是以图书的流通量作为唯一的标准，以收藏和占有文献的数量作为图书馆级别的判定标准。西南地区公共图书馆工作人员对文献的加工，主要还是对整体文献的加工和处理，即“粗加工”，例如，贵州省有很多公共图书馆在加工图书时还是以整本图书为著录单元，期刊以一种刊物为著录单位。工作人员从书刊的采、编、加工、入库、管理，主要是从事重复性劳动，工作烦琐，劳动强度较大。从一个图书馆整体动作而言，贵州省还有70%以上的公共图书馆仍然是以劳动密集型为主，这很难提高服务与管理的效率。

4. 贵州省公共图书馆读者服务不完善

（1）读者基础服务工作方面

近年来，贵州省公共图书馆读者工作有了长足发展，服务总量和服务方式都明显上了一个新的台阶。从表4-33中可以看到，2010年，贵州省县级以上公共图书馆累计发放借书证共162 350个。其中省级图书馆发放借书证31 821个，占19.6%，地市级图书馆51 162个，占31.5%；县级图书馆79 367个，占48.9%。

2009年贵州省公共图书馆总流通人数为2 660 632人次。其中省级图书馆516 025人次，占19.4%；地市级图书馆830 941人次，占31.2%；县级图书馆1 313 666人次，占49.4%。

2009年贵州省公共图书馆书刊外借量共计2 133 357册次。其中贵州省省级图书馆451 593册次，占21.2%；地市级图书馆书刊外借为631 679册次，占29.6%；县级图书馆书刊外借为1 050 085册次，占49.2%。调查数据显示，贵州省公共图书馆的读者阅览座席共计12 132个。其中省级图书馆1 097个，占9%；地市级图书馆2 569个，占21.2%；县级图书馆8 466个，占69.8%。

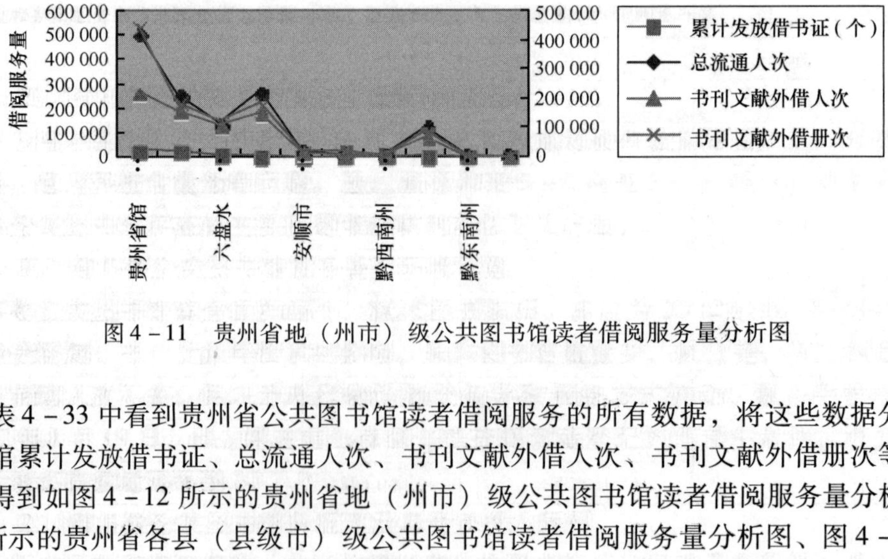

图4-11 贵州省地（州市）级公共图书馆读者借阅服务量分析图

从表4-33中看到贵州省公共图书馆读者借阅服务的所有数据，将这些数据分别对各个图书馆累计发放借书证、总流通人次、书刊文献外借人次、书刊文献外借册次等数据进行比较得到如图4-12所示的贵州省地（州市）级公共图书馆读者借阅服务量分析图、图4-12所示的贵州省各县（县级市）级公共图书馆读者借阅服务量分析图、图4-13所示的贵州省各地区公共图书馆读者借阅服务量合计分析图。

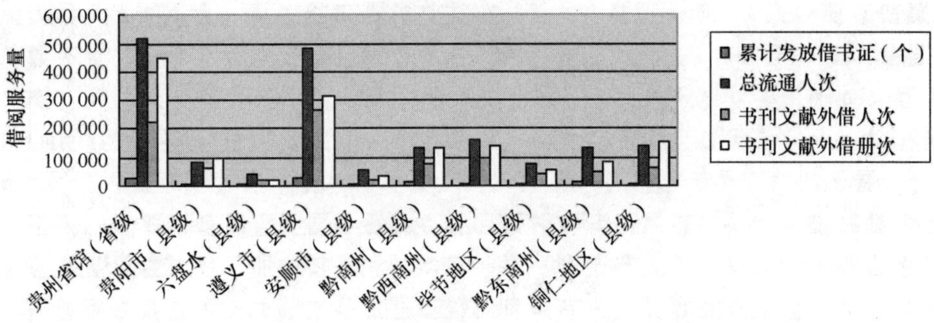

图4－12　贵州省各县（县级市）级公共图书馆读者借阅服务量分析图

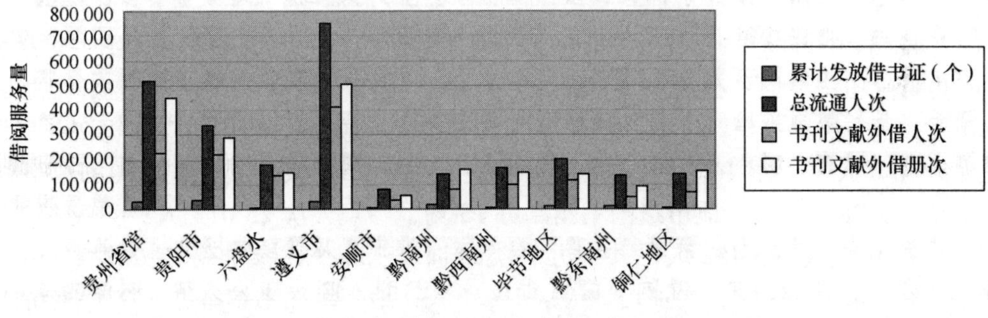

图4－13　贵州省各地区公共图书馆读者借阅服务量合计图

表4－34　贵州省公共图书馆读者活动及延伸服务量一览表①

地区/省馆	讲座次数	参加人次	举办展览	参观人次	举办培训班	培训人次	分馆数量	借阅人次	借阅册次
贵州省馆	44	12 600	14	78 080	8	1 375	12	36 000	72 000
贵阳市	42	14 087	2	6 568	37	665	5	18 000	25 800
六盘水	12	7 300	4	9 200	7	2 000	38	6 691	13 039
遵义市	142	29 768	23	25 270	33	1 965	45	20 9120	165 450
安顺市	5	95	1	113	3	530	0	0	0
黔南州	41	12 560	19	37 800	17	2 650	8	10 300	13 500
黔西南州	35	2 183	5	2 410	7	326	1	9 649	9 818
毕节地区	77	32 800	13	10 500	6	1 200	0	0	0
黔东南州	18	1 375	21	8 004	10	265	7	1 800	1 800
铜仁地区	18	2 080	6	30 600	10	389	20	4 600	5 223
总计	434	114 848	108	208 545	138	11 365	136	296 160	306 630

① 该数据来自2010年和2013年8月笔者在贵州省调查时由贵州省图书馆和各地图书馆提供的数据

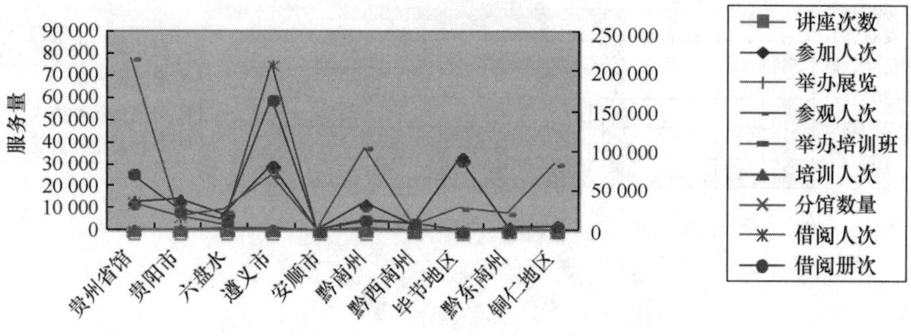

图 4-14　贵州省公共图书馆读者活动及延伸服务量分析图

（2）读者延伸服务工作方面

从表 4-34 中可以看到，2010 年，在开展读者活动方面，贵州省公共图书馆举办各类讲座共 434 场，参加人数为 114 848 人。其中省级图书馆举办讲座 44 场，参加人数 12 600 人；地市级图书馆举办 100 场，参加人数 49 818 人；县级图书馆举办 290 场，参加人数 52 430 人。举办展览共计 108 场，参观人次208 545人。其中省级图书馆举办 14 场，参观人次 78 080 人；地市级图书馆举办 15 场，参观人次 25 013 人；县级图书馆举办 79 场，参观人数 105 452 人。共举办各类培训班 138 个，参加培训人次 11 365 人。其中省级图书馆举办 8 个，参加培训人次 1 375 人；地市级图书馆举办 14 个，参加培训人次 1 870 人；县级图书馆举办 116 个，参加培训人次 8 120 人。

在图书馆读者延伸服务方面，各级公共图书馆共建有分馆 136 个，借阅册次 306 630 册。其中省级图书馆建有 12 个，借阅册次 72 000 册；地市级图书馆建有 27 个，借阅册次 158 700 册；县市级建有 97 个，借阅册次 75 930 册。

将表 4-34 贵州省公共图书馆读者活动及延伸服务量一览表的所有数据分别对贵州省各个公共图书馆读者活动及延伸服务量等数据进行比较，得到如图 4-14 所示的贵州省公共图书馆读者活动及延伸服务量分析图。

5. 贵州省公共图书馆免费服务开展不理想

为更好地掌握贵州省各级公共图书馆免费服务的具体情况，课题组于 2009 年 4 月—2011 年 9 月先后发放两次实地调查并向贵州省各县级以上公共图书馆发放了《贵州省公共图书馆免费开放情况调查表》。调查表发到 90 个有建制的省、市、县级公共图书馆，实际收回 55 个馆的有效调查表，占应收总数的 61.1%。其中省级馆 1 份，占应收回数的 100%；地市级馆 8 份，占应收回数的 100%；县级馆 46 份，占应收回数的 56.8%。具体内容见表 4-35 所示。

表 4－35　2010 年贵州省各级公共图书馆免费服务基本情况统计表①

项目		内容	数量	比例（%）
读者证工本费		10 以上	3	5.5
		5 元以下（含 5 元）	23	41.8
		5～10 元（含 10 元）	12	21.8
		免费	17	30.9
弱势群体办证		免费	45	81.8
		优惠	3	5.5
		收费	7	12.7
年度验证费		免费	43	78.2
		5 元以下（含 5 元）	6	10.9
		5～10 元（含 10 元）	5	9.1
		10 以上	1	1.8
馆内阅览		免费	54	98.2
		收费	1	1.8
复　印		免费	18	32.7
		收费	18	32.7
电子阅览室	上网	免费	31	56.4
		1 元以下（每小时）	3	5.5
		1～2 元（每小时）	7	12.7
		未开展（无条件）	14	25.5
	文献下载	免费	31	56.4
		收费	5	9.1
		未开展（无设备）	19	34.5
讲座 展览		免费	40	72.7
		收费	0	0
		未开展（无条件）	15	27.3
存　包		免费	30	54.6
		收费	0	0
		未开展（无条件）	25	45.5

根据表 4－35 中的调研数据统计情况，得到图 4－15 所示的 2010 年贵州省各级公共图书馆免费服务基本情况分析图，主要从以下几个方面的内容来进行分析：

① 该数据来自 2010 年和 2013 年 8 月笔者在贵州省调查时由贵州省图书馆和各地图书馆提供的数据，该数据与 2011 年中国图书馆年鉴公布的数据有很大差别，我觉得这个注释可以不要，下面也不要出现，否则你需解释原因。你可在对贵州分析的这一节开始的时候说明一下。我想可能是因为你的截止日期可能与年鉴上的不同，当然还有数据来源不同而形成了区别。若你特别强调这个不同，就得说明你的数据更可靠，更有说服力

第一，贵州省各级公共图书馆大多数都收取一定的读者证工本费，共占69.1%，其中5元以下（含5元）的居多，占41.8%；最低的收费是0.5元；5～10元（含10元）占21.8%；10元以上的只有3个馆，仅占5.5%，最高收费为20元。部分图书馆免收读者证工本费，占30.9%。为弱势群体免费办理读者证的图书馆占81.8%，实际上大多数图书馆只针对部分弱势群体，主要是残疾人，而老年人、儿童等并未享受免费；有少数图书馆未区分弱势群体，均统一收费；另有极少数图书馆采取优惠为弱势群体办理借书证，如老年人、中小学生减半等占5.5%，有78.2%的图书馆不收取读者证年审费，收取读者证年审费的图书馆主要是地市级以上的图书馆。此外，几乎所有图书馆都是免费进馆阅览，只有一个图书馆收费办理阅览证。

第二，文献复印方面，免费为读者复印和收取复印费的图书馆正好相同，各占32.7%；但有34.5%的图书馆没有复印设备，未开展此项业务。

第三，电子阅览室上网收费的主要是地市级以上的图书馆占18.2%；免费上网的图书馆占多数，达56.4%，但其中有的馆是分时段收费，如周六、周日或下午6：00以后收费；另有25.5%的图书馆由于各种原因，目前还未设有或未开放电子阅览室。数字文献下载收费的馆只有9.1%，免费下载的馆为56.4%，无条件和无设备开展此项业务的占34.5%。

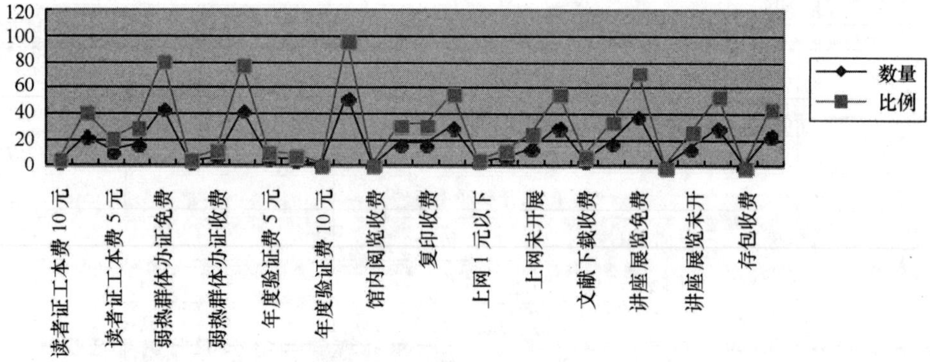

图4－15　2010年贵州省各级公共图书馆免费服务基本情况分析图

第四，在开展讲座、展览等延伸服务方面，无任何图书馆收费，但受场地和经费的影响，大多数图书馆只是偶尔开展，并主要采取与其他部门和单位联合举办的形式。另有27.3%的图书馆因各种原因从未开展过此项业务。

第五，有条件为读者提供存包的馆均不收费，但有45.5%的馆未向读者提供存包服务。

第六，有32.7%的图书馆免费让读者使用自修室，只有2个图书馆自修室收费，有63%的图书馆无场地和条件开展自修室服务。

6. 贵州省公共图书馆流动服务的经费问题

自20世纪80年代起，随着社会经济的快速发展，以图书馆、文化馆为代表的文化基础设施建设也步入了快速发展轨道。截至“十五”期末，贵州省基本实现县县有图书馆。

2006年初，民进贵州省委《关于建立贵州流动图书馆建议》的提案，提出了引进广东“流动图书馆”的发展模式，以政府新增的固定专项经费为依托，以贵州省图书馆为主导，在该省县级图书馆设立流动图书馆分馆，为其补充配备必要的图书文献资源和必要的阅读阅览设施设备。最终形成以先进服务理念为指导，以现代网络技术为手段，以不断更新的文献资源为依托的覆盖该省的新型图书馆服务网络，并在此基础上，逐步形成辐射到乡村的图书馆服务体系。

此项提案引起贵州省委、省政府的高度重视。2007年中共贵州省委办公厅黔党办发(2007)6号《中共贵州省委办公厅关于转办省政协重点提案的通知》，明确省文化厅为贵州流动图书馆主要承办单位，省委宣传部、省财政厅、省新闻出版局为协助办理单位。

2008年在贵州省委、省政府的重视和支持下，在民进贵州省委的督促下，由贵州省财政厅每年划拨出100万元专项经费，启动了贵州省流动图书馆的建设。经主、协办单位协商和对该项目规划的设计，当年完成了施秉、惠水、福泉、锦屏及贵阳白云区流动图书馆的试点建设工作。5个贵州流动图书馆合计投入图书经费60万元，阅览设施设备配置30万元，保证了各流动图书馆5 000余册图书和必要阅览阅读的设施配备。

贵州省流动图书馆建成并实现对公众开放服务后，由于所配备的图书文献经贵州省图书馆专家的精心挑选，其类目完善、针对性强，非常适合于广大基层群众的阅读，深受广大基层群众的欢迎和喜爱，吸引了大批读者到馆阅读，不仅缓解了基层群众的“读书难”问题，满足了群众对知识的渴望，产生了良好的社会效益。《中国文化报》等全国多家媒体进行了报道，由此在全国尤其是西部地区产生了强烈的反响和重要社会影响。但是，贵州省财政2009年就停止了贵州流动图书馆专项经费的下拨，这不仅导致了这项工作不能进一步深化和拓展，还造成已建成的几个流动图书馆既没有新书补充，又没能使现有各流动图书馆之间进行图书流动，只能依靠仅有的几千册图书维持局面。

（六）贵州省图书馆服务体系中文化工程建设方面

经过几年的快速发展，至2011年底，贵州省文化共享工程有2 000多人次参加国家、省和各个地级市（州）等组织的各种业务培训。贵州省各分中心通过集中与分散、教师面授与远程视频、课堂教学与知识竞赛等不同方式，提高了各级文化业务素质和服务能力。贵州省文化共享工程还与贵州省“强基惠农”行动暨该省“文化致富工程”、村“两委”干部、文化馆（站）长培训工作相结合，对贵州省各个地域内的市县文化馆、乡镇综合文化站和村基层文化骨干进行了文化共享工程知识、基层服务点建设和技能培训。目前，贵州省各级分中心举办各种培训班，其中面授培训5.5万人次，网络培训9.4万人次，总培训人员14.9万人次。

1. 文化信息资源共享工程建设

2002年11月，贵州省争取到了“文化共享工程”的两个基层试点单位名额，在贵阳市图书馆和遵义市图书馆这两个条件较好的图书馆开展试点工作，从此，“文化共享工程”在贵州正式启动。2005年底，在国家文化部和文化共享工程国家管理中心的资助下，贵州在全国率先开展集中连片式建设基层服务点，在全国被誉为“遵义模式”。

课题组在贵州省文化厅调查中得到的资料显示，2011年8月，贵州省已建各级文化共享工程服务点19 418个，其中省级分中心1个，地级分中心2个，县级支中心63个，乡镇服务点422个，村级服务点18 930个，有25个县级支中心，408个乡镇服务点和113个城市社区服务点正在建设当中。建成覆盖该省的省、县、村三级文化信息资源共享网络已经不远。可见，贵州文化共享工程不仅创立了文化共享工程“遵义模式”，还在村级点建设上，积极与农村党员远程教育、中小学远程教育等一系列农村信息化工程相结合，实现设备资源的有效整合与共享，为贵州农村的社会、经济全面发展起到了一定的助推作用。

2. 送书下乡工程

在近几年有关国家发布的资料中显示，送书下乡工程是文化部、财政部为解决基层群众看书难问题而实施的文化工程，由中央财政拨款统一购置农村适用图书，配送到全国592个国家级扶贫开发重点县图书馆和乡镇图书室，为农村群众提供了丰富的精神食粮。

贵州省2006年至2011年开始接受“送书下乡工程”，赠书共计211 362册，其中县级图书馆112 899册，乡镇图书室98 463册。详见表4－36和表4－37。

表4－36 贵州2006—2011年“送书下乡工程”县级馆量化统计表

县级图书馆	县级图书馆接受送书下乡工程赠书（册）						合计
	2006年	2007年	2008年	2009年	2010年	2011年	
贵阳市	0	0	0	0	0	0	
六盘水	1 016	938	874	1 044	1 326	1 459	6 657
遵义市	1 016	938	874	2 088	5 304	1 836	12 056
安顺市	508	469	437	3 132	3 978	1 377	9 901
黔南州	1 524	1 407	1 311	3 132	5 304	1 836	14 514
黔西南州	1 524	1 876	1 311	4 176	5 304	1 836	16 027
毕节地区	1 524	1 876	1 311	2 088	2 652	918	10 369
黔东南州	3 556	3 283	3 059	7 308	9 282	3 213	29 701
铜仁地区	2 032	1 407	1 748	3 132	3 978	1 377	13 674
总计	12 700	12 194	10 925	26 100	37 128	13 852	112 899

表4－37 贵州2006—2011年“送书下乡工程”乡镇文化站图书室受赠书量化统计分析表

地区	乡镇文化站接受接受送书下乡工程赠书（册）					
	2006年	2007年	2008年	2009年	2010年	2011年
贵阳市	0	0	0	0	0	0
六盘水	37 084	11 725	10 925	6 960	8 840	9 180
遵义市	22 352	13 132	12 236	8 004	13 403	9 078
安顺市	18 288	11 256	10 488	6 960	6 128	6 885
黔南州	0	10 787	21 413	6 960	8 840	9 180

续表

地区	乡镇文化站接受接受送书下乡工程赠书（册）					
	2006 年	2007 年	2008 年	2009 年	2010 年	2011 年
黔西南州	5 472	20 636	19 228	8 325	11 050	14 688
毕节地区	9 144	15 477	14 421	6 960	7 072	7 248
黔东南州	17 780	26 340	24 035	24 360	28 863	28 458
铜仁地区	47 244	21 105	19 665	10 440	13 140	13 746
总计	157 364	130 458	132 411	78 969	97 336	98 463

在表4－36中，从2006年到2011年，贵州省贫困地区每年有200～300个乡镇文化站接受“送书下乡工程”赠书，根据数据统计的贵州省2006年至2011年“送书下乡工程”各个县级图书馆的量化统计如图4－16所示。

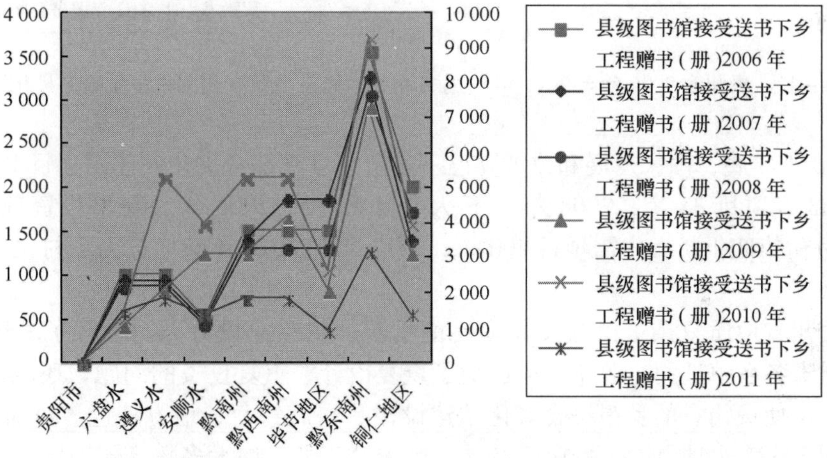

图4－16　2006年至2010年“送书下乡工程”各个县级图书馆的量化统计

在表4－37中，根据数据统计的贵州省2006年至2011年“送书下乡工程”各个乡镇文化站图书室受赠书量化统计分析结果如图4－17所示。

从表4－36和表4－37、图4－16和图4－17中可以得知送书下乡工程实施效果表现在，一是有效改善了贵州省贫困地区图书馆的条件。各地基层图书馆陆续接收到获赠新书，丰富了图书馆的馆藏，吸引了读者，基层图书馆焕发了活力。二是带动地方及社会各界建设基层图书馆的积极性。三是带动了科技致富，为农民脱贫致富架起了信息桥梁。四是提高了农村干部素质，丰富了农村群众文化生活。①

3. 乡镇综合文化站建设工程

根据国家发改委、文化部《关于印发全国“十一五”乡镇综合文化站建设规划的通

① 该数据来自笔者在贵州省文化厅和贵州省图书馆咨询相关领导所获得的贵州省“十二五”文化项目建设规划2011年年度报告

知》精神，“十一五”期间，国家资助该省建设的乡镇综合文化站项目有 1 222 个，其中有 790 个文化站在国贫县，有 432 个文化站在非国贫县。建站基本规模为每个站 300 平方米，每站总投入 24 万元。其中国贫县每站国家资助 20 万元，地方配套 4 万元；非国贫县每站国家资助 16 万元，地方配套 8 万元。“十一五”期间国家总计补助该省 22 712 万元，需地方配套 6 616 万元。

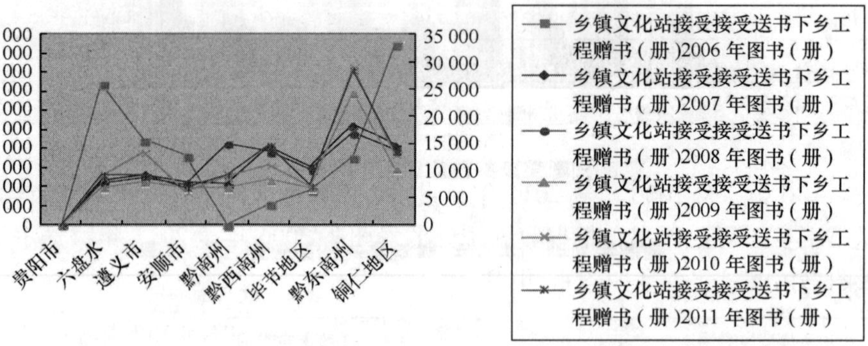

图 4－17 贵州省 2006 年至 2011 年“送书下乡工程”乡镇文化图书室受赠书量化统计

截至 2011 年底，国家发展和改革委已下达贵州乡镇综合文化站建设项目 1 151 个，其中 2007 年试点项目 34 个，2008 年初下达项目 55 个，2008 年底新增投资项目 224 个，2009 年 7 月份第四批扩大内需项目 400 个，2010 年和 2011 年新增贫困乡村民生工程文化项目 438 个。

针对贵州省地质复杂、民族文化多元的情况，由专业设计部门设计了 9 套不同的图纸，供贵州省各乡镇选用，此举不但避免了重复设计、重复投资的问题，还减轻了基层的经济压力，又使贵州省的乡镇综合文化站建设极具民族特色、地方特色。目前已竣工 326 个项目，剩余 387 个项目除个别由于特殊原因未开工外，绝大多数已开工建设。

第二节 西南地区图书馆服务存在的问题

服务是图书馆的本质属性，是图书馆开展工作的根本出发点和终极意义。西南地区图书馆服务也不例外，是一种通过“行动”或“表演”来满足用户期望的过程，这就决定了西南地区图书馆服务的好坏是基于用户的感知，其服务好坏要符合用户的期望。当用户感知到西南地区图书馆服务达到或超出期望时，西南地区图书馆服务就被认为是用户满意的甚至是高水平的服务；如果其服务过程中的感受不及期望中的那么好，就产生了对其服务的不满。① 所以从以上现状来看西南地区图书馆服务体系存在的问题如下。

一、西南地区图书馆服务基本指标的排名问题

全国公共图书馆建设基本指标是一个综合评价体系，但其中主要的排名方式包括以下

① 张明霞. 图书馆服务质量差距的成因分析及弥合策略［EB/OL］.［2013－12－30］. 中国知网

四个方面的量化观测，即：第一，公共图书馆服务人口数；第二，公共图书馆馆藏总量；第三，累计发放有效借书证数；第四，书刊文献外借册次。后两项共同构成公共图书馆服务量的主体内容。本课题组以2010年第六次人口普查结果为依据，得到2010年全国公共图书馆服务人口数分布情况排名（见图4－18）和2009年全国公共图书馆馆藏总量分布图（见图4－19）。[①]

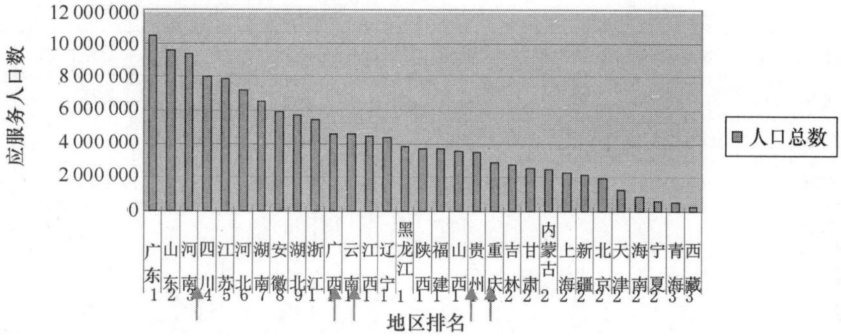

图4－18　2010年全国公共图书馆服务人口数分布图

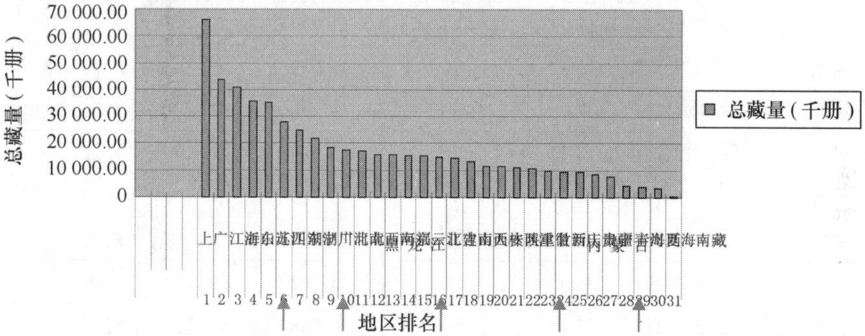

图4－19　2009年全国公共图书馆馆藏总量分布图

从图4－18和图4－19总体上看西南地区公共图书馆建设在全国的排名非常靠后，从公共图书馆服务人口数来看，西南地区图书馆在全国排名：贵州省第19位、重庆第20位、云南第12位、广西第11位、四川第4位（表4－38和图4－18），但西南地区图书馆馆藏总量在全国排名贵州省公共图书馆却排在第27位、重庆第23位、云南第16位、广西第10位、四川第7位（图4－19）。

① 该节内容选自本课题阶段性成果：2009年度贵州省艺术科学规划课题“贵州省公共图书馆服务体系建设研究（编号：09BG11）”［N］．研究报告

表4－38 全国公共图书馆服务人口数、馆藏总量及人均占有册次排名

排名	省/市/自治区	人口总数	排名	省/市/自治区	总藏量	排名	省/市/自治区	人均占有册次
1	广东	104 303 132	1	广东	65 934	1	上海	2.86
2	山东	95 793 065	2	山东	43 674	2	天津	0.9
3	河南	94 023 567	3	河南	40 710	3	北京	0.81
4	四川	80 418 200	4	四川	35 517	4	青海	0.71
5	江苏	78 659 903	5	江苏	35 153	5	宁夏	0.69
6	河北	71 854 202	6	河北	27 849	6	浙江	0.65
7	湖南	65 683 722	7	湖南	24 804	7	辽宁	0.64
8	安徽	59 500 510	8	安徽	21 813	8	江苏	0.52
9	湖北	57 237 740	9	湖北	18 394	9	吉林	0.49
10	浙江	54 426 891	10	浙江	17 597	10	新疆	0.43
11	广西	46 026 629	11	广西	17 245	11	广东	0.42
12	云南	45 966 239	12	云南	15 888	12	福建	0.42
13	江西	44 567 475	13	江西	15 716	13	黑龙江	0.41
14	辽宁	43 746 323	14	辽宁	15 492	14	海南	0.39
15	黑龙江	38 312 224	15	黑龙江	15 424	15	湖北	0.38
16	陕西	37 327 378	16	陕西	15 079	16	广西	0.38
17	福建	36 894 216	17	福建	14 736	17	山东	0.37
18	山西	35 712 111	18	山西	13 384	18	甘肃	0.37
19	贵州	34 746 468	19	贵州	11 764	19	内蒙古	0.35
20	重庆	28 846 170	20	重庆	11 587	20	重庆	0.34
21	吉林	27 462 297	21	吉林	11 362	21	云南	0.33
22	甘肃	25 575 254	22	甘肃	10 588	22	江西	0.33
23	内蒙古	24 706 321	23	内蒙古	9 880	23	山西	0.33
24	上海	23 019 148	24	上海	9 510	24	四川	0.31
25	新疆	21 813 334	25	新疆	9 338	25	湖南	0.28
26	北京	19 612 368	26	北京	8 704	26	陕西	0.28
27	天津	12 938 224	27	天津	7 661	27	河北	0.22
28	海南	8 671 518	28	海南	4 350	28	贵州	0.22
29	宁夏	6 301 350	29	宁夏	4 023	29	安徽	0.19
30	青海	5 626 722	30	青海	3 407	30	河南	0.18
31	西藏	3 002 166	31	西藏	500	31	西藏	0.17

数据来源：《中国图书馆年鉴》（2010年）

从图书馆服务量来看，西南地区图书馆在全国公共图书馆服务量排名中的情况是：贵州省公共图书馆累计发放有效借书证数、书刊文献外借册次均排在第27位、重庆第23位、云南第18位、广西第19位、四川第14位（详见表4－36）。

表 4－39　2009 年全国公共图书馆服务量排名①

排名	省/市/自治区	累计发放有效借书证数（个）	排名	省/市/自治区	书刊文献外借次（千册次）
1	广东	2 446 904	1	浙江	27 854
2	江苏	1 740 766	2	广东	25 360
3	浙江	1 393 124	3	江苏	24 448
4	湖北	1 289 766	4	山东	15 439
5	山东	1 080 795	5	上海	14 525
6	北京	998 822	6	辽宁	14 071
7	上海	891 425	7	福建	11 288
8	辽宁	792 334	8	湖北	10 468
9	湖南	697 382	9	湖南	9 582
10	河南	675 321	10	河南	9 523
11	河北	545 254	11	四川	9 489
12	黑龙江	451 344	12	北京	8 900
13	福建	414 054	13	广西	7 738
14	四川	410 542	14	云南	7 700
15	江西	374 600	15	重庆	7 603
16	天津	343 072	16	天津	6 370
17	山西	321 684	17	安徽	5 777
18	云南	310 419	18	黑龙江	5 604
19	广西	285 479	19	河北	5 279
20	陕西	258 632	20	江西	5 175
21	安徽	242 905	21	吉林	4 431
22	吉林	234 105	22	新疆	3 545
23	重庆	203 840	23	甘肃	3 290
24	新疆	184 171	24	陕西	2 581
25	甘肃	177 115	25	内蒙古	2 419
26	内蒙古	162 942	26	山西	2 415
27	贵州	162 550	27	贵州	2 134
28	青海	80 047	28	宁夏	1 556
29	宁夏	70 438	29	海南	1 340
30	海南	22 560	30	青海	429
31	西藏	4 155	31	西藏	22

① 数据来源：《中国图书馆年鉴》(2010 年)

从表4－39分析得出图4－20全国各个省/市/自治区累计发放有效借书证数（个）、图4－21全国各省/市/自治区书刊文献外借次（千册次）、图4－22全国各省/市/自治区人均借阅册次。

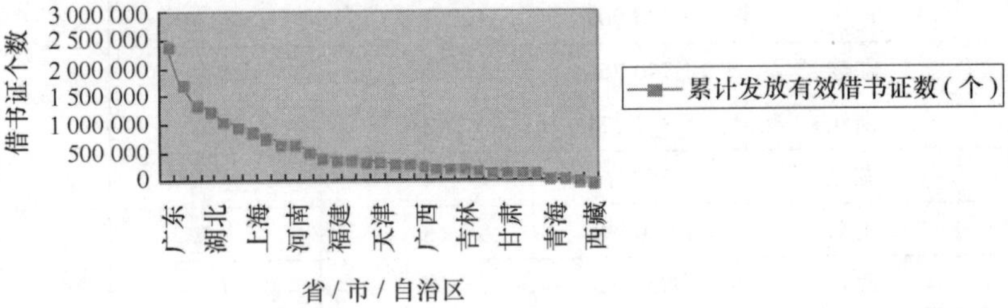

图4－20　全国各个省/市/自治区累计发放有效借书证数（个）

二、西南地区图书馆与县市级以上公共图书馆评估指标的差距问题

2009年，文化部组织开展了第四次全国县以上公共图书馆评估定级工作。本课题以贵州省参加评估的图书馆为例。贵州省共有77个县级以上公共图书馆参加本次评估定级，占该省公共图书馆的85.6%。有13个县级图书馆因馆舍改造或搬迁等原因闭馆未能参评，占14.4%。参加本次评估的省级图书馆1个，地市级图书馆8个，县级图书馆68个。根据表4－38文化部公示的评定结果，该省上等级图书馆58个，占参评馆49.3%，占该省公共图书馆的42%。其中一级馆2个①；二级馆4个②；三级馆32个③；上等级馆的数量比第三次评估增长46.2%。未上等级图书馆39个，占参评图书馆的50.7%。进入一级馆和二级馆的数量与2004年第三次评估的数量持平，三级馆增加12个，比上一次评估增长60%。见表4－40所示。

表4－40　2009年全国县级以上公共第四次评估定级结果④

排序	地区	图书馆（个）	地区	一级馆（个）	地区	二级馆（个）	地区	三级馆（个）	地区	未入级馆（个）
1	河北	164	江苏	63	四川	39	云南	102	上海	0
2	四川	156	山东	48	山东	38	广西	57	宁夏	3
3	山东	150	浙江	47	湖北	34	新疆	52	西藏	4
4	云南	150	广东	47	福建	30	河南	49	北京	6
5	河南	142	上海	28	河北	27	湖南	48	海南	8
6	广东	133	湖北	28	广东	23	安徽	47	江苏	10
7	辽宁	128	辽宁	25	江苏	22	河北	46	天津	12

① 一级馆：遵义市图书馆、贵阳市图书馆
② 二级馆：贵州省图书馆、大方县图书馆、桐梓县图书馆、铜仁市图书馆
③ 三级馆：黔南州图书馆、毕节地区图书馆、都匀市图书馆等
④ 数据来源：《中国文化报》2010年1月23日

续表

排序	地区	图书馆（个）	地区	一级馆（个）	地区	二级馆（个）	地区	三级馆（个）	地区	未入级馆（个）
8	山西	126	湖南	24	江西	22	黑龙江	46	湖北	15
9	湖南	120	北京	18	湖南	22	江西	46	浙江	17
10	内蒙古	113	四川	17	浙江	18	甘肃	46	重庆	19
11	陕西	112	福建	15	河南	15	内蒙古	42	福建	21
12	江苏	109	河南	15	辽宁	14	四川	52	安徽	23
13	江西	108	天津	14	新疆	14	陕西	39	湖南	26
14	湖北	107	江西	12	安徽	11	贵州	32	新疆	26
15	黑龙江	100	河北	9	内蒙古	9	湖北	30	江西	28
16	广西	100	安徽	8	吉林	9	山西	29	广西	31
17	浙江	96	重庆	8	重庆	8	广东	29	云南	32
18	新疆	94	云南	8	云南	8	福建	19	广东	34
19	甘肃	93	内蒙古	7	山西	7	辽宁	16	吉林	36
20	贵州	90	吉林	7	黑龙江	7	吉林	14	青海	36
21	安徽	89	广西	7	青海	7	江苏	14	甘肃	38
22	福建	85	山西	4	甘肃	6	浙江	14	黑龙江	43
23	吉林	66	黑龙江	4	广西	5	重庆	8	贵州	52
24	青海	44	甘肃	3	宁夏	5	宁夏	10	内蒙古	55
25	重庆	43	贵州	2	天津	4	海南	9	四川	48
26	天津	31	宁夏	2	贵州	4	山东	6	山东	58
27	上海	29	新疆	2	海南	3	天津	1	河南	63
28	北京	24	陕西	1	陕西	2	北京	0	陕西	70
29	海南	20	青海	1	上海	1	上海	0	辽宁	73
30	宁夏	20	海南	0	北京	0	青海	0	河北	82
31	西藏	4	西藏	0	西藏	0	西藏	0	山西	86

根据贵州省历次参加全国公共图书馆评估定级的数据分析得出：①从全国排名情况看，该省一、二级公共图书馆历来数量很少，均排在全国末尾。在第四次评估中该省公共图书馆一级馆数量虽与第二次、第三次评估完全持平，但该省县级公共图书馆无一进入一级馆，尚属史无前例。②前三次评估中，评为二级馆的主打均为地市级图书馆，1994 年第一次评估占 75%；1998 年第二次评估占 60%；2004 年第三次评估占 75%；本次评估由于遵义市图书馆上升到一级馆，黔南州图书馆和毕节地区图书馆下滑到三级馆，致使本次评估进入二级馆的地市级图书馆为零，从而也反映出近年该省地市级公共图书馆发展较缓慢。③在第四次评估中该省三级馆有大幅度增长，这主要源于各级政府和各种文化工程对县级图书馆硬件设施和文献资源的大量投入，促使许多县级公共图书馆发展上了新台阶，

也为下一次公共图书馆评估定级中一、二级馆数量的提升和该省公共图书馆事业发展奠定较好基础。④本次评估定级该省未上等级图书馆和未参评的图书馆达52个，占该省公共图书馆57.8%，这足以证明该省公共图书馆事业建设发展任重而道远。

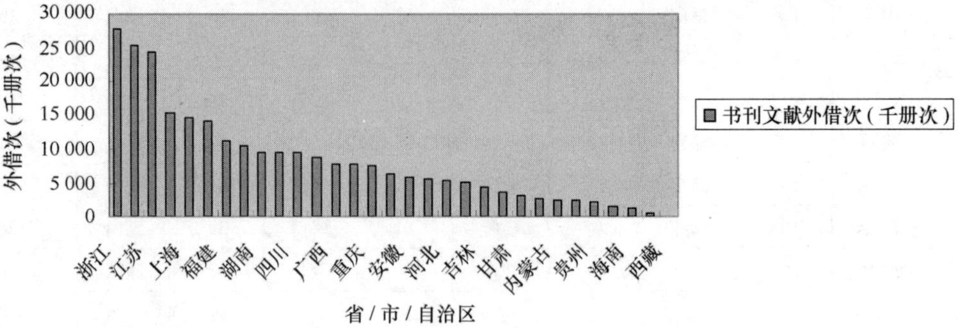

图4-21　全国各省/市/自治区书刊文献外借次（千册次）

从表4-38到表4-40中显示出，西南地区参加2009年全国公共图书馆评估定级的图书馆重庆43个、贵州77个、广西100个、云南150个、四川156个，在这些参加评估的图书馆中被评为一级图书馆的重庆8个、贵州2个、广西7个、云南8个、四川有17个；被评为二级图书馆的重庆8个、贵州4个、广西5个、云南8个、四川有43个；被评为三级图书馆的重庆10个、贵州32个、广西57个、云南103个、四川有40个；未被评级图书馆的重庆17个、贵州52个、广西31个、云南31个、四川有56个，从以上数据的分析得出图4-23全国各地区图书馆个数排序（个）、图4-24全国各地区一级馆个数排序（个）、图4-25全国各地区二级馆个数排序（个）、图4-26全国各地区三级馆个数排序（个）、图4-27全国各地区未入级馆个数排序（个）。

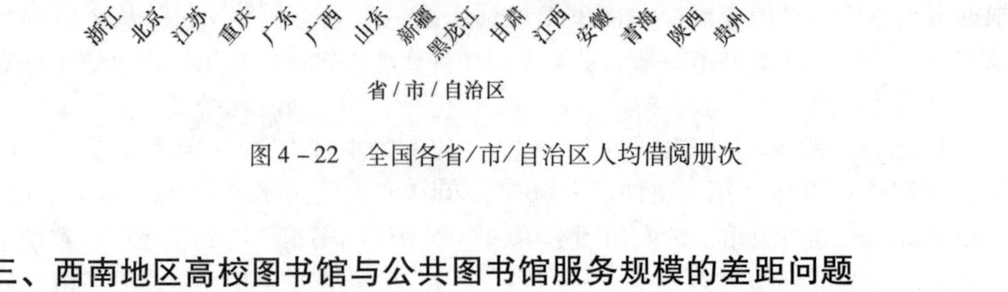

图4-22　全国各省/市/自治区人均借阅册次

三、西南地区高校图书馆与公共图书馆服务规模的差距问题

中国高等教育文献保障系统（China Academic Library & Information System，简称CALIS）先后建立了西南地区高等教育文献信息中心成员馆接点。例如：CALIS重庆市文献

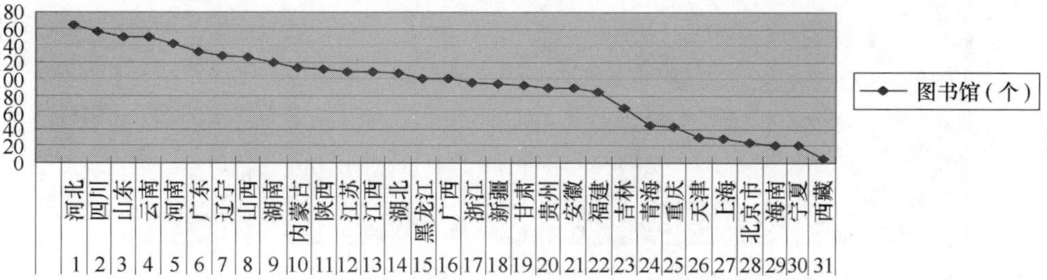

图4－23　全国各地区图书馆个数排序（个）

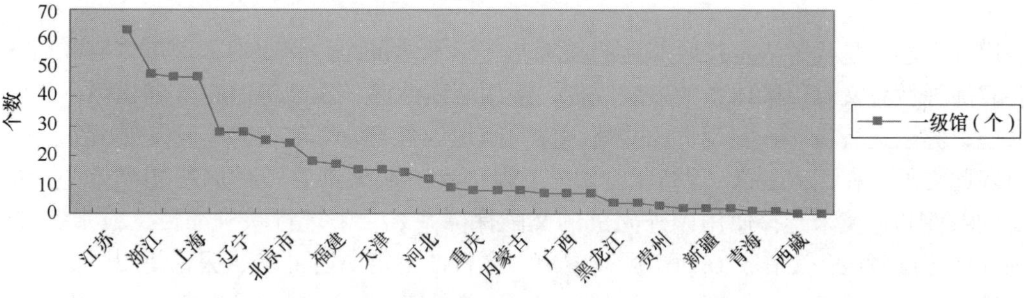

图4－24　全国各地区一级馆个数排序（个）

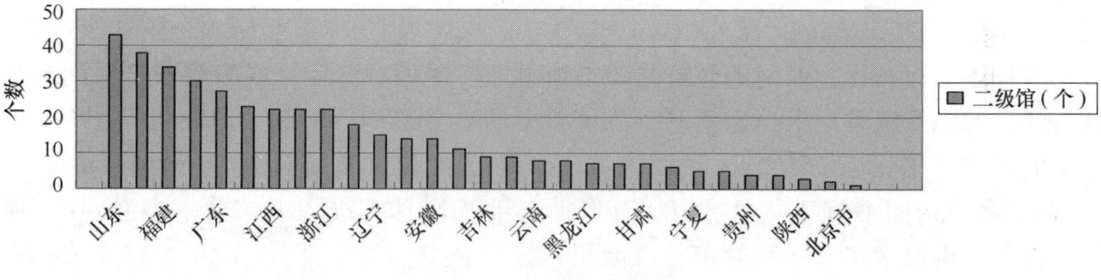

图4－25　全国各地区二级馆个数排序（个）

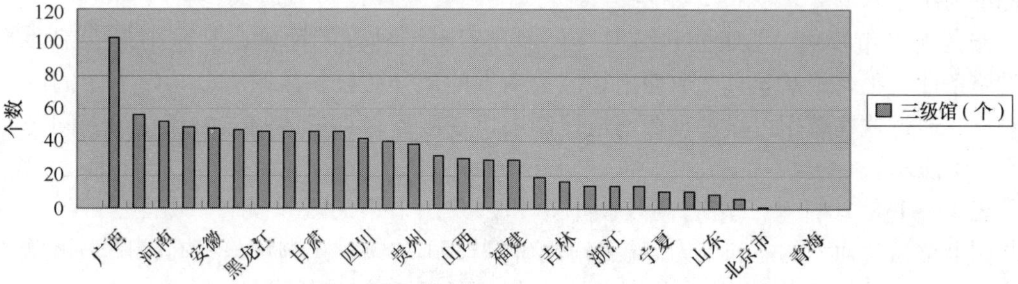

图4－26　全国各地区三级馆个数排序（个）

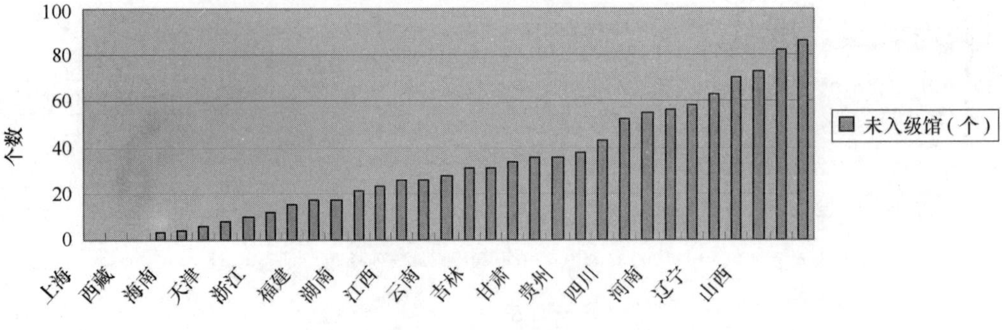

图4-27 全国各地区未入级馆个数排序（个）

信息服务中心，是代替一定行政职能的技术性、学术性机构，其职责是：负责研究西南地区各省高等教育文献保障体系的发展规划，组织西南地区各省高等教育文献保障体系方案的实施，健全运行机制，实现资源共享，为西南地区各省高等院校的建设发展服务。

除此之外，在西南地区“985”、“211 工程”和“直属部委”的高校图书馆中，根据自身的条件和环境来选择使用国外先进的文献保障系统，来进行联机编目、检索、查询、馆际互借等读者服务工作。在西南区域内地方高校图书馆中还可以试探着使用腾讯公司开发的面向办公的 RTX（Real Time eXchange）即时通信软件。通过服务器找到西南地区高等院校图书馆组织架构中的任何成员。这两种软件在网络上把西南地区高等院校图书馆联成一个整体，服务于西南地区高等教育事业，在日常的对外服务和内部办公中起着越来越重要的作用。

与高校图书馆相比，西南地区公共图书馆事业发展相对滞后，成为服务于西南地区和谐社会建设的一个瓶颈。根据课题调查的统计数据，到 2010 年底，西南地区县（区）级馆以上的公共图书馆有 555 个（数据来源于《中国文化文物统计年鉴》2011 年版第 48 页），除了各省级图书馆藏书超过 100 万册，其他基层县区级图书馆藏书多在 40 万册以下，而按照西南地区各省（直辖市、自治州）常住人口计算，平均每 50 多万人才拥有一个图书馆，人均占有图书不足 1 册，这与国际图联 20 世纪 70 年代颁布的“公共图书馆标准”每 5 万人应有一所公共图书馆，人均拥有藏书量最少 3 册，每所图书馆的服务半径通行标准为 4 千米的要求有很大差距。通过这次调查发现，西南地区各省（直辖市、自治州）级的地（市）级、县级公共图书馆大多没有自己独立的网站，其藏书量、馆舍等基础设施条件还很差。这里只选取西南地区云南省的部分高校和县区级公共图书馆的调查数据对比，通过这些数据可以发现西南地区图书馆在服务与管理体制方面存在很多问题，如表 4-41 所示。

表 4-41 是 2011 年云南省高校图书馆和公共图书馆的规模统计和比较。容易看出，公共图书馆馆舍面积的总和仅为高校图书馆的 21.542 4%；藏书量只有高校图书馆总和的 22.166 3%，而服务人群却比高校图书馆多出 53.495 2 倍。

表 4-41　2013 年西南地区云南省高校图书馆和公共图书馆的规模统计

高校图书馆	馆舍面积（平方米）	文献藏书（册）	在校生（万）	公共图书馆简称	馆舍面积（平方米）	文献藏书（册）	常住人口
云大	53 975	2 511 748	2.7	通海县图	4 000	70 000	234 000
昆工大	54 500	2 690 000	3.5	红塔区图	5 000	165 000	495 129
云师大	52 000	2 703 000	4.0	和顺村图	5 500	80 000	6 200
云民大	39 850	1 560 000	2.0	宝山市图	6 800	70 000	320 000
云农大	16 903.91	2 532 700	1.627 2	大理州图	6 273	360 000	351 000
云财大	38 200	1 669 000	3.200 0	昆明市图	8 000	603 000	726 300
西南林院	14 800	1 380 000	1.400 0	玉溪市图	7 200	357 706	2 301 000
云艺院	4 881	300 000	0.637 5	曲靖市图	5 800	1 388 279	5 855 055
云中医院	20 767	510 800	0.8	楚雄市图	4 000	1 163 800	2 704 300
云司法警官职院	2 300.00	318 000	0.215 9	文山市图	8 380	973 892	464 276
玉溪师院	16 130.54	585 021	0.55	版纳州图	2 254.8	142 542	1 064 500
红河师院	25 639	1 175 000	1.350 0	石林县图	2300	31 025	236 908
楚雄师院	18 297	1 100 000	0.8	宾川县图	3 000	29 683	324 412
大理学院	23 000	1 200 000	1.514 6	巍山县图	6 576	65 873	307 300
楚雄医药高	8 760.0	219 100	0.43	腾冲县图	3 900	83 258	643 000
文山学院	6 700	736 000	2.000 0	丽江市图	12 730	124 800	149 000
昆明学院	40 075	170.000 0	1.600 0	勐腊县图	1 230	27 204	180 000
云经管院	8 000.00	1 061 800	2.800 0	大理市图	2 560	98 903	250 000
昭通师专	6 274.00	649 700	0.610 0	昆明西山图	300	40 000	710 000
云交职院	4 449	334 000	0.453 9	昆明盘龙区图	9 152	100 000	517 557
云工商学院	15 000	1 150 000	1.000 0	晋宁县图书馆	1 748	92 629	285 000
昆医学院	30 431	1 413 500	0.998 5	呈贡县图书馆	1 209	28 000	163 800
合计	500 932.45	27 499 369	34.187 6	合计	107 912.8	6 095 594	18 288 737

注：表中数据来自 2013 年 12 月云南省各个高校图书馆和公共图书馆的概况

表 4-41 中数据显示，建设西南地区和谐社会，就要突破传统的以学校为中心的学习方式，形成贯穿西南地区全体公民终身的学习过程。西南地区各类图书馆联盟应该充分发挥教育职能，把工作重点放到如何为西南地区全体公民提供优质的终身教育服务上来，首先在西南地区各个基层图书馆数量和藏书质量上要能够满足广大公民的要求。现在西南地区公共图书馆资源过于集中在中心馆，不利于西南地区和谐社会的建设。

四、西南地区图书馆服务标准的滞后问题

图书馆在国家公共文化服务体系中占有十分重要的地位。从前文调查总结的现状来看，西南地区各类图书馆都在自己的领域中承载着特定的社会职责，取得了一定的社会效

益和经济效益，但存在的问题不容忽视。来自多个方面的原因制约和阻碍着西南地区各类图书馆服务的发展。差距源于比较，为探求问题的症结和瓶颈的实质，该研究将以历史的眼光对贵州省图书馆的发展历程与全国的总体情况进行纵向的对比，再从现状入手，选择同为直辖市的上海，将重庆的发展近况与其进行横向的比较，以此全面总结、归纳提炼，力求对西南地区图书馆服务形成一个全局性的认识，进而为服务体系的创新寻求实践基础与理论依据。

本研究以中国文化部权威机构主编的《中国文化文物统计年鉴》2011 年出版发布的年鉴数据（1995 年、2000 年、2003 年、2005 年、2006 年、2008 年、2009 年、2010 年）为准，选择若干项可比总量指标，进行总体事业发展状况的定量描述和分析。与此有关的概念与指标的界定：①全国图书馆机构数为公共图书馆、高校图书馆、基层图书馆、企业图书馆、科技图书馆和专门图书馆等指标的统计值的总和。②本报告图书馆仅指公共图书馆，全国图书馆的“建筑面积”仅指公共图书馆书库的面积。③相关比较项目以《中国统计年鉴》、《贵州统计年鉴》、《重庆统计年鉴》和《上海统计年鉴》中涉及图书馆的对应性可比总量指标为基准。

由于西南地区公共图书馆与全国发达地区公共图书馆在诸多方面存在不同特点，加上基础与规模的不尽相同，仅使用图书总量指标的绝对数值进行比较是有缺陷的，很难反映不同规模的比较对象之间的真实差距。因此，本课题研究采用发展速度这一相对指标，对1995 年、2000 年、2003 年、2005 年、2006 年、2008 年、2009 年、2010 年间贵州省公共图书馆与全国公共图书馆总体水平的环比发展速度和平均发展速度进行对比分析。

在纵向对比中，发展速度是较能反映西南地区各类图书馆事业特征的重要指标。作为反映某种社会现象发展和度的相对指标，发展速度是报告期发展水平与基期发展水平之比，用来说明报告期水平已发展到基期水平的若干倍或百分比，即说明社会现象发展变化的快慢。一般用 1（以基期水平为 1）或百分数（以基期水平为 100）表示。发展速度分为环比发展速度、定基发展速度和平均发展速度。

表 4 – 42 和表 4 – 43（两表中数据来源于 2013 年度《中国文化文物统计年鉴》）选取贵州省公共图书馆机构数、贵州省公共图书馆馆藏纸质图书数、从业人员、借阅人次、册次、建筑面积、财政拨款、购书支出和阅览座席数等指标，对贵州省公共图书馆与全国公共图书馆的总体情况进行的回溯罗列（1995 年、2000 年、2003 年、2005 年、2006 年、2008 年、2009 年、2010 年）。

表 4 – 42 贵州省公共图书馆与全国公共图书馆事业相关统计数据

年份	图书馆									
	馆藏（万册）		借阅人次（万）		借阅册次（万）		建筑面积（平方米）		阅览座席（千个）	
	全国	贵州	全国	贵州	全国	贵州	全国	贵州	全国（万）	贵州
1995	32 850.0	616	14 142.0	462	11 814.0	133	34.3	23.9	352.0	8
2000	40 953.0	681	18 854.0	228	16 913.0	189	47.3	29.7	416.0	10
2003	43 776.0	713	21 440.0	241	18 775.0	179	45.6	27.9	461.0	10
2005	48 056.0	764	23 332.0	187	20 269.0	118	51.8	35.7	480.0	11

续表

年份	图书馆									
	馆藏（万册）		借阅人次（万）		借阅册次（万）		建筑面积（平方米）		阅览座席（千个）	
	全国	贵州	全国	贵州	全国	贵州	全国	贵州	全国（万）	贵州
2006	50 024.0	771	25 218.0	190	21 039.0	123	54.7	35.7	500.0	11
2008	55 064.0	731	28 141.0	258	23 129.0	157	58.7	41.7	554.0	12
2009	58 521.0	800	32 167.0	267	25 857.0	213	63.7	40.8	602.0	12
2010	61 726.0	812	32 823.0	369	26 392.0	222	67.2	44.5	631.0	12

表 4-43　贵州省公共图书馆与全国公共图书馆事业相关统计数据

年份	图书馆							
	机构数		从业人员（人）		财政拨款（万元）		购书经费支出（万元）	
	全国	贵州	全国	贵州	全国	贵州	全国	贵州
1995	2 615	87	45 323.0	869	65 829.0	746	16 788.0	100
2000	2 675	89	51 342.0	876	139 321.0	1 259	37 141.0	166
2003	2 709	90	49 646.0	878	205 252.0	1 969	44 407.0	232
2005	2 762	91	50 423.0	905	277 848.0	3 401	59 781.0	301
2006	2 778	91	51 311.0	883	319 479.0	4 408	66 095.0	383
2008	2 820	92	52 021.0	913	477 616.0	4 970	83 832.0	474
2009	2 850	93	52 688.0	946	550 808.0	5 383	104 404.0	491
2010	2 884	93	53 564.0	937	583 685.0	5 939	111 093.0	682

根据表 4-42 的数据，绘制出图 4-28 到图 4-34 贵州省公共图书馆与全国公共图书馆总体水平的环比发展速度的折线图。环比发展速度是报告期发展水平与前期发展水平之比，反映社会现象逐期的发展程度，是以上期为基期计算的动态相对数。其计算公式为：环比发展速度 = A1/A0，A2/A1…An/A（$n-1$）（公式中：A0 表示基期发展水平；An 表示报告期发展水平；n 表示项数）。

从图 4-28 中可以看出，在全国总体发展较为平稳的背景下，贵州省公共图书馆机构数量起伏偏大，高低峰值（2000 年、2003 年、2010 年）之间落差较高，且下滑的年份达三分之二之多，特别是 2005 年至 2009 年间持续减速。尤其需要注意的是贵州省公共图书馆的该项指标有 67% 的年份低于全国水平。

从图 4-29 中可以看出贵州省公共图书馆从业人员数一直是持续增加阶段，特别是 2008 年快速增补，而全国公共图书馆从业人员数一直是平稳增加阶段。

从图 4-30 中可以看出，贵州省公共图书馆的馆藏纸质图书数量与全国公共图书馆总体水平保持着一定的呼应关系，虽然二者的环比发展速度起伏都略大，高低峰值之间落差达到 0.151（贵州 2002—2003 年、2009—2010 年）和 0.159（全国 2000 年、2005 年），但贵州省公共图书馆的发展速度到 2009 年又与全国水平差别算最小的，且位于略高的速

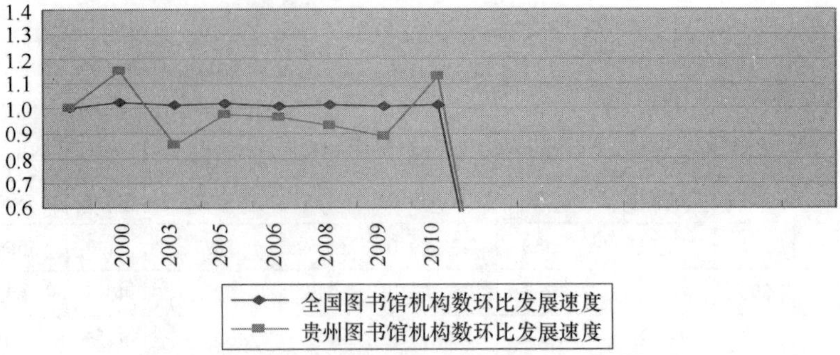

图 4－28 贵州省与全国公共图书馆机构数环比发展速度比较

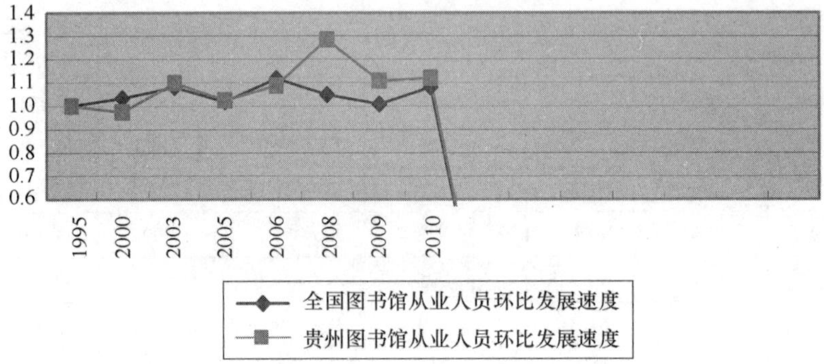

图 4－29 贵州省与全国公共图书馆从业人员数环比发展速度比较

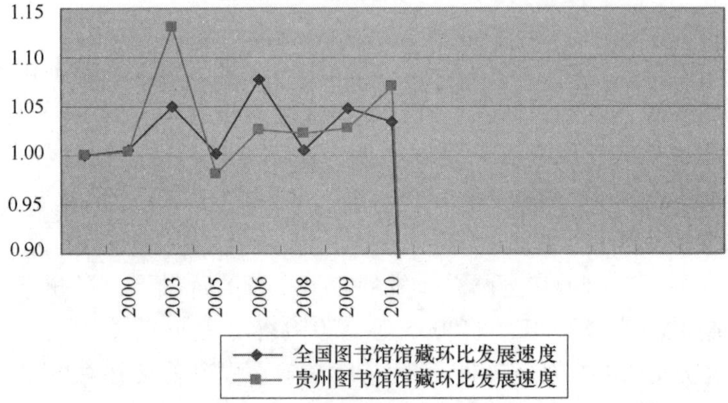

图 4－30 贵州省与全国公共图书馆馆藏纸质数环比发展速度比较

度等级。

从图 4－31 中可以看出，全国的图书馆借阅人次在 1996 年的回升折点后一直快速发展，而贵州省的发展速度除了 2005 年、2010 年为期两年的下降和 2000 年、2006 年、2009 年为期三年的上升之外，其余时间均处于连续的起伏状态，而且变化幅度也较大。

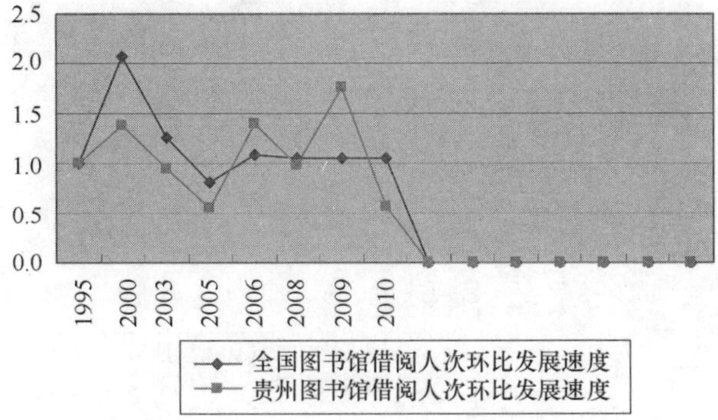

图 4-31　贵州省与全国公共图书馆借阅人次环比发展速度比较

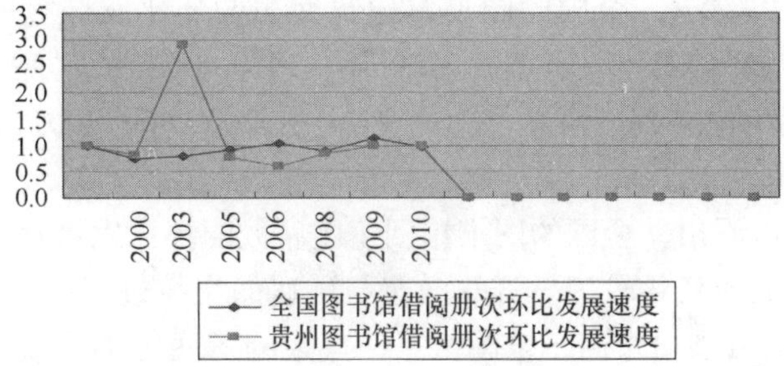

图 4-32　贵州省与全国公共图书馆借阅册次环比发展速度比较

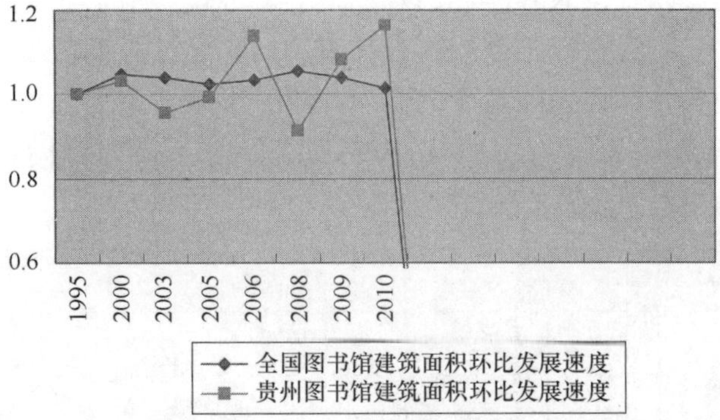

图 4-33　贵州省与全国公共图书馆建筑面积环比发展速度比较

从图 4-32 中可以看出，全国的图书馆借阅册次除了 2000 年、2008 年的明显下滑外，其余年份均保持较为平稳的发展态势。而贵州省的发展速度则呈现出很大的变化幅度，除了 2000 年、2006 年的连续减速期之外和 2003 年快速上升阶段，其余时间均处于不断的起伏发展状态。

根据表 4-42 的数据，绘制出图 4-28 至图 4-34 西南地区的图书馆事业历年发展态势与全国总体水平的环比发展速度的折线图。

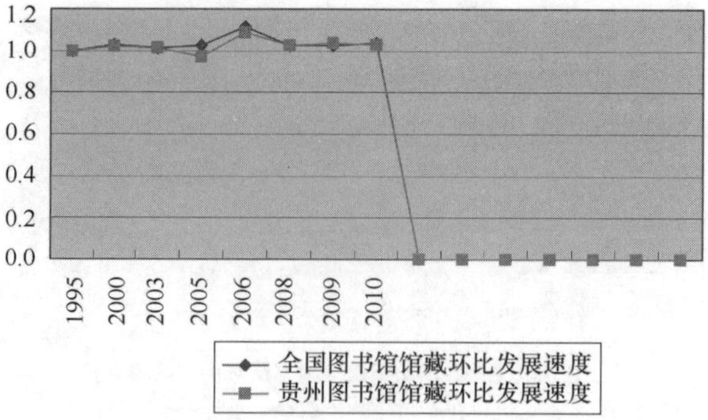

图 4－34　贵州省与全国公共图书馆阅览座席环比发展速度比较

从图 4－33 中可以看出，全国的图书馆建筑面积的环比发展速度较为平稳，变化不大，而贵州省的统计数据则在 2006 年、2009 年、2010 年出现了异常的高峰值，在 2003 年、2008 年出现两年的减速期，落差高达 0. 947；在 2000 年、2005 年二者的发展速度又趋于接近基期的水平。

从图 4－34 中可以看出，全国的图书馆阅览座席数的环比发展速度总体较为平稳，而相比之下，贵州省则处于变化较为显著的增速与减速的交替过程中，2000 年大幅度减速，而在 2006 年、2008 年猛烈增长高于全国水平，其余的每两年都形成一个涨跌拐点，近期速度略低于全国的水平。

综合以上数据，可以用平均发展速度来全面直观地进行贵州省与全国总体水平的比较。平均发展速度是反映社会较长时期内各期（年）平均变动程度的相对数，是统计动态分析中常用的指标之一，通常以倍数或百分数表示。它是计算期内各个环比发展速度的平均数。根据总速度是各个环比发展速度的联乘积这一关系，平均发展速度应采用几何平均数的方法计算。根据表 4－40 和表 4－42 中的数据和图 4－28 至图 4－34 中的指标平均发展速度绘成图 4－35。

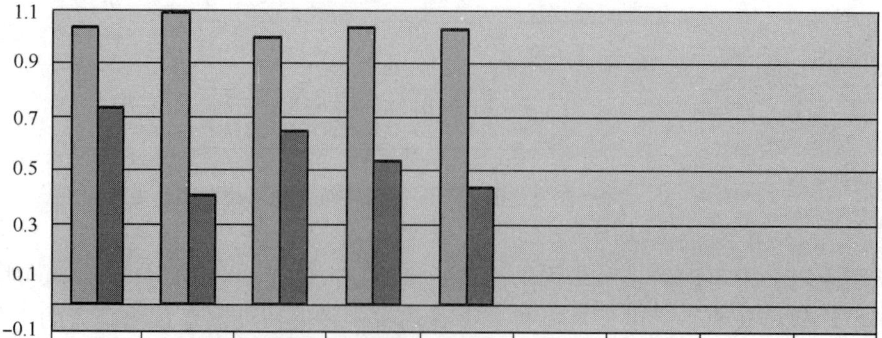

	图书馆馆藏	图书馆借阅人次	图书馆借阅册次	图书馆建筑面积	图书馆阅览座席				
全国	1.03424949	1.09201979	0.99866976	1.03508523	1.02905817	0	0	0	0
贵州省	0.73095405	0.40567985	0.64664483	0.53410905	0.43586048	0	0	0	0

图 4－35　贵州省图书馆与全国图书馆平均发展速度比较

从图 4 - 35 可以看出，五个比较项目贵州图书馆借阅册次和阅览座席三项的平均发展速度略高于全国水平，而图书馆的馆藏、借阅图书人次及图书馆建筑面积等三项均低于全国的平均发展水平，差距最大的图书馆借阅人次在很大程度上代表着公共文化服务的水平和规模，贵州却落后于全国近三分之二以上。根据课题组调查的数据，作为一个具有悠久历史文化底蕴的西南地区各个省级（直辖市、自治区）图书馆事业的发展速度三分之二的统计指标为何落后于全国平均水平？这是需要业内学者与实践工作者深入思考的问题。

由以上最具代表性的西南地区图书馆的数据列表和比较图例不难发现，西南地区图书馆事业与全国的总体情况相比，有共同的特征。不少发展态势呈现出一致性，尤其是图书馆的馆藏均保持着持续的增速发展趋势，总体水平逐年提升。另一方面，西南地区各个省级（直辖市、自治区）图书馆借阅人次、册次和阅览座席都表现出超出全国平均水平的大幅波动，发展历程颇为曲折，在代表图书馆基本服务的图书借阅册次等指标上还出现连续的发展减速和状态下滑，其中的原因值得深究。

五、西南地区图书馆服务体制的落后问题

与全国总体水平的比较能够发现西南地区各个省级（直辖市、自治区）图书馆的特殊性，包括发展优势与存在的问题。然而，问题的解决则需要进一步的分析研究，从先进的地区或案例中探求症结的根源与破解的方法，因此，选择规模近似的西南地区重庆市与性质相同的上海市作为横向比较的对象或许就能揭示西南地区各个省级（直辖市、自治区）图书馆事业管理体制改革的创新方向，或许就能回答一些当前发展进程中亟待解决的难题。

表 4 - 44（表中数据来源于 2010 年重庆市统计局统计的数据、2010 年上海市统计局统计的数据、2011 年中国文化文物统计年鉴）选取了常住人口、人均可支配收入、高等教育和高中阶段毛入学率、从业人员等代表着用户状况、经济和教育水平的指标，以其为参照背景。对重庆和上海两个城市的图书馆事业进行了横向比较，数据以两市 2010 年的统计年鉴为准。为了便于制图，各指标的基本单位做了适当调整，以求坐标系中的度量均衡①。

表 4 - 44　重庆与上海的相关统计数据

	常住人口（百万）	人均可支配收入（千元）	高等教育毛入学率（%）	高中阶段毛入学率（%）	从业人员（百人）	总藏量（百万册、件）	建筑面积（万平方米）	阅览座位（千个）	图书借阅人次（百万）	图书借阅册次（百万）
上海	18.150 8	20.668	57	99	24.25	60.624 4	23.52	14.184	13.424 1	10.869 2
重庆	30.90	8.8	24.5	94	8.05	9.88	5.81	10.00	5.88	7.60

根据表 4 - 44 的数据，绘制出图 4 - 36 重庆与上海各项指标的簇状条形图。在图 4 - 36 中的下面四项指标是两个城市的比较背景，从教育水平来看，可以在一定程度上认

① 2010 年重庆市统计局统计的数据、2010 年上海市统计局统计的数据、2011 年中国文化文物统计年鉴

为重庆与上海拥有近似的社会民众的受教育程度和文化水准。上海的城市人均可支配收入占到重庆的近 42.58%，包括文化消费的经济水平也不会有太大的差距。在常住人口方面，重庆占上海的 58.74% 强，这将决定两市的图书馆事业的规模，然而相比之下，上海的馆藏量为重庆的 10 强，呈现出极不相衬的反差。在馆藏的基础上，重庆的图书馆人员和建筑面积却又相当于上海的三分之一左右的比重（33.21% 和 69.92%），阅览座位数甚至达到了 70.50%，二者用户服务与资源利用的效率之间的差距便可见一斑。对于最为重要的借阅人次和册次，重庆仅占上海总量的 43.80% 和 33%，前者是所有指标中最低下者。在近似的社会状况背景中，两个城市的图书馆事业居然存在着如此巨大的差距，而且最新的统计显示，很多差距还在加大。

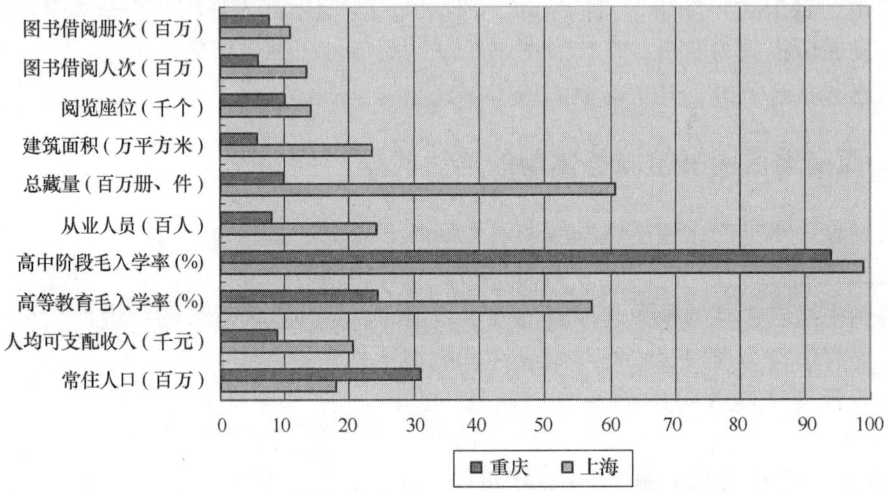

图 4－36 重庆与上海相关指标比较示意图

如果说上海图书馆界的改革举措卓有成效，那么应该首推的就是机构管理体制方面的创新。自从 1995 年上海图书馆与上海科学技术情报研究所合并成立上海市中心图书馆，到 2000 年底由 88 家区县、街镇图书馆加入“一卡通”系统，基本形成市、区县、街镇、村四级“文化共享工程”服务网络。已成为国内有影响的行业情报服务平台，受到业内用户的关注。2010 年流通量 1 700 万余册，流通人数 340 万余人次，大大方便了市民就近借阅书刊资料。

而重庆市政府在认真贯彻落实中共十七届三中全会提出的“城乡基本公共服务均等化明显推进，农村文化进一步繁荣，农民基本文化权益得到更好落实，农村人人享有接受良好教育的机会”的精神，强调重庆市政府今后的重点任务是：“为保障公民的政治、经济、文化、社会权益，提高公民综合素质，繁荣和发展城乡文化，着力推进广播电视村村通、文化信息资源共享、乡镇综合文化站和村文化室建设、农村电影放映、农家书屋等重点文化惠民工程，建立稳定的城乡文化投入保障机制，尽快形成完备的城乡公共文化服务体系，要引导重庆市各文化机构到城乡拓展服务，重视丰富城乡公民文化生活，帮助他们提高素质。”这虽然是重庆市政府对文化服务机构提出的新要求，也是重庆市图书馆事业管理体制改革的新契机。如何整合原本分散的优质资源？如何提升原本僵化的管理效率？怎样借鉴国内外优秀经验实施体制改革？怎样打造具有重庆市图书馆特色的公共文化服务体系，进而响应中央号召和时代需要，将以城市为中心的建设重点拓展到更为广大的农村基层领域？这些都是值得思考的重大问题，是重庆市图书馆事业和整个西南地区图书馆事业未来发展必须解决的战略性问题。

六、西南地区公共图书馆资源总量的不足问题

目前，在中国公共图书馆布局是按政府行政层级分级设置的，这与我国宏观管理体制和公共财政体制密不可分。虽然对应于全国各级别行政区划，西南地区公共图书馆已基本实现该区域内全覆盖，但随着城乡一体化进程的推进和西南地区公共图书馆事业的快速发展，该区域公共图书馆总量仍不能满足西南地区人民群众的需要。

国际图书馆协会联合会 20 世纪 70 年代颁布的《公共图书馆标准》规定，每 5 万人拥有一所图书馆，一座图书馆服务辐射半径通常标准为 4 千米。到 2010 年 12 月为止，根据有关资料统计我国平均每 46.8 万人口、每 3 368 平方千米面积（服务辐射半径大致为 32.8 千米）才拥有一座公共图书馆，与国际标准有明显差距。[①] 这样的差距在西南地区也不例外，有很多地方甚至超过国家公布的数据。

西南地区各个县级公共图书馆是服务公民最基层的独立建制的公共图书馆，承担着为本辖区内城乡公民提供直接服务的任务。由于受城乡公民的集中和分散等因素的影响，加上服务人口众多、服务范围较大、服务条件有限等因素制约，实际服务效果受到影响。虽然有些公共图书馆在市辖区外建立了基层分馆或服务点，也有及少数的乡镇县级图书馆在一些村庄设有服务点，但这些大多属于示范性的，数量十分有限。例如，云南省的和顺图书馆在 10 多个村庄建有服务点，定期调配图书资料直接到村民手中。

由于经费不足，导致西南地区的公共图书馆为基层群众提供文化服务的资源总量偏少、质量不高。国际图联、联合国教科文组织 2002 年修订的《公共图书馆服务发展指南》中规定，公共图书馆人均藏书量应达到 1.5 ~2.5 册。而我国 2010 年公共图书馆人均藏书量仅为 0.44 册，西南地区的公共图书馆人均藏书量更低，这远远低于国际图书联合会的标准。

七、西南地区公共图书馆基础设施落后的问题

在西南地区各级政府的重视下，各类公共图书馆设施状况已有较大程度改善，但整体来说，仍然比较落后，不符合信息时代公共图书馆的功能要求，存在面积不足，建设年代久远的问题。

西南地区很多公共图书馆面积达标率普遍偏低。特别是各个地市级图书馆，按照《公共图书馆建设标准》，达标率远低于国家标准。有些地市级政府领导不征求公民意见，也没有建好新馆舍（甚至新馆址都没有选好）的情况下，却强制撤除各级公共图书馆的现象还仍然存在，导致好几年该地级城市和县城都没有公共图书馆。如从 2005 年到 2010 年 12

---

① 文化部计财司［EB/OL］.［2012 -12 -20］. http://blog.sina.com.cn/s/blog_4b04e3970100o8fa.html（转自中华人民共和国文化部网站）

月为止，贵州省的黔东南州就没有州公共图书馆，新馆的馆址还没落实，老馆于2005年由州政府强制撤除；遵义县国家一级县级图书馆也被撤除；等等。由于面积狭小，缺少图书阅读、书库等必要功能空间，许多优秀文献资料只能“束之高阁”，图书馆借阅能力受到限制，难以有效开展收集、整理、研究以及读者服务工作，如四川省有的地市、县城是先撤除老图书馆，再建新馆，导致图书资料和馆藏资料的丢失现象很严重。

西南地区很多公共图书馆建设的年代比较早，设施陈旧，尤其是一些县级图书馆的设施环境。这些公共图书馆的空间布局大多不符合现代图书馆技术要求和建设标准，难以满足信息化布线、防尘、防静电的要求。有的甚至不具备安全保卫条件，珍贵的古籍、善本在保藏中面临防火、防潮、防盗方面的安全隐患。

八、西南地区各级公共图书馆发展不均衡的问题

受经济发展水平影响，西南地区公共图书馆建设和发展过程中也存在明显的地区差异。经济较发达的重庆地区、四川地区的公共图书馆覆盖率、达标率普遍较高，建设规模和投资数额较大，文献资源较为丰富；而经济欠发达的贵州地区、云南地区、广西地区公共图书馆建设水平普遍较低，有的县级图书馆设施条件十分简陋，文献资源也相对匮乏。

以2010年西南地区地省级公共图书馆为例，重庆地区公共图书馆公用房屋建筑面积为204 360平方米、四川地区的公共图书馆公用房屋建筑面积为338 740平方米、云南地区公共图书馆公用房屋建筑面积为300 910平方米、贵州地区的公共图书馆公用房屋建筑面积为154 540平方米、广西地区的公共图书馆公用房屋建筑面积为256 930平方米。2010年西南地区的公共图书馆馆藏总量为78 888 190册件（见第三章第二节的数据表3－9至表3－38所示）。

而2010年西南地区地市级公共图书馆、县市级图书馆见表4－45和表4－46所示的公用房屋建筑面积、固定资产原值、总藏量、阅览室面积、阅览室座席数等数据的统计。

从表3－9至表3－38和表4－45、表4－46的数据中可以看到西南地区各个区域的各级公共图书馆发展的不平衡情况。

表4－45　2010年西南地区地市级图书馆分地区部分统计数据

地　区	公用房屋建筑面积（平方米）	固定资产原值（千元）	总藏量（千册件）	阅览室座席数（个）	阅览室面积（平方米）
广西地区地市级馆	82 200	112 373	4 207.99	4 568	14 290
重庆地区地市级馆					
四川地区地市级馆	123 170	177 393	9 121.57	6 994	30 670
贵州地区地市级馆	39 400	62 435	1 988.09	1 639	20 850
云南地区地市级馆	72 760	125 707	3 574.39	5 113	24 330
合计	317 530	477 908	18 892.04	18 314	90 140

表 4－46　2010 年西南地区县市级图书馆分地区部分统计数据

地　区	公用房屋建筑面积（平方米）	固定资产原值（千元）	总藏量（千册件）	阅览室坐席数（个）	阅览室面积（平方米）
广西地区县市级馆	130 240	121 470	9 605.76	17 380	130 240
重庆地区县市级馆	149 680	201 868	6 617.38	11 086	149 680
四川地区县市级馆	198 370	187 822	11 936.83	18 651	198 370
贵州地区县市级馆	92 390	87 110	4 516.48	9 484	92 390
云南地区县市级馆	196 660	209 665	9 261.40	14 597	196 660
合计	9 904 950	807 935	41 937.85	71 198	767 340

九、西南地区公共图书馆运作经费的来源问题

从财政拨款来看，西南地区各个区域的各级公共图书馆属于公益性单位，收入来源主要依靠各级财政支持，2009—2010 年（见表 3－9 至表 3－38 中可见 2009—2010 年西南地区公共图书馆财政拨款、总支出情况），西南地区的公共图书馆财政拨款占收入总计的比重保持在 84.45%～90.96% 之间。从总支出结构来看，人员经费支出较大，2009—2010 年，表 4－47 中 2009—2010 年西南地区公共图书馆总支出、人员支出情况，西南地区公共图书馆人员支出（指工资福利支出）占支出总计的比重保持在 30.8%～42.6% 之间。县市级公共图书馆比例更高，为 40.57%～42.11% 以上，表 4－48 所示的 2009—2010 年西南地区县市级公共图书馆总支出、人员支出情况。

表 4－47　2009—2010 年西南地区公共图书馆总支出、人员支出情况

	总支出（千元）		人员支出（千元）	
	2010 年	2009 年	2010 年	2009 年
广西	133 688	123 430	47 655	47 663
重庆	93 348	91 230	25 193	25 714
四川	178 413	205 400	60 972	51 156
贵州	67 360	63 500	26 713	24 694
云南	126 321	158 960	54 767	48 650
合计	505 782	642 520	215 300	197 886

由表 4－47 和表 4－48 可见，西南地区的公共图书馆财政投入大部分用在了人员支出上，用于图书购置和开展活动的经费十分有限，严重制约了该区域内公共图书馆的活动开展。以县市级公共图书馆为例，2010 年，该区域 487 个县市级公共图书馆中，根据课题组实地调查的 170 多家县市级图书馆和回收问卷、E－mail、QQ 回复的 230 多家县市级图书馆中有一半以上的县市级公共图书馆的人员支出超过了财政拨款的 80% 以上，而一半以上的县市级图书馆全年无购书经费，占县市级图书馆总数的 50% 以上。

表 4-48 2009—2010 年西南地区县市级公共图书馆总支出、人员支出情况

	总支出（千元）		人员支出（千元）	
	2010 年	2009 年	2010 年	2009 年
广西县市级馆	48 149	45 940	19 145	18 399
重庆县市级馆	43 922	44 642	14 367	13 225
四川县市级馆	82 521	85 889	29 916	27 188
贵州县市级馆	25 173	20 653	13 619	12 200
云南县市级馆	64 476	59 532	34 223	33 105
合计	264 241	256 656	111 270	104 117

十、西南地区公共图书馆服务体系建设保障与发展问题

（一）构建西南地区公共图书馆法律体系

制定专门的西南地区的公共图书馆法律，是各级政府保障和促进图书馆事业发展的普遍做法。据不完全统计，自 1848 年美国颁布第一部公共图书馆法以来，世界上已有 80 多个国家和地区先后颁布了 250 多部图书馆法规。[①] 随着西南地区人民群众精神文化需求的日益增长和公共图书馆事业的发展，西南社会各界对推进图书馆立法已形成共识。例如，2009 年四川省政府已经通过了《四川省公共图书馆条例》规定的公共图书馆社会服务职能和目标。这为西南地区制定区域性公共图书馆法律条例提供了很好的实践经验和科学指导路径。通过立法推动西南地区的公共图书馆事业发展，对于解决当前西南地区图书馆事业发展面临的突出问题，进一步促进事业发展，具有重要意义。

（二）构建现代化的西南地区公共图书馆设施体系

构建现代化的图书馆设施体系是有效改善文化设施状况的重要手段。近十年的时间里，由文化部、教育部、广电总局、中宣部等国家多个部门先后组织实施了文化信息资源共享工程、县级公共图书馆、文化馆和乡镇综合文化站、农家书屋等基层文化建设规划，由此，西南地区各个县、乡、镇、村多级文化设施条件得到极大改善，公共文化服务能力和水平不断提高。相比之下，西南地区地市级公共图书馆总体水平相对落后，如云南省西双版纳州所在地景洪市图书馆几乎是无读者进馆，令人深思，更谈不上信息资源共享，这些成为影响公共文化服务体系建设的主要问题。因此，建议在今后的一段（5 年左右）时间，对西南地区的地市级公共图书馆进行统一规划建设，对设施条件不达标的进行新建和改扩建，使该区域内所有地市级城市都建有设施达标、布局合理、功能完善的公共图书馆。

（三）构建西南地区公共图书馆文化服务功能体系

文化工程项目是争取财政资金、支持公共图书馆建设的重要抓手。近年来，西南地区

---

① 文化部计财司［EB/OL］．［2012-12-20］．http：//blog. sina. com. cn/s/blog_ 4b04e3970100o8fa. html（转自中华人民共和国文化部网站）

各级公共图书馆在通过国家组织实施的中华古籍保护计划、文化信息资源共享工程、送书下乡、县级图书馆文化馆修缮专项资金等一批重大文化工程项目建设的机遇，来改善图书馆自身的设施条件，还丰富了自身的服务资源，提升了自身的服务功能。在今后的3—5年期间，建议西南地区各级公共图书馆在继续深入推进已有工程的基础上，通过策划实施新的工程项目，解决自身发展中面临的突出困难和问题，将数字图书馆建设延伸到各个区域的县市级和乡镇级公共图书馆领域、推进城乡公益性电子阅览室建设，进一步丰富西南地区各级公共图书馆的服务资源，扩大服务范围，提高服务效益。

（四）构建西南地区公共图书馆服务的新模式

数字化与文献信息资源建设是西南地区公共图书馆向社会提供服务的物质基础。为社会公众提供便捷、高效的文献信息资源服务是该区域内公共图书馆业务工作的核心。文献信息资源不足也是制约西南地区公共图书馆发展的主要难题。因此，通过创新服务模式，提供西南地区各级图书馆的服务能力，显得尤为重要。其中，实行总分馆制，构建公共图书馆、学校图书馆、科研图书馆、企事业机构单位图书馆等各类图书馆之间的协作联盟则是创新西南地区公共图书馆服务模式的重要内容之一。总分馆制、各类图书馆之间的协作联盟是有助于丰富各馆藏书量，形成统一采购、统一编目的图书资源配送体系，改变过去各自为政、条块分割的局面，缓解基层图书馆面临的购书经费紧张、人才设备短缺的压力，实现统一规范管理与服务，最大限度地实现各类图书馆资源共享的目标，是一种符合该区域社会发展中各类图书馆可持续发展的有益模式。

（五）构建西南地区公共图书馆运营的保障机制

公共图书馆是提供公共文化服务的公益性文化单位，西南地区各级政府应承担公共图书馆的建设和运营责任。建议围绕公共图书馆的基本职能，建立财政预算的保障机制。将该区域内公共图书馆总支出、公用经费和业务活动经费纳入各级政府的年度财政预算规划中，加大财政投入的力度，使公共图书馆运行经费得到保障，同时保证每年安排一定量的专题文化活动专项经费，以保证各级公共图书馆正常运转和开展业务活动，进一步提高该区域内公共文化产品的供给与服务管理能力，推进公共图书馆事业的繁荣，促进该区域社会经济的可持续发展。

十一、西南地区公共图书馆服务的管理问题

课题组通过以上大量的调查数据和贵州省各类图书馆的比较分析，归纳出西南地区图书馆服务体系构建中存在的问题，主要表现在西南地区图书馆的建设发展未得到足够重视、图书馆事业发展不平衡、图书馆基础建设薄弱和服务水平低下、西南地区从业人员数量严重不足和专业队伍结构不合理与整体素质普遍偏低等。①

近年来，随着文化体制改革的深化，西南地区公共图书馆事业的发展取得了巨大的成就，但其发展速度与我国经济的快速发展仍不协调，加之西南地区公共图书馆管理上的

---

① 该节内容选自本课题阶段性成果：西南地区公共图书馆服务管理的现状与分析［J］．图书情报工作，2010(17)：8－13；贵州省基层公共图书馆从业人员现状的调查与分析［J］．国家图书馆学刊，2010(4)：68－72

"闭关自守"、"因循守旧"，致使其严重地脱离了市场经济的发展，陷入了毫无生机、举步维艰的窘境。调查资料显示西南地区公共图书馆事业发展过程中存在的问题很突出。

（一）西南地区公共图书馆文献信息资源的管理问题

随着社会主义市场经济的快速发展和科学技术的突飞猛进，社会上的文献信息量激增，但是西南地区公共图书馆由于经费紧缺，无法采集、贮存大量有价值的文献信息，只能望"洋"兴叹，馆藏建设面临挑战，文献收藏形成空白。社会对各种信息的需求量是巨大和多元化、复杂化的，但是目前西南地区公共图书馆却很难满足社会读者大量的文献信息需求，读者工作的对外服务能力面临挑战。同时，社会信息咨询业的迅速崛起和租书业的涌现，特别是各种信息咨询公司、软件开发公司、广播影视实体的出现，使西南地区公共图书馆在未来社会信息产业中的文献信息资源的管理面临严峻挑战。

目前西南地区公共图书馆资源共建共享受到的制约，主要是：政府资源获取带来的约束、竞争环境带来的挑战及经济环境的制约。随着市场经济的快速发展，大众对文献信息的需求急剧增长，与公共图书馆服务手段相同或相似的机构大量涌现，文献信息服务提供者之间的资源竞争日趋激烈，这就为西南地区公共图书馆资源建设与开发带来了严峻的问题。[①]

（二）西南地区公共图书馆自身建设的管理问题

西南地区公共图书馆是西南政府履行公共服务职能的文化设施，作为公共文献信息中心，主要依靠国家和各级政府拨款。但在传统计划体制的影响下，图书馆界形成了"等、靠、要"的消极依赖思想，虽然目前这种思想已逐渐发生变化，但它仍在大多数馆员的头脑中占据着主导地位。藏书楼思想"小而全"、"大而全"及"重藏轻用"等观念和做法，使业务工作的质量难以提高，服务领域难以拓展。

依赖思想的存在，限制着西南地区图书馆自身的活力和发展，同时这种思想贯彻到业务工作中，使工作难以取得突破性进展，服务方式单一，服务工作远离市场经济的需要，西南地区图书馆之间由于地域分散，难以形成合力，纵向合作差。尤其是对于现代信息技术许多人还知之甚少，信息意识淡漠，反应迟缓，缺乏紧迫感和使命感，缺乏开拓创新精神，远远不适应网络环境下西南地区图书馆建设的需要。

（三）西南地区公共图书馆的组织管理问题

传统公共图书馆的运作方式以封闭为特征，对外部性的要求和社会的依赖程度较低。随着政府体制改革和公共服务社会化改革的深入，西南地区公共图书馆在社会中的地位日趋重要，受到的外部影响越来越大，与外部环境的互动日益增强，这就要求西南地区公共图书馆不断地强化外部责任，更好地满足外部的需求，逐步以开放系统的方式运作。

（四）西南地区公共图书馆的技术管理问题

自20世纪中叶计算机问世以来，新技术的迅猛发展不断更新着其改变社会面貌的速率。西南地区公共图书馆既是新技术应用的受益者，又是受到新技术强烈冲击的重要对象。新技术的问世给图书馆记录与传递文献的模式带来了革命性的巨变，其收藏方式、业务内容、服务体系等方面都将随之重新进行整合。首先，电子文献作为一种新的载体方式，已成为未来公共图书馆收藏的主体部分，以纸质文献为收藏主体的传统图书馆因此面临着收藏内容与收藏方式的变革。其次，信息传递网络化，打破了人们对传统图书馆的依赖，缩短了人们利用图书馆的距离，对传统图书馆曾引以为豪的馆藏优势造成了颠覆。最后，网络的普及应用使得图书馆的服务从形式到内容都发生了质的变化，产生了许多新的服务项目，如多样性、个性化服务、增值型服务等都会应需而生，从而对西南地区公共图书馆的生存造成了全面的冲击。

（五）西南地区公共图书馆经费的管理问题

图书馆历来被人们认为是公共的文献信息中心，但是，图书馆是否发挥了文献信息中心的作用，却值得人们深思。随着经济体制、政治体制改革的深化，对图书馆的发展也提出了更高的要求。由于西南地区一些地方领导不重视图书馆建设，致使西南地区公共图书馆经费严重不足，远远达不到国家规定的图书馆经费的比例，西南地区很多公共图书馆都面临“人吃书”（图书馆挪用购书经费维持人员工资）或是“书吃人”（从人员工资中挤出购书经费）的窘境。一些基层乡镇图书馆十几年没有购进一本书的情况并非个别现象。据笔者调查发现，贵州省、云南省、广西壮族自治区、四川省80%的县级财政对图书馆的拨款仅限于人员工资，有50%～70%的县级馆没有购书经费，长年不购一本新书，只订三五份报刊维持局面。其结果是造成了一系列严重问题，馆藏文献量锐减，供求矛盾日益尖锐，书刊拒借率越来越大，等等。由于西南地区公共图书馆在公共中的地位往往被人们忽视，工作人员待遇偏低，图书经费不足，使图书馆工作队伍不稳，读者工作的发展和提高缺乏足够的资金和人才保障。

西南地区图书馆是在该区域发展的基础上发展起来的，属于公共文化服务的基本设施。公共服务需要坚实的经济基础，服务是图书馆所以存在的原因，馆舍、设备设施和文献信息资源是公共图书馆用以提供阅读服务的基本物质基础。由于经济落后，西南地区公共图书馆长期以来投入严重不足，至今仍有部分县级公共图书馆没有馆舍可以提供服务。西南地区公共图书馆财政拨款和图书馆文献购置专项经费投入，以贵州省公共图书馆为例见图4－37所示，在全国31个省、市、自治区中财政拨款的排名均在第27位；以贵州省公共图书馆为例见图4－38所示，在文献购置专项经费排名在第28位，若按人均排名贵州还要往后靠，与发达地区相比投入更是差距甚大。

以上资料说明，由于投入不足，贵州省公共图书馆的硬件基础普遍较差，同时也因为投入不足，公共图书馆难以吸引人才、留住人才。

（六）西南地区公共图书馆服务的质量管理问题

现代图书馆改变了传统图书馆主要以收藏、加工、保存图书、期刊、资料等纸质载体的文献信息服务方式，其主要服务方式是：馆内阅览、书刊外借、文献复制、参考咨询等。然而，西南地区大多数公共图书馆仍然只满足于书刊借借还还的服务方式，仍然只是尽可能把藏书收全，服务设施齐全，有比较舒适的环境。同时，由于机制、经费、人员、设备的限制、服务工作有许多局限性，束缚了服务人员的思想，缺乏主动服务的精神等。

由于西南地区各级政府对公共图书馆的重视不够，管理体制不全，对各类图书馆的经费投入不一致，这严重制约了许多西南地区公共图书馆功能的正常发挥，再加上管理部门的重视程度不够，很难发挥西南地区公共图书馆在经济建设中以及“两个”文明建设中的积极作用。

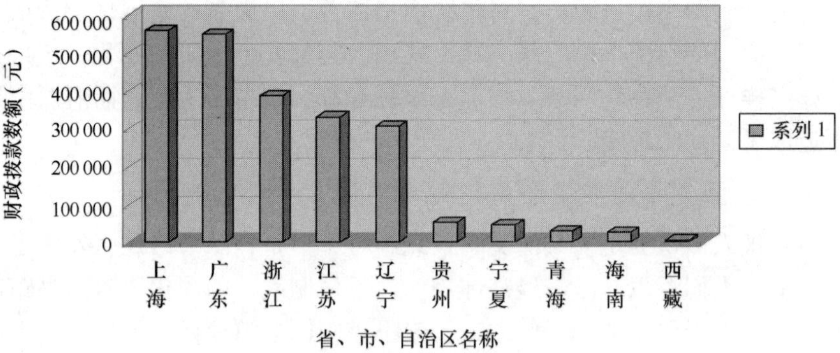

图4－37　全国公共图书馆财政拨款前5名与最后5名的比差

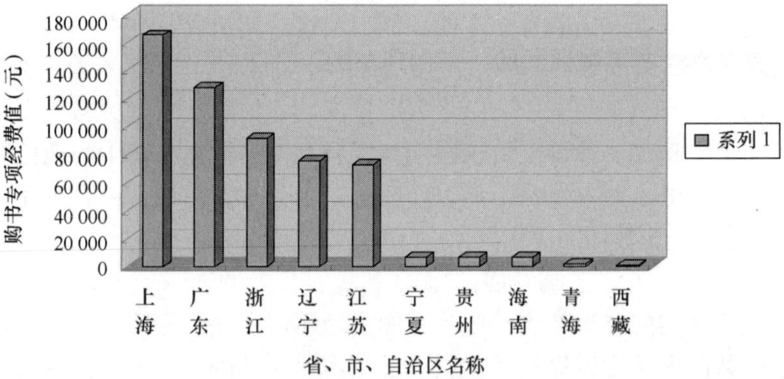

图4－38　全国公共图书馆购书专项前5名与最后5名的比差

在本章节全面调查结果的分析中，选择了西南地区有代表性的图书馆（有高校图书馆、公共图书馆、科研所和企事业单位图书馆）服务质量为实证对象。从这些对象中显示西南地区图书馆服务质量存在的问题主要表现在管理和服务两方面：

1. 用户管理方面

良好的管理是用户对图书馆服务的期望和图书馆对用户期望理解之间的差距表现。西南地区图书馆对用户需求不充分是导致这一差距出现的主要因素。第一，西南地区各基层图书馆自上而下对了解用户期望的重要性认识还很不够，其突出的表现就是西南地区图书馆往往缺乏维系并加强用户关系的战略与措施。第二，由于既成的制度与规范，使图书馆员工们想当然地认为他们知道用户想要什么，实际工作中的约定俗成常常替代了客观调查与思考。第三，用户作为不可控的变量也会在服务提供中产生异质性，如用户需求的多元性、潜在性、多变性，用户信息素质的差异性等，这在一定程度上增大了西南地区图书馆对用户期望认知的难度，在很多时候，西南地区图书馆对用户期望的认知会失真。加强用户期望的认知是西南地区图书馆面临的一个挑战。①

2. 服务方面

（1）服务的标准

服务的标准是图书馆对用户期望的理解与制定的服务质量标准之间差距的表现。也就是指西南地区图书馆是否将用户的期望有效地转化为现实可行、让用户满意服务的标准。有时候，即使西南地区图书馆管理人员已经完全、准确地掌握了用户的需求，这种差异也往往存在。其原因首先存在于服务设计过程中。因为服务的无形性决定了它难以被准确描述和传达，对一项服务的内容人们很难持有一致的看法，西南地区图书馆管理者常常很难将对用户期望的理解转变为员工能够理解并执行的服务质量规范，导致服务设计存在不系统、模糊、主观或过程简单等问题。第二，西南地区图书馆管理层可能认为用户期望很无理或者不切实际，缺乏对服务质量的支持，认为满足用户期望是无法实现的。② 在很多西南地区图书馆，现行的服务标准常常是基于图书馆的自身利益，以方便内部工作和工作效率目标而制定，未能反映出用户的期望和需求。当然现实中的西南地区图书馆只能从其主管单位中获得有限的资源保障，也的确为图书馆服务标准的制定与执行增加了难度，但满足用户需求，图书馆需要不断地实践、不懈地努力。

（2）服务的传递

服务的传递是指图书馆制定的服务质量标准与所提供的服务之间的差距表现。如果管理者已经根据用户期望制定了适当的服务标准，而图书馆员不能或不愿意传递相应的服务时，就会导致这一差距。③ 服务标准的准确传递首先要求必须有适宜的资源包括工作人员、信息资源、系统环境和技术设备等的支持；同时它必须得到不断的强化以使其能在服务组织内深入人心，并且要求组织内必须根据标准对工作人员的表现进行考核并奖励分明。显然，西南地区图书馆馆员是决定服务传递过程的最为关键的因素，馆员的知识技能、性格特点、服务态度、服务意愿都直接影响着服务的传递过程和效果。一个不适当的人力资源政策常常会引发服务质量差距，导致服务失败。譬如，不受重视的西南地区图书馆工作人员招聘与配置问题、馆员的角色模糊和角色冲突、不恰当的评价控制系统，西南地区图书馆组织内缺乏团队合作精神，等等。

（3）服务的交流

服务的交流是图书馆的服务承诺与实际传递的服务之间的差距表现。从多数西南地区图书馆的实际服务来看，因为馆际间几乎不存在服务的竞争性，对资源与服务进行过度渲染与承诺的现象并不多见，多数承诺还是比较恰当的。如果西南地区图书馆内部缺乏有效沟通，一线服务岗位的馆员对西南地区图书馆的服务承诺不了解，就会出现承诺与实际的服务传递脱节的现象；另外，如果西南地区图书馆缺少对用户的服务指导与信息素质培养，也会因为用户信息素质的差异导致对实际传递服务产生负面的反应。由于顾客期望的形成不仅受到西南地区图书馆形象、用户需求和服务体验的影响，还与西南地区图书馆的

---

① 徐纲红．信息用户服务质量层次性期望与满足［J］．图书馆杂志，2004（4）：33－36

② 白君礼．影响图书馆服务质量的几种差异分析［J］．图书情报知识，2001（4）：36－38

③ 张卫群．图书馆服务质量差距分析与管理策略［J］．农业图书情报学刊，2008（7）：160－163

服务承诺具有相当的关联，西南地区图书馆服务的外部传播可能会使顾客产生不恰当的服务期望并导致更大的质量差距，因此西南地区图书馆必须重视与用户的沟通与管理。

（七）西南地区图书馆服务的延伸管理问题

1. 西南地区图书馆延伸服务的途径

目前，西南地区图书馆的延伸服务主要方式：一是西南地区各个城市、乡镇的社区图书馆，由社区提供相应的软硬件设施，西南地区各个省级馆、各个地区的市级馆提供馆藏图书。二是西南地区省级馆、市级馆根据一些具备文献阅览室且有一些馆藏资源的单位，根据乡镇行业分馆的需求，从各自的购书经费中为他们专门购买一些书籍作为补充，目前这样的分馆在西南地区也是有限的，其中与各类单位合作的还是不多。三是西南地区各个城镇、乡村的流动图书馆。即图书全是西南地区省级馆、市级馆的，每月定期到各流动网点为读者借还图书，目前这样的网点在西南地区较多。

然而，也存在着种种问题。以西南地区城镇、乡村的社区图书馆为例，经常出现建一个死一个或是处于半开门的状态，真正正常运转的很少。据访谈调查发现导致这一现象的根本原因是：①隶属关系不明确。目前的西南地区城镇、乡村的社区图书馆是由各城镇、乡村的街道办事处或居委会代为管理，占用居委会的一间房子，热心单位捐赠些家具，由省级馆、地市级馆、县区级馆分别提供一些图书，隔一段时间更新一部分图书，门口虽挂着牌子是西南地区省级馆、地市级馆、县区级馆的×××社区分馆，而人员编制不属于这个区域的图书馆，虽然在那里可以办省级馆、地市级馆、县区级馆的图书证，但大部分社区图书馆又不能和省级馆、地市级馆、县区级馆进行联网，实现真正意义上的通借通还，很难算得上是社区分馆。②管理人员不得力。大部分分馆根本就没有专门人员负责，更没有专项款给分管人员发工资，因此导致管理员没有积极性。③缺乏专业指导。西南地区大部分省级馆、地市级馆、县区级馆设立的社区图书馆没有按照真正的图书馆工作流程去运作，负责人更没有接受过图书馆专业培训，缺少必要的软硬件设备，导致工作不正规，水平低下，社区居民、村民不满意。④读者群单一。目前到各类社区图书馆看书、读报的读者基本是离退休、休闲的老人。因为白天孩子要上学、大人要上班，下了班社区图书馆也挂上了大锁头，而一些老人来到社区活动中心好像更愿意三三两两凑在一起玩牌、唱戏等。被调查者认为，要真正让社区图书馆活起来，一是政府要支持，应明确规定每个区按人口数量，规定建设社区图书馆。二是要从改革体制上做文章。理顺公共图书馆与社区图书馆的隶属关系，应该第一级是西南地区省级馆、地市级馆，二级是下属市内的县区级馆，如叫“重庆图书馆万州区分馆”，即现在的万州区图书馆，三级为各区、县、乡镇所属街道分馆，如可以叫“重庆图书馆万州区××街社区分馆”。人员编制、规章制度、工作流程、考核办法等同重庆图书馆一致，馆员的编制属重庆图书馆。三是购书经费统一由重庆图书馆进行管理，各区、县可以视本区、县的财政收入情况对本地的社区图书馆进行经费补贴等。

由此可见，西南地区图书馆延伸服务虽然有很好的开端。但是，如何巩固延伸服务，还需要借鉴国内外发达地区成功的经验，根据西南地区的现状来探讨创新的思路。

2. 西南地区公共图书馆要与公共文化服务相结合

图书馆的社会服务脱离不了公共文化体系这一大的背景，相关服务机构的活动开展影响着图书馆的职能发挥，只有打破固有的封闭观念，以延伸服务为手段，以联合协作为载体，图书馆才能在公共文化服务体系中扬长避短，扮演不可或缺的重要角色。

近年来，为了落实中央提出的“加强公共文化服务体系快速发展”的精神，西南地区各省（直辖市、自治州）都下发《关于加强公共文化服务体系建设的实施意见》的通知，组织实施中央提出的“重大公共文化服务工程建设”，包括“村村通、文化信息资源共享、基层文化阵地建设、农村电影放映、农村舞台艺术繁荣、农家书屋、非物质文化遗产保护及公共文化示范活动”。①

于是，在西南地区各级政府的关心支持下，一批高品位的文化场馆纷纷建成。邓小平图书馆落成开业，成为全国一流的基层图书馆；遵义图书馆少儿艺术中心建成，成为遵义地区最大的青少年文化活动基地；重庆少儿图书馆投入使用，跻身全国一流馆行列。北海图书馆少儿文化艺术中心的建成、大理白族自治州图书馆数字化工程的启动，这些文化设施的建成，提高了西南地区各个城市、乡镇文化品位，为群众享受文化产品和文化服务提供了优质的文化硬件设施。② 同时，基层文化设施建设掀起高潮。西南地区各级政府将投入更多资金，通过实施各个地区总馆、分馆示范性工程的建设，来新建和改扩建图书馆、文化馆，实现西南地区县县有图书馆、文化馆，城镇有文化站、乡街道社区有文化站、村有文化室，基本形成以两馆为龙头，以城镇、乡村街文化站为枢纽，以社区、乡村文化室为基础的文化服务网络，使广大公民就近、便利、有选择地享受文化权利和参与文化活动的需求得到满足。这些有利的条件无疑为图书馆广泛深入地与公共文化服务相结合带来了契机，创造了坚实的基础。

另外，还要加强公共文化产品的创作生产，提供适应人民群众需要的公共文化服务，优化整合文化资源，大力发展影视制作、出版、发行、印刷、广告、演艺、娱乐、文化会展、数字内容和动漫游戏等重点文化产业，为公共服务提供坚实的产业支撑。

可以预见，今后的文化资源将向公共文化服务领域加速流动，群众及社区将被鼓励和引导自办文化，开发独特文化资源，图书馆在其中延伸服务将迎来新的增长点，其社会职能的发挥将更加需要创新思路的指引。

十二、结语

公共图书馆是各级政府举办的面向社会公众开放的公益性文化与社会教育机构，是实现和保障公众基本文化权、满足公众知识和信息基本需求的机构之一，是社会公平保障体系的重要组成部分。公共图书馆典型的社会公益属性，决定了设置并维持其正常运营，是各级政府的责任。按照国家政策，公共图书馆建设必须纳入当地国民经济和社会发展的总

---

① 杨晓慧．成其圣代表：推进天津公共文化服务体系建设［EB/OL］．［2013 - 02 - 03］．http：//www. tj. xinhuanet. com/misc/2008 - 01/25/content_ 12325595. htm

② 张志怡．天津市文化部门加强公共文化服务体系建设［EB/OL］．［2013 - 02 - 03］．http：//news. enorth. com. cn/system/2007/01/03/001507199. shtml

体规划，纳入城市建设规划，纳入政府投资计划。

而西南地区公共图书馆服务也必须以增加投入为起点，实现增强活力、改善服务的目标。近年来，西南地区公共图书馆事业得到了长足的发展。但是，作为公益性文化事业的重要组成部分，西南地区公共图书馆建设实际上还是处于弱势。大家往往强调公共图书馆对经济发展的依赖。如今，党的“十六大”把文化建设提到了与经济、政治并举的重要位置；党的“十七大”报告中更把文化大发展、大繁荣作为新的历史时期的重要任务；党的“十八大”报告将文化作为国家繁荣昌盛的战略任务，提出把发展公益性文化事业作为保障人民基本文化权益的主要途径，加大投入力度，加强社区和乡村文化设施建设。因此，应该将公共图书馆视作西南地区经济发展的动力，社会发展的生产力，其基本建设理应得到保证并不断加强。

面对西南地区公共图书馆当前的基础设施比较落后、投入不足、工作人员素质不高、城乡发展水平差距较大的现实，西南地区各级政府要加强领导，保证对西南地区各个区域内的公共图书馆的建设有必要的、适当的投入，保证各个区域内公共图书馆的投入与经济社会发展水平相适应，让公共图书馆成为各个区域内社会文明、经济发展进步的窗口之一，成为公众分享西南社会发展成果的载体之一，为繁荣西南地区民族文化、社会文化、满足群众需要、促进经济建设、构建和谐西南社会发挥更大的作用。

第三部分　组织管理篇

第五章　西南地区图书馆服务体系的组织结构

第一节　西南地区图书馆服务体系中组织的内涵

随着互联网通信技术的飞速发展，服务的好坏已经极大地影响着图书馆的社会形象和图书馆事业的发展。那么图书馆事业的发展是故步自封，还是与时俱进地适应新形势？勇于开拓创新，及时地调整图书馆组织类型，提高图书馆服务效率，可最大限度地满足用户的信息需求。

在丰富西南地区图书馆资源的基础上，设立一个完善的西南地区图书馆服务的组织体系是时代的需求。

一、西南地区图书馆服务体系中组织的定位

（一）图书馆服务体系中组织的重要性

图书馆工作人员应当把服务于读者的工作放在首位。正如美国图书馆学大师谢拉所说的，“服务是图书馆的基本宗旨”。服务是贯穿图书馆发展的主线，是图书馆的核心价值观。图书馆发展的最终目的是提供更好的服务并实现作用。21 世纪是知识经济时代，社会的一切活动都是以服务和专家知识为中心，服务已成为各行各业竞争的主要所在。研究 21 世纪图书馆的服务环境和发展方向，围绕知识经济的需要来调整图书馆的服务观念，从多个方面开发图书馆的服务内容，这已经成为 21 世纪图书馆工作的重要内容之一。因此，图书馆服务体系中的组织是指传播信息组织、传播知识组织、传播文明和传播特色文化资源组织的服务过程，其内涵不仅仅是满足用户的信息需求，也应该注重图书馆服务是社会发展过程中的一种时尚文化表现。是人类社会的进步体现，并且带动信息需求的变化，以及满足人类需求的不断变化发展，因此，组织好图书馆服务工作西南地区图书馆馆员责无旁贷。①

（二）西南地区图书馆服务体系中组织的完善

现代信息技术的迅速发展，使计算机技术在社会各个领域得到广泛的应用，图书馆信息资源已由传统印刷型发展成为印刷型、视听型、机读型、光盘型、镜像站型等文献，形成信息资源并存的局面，数字化资源和多媒体信息资源也呈现迅速发展增长的趋势，这就给图书馆的发展提出更高的要求。因此，西南地区图书馆必须改变旧的服务方式，以此提高西南地区图书馆服务的质量和服务的效率，为用户提供创造新的价值，从而提升自己的

---

① 黄兴武．论图书馆服务：全民共享［EB/OL］．［2011 -09 -30］．http：//www. googke. com

竞争优势。

面对图书馆的服务对象、服务内容、服务方式都发生巨大变化的时候，西南地区图书馆服务应该朝着什么样的方向发展，才能更好地履行图书馆应尽的职责和义务。为此，西南地区图书馆必须丰富自己的服务范围，组织建设健全的西南地区图书馆服务体系。

西南地区公共图书馆是指各省级、地（市）级、县（区）级图书馆；乡镇、街道（社区）图书室。以省级、地（市）级公共图书馆为龙头，区县级图书馆是西南地区图书馆服务体系的重点，其优势直接影响着服务体系的正常运行。区县级图书馆有各自的区域文化功能和特色的文化服务。在城市公共文化体系中起到承上启下的作用，既接受各省级、地（市）级公共图书馆的服务辐射，又对乡镇、街道（社区）图书室进行业务指导。各省级、地（市）级公共图书馆通过文献采选、服务侧重来引导和分流读者，使其各取所需。即是各省（自治州）市级公共图书馆主要服务参考型阅读读者和研究性阅读读者，适当兼顾文化学习类读者的需求。县（区）级图书馆主要围绕读者文化学习和热点需求建设馆藏，同时适当满足娱乐休闲式阅读读者和参考型阅读读者的需求。街道（社区）图书室主要满足附近居民的休闲娱乐和一般学习的需求。

（三）西南地区图书馆服务体系中组织的实施

图书馆是人类公共需求的产物，最早的图书馆一经产生就具有公共性质。① 正因为图书馆具有这一点性质，所以说图书馆的服务也应该由全民共享的思想理念来指导图书馆的工作。

1. 思想到位，付诸行动

近几年来，西南地区图书馆服务体系的建设，得到各级领导的重视，各级政府在财政资金极度紧张的情况下，通过多渠道筹集资金，先后对各类图书馆投入了一定的经费购买了计算机、书刊扫描仪、图书防盗仪等现代化设备。并组织培训专业技术人员建立“各地图书馆书目数据库”和“各地图书馆期刊书目数据库”，实现了图书馆办公现代化和业务计算机管理。大大地方便了读者的借阅，同时也提高了服务效率。

2. 开展形式多样的活动吸引读者一起参与

在做好阵地服务的同时，大力开拓新的服务领域，建立馆外服务网点，延伸服务范围。以送书上门，建立流动服务点为主要服务手段，与社区、乡镇、军营共建图书室，其效果显著。例如，梧州市图书馆以“知识工程”为载体，积极开展文化下乡、文化进社区、创建乡村图书室活动，形成了遍布乡村的新的图书馆网，先后多次举办了“全民读书，构建阅读社会”活动，以图书馆为阵地，开展形式多样的群众性读书活动，硕果累累；自 2006 年至今推出“鸳江讲坛”公益性讲座，传播新思想、新成果、新信息，为市民提供丰富的文化快餐；除此而外，还深入基层图书馆开展业务辅导，并组织有关人员培训，指导各图书馆建设；以梧州市图书情报学会为平台，会集图书馆专业人才，开展学术研究和交流；每季度编辑出版“决策”刊物，精选报刊信息精华，为该市党政机关提供快捷的信息服务，产生良好效果，并得到市领导的好评。

---

① 丛智泉．科研图书馆内外部关系氛围的建设［J］．图书馆学刊，2005（2）：131－132

二、西南地区图书馆服务体系中组织的内外互动

西南地区每一所图书馆都有特定的关系氛围，它影响着生活在该地区中的每一个用户使用图书馆资源的效率，有助于发挥或抑制用户自由获取信息的主观能动性，从而极大地影响着图书馆与用户的工作效率和生活质量，这使图书馆资源成为一种具有能动性的资源。因此，营造良好的图书馆与用户关系氛围对于西南地区图书馆来说至关重要。

那么，一个西南地区图书馆究竟需要什么样的氛围？又如何去营造这样的氛围呢？

首先，图书馆的主体是由一定数量的馆员组成的特定的整体，图书馆这一职能单位的正常运转是依赖于其特定主体的稳定与和谐，而一个整体稳定与和谐的基础在于其中的每一位图书馆馆员与用户。于是，西南地区图书馆最重要的便是营造一种融洽的图书馆馆员与用户之间的关系氛围，从而才有可能保障其正常运转。其次，现代的图书馆工作是一种服务性工作，而服务工作做得好坏在很大程度上取决于馆员的服务态度和用户的满意度，馆员的态度影响着图书馆的工作和图书馆的形象，它决定了图书馆的一切。为此，西南地区图书馆的领导和组织应根据自己所在图书馆的区域情况，制定严格的规章制度和切实可行的措施，依据“以人为本、用户至上”的原则，最大限度发挥和保护图书馆员的积极性，及时发现和解决随时出现的问题，以保证西南地区各个图书馆工作的顺利进行。[①]

（一）西南地区图书馆内部关系的和谐

西南地区图书馆工作在保持和发展优良传统的同时，要有勇气正视自身的弱点，逐步提高自己的全面素质，建立和谐的图书馆内部工作氛围。

1. 和谐图书馆内部工作关系的分类和特点

和谐图书馆内部工作关系分成两种：一种是上下级关系，一种是同事关系，与之相应的是对人和对事。上下级关系应该是一种纯粹的对事的关系，这一点上下级都应该意识到，不要在其中夹杂任何一点私人因素，否则容易引起矛盾，从而极大地影响工作的正常开展。但上级有着监督和实施规章制度的权力，这就要求上级要以身作则，处理问题公私分明；同时，下级也应严格要求自己，不宜对上级抱有主观偏见。总之，在这一层关系上两者都应以图书馆的工作为重，既反对下级对上级的绝对服从，又要防止以个人为中心而导致上级难以实施管理。[①]

同事关系是一种非常特殊的人际关系。从对人对事的角度来说，它既是一种对人的关系，又是一种对事的关系。馆员们长时间共处一室，他们之间的接触比他们同家庭成员以外的任何人都要频繁，甚至比同某些家庭成员接触还要多，这种接触必然会形成人与人之间的密切关系。同时，由于他们具有共同的工作目标，从而会不可避免地形成对事（即对工作）的种种关系。图书管理是具有连续性和程序性的工作，这就要求大家相互配合和协调，在工作过程中相互支持、相互体谅。在工作中不可避免地会出现一些特殊情况，这更需要大家共同来解决。例如：馆员分管全年期刊需要下架、入库或倒架，工作量很大，这时就需要其他同事积极配合。还有，图书馆女性馆员多，她们承担着生育、哺乳等人类自

---

① 逯爱英．你给馆员的就是他给读者的［J］．图书馆工作研究，2004（5）：32－34

身的重任，确实给工作带来了一定的影响，领导者及其他同事要从工作、学习上多帮助她们，从生活上多关心、照顾她们。只有这样，才能使她们感到组织的温暖，放下思想包袱，轻装上阵，为图书馆的发展做出贡献。

2. 老中青三代馆员的自身特点

一般来说，每一所图书馆都由一定的馆员组成，有上了年纪的，有中年的，也有刚刚参加工作的年轻人，他们各有各的特点。年纪大的馆员经验丰富；中年馆员精力充沛，业务熟练，是图书馆的顶梁柱；年轻的馆员思想活跃，充满活力，是图书馆的新鲜血液，但他们缺乏经验，业务上还需要学习，有的生活上还存在困难。中、老年馆员应当及时给予年轻馆员帮助与关怀，使他们尽快成熟起来。培养青年人才，建立良好的人才梯队，是图书馆的一项重要任务。青年馆员应当尊重前辈，虚心向他们学习。年纪大的馆员身体状况往往存在一定的问题，中青年馆员要多关心他们，比如有些事务性工作自己多承担一些，并且必要时可协助他们就医。中年馆员家庭负担很重，正处在“上有老下有小”的时期，其他馆员应该给予体谅。只有大家相互体谅，相互关怀，在图书馆内才能形成一种和谐、温暖、互助的人际关系氛围，以利于最大限度地发挥每一个人的积极性，保质保量地完成图书馆的各项工作任务。

（二）西南地区图书馆外部关系的打造

目前有一种共识，认为公共关系学在21世纪将起到举足轻重的作用。馆员除了同图书馆内的人员接触外，还要同用户、期刊出版单位、发行人员、兄弟单位同行、行政人员以及国外相关人员或机构等接触，同他们建立良好的关系对于图书馆来说也至关重要。要注意广交朋友，真诚待人，热情服务，以调动读者的积极性、主动性和读者对科技期刊的忠诚度。图书馆活动是一项以传播最新科技信息为内容，以人际关系为特征的系统工程，馆员个人的知识和能力总是有限的，必须依靠良好的公关能力来弥补自身的不足，调动起系统各方面的积极性，协同工作，来实现自己所在群体的目标。在与以上所有人员的关系中，要特别注意处理好与用户之间的关系，没有广大用户的支持，图书馆的存在便失去意义。

1. 图书馆服务理念的人性化

图书馆要实现其自身价值，服务理念必须从以文献为中心向以用户为中心转移，建立在人性化的基础之上。具体而言，就是必须明确图书馆的一切工作都是围绕着用户的需要而展开的，要理解读者、关心读者、尊重读者、爱护读者，对读者坦诚相助。从用户的利益和需要出发，筹划可以预见的用户需求变化趋势，重新整合图书馆各种资源和服务功能，形成一个以服务为导向、互相协同、能够动态响应读者需求变化的服务新体系。总之，无论图书馆发展到什么样的程度，人性化服务理念都是其永恒的旋律。

2. 建立西南地区图书馆与用户的“互主体模式”

如果说图书馆的服务是商品的话，那么用户也就是顾客，按照“顾客就是上帝”的说法，用户也就是“上帝”了。事实也是如此，失去了广大的用户，图书馆也就失去了存在的意义。这就需要西南地区图书馆建立与用户之间良好的互动关系，仔细聆听用户的心声，尽力满足他们的需求，调动他们的积极性。这也许是解决大多数西南地区图书馆目前举步维艰的关键所在。在西南地区图书馆和用户的关系中，也要促进人们思维和行为模式从“主客模式”向“互主体模式”的转化。

另外，面临着科技期刊国际化的挑战，科技期刊检索要尽量进入各种国际知名的检索系统。为此，西南地区图书馆必须注重与国际同行及有关机构的交往和联系。此项工作就要求西南地区图书馆必须具有一定外语水平的工作人员与其他工作人员一起共同完成，以期取得良好的效果，更好地为用户服务。

三、西南地区图书馆服务体系中组织的构建与发展

图书馆的宗旨，是为人们的学习、研究和接受终身教育，充分地提供利用所有的馆藏和有效的信息服务。图书馆服务是检验图书馆绩效的主要标准。它涉及读者的满意度、图书馆设备和馆藏的充分利用以及信息服务。对图书馆服务的优劣分两个方面：一方面图书馆本身要通过正确的理念和科学管理，充分发挥每一册馆藏的作用，建成多元化文献信息资源，为读者提供最大限度的服务；另一方面，图书馆的数量和分布要能够方便所有读者的利用，满足所有读者的需求。①

（一）西南地区图书馆服务体系中组织的构建

1. 服务组织方式的转变

中国改革开放30多年来，西南地区图书馆服务有很大改进。几乎所有的图书馆都逐步从闭架服务变为开架或半开架服务，这极大地提高了馆藏利用率，从以前百分之四五十的藏书利用率，提高到百分之八十以上，越是基层图书馆馆藏利用率越高。例如，云南省图书馆采取了一系列措施创新服务模式，提升服务能力，把创先争优活动引向深入。为带动云南各地青少年积极利用图书馆进行学习，云南省图书馆于2010年9月初举办了以“我心中的图书馆”为主题的该省青少年读书演讲比赛；在该馆网站及时开设“云南省图书馆学习型组织网”子网站，向社会各界宣传创建“学习型组织”的意义及相关信息；编制及陈列郑垧靖同志先进事迹文献资料，并在该馆网站开设“郑垧靖同志学习活动”专题数据库，掀起学习郑垧靖同志精神的热潮；举办“盲人电脑培训”、“为盲人讲解电影”、“云图文化讲坛”讲座等公益文化服务活动；图书借阅部还与业务一支部联合，开展了“创先争优”专题图书展阅活动，向广大读者展示我党自建党以来重大历史事件和活动的相关书籍……②

截至2010年底，云南省图书馆馆藏文献总量达286万册（件）；馆网站访问量达140万人次；123种馆藏古籍入选了《国家珍贵古籍名录》；在云南省范围建成了15个文化信息资源共享工程州市支中心、129个县级支中心、885个乡镇农民素质教育网络培训学校。2014年1至7月，云南省图书馆外借书刊近30万册次，读者流通量80余万人次；还获得了“国家一级馆”、“国家级古籍修复中心”等荣誉。

---

① 吴智勇．高校学报的影响因子及应对策略［J］．编辑理论与实践，2000（3）：45－46

② 国内首家“全国新书样本库”在云南省图书馆建成［N］．云南日报，2010年4月28日6版

2. 服务组织形式多样化

最近几年西南地区各类图书馆正是朝着这个方向努力去做。各图书馆在坚持阵地服务的同时努力拓展馆外服务模式。如四川省图书馆在四川省人大常委会办公厅、省荣军校、成都市残联等10个单位建立了分馆；为四川党政编印决策参考资料；坚持送书下乡、送科技下乡，惠及农村群众；开展“青少年网上读书活动”，引导青少年多读书、读好书；成都市图书馆坚持每周面向社会开设讲座，引起社会广泛关注；南充市图书馆开展网上读书征文评奖活动，引发全市青少年十万之众参与；类似以上方式的活动，各馆都有开展。2010年全市将建成以乡镇（社区）和村服务点为主体的市、区县（自治县）、乡镇和村四级服务体系。到2010年底重庆市全市38个区县（自治县）和所有乡镇（社区）、街道的文化信息共享工程服务网络已经建成。这项工作主要结合重庆图书馆新馆和数字图书馆建设进行，着力推进市级分中心二期工程建设，于2012年重庆市分中心已打造成西部地区文化信息网络省级服务中心的龙头。

3. 服务组织技术的利用

在社会转型和技术转型中，充分利用新技术为读者提供服务，扩大服务影响。到2011年7月为止，西南地区有90%以上的市州县区图书馆开设了电子阅览室，扩大读者的阅读资源。例如，广西壮族自治州县级以上图书馆有99家都开设了电子阅览室、各种图书馆文化服务活动，其中广西省级图书馆2家（广西壮族自治区图书馆、广西壮族自治区桂林图书馆），地市级图书馆13家（含独立建制的少年儿童图书馆2家），县市级图书馆84家（含7家县级市图书馆、56家县图书馆、12家自治县图书馆，9家市辖区图书馆）。国际图书馆协会联合会IFLA宣布，云南省图书馆因其为盲人提供的服务——开放的盲人阅览室而荣获2005年扫盲奖。类似服务在该省及中国西南地区为首家。① 从2005年开始，四川省图书馆率先在网上开通数字资源，丰富了四川省内图书馆“虚拟的”文献资源，对四川省图书馆网上服务提供了支撑；同时发挥四川省图书馆服务群体的优势，结合文化信息资源共享工程的基层分中心和基层服务站点，力求把图书馆丰富的数字文献资源送到基层，为群众服务。

4. 服务组织效率的提高

由于商品经济大潮的冲击和图书馆经费的极度紧缺，图书馆有十多年之久面临有偿服务和公益服务之争，所有的图书馆几乎都因之不可避免地受到影响，在办理借书证等项目上收取费用，个别图书馆甚至一度向读者收取租借书刊费用，造成负面的影响。自21世纪初期以来，图书馆服务导向开始明晰，近期尤其强化构建公共文化服务体系，图书馆公益性服务呼声日高。2005—2011年期间，西南地区各个省级图书馆都提出倡导图书馆服务年。例如，四川省图书馆以百万巨资搭建多元化数据库，面向全川读者和基层公共图书馆无偿发放网上读书卡，反响良好。近两三年，广安市图书馆为纪念邓小平百年诞辰，办借阅证除押金外不收取读者分文，加之书源很好，市区内18万人口办证4.5万张，占本地人口25%，这在全国都是一个很高的比率。2011年重庆市和四川广安首家“自助图书馆”

① 云南省图书馆网站［EB/OL］.［2013－12－22］. http：//www. google. com

亮相街头，西南地区各地市级图书馆在服务上都在朝着公益服务的方向发展。

5. 四川省公共图书馆立法

在世界图书馆史上，提供公共性质服务的图书馆，在古罗马时代就有过，16 世纪宗教改革时期马丁·路德等倡导的城镇图书馆为一般市民服务，也属于这种性质。而现代公共图书馆明确的起源，是 19 世纪中叶，英美两国最早的公共图书馆法的颁布。自此，西方文化背景下兴办的公共图书馆，通常具有三个特征：①公共图书馆的设立和经营需要有法律依据；②由地方财政税收支付公共图书馆的建设费用和营运费用；③公共图书馆向所有居民和到馆读者提供服务。

中国创建公共图书馆之初，只是对西方文化和制度的学习，政治制度和经济水平和西方截然不同。到目前为止，历经百年，公共图书馆仍未全面处于成熟状态，其根源在于中国社会尚在逐步的转型的过程之中，图书馆一直依据政府政策法规运作，而不是依据法律运作。近几年各省都先后出台了公共图书馆条例。诚然，国家的和地方的公共图书馆立法工作亟待出台。事实上，公共图书馆法不必包括过多的业务内容，关键在于要对公共图书馆设立的权限、公共图书馆在公共文化服务体系中的地位和作用、图书馆规模、图书馆经费来源和数量，图书馆员责权、居民和读者的权利等做出明确规定。图书馆的业务内容尽可由图书馆的专家委员会和内部业务机构自行解决。无论全国的图书馆法何时出台，四川省人大、省政府和省文化主管部门，应及时将四川省公共图书馆立法纳入议事日程，及早填补空白，实现省内公共图书馆建设有法可依。在社会转型“谨慎成功”的阶段，公共图书馆立法是恰当其时的。四川省文化事业“十一五”规划中，言明“十一五”时期将达到县县都有图书馆，而部分乡镇图书馆也会在条件成熟时设立，公共图书馆法的出台就显得尤为重要。

于是 2011 年四川省人大常委会和省政府法制办立法计划的《四川省公共图书馆条例》（代拟稿）已起草完毕，目前相关部门正在开展立法调研。公共图书馆作为文化传承和知识传播载体，其重要性日益凸显，但目前四川省公共图书馆的发展还不能完全满足老百姓的文化需求，而国家又缺乏相关法律法规，通过立法加强公共图书馆建设，规范其管理运转并提升服务能力十分必要。

（二）西南地区图书馆服务体系中组织的发展思路

1. 西南地区图书馆服务的延伸

为全社会读者服务是现代图书馆的重要特征。西南地区图书馆服务，经历了一个缓慢发展的过程。例如，民国初年，四川省图书馆即已经“面向广大劳工和平民开放”，但以当时初具规模的省图书馆而言，“读者进馆凡取阅图书，皆须征费。”稍后才取消收费。新中国成立后，图书馆免费接待读者，但查阅书籍要受到身份限制，需要填写家庭出身，本人成分，特别的书刊文献必须要读者单位出具介绍信。“文化大革命”中尤甚。改革开放后，百业待兴，图书馆有了新的发展，然而受商品大潮影响，围绕有偿还是无偿服务不断展开讨论，给正常的图书馆服务带来极大的负面影响。直到进入 21 世纪，图书馆服务导向又逐步回到纯公益服务。例如，广西是少数民族自治区，经济发展底子薄、基础差。但是，广西的图书馆事业却出现了超常规的发展，1980 年实现“六五”计划“县县有图书馆”的目标，是全国最早达到该目标的五个省（区）之一；1994年率先开展“知识工程”活动，2000年基本实现“乡乡镇镇有图书馆（室）”的目标，乡镇图书馆的发展也走在全国先进行列。① 2010年广西壮族自治区图书馆馆舍面积256 930平方米，万人面积为55.8平方米，在31个省（自治区、直辖市）中排第22位。在2009年全国县级以上图书馆第四次评估定级结果中：广西有100所县级以上图书馆参加评估，在这次评估结果中达标一级馆广西有7个、二级馆广西有5个、三级馆广西有53个、未达标的图书馆广西有31个；云南省有150所县级以上图书馆参加评估，在这次评估结果中达标一级馆云南有8个、二级馆云南有8个、三级馆云南有103个、未达标的图书馆云南有31个；贵州省有90所县级以上图书馆参加评估，在这次评估结果中达标一级馆贵州有2个、二级馆贵州有4个、三级馆贵州有32个、未达标的图书馆贵州有52个；四川省有156所县级以上图书馆参加评估，在这次评估结果中达标一级馆四川有17个、二级馆四川有43个、三级馆四川有40个、未达标的图书馆四川有56个；重庆市有43所县级以上图书馆参加评估，在这次评估结果中达标一级馆重庆市有8个、二级馆重庆市有8个、三级馆重庆市有10个、未达标的图书馆重庆市有17个。

然而，自改革开放以来，西南地区图书馆服务又有若干改进。各个图书馆开架借阅书刊文献的力度加大了。改革开放之初（大约20世纪80年代前期），西南地区各个省级图书馆藏书几乎全闭架借阅，藏书利用率仅占馆藏的40%左右，西南地区各个地县图书馆通常借阅率约占馆藏的50%～60%。目前，西南地区各级图书馆借阅率大幅提高，各个省级、地州（市）、县（区）图书馆平均可达到80%，各个省级图书馆排除因受馆舍限制无法上架的图书文献，借阅率也可达到60%以上。将来，无论西南地区各个省级图书馆，还是其他各级图书馆，努力的方向在于充分地发挥每一本图书的作用，把馆藏向所有的读者开放。

由于图书馆数量增大，图书馆服务人口覆盖率也有较大幅度改观。20多年前，由于图书馆为数不多，西南地区各个省内一所公共图书馆服务人口平均约200万至220万，现今是每一所图书馆服务平均约64万人口。西南地区各个省县建立图书馆，部分县镇设立图书馆，能达到一所图书馆平均服务35万～40万人口。2020年，当全国全面实现小康社会时，力争达到一所图书馆平均服务15万～20万人。最终的目标是不足10万人拥有一所公共图书馆。这与联合国教科文组织规定的每2万人口拥有一所图书馆的标准差别还是很大的。

当然，图书馆数量的增多不仅仅是数字的增多，还需要图书馆的质量（包括馆舍、经费、藏书、新技术的采用和专业人员）达到行业规定指标，能够提供有效的服务。在目前西南地区各个图书馆发展尚未臻成熟的阶段，尤应如此。

2. 传统业务工作、新技术应用和多元化图书馆体系的选择

在有关西南地区公共图书馆“现状分析”部分，已经分析过西南地区图书馆的业务工作和自动化、数字化状况。这里重申一个观点，即把西南地区图书馆同东部经济发达地区的图书馆作比较的时候，一定要关注包括经济、政治、文化、科技、教育等构成的社会形

① 该数据来自2011年度《中国图书馆年鉴》第606～607页

态对西南地区图书馆深刻的影响作用。西南地区除省级图书馆和部分经济情况较好的地州（市）、县（区）级公共图书馆外，一些地州（市）、县（区）级公共图书馆和绝大多数县图书馆，虽然已经设立了图书馆机构，但由于环境和条件的限制，即使以传统图书馆的标准衡量，也不能说是完备达标的图书馆，因此应该首先考虑完备其传统功能，从传统的管理、业务、服务、机能等方面建设西南地区各个地州（市）、县（区）图书馆，使其传统功能完备后，再较多考虑新技术的应用。这不是说不考虑新技术的应用，而是分清主次，循序渐进地建设西南地区各个地州（市）、县（区）图书馆，以有限的投入，取得最好的性价比。

借鉴发达国家的经验。西南地区图书馆在选择发展模式时，一定要首先认清该馆的基础状况，传统图书馆功能较完备的图书馆，在经费支持的情况下，可逐步地、有计划地采用自动化、数字化、多媒体等新技术，选择建设西南地区多元化图书馆体系（社区图书馆、农村图书馆、数字图书馆、手机移动图书馆等）。

3. 西南地区图书馆共享工程模式

（1）共享工程

传统的图书馆协作和图书馆合作在东西方都延续了较长的时期。“共享工程”涉及普遍的群众文化、民间民俗文化的整理，推进基层文化建设，服务基层群众，且对图书馆事业促进尤大。首先，由于中央财政给予西南地区一部分资金和设备，对西南地区在地市（州）、县级图书馆设立全国文化信息资源共享工程地市（州）、县两级分中心具有极大的意义。虽然“共享工程”在服务内容上和一般西南地区图书馆略有区别，但搜集、整理、存储和提供服务的方式和西南地区图书馆颇为接近，一旦和西南地区图书馆业务和服务加以结合，就能收到事半功倍的效果。

此外，“共享工程”以电脑网络、卫星传输、多媒体技术等为服务手段，一经和西南地区图书馆结合，彼此传输服务的内容相互交融，加快了西南地区图书馆现代化建设的速度。其政治上的意义，为构建公共文化服务体系（尤其是构建西南地区农村和基层公共文化服务体系）开辟了道路；其业务上的意义，帮助了新型的西南地区图书馆网络的形成。2006 年 1 月—2010 年 12 月，在西南地区各个图书馆和“共享工程”省分中心的主导下，在西南地区边远农村放映电影 100 000 余部，在网上开通涵盖全国百分之八十以上的学术期刊，近 120 万种电子图书，通过基层分中心和服务站点为农村和社区提供服务，即为实证。[①]

近年来，贵州省投入建设的“贵州数字图书馆”、“贵州流动图书馆”以及 2008 年省文化厅、省新闻出版局启用 640 万专项资金，为该省 81 个县（市）级图书馆平均配发赠送 4 175 种图书等重要举措，使县级图书馆的基础设施和办馆条件得到明显改善，尤其是文化信息资源共享工程的实施在很大程度上激活基层图书馆的各项业务工作。从传统、落后的手工服务阶段迅速跨入现代的数字图书馆服务阶段，并走在当地数字化、信息化建设的前列。许多图书馆还不断创新工作思路，克服困难，创造条件，充分利用图书馆各种资源，拓展图书馆服务，把图书馆公益服务触角延伸到农村、社区、军营、学校等基层单

① 该数据资料来自新闻出版官方网站［EB/OL］．［2013－12－30］．新闻出版网站

位，充分发挥了图书馆公共文化服务的重要作用。在课题调研中还欣喜发现，文化共享工程、农家书屋工程、乡镇文化站建设等文化工程项目的实施和推进，促使贵州省基层图书馆尤其是县级图书馆肩负起文化共享工程基层服务点、乡镇文化站图书室和农家书屋人员的业务辅导和培训工作。尽管各图书馆在办馆条件、基础业务建设、读者服务工作等方面，各有千秋，甚至差别很大，但在指导基层服务点、文化站、农家书屋建设及业务辅导方面，大多数县级馆都尽其所能，全力以赴地去完成。如：平坝县图书馆对共享工程基层服务点、乡镇文化站和各农家书屋的工作人员进行业务培训，制订《平坝县农家书屋管理办法》对其实行统一管理，有的村对农家书屋的图书进行定期交换。一些被拆迁无馆舍正常开展该馆业务工作的县图书馆，如：镇宁县图书馆、长顺县图书馆、贵阳市乌当区图书馆等都把主要精力和时间投向到对共享工程基层服务点、乡镇文化站、农家书屋人员的指导培训工作中。由此可见，各项文化工程的实施，使经济欠发达县级公共图书馆获得新的发展机遇，为实现跨越式发展奠定重要基础。

（2）遵义模式

2002 年 11 月，贵州争取到了当年全国文化共享工程的两个基层试点单位名额，在贵阳市图书馆和遵义市图书馆这两个条件较好的图书馆开展试点工作，从此，文化共享工程在贵州正式启动。2005 年底，在国家文化部和文化共享工程国家管理中心的资助下，贵州在全国率先开展集中连片式建设基层服务点，在全国被誉为“遵义模式”。

到 2010 年 12 月，贵州省已建各级文化共享工程服务点 18 818 个，其中省级分中心 1 个，地级分中心 2 个，县级支中心 63 个，乡镇服务点 322 个，村级服务点 18 430 个，有 25 个县级支中心，408 个乡镇服务点和 113 个城市社区服务点正在建设当中。距离建成覆盖贵州省的各个地区、县、村三级文化信息资源共享网络已经不远。①

文化共享工程的实施给贵州省的农村文化建设铺通了一条高速路，通过互联网、卫星、光盘等方式，真正实现了优秀文化信息资源在该省范围内的共建共享。贵州文化共享工程不仅创立了文化共享工程“遵义模式”，还在村级点建设上，积极与农村党员远程教育、中小学远程教育等一系列农村信息化工程相结合，实现设备资源的有效整合与共享，为贵州农村的社会、经济全面发展起到了一定的助推作用。

4. 西南地区图书馆业务培训、学术研究和交流

西南地区图书馆界具有良好的学术研究传统。各个省（直辖市、自治区）图书馆学会挂靠西南地区省（直辖市、自治区）图书馆，每年均组织一定规模的学术活动；西南地区省（直辖市、自治区）图书馆学会办有学术期刊，如《四川图书馆学报》、《云南图书馆》、《贵图学刊》、《广西图书馆学刊》、《重庆图书馆》，其中《四川图书馆学报》为国内较有影响的图书情报杂志，西南地区省（直辖市、自治区）内图书情报专业人员因此有一个较好的发表学术成果的园地；学会也有较好的评奖机制。

西南地区省（直辖市、自治区）图书馆都设有研究辅导部，负责西南地区省（直辖市、自治区）图书馆和其他基层图书馆的业务辅导工作，通过办培训班、开研讨会、现场经验交流会、办各个《图书馆导报》等方式对基层图书馆进行信息交流、业务辅导和工作

① 该数据资料由贵州省图书馆学会于 2013 年 8 月提供

指导。西南地区省（直辖市、自治区）级图书馆工作人员的主要业务培训渠道，即从此获得。此外，西南地区省（直辖市、自治区）级、地级、市州级、县级图书馆和区县级图书馆也相应设有业务辅导部，负责对下一级图书馆的培训。西南地区各个省（直辖市、自治区）文化厅对各级馆领导的培训也很重视，自 2007—2010 年各个省级图书馆定期进行百馆馆长培训，培训内容有时事政治、相关学科和图情档专业三部分。

西南地区省（直辖市、自治区）内培训的主要困难在于各级图书馆缺少财政拨款的培训经费。2006 年，国家图书馆推行“西部援助计划”，多次对西南地区各个省（直辖市、自治区）图书馆开设公益性培训课程，西南地区省（直辖市、自治区）图书馆最近两年培训都采取公益性办班措施，只收取微薄的费用以敷培训班运作之用（如四川省图书馆规定办培训班收费不得超过 280 元/人），可是各馆参加培训人员将交通、食宿费用和一点培训费等计算下来，仍然要达到 600 ~ 1 000 元/人。多几个人参加培训就是不小的数目，而且这笔费用很可能挤占购书款。

图书馆是国家或地区的学术教育中心，文献信息的采选整合和提供服务等方法技术涉及学术问题甚多，理想的图书馆从业人员均应是本科乃至研究生以上学历，应接受过图书情报学专门训练。这在发达国家和发达地区已成定论。然而，西南地区图书馆较前虽有很大进步，却仍然远远不能满足需求。若要从根本上改变现状，则需从两个方面努力：一方面各级政府给予图书馆用人自主权，图书馆按需制订用人计划，按计划聘用或解聘人员，聘用人员须严格按学历要求录入，并严格通过制度化的考核。另一方面加紧对西南地区图书馆员的培训，培训方式包括：本专业的学历培训；针对业务发展需求和人员短缺方面的短期专业培训。前一方面不是西南地区图书馆自身能够解决的，有待西南地区各级政府有关用工制度放宽和有关政策出台；后一方面则是每一所图书馆通过自身努力所能够实现的，可以倡导并纳入西南地区各个图书馆培训计划实施。

事实上，图书馆内部有较多层次的分工，经常性的图书馆培训应按图书馆工作的实际情况来划分：①领导服务和服务管理层面的培训，包括图书馆服务综合知识、图书馆服务策划和计划、有关图书馆服务的法律法规、图书馆服务基本理论、图书馆财务和人力资源管理等专题；②服务业务层面的培训，包括图书馆服务基本知识、走向、各部门专门业务知识等；③服务技术层面的培训，主要包括新服务技术在图书馆的应用，适应图书馆服务各项传统业务需求的现代技术等。三个方面的培训缺一不可，有利于全面推动西南地区图书馆服务工作的整体发展。缺少服务技术支撑，西南地区图书馆服务业务工作会停滞不前，服务方式会跟不上时代发展；缺少业务要求，技术会失去方向；而西南地区图书馆投入和服务之间的最佳性价比是靠科学管理得以实现的。因此，每年的培训工作一定要兼顾这三个方面。

按照传统的模式，在西南地区图书馆工作人员学历仍未普遍达标、图书情报专业人员仍显不足情况下，传统的培训方式在西南地区仍然有效。一直到将来西南地区图书馆事业发展到一定水平，图书馆馆员的学历达标和专业训练达到一个水准，或许目前逐级培训的方式会发生些许改变。不过，目前的培训方式无疑和当前的经济发展水平和西南地区图书馆发展水平是相适应的，并且还会持续一个时期（至少 5 至 10 年）。

目前的培训方式是有效的，但鉴于西南地区各个基层图书馆经费困难，一个人参加一次培训约需要上千元，很多图书馆难以承受。最近两年，西南地区各个省级（直辖市、自治区）图书馆和各个省（直辖市、自治区）图书馆学会在安排培训时，尽量考虑培训的公益性，几乎不收学费或少收学费，但培训一人至少学员所在馆仍然要花费600元以上的费用，培训馆也会出一些补贴。各级图书馆的培训费在财务预算中没有列出，西南地区各个省级（直辖市、自治区）图书馆也没有，做基层培训时常常还要设法做一些补贴。图书馆不是营利单位，其性质决定了有偿培训的难度，这应该引起重视。图书馆是以文献资料和知识管理为工作对象的特殊行业，培训是必不可少的，否则直接影响到业务工作和服务读者的质量，至少应将本级培训和对基层培训的费用纳入财政预算，对现行的培训机制形成支持。

西南地区各个图书馆学术研究的氛围有待加强和提高。图书情报学研究的论文、参会、课题立项应大幅度增加，研究的质量也应加强。在近八年的图书馆高级职称评审工作中，西南地区各个省级（直辖市、自治区）图书馆从此系列评出的副高职称不足，人数很少，正高职称人数更少。西南地区各个省级（直辖市、自治区）图书资料职称系列高评委坚持标准、严格把关，是原因之一，但这样做是完全正确的；而西南地区图书馆缺少科学研究的激励机制，据不完全统计，西南地区（除西藏外）有530多所县级以上图书馆自身不能有效地推出人选则是这种结果的主要原因。西南地区各级政府和文化主管部门需要为公共图书馆的学术研究给予一定研究资金，多设立课题，设立奖项，形成激励机制。那么各图书馆也应对此要高度重视，将其纳入每年目标考核和各自图书馆工作长远规划。西南地区各个图书馆学会也应制订研究计划和积极开展学术活动，组织、鼓励专业学术研究的展开。

第二节　西南地区图书馆协作网中的服务体系组织结构

西南地区协作图书馆网成立之前，西南地区各个省（直辖市）级、各个地市（州）和各县级、区级图书馆的基础设施非常薄弱。各个县（区）图书馆基础设施环境非常有限，有大多数县级图书馆购书经费不足1万元/每年，馆藏资源很少，仅有少数县级馆有少量的电子文献，平均计算机拥有量、计算机自动化管理很差，连接因特网不稳定。这样的基础设施连最基本的文献信息服务工作都难以很好地开展，何谈保障公民的基本文化权益。要带动西南地区各个县（市）、区图书馆的共同发展，激活西南地区各个县（市）区图书馆的活力，就要构建西南地区协作图书馆网服务体系，保障民众的基本文化权益。四川省的泸州市、宜宾市、自贡市、内江市、乐山市等五地市图书馆馆长聚集泸州市，自发组织召开了关于川南五馆协作网建设的筹备会和成立会。提出了川南地区图书馆整体发展的思路，并以创建“川南地区协作图书馆网”为载体，探索川南地区图书馆总分馆体系的发展模式。①

---

① 四川泸州图书馆．协作网会议基本情况统计表，2002

一、西南地区各个地市（地州）公共图书馆协作网建设回顾

1990年底，在泸州市召开了以“川南五地市公共图书馆期刊订购协调、确定编印川南五地市图书馆中文期刊联合目录编制”为主题的协作网年会，拉开了西部地市州图书馆协作网建设尝试与探索的序幕。

1991年，在四川省自贡市，川南五馆又联合召开了以“研究制定川南五馆中文期刊联合目录编制原则和体例”为主题的协作网年会。

1992年，四川省川南五馆除在四川省宜宾市召开以“网络间的馆际互借”为主题的年会以外，还联合了贵州省遵义市图书馆在四川省自贡市举办以“川南黔北六地市公共图书馆图书情报知识竞赛”为主题的协作网年会，协作网即从四川省延伸至贵州省。

1994年，在贵州省遵义市召开以“市场经济与图书馆”为主题的协作网年会，四川省中心图书馆委员会派人参会指导。

1995年，在四川省乐山市召开以“图书馆建筑与事业发展”为主题的协作网年会，云南省玉溪市图书馆参会，协作网延伸到云南省玉溪市。

1996年，在云南省玉溪市召开以“农村服务与自动化”为主题的年会，成员馆扩展到云南省的昆明市、楚雄州、曲靖市和贵州省的毕节地区。

1997年，在四川省内江市召开以“图书馆在精神文明建设中的地位和作用”为主题的协作网年会，协作网扩展到云南省红河州、贵州省贵阳市。

1998年，在云南省曲靖市召开以“图书馆怎样为经济建设服务”为主题的协作网年会，成员馆扩展到云南省大理州，贵州省六盘水市。

1999年，在云南省昆明市召开以“中国图书馆回顾与21世纪中国图书馆展望”为主题的协作网年会，南宁市图书馆参会，协作网延伸至广西壮族自治区。

2000年，在贵州省六盘水市召开以“新世纪——图书馆管理与改革”为主题的协作网年会，贵州省黔南州图书馆、黔东南州图书馆、安顺市图书馆参会。

2001年，在广西壮族自治区南宁市召开以“机遇与挑战——新时期公共图书馆文献信息服务”为主题的协作网年会，成员馆已发展到近20多个市地州公共图书馆。

2002年，在四川省泸州市召开以“新世纪图书馆发展战略”为主题的协作网年会，四川省广安市图书馆参会。

2004年，在贵州省贵阳市召开以“西南地区图书馆发展建设研究”为主题的协作网年会。

2005年，在四川省广安市召开以“西南地区城市公共图书馆发展研究”为主题的协作网年会，陕西省西安市图书馆、重庆市涪陵图书馆参会，成员馆延伸至陕西省、重庆市。

2006年，在美丽的云南省红河州州府所在地蒙自县，召开以“西南地区图书馆协作网”为主题的协作网年会，专题讨论通过了《西南地区图书馆协作网联盟宣言》和会旗、会徽的制作，确定了图书馆协作网联盟的意义、目标、方向、实施办法，与会所有馆长们为了维护“图书馆协作网”的团结而共谋图情事业发展、增进馆际交流。

2007年，在广西壮族自治区南宁市召开协作网年会，甘肃省天水市图书馆参会，协作

网已发展到甘肃省。会议审议和通过了《中国西部地区市地州图书馆协作意向书》。西部地州市图书馆协作网正式更名为："中国西部地区市地州图书馆协作网"，并于本届正式启用。

2008 年在贵州遵义召开以"欠发达地区公共图书馆的创新与发展"为主题的协作网年会。与会的领导、专家、学者们展开了对西部地区图书馆在新形势下如何发展，并就西部图书馆发展的热点难点问题进行了探讨。至此，该协作网已发展到川、渝、黔、滇、桂、陕、甘七省（市、区）地（市、州）公共图书馆协作网的规模，并举办了十七届协作协调年会及联谊会，市地州成员馆发展到 40 多个。

2009 年第十九届中国西部地区市（地、州）公共图书馆协作网年会在兰州隆重召开，会上有来自云南、贵州、四川、广西、重庆等省的专家学者们共同探讨西部地区公共图书馆的合作、创新服务与可持续发展等问题，进行学术交流、业务协作，增进友谊、共同进步。

2011 年围绕"西部地区公共图书馆服务、管理、技术的创新与务实"为主题的中国西部地区公共图书馆协作网第二十届年会暨学术研讨会在乐山隆重召开。此次会议首次举办图书馆文献研究成果暨图书馆员业余艺术作品展览和大型图书馆文化创意文艺节目演出，是一次综合性图书馆文化盛会。西部各地的馆长和代表们以此次年会为平台，共同探讨西部图书馆事业发展过程中的理论与实践问题，充分交流学术思想、实践经验和推广技术成果，增进了同行间的相互了解、协作与友谊，这必将促进西部图书馆事业的进一步繁荣和发展。

2012 年中国西部地区公共图书馆协作网第二十一届年会暨学术研讨会在宁夏回族自治区银川市召开。在会上，西部地区各公共图书馆馆长、图书馆界同仁围绕本次年会的主题"增进西部地区图书馆工作的互助共享、协作发展与理论创新"，共同探讨西部地区图书馆的交流协作、资源共享等问题，展示西部图书馆发展成果，增进馆际之间的了解与友谊。

以上条文式的简单记录，再现了西南地区地市（地州）公共图书馆协作网建设的简要历程与阶段性发展。可见每年的西部地区协作网年会的成功召开，对推动西南地区图书馆协作网的发展具有一定的借鉴作用。

二、西南地区地市（地州）图书馆协作网建设成果

（一）增强了各成员馆之间理念的交流

西南地区地市（地州）图书馆协作网为各馆馆长联谊、交流同类同级图书馆建设创造了一个相互学习的极好机会。西南地区图书馆均处于西部大开发的历史背景，协作网年会为相同历史背景、相同类型、相同规格的图书馆馆长们联谊、交流各馆建设，创造了一个相互学习的极好机会，搭建了一个互通有无，相互促进的平台，无论是人事制度改革、体制改革、馆舍建设，以及业务建设等方面，馆长们各抒己见，相互借鉴。比如，在馆舍建设方面，协作网年会以来，泸州、宜宾、遵义等多数成员馆的馆舍建设都有了大的改观，馆舍面积均增加到 1 万平方米以上，设备更加现代化，达到"以会促建"的目的。馆长联谊会上，还有一个商讨下届在哪省哪地举办以及研讨的主题，交接会旗等事宜。每年年会

都有相关省（市、区）的中心图书馆委员或省（市、区）图书馆的领导（馆长或副馆长）参加并指导年会工作。例如，四川省中心图书馆委员会主任徐建华和四川省图书馆馆长李忠昊、副馆长王嘉陵；贵州省图书馆原馆长董林生、黄加服，副馆长张伟云，现任馆长高誉、副馆长钟海珍；云南省图书馆原馆长李高远，现任馆长李友仁、副馆长何永新；广西壮族自治区图书馆原馆长王雪光、现任馆长徐欣禄等都亲自到会指导，现场交流，共商图书馆建设大计。①

（二）增强了各成员馆之间的交往与合作，促进成员馆图书馆事业发展

图书馆事业的发展需要交流与合作，每年的协作网年会异地召开，从四川到贵州，从贵州到云南，从云南到广西，成员馆轮流承办，这种流动方式，让每个成员馆都能做“东道主”，对锻炼各成员馆领导组织协调能力，提升馆员的综合素质，增强图书馆的团队精神和凝聚力，都起到了较好的促进作用。每年协作网年会“做东”的所在地市（地州）级图书馆，均要求所属县级图书馆的馆长参会，对其所指导的县级图书馆也提供了一次极好的学习机会。年会每年都有各馆馆员之间的学术研讨活动，对图书馆事业建设和发展的实践和理论进行探讨，使各成员馆之间的相互关系越来越亲密和友好，馆员与馆员之间相互学习，取长补短，协作协调，共谋发展。

他山之石，可以攻玉。比如，贵州省遵义市所辖的县级赤水市，与四川省泸州市一水之隔，与遵义市却路途遥远。协作协调会议以后，赤水市图书馆业务上遇到棘手问题，与遵义市图书馆电话联系也不能及时处理时，直接就近去泸州市图书馆请教，泸州市图书馆一点不保守地帮助该馆解决业务上的疑难问题；1991 年的协作网年会，研究制定出川南五馆中文期刊联合目录编制原则和体例；2005 年四川省广安市协作网年会后，贵州省遵义市图书馆趁此机会顺道参观学习了重庆市涪陵区图书馆在学术会上交流研制的涪陵数字图书馆模式，并借重庆市涪陵数字图书馆建设模式，搭建起遵义数字图书馆雏形，搭建该遵义数字图书馆雏形之初，仅 500 多条数据，不到半年时间，就有 20 多万读者访问，相当于该馆一年的读者到馆率。后因馆舍搬迁，综合布线和机站设置意见不统一及其他原因搁浅。同年，重庆市涪陵区图书馆回访参观遵义市图书馆，借鉴了遵义市图书馆在纸质文献建设方面的规范化，回去后，加大了对纸质文献建设的标准化力度。可见，各成员馆在协作网搭建的平台上，通过这样或那样的方式，增强了各成员馆的交往与合作，促进了各成员馆图书馆事业的发展。

（三）加大了图书馆的宣传力度，提升了图书馆的社会地位，扩大了图书馆的影响

协作网年会，一年一度，跨省，跨地区，是一件促进文化事业建设大繁荣、大发展的好事。各省（市、区）文化厅的分管领导以及做东馆当地党委和政府都十分重视协作网年会在本地召开，分管副市长、秘书长、宣传部、文化局、人大、政协、科协、社科联的领导亲临会场，发表致辞和讲话，并向与会代表介绍本地政治、经济、文化建设情况，当地媒体对协作网年会进行专题报道。加大了图书馆的宣传力度，提升了图书馆的社会地位，

---

① 杨翠萍．协作，交流，探索．共谋事业发展［J］．四川图书馆学报，2008（6）：33－38

扩大了图书馆的影响，引起了各级领导对图书馆事业的关心和重视，不同程度地加大了图书馆建设的投入，对图书馆事业的建设和发展都产生了积极的推动作用。

（四）促进图书馆之间学术研究走向繁荣

协作网每年的学术年会，承办馆竭力编辑协作网年会学术论文交流专辑，如四川省泸州市图书馆编辑的《第十二届川滇黔桂四省区地（市）级公共图书馆协作网学术研讨会论文集》；贵州省贵阳市图书馆编辑的《西南地区图书馆发展建设研究》；四川省广安市图书馆编辑的《西南地区城市公共图书馆发展研究》等，记录了图书馆实践与理论探讨。

协作网每年的学术年会都要评定优秀论文和入选论文，有的由各成员馆的馆长评审，有的由承办馆所在省（市、区）的省图学会学术委员会评审，并向获奖者颁发获奖证书，优秀论文还在所在省（市、区）的图书馆学术期刊上发表。

协作网年会交流的主题较为广泛，内容涉及图书馆馆舍建设、地方文献收集与利用、文化共享工程建设与服务、残疾人阅览室的建立以及图书馆事业发展与经济建设、与精神文明建设、与和谐社会建设、与社会教育等方面以及业务方面的探讨，特别是在图书馆自动化、现代化建设方面着墨较多，尤其在数字图书馆建设方面，是近年研讨的热门。

三、西南地区地市（地州）图书馆协作网的实践与科学发展

西南地区地市（地州）图书馆协作网，在图书馆学术研究、协作协调、宣传图书馆、增强馆长联谊交流、促进成员馆之间的交往与合作等方面，做出了较大的努力和贡献，取得了一定的成果。但是，作为一个自发性的社会协作组织，是需要不断完善和提高的。

（一）以科学发展观的理论指导协作网建设

科学发展观的本质就是可持续地协调发展，用科学发展观的精神指导协作网的建设，是必不可少的理论基础。为使协作网更好地发挥西部地（市州）级图书馆相互学习、相互交流、相互促进、共谋发展的作用，按照“资源共享，联合建设，优势互补，互利互惠，自愿参加，共谋发展”的原则，努力提高图书馆的科学管理水平和业务建设水平，推动西南地区地市（地州）图书馆事业全面可持续地协调发展，为中央西部大开发战略，充分发挥其图书馆在社会事业中“软实力”的作用。

（二）完善组织建设，强化协作意识

组织建设是协作网生存与发展的基本保证，西南地区地市（地州）图书馆协作网建设，已经历了21年多的发展进程，成员馆的馆长联谊会曾多次协商如何完善协作网的组织建设，即联盟的相关事宜。2006年云南省红河州协作网年会专题讨论通过了《红河宣言》，与会馆长为了维护“图书馆协作网”的团结，共谋图情事业发展，增进馆际交流，与会馆长进行了《联盟宣言》现场签字仪式。但是，组织机构虽已建立，业务协作协调建设的必要规则尚需健全，需成立协作网领导小组及相关机构，设立协作网的相关专业委员会，完善图书馆协作协调管理方面的一些必要的规则等。

（三）协作协调的形式和内容可广泛进行

协作网年会的形式和内容可以更为广泛和灵活地进行，让协作协调的建设更贴近社

会，贴近读者的需求。比如，馆际互借在手续上的简化；联合参考咨询网上的查询；成员馆之间的通阅通借的科学合理性；克服“小而全”的联合采购；联机编目的标准化（包括编目软件的统一）；联合目录的共建共享；人才培养的措施；文化共享工程与资源共享的途径等，都需要各成员馆进一步解放思想，加深对协作协调一些实质性问题的认识和研究，强化协作意识，才能进一步搞好协作网建设，让协作网良性发展，激励和推动图情事业向前发展，为西南经济建设做出更大的贡献。

第三节　西南地区图书馆总分馆系统中的服务体系组织结构

总分馆体系源于西方国家。它作为图书馆法定的制度，将某一地域内图书馆（市、县、区）的人、财、物资源由总馆集中管理，并统一进行文献采购；总分馆间具有统一的管理系统、目录系统、借阅系统和馆员教育培训；分馆直接向基层开展服务，没有文献采编任务。总分馆体系以有效利用资源、提高服务效益为目的，通过一体化和专业化管理，实现体系内各级图书馆之间的资源共享和服务的互动，充分体现了管理机制和运行机制的合理性与适用性。① 在网络技术、计算机技术高度发达的今天，总分馆体系越来越受到国内图书馆界的关注。

一、总分馆的标准

根据国外及香港、台湾地区图书馆的总分馆实践，结合西南地区图书馆的具体情况，高波认为，严格意义上的总分馆是指在采购、编目、网络、服务、管理五个方面完全统一的图书馆联合体。统一采购包括纸本及数字资源；统一编目是指集中编目或分散编目、数据共享；统一服务是指馆藏资源通借通阅、联合咨询、读者活动资源共享；统一平台是指总馆与分馆使用统一的自动化集成管理软件；统一管理是指总馆对分馆的人财物进行集中统一管理。②

高波认为，可借鉴国际上酒店级别评价方法作为总分馆级别的评价方法（但又不完全照搬），即用“星”的数量作为级别高低的标志，具备几个标准就是几星级。如具备 2 个标准，那么该总分馆即为二星级，依次类推。一般来说，能够称得上总分馆，至少应该具备两个标准。由于西南地区图书馆管理体制的制约，图书馆总分馆建设标准参差不齐。西南地区目前正在建设的总分馆绝大多数达不到五星级标准，一般都是三星级或四星级。以星级标准作为评价与考核总分馆建设的指标，既可激励地方各级政府和图书馆建设总分馆，同时，也可以对总分馆建设起到导向和规范作用。

二、总分馆的类型

由于图书馆管理体制的特殊性，图书馆总分馆的类型异常复杂。2008 年于良芝根据总分馆建设的缘起因素，将总分馆划分为五种类型，即自下而上委托而形成的总分馆、自下

---

① 罗雪明．论公共图书馆总分馆制的可持续发展［J］．图书馆论坛，2010（3）：20－23

② 高波．论公共图书馆总分馆的若干基本理论问题［J］．图书情报工作，2010（1）：62－66

而上半委托而形成的总分馆、自上而下半委托而形成的总分馆、自上而下全委托而形成的总分馆、完全（纯粹）的总分馆。[①] 王小云根据组织结构形态将其划分成集中式、协作式与混合式三种类型。韦艳芳将其分成四种类型，即基于人财物集中管理的严格意义上的总分馆、基于机构之间的业务领导关系自然形成的总分馆、基于相同的专业系统以及机构之间的业务指导关系自然形成的总分馆、基于共同的利益和兴趣自发形成的总分馆。高波认为依据总馆对分馆管理权限的大小，可分为紧密型和松散型的总分馆；依据建设主体，可分为民间行为、准民间行为、政府行为的总分馆；依据工作内容，可分为完全资源共享与不完全资源共享的总分馆。

三、总分馆体系建设的可行性

党的“十六大”提出加强公共文化服务体系建设，在党中央、国务院制定出《国家“十一五”文化发展规划纲要》中提出的“普遍均等服务”是图书馆服务网络的建设目标。[②]“普遍均等服务”是指让所有人都能就近便捷地利用图书馆的服务，“普遍均等”原则是国际图书馆界认同的图书馆服务体系的基本原则。

为了实现“普遍均等服务”的基本原则，比照国际图联关于图书馆对居民的覆盖比率的要求，我国曾多次掀起了在全国范围大建乡镇、街区图书馆的热潮，如20世纪90年代提出的全国乡镇建设万册书库计划。由于乡镇、街区是我国行政序列中财政实力最薄弱的部分，虽然在中央财政的资助下大多数乡镇、街区图书馆建成了馆舍和配备了首批图书资源，但后继资金投入的缺乏使得这些基层图书馆普遍存在着服务质量低，不可持续发展的问题。以深圳市宝安区“千村书库”工程中已经建成的100余家图书馆为例，目前有近三分之一流于形式，浪费了大量的建设资源。正是在这种情况下，决策部门和图书馆实践者把眼光投向如何积极有效地利用好现有的图书馆资源，通过体制创新来实现“普遍均等服务”的基本原则，提出在各地实行区域性总分馆制度建设。目前，区域性总分馆制度的实施已成为较为成功的一种探索，取得了很好的效果。由于总分馆制有效地将城市中心图书馆的优势资源与基层图书馆遍布社区的服务网络有效结合起来。因此，总分馆制度的发展是西南地区图书馆服务体系发展的主要途径之一。

为了简单说明本节提出的西南地区图书馆总分馆体系发展的问题，可以借用苏州图书馆馆长邱冠华教授提出的一个简单考核指标来对西南地区各类图书馆服务的效益进行评估，来构建可持续发展的西南地区图书馆总分馆体系。邱冠华教授提出的考核指标是：假定图书馆只接待到馆读者并且只提供外借图书和阅览服务，而不开展其他图书馆服务，用图书馆全部经费与到馆读者人次或外借图书册数之商，作为考核评估的主要指标，来衡量图书馆的服务效益，或者接待读者的单位成本。显而易见，单位成本越低，图书馆服务效益越高。

应该指出，总分馆体系仅在图书馆内推行，跨系统的合作、联盟行为不属于总分馆

① 于良芝，许晓霞. 覆盖全社会的公共图书馆服务体系、模式、技术支撑与方案［J］. 北京：北京图书馆出版社，2008：3－62

② 党的十六大以来我国公共文化服务体系建设综述［EB/OL］.［2013－12－24］. http：//news. xinhuanet. com

制。在同一个地区的各类型图书馆间，一般具有一个中心馆，但不可与总馆相混同。鉴于西南地区图书馆实行省、市、县、区、镇、社区逐级分层管理，上下层级或同一层级图书馆之间的人、财、物资源都不具有互相管理职能。为此，借鉴国外经验，在尚未制定图书馆法以及不改变现行文化体制的情况下，西南地区图书馆充分发挥管理者的主观能动性，并积极争取各级政府支持，打破单一管理、单一服务的格局，逐步推广总分馆体系；在图书馆之间通过协议形式，即以契约的联盟协作，实行集群管理的总分馆体系。①

四、总分馆体系建设的主要途径

区域性图书馆总分馆制度建设在起步阶段要面临许多由现行管理体制带来的束缚。比如，遵义市图书馆体系建设实行的是市、镇、村三级体制，各馆实质上是各自独立，互不相属，在产权、管理、经费、人员等方面难以实现全市的集中统一。为此，遵义市图书馆采用了技术突破、业务统筹优先的策略，绕开了体制因素的束缚。这种方式逐步实现了遵义市图书馆的业务统筹管理和资源共享，同时又不至于影响到市、镇、村继续加大投入，进一步促进图书馆事业发展的积极性。这种通过业务协同来突破现有遵义市图书馆管理机制障碍的思路非常值得借鉴和参考。②

当前，西南地区图书馆的业务流程大致可分为采编、流通、阅览、参考咨询、信息服务、技术保障等。在单馆制思路下，每个西南地区图书馆在业务机构设置上大致都是相同的，基层图书馆由于经费有限，文献采购量少，某些部门工作量不满，造成人才浪费。西南地区图书馆书刊采购的重点与范围也大致类似，这造成区域内文献信息资源同质化严重，不仅浪费了宝贵的文献采购经费，同时使区域内的读者难以享受更丰富的文献信息服务。如上文中，总分馆制下的遵义市图书馆网络可以促使各成员馆各尽其责，发挥整体效益。抛弃“大而全”、“小而全”的思想，以效益为标准，通过各自内部人才、机构重组，发挥各自优势，以达到整合效果，实现资源共享。总馆发挥自身人才、文献、技术上的优势，强化其协调功能，在文献布局、数据库建设、编制联合目录、网络化建设、人才培训等方面发挥协调作用。分馆充分利用总馆的各项服务，在各自的服务区域开展特色服务，发挥总分馆与基层紧密联系的长处，让更多的基层读者享受到普通均等的图书馆服务。

五、总分馆体系的管理

根据西南地区各地市（州）图书馆网确定的原则及管理层级的现状，西南地区各个地市（地州）图书馆总分馆管理层级应以市馆为主（含直辖市/自治区馆），省馆、区（县）馆为辅。

（一）从西南地区图书馆服务对象来看

按照目前图书馆的管理体制，根据各省（含直辖市/自治区馆）、地市（州）、县

① 该节内容选自本课题阶段性成果：区域图书馆均衡发展存在的问题及其对策——以贵州省为例［J］．情报理论与实践，2012（3）：75－78；贵州省基层公共图书馆从业人员现状的调查与分析［J］．国家图书馆学刊，2010（4）：68－72

② 邱冠华．从政府购买看实行总分馆制的必然性［J］．新世纪图书馆，2009（1）：39－41

(区)馆的服务对象及读者构成，地市(州)馆最适合担任总馆，原因是只有地市(州)馆才能更好地满足大多数用户对图书馆的需求。

(二)从图书馆的职能来看

担任总馆的图书馆应该主要具备信息资源传播、信息资源开发及文化娱乐职能。目前，西南地区图书馆的职能均较明确。从理论上来讲，西南地区各省(含直辖市/自治区馆)馆的主要职能应是信息资源保存、信息资源保障、信息资源开发和信息资源传播。如果以省(含直辖市/自治区馆)馆为总馆，就意味着该省(含直辖市/自治区馆)的地市(地州)馆、区/县馆、乡/镇、社区/村馆均是它的分馆，这与省(含直辖市/自治区馆)馆的职能不符，同时也与担任总馆的图书馆的职能不符。县(区)馆的主要职能是信息资源传播与文化娱乐服务，一般不具有信息资源开发的职能，也与担任总馆的图书馆的职能不符。地市(地州)馆是一地市(地州)的信息资源中心、书目信息中心、信息资源开发中心、信息与知识传播中心，是地市(地州)各级公共图书馆信息资源服务的最后保障。它的主要职能是信息资源传播、信息资源开发、文化娱乐服务，与担任总馆的图书馆的职能相符。

(三)从地缘角度来看

西南地区图书馆总分馆的地理空间不宜太大，也不宜太小。因为西南地区图书馆总分馆的终极目标是实现图书馆效益的最大化，而实现这一目标的手段则是统一采购、统一编目、统一管理、统一服务、统一平台。太大既不方便统一管理和资源共享，也会大大提高工作成本；太小又不能与同一城市中其他未加入西南地区图书馆总分馆体系的图书馆实现资源共享。如果西南地区省级馆作为总馆，那么该省(含直辖市/自治区馆)各地的各级图书馆都是分馆，根本无法做到统一服务、统一管理；如果县(区)馆作为总馆，其分馆则为镇或社区图书馆，又难以共享城市内其他馆的资源。

(四)从图书馆的经费、藏书、人员、设备来看

西南地区地市级馆介于省(含直辖市/自治区馆)级馆与县级馆之间，完全有能力承担总馆的重任。

但并不是说西南地区省(含直辖市/自治区馆)级馆、县(区)级馆都不能作为总馆。尽管西南地区省(含直辖市/自治区馆)级馆不适合做一省(含直辖市馆/治区)总分馆体系的总馆，但应该允许有条件的省(含直辖市/自治区馆)级馆探索与县(区)级馆建立总分馆体系，从而提高基层图书馆的工作水平及服务质量。同时，也应该允许藏书、人员、设备条件较好的县(区)馆与区内的镇、街道、社区联合建设总分馆。但以县(区)馆为总馆的总分馆体系应纳入以地市(地州)馆为总馆的总分馆体系，从而实现更广泛的资源共享和图书馆效益的最大化。

第四节 西南地区图书馆联盟中的服务体系组织结构

在网络化的今天，图书馆联盟被证明是促进图书馆合作、进行资源共建共享的最有效的方式，因而受到各国图书馆界的广泛重视。但随着图书馆联盟资源共建共享项目的深入

研究和开展，图书馆联盟面临着各类资源共享和互利互惠、服务效率、技术应用和联盟后的发展等日益复杂的管理问题。同时，用户需求得不到满足的矛盾以及宏观环境的变化，客观上提出了图书馆联盟体中的各个成员馆要根据自身特点，兼顾其他各个成员馆资源建设的现状和发展动态，在遵循联盟原则的基础上，相互协商解决各个成员馆之间资源共享服务的管理问题。这就要求引入协同管理的理念，来帮助各个成员馆之间的相互管理，于是各个成员馆将根据自身特点实行协同管理的要求，从而帮助图书馆联盟实现联盟的协同效应。

一、图书馆联盟协同管理的内涵与特征

（一）图书馆联盟概念与特征

“图书馆联盟（Library Consortium）在业界的基本定义是指：为了实现资源共享、利益互惠的目的而组织起来的，以若干图书馆为主体，联合相关的信息资源系统，根据共同认定的协议和合同，按照统一的技术标准和工作程序，通过一定的信息传递结构，执行一项或多项合作项目的联合体。依照此定义，图书馆联盟有以下基本特征：

（1）它具有明确的目的性。联盟的目的是为了执行一项或多项合作项目而达到资源共享和利益互惠的目的。

（2）它具有基本的组织性。图书馆联盟是依照一定的章程和规则，按照统一的技术标准和工作程序，通过一定的传递结构组织起来。联盟的运作是通过相应的规范和协议来控制和协调成员在联盟范围内协调合作，通过对外部资源的有效集成和整合，来达到项目的快速实现。

（3）它是一个跨地域（跨国）、甚至是跨行业的联合体。现代网络技术的使用和图书馆巨大的包容性，使跨地域、跨行业的联盟合作成为可能。

（4）它是基于现代信息网络技术而形成的一个虚拟组织，但却承担着实体的功能。虚拟性是就该联盟的支撑技术和形态而言。实体功能有两个方面的含义，一是该联盟发挥的功能是实实在在的；二是联盟成员都是相对独立和自治的实体。

（5）它具有开放性和不确定性。联盟成员自身具有绝对的独立性和自主性，根据合作的项目和意愿，几个图书馆可以构成一个联盟，一个图书馆可以同时参与多个联盟；既可以是长期合作，也可以依据项目而临时合作，它并没有一成不变的组织边界和生命周期。

图书馆联盟内在结构和基本形态非常符合当今知识经济、信息时代的要求，与全球化和区域经济合作一体化完全趋同，它能使不同的个体凝聚在一起发挥各自的优势，朝着共同的目标前进，从而达到个体和整体共同发展的目的。因此，图书馆联盟是图书馆在现代社会中的生存模式，也是当今图书馆的发展方向。

（二）图书馆联盟协同管理的内涵与特征

图书馆联盟协同管理（Library Alliance Synergic Management，简称 LASM）是在协同论的指导下，以联盟整体优化为目标，以现代信息技术为依托，综合运用现代管理理论和方法对整个联盟进行规范、组织、协调、控制，有效地整合联盟各种资源、环节之间的协作关系，进而产生支配整个联盟系统协同发展的要素，使联盟实现自组织而从一种序状态走

向另一种新的序状态，并使系统产生整体作用大于各要素作用力之和的系统管理方法。[①] 根据图书馆联盟协同管理的定义可以看到，图书馆联盟是由多要素、多层次所构成的具有管理过程的系统。通过对联盟内各组成要素进行协同管理，使它们从无序到有序来实现各要素之间的优化组合与合理配置，达到联盟的整体性效应大于各个体效应的协同效应。

图书馆联盟协同管理具有以下的特征：一是协同强调的是个体利益要服从整体利益，以联盟整体利益最优为目标，协同是多边的和动态的且协同主体不存在隶属关系。二是协同包括横向和纵向协同，横向是联盟的框架合作，纵向是联盟的分工协同。三是协同分为宏观、中观及微观3个层次的协同，宏观层次的有战略和文化协同，中观层次的有信息、资源、组织协同，微观层次的有过程和创新协同。四是信息系统是图书馆联盟协同的支撑，信息系统要能可松散耦合和快速重构，这样才能适应联盟分布、异构和动态的环境。下面是图书馆联盟宏观协同、中观协同、微观协同特征的描述。

（1）图书馆联盟战略协同是以协同思想为指导并围绕图书馆联盟战略目标和使命而建立的，是体现图书馆联盟较强的组织性、适应性、凝聚力和吸引力且形成内外互动的自由组织过程。

（2）图书馆联盟文化协同是指联盟管理机制不限定成员馆的文化差异，根据其文化倾向（模式）形成联盟的战略、策略、结构和管理的过程。

（3）图书馆联盟组织协同是把地理位置分散的众多参与者紧密地联系成一个整体，确保联盟组织能够高效率工作，促使联盟内各种资源得到最充分的利用，以便有效实现联盟管理的目标。

（4）图书馆联盟信息协同是指应用协同理论和系统论原理，依据图书馆联盟的特点，综合考虑其生命周期中各个要素的相互关系，及其运行过程中各个成员馆或子系统之间的动态影响关系，采取各种现代信息技术和手段对联盟内的信息进行整合和控制，使得联盟成员馆或子系统能够相互协调，达到图书馆联盟整体最优的目的，是图书馆联盟协同管理的基础。

（5）图书馆联盟资源协同管理是指以协同思想为指导，将联盟资源视为一个系统，按照协同方式对资源系统各要素进行加工与重组，使之相互作用和相互渗透，形成合理的结构，实现联盟资源利用整体优化和协调发展，其目的就是为了使现有的资源相互配合、协调，发挥整体最大功能，使之达到整体最优目标，实现整体最大效益。在战略思维的层面上资源协同是系统论的思维方式。就是把图书馆联盟内部彼此相关却彼此分离的资源通过组织和协调，取得“1 +1 >2”的效果。在战术选择的层面上，资源协同就是优化资源配置的决策。

（6）图书馆联盟过程协同是在完成信息协同的基础上，通过进行过程之间的协调，消除过程中各种冗余的子过程（如服务协同、业务协同等活动）以及由人为因素和资源问题等造成的影响服务过程效率的一切障碍，确保联盟各自服务任务之间的无缝连接，使联盟服务过程总体达到最优，使联盟的协同效应完全发挥[②]。

---

① 赵晖．跨系统图书馆联盟协同管理概念模型及管理体系研究［J］．图书馆建设，2010（3）：89－92

② 陈禹六，李清，张锋．经营过程重构（BPR）与系统集成［M］．北京：清华大学出版社，2001：124－128

(7) 图书馆联盟创新协同是指在少部分图书馆技术创新的带动下，借助联盟成员或各个子系统间的协同作用，促进技术创新成果在潜在使用者之间传播、推广和应用，来实现图书馆联盟技术创新的一个关联性过程。

二、图书馆联盟协同管理的必要性

图书馆联盟处在不断变化的外部环境之中，是一个开放系统，这个系统具有服务过程和管理过程，其内部要素关系的错综复杂及组织的要素和层次众多，因此，图书馆联盟是一个由内部和外部系统构成的开放的复杂系统，联盟内部与外部系统的协调及管理难度非常大，面临着服务向专业化、知识化、个性化等方向的发展压力，对其管理不仅需要采用先进的技术手段和方法，更要以先进的理论作为指导。传统的图书馆管理方法针对的只是单个图书馆，对多个图书馆的联盟管理往往会显得力不从心，主要表现在：图书馆联盟在各阶段的整合协调广度和深度不够，联盟合作的层次还不够高，目前联盟的合作项目大都局限在联合采购、联合编目这些初级的合作上；联盟成员馆间信任关系不稳定，导致成员馆之间合作关系松散、合作半径小、合作深度浅，影响到联盟的发展和协同效应；联盟成员馆间信息交流的渠道不畅，以及联盟资源的优化配置和共享程度差等方面。同时，由于我国大部分图书馆联盟存在着各自为政、我行我素、身不由己等现象，长期以来，国内信息资源的共建共享，都存在着“议而不决，决而不作”的弊病，缺乏分工协作的刚性和权威性，[①] 缺乏从战略层到操作层的全方位、深层次的协同管理，在这种情况下，探索并引进这种能合理安排、组合工作的管理模式显得格外迫切和必要。而要保证图书馆联盟的可持续发展，联盟生命周期内各阶段的交叉协同，如联盟内部的组织协同、过程协同和信息协同，以及联盟资源的协同利用与配置等，联盟各个层次的协同工作都是十分重要的。因此，运用协同管理理论能使图书馆联盟一方面不断地变革和发展，从无序转化为有序必须通过各个成员馆的相互协调、合作才能实现图书馆联盟的整体效应；另一方面，图书馆联盟还必须与动态复杂的环境相适应，与环境产生协同效应。可见，运用协同理论做好联盟各项协同工作是图书馆联盟成功的关键。

三、西南地区图书馆联盟协同管理的现状分析

(一) 西南地区图书馆联盟协同管理的现状

由于图书馆类型众多，包括公共图书馆、高校图书馆、科研院所图书馆、军队图书馆、中小学图书馆，等等，因此图书馆联盟也因图书馆类型和地域范围等方面的不同划分为不同的种类。[②] 从图书馆类型上来看，目前，图书馆联盟主要由高校图书馆、科研图书馆（以中国科学院系统为代表）和公共图书馆联盟三种类型构成，其中尤以高校图书馆联盟数量居多。这三类图书馆联盟主要是以本系统内图书馆为主要构建对象，全国性的有CALIS、CASHL、NSTL等。

从地域范围的角度，可以将图书馆联盟划分为省市级、区域性、全国性等图书馆联

---

① 袁静，焦玉英．我国图书馆联盟风险的实证调查与分析［J］．中国图书馆学报，2010（11）：48－56

② 叶仕平．图书馆联盟之战略联盟探究［J］．图书馆学研究，2012（5）：93－96

盟。省市级图书馆联盟如：上海高校网络图书馆、北京高校图书馆联合体、天津高等教育文献信息中心、吉林省图书馆联盟、河北省高等学校数字图书馆联盟、广州地区高校图书馆联盟等；区域性图书馆联盟如珠江三角洲数字图书馆联盟、长三角图书馆联盟等①。

从理论角度，在中国学术期刊网上看到的大多都是探讨图书馆联盟构建的必要性及作用、构建策略、构建模式、建设内容、资源建设、相关技术等多方面的问题。② 例如文南生等提出了4项四川省高职院校区域图书馆联盟构建的策略：围绕有代表性的高职院校图书馆构建联合体、建立协调一致的发展目标、建设联合体成员馆的特色馆藏、建设高职图书馆联合体的资源共建共享平台；曹志梅提出了“区域—区域”型、“分类—区域”型、“综合交叉”型、“矩阵耦合”型、“核心馆为中心”型等区域图书馆联盟的构建模式；郑邦坤提出了实行“省图书馆为中心—地（市）图书馆为分中心—县（区）图书馆、街道、乡镇公共图书馆共同参与”的联盟模式；朱俊波提出了区域图书馆联盟建设的五项内容：实体资源合作共享、数字资源协调共享、服务合作共享、业务合作共享、技术支持与人力资源培训。③

2011年12月由云南大学、云南师范大学、昆明医科大学、云南农业大学、云南中医学院、云南民族大学、西南林学院、云南警官学院、云南开放大学、昆明学院、文山学院、昭通学院、云南艺术学院等高校在云南省教育厅领导下，经云南省高校图工委协调，这些高校自愿参加组成的非营利性、非法人的高等学校图书馆联合体。到目前为止，云南省共45所高校图书馆先后签署了入盟协议。加入云南高校图书馆联盟的省高校范围涵盖本科院校、独立学院和高职高专。云南高校图书馆的联盟掀开了云南图书情报事业战略发展的新篇章。云南高校图书馆的联盟以资源共享、优势互补、互信互利、共同发展为原则，旨在加强云南高校图书馆的整体发展规划，构建协同、共生、共赢的云南高校图书馆良性合作发展机制，引导和促使优质教育资源要素在联盟成员内部的合理流动与配置，提高高等教育文献信息资源的联合保障能力，形成云南高等教育合理的发展结构与分工体系，不断提升云南高校的教学质量、办学水平与社会声誉。

（二）西南地区图书馆联盟协同管理的障碍

目前，西南地区图书馆联盟还只是处于刚开始状态，主要体现在部分高校图书馆联盟、科研机构图书馆联盟和一部分公共图书馆联盟。所以，西南地区公共图书馆联盟的真正意义上还是处于“总分馆制推进”的模式状态。由于西南地区经济、文化、教育与西南地区图书馆联盟建设不均匀，文献资源共建共享的建设落后于东部等发达地区的图书馆，主要表现在以下几个主要问题。

1. 经费问题

经费匮乏，计算机网络基础设施落后，服务手段和服务理念落后。由于西南地区经济发

---

① 赵闯．基于联盟的区域图书馆资源与服务共享模式研究［J］．图书馆学研究，2011（1）：84－86，78

② 胡争光，南剑飞．产业技术创新战略联盟：研发战略联盟的产业拓展［J］．改革与战略，2010（10）：38－41

③ 张树义，雷星晖，李晓龙．从网络战略联盟到战略联盟网络：企业战略联盟的演进路径及其对我国企业的启示［J］．管理评论，2006（8）：33－39

展水平低，经费投入较少，近几年来尽管各级政府加大了对图书馆事业的投入，但图书馆的经费仍然捉襟见肘。在2009年到2013年的实地调查中，课题组见到的是整个西南地区还有70%以上的公共图书馆年补助经费在5万元以下，如四川省的纳溪县图书馆为2万元，泸定县图书馆为1万元，云南省的通海县图书馆为1万元，广西龙胜县图书馆为2万元，广西灵川县图书馆为2万元，贵州省的桐梓县图书馆为1万元，贵州省的天柱县为1万元，等等。如此少的经费是无法做好数字化资源建设的。还有图书馆的计算机网络设施落后，大部分图书馆仍然采用传统的方法进行借阅和咨询。与此同时，在图书馆建设中还存在着观念的误区，重建设，轻利用。大多数图书馆重硬件建设、忽视利用，有些设施建成后变成了“摆设品”，而很少考虑这些设施、设备的实际使用效果，自动化的信息管理方式远未普及，更谈不上采用全新的信息检索技术。这种现状远远跟不上西南地区经济的发展形势。

2. 管理局限问题

长期以来西南地区图书馆属行政化管理，图书馆之间缺乏必要的沟通，各图书馆在确定信息资源技术的方向时，只根据本馆信息需求，只注意本馆购进了多少图书，藏书数量的多少，而忽视了图书的实际利用价值，对于在普及科学文化知识、推动精神文明建设、促进地方经济发展中究竟发挥了多大的作用，社会效益如何，读者是否满意等问题研究不够、关注不够，致使西南地区图书馆的信息资源、学科收藏体系缺乏统一规划，信息资源配置极不合理。

3. 信息化的普及问题

通信落后，计算机普及率及远程网络覆盖率低也是制约西南地区图书馆信息资源传播和利用的关键性因素。该地区图书馆的信息化程度低，网络用户少，使得有限的信息资源更加局限于小范围的地理环境中，信息的利用率非常低，客观上造成了信息资源的短缺，珍贵的信息资源被极度浪费。以四川省公共图书馆为例，到2012年12月止四川省内地（市）、县（区）公共图书馆188个，其他乡镇、街道社区公共图书馆星罗棋布，数量位居全国前列。由于自动化、网络化发展不平衡，目前，能够提供网络服务的基本上是地（市）一级的图书馆以及少数发展较快的县（区）级图书馆，如四川省渠县图书馆，另外还有相当一部分县（区）图书馆没有自己独立的官方网站，仅仅挂靠在所属地（市）公共图书馆网站上或是当地文化主管部门主页上有一个简单的介绍，因此这些图书馆之间共享网络资源变得比较困难。

4. 特色资源建设问题

受经费、观念和专业人员素质低下等因素的制约，西南地区未能很好地利用自己的特色文献信息资源。西南地区图书馆在地方文献资源拥有量上有一定优势：如贵州的水族文献，广西的壮族文献，云南的傣族文献和纳西族文献等。这些文献对研究我国的民族融合、民族文化、促进西部经济发展极有价值，是我国文献资源中重要的组成部分。但由于受观念、经费、人员素质等因素的制约，迫使很多西南地区图书馆未能把这些资源优势进行全面整合加工，形成自己的特色馆藏，而只是停留在各自图书馆自己独立或者本行业内的一小部分信息资源进行了共建共享，这对于本来就薄弱的西南地区信息资源建设来说无异于是雪上加霜。与此同时，随着信息技术和互联网突飞猛进的发展，读者对知识与信息的需求量越来越大，要求越来越高，并呈现出多元化和个性化的发展趋势，没有哪一家图书馆能单独满足所有读者对知识与信息的需求，并帮助解决他们所有的问题。所以，构建西南地区图书馆联盟协同管理组织是有效集合西南地区各类图书馆的优势与特长，实现更大范围内的信息资源共享，是西南地区图书馆服务发展的必然趋势。

四、西南地区图书馆联盟协同管理的模式

根据以上图书馆联盟协同管理的定义和特征，结合西南地区图书馆联盟的现状，该课题对西南地区图书馆联盟协同管理模式的要素进行选择，来构建西南地区图书馆联盟协同管理模式框架。如图 5 - 1 所示的框架模式是从西南地区各类图书馆联盟的本身、与其他联盟馆、与联盟环境三个协同管理方面，来分析西南地区图书馆联盟协同管理。课题组结合本节中图书馆联盟协同管理的必要性，并借鉴国内外专家学者的经验，参考了唐虹、朱云芝等学者的研究成果，在此基础上结合西南地区的现状，认为西南地区图书馆联盟的协同管理模式也可以从协同管理的功能、协同管理范式和协同管理支持保障这三个方面来构建①。

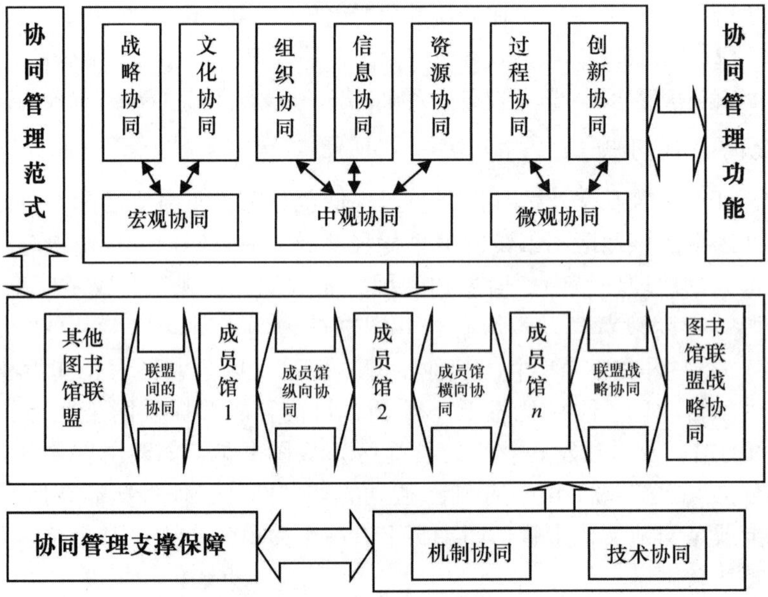

图 5 - 1 西南地区图书馆联盟协同管理模式框架

（一）协同管理功能

协同管理功能依靠西南地区图书馆联盟系统内协同机制的作用，从宏观（战略协同和文化协同）、中观（组织协同、资源协同和信息协同）和微观（过程协同和创新协同）三个层面，对联盟管理序参量进行选择，通过西南地区图书馆联盟协同管理各个成员馆控制系统外部环境来加强内部协同，强化和凸显所期望的联盟协同管理的每个过程，使复杂的

① 郭一平，王亮．数字图书馆联盟构建模式的选择与实践［J］．图书馆论坛，2007（8）：1 - 3

西南地区图书馆联盟协同管理各个成员馆组织系统有序和稳定地运行。[①]

（二）协同管理范式

协同管理范式主要包括4个方面的内容：一是西南地区图书馆联盟协同管理各个成员图书馆内部各业务部门之间的协同，这方面主要是属西南地区图书馆联盟协同管理各个成员馆内部同级层面。二是西南地区图书馆联盟协同管理各个成员图书馆与其他图书馆之间的协同，这方面主要是属横向同级层面。三是西南地区图书馆联盟协同管理组织与成员图书馆之间的协同，这方面主要是属纵向上下级层面。四是西南地区图书馆联盟协同管理各个成员所在系统或环境之间的协同、不同类型（不同系统）图书馆之间的协同。这方面主要是从战略角度关注联盟与外部系统的合作问题，属政府内部同级层面。

（三）协同管理支撑保障

图书馆联盟协同管理是个开放和复杂的系统，如没有强效政策机制和良好环境作为动力、没有计算机和信息技术的支持，要实现在多个时间上分离、空间上分布又相互依赖的环境的协同管理是很困难的，也难彰显西南地区图书馆联盟协同管理的服务效益与管理效益。

五、西南地区图书馆联盟协同管理的机制

综合以上内容可看出西南地区图书馆联盟协同管理：是以协同思想为指导，综合运用管理方法、手段去实现联盟利益最大化，也就是实现西南地区图书馆联盟协同管理各个成员馆之间的服务效益与管理效益。通过对西南地区图书馆联盟协同管理各个运作机理的探讨并在此基础上建立相应的协同管理机制，才能有效地实现西南地区图书馆联盟的协同管理。西南地区图书馆联盟协同管理机制是一种主动型、预防型、比较高层的制度设计和安排，是西南地区图书馆联盟协同管理各个成员馆之间在竞争与合作的协同博弈中，采取什么方法或形式进行决策、进行风险分担和利益分配，以实现各个利益主体的协同效应。它是西南地区图书馆联盟协同管理中的关键部分。

作为一个跨六个省市、由上百家地州级公共图书馆组成的联盟，如果没有一套切实可行的管理运行机制，要充分发挥其功能作用几乎是不可能的。一定要努力探索适合西南地区、行之有效的运行机制，为联盟的健康、可持续发展提供机制保障。

总之，作为一项开创性、系统性的工程，西南地区图书馆联盟协同管理，需要各成员馆精诚团结、精心合作、戮力同心，才能承担起这个有着重要意义的历史责任。

（一）西南地区图书馆联盟协同管理机制的形成

联盟协同管理实质是多个西南地区图书馆之间为取得最大管理的竞争优势，抓住市场机会，通过协议和联合等方式，将各馆的核心能力和资源集成在一起来进行妥善管理，形成一个临时性的开放的管理组织。在西南地区图书馆联盟协同管理各个成员馆之间既存在着合作又存在着竞争，即两者的博弈关系。西南地区图书馆联盟协同管理各个成员馆之间的博弈可分为非合作博弈和合作博弈，非合作博弈中的成员馆强调的理性与最优决策，表

① 唐虹，朱云芝．网络环境下图书馆联盟协同管理研究［J］．图书馆工作研究，2012（11）：57－60

现为成员馆各自的选择策略；而合作博弈则强调集体理性、效率、公平，促使各个主体进行合作。[①] 因此，将西南地区图书馆联盟协同管理各个成员馆之间合作博弈的过程看作是西南地区图书馆联盟的协同管理，而西南地区图书馆联盟协同管理形成机制也就是联盟协同成员馆之间动态博弈的过程。此外，有的成员馆为了私有利益只关心一次性的效用，往往想方设法违反协议，采取不合作的战略，当西南地区图书馆联盟协同管理各个成员馆是非合作的完全竞争关系时，也就是只进行一次的博弈，其结果会形成一个囚徒困境博弈现象，使共享成员馆的利益都得不到保障。而西南地区图书馆联盟协同管理是通过一次次反复的博弈，建立以增强联盟各成员馆相互之间信任的关系，它强调的是联盟协同管理各个成员馆之间长期的战略合作。同时在联盟协同各个成员馆利益平衡关系的妥善处理下，当多次博弈后，博弈参与者可选择不同的均衡战略，会为了长远利益而牺牲眼前利益，致使往往在一次性博弈中不可能存在合作。

由此可见，西南地区图书馆联盟协同管理不是一次性完成和一劳永逸的，它是一个不断反复的过程。贯穿于西南地区图书馆联盟协同管理生命周期的全过程中，是各个成员馆之间的合作与竞争重复的动态博弈，而各个成员馆之间的这个博弈过程就是西南地区图书馆联盟协同管理的形成机制。

（二）西南地区图书馆联盟协同管理的运行机制

在西南地区图书馆联盟协同管理中，良好的运行机制是该区域图书馆联盟发挥联盟协同管理的关键因素。本研究将根据图 5－1 所示的框架来分析组织结构的协同、运行管理的协同、活动过程的协同等方面的内容来构建西南地区图书馆联盟协同管理的运行机制。

1. 组织结构的协同

组织结构的协同可以从制度上和组织上保证图书馆联盟协同管理的有效运行，它是西南地区图书馆联盟协同管理运行机制的基础。西南地区图书馆联盟协同管理的第一步是要建立统一的协同组织，由于西南地区图书馆联盟在组建和联合的过程中有分属的系统、上级管理机构、经费来源渠道和发展历史不一等情况，所以，必须通过有效的管理组织对西南地区图书馆联盟的运行和发展进行规划、协调和控制，形成西南地区各个图书馆之间共建共享的机制。西南地区图书馆联盟协同管理的组织具备如下功能：协同服务中心、协同决策中心、协同学会中心、协同资源中心、协同技术中心、协同信息中心。西南地区图书馆联盟的协同管理组织由上述的这四个组织所构成，该组织形态是以协同管理组织为中心，以成员馆为组织对象，以主管政府机构为协调部门和联盟信息管理平台为核心组织，系统如图 5－2 所示。

这样的组织结构具有如下特点：第一，该组织结构可随着西南地区图书馆联盟协同管理，各成员区域经济环境的发展变化，相关成员馆可调整与西南地区图书馆联盟协同管理的协作关系，并保持动态的网络关系，可自行选择进入、退出，这种组织结构可使西南地区图书馆联盟协同管理，各个成员的协同运行方式具有灵活性。该组织结构也可保持西南地区图书馆联盟协同管理各个成员的竞争优势，并能充分吸收社会优势资源，使西南地区

---

① 朱传宝．中小企业产业集群的协同管理研究［J］．科技进步与对策，2010（4）：63－66

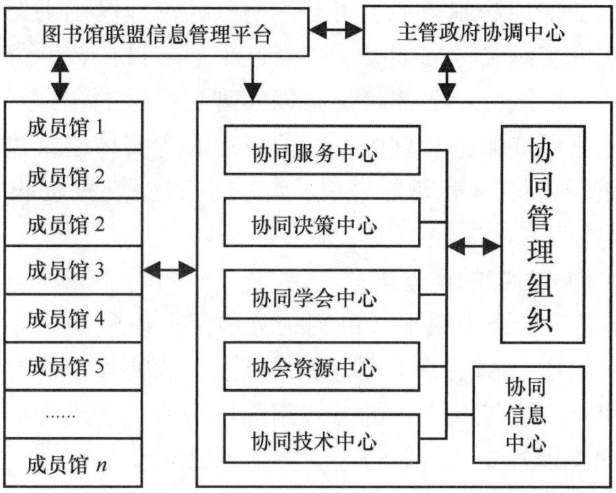

图 5－2　西南地区图书馆联盟协同管理的组织结构图

图书馆联盟协同管理各个组织具有开放性和兼容性。其次，协同管理中将西南地区图书馆联盟协同管理各个成员馆联结成一个网络同盟，使西南地区图书馆联盟协同管理的组织结构更加紧密，并具有相对完全的信息。它克服了传统金字塔式层级组织结构，诸如机构设置重叠与交叉、组织信息传递速度慢和对市场变化反应迟缓等缺陷，也克服了目前西南地区图书馆联盟协同管理存在的协同不够和沟通不畅等问题。最后，该组织结构可避免因个别成员馆的行为而给整个西南地区图书馆联盟协同管理带来的剧烈动荡，克服了西南地区图书馆联盟协同管理中成员馆关系松散和不稳定的缺点，促进西南地区图书馆联盟协同管理各个成员馆关系更加稳定。

2. 运营管理的协同

在确定西南地区图书馆联盟协同管理组织结构后，需进一步确定成员馆以某种方式参与联盟协同管理并实现协同目标，也就是要明确组织的协同管理运行方式有以下三点。

（1）基于策略联盟的合作方式

西南地区图书馆联盟协同管理是指两家或两家以上图书馆为实现某一具体的业务或战略目标（如信息资源共建共享和文献传递等），在定期内遵循共同协议及标准的网络，它们是战略性伙伴关系或松散的关系。这个联盟协同管理是成员馆为改进某项具体的业务和增加用户价值而做出的选择，可以说这是一种业务联盟协同的管理。① 其中特别是协同管理中心所建立的协同决策部门和协同信息部门，可在西南地区图书馆联盟协同管理业务关联的成员馆采用策略协同运行方式中，提供有力的技术支持和信息保障。

（2）基于公司制联盟的运行方式②

当西南地区图书馆联盟协同管理进行紧密结合阶段即西南地区图书馆联盟协同管理各

① 陈丽纳，熊静．图书馆联盟运作模式的发展趋势——公司制联盟和策略联盟［J］．情报资料工作，2008 (1)：82－91

② 郭一平，王亮．数字图书馆联盟构建模式的选择与实践［J］．图书馆论坛，2007 (8)：1－3

个成员馆合作活动次数的增加和利益的不可分割时，西南地区图书馆联盟协同管理各个成员馆希望承担更加稳定的契约义务，如希望拥有硬件、软件协议、办公地点和设备等，希望通过形成更加正式的团体或公司实体等形式以实现更长远的合作。西南地区图书馆联盟的协同管理中心可通过组建如服务管理中心和信息中心等实体模式进行运营。这种运营方式可使西南地区图书馆联盟协同管理各个成员馆在获得一定投资收益的同时，也可享受"无缝隙服务"的环境所带来的方便。

(3) 基于虚拟/数字图书馆的运营方式

"数字图书联盟"是以自愿为原则，以契约为前提，以资源共享为目标、以数字化信息资源的购买、存取、组织、利用、管理等一系列业务为协作内容的联盟。西南地区图书馆联盟协同管理服务可以以虚拟图书馆的方式组建联盟协同管理中心。该组织方式可使西南地区图书馆联盟协同管理各个成员馆核心竞争力形成最优的组合，也可促进和形成西南地区图书馆联盟协同管理各成员馆的网络分工，达到增强西南地区图书馆联盟协同管理整体竞争力的目的。

3. 活动过程的协同

为确保西南地区图书馆联盟协同管理总体目标的实现，在确定西南地区图书馆联盟的运行方式、任务和目标后，需要在西南地区图书馆联盟协同管理各个成员馆之间的实际运行实现西南地区图书馆联盟协同管理微观层次上活动过程的协同，通过活动过程的协同来确保西南地区图书馆联盟协同管理各自任务之间的无缝连接，才能使西南地区图书馆联盟协同管理的协同效应完整发挥。

(三) 西南地区图书馆联盟协同管理的群体决策机制

面对着信息服务竞争环境的变化和各种竞争的压力，联盟协同作为利益共同的特征在不断拓宽的西南地区图书馆领域和不断加强的管理程度中越来越明显。任何影响西南地区图书馆联盟协同管理和成员馆发展的重大决策，必须采用协同的群体决策机制，在西南地区图书馆联盟协同管理中不同利益主体之间存在着不断博弈和利益争夺，其西南地区图书馆联盟协同管理大部分决策问题是伙伴成员之间群体协同求解的。在涉及群体决策的问题上，西南地区各类型图书馆是不能作出强势的决定。西南地区图书馆联盟协同管理要坚持长期合作战略并以整体利益最优为目标，才能保持在不断变化的环境中稳定发展。另外，在知识和信息量急剧增长、科技发展的快速变化环境下，需要决策的问题越来越多和越来越复杂。西南地区各类图书馆是很难以在这些复杂和瞬息万变的情况下，凭自己有限的知识和经验作出正确的决策。在这种情况下西南地区图书馆联盟协同管理只有通过协同群体决策作出决定。通过协同群体决策可消除西南地区图书馆联盟协同管理存在的信息不对称和分散决策等障碍，解决西南地区图书馆联盟协同管理中的有限理性和机会主义等管理的问题。这为西南地区图书馆联盟协同管理提供了重要的解决途径和方法。西南地区图书馆联盟协同管理的决策过程是一个复杂和不断反复的动态过程，直到西南地区图书馆联盟协同管理各个成员最终妥协或达成一致。决策过程要对个体决策者的偏好进行集结，同时决策规则也要合理和公平，有效地集成联盟协同管理各个成员馆的偏好为群体的偏好是西南地区图书馆联盟协同管理体决策的关键步骤。

六、西南地区图书馆联盟协同管理的发展策略

近几年来，在西南地区图书馆协作委员会的推动下，以泸州、贵阳、昆明、南宁等市图书馆领导为代表的仁人志士，倡导建设西南图书馆联盟协作网。多年来，“网际”越来越宽，成员间的认同感越来越强，影响越来越大。但同时也存在一些令人担忧的问题。一是图书馆业界的热情有余，但政府部门的关心、重视不足；二是协作网“形有余而神不足”，年会参会人员越来越多，但还没有形成完善的系统运行管理规则和模式，离真正有效的图书馆合作体系还有很长的路要走。针对这些问题，西南地区图书馆联盟协同管理的组织怎样从无形到有形，怎样从“雏形”到“成形”，值得进一步的研究。

（一）西南地区图书馆联盟协同管理的理念认识

西南地区图书馆联盟协同管理的发展，代表西南地区图书馆事业发展的前进方向，主要因为：一是西南地区图书馆联盟协同管理克服了传统图书馆“条条”结构的合作与地区性的“块块”合作形成的天然障碍，为实现西南地区图书馆之间的合作与信息资源共享目标提供了可能：二是西南地区图书馆联盟协同管理通过联合增强了购买力，使图书馆丰富馆藏建设成为可能：三是西南地区图书馆联盟协同管理能满足广大读者需求变化，使西南地区图书馆能满足读者多元化的信息需求成为可能；四是西南地区图书馆联盟协同管理通过对跨地域（包括跨图界）、跨行业协作和服务，使西南地区图书馆充分发挥延伸功能、树立对外形象、提高知名度成为可能；五是西南地区图书馆联盟协同管理是根据国家“十二五”的战略规划，使西南地区图书馆更有效地服务于区域经济和社会发展成为可能。西南地区图书馆联盟协同管理与国家和本区域内的区域经济发展的规划是相符的。如中央提出的西部大开发战略、中越两国提出的“两廊一圈”区域经济发展规划、西南诸省市提出的出海大通道建设规划以及“9+2”泛珠合作规划等。

所有这些都是关系西南地区图书馆联盟协同管理与发展的重大问题。作为西南地区图书馆联盟协同管理的成员馆，应该解决思想认识问题，充分认识西南地区图书馆联盟协同管理的重大意义，使自己从不愿到自愿，从自愿到自觉，积极投身到西南地区图书馆联盟协同管理的实际行动中。

（二）建立和完善西南地区图书馆联盟协同管理的协调机构

古人言：“没有规矩，不成方圆”，又言：“凡事预则立，不预则不立”。要把这样一个跨多个省市、代表着西南地区各个地州市图书馆发展水平的联盟协同建设好，的确不是件易事。但“不预则不立”，所以当前有几件事可以做：

1. 发表《西南地区图书馆联盟协同管理宣言》

明确要想什么，要做什么，为什么要做，怎么做，以此向社会、向上级领导来表明西南地区图书馆联盟协同管理的主张，寻求更多的认同和支持。

2. 制定《西南地区图书馆联盟协同管理章程》

明确西南地区图书馆联盟协同管理的性质、目的和意义；明确西南地区图书馆联盟协同管理各个成员的权利和义务；明确西南地区图书馆联盟协同管理内部管理运作的规则；

明确西南地区图书馆联盟协同管理的协作内容和范围：明确西南地区图书馆联盟协同管理对外关系等。

3. 常设西南地区图书馆联盟协同管理办事机构，负责处理西南地区图书馆联盟协同管理内外的日常事务

该办事机构可以是相对固定地设在某个馆，也可以是流动的。流动的设置可以考虑以省市为单位，几年流动一次；或者成员图书馆每年轮流一次，轮值馆就作为当年西南地区图书馆联盟协同管理的承办馆。通过以上措施，为西南地区图书馆联盟协同管理提供组织、机构保障。

文献信息资源共建共享是一项覆盖面广、渗透性强、投资量大、技术复杂的系统工程，必须加强领导，明确目标，制定出一整套可行性的方针、政策、法律、规范、标准，由政府主管部门协调确定建立西南地区图书馆联盟协同管理的组织机构以及激励和制约机制。如，可参照全国性的有 CALIS、CASHL、NSTL、全国文化信息资源共建共享工程等项目，来成立西南地区图书馆联盟协同管理组织，有专门的领导小组和项目建立管理中心。

目前，西南地区各省基本存在的图书馆联盟协同管理的组织有各个省（直辖市、自治区）的高校图工委及图书馆协助委员会，虽然两者在资源共建共享中发挥着一定的协调作用，但高校图工委仅限于省内高校的协调，难以协调其他的文献资源建设；而各个省（直辖市、自治区）图书馆协助委员会虽然在加强该省（直辖市、自治区）范围文献资源的合理布局和开发利用等方面具有一定的协调功能，但它是一种非行政管理机构，其号召缺乏权威性和约束力，尤其很多高校图书馆和科研院所并非省属，在涉及各体制、隶属关系图书馆之间的合作引发的利益等问题，很难达成共识，加之没有法律制度作保障，因此无法发挥导向和制约作用，无法调动各方面的积极性。所以在西南地区应成立一个具有权威性的共建共享组织协调机构，制定出相关保障制度、利益平衡机制和监督政策，来实现西南地区文献信息资源共建共享的统一规划、协调发展。例如，云南省的高校图工委工作委员会为云南省高校图书馆的资源建设、科学管理、信息服务和学术研究搭建共享平台的做法，为云南省各高校图书馆进一步增强合作力度，扩大交流范围，深化交流内容，为推进文化信息资源的共建共享，为提高云南省高等教育的发展，为图书情报事业的繁荣产生促进作用。课题组认为，云南省的经验可以作为示范点，来促进西南地区图书馆联盟协同管理框架下跨省区的高校图书馆联盟协同管理打下了基础，对推进西南地区各省高校图书馆资源共建共享的平台建设和联盟协作管理体系的发展有一定的示范作用。

（三）构建西南地区图书馆联盟协同管理的外部运行环境和虚拟咨询服务平台

西南地区图书馆联盟协同管理外部运行条件和运行环境的营造对图书馆联盟协同管理的发展至关重要。政府资金、政策支持和由其倡导的社会各界的广泛参与，是西南地区图书馆联盟协同管理发展的大环境。小环境离不开大环境，西南地区图书馆联盟协同管理内部运作得再好，如果没有当地政府部门及社会各界的大力关心和支持，也很难形成气候。

因此，要想尽一切办法赢得政府及社会各界的关心和支持。在这个过程中，要处理好“有为”和“有位”的关系。树立要有位，先有为；有了为，才有位；有了位，才能更有所为的观念。要有所作为，要立足本职，紧跟政府重大发展战略和重要工作部署来搞好服

务。如，国家“十二五”战略规划中公共文化服务体系的试点项目等。

要实现跨系统的文献信息资源共享，除了建立相应的体制和运行机制外，还必须以科技创新为手段，建立跨地区、跨系统的文献信息资源共建共享的技术服务平台。该平台具有如下功能：

1. 网上通用阅览证

购进已有的“网上通用阅览证”系统，该系统使用虚拟专用技术，用户可以通过系统使用各馆的数字资源，可以在线申请“网上通用阅览证”的账号，获得后即可通过互联网远程访问各种数字资源。如四川省图书馆率先推出通用阅览证，允许读者在四川省的100多家公共图书馆借阅书刊资料。

2. 联合参考咨询

针对用户利用文献信息过程中遇到的各种问题，提供咨询服务。只要读者在本网络中的任意一个图书馆注册成为正式用户，将可得到各类图书馆提供的网上参考咨询和文献远程传递服务。

3. 共享数据库检索

该协助网具有异构数据检索系统。检索系统可以方便地自动转到提问或解答窗口，大大方便了读者，也提高了咨询员的效率。

4. 外国原版报刊目录

协助网平台建立了外国原版报刊书目库，各订购馆只需将自己当年的订购信息录入，即可生成馆藏目录，实现了网络成员馆之间资源的共知，为有效的共享奠定了基础。

（四）争取必要的经费支持

西南地区图书馆联盟协同管理的构建，需要丰富的文献资源保障体系作为共享的物质基础，需要书目数据库和高效的联合检索网络作为共享的手段，而这一切都必须有足够的资金作为后盾。资金问题一直是困扰图书馆事业发展的“瓶颈”。西南地区图书馆联盟协同管理的建立仅仅通过自筹经费来建立和完善资源共享体系是不现实的，所以还需要争取政府部门的大力投资和社会各部门的大力扶持，还可以通过文献传递有偿服务或信息产业化来弥补经费的欠缺。在这方面西南地区图书馆联盟协同管理的整体协同可以借鉴上海高校图书馆与公共图书馆、科研图书馆等多类型的图书馆之间联盟合作的成功经验，参考西南地区内四川省、重庆市的很多公共图书馆、高校图书馆在经费支持上基本上都是采取了成本回收机制，文献传递费用=复制费+委托服务费+传递费，来推动西南地区图书馆联盟协同管理的开展。

（五）加强人才培养提高和开发利用

西南地区图书馆联盟协同管理建设和发展离不开一支高素质的图书馆队伍。联盟协同管理的过程中所开展的信息处理、信息交流、信息服务都要由人来完成，西南地区图书馆联盟协同管理的成功运作需要馆员熟练掌握现代信息技术，特别是数字化技术、信息存储技术、数据库技术、网络通信技术等。目前西南地区大部分图书馆馆员素质，还不能适应数字时代图书馆协作发展的需要，一个富有生命力的、高效率的西南地区图书馆联盟协同管理，离不开高素质的图书馆馆员，因为西南地区图书馆联盟协同管理中所开展的项目最终都是由人来执行的。因此，西南地区图书馆联盟协同管理应保证人员的培训和培养，包括对每个图书馆工作人员的培训。也就是说，应该把对各图书馆员的人员培训定为工作的重点之一，每年有计划地提供图书馆专业的一些课程，组织各种专题和新技术的培训、讲座与问题研讨会，使西南地区图书馆联盟协同管理中每个成员经常受到培训和再教育，随时接受新信息。西南图书馆联盟协同管理的建立意味着管理模式走上全面、协调和可持续发展的道路。西南地区图书馆联盟协同管理的建设和发展会遇到种种困难和问题，要积极进取，注意合作与协调的长期性，才能形成西南地区各个图书馆之间的优势互补、相互促进、共同发展的新格局，全面提升西南地区图书馆联盟协同管理的群体效应。

（六）建立西南地区图书馆联盟协同管理的资源共享网络平台标准

西南地区图书馆联盟协同是信息资源共建共享的核心，而西南地区图书馆联盟协同管理是实现文献资源共建共享的有效组织形式，也是被实践证明的网络时代图书馆最具有活力和最具有可行性的形式。

西南地区各类图书馆现代化建设仍处于不平衡状态，高等院校图书馆、省级图书馆、科技图书馆基础设施较好，自动化、网络化、数字化各具一定规模。而一些专科院校图书馆、地县图书馆、企事业图书馆（室）至今仍以手工管理为主。在实地调查中发现，有很多基层图书馆的自动化管理仅限于内部的采、编、流环节，未实现互联网的连接。实施资源共建共享，各图书馆必然会引进先进的管理系统软件，接入因特网，组建局域网，设立电子阅览室，配置文献数字化的硬件设备等，各馆之间实行联合编目，将图书资料经过分类、著录等加工手段进入流通部门实现共享价值，使分类、标引完全一致检索手段将由此日趋完善。因此，西南地区图书馆联盟协同管理就是要制定统一的平台标准，建立各级别的书目控制网络中心，担负起统筹协调图书馆的联合书目数据库建设，制定统一书目，建设标准书目信息交换格式等职责。只有业务工作标准化、规范化，才能实现数据的交换、兼容、转换和不同系统的文献资源共享。各成员馆严格按照 MARC 格式著录书目信息，可以避免重复劳力，使标准化数据得以共享。建立西南地区图书馆联合目录数据库和公共查询系统，是资源共享的前提，也是协调资源建设所必需的。读者只要进入这个系统，便可以检索到所需的文献信息及其收藏馆。

西南地区图书馆联盟协同管理应采用协助采购制度，避免信息资源的重复建设，成员馆可以通过分工购买，对于利用率高的核心资料各馆购买，而边缘的、深奥的、专业化较强的研究资料，在区域范围内的馆际间进行分工购买，通过馆际互借实现文献传递和资源共享。

西南地区图书馆联盟协同管理应发挥各个民族资源的优势，使西南地区各类图书馆成为开发利用各个民族地区文献的基地。西南地区各类图书馆都收藏着各种丰富的民族文献，这些民族文献研究范围和内容，对于少数民族地区发展中的生态保护、扶贫发展、文化保全以及旅游开发都有很重要的作用，图书馆联盟可以有组织、有目的地把本地区民族文献的最新研究成果记录下来，并有序化，分类别建立自己特色的数据库。如四川大学图书馆的“巴蜀文化特色数据库”（CALIS 专题，特色数据库项目之一）；云南大学图书馆的“贝叶文化数据库”（CALIS专题特色数据库项目之一）；贵州大学图书馆的“黔南文化特色民族研究数据库”；西南交通大学图书馆的“峨眉山特色库”；云南省图书馆联盟集该省各公共图书馆、高校图书馆之力，共同对中文书目进行回溯建库，在云南省建立起学科文献中心等。

可见，西南地区图书馆联盟通过建立信息资源共建共享网络平台，开辟通用接口，使各成员馆的信息资源互相交流。这使西南地区图书馆在较短的时间内，以较低的投入实现文献资源的成倍扩大，提高西南地区图书馆信息资源建设的发展水平，有利于改善信息资源的结构。

（七）西南地区图书馆联盟协同的战略管理

结合战略管理的定义与特点，引入到西南地区图书馆联盟协同管理的建设中，以解决西南地区图书馆联盟协同管理目前存在的一系列问题。战略联盟可以应用于同行业类型的图书馆联盟建设与其他行业类型图书馆联盟间的合作之中，通过战略型图书馆联盟协同管理的构建，可以更好地促进西南地区图书馆间的合作与发展。

1. 同行业类型图书馆联盟协同的战略管理

同行业类型的西南地区图书馆联盟协同的战略管理是指在建立西南地区图书馆联盟中引入战略管理的思想，将西南地区图书馆联盟管理建设为联盟协同的战略管理方式。[①] 首先是需要建立西南地区图书馆联盟协同的管理机构，可以采用委员会制、理事会制、联席会议制等形式，在组织机构上对图书馆联盟协同进行约束，以解决目前图书馆联盟协同缺乏有效管理机构的问题。其次是要建立西南地区图书馆联盟协同内运行管理、人力资源管理、宣传维护等方面的相关制度，用制度约束成员馆行为，也更有利于联盟协同开展工作。再次是建立利益分配的西南地区图书馆联盟协商机制。虽然西南地区图书馆联盟协同不是营利性机构，但是在运行中也会出现各馆之间利益分配不均的问题。建立利益分配的协商机制，通过协商解决利益分配问题，在协商机制中，要注重考虑到各方利益，充分听取来自各个成员馆的声音，尽最大可能达到各方的平衡。第四要加强西南地区图书馆联盟协同各个成员间的交流和沟通。通过有效沟通降低由差异产生的沟通障碍，使联盟平稳运行。这种交流不仅局限于西南地区图书馆的管理层，还要扩展到西南地区图书馆联盟协同的成员馆馆员，通过馆员间的相互交流，促进西南地区图书馆联盟协同工作的深入开展。最后是要把西南地区图书馆联盟协同管理建设成为学习型组织。各个成员馆具有各自不同的优势和图书馆文化，在联盟协同中通过学习型组织的建设，可以营造一个良好的学习氛围，相互学习，扬长避短，提高西南地区图书馆联盟协同的工作效率。同时还要保持西南地区图书馆联盟协同的开放性，不断与外界进行信息、技术和人员的交流，保持西南地区图书馆联盟协同能够在学习和交流中不断成长。

2. 西南地区各类图书馆联盟协同间的战略合作

西南地区图书馆联盟协同中的各类成员馆之间也要加强战略合作，这种战略管理的形式，是将各类图书馆联盟协同的单个成员馆，形成一个更广义的联盟协同。通过联盟协同

---

① 叶仕平. 图书馆联盟之战略联盟探究［J］. 图书馆学研究. 2012（5）：93－96

之间的合作与交流，有利于促进整个西南地区图书馆事业的发展和进步。相比同行业类型图书馆的战略型联盟建设而言，不同行业类型的图书馆联盟协同间的战略合作可能存在一定难度，需要联盟协同各方的共同努力。但是，从单馆角度来说，特别是区域内的一些大馆，可能同时加入了多个联盟，这样在西南地区图书馆联盟协同间的合作中，可以充分发挥其作用，促进联盟协同的交流、沟通与合作。目前西南地区各省（直辖市、自治区）的高校图书馆在 CALIS 三期建设中已经开展了与上海图书馆的合作，并在积极探讨与 NSTL 进行合作的可能性，这为联盟协同间的合作提供了一个很好的实例。也希望看到更多西南地区图书馆联盟协同可以互相合作，从而提升西南地区图书馆的竞争力和影响力。

第五节　西南地区图书情报档案一体化服务体系的组织结构

一、图书情报档案一体化服务管理的可能性

（一）概念缘起

一体化既是指事物之间相互渗透、互相转化、互相制约的变化或趋势，又是将多个独立的系统统一为一个整体的过程。一体化强调将相关事物做整体化、协调化发展的研究，并非组织结构上简单的合并，也反对抹杀不同事物之间本质的区别。

所谓图情档案一体化管理，是指建立一个文献资源综合开发、利用、服务于一体的新型信息服务体系，实现图书、情报、档案的资源共享，形成规模化、系统化、网络化服务，以改变过去分散的、小规模的信息处理和服务方式。[①] 这样的管理体制强调在分工合作的基础上，实现行业、部门在更大范围、更高层次上的信息资源的共享。强调一种竞争性的互补关系，即各种要素通过竞争冲突，不断地寻找、选择自身的最优功能点，实现信息、信息人员、信息技术、信息设备、信息标准等各种要素之间的匹配与磨合，为用户提供集成的一站式服务。[②]

早在 20 世纪五六十年代，国外便开始了对图书、情报、档案一体化管理的研究。吴宝康教授 1956 年指出，档案界要开展两个一体化研究，即文书、档案工作一体化研究和图书、情报、档案一体化管理研究。[③] 1974 年，联合国教科文组织提出建立“国家情报系统”（NAIIS），该系统“涉及全部学科领域里的文献、图书馆和档案的服务工作”。1978 年 12 月，在中国科学院召开的图书情报工作会议上，赵克北同志提出了图书情报工作一体化的建议。1985 年 6 月，原教育部和国家档案局在成都召开档案学专业教育改革座谈会，会上指出，当前档案工作和档案学研究面临着“两个一体化的前景，其中之一便是档案与图书、情报工作一体化”。

---

① 徐益．关于图书、情报、档案一体化管理的新思考［J］．图书情报工作，2001（11）：70－71

② 舒任颖，肖文建．图书、情报、档案管理一体化制约因素分析与对策［J］．情报资料工作，2006（4）：28－31

③ 转引自傅荣校．论“档案信息孤岛”产生的可能性［J］．浙江档案，1998（2）：5－6

（二）本质特性

一体化管理思想是一种追求内外要素整合的思想，即将图书、情报、档案的信息资源、功能优势与外部的对应要素相互转化、相互协调、相互利用，形成一种“内部优势外在化，外部资源内在化”的机制。力求拥有相似属性的信息体系形成一个整体，不仅是各种信息技术设施要兼容，信息软件和各地区特有的、各行业专用的信息文化都要兼容。在网络环境中，一体化管理要素的种类和范围将从以往的“物流—人流”扩展到“物流—人流—信息流”。信息作为一种新的管理要素在一体化管理中占据核心地位。

一般而言，一体化管理既有宏观层次上的协调管理，又有中观层次上的网络管理，还应有微观的过程管理。要明确一体化管理的目标和内容，力争信息资源从点状布局到网状布局，从信息孤岛到信息流，从分立到整合，最后达到 1 +1 +1 >3 的效果。

图书情报档案一体化的管理模式将呈现出优于现行体制的特性，主要包括：强化信息服务功能，便于领导和统一规划；提高工作活力，有利于培养和汇集各类专业人才；克服各级各类信息资源分散的弊端，提升用户需求的满足程度；便于加强档案、资料、情报的基础工作，促进信息资源的深层开发和综合利用；更好地为业务流程标准化、服务手段现代化创造条件。

（三）理论基础

图书情报档案一体化管理的理论基础可以从本体论、系统论和实践论等视角进行分析。

首先，图书、情报、档案在上古时期的同出一辙和同为一体构成了目前研究“一体化”最基本的理论依据。同源性赋予了三者内在的本质联系，在实质内容、载体材料、目的作用、社会职能、工作方法、技术手段等方面存在着共同的特征。从美国档案学家谢伦伯格的“文件的双重价值论”出发，可以看出文件档案除了有对原机关的原始价值即第一价值外，还具有从属价值即第二价值，前者主要体现其行政价值，后者体现其情报价值。因此，公开化、社会化和网络化的三者一体化管理将是未来的必然发展趋势。作为人类的体外知识信息库，图书、情报、档案的知识信息这一本质属性成为一体化理论的出发点。

其次，正如钱学森所提出的精辟论述：“从系统工程技术角度看，情报、图书文献和档案都是一种信息，这种系统工程的目的就是信息的存储，信息的检索和提取，信息的传输和信息的显示，所以整个技术可以称为信息系统工程”。一体化所体现的既是一种系统整合，又是信息管理的科学进程。根据系统论鼻祖贝塔朗菲的著名定律：整体（系统）的属性与功能大于各孤立部分（子系统）的总和，图书、情报、档案的一体化管理是提升公共文化信息系统服务功能的必要举措。①

最后，从社会责任看，三者均提供知识信息服务。从工作环节看，三者均有收集、存储和提供利用知识信息的过程。从运作成本看，只有实行一体化，才能更有效地采用现代化手段并做到社会资源的合理配置。从现实状况看，基层的图情档机构数量少，保管条件

---

① 黄宗忠．试论图书、情报、档案一体化的发展趋势［M］．档案学理论新探索，北京：档案出版社，1987：210

差，兼职人员多，业务不熟，要分别同时建立资料室、情报室、文书档案室、科技档案室等信息服务机构，既难以做到，也是不必要的。出于精简的考虑，类似机构如果分工过细，组织重叠，必然导致工作效率的低下。当前体制下各自为政、纵向发展所形成的封闭和半封闭系统，既不能满足利用者的需要，更不能适应开放社会信息纵横交流的诉求。①

（四）实践基础

科技进步、经济发展和社会需求是实现“一体化”的客观条件。以整个公共文化服务体系为背景的图书情报档案一体化管理和发展模式在实践层面的成效尚待提高，主要面临的障碍和挑战包括行政体制、技术标准和法制环境等问题。

打破条块分割的行政管理体制是一体化的先决条件。有学者主张建立各级信息协调中心，统一对全国的图书馆、档案管理部门和情报机构资源进行调度。也有学者认为应该建立一个由三者组成的联合体（信息服务协会），成员单位原有职能和内部机构保留，但要统一建库格式和服务模式，将原馆内实施的封闭管理和独立体系转变为开放性的网络结构，面对信息服务用户形成一个整体，以达到资源的合理支配。这样，既增强了图书、情报、档案工作的互补性，又不会影响各部门内部的规范管理。还有学者认为立足于网络的业务合作更具可行性，虚拟联盟能有效避免现有体制下人、财、物等资源重组所带来的弊端和障碍。

技术标准的确立也是一体化管理的前提要素。目前的图书、情报和档案界都有自己的著录标引标准，有的项目不同，有的项目相似而语义、实质内容有异，这些都给数据的标准化和规范化带来问题。目前欧美大多采用了国际标准《信息与文献——信息交换格式》（ISO2709—1996）、《国际通用机读目录格式》（*Universal MARC Format*）、《档案著录规则（总则）》（ISAD（G））、《档案置标著录》（EAD）等。参照这些规范，我国的机读目录已经开始注重与国际标准接轨。这些标准的统一是一体化管理体制的运行基础，将有利于资源共享和现代化手段的实现，加强网络和数据库的统一管理和建设，并在此基础上形成一体化的网络建设和业务合作平台。

法制环境的完善更是图书情报档案一体化的必要条件。从微观的部门人事制度、业务制度到宏观的行业政策法规、知识产权界定，公共文化服务体系中的资源开发与整合对制度安排提出了很高的要求。将受《反不正当竞争法》保护的情报、受专利法保护的档案与一般的图书资料实行“一体化”管理会带来开发利用和知识产权保护上的混乱。新的技术革命也对传统纸质印刷型基础上建立起来的版权制度构成强有力的冲击，出现了许多原有法律难以解释的问题。合理解决图书、情报的著作权、隐私权以及档案的有限阅读与用户日益广泛而深入的需求之间的矛盾，成为资源共建共享事业面临的重要挑战。② 另一方面，健全的法制也是推行公益机制与市场机制相结合的双轨运行机制，是促进一体化共享活动各参与方平等受益的必要保障。当然，能否成功搭建一个法制平台以确保一体化管理和服务的有效开展，尚需经过理论与实践的多方检验。③

---

① 张芳霖．信息时代图书、情报、档案一体化管理研究［J］．档案学通讯，2003（3）：84－87

② 李群，刘维荣．图书、档案、情报一体化管理在欧美发展的新趋势［J］．中国档案，2006（2）：66－68

③ 葛翠玲．图书、情报、档案一体化构想的否定性检验［J］．图书馆杂志，2007（7）：10－11

二、西南地区图书、情报、档案一体化服务管理的必然性

（一）网络化建设逐步向完善发展

西南地区图情档的一体化，是指宏观上的“一体化”，而非微观上的“一体化”，即各部门在实体意义上仍是独立的，因为，这是不可能也没有必要将所有已经独立的西南地区图情档管理机构都归并到三位一体的实体中；应该在资源、业务、服务等方面使各机构接受统一管理和协调，形成行业合力和优势，实现宏观上的“一体化”。因此，这就需要西南地区各图情档管理机构有良好的网络化环境，加强横向联系和互相渗透，才能形成一个虚拟的一体化资源中心和服务网络，这是一体化管理的重要前提。目前，在西南地区图书馆事业领域，有各类高校图书馆、省级公共及区县图书馆、各类科研图书馆及各类企事业单位图书馆均已拥有并对外开放自己的门户网站；在西南地区档案事业领域，西南地区各类省级档案局及各个地市、区县级档案馆及各类企事业单位档案馆也都有网站，而且西南地区各个省级档案局也拟在“十一五”期间“全力打造西南地区各个省、地市档案网门户网站和各区县档案网站、各专业、部门档案馆档案网站，90%以上档案馆要建成内部局域网应用平台”；在西南地区情报事业领域，西南地区各类省级科学技术情报研究所及其各分所也基本都建设了网站，具有较好的网络基础。正是在这样的网络环境下，提出西南地区图情档的一体化管理。

（二）信息资源共建共享理念深入人心

网络结点之间的连接与交流，大大强化了资源共享的理念和整体建设的规模效应，信息资源共享理念达到前所未有的一致认可，这就为西南地区图情档一体化管理奠定了思想基础。各种形式的联盟和合作如雨后春笋，最典型的如近几年召开的每届“西南地区高校图工委联席会议”内容显示，到目前为止，西南地区各类高校的数字图书馆建设有80%高校数字图书馆均已加入西南各个区域内的数字图书馆合作；西南地区各类省级档案局也先后在近几年规划中提出“以档案信息资源的社会共享为目标，以档案网络建设为基础……建设基于政务网络的档案馆、档案室资源共享的西南地区各级政务档案信息服务平台”。另外，近年来，西南地区各类省级科技信息研究所文献馆正式与西南地区各个省级公共图书馆参考咨询服务中心联手，通过“联合参考咨询网”平台，为广大读者提供公益性网上参考咨询和文献传递服务，这标志着西南地区各个省级公共图书馆和科技情报系统在开展跨系统的网络文献信息服务合作和资源共享共用方面迈出了重要的一步。①

（三）业务管理、资源建设软件逐渐成熟

实行一体化管理，需要各西南地区图情档机构要能实现业务、资源和服务的互通互连，除了有完善的网络环境外，还需要一系列软硬件作支撑。目前，在西南地区图书馆领域，各种联合采购系统、联合编目系统、联合参考咨询系统、一站式检索系统、文献传递与馆际互借系统层出不穷，且不断升级，逐渐成熟，能较好地满足用户的需求。如云南高

---

① 2007年～2013年的各届“西南地区高校图工委联席会议”报告

校图书馆自动化联合系统，可以实现技术共享、人员共享、软硬件共享、书刊目录等资源共享等。这些软件可以根据需要，定制成西南地区图情档共用的软件，为一体化管理与用户服务提供网络平台。

三、西南地区图书、情报、档案一体化服务管理的内容

在创建学习型城市大潮中，人们对信息资源需求的层次也在不断提高，并呈现出多样化、综合化、广度深度并重的特征。因此，在这样的时代背景和网络环境下，实行一体化管理，改变各信息服务机构的专属性和封闭性，实现信息资源的有机连接就成为西南地区图书情报档案事业的必然选择。

西南地区图书情报档案一体化管理主要包括：机构一体化管理、资源一体化管理、服务一体化管理，其中机构一体化是资源一体化的基本前提，资源一体化是服务一体化的必备手段，服务一体化则是整个图情档事业一体化的根本目的。

机构一体化管理的主体是西南地区政府部门，对象是西南地区各级图书馆、档案馆（局）、情报所（局），主要内容是从宏观上制定相关政策、法规，如机构整合、运转、人员安排、经费划拨与使用、利益分配机制等，确保一体化的顺利实施。

资源一体化管理的主体是西南地区政府部门授权的专业机构，对象是软硬件资源，主要内容是制定并监督实施相关业务规范，如资源的采购或收集、资源加工流程和标准、存储与利用等，避免重复建设，为向读者提供快速、全面、高效的服务打好基础。

服务一体化管理的主体是西南地区政府部门授权的专业机构，对象是各种信息服务，主要内容是规划服务项目，协调各部门的分工与协作、服务流程与标准等，确保提供的服务是读者所需、读者能用的专业的服务。

四、西南地区书、情报、档案一体化服务管理的联盟战略

图书馆联盟的前身是图书馆协作体，最早由美国图书馆界提出，以馆际互借、联合目录等协作内容为主要纽带相互连接起来。联合编目是大范围图书馆合作的早期模式，典型的代表是美国国会图书馆，其从 1901 年开始对其他图书馆实行外借服务，并对大约 400 多家图书馆提供印刷目录卡片。[①] 20 世纪 30 年代后相继成立的上百个高校图书馆联盟代表着一种解决图书馆长期以来存在的老问题或新出现问题的颇具吸引力的途径。[②] 随着图书馆自动化的进程，书目利用协作网的兴盛推动着现代图书馆联盟的形成，共同拥有物理性资源，提供联合目录、馆际互借、文献传递、WWW 服务及存取数字信息资源等协同服务相继产生。[③] 图书馆联盟之间的进一步联合能为成员馆的发展带来更多的利益，联盟之间因此再组建成更大的联合体，被称为联盟联合体（Consortia of Consortia），又称为超级

---

① 金更达．建立图书馆协作体数字中心的构想［J］．情报杂志，2001（11）：69－70

② Bostick，Sharon L.，Dugan，Robert E. The history and development of academic Library consortia in the United States：an overview［J］. Journal of Academic Librarianship，2001，27（2）：128－131

③ Kopp J. J. Library Consortia and Information Technology：the past，the present，the promise［J］. Information Technology and Libraries，1998，17（1）：7－12

联盟（Super Consortia）。1997 年 2 月，国际图书馆联盟联合会（The International Coalition of Library Consortia，ICOLC）成立，目前其成员包括来自美国、加拿大、英国、澳大利亚、新西兰、韩国、日本和中国等世界各国的近 200 个图书馆联盟，既有高校馆、科研馆，也有公共馆。①

西南地区图书馆在广泛借鉴外来经验的基础上，寻求新的方式进行合作，以多种形式缔结盟约，实行一体化管理。既有 2007 年初成立的“西南高校图书馆联合体”、“四川高校图书馆联盟”这样地理位置相近、条件相当的高校图书馆自发结成一体化管理组织，基于整个地区包括公共、科研、高校、情报 4 大系统的图书情报机构在政府主管机构推动下形成的图书馆一体化管理，还有“贵州省移动图书馆信息服务”采取统一的技术平台，连接市、区、县、乡镇、街道图书馆而形成的贵州省公共图书馆的一体化管理组织。其中成效最为卓越的当数中国高等教育文献保障系统（CALIS），作为经国务院批准的我国高等教育“211 工程”总体规划中两个公共服务体系之一，已初步建立了“全国中心—西南地区中心—高校图书馆”三级文献信息服务保障体系，设立 1 个全国文理中心、4 个全国文献信息中心、7 个地区文献信息中心，实现了网络环境下的公共检索、馆际互借、文献传递、电子资源导航、协调采购和联机合作编目等六大功能。②

情报系统内部的一体化管理组织活动也纷纷开展。近几年，每年召开的“东南亚战略联盟”工作会议。战略联盟以西南地区各级政府、企事业单位等为牵头单位，建立“多个联盟、多个平台”的组织机构和运行机制。将东南亚经济、文化、教育、科技、金融投资等机构组成区域性中介服务网络；战略服务联动机制将实现西南区域内信息供需项目收集、分析、咨询、代理、交易和技术合同认定登记等方面的全面合作；西南区域性服务合作平台将开展各类服务与管理活动。③

分散在西南各地、各行业及各种类型的档案馆同样借助现代通讯网络技术连接起来，以实现最大限度的资源共享。④ 通行的做法包括：①网上办馆；②联合开发；③建立西南区域性档案目录中心。以实体合并的形式也组成了一些新型联盟，如 2001 年，贵州省荔波县档案馆与县文化馆、博物馆合作，建设了荔波县水族文化历史档案展览馆，实行“三档合一”的档案馆新体制。档案部门进而尝试与相关单位、部门、个人合作开发某个专题项目，或与多家信息资源拥有单位、个人合作，建立战略联盟，通过多层面的信息采集，形成综合信息资源库，实现资源共享，创造增殖效益。在一体化合作中，有学者提出的契约式项目管理模式以彼此信任和实现共同利益的双赢为前提，实行优势互补、共同研究开发和实现风险共担，同时由于汇集了各方资源优势，将会加快开发速度，提高成功率。

---

① ICOLC [EB/OL]. [2013-12-30]. http://www.library.yale.edu/consortia/

② Task Force Membership List (as of August 2008) [EB/OL]. [2013-12-22]. http://www.cni.org/membership/memberlist.html

③ 李士智. 广东顺德市改革创新档案馆体制：体制创新“三档合一”[J]. 中国档案，2003 (3)：25-26

④ 孙爱萍. 实施档案信息资源开发合作战略 [J]. 档案学通讯，2002 (6)：66-68

第六章　西南地区图书馆服务的管理体系

以满足公民的基本文化生活需求为目的，由公共部门向公民提供公共文化产品与服务的制度和系统构成了公共文化服务体系。完善的体系包括公共文化的服务主体、设施、平台、产品、信息、机制等方面的内容。① 包括图书馆在内的服务主体是公共文化服务的领导、组织、协调及具体实施的机构，各级各类图书馆将与文化馆（站）、文化广场、艺术中心、博物馆、美术馆、影剧院、书店、非营利性电台、电视台、文化信息数字网络等共同构成有机协作的公共文化服务体系。为此，在公共文化服务体系的大背景下，西南地区图书馆服务的管理体系在组织管理层面应该做出顺应时代和战略环境的改革。②

西南地区图书馆的根本目的在于向社会公众提供普遍均等、丰富优质的西南地区图书信息服务。因此，西南地区图书馆服务与管理应同时具备两个特征：一是公益性，确保社会公众的普遍参与；二是优质高效的服务，保证公共服务效益最大化。二者缺一不可。因此，西南地区图书馆服务的管理体系需要从三个方面来转变职能：一是从“办图书馆和管图书馆”为主向“为图书馆服务”为主转变；二是从“图书文化”向“大文化”转变，即从管理图书馆资源与设施为主向管理全社会文化资源，实现共建共享为主转变；三是从以行政手段、直接管理为主向以经济法律手段、间接管理为主转变。目的是赋予西南地区图书馆自主权，让其自主开展生产、运营、服务与管理活动。

第一节　西南地区图书馆服务的资源管理

图书馆服务是图书馆工作的出发点和最终落脚点，对图书馆服务的内容进行管理是为了给广大的读者提供更加优质的服务。对西南地区图书馆服务的内容管理进行研究，以此来查明西南地区图书馆服务的现状，探究西南地区图书馆服务中的优缺点和以后的发展趋势，可为西南地区图书馆展开更加全面、合理和个性化的服务提供参考。

图书馆是社会文化服务体系的重要组成部分，是社会的文献信息存储和知识信息传递的枢纽和中心。图书馆存在的目的在于为用户提供高效服务，“在适当的时间，为适当的用户，提供适当的服务”，这正是图书馆所追求的最高境界。也就是说，图书馆工作的目的和归宿在于为用户服务。图书馆系统建设和资源搜集组织加工，综合运用管理技术、专业技术、科学方法，建立健全服务体系，开发、设计、生产一系列的信息产品，其目标都是为了向用户提供舒适、优质、满意的服务环境。③ 也就是说图书馆资源管理服务包括设

---

① 陈威．公共文化服务体系研究［N］．深圳报业集团，2006：4

② 该节内容来自课题阶段性成果，课题组成员的课题阶段性成果内容之一：面向公共文化服务的国家图书馆与省级图书馆体制改革初探［J］．图书情报工作，2009（17）：13－17

③ 李春梅．图书馆服务目标及其实现途径［J］．图书馆学刊，2011（4）：67－69

施资源、硬件资源、软件资源、信息资源、用户等资源的管理服务。这里笔者根据第二篇中的实地调查结果和收集的资料分析列出有代表性的西南地区图书馆设施资源管理的现状。

一、西南地区图书馆服务的设施资源管理

图书馆服务是对图书馆现有人力资源、物力（设施）资源、文献资源的开发和利用过程。就现实而言，每个图书馆在文献资源、人力资源、物力资源等方面的基础都有所不同，要实现图书馆服务的目标，关键的任务在于立足现实，努力挖潜。即要立足于图书馆现有馆藏资源和人力、物力资源的实际，努力挖掘图书馆的潜能，积极创造条件，尽可能为读者提供优质、完善、全方位的服务。在实施“人力、物力（设施）、文献”资源开发的同时，要加强馆际合作，与其他图书馆和信息机构联合开发用户所需的信息产品。

四川省图书馆是四川省的总书库，馆藏丰富独特，位于成都市总府路6号，可乘坐6个路线的公交车抵达，毗邻成都市繁华的春熙路，交通便利，且所处位置人口相对集中。另外，四川省图书馆内部布局合理，办证处、外借室、编目部、地方文献部和采访部位于图书馆一楼，二楼分布的是阅览室，多媒体阅览室，三楼主要是文献修复室和文献信息中心，此外还有特藏室、专家阅览室、复印室和缩微室，期刊采编工作室、工具书阅览室，参考咨询部位于四楼。从四川省图书馆的整体布局来看，比较符合读者的阅读心理，阅览室和多媒体阅览室位于图书馆二楼，这样可使阅览室采光充足，又使得读者不必爬较高的楼层到阅览室，这充分体现了图书馆为读者提供方便的服务理念。

成都市图书馆位于青羊区文翁路98号，与成都石室中学国际部和成都市教育局毗邻，在其周围有四川省公安厅、四川省电信、华西证券大厦、国栋中央商务大厦和国信大厦。由此可见，成都市图书馆位于商业区，可以为更多的工作者提供及时的信息服务。成都图书馆的楼层分布为：1层图书馆咨询服务台、少儿阅览室和乒乓球活动室；2层办证处、图书（社科）外借室、书刊续借、音像外借室和学术报告厅；3层电子阅览室、读者自修室；4层图书（自科）、期刊外借室；5层中文图书阅览室、外文图书借阅室和德国信息与德语自学中心；6层各类文献查阅室和地方文献；10层古籍阅览室。以上内容可见，成都市图书馆提供了更为细致周到的服务，有专门的少儿阅览室和乒乓球活动室，并且提供读者自修室，这些为许多的家庭提供了周末的去处，既可以得到放松休闲，又可以徜徉于知识图库。并且成都市图书馆文献服务分类更加明确，文献有中文和外文；地方文献和古籍阅览室，可以借阅音像、期刊以及外文书籍。充分体现了成都图书馆“为读者服务，为读者着想”的办馆思想。

重庆图书馆位于重庆沙坪坝区凤天大道106号，读者可乘坐12条线路的公交到达重庆市图书馆，由此可见其交通的便利性。重庆图书馆楼层分布情况是，一楼：儿童阅览室、中文报刊阅览区、中文过期报刊库和读者自修室，读者自修室提供座位200多个供读者自习；二楼：咨询台、存包处、总咨询台、少年阅览室、视障阅览室、视听阅览室和电子阅览室，视障阅览室提供盲人书刊、音频资料借阅服务，并且还提供盲人用电脑、书刊放大器等设备，更加体现出重庆图书馆服务的人性化，咨询台解答读者疑问，总咨询台提供证件办理的相关服务；三楼：中文图书期刊借阅区、台港澳文献阅览室和赠书阅览室；

四楼：参考咨询部、工具书阅览室、联合国文献托存区、外文借阅区、史迪威阅览室、重庆地方文献阅览室和抗战文献阅览室；五楼：基藏文献阅览室、缩微阅览室、民国文献阅览室和古籍阅览室。最重要的是重庆图书馆提供无线网络，方便读者访问重庆图书馆内网资源。从以上种种情况可以看出，重庆图书馆的设施服务更加的人性化，也更加的与时俱进，提供了更加个性化的服务。

广西壮族自治区图书馆建馆已有80年，该馆注意收集地方文献，并且广西各县的县志比较完备，图书馆主页服务指南提供的到馆公交线路共有12条，读者可方便到达位于广西壮族自治区南宁市民族大道61号进行查找资料、阅览等。广西壮族自治区图书馆馆内布局情况分为阅读大楼和书库大楼，且两栋楼是相连接的。阅读大楼一楼有中文报刊借阅室、电子阅览室、低幼儿童少儿电子阅览室以及自修室，还有复印处和办证处；阅读大楼的二楼有中文社会科学图书借阅室、中文自然科学图书借阅室、少儿书刊借阅室和音像文献借阅室；三楼有中文文学图书借阅室、综合图书阅览室以及档案室会议室等。书库大楼依次有采编中心和多功能厅；样本阅览室；东盟文献阅览室；广西地方图书馆阅览室和政府信息公开查询区；广西地方和港台报刊阅览室；中文报刊典藏阅览室；缩微文献阅览室；文献修复室。总的来看，广西壮族自治区图书馆注重地方特色文献的存储，包括县志以及东盟文献等，广西找准自身的多民族地区和承办的中国—东盟博览会种种特色优势来建立馆藏，树立了该馆特色。此外，广西少年儿童图书馆位于广西壮族自治区图书馆内。

当前，西南地区藏书规模最大的四川大学图书馆成为我国西南地区首家“移动图书馆”的高校图书馆。①

到2012年，四川大学图书馆馆藏纸质文献达699.75万余册，并拥有丰富的电子文献资源，与国内外上百家高校和科研机构建立了广泛的文献资源共享与协作关系。是教育部设立的中国高等教育文献保障系统西南地区中心站、中国高校人文社会科学文献西南地区中心站。

四川大学图书馆使用移动图书馆，可使用户通过各种手持设备随时随地访问数字图书馆的知识富矿，突破图书馆空间、时间的限制，让用户充分利用碎片时间进行资源分享和学术研究，从而进一步盘活了四川大学图书馆上亿馆藏文献，加大图书馆服务水平和公共服务价值。

据广安邓小平图书馆馆长邹来云介绍：邓小平图书馆一定要走在全国图书馆的前列，成为全国图书馆的示范馆，为读者提供更优质的服务。RFID图书自助借还系统可提供自助办证、借书、还书、预借送书、网上查询、查询、续借、智能搜索等，使图书馆真正实现了自动化、数字化管理，为读者提供了简捷快速的自助服务，具备图书馆功能的一体机，“它的外观就像银行提取现金的ATM机！”自助借还图书的“ATM机”旁边的大书橱上面写着“城市街区自助图书馆”。

书橱内有一个三层的书架，书架旁有“插卡/出证口”、“身份证感应区”等，周围贴着“功能介绍”、“操作提示”等标示，书橱侧面还有一个带有键盘的“图书馆查询系

① 西南地区首个移动图书馆在四川大学展开实测［EB/OL］.［2013－12－12］.http://news.163.com/10/1101/17/6KDVE5ID0001125P.html

统”。

目前，邓小平图书馆通过 RFID 技术完成了近 30 万册图书的清点、分拣、粘贴芯片工作，这些图书已全部进入自助图书馆借阅流通领域。

总之，经过调查，西南地区图书馆的设施资源建设都满足读者公众的阅读需求，也符合我国《公共图书馆建设标准》的要求，为其自身服务区域内的读者提供了便利的服务。

二、西南地区图书馆的存储管理

（一）西南地区图书馆存储管理的要求

在现代信息社会，最重要的就是数据。图书馆是各种信息的集聚地，因此，西南地区图书馆的存储管理在一定程度上处于各个图书馆服务管理体系的重要地位。

信息时代的数字化信息贯穿于社会的各个方面，图书馆的数字化已经成为图书馆发展的趋势。数字图书馆是一个浩瀚的海量多媒体数据库，仅仅以文献年增长量为例，全世界每年有 750 万种以上的新文献出现，如果每份文献有 200 页，每页包括 1 600 字节，则每年文献信息系统的增长容量就达 2.4TB，况且文献信息只是数字图书馆的一部分信息。如果考虑到其他类型信息，如 CD、磁带、录像带、微缩胶卷等各种各样的多媒体信息，数字图书馆的信息量将令人望而生畏。因此海量数据的存储是西南地区数字图书馆的关键问题之一。

西南地区数字图书馆存储管理的核心在于：数字化信息的安全；数字化信息的读写速度；日益增长的数字化信息如何进行有效存储。数字化信息的存储安全可以通过不同身份的用户设置不同的权限，并由专门的存储管理人员进行统一管理。数字化信息的读写速度依赖于最新的信息技术的应用，并且要更新换代现有的信息设备。海量的数据信息需要不断扩充文件服务器和数据库服务器的存储容量，也可以使用网络存储，将信息进行压缩后存储，除此之外，要着眼于最新技术的开发和使用，比如云存储技术等。

西南地区图书馆在现有传统存储与数字化存储保障的基础上，应该改变传统的被动服务，而是要积极主动的开发各种信息，建立特色存储数据库，满足社会上不同年龄不同教育背景等各个层次的用户需求。另外，还要与其他图书馆建立文献传递与馆际互借服务，提供开放的存取资源服务、自助服务等。

（二）西南地区图书馆存储管理状况

图书馆提供各项服务的基础是丰富馆藏，拥有丰富的馆藏并不意味着就可以提供给读者满意的服务，读者对图书馆服务是否满意，取决于多方面的因素，其中的一个因素就是图书馆馆藏存储科学合理，读者可以在第一时间找到所需。然而，在现代社会，西南地区各类图书馆的收藏从传统的印刷型文献扩展到多媒体资源、网络资源、以计算机为基础的信息资源服务等，对于这些复杂资源的存储进行管理是现代图书馆必须要加以重视的，也就是西南地区图书馆与数字图书馆的存储管理。

1. 贵州数字图书馆的存储系统管理

贵州数字图书馆资源大致有超星电子图书、CNKI 学术期刊、中华连环画、库客数字音乐图书馆、少儿科普动画、超星学术视频、新农村建设科技文化知识库、国学宝典数据库等 17 种资源。其中，最引人注目的是库客数字音乐图书馆，它已经拥有了世界上 98% 以上的古典音乐资源，包括交响乐、室内乐、歌剧、芭蕾、协奏曲、乐器独奏等古典音乐种类，还有亚洲、欧洲、非洲、大洋洲、美洲的众多国家独具特色的民族风情音乐。除此之外，库客数字音乐图书馆还提供了爵士音乐、电影音乐、新世纪音乐、轻音乐、儿童音乐等几十类的音乐曲风；库客数字音乐图书馆共汇聚了中世纪时期到近现代的 9 000 多位艺术家、100 多种乐器的音乐作品，曲目数量总计近 30 万首。由此可见，该数字图书馆的特点是数字容量快速增长，要应用存储系统的类型较多，要求存储系统连接服务器的扩充能力较强，数据爆炸给现代化的图书馆存储管理带来了巨大的压力，不同类型的数据要有不同的存储技术，图书馆只有采用多种存储方法相结合来满足数据存储的需求。此外，贵州数字图书馆要求存储技术先进、高效、安全以及性价比要高。

2. 成都大学图书馆的存储解决方案

成都大学图书馆馆舍面积 4 800 平方米，藏书 28 万册，900 余种。馆内设有采编部、流通部、阅览部、信息资料部及计算机室和办公室。该馆向读者提供计算机书目查询、光盘数据库检索以及视听服务等。①

在全国高校图书馆信息增长不断需求的情况下，成都大学图书馆也面临相同的境况，那么一个完整的、扩展性强的网络存储架构是成都大学图书馆所急需的，所以成都大学图书馆采用了联想 SureFibre200R 阵列柜，用 MSCS 实现集群，联想 SureFibre200R 阵列柜作为成都大学图书馆在线的存储设备，以保证系统的宕机时间为零。这个解决方案的设计是用来在两节点环境下提供高可用性的全光纤群集存储解决方案，为服务器提供失效自动切换功能，并兼有低成本、易使用、简单管理和方便配置的特点，其系统最大容量可达 5.6 TB，由于方案是基于磁盘块的镜像技术，因此确保了所有关键网络资源的高可用性，不会造成单点失效。在存储管理方面，它可通过桌面系统进行远程安装，创建一个群集，只是一个简单的拖放操作，群集的状态很容易确定。该方案为在校师生提供丰富的学习资料，供用户在线阅读和查询各种数字资源，并降低纸质图书及期刊的成本，提高资金的利用效率。

三、西南地区图书馆的信息资源管理

信息资源管理，就是合理利用信息技术，对文献资源进行组织、控制、加工、规划的一种经济活动，而信息的存储、处理、检索、传递、利用是信息资源管理的基本内容。

信息技术的快速发展，给西南地区图书馆带来挑战。以书刊资料为主要收藏载体的管理服务模式，应不断调整自身的馆藏结构和管理服务方式，来适应各个图书馆信息资源的数字化。而西南地区图书馆信息资源的数字化是适应和谐社会公共文化服务体系中信息资源的基本组织形式之一，这一形式是满足西南地区图书馆用户信息查询的需要。因此，西

① 成都大学图书馆的存储解决方案［EB/OL］.［2013 - 12 - 29］. http://media.ccidnet.com/media/ciw/1216/e3201.htm

南地区图书馆信息资源的信息发布方式、信息资源来源、信息资源类型、信息资源选择与控制、信息资源的组织与管理和信息资源的利用等内容，是西南地区图书馆信息资源管理的核心任务。

信息社会，用户信息需求的个性化和多样化要求西南地区图书馆从传统管理服务方式中解脱出来，把视野提高到一个新的层次。西南地区图书馆信息资源服务与管理模式的多元化，功能的拓展化，为用户提供全方位的信息资源管理服务。在做好西南地区图书馆书刊、报类、杂志借阅管理服务的基础上，充分利用现代化的信息技术以及网络平台，展开各方面的图书馆网络服务。各个层次的图书馆拥有的信息资源大同小异，没有彰显出各馆的特色，不能够吸引更多的用户，为此，西南地区各图书馆应该根据本地区发展的需要，人力、经费等各方面的条件，优化馆藏，建立自身馆藏特色资源。西南地区图书馆信息资源管理服务应该向知识管理服务过渡，将整合好的数字化信息资源形成知识产品推送给所有用户，提高西南地区图书馆信息资源管理服务的效率。但是，还要注意的是在管理与服务过程中涉及的相关知识产权保护与管理问题，主要是：①西南地区图书馆信息资源数字化的知识产权保护问题；②西南地区图书馆信息资源采集过程中的知识产权保护问题；③西南地区图书馆信息资源传递过程中的知识产权保护问题；④西南地区图书馆信息资源复制引起的知识产权问题；⑤西南地区图书馆信息资源上载和下载及浏览打印引起的知识产权保护问题；⑥西南地区图书馆信息资源数字化的知识产权保护与管理问题等。

以上这些问题是制约西南地区图书馆信息资源建设和发展的重要瓶颈，因而要研究并制定适合西南地区图书馆实际情况的信息资源管理条例和相关法律法规，才能保证西南地区图书馆快速健康发展。

第二节 西南地区图书馆知识管理

网络时代的来临，赋予了图书馆工作新的内涵，从过去的信息服务发展到现在的知识服务，是图书馆工作模式的一次质的飞跃。随着图书馆电子化、数字化、网络化的飞速发展，确立知识发现、知识组织、知识管理和知识创新的理念，积极开展知识服务，是图书馆提高服务质量的最佳选择。图书馆拥有丰富的知识资源和现代化设备，是知识传播的重要枢纽，能够为知识创新提供必须的知识资源。图书馆通过对知识的选择、搜集和整合，通过对知识资源进行多功能、深层次的开发，达到知识再生产的目的，创造出新的知识。通过知识服务来保障社会和用户的知识需求，缩短知识创新的周期，促进知识创新效率的提高。

一、西南地区图书馆知识管理的基本内涵

美国《福布斯》杂志于1998年4月22日发表了一篇题为“迎接知识”的文章，提出知识管理的概念。文章认为，知识管理不同于信息管理，它通过知识共享，运用集体的智慧提供应变能力和创新能力。知识管理的实施与应用在于建立激励成员参与知识共享的机制，设立知识主管培养组织创新能力和集体创造力。

从知识管理在图书馆管理中的应用角度出发，再综合各位学者的观点，结合西南地区

图书馆的实际因素，西南地区图书馆中的知识管理是对所有信息资源的产生、获取、处理、存储、交流、传播和应用知识有关的一切活动及其相关的管理活动，它既包括西南地区图书馆显性知识运营的管理，也包括西南地区图书馆隐性知识传播的管理。①

1. 西南地区图书馆知识管理的基本特征

作为管理知识资源并提供相关服务的部门，图书馆所倡导的知识管理与政府推行的知识管理有着很大的区别，由于其旨在将知识共享和知识创新与图书馆的工作流程结合起来，因此，西南地区图书馆知识管理有其自身的特征，主要表现在以下几个方面。

西南地区图书馆知识管理最大的特征是其具有公益性与共享性。“公民自由平等获取知识、实现全人类知识共享”是其根本精神追求所在，西南地区图书馆知识管理最大优势功能是对知识的导航，并在知识管理过程中通过对该区域内公共知识进行整理、编序、分类，使其有序化，有利于对知识的集合。

西南地区图书馆知识管理侧重显示知识的管理，其管理的基础是数据库等编码形式存在的客观知识。同时，图书馆员工、图书馆用户、供应者等所拥有的知识以及长期管理实践中所积累的研究成果和经验教训等为其管理提供了前提。

2. 西南地区图书馆知识管理的目标

以知识增值为目标的管理是一种知识导向型的管理，就是图书馆以文献的内容即知识来安排管理，以文献的内容和读者需要为导向的管理，为读者了解知识、分析知识、综合知识和获取知识提供方便条件，通过有效的管理，使文献中的知识能够更好地为读者所利用，为更多的读者所利用，转化为读者的知识，让更多的人分享知识的价值，从而实现知识价值的增加。

西南地区图书馆知识管理的重要目标，就是通过对西南地区图书馆馆藏知识的有效管理来促进知识创新，为知识创新服务。所谓知识创新，不仅是提出新理论、新知识、做出新的发明创造，而且包括对已有知识的组织、管理，展现已有知识中人们还没有充分认识的新内容，还包括对西南地区图书馆的知识管理、知识创新团队。

二、西南地区图书馆知识管理的内容

作为知识管理机构的图书馆，虽然其职能属于知识管理，但是并不等于所有的图书馆已具有了知识管理的理念和方法，知识管理就是对知识的管理。但是，由于对“知识”的理解不同，以知识对象的知识管理就会有不同的视角和不同的观念。藏书册数一直是衡量和评价一个图书馆水平的重要指标。知识对物质载体的这种依赖性，使得许多人把载体的数量看作是知识量的多少，把对载体的管理当作是对知识的管理。这是一种见物不见人的管理，这种对图书文献的管理，同工厂仓库对机器部件的管理，在本质上并没有什么不同，单纯对知识载体的管理并不是知识管理。

作为西南地区知识管理机构的图书馆，绝不仅仅是管理图书文献，而是要以人为本，以促进社会发展为目标，在对物的管理中实现对西南地区图书馆的知识管理，通过图书馆

---

① 田德清．知识管理在图书馆管理中的应用［EB/OL］．［2013－09－30］．http：//www，google. com

知识的管理，使知识得到传播和利用，促进图书馆知识的创新，推动西南地区图书馆的发展。

进行知识管理的目的是提供用户知识服务，进行知识服务是信息时代对图书馆提出的新要求。传统图书馆服务主要是为读者提供印刷型载体的一次或二次文献，其服务主要是读者到馆借阅，服务对象面向大众，信息时代图书馆服务只是将这些服务转到网络上。

知识有显性知识和隐性知识之分，图书馆进行知识管理时要注重对不同的知识进行区别管理。显性知识是馆藏的各种资源，包括文献资源、网络资源以及各种数字化资源等；隐性知识则大多存储在人的头脑中，包括个人的经验、技巧等，这些都是内化的，需要通过一定的方式使这些知识被别人发现，并且这些信息在人际互动的过程中还可以再创造知识。对于显性知识，有很多种管理方式，可以通过文档、图片、视频等进行管理，并分享给图书馆用户。而隐性知识，则需要在交流、讨论中才能显现出来，要进行及时的整理、分类，将这些隐性知识转变为显性知识提供给用户。

三、西南地区图书馆知识管理的方式

（一）利用 Tag 进行图书馆知识管理

西南地区图书馆可以利用标签（Tag）进行知识管理。具体可采用公众分类法，也就是网络信息用户对特定信息资源通过添加一个或多个标签（Tag）来组织网络信息资源的过程，并最终根据标签被使用的频次选用高频标签（Tag）作为该类信息类名的方法。这就构建了图书馆和用户的交流平台，用户可以帮助图书馆对资源进行分类，一个资源对象可以有许多个用户对其进行标注（Tag），同时，多个不同用户标注相同的资源，有利于图书馆统计该资源的利用率。其实也就在用户对资源标注（Tag）的过程中将自己的知识外显出来，不管是显性知识还是隐性知识，与更多的用户共享，某一用户对此资源感兴趣，可以顺着 Tag 找到更多感兴趣的资源。这一过程有利于图书馆发现读者需求，同时实现知识增值和知识创新服务。

（二）通过各种活动和讲座进行知识管理

图书馆知识管理不仅局限于知识化产品的产出，还应该认识到知识管理的服务内涵。知识涉及生活的方方面面，用户要获取的信息也包括工作、生活以及其他方面的知识。举办文献展览、公益讲座、专题沙龙等活动，一方面吸引读者，另一方面提供更加广泛的知识。例如成都图书馆公益讲座已发展为由“金沙讲坛”、“政务论坛”、“院士论坛”、“中国国家地理大讲坛”、“现代女性讲坛”、“传统文化讲习”、“名家读名著”、“音乐欣赏”、“心理辅导”等数十个系列构成的综合性文化讲坛，为用户提供全方位的知识服务。重庆少年儿童图书馆长期开展公益讲座，全年举办讲座 40 多场，内容涉及计算机与网络知识、环境保护、卫生保健、心理健康、天文、历史、文学等，深受少儿及其家长们的欢迎。

（三）利用知识地图进行知识管理

百度百科中对知识管理的定义：知识地图是一种知识（既包括显性的、可编码的知识，也包括隐性知识）导航系统，并显示不同的知识存储之间重要的动态联系。它是知识管理系统的输出模块，输出的内容包括知识的来源，整合后的知识内容，知识流和知识的汇聚。

知识地图具有知识导航功能，也可以揭示隐性知识，并且还可以揭示知识之间的相互联系。图书馆传统的资源指示地图可以称之为显性知识地图，用户可根据图书馆提供的索书号以及其分布地点进行查找，以获得所需资源。其实在知识管理中，更加应该注重隐性知识的管理，因为隐性知识很难被发现和利用。储存在馆员和用户头脑中的很多知识都属于隐性知识，图书馆可以通过构建知识共建平台，通过不记名的方式让用户和馆员在平台上进行登记，包括姓名、年龄、兴趣爱好、教育背景、工作经历等等，允许他们对图书馆的资源进行个性化的标记，对资源进行定义和规范，形成自己的知识节点，再根据自己的知识水平和理解程度，对相关的知识进行关联，形成自己的知识关联地图，在此基础上，可以根据馆员和用户对某些知识地图的赞同程度对图书馆知识进行管理，在分享的基础上将隐性知识显化，共建共享。

（四）利用博客进行知识管理

博客（Blog）秉承了个人网站的自由精神，但是综合了激发创造的新模式，使其更具开放和建设性。[①] 博客有很多种类，小组博客、公共社区博客、知识库博客等。博客具有知识信息组织与管理、知识积累和过滤功能，图书馆可以利用其这项功能为用户推送知识信息。图书馆也可以利用博客的开放功能与用户进行互动，获取读者反馈，提高自身服务的针对性。此外，也可以通过博客进行读友会、阳光课堂的组织与通知。

博客是图书馆实现主动化个性化知识信息服务的主要方式，在国外发展的相对比较完善。[②] 美国大学图书馆博客的内容大致包括以下几个方面：外部专业网站推荐，为师生提供更多的可靠的信息来源，提高信息素养；图书馆内部数据库使用推荐；组织学术交流活动；新书推荐等。公共图书馆博客内容涉及以下方面：书目推荐；阅读活动；社区文化艺术活动；技术知识讲座；学术交流讨论会等。

成都图书馆开通了两个博客（如图 6－1 所示），分别为成都图书馆阳光读友会博客和成都图书馆阳光课堂博客。成都图书馆阳光读友会博客中，到 2011 年 11 月底，共有全部博文 529 篇，分 11 类，分别为：读友会简章及基本资料；活动安排、筹备、酝酿；友情团体活动；活动简报、近期状态；读友原创、感言、荐文；哲学文学诗歌小组原创；音乐绘画摄影小组作品；“义工组”简介、活动及其他；个人信息发布；一家之言和音乐视频。成都图书馆阳光读友会博客更新频率较高，成为图书馆与读者沟通的一个通道，图书馆的最新消息可通过此博客进行及时的通知，比如博文中一篇名为“成都图书馆馆刊《喜阅》征稿启事”；博客也是读者之间进行交流的场所，可以进行个人信息发布，可以把自己的文学、艺术作品放在博客内与大家分享；也是活动组织安排的场所，有义工活动，也有团体活动，比如固定每月第二个周六的理性见面会，周末一日游小组，还有临时活动等，都有集体的联系人可以进行联络。成都图书馆阳光读友会博客地址：http：//blog. si-

---

① 搜狐 IT. 新加坡国家图书馆为博客存档［EB/OL］.［2013－12－29］. http：//it. sohu. com/20080109/n254555878. shtml

② 田洁，张鹏，王永华. 美国图书馆博客信息研究服务［J］. 图书馆理论与实践，2009（8）：51－54

na. com. cn/ygdyh。

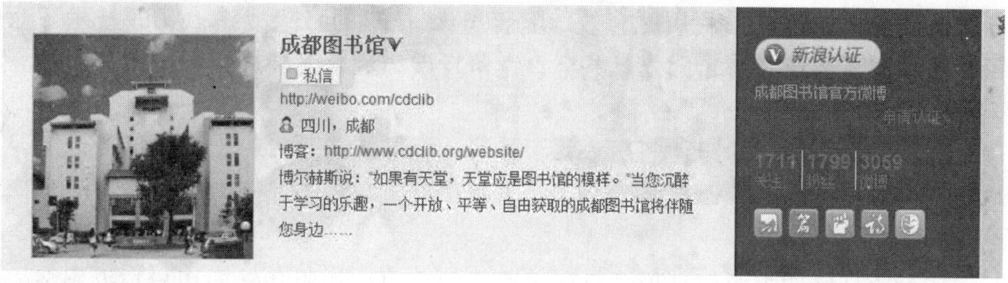

图6－1 成都图书馆微博

成都阳光课堂博客，全部博文仅35篇，绝大多数内容是每个月份的活动安排。“阳光课堂”是成都图书馆开办的一项纯公益性活动，是为广大家长与少儿搭建一个互相了解、促进少儿健康成长的平台。

（五）利用微博进行知识管理

此外，利用微博（MicroBlog）也可以进行图书馆知识信息推送和传播。这个可以实现实时互动，进行参考咨询。运用微博进行知识信息推送的有成都图书馆和重庆图书馆。

总体来说，微博是一个更加方便的交流媒介。可以进行知识信息共享，讲座信息通告。重庆图书馆微博还有关于其掌上重图的使用方法介绍等（图6－2）。

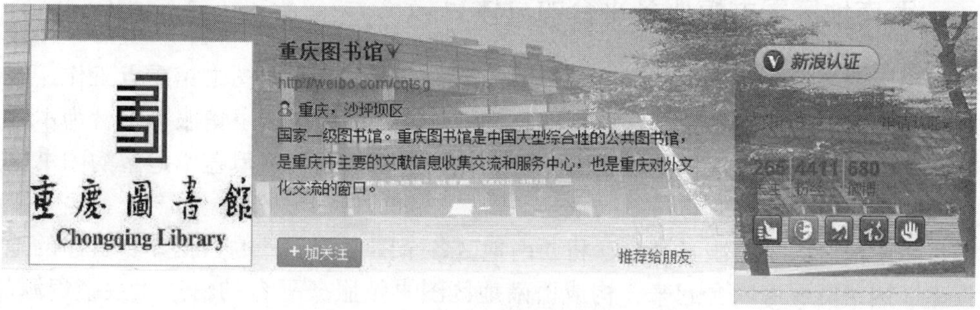

图6－2 重庆图书馆微博

（六）Wiki在知识管理中的应用

Wiki作为Web2.0环境下一种新兴的知识管理工具，可以很好发挥出群体的力量，聚集其相关的人员，在知识分享方面有着独特的优势。如果在西南地区图书馆运用Wiki技术改进目前的专家型虚拟咨询模式，在其中加入用户间互动和知识共享方式，则既可以提高西南地区图书馆虚拟参考咨询服务的质量，又可以缓解西南地区图书馆咨询馆员的压力和促进各类用户交流。Wiki在西南地区图书馆虚拟参考咨询服务中主要有以下几个作用：第一，倡导内容开放获取原则，提供高质量的站内信息检索。第二，降低服务人员的门槛，有效解决咨询人员不足的问题。第三，建立基于Wiki的西南地区图书馆学科参考咨询，补充学科实时虚拟咨询。

由此可见，Wiki技术可以弥补现有西南地区图书馆虚拟参考咨询服务模式缺乏知识共享功能的不足，采用Wiki技术开发的西南地区图书馆新型虚拟咨询的服务模式，可以使得西南地区图书馆咨询结果利用更有效。随着Wiki技术的日趋成熟，Wiki技术下西南地区图书馆虚拟参考咨询必将走向信息共享、竞争发展与联合发展之路。

第三节　西南地区图书馆服务平台的管理

目前，西南地区图书馆服务形式已经由原来的用户被动服务转向用户自助服务、手机移动服务等多种模式。这些服务模式都是指无需图书馆工作人员的参与，用户根据个人的兴趣特点、需求、爱好、研究重点和时间安排，灵活自主地完成书目查询、藏书借阅、文献复印以及网络各种数据库资源的使用、下载等活动，从而实现了西南地区图书馆人性化、数字化、智能化与传统图书馆的完美结合。① 而这些模式的实现都需要成熟完善的西南地区图书馆服务平台的支持。

西南地区图书馆服务平台要适应信息社会的发展，也要满足用户日益增长的对获取信息便捷性、高效性、精确性的要求，因此，西南地区图书馆服务要尽可能的寻求各种服务平台的支撑。根据这个发展趋势，笔者认为西南地区图书馆服务平台的管理要先从以下思路来实现。

一、西南地区图书馆服务平台的总体目标

西南地区图书馆服务平台的核心是帮助各类图书馆建立面向图书馆重点工作、服务于不同类型用户需求的服务平台。在此基础上，可通过西南地区图书馆服务平台为本地区不同层次、不同领域的用户提供个性化的专题文献服务，从而形成覆盖本地区的图书馆服务中心。

通过西南地区图书馆服务平台，将西南地区各个图书馆、外购数据库、自建的地方文献数据库、网络资源库联合起来，构成西南地区图书馆服务平台的信息化数字资源门户，为用户提供一站式的满意的快速个性化服务。

在西南地区图书馆服务平台中建立特定主题专题文献库、各机构数字图书馆、个人数字图书馆，并根据用户需求实现服务平台资源的便捷使用。具体可帮助西南地区图书馆服务平台实现以下目标：①采集、建设和保存地方特色文献，传播地方文化；②建设支持数据库资源管理、高效利用的技术平台；③成为满足不同层次用户文献需求的文献信息中心；④为本地区各层次用户开展个性化知识服务，提高信息服务层次；⑤增强辐射能力，扩大服务覆盖面，提高公共文化服务能力。

二、西南地区图书馆服务平台的管理模型

如图6－3所示西南地区图书馆服务平台的管理模型包括西南地区数字图书馆服务、

① 邵作运．基于无线通信技术的图书馆自助服务研究［EB/OL］．［2013－12－12］．http：//www. google. com

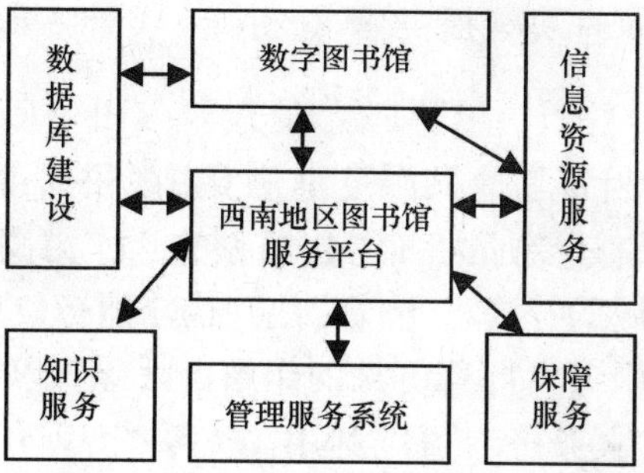

图6－3　西南地区图书馆服务平台的管理模型图

信息资源服务、数据库服务、知识服务、管理服务系统、平台保障服务等模块。

（一）知识服务模块

西南地区图书馆知识服务模块包括：西南地区图书馆的信息资源服务模块、数据库服务模块和信息资源统一标准服务。它是西南地区图书馆面向区域内不同类型的用户提供一站式的信息资源服务平台。

信息资源的配置：①包含自然科学类、人文社科类的期刊、博硕士论文、会议、报纸、年鉴、工具书等的学术文献数据库；②法律、经济信息、文艺、文化、科普等大众生活方面的社区文化服务的文献类型；③党建、政报公报、经济信息等非学术刊和经济与管理等方面的学术刊；④科技查新、城乡社区家庭、生活百科等。

数据库服务模块：西南地区图书馆特色服务主要是指区域内各个“特色数据库”的建设和其他的特色数据库服务建设需求，完善区域内各类图书馆地方特色主题库的建设需求（如峨眉山寺庙文化特色库建设、会馆文化特色库、各类民族特色库建设）。其中西南地区图书馆各类特色库服务资源来自CNKI数据库中相关的知识资料，各个图书馆馆藏的关于西南地区各类文化的书籍、视频等各类资源；西南地区图书馆各类特色库服务资源加工是指通过CNKI馆来制定西南地区各类图书馆服务专题文献，运用各个图书馆门户网站的软件等工具加工本区域资源；西南地区图书馆各类特色库服务资源发布是通过自建的数据库整合图书馆系统来实现本区域资源和CNKI现有资源的整合，并在各个图书馆资源网站上发布，包含自然科学类、人文社科类的期刊、博硕士论文、会议、报纸、年鉴、工具书、古籍等的地方特色数据库。

（二）数字图书馆服务模块

这里的数字图书馆服务模块主要包括：西南地区图书馆基础资源服务、虚拟资源服务、面向用户的个性化服务需求。例如：数字图书馆的“一站式”检索服务、免费使用获取的公益性服务模块。

（三）平台保障服务模块

西南地区图书馆的保障服务是指西南地区各级政府、各个部门的决策，保障该区域内所有用户获取信息资源的需求保障，根据社会热点需要和服务的上级主管部门制定的服务保障机制；服务内容是各行业最新经济动态、官方统计数据、各种法律法规、政府的政报公报等信息；服务价值是为管理决策提供信息支持。

（四）管理服务系统

西南地区图书馆服务平台为了最大限度地满足用户的信息需求，各个图书馆除了购买、引进商业化数据库之外，还要加大自建数据库的工作力度与管理规范。[①] 自建数据库作为各个图书馆馆藏信息资源的补充，不仅为用户需求服务、学科建设提供了充足的资源保障，也使图书馆信息资源服务发挥着更大的作用。因此，以“用户服务为中心”的西南地区图书馆数据库的管理与服务平台可以利用 TPI 系统、USP 技术、PKSS 镜像账号管理系统、图书馆 2.0、自助图书馆服务来提高西南地区图书馆服务平台能力和水平。其系统框架如图 6-4 所示。

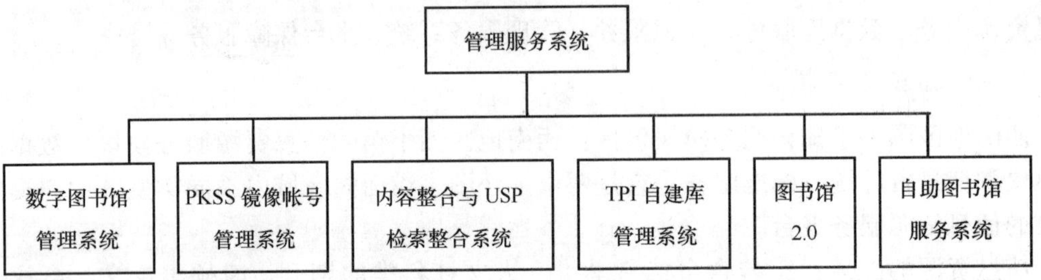

图 6-4 西南地区图书馆管理服务系统框架图

1. TPI 系统

利用 TPI 系统，为西南地区图书馆帮助图书馆数字化珍贵纸本馆藏，建立自建主题库，整合发布在本单位的机构馆中。TPI 系统是清华同方光盘股份有限公司为大中小型信息服务机构开发的一个以内容管理为核心的数字图书馆解决方案。该系统以 FTS 全文检索数据库为核心，集成了字典管理（FDT）、内容发布系统（CPS）、元数据标引（ME）、类工具（CF）、检查工具（CKT）、光盘出版工具（CDPT）等模块。[②] 采用流行的 B/S 浏览器的检索方式和先进的 3 层 C/S 架构，能够同时管理文字、图片、多媒体等信息，并提供全文检索服务，支持网页的动态发布，是一个面向内容管理的数字图书开发平台。

TPI 基于非结构化文档管理而开发的大型智能内容管理系统，为数字图书建设提供了一条捷径，特别是其高性能的全文数据库系统，先进的信息发布系统，支持标准的检索协议，完全兼容普遍使用的 CNMARC 标准，支持 Z39.50 协议，动态实时信息处理，可利用 COM 实现二次开发以及高性能的全文检索引擎，是解决目前数字图书馆资源建设的专业化软件。[③]

利用清华同方 TPI 系统，可以方便、快捷实现西南地区图书馆特色资源建库、数字化

① 董敏红．基于 TPI 平台的专题数据库建设探讨［J］．情报探索，2010（1）：93-95

② 杨小琴，袁润．基于 TPI 的教学参考信息系统研究［J］．现代情报，2007（9）：165-166

③ 张元晶，高彦静．依托 TPI 系统平台构建会议论文全文特色数据库［J］．现代情报，2008（6）：161-163

加工、数据处理、质量控制以及数据库网上发布功能。①

2. USP 技术

利用 USP 技术，西南地区图书馆建设了一个整合各类数据库资源的信息资源门户。USP 是一个智能化的网络数据库统一检索平台，它通过一个统一用户界面帮助用户在多个网络数据库搜索平台中实现信息检索操作，是对分布于网络中的多种检索工具的智能化整合。②

USP 由三部分组成，即：用户注册及引擎配置模块、统一检索模块、检索结果显示模块。用户注册及引擎配置模块负责实现用户个性化的检索设置要求，包括调用哪些搜索引擎、各个搜索引擎用户名称和用户密码的设置、检索结果显示风格等；统一检索模块负责将用户的检索请求解释成满足不同搜索引擎本地化要求的格式，在不同搜索引擎中进行检索；检索结果显示模块负责所有源搜索引擎检索结果的去重、合并、输出处理等工作。根据这些组成的模块，USP 可以源源不断地为用户提供各种信息资源。目前，已经拥有 CNKI 数据库、科技新刊报导数据库 STARS、CALIS 高校学位论文数据库、China InfoBank 数据库、EI、SCI、OCLC、ABI 等 60 多个专业数据库引擎随时为用户服务，不同搜索引擎检索结果在同一窗口内显示。对于被检索数据库数量比较大的情况，USP 提供了数据库分类检索功能，只要有基础的软件知识，用户就可以把数据库分成若干类别，方便用户在检索时对数据库的选取。

3. PKSS 镜像账号管理系统

通过 PKSS 系统的管理，实现西南地区图书馆用户在馆外使用资源的需求。即：①使该区域外的用户也能使用西南地区图书馆的资源；②实现多种认证服务方式，包库用户和按流量计用户都可使用 PKSS；③能够全面管理一级机构馆、子机构馆和个人馆，提供建立、审批、删除单位内外部的子机构馆和个人馆；④实现按账号设定总馆、分馆、总分馆的资源使用权限及资源流量大小；⑤镜像站点可对漫游及开发的各类图书馆的账号进行有效管理，满足西南地区图书馆镜像站点外用户的使用需求，实现西南地区图书馆镜像站点的经济效益。③

4. 图书馆 2.0

图书馆 2.0 是基于 WEB2.0 技术的一个信息交流平台。图书馆 2.0 以用户为中心，邀请用户参与建设，使得用户所需要的实体和虚拟服务在图书馆 2.0 中得以实现，用户也是最好的合作者，用户可以改进图书馆服务，来更好地满足自身的需求，可以通过个性化图书馆主页的虚拟方式实现，也可以由用户组织读友会等其他实体服务。

RSS 是 Web2.0 技术的杰出代表，具有简洁、直接、多源、实时、高效、开放和低成

---

① 于晓燕，杨宁莉. TPI 系统在高校 calis 专题特色数据库建设中的应用 [J]. 图书馆工作与研究，2008 (5)：147－149

② TBS·USP 资源整合检索系统 [EB/OL]. [2013－12－12]. http：//www.soft6.com/business/view/1415672.shtml

③ 开放式账号管理系统（PKSS）[EB/OL]. [2013－12－10]. http：//www.soft6.com/business/view/1415672.shtml

本等显著特征，其聚合与推送功能已被应用于图书馆信息服务的多方面，成为图书馆2.0应用的重要标识之一。Web2.0技术在图书馆2.0中的应用，主要是RSS服务向用户推送信息。RSS可以是丰富站点摘要（Rich Site Summary），也可以是真正简易聚合（Really Simple Syndication），RSS的工作原理就是运用XML的通用性，在互联网上进行内容包装和投递的协议，将一系列的数据流从服务器端发送到客户端，再由客户端解析并显示给用户。

图书馆可以利用RSS，根据用户的历史行为，将图书馆最新信息及时发送给用户，提高信息利用率和时效性，这要求用户客户端安装RSS聚合的工具软件。这样用户就可在不打开图书馆页面浏览信息的情况下获得图书馆最新资讯。图书馆提供的RSS服务包括：最新通告、公益讲座信息、借阅文献到期通知、新书推荐等。

三、西南地区图书馆服务平台的管理功能

（一）推动西南地区图书馆地方特色数据库的建设

地方特色数据库的建设涉及当地的经济发展方向，可以为当地的经济服务，也可以在西南地区图书馆的评估中增彩、加分。并且地方特色数据库可以体现图书馆服务的效果。

（二）为西南地区经济发展提供有力知识保障

全面解读区域经济，特别透过“文化数据库建设”来推动区域旅游经济的发展特征、发展规律、发展模式，为本区域政府科学调整经济结构，合理确定本地发展旅游经济的模式提供参考；提供更为深入的知识服务，提高公共服务内涵和品位，为地方经济实现跨越发展提供有力的知识保障。

（三）协助西南地区图书馆争取政府支持、资金的投入

通过为西南地区图书馆上级对口部门（财政局、文委、政府领导等）建立个人馆，为这些领导提供个性化的服务，可以为西南地区图书馆争取上级部门支持，争取政府部门加大投入提供了一个切入点。

（四）针对不同用户需求有效开展个性化数字资源服务

通过主题资源库的订制、建立，为不同需求、不同层次读者提供个性化、专业化、有针对性的权威信息服务，并有效帮助西南地区图书馆根据用户需求不同，进行分类、管理。

（五）为领导决策、科技人员提供权威专业资源服务

打造学习型政府，提高政府部门相关工作人员专业技术水平和服务能力，为西南地区各级政府和机构领导提供决策性依据信息。

四、西南地区图书馆服务平台的管理价值

服务平台的管理使得信息资源远距离的传输不再受到限制，信息资源共享也不再受到空间的约束，信息技术也解决了馆藏有限的难题，同一信息资源可以在同一时间被多人使

用。西南地区图书馆服务平台实现了业务整合、资源整合、服务优化。服务平台上的数字图书馆，提供了丰富的信息资源，包括文献信息资源、音频、视频信息等，用户可以不用到图书馆就能获得某些信息，通过服务平台进行学习、交流、互动。通过服务平台，用户可以进行文献检索、文献预约和续借，还可以及时获得对图书馆的实时信息、最新活动、新书上架等信息。

此外，服务平台有助于大图书馆的发展，促进了图书馆联合的服务，图书馆总分馆的建设也进一步发展。以市图书馆为总馆，各镇区图书馆为分馆，社区、村图书室为补充的总分馆体制，实现资源整合进行联合服务，在数字化的总馆上可以获得各成员馆馆藏信息，一馆办证多馆适用，一馆借书多馆可还，还可以共享全国文化信息资源共享工程的所有资源，网络平台使得虚拟馆和实体馆有效结合。数字图书馆也可以借助服务平台实现一站式服务，目标就是把分散在网络上的资源服务集中起来，提高用户的检索利用率，补充实体图书馆馆藏。

第四节 西南地区图书馆服务的营销管理

信息时代的到来，迅速崛起的多种类型的社会服务机构对图书馆服务构成严重的挑战，图书馆服务所采用的传统被动的服务模式已缺乏必要的适用性和生命力，不能适应高速增长的社会服务需求。图书馆为了顺应信息社会的发展，提高竞争力，将营销管理理论中的营销战略规划、营销管理理念、营销管理策略、品牌文化建设等内容引入到图书馆服务管理工作中来，以提高服务管理质量，满足读者的需求，以下阐述营销管理的理念及西南地区图书馆服务营销管理平台与发展。

一、图书馆服务营销管理概述

营销管理正在从市场营销向社会营销发展，不再局限于企业的活动，正在向非营利性事业组织活动领域拓展。1997 年国际图联正式成立了管理与营销委员会，该委员会在 2002—2003 年战略规划中提到，“通过促进营销原则和实践，提高图书馆员重要作用的社会认知度”，并付诸实践。近年来，部分西方国家的非营利性事业组织，如学校、医院、教会、政党等机构成功运用了营销管理的方法与手段，收到了很好的效果。[①] 而图书馆恰恰是非营利性服务机构，这正是营销管理面向社会经济发展的关键所在。因此，营销管理的社会化拓展给图书馆服务带来了新的发展机遇。也就是说图书馆服务营销管理的产生就是在这样的环境里以“用户和读者”为出发点来运用营销管理的方法手段进行图书馆服务管理，推广图书馆服务，强化图书馆与“用户和读者”的合作，促进图书馆文献和服务的利用，提高图书馆的社会地位和影响，从而求得图书馆最大的社会效益。

对于营销的概念、策略和机制在图书馆应用的探讨，[②] 盘美英在综合分析整合营销思想的基础上提出了数字图书馆服务信息营销机制的模型并从营销工具、营销流程和组织内

---

① 付立宏，袁琳．图书馆管理学［M］．武汉：武汉大学出版社，2010（7）：395－396

② 盘美英．数字图书馆信息营销机制研究［D］．湘潭大学硕士学位论文，2008

部结构三个方面对营销实施进行了探讨，研究地较为深入。蔡红描述了当前虚拟参考咨询服务利用率低的主要原因之一是宣传推广不够，并从引入企业形象识别系统的角度，探讨了虚拟咨询的宣传推广策略和途径。[①] 袁红军在“国内数字参考咨询个性化服务研究”中通过国内数字参考咨询个性化服务实践比较分析，指出了数字参考咨询个性化服务过程中需要注意的三大问题，即资源整合、知识产权保护机制和营销与宣传。[②] 其中特别提到了营销宣传问题，说明虚拟参考咨询作为一种新的服务模式，已经显示其服务特性并为消费者接受。

二、西南地区图书馆服务营销管理平台

目前，西南地区图书馆服务营销管理面临的困境是整个行业开展管理的系列化营销程度不够，即普遍采用分馆单独营销的粗放型模式，未能形成统一营销管理模式，不仅成本高，营销效果也不明显。随着信息技术的发展，本课题认为有必要在西南地区图书馆服务全面采用高新技术，加大营销管理的科技含量，筹划网络营销，实现由粗放型向集约化的转变。建立西南地区图书馆服务现有网状知识结构传播营销模式，其目的是促进西南地区图书馆信息资源传播与信息服务利用的有效整合，最大限度发挥信息资源传播的效应。就本质上看，信息资源管理就是信息资源在馆员和用户手中的交互的过程，因此可以从某种程度上说，信息资源管理工作就是信息资源管理的传播工作。因此，西南地区图书馆服务应根据自己的服务对象、服务内容和馆内外服务环境，综合运用各种营销方法和手段，不断变换服务营销组合策略，选择适于自己特点的服务营销管理，来构建西南地区图书馆服务营销管理平台，如图 6－5 所示。

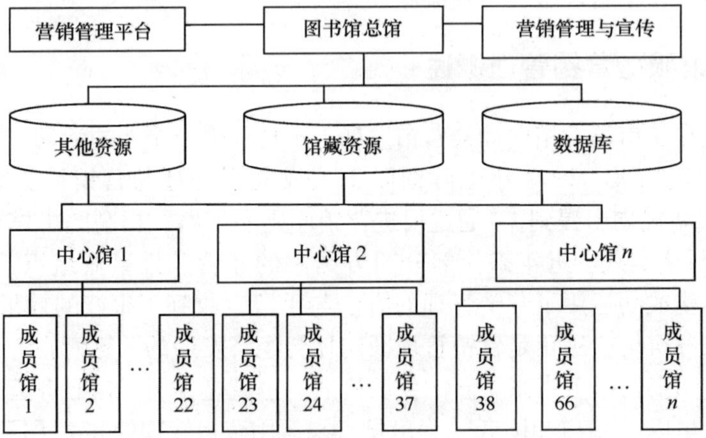

图 6－5　西南地区图书馆服务营销管理平台

西南地区图书馆服务营销管理平台促使总馆、中心馆、成员馆三级服务格局的形成，可以向用户传播客观、全面、系统的图书馆服务内容。在图 6－5 营销管理平台下开展图

① 蔡红．虚拟参考咨询及其宣传推广模式探讨［J］．情报探索，2009（8）：30－32

② 袁红军．国内数字参考咨询个性化服务研究［J］．情报理论与实践，2009（8）：86－89

书馆信息服务，应坚持以“馆间联合、中心馆带分馆、营销宣传”为主要手段，总馆与加盟中心馆，加盟中心馆与成员馆层层签订营销合同或营销管理责任书，做到统一技术方案、统一技术培训、统一责任落实、统一分配管理、统一服务费用、统一品牌、统一成本核算、统一承诺公示、统一开展服务、统一考核评估等。

三、西南地区图书馆服务营销管理的发展

在图 6 – 5 所示的西南地区图书馆建立营销管理平台的基础上，营销管理部门就可建立与营销管理平台中的各个要素之间的协作，真正实现西南地区图书馆服务营销管理模式，具体实现过程如下：

1. 建设

以自愿加入，平等、互惠、互利为基础，采取分步实施，逐步规范的原则，建立适应产业结构调整和产业布局的营销管理体系，并逐步实现西南地区图书馆服务营销管理规范化建设目标：依托总馆、加盟中心馆、成员馆的各级其他图书馆；结合“文化信息资源共享工程”、“联合西南地区图书馆”和“CALIS”的实施和推进，建立“西南地区图书馆营销管理新平台，来进行数字资源的加工和整合；借助已经覆盖全国各地区的网络化管理体系，为用户提供丰富、快捷的西南地区图书馆虚拟资源营销管理；建立西南地区图书馆营销管理体制，通过营销管理理念，来实现该地区图书馆资源的统一调配，共同利用，组织该地区图书馆走联合发展道路。

2. 运转

营销管理平台中总馆负责推动和业务指导工作，采取“联合各个中心馆、成员馆一起实行营销管理快车道，利用热线电话预约、公益性讲座和培训”等途径来宣传图书馆、推销图书馆，并通过西南地区图书馆营销管理平台，形成相互协调的工作机制，开展资源调配，广泛的咨询和交流活动，利用丰富的网络信息资源，满足用户的要求，提高用户满意度。

3. 管理

由于图书馆是公益性事业，因此，营销管理平台建设应以西南各地方政府拨款为主，坚持免费服务为原则，各个总馆承担业务管理和协调统筹职责，贯穿“整合信息资源，提供营销管理”的理念，建立一定的使用机制和利益机制，促进西南地区图书馆信息资源的快速交流与合作。管理体系内部，要通过制度建设，不断规范各项行为。要加强政治建设，努力提高各个中心馆、成员馆人员的管理素质，强化管理意识，做好优质管理。各类图书馆营销管理监管部门要加大联合监管力度，坚决打击不规范行为，维护营销管理秩序，为各个中心馆、成员馆的营销管理创造和谐的工作环境，确保西南地区图书馆营销管理模式的健康发展。

第五节　西南地区图书馆服务成本管理

图书馆服务的宏观管理是指图书馆服务理念和服务模式的管理。具体是在图书馆服务

业务领域中所采用的服务模式，能体现图书馆服务与发展的价值，推动图书馆服务体系的完善。面对日新月异的社会发展，西南地区图书馆如何面对严峻的挑战，将自身优势转化为巨大的市场能量和读者效应，使西南地区图书馆具有更为广阔的生存发展空间？因此，强化西南地区图书馆信息知识的共建共享与传播服务的管理模式势在必行。这也是摆在西南地区图书馆服务人员面前亟待解决的问题。要解决好这个问题，笔者认为只有全面发挥西南地区图书馆服务的宏观价值，才能实现图书馆服务可持续性的发展。显然，数字时代的西南地区图书馆服务的宏观管理内容应包括服务成本管理、服务安全管理、服务品牌管理、服务人性化管理、服务的延伸与可持续发展等内容。本节主要阐述西南地区图书馆服务的宏观管理内容与发展。

一、图书馆服务成本管理的一般认知

图书馆服务成本管理要考虑的主要方面是图书馆服务的成本，图书馆服务是信息服务的重要组成方面，这个巨大的系统工程具有高投入、高风险的特性，有高额的基础设施建设成本，还需要花费人力、物力、财力进行系统建设管理以及维护。图书馆服务建设资金主要来源是政府的专项经费，这些经费主要以课题或工程项目的方式争取到的，这样的方式有好处也有不足，好处在于不会占用行政经费，不足在于经费的一次性特点。而图书馆服务需要长时间的周期投入。因此，图书馆服务要解决其自身经费短缺的问题来保证可持续发展。

图书馆服务成本管理中，要根据图书馆服务现有条件，对需要投入的各项工作进行科学分析，根据其重要程度的不同，掌握好关键成本支出，保证图书馆服务经济的有效良性发展。图书馆服务建设和运作过程中产生的成本投入也要进行重要性区别对待，找出影响其建设和运行中关键性成本投入，运用各种方法进行分析，确定每一项成本是否需要投入以及投入多少。图书馆服务成本管理是图书馆服务可持续发展的重要方面，需要引起足够的重视。

二、西南地区图书馆服务成本管理的策略

（一）图书馆服务要注重读者时间的成本管理

图书馆服务就是要为读者提供方便快捷的信息服务。那么西南地区图书馆在服务的时间上要做好如下工作。[①] 第一，服务馆员要做好知识服务，减少读者利用图书馆服务的时间，做到这一点就需要各类馆员提供借阅、宣传、导读、检索和咨询一体化的服务模式，使读者在耗费最少的情况下获得满足的服务，第二，加强西南地区图书馆馆际合作服务，实现资源共享，西南地区图书馆服务越来越注重特色资源建设。这一点对研究西南地区少数民族资源服务方面更加有利，西南地区各个民族图书馆服务应该更加注重馆际资源共享。第三，西南地区图书馆服务的硬件设施要满足海量信息存储需求，加强西南地区各类图书馆数据库建设。最后要延长开馆时间，满足用户实时的信息需求。

---

① 黄华．加强读者时间成本管理理论［J］．晋图学刊，2010（4）：33－35

（二）要加强西南地区图书馆服务的各项支出成本管理

在我国大多数图书馆服务建设中存在着经费不足的问题，那么在有限的经费上怎么才能给读者提供更加优质的服务是西南地区图书馆服务部门值得仔细斟酌的一个问题。

图书馆服务成本构成有：人员支出、公共支出、固定资产成本支出、科研培训支出等。这只是对西南地区图书馆服务的成本进行大概的陈述，具体要根据每个图书馆的实际情况分析各自服务运行的各项成本。在对成本有明确的认识以后，就需要馆员共同进行管理，加强其成本意识，更新其对成本的观念。传统的节约、节省成本已经不再适合信息时代的图书馆服务成本管理，现在应该认识到要用有限的成本服务最多的事情，获得最大的服务效益，提高西南地区图书馆服务成本管理技术。①

第六节　西南地区图书馆服务品牌管理

品牌是一个企业、机构、服务或产品在市场上价值的重要体现，品牌形象对人们在选择某种产品或服务时具有重要的影响力。因此，形成有鲜明个性的服务品牌对提升社会认知度，扩大社会影响力，拓展读者层面，具有重要的意义。

服务是图书馆的社会职能。目前，西南地区图书馆服务的宣传推广普遍存在着服务形象宣传不够的问题，没有形成系统的宣传策略，影响图书馆在宣传服务中的成效。如何打造具有鲜明特色的图书馆服务品牌，将是西南地区图书馆服务宣传推广工作的重点内容之一。

一、西南地区图书馆服务品牌管理的意识

知识经济时代，各行各业都越来越注重品牌的管理。图书馆界对品牌管理也应该提升到一个新的高度。图书馆服务品牌就是一个图书馆通过自己的某种区别于其他图书馆服务的特点，是一定的规模和馆藏，或是一流的人力资源，或某一信息产品，或某一特色服务、某一特色资源等，在同一行业中形成差别优势，这种优势就是该图书馆服务的品牌。图书馆服务进行品牌管理时要注重四个重点要素：一是建立卓越的信誉；二是争取广泛的支持；三是建立亲密的关系；四是增加亲身体验的机会，让基层读者享受到普惠公平的西南地区各类图书馆的服务，这有利于西南地区图书馆服务品牌的建立。②

二、西南地区图书馆服务品牌发展的作用

（一）加强西南地区图书馆服务品牌的宣传力影响力

西南地区图书馆服务品牌，可以是有形的信息产品，也可以是无形的服务形象，实施西南图书馆服务品牌管理可以带来其社会效益和经济效益，可以依靠各自图书馆服务品牌获得社会上的资金、技术支持，获得更好的发展，提供更多的优质信息产品，吸引群众关

---

① 梁冠蓝．浅论公共图书馆服务品牌建设［J］．科技情报开发与经济，2010（12）：59－60

② 邓旭华．高校图书馆成本管理探究［J］．大众科技，2007（12）：158－159

注，提升图书馆自身服务的知名度和利用率，从而得到社会各阶层的认可，不失为一个证明自身社会效益的有效途径。而在当下行政体制架构下，通过服务品牌获得群众口碑，引起主管部门的重视和关注，更有利于争取资源和支持来推动自身的发展。

（二）加强西南地区图书馆之间服务品牌资源的优化与配置

在适应现有国家体制和西南地区条件的前提下，西南地区图书馆服务凭借自身优质资源来打造服务品牌，突出自身的服务特点，有利于避免重复建设和盲目竞争，使西南地区图书馆之间资源服务可以达到共享共建，服务可以相互补充完善，从而达到资源优化配置的良性发展。

（三）加强西南地区图书馆服务品牌的推广和接纳

目前，由于历史的原因，公众对图书馆服务的职能和服务了解还是相当的模糊，甚至存在着误解，导致图书馆资源服务的效率不尽如人意。根据有关资料显示，到目前为止，我国有接近一半的公众还不了解图书馆服务的情况。因此，西南地区图书馆宣传工作的当务之急是大力向公众展现新形象、宣传新服务、传播新观念。然而对公众来说，接受新信息、扭转传统观念并不是一件容易的事情，需要一个长期的接纳和吸收过程。因此，在现代商业社会中，拥有成熟品牌的企业在推出新产品的时候，一般会沿用其核心的服务品牌理念或商标，其目的就是凭借累积的社会公众认同感，对其新产品产生“移情”作用，增加公众对其新产品的接纳。这种营销手段，也完全可以应用在西南地区各类图书馆的服务品牌推广中。而利用西南地区图书馆传统服务积累下来的影响力，延伸到新服务上，能加快公众对新信息、新服务的接纳。

（四）加强树立西南地区图书馆之间服务品牌的社会形象

作为信息机构，与其他情报单位、网络搜索引擎、图书销售单位等相比，图书馆服务最大的区别在于其“公平性”和“公益性”。那么，西南地区图书馆服务品牌的社会形象应该是“亲民又高尚”的，亲民是指其服务贴近群众；高尚是其服务的无偿性和公益性，这也是西南地区图书馆服务品牌所应该重点宣传的内容。因此，重视西南地区图书馆服务品牌，有利于树立良好的西南地区图书馆服务品牌的社会形象。

三、西南地区图书馆服务品牌的塑造

图书馆是社会信息、地区信息的重要交汇枢纽，是收集、整理、传递和开发文献信息的中心。图书馆服务是向读者提供日益丰富的信息资源。在常规性服务基础之上进行筛选提炼，打造具有图书馆服务特性的，能为广大用户所接受、受欢迎的服务品牌，是图书馆服务宣传推广的重要任务。

（一）西南地区图书馆服务品牌的个性化理念

服务品牌是西南地区图书馆服务优秀资源、优秀服务的形象化概括，是在同行中具有一定创新性和领先性的行业优势。因此，打造服务品牌的首要任务，就是要根据西南地区图书馆自身服务的业务情况和未来发展趋势，提炼出自身具有鲜明特性的服务理念。例如，贵州省“移动图书馆服务”、“数字图书馆服务”的民族馆特色、重庆市图书馆服务和广安邓小平图书馆服务的“自助图书馆服务”等在树立服务品牌时注重突出核心服务理念的做法，取得了良好的效果。这些特色都是各图书馆服务经过深思熟虑所提炼出来的个性化服务理念，容易给用户留下印象。在对外宣传当中，各种信息都尽量统一在其核心服务价值之下，加强各自图书馆服务形象的整体性和统一性，对打造强化服务品牌形象具有明显的积极作用。

（二）西南地区图书馆服务品牌化建设基础

西南地区少数民族图书馆的服务品牌是各个民族通过自己的某种独特性，以地域政治、经济、文化、教育及馆藏特点、服务模式等优势为依托构成的，并形成一定民族风格的民族图书馆馆藏文献资料服务品牌。① 其服务品牌的重点在于各自馆藏的突出特色，就是说各个图书馆服务的定位问题，找准自己的特色资源，要从民间搜集资料，进行考证，系统整理，建立特色数据库，丰富特色馆藏。并借助学者的研究对西南地区民族图书馆服务品牌加以宣传，树立坚实的品牌特色。② 如广西民族学院图书馆的“壮学文献研究和协调中心”服务品牌。

（三）信息技术是西南地区图书馆服务品牌创新的工具

对于图书馆服务而言，创新也是其不断发展的重要推动力之一。西南地区图书馆服务要加快观念更新，深化信息建设，充分利用网络技术，加强对读者群的信息推送服务能力，为群众提供更快、更新、更精、更全的服务，打造出具有吸引力的服务品牌。例如，目前由广西壮族自治州图书馆牵头，由省内外多家图书馆加盟参加的“联合参考咨询与文献传递网”，就是通过统一平台，采取异构跨库检索、实时咨询等技术为一体的服务手段，提供强大的网上参考咨询服务。该平台就是通过进入先进的信息网络技术，提供创新服务模式，成为广西壮族自治州图书馆的一个重要服务品牌。

（四）西南地区图书馆服务品牌管理要注重特色数据库建设

民族地方文献是民族地区社会经济发展、历史文化积淀、区域生活风俗的缩影，在一定程度上反映了一个地区文化层次和文明程度。贵州省“六山六水”是贵州地区的少数民族居住地。“六山”指雷公山、月亮山、麻山（大、小麻山）、武陵山、乌蒙山、云雾山；“六水”是指柳江、清水江、乌江、舞阳河、北盘江、南盘江，它们皆在贵州省境内，约占贵州省总面积的80%以上。所以建立“六山六水”的数据库就显得比较重要了，既满足了现在经济发展和民资研究的需要，对未来的继续研究也是非常珍贵的资料，并且数据库符合现代信息技术发展对读者获取信息的方式的影响。③

数据库是对各种文献信息资源的开发利用，包括一二三次文献开发和利用的最好终极形式。在网络技术不断发展的今天，自建特色数据库更是受到各地区图书馆服务、各高校图书馆服务的极大重视，四川省图书馆服务建立了《四川省高校图书馆服务馆藏西南少数

---

① 金海淑．简述民族区域图书馆品牌［J］．延边党校学报，2010（6）：122－123

② 陈克闽．图书馆品牌模式构建研究［J］．科技情报开发与经济，2009（16）：80－82

③ 王楠．浅谈地方省情特色数据库建设及思考——以《贵州民族研究——六山六水》片名数据库为例［J］．内蒙古科技与经济，2008（18）：198－199

民族文献数据库》；四川大学图书馆服务开发《巴蜀文化数据库》；西南民族学院图书馆服务编制完成《羌族文献信息数据库》，正在建立《西部大开发少数民族信息资源数据库》；贵州民族学院构建的特色数据库是《民族文献资料库》。

（五）西南地区图书馆资源服务的文化品牌

每个地区都有其独特的历史文化底蕴和与其经济政治发展相适应的民俗风情。作为西南地区图书馆，通过结合自身资源优势，深挖、整合、提升特色地方文献资源，打造特色馆藏体系，推出具有地方文化特色的馆藏精品服务，不失为打造服务品牌的一种有效途径。以大理州图书馆服务为例，大理自古是“东巴文化”荟萃的地方，大理州图书馆通过挖掘地方和民族特色文化，并进行深度开发、利用现代信息技术，将地方和民族特色文化加以数字化保存利用，自建了《东巴文化》、《南昭专题网站》、《大理古城》、《蝴蝶泉》等多个专题网站；同时，专辟有地方文献典藏室，利用巡回馆藏精品展览、网上专题栏目、专家公益讲座等多种形式，向社会各阶层介绍推广大理特色文化，成为该馆一大特色的服务品牌。①

四、西南地区图书馆服务品牌推广的策略

（一）西南地区图书馆服务品牌的宣传策略

当前，西南地区图书馆对馆藏建设、读者服务工作、读者活动组织策划等相关方面的工作，投放在宣传上的资源和重视相对较少，有的图书馆很少制订一套较详细完善的宣传策略或计划用以指导中长期的宣传推广工作。大部分西南地区图书馆的宣传服务仍然停留在“游击战”的阶段，往往是“蜻蜓点水”和“走马观花”，具有临时性、短期性、时效性短的特征。② 由于西南地区图书馆是由财政全额拨款运作，每笔专项经费的使用情况都必须向各级政府和主管部门提交绩效报告，而宣传推广费用并没有列入常规性的支出项目中。缺乏经费，是西南地区图书馆服务品牌服务推广难以开展的一个重要原因。因此，应该根据各馆自身的实际情况，对现有读者群做好信息需求分析，制订系统性、连贯性的中长期宣传推广策略，并整合有限的资源，将重要的宣传资源投放在扩大服务品牌的推广上。让所有的宣传推广工作都围绕着服务品牌来开展，贯彻宣传活动的连贯性，强化公众的心理认同感。服务品牌一旦吸引住读者的眼球，读者就会从被动接受信息向主动寻找信息转变，使宣传工作事半功倍。

（二）西南地区图书馆服务品牌推广的专业队伍建设

人才的缺乏也使西南地区图书馆在打造服务品牌过程中力不从心。③ 因此，应尽快成立负责推广宣传的专职工作小组，专职负责每次宣传活动的总体策划和实施，保障服务品牌对外宣传的连贯性和一致性。同时，可引入企业形象识别系统（CIS 系统：Corporate Identity System），通过统一的视觉识别，在建造风格、员工服装、馆徽标志、各类宣传资

---

① 刘学平．图书馆品牌服务延伸探析［J］．现代情报，2009（3）：29－34

② 李瑞波．浅析图书馆品牌建设［J］．中国科技信息，2009（12）：205－206

③ 牛根义．数字时代图书馆品牌的开发与管理［J］．内蒙古科技与经济，2008（11）：213－217

料、书证设计、光盘封面、网站风格等方面统一设计风格，强化对外宣传的形象识别，使公众心中具有一个固定的印象，使公众一看到这个标志就知道是与西南地区图书馆自身服务有关的信息。该项工作对充实服务品牌内容，提升西南地区图书馆服务整体形象具有重要意义。

（三）西南地区图书馆个性化定制服务品牌

针对读者的背景、学历、工作、兴趣、职业规划等各种因素，结合西南地区图书馆的优势资源，提供各类个性化定制式的服务品牌，来打造西南地区图书馆服务的形象和品牌。例如，遵义市图书馆针对广大家长启蒙教育的需求，专门开设了“幼儿活动区、儿童阅览室”，放置了大量的幼教书刊和益智玩具、儿童电子阅览室，方便家长开展亲子活动；针对广大在校学生社会实践的需求，暑假期间开展“暑期义工活动”，让广大学生义工投入到读者服务工作中，到2011年为止已成功举办12届，深受周边广大公众的欢迎。以上都是比较成功的个性化定制品牌服务，针对不同读者群开发了具有高度针对性的服务，使遵义市图书馆服务从标准化服务向个性化服务发展提升。①

通过服务品牌的塑造、宣传、推广，向社会各阶层积极宣扬西南地区图书馆的特色资源和服务，提高西南地区图书馆资源的利用率和认知度，对促进西南地区图书馆服务的发展、扩大读者群和彰显西南地区图书馆服务的社会效益，具有重要意义。

第七节　西南地区图书馆人力资源管理

当前所处的时代是一个更加强调“以人为本”的时代。图书馆在服务过程中，强调以用户为中心、突出用户在图书馆的中心地位，但决不能忽视了馆员的地位和作用。馆员的素质直接关系着图书馆服务工作的质量，馆员是图书馆服务目标最终能否实现的决定性因素。在用户眼里，馆员就是图书馆的化身，馆员的专业素质、文化素质、信息素质对图书馆服务起着重要的作用。因此，图书馆对馆员必须规范管理，采取培训、激励等措施，提高馆员的综合素质，引导他们爱岗敬业，无私奉献，在服务实践中时刻心系用户，想用户所想，急用户所急。

随着科技的发展和用户需求的多元化，图书馆服务内容和服务方式发生了深刻的变化，这对图书馆人和图书馆用户的素质提出了更高的要求。因此，加强图书馆的工作者和图书馆使用者的管理，提高图书馆人和图书馆用户的素质，成为图书馆适应社会需求、构建核心竞争力的必要措施。传统的以固定的组织结构和规章制度为基础的刚性管理模式极大地束缚和限制了图书馆资源的利用率、图书馆人的积极性和创造性、图书馆用户的满意度，实行“以人为中心”的管理模式，不但可以充分调动图书馆人的积极性、主动性和创造性，利于图书馆人隐性知识的转化与发挥，而且可提高图书馆的服务效率，改善图书馆与用户之间的关系，拓展图书馆服务的空间，更好地满足用户需求，提高用户满意度。基于此，笔者结合西南地区图书馆人力资源管理现状，研究其人力资源管理中实行用户管理与馆员管理的现实意义。

---

① 夏曦明. 图书馆品牌服务之我见［J］. 黑龙江省社会主义学院学报，2008（2）：61－62

一、西南地区图书馆服务的用户管理

用户是图书馆生存和发展的重要资源，图书馆的服务只有不断地满足用户的需求，才能在激烈的信息服务竞争中赢得用户资源，获得持续发展。

倡导以用户为中心的发展战略，其根本目的是强化图书馆的服务能力随着信息化的发展，物质技术作为影响图书馆发展的因素其主导地位将逐步下降，而大众服务将成为图书馆核心价值体系构建的基点。图书馆应该在依托信息化技术优势中融合发展创造价值，最终从价值层面提升图书馆的核心竞争力。早在2003年国际图联（IFIA）已将“提高图书馆服务质量，确保用户有效获取信息”确定为图书馆的核心价值。为用户服务是图书馆的基本宗旨，在这个竞争激烈的年代，图书馆界倡导以用户为中心的发展战略，其根本目的在于强化图书馆的服务能力，真正做到从用户及其需求出发，遵循用户新的需求，适应用户的行为变化，将图书馆的服务不断融入用户的学习、生活和实践中，成为用户生活里不可或缺的一部分。①

图书馆以用户为中心管理服务窗口的设计、图书馆文献资源的布局、图书馆服务工作流程设计管理的实施，都直接关系到用户利用图书馆的方便程度，可以提高图书馆服务创新的能力和效率，因此，现代图书馆大都根据用户的需求进行馆藏文献及服务窗口的科学设计和合理布局，力求实现馆藏文献和用户的合理流动，尽力减少中间环节，节省用户时间，提供便捷服务，也就是说图书馆服务的用户管理正日益成为图书馆服务创新战略成功实施的关键。笔者从用户管理视角来构建西南地区图书馆服务创新过程模型，以促进用户资源的利用，提升图书馆服务创新绩效。

（一）图书馆用户管理相关概念的界定

1. 用户管理的认知

用户管理是图书馆管理的核心任务。图书馆管理是“以人为本”的管理，因在图书馆管理中，不管是对实体的文献资源、虚拟的数字化资源，还是对资源客体也就是设备的管理，都必须有人即馆员的参与。采编工作优劣依赖于采编人员的素质高低，直接影响着信息资源建设的质量。所以说用户管理是图书馆管理的核心。

用户管理的认知已成为推动图书馆服务健康发展和目标实现的重要力量。比如，图书馆改变“以我为主”的服务观念，树立“以用户为中心”的服务理念，使图书馆服务变被动为主动；改变“静态僵化”的服务观念，树立“搞活创新”的服务理念，将图书馆服务由原来的单一服务模式拓展为全方位的服务模式；改变“重藏轻用”的服务观念，树立“服务第一”的服务理念，在服务内涵上不断延伸，根据用户需求的发展变化，不断开发新的信息产品，不断增加新的服务内容；改变“坐等上门”的被动服务观念，树立“服务到家”的主动服务理念，尽力满足用户不断变化的文化信息需求。②

---

① 司新霞．“用户中心论”在公共图书馆用户发展策略上的运用［J］．现代商贸工业，2012（3）：107－108

② 马恒通．图书馆知识管理的核心——读者（用户）管理［J］．图书馆理论与实践，2003（1）：12－13

2. 用户管理的身份

伴随着用户民主意识的逐渐觉醒，用户已经不再满意自己的“被管理者”或“顾客”身份，用户渴望参与到管理服务的过程中去。因此，西南地区图书馆用户期待的不只是伸手可及的文化知识交易，而是在服务过程中占据一定的主动性。

3. 用户管理的特色

不同的用户对象有不同的信息需求，在信息资源日益丰富的今天，面对用户千变万化的信息需求，图书馆仅以“一馆之藏”来满足用户的所有需求已显得力不从心。通过服务质量的调查，可使图书馆了解到自己特定读者群的特定需求，针对自身的馆藏优势，扬长避短，突出重点，加强特色馆藏资源的建设，为特定读者提供个性化信息服务。

4. 用户管理的重心

通过对用户的调查，找出图书馆服务与用户需求之间的差距，帮助图书馆确定用户需求重心和需要改进的管理及服务工作，以此作为图书馆服务工作未来发展的决策依据。

以上因素相互作用制约，影响着图书馆服务质量的提高，从而影响了图书馆在用户心中的地位。

5. 用户管理的调查

用户管理的调查，可以了解哪些文献资源是用户关心的重点、热点，有的放矢地调整订购策略，合理优化图书馆资源配置和馆藏布局，满足用户的信息需求。

6. 用户的需求

用户需求是广泛而复杂的，图书馆不仅要了解用户需求，同时也要了解用户满意发生的机制，即用户为什么会对图书馆服务的后果产生满意、如何才能最大限度地使用户满意。图书馆在服务过程中能够设身处地地为用户着想，只有对用户提出的要求表示极大的兴趣，才能为用户提供优质服务。

用户满意是图书馆服务的出发点与归宿。用户对图书馆服务的满意度有多种表现形式，如果用户对图书馆服务的感知效果低于期望，用户就会不满意或抱怨图书馆服务；如果用户对图书馆服务的感知效果与期望相匹配，用户就满意；如果用户对图书馆服务的感知效果超过其期望，用户就会高度满意。正如黄俊贵先生提出的“用户对利用图书馆的希望程度，用户对服务项目和服务标准的信誉程度，用户对服务人员的素质和服务水平的认可程度”，这些内容都是影响用户满意度的重要因素。如果用户对图书馆的希望程度、信誉程度、认可程度较高，说明用户对图书馆服务的满意度也就会越高，图书馆的各项服务目标也就容易达成。

（二）图书馆服务用户管理概念

用户管理是企业界客户关系管理在图书馆的应用。[①] 1997 年韦兰和科尔首次提出了客户知识管理这一概念，他们认为客户知识管理是通过客户知识的获取和应用，发挥信息技

① Wayland R, Cole P. Customer Connections New Strategies forGrow th [M]. Boston: Harvard Business School Press

术的杠杆作用，以建立、发展和保持更有价值的客户组合和客户关系。1997 年至今，客户知识管理成为了众多学者研究的热点。① 2007 年武汉大学袁琳等将客户知识管理引入图书馆，从把握用户知识需求角度提出图书馆用户管理就是有效获取、开发、共享和扩展用户知识的活动，力求使图书馆为用户服务的价值达到最大化。② 此后，图书馆界陆续有学者从不同角度对用户管理进行了定义。廖璠认为用户管理是指从用户需求出发，对用户知识的来源、特征、使用价值等进行有效管理，将用户知识与图书馆内部知识资源进行整合，提供高效信息产品和服务，以达到提高图书馆管理效能和用户满意的目的。③ 张永杰认为用户管理是在图书馆内部和图书馆与用户之间获取、散布和运用用户知识，以实现有效获取和保持营利性用户关系，进而获取竞争优势的持续过程。

综上所述，图书馆用户管理是指在获取、开发及保持用户资源的过程中，对关于用户的知识、用户需求的知识、用户拥有的知识以及与用户共同创造的知识进行获取、整合、共享和应用的动态管理过程。它作为图书馆知识管理的重要组成部分，是图书馆用户管理的延伸和发展，在实施过程中要求图书馆通过建立用户工作室、用户社团、用户抱怨管理系统等，与用户开展广泛的交流与合作，利用相应的知识管理工具，构建用户知识库，对用户知识进行分析、挖掘、整合，从而帮助图书馆了解用户需求的变化，促进图书馆服务创新，为用户提供个性化、深层次的服务，提高用户满意度和图书馆资源的开发、利用水平。④

（三）西南地区图书馆服务用户管理的价值与分析

在表 3－9 至表 3－38 中可以看到近几年的西南地区各个公共图书馆的基本现状、从业人员、总藏量、当年购买的报纸种类、书架单层总长度、累计发放有效借书证、总流通人次、书刊文献外借册次、为读者主办各类活动、国家财政支持和图书馆总支出的力度、当年新购藏量、公用房屋建筑面积、阅览室座位数以及延伸服务情况等统计的各类数据。根据这些内容，笔者分别列出西南地区各个省（直辖市、自治区）的公共图书馆基本情况以及各个省（直辖市、自治区）级、地市级、县市级图书馆的统计数据如表 6－1、表 6－2、表 6－3、表 6－4 所示，从这三个级别公共图书馆统计的数据中可以看到西南地区省级、地市级、县市级公共图书馆服务在用户管理方面所具备的基本情况。

表 6－1、表 6－2、表 6－3、表 6－4 中的数据显示西南地区面向各级公共图书馆用户服务提供的环境和基本条件。根据现状的基本情况和西南地区用户信息市场需求来看，这些数据，目前仍然影响着西南地区图书馆用户服务的管理方式和方法，而且也对西南地区各级图书馆未来的发展产生着影响。如何适应数字环境，创新管理理念，更新管理内容，提高管理效能，已经成为西南地区公共图书馆用户管理工作必须解决的问题。

为此，本课题根据调查的情况和基本现状，在这里提出研究西南地区图书馆的用户管理与信息服务的密切关系，从西南地区图书馆如何管理用户服务的理念来探讨西南地区各

---

① 袁琳，吴汉华．读者知识管理探析［J］．图书馆，2007（4）：15－17，58

② 张永杰．用户知识管理与高校图书馆竞争优势［J］．情报资料工作，2008（6）：84－85

③ 赵鹏．基于客户知识的商业银行服务创新研究［D］．西安：陕西师范大学，2009

④ 刘勐．基于用户知识管理的图书馆服务创新过程模型研究［J］．情报杂志，2012（11）：188－191

表 6－1　2010 年西南地区各个省（直辖市、自治区）的公共图书馆的统计数据

	总藏量（千册件）	书刊文献外借千人次	书刊文献外借千册次	累计发放有效借书证数（个）	总流通人次（千人次）	电子阅览室终端数（个）	财政拨款（万）	新增藏量购置费（万）	本年新购藏量（千册）	组织各类讲座（次数）	阅览室面积	阅览室座席数（个）	从业人（人）	公用房屋建筑面积（千平方米）	图书馆延伸服务情况：流动图书馆车书刊借阅人次（千人次）	流动图书馆车书刊借阅册次（千册次）	分馆数量（个）	借阅人次（千人次）	借阅册次（千册次）
广西	18 808.77	3 563.99	7 327.95	262 427	13 427.83	3 341	121 911	18 625	563.33	641	71.41	24 665	1 509	256.93	89.61	193.42	16	58.34	94.84
重庆	10 307.69	3 404.40	7 055.00	159 850	6 212.75	2 179	76 499	16 263	515.59	653	49.24	13 568	854	204.36	11.56	15.56	169	585.84	1 089.45
四川	25 991.18	5 441.91	9 235.28	482 352	11 680.39	3 507	169 546	21 294	948.57	1 307	91.79	26 281	1 972	338.74	663.26	918.87	595	934.99	1 692.27
贵州	8 120.57	1 426.86	2 223.00	189 489	3 690.56	2 107	59 386	6 816	265.90	377	42.11	12 220	937	154.54	57.45	126.01	104	145.25	227.35
云南	15 659.98	4 026.12	7 024.23	318 400	9 070.41	4 070	117 630	17 000	429.34	705	75.86	21 034	1 760	300.91	390.66	555.73	274	462.30	678.28

说明：表 6－1 中该数据来自 2011 年度《中国图书馆年鉴》第 616～657 页

表 6－2　2010 年西南地区各个省（直辖市、自治区）的省级图书馆的统计数据

	总藏量（千册件）	书刊文献外借千人次	书刊文献外借千册次	累计发放有效借书证数（个）	总流通人次（千人次）	电子阅览室终端数（个）	财政拨款（千元）	新增藏量购置费（千元）	本年新购藏量（千册）	组织各类讲座（次数）	阅览室面积（千平方米）	阅览室座席数（个）	从业人（人）	公用房屋建筑面积（千平方米）	图书馆延伸服务情况：流动图书馆车书刊借阅人次（千人次）	流动图书馆车书刊借阅册次（千册次）	分馆数量（个）	借阅人次（千人次）	借阅册次（千册次）
广西	4 995.02	445.35	1 443.10	46 856	2 182.07	262	40 152	9 207	199.29	139	17.11	2 717	329	44.49	51.55	108.28	1		
重庆	3 690.32	456.41	1 320.95	39 763	1 495.65	277	36 123	10 102	218.88	110	12.09	2 482	313	54.68	1.56	3.56	7	187.65	309.44
四川	4 932.78	24.12	47.63	17 898	146.96	30	23 522	5 300	78.01	11	4.60	636	233	17.09			12	19.76	79.05
贵州	1 616.00	234.41	452.38	55 265	522.48	200	16 843	3 000	36.18	40	8.59	1 097	156	22.74			14	27.00	54.00
云南	2 824.19	229.01	570.00	76 401	1 660.00	160	17 284	5 370	91.87	66	8.20	1 324	189	31.50			5	10.25	29.00

说明：表 6－2 中该数据来自 2011 年度《中国图书馆年鉴》第 616～657 页

表 6－3　西南地区各个省（直辖市、自治区）的地市级图书馆的统计数据

	总藏量（千册件）	书刊文献外借千人次	书刊文献外借千册次	累计发放有效借书证数（个）	总流通人次（千人次）	电子阅览室终端数（个）	财政拨款（千元）	新增藏量购置费（千元）	本年新购藏量（千册）	组织各类讲座（次数）	阅览室面积（千平方米）	阅览室座席数（个）	从业人（人）	公用房屋建筑面积（千平方米）	图书馆延伸服务情况：流动图书馆车书刊借阅人次（千人次）	流动图书馆车书刊借阅册次（千册次）	分馆数量（个）	借阅人次（千人次）	借阅册次（千册次）
广西	4 207.99	1 043.73	2 054.50	79 673	4 019.74	517	37 610	5 025	219.32	141	14.29	4 568	362	82.20	16.06	31.93	2	3.89	4.85
重庆																			
四川	9 121.57	2 239.85	3 735.74	195 892	4 536.77	779	66 001	7 675	228.15	293	30.67	6 994	667	123.17	550.46	701.15	76	578.28	1 064.55
贵州	1 988.09	338.88	515.02	52 829	1 513.27	146	20 183	1 673	43.05	57	0.85	1 639	257	39.40	6.00	12.69	9	10.06	26.06
云南	3 574.39	859.87	1 676.76	82 565	1 936.02	785	38 643	6 522	148.89	94	24.33	5 113	446	72.76	256.67	281.85	44	234.59	354.30

说明：表 6－3 中该数据来自 2011 年度《中国图书馆年鉴》第 616～657 页

表 6－4　西南地区各个省（直辖市、自治区）的县市级图书馆的统计数据

	总藏量（千册件）	书刊文献外借千人次	书刊文献外借千册次	累计发放有效借书证数（个）	总流通人次（千人次）	电子阅览室终端数（个）	财政拨款（千元）	新增藏量购置费（千元）	本年新购藏量（千册）	组织各类讲座（次数）	阅览室面积（千平方米）	阅览室座席数（个）	从业人（人）	公用房屋建筑面积（千平方米）	图书馆延伸服务情况：流动图书馆车书刊借阅人次（千人次）	流动图书馆车书刊借阅册次（千册次）	分馆数量（个）	借阅人次（千人次）	借阅册次（千册次）
广西	9 605.76	2 074.91	3 830.35	135 898	7 226.02	2 562	44 149	4 393	144.72	361	40.00	17 380	818	130.24	21.99	53.22	13	54.45	90.00
重庆	6 617.38	2 947.99	5 734.05	120 087	4 717.10	1 902	40 376	6 161	296.72	543	37.15	11 086	541	149.68	10.00	12.00	162	398.18	780.01
四川	11 936.83	3 177.94	5 451.91	268 562	6 996.66	2 698	80 023	8 319	642.41	1 003	56.52	18 651	1 072	198.37	112.80	217.72	507	336.95	549.38
贵州	4 516.48	853.57	1 255.60	81 395	1 654.81	1 761	22 360	2 143	186.67	280	23.68	9 484	524	92.39	51.45	113.93	81	108.19	147.29
云南	9 261.40	2 937.24	4 777.47	159 434	5 474.40	3 125	61 703	5 108	188.58	545	43.33	14 597	1125	196.66	133.99	273.88	229	217.46	294.98

说明：表 6－4 该数据来自 2011 年度《中国图书馆年鉴》第 610～657 页

类图书馆开展信息服务的发展情况。在西南地区图书馆走向知识管理的今天，如何建立完善的西南地区图书馆用户信息资源管理体系，如何全方位、多渠道地收集相关信息，满足不同行业、部门、市场的需求，通过对收集与整理的用户信息来进行统计构建西南地区图书馆用户管理数据库，并制定相应的用户管理信息统计指标，揭示用户信息资源和图书馆信息资源具体被利用的程度，即时获取反馈信息。比如：西南地区公共图书馆决策者需要全面系统的用户反馈信息，作为调整和完善西南地区图书馆服务管理工作的依据；各个图书馆和各个部门技术人员需要具体数据，如用户推荐的具体文献是什么，某文献被具体利用的次数是多少等；管理人员需要的是系统的统计数据，如用户的阅读范围和阅读倾向的统计调查数据。为此，笔者根据这些需要解决的核心内容认为西南地区图书馆用户管理研究是符合当前西南地区图书馆服务发展的主要途径之一。

（四）西南地区图书馆服务的用户管理模式

1. 西南地区图书馆服务用户的信度管理模式

西南地区图书馆用户在接受服务的时候，最关心的是自己的需求是否得到满足，是否达到了自己的需求。只有保证满足西南地区用户需求，才能提高用户管理效率，实现西南地区图书馆的社会职能。西南地区图书馆不仅要满足用户物质需求，也要满足用户精神需求和心理需求；不仅要为用户提供直接的服务资源，也要为用户提供附加的服务环境，提高用户的满意度。同时，由于不同的用户需求不同，对满意度的要求程度不同，体验到的感觉也不尽相同，用户管理不断体现出多样化、个性化等特点，用户需要的是更尖端、更专业的服务方式，依靠传统的服务方式已经不能解决用户需要。所以西南地区图书馆员必须不断提高职业素质，以人性化的宗旨面对用户，为用户提供个性化服务。还需提升服务能力，在用户提出需要的时候能够顺利解决问题。并且不断创新服务模式，使用户对西南地区图书馆的服务保持新鲜感，刺激用户不断追求图书馆服务，从而推动西南地区用户管理向更高的层面发展。①

在达到用户满意之后，西南地区图书馆要重视提升用户的成就感。西南地区图书馆要改变传统的以西南地区图书馆为主体的服务模式，加强用户的参与性，让用户参与到西南地区图书馆的工作之中。这样既能使西南地区图书馆的服务更具有针对性、更贴近用户，也能使用户感受到西南地区图书馆对用户的重视。

当用户对西南地区图书馆提出的想法得到采纳后，用户的成就感便会增强。同时，西南地区图书馆还要为用户提供知识服务和技术培训，使用户在西南地区图书馆中可以不断充实自己，接触到前沿知识以及检索技能。当用户通过西南地区图书馆掌握某种知识及技能，尤其是用户觉得很复杂且不易接受的，那么就会激发用户潜能，用户的成就感便会加强，满意度得到提升。所以，西南地区图书馆在为用户提供知识服务的同时，更要注重用户能力的培养。

在西南地区图书馆的用户服务中，也要重视对用户的嘉奖。西南地区图书馆用户荣誉感的产生，不光是西南地区图书馆对其物质上的奖励，更多的是西南地区图书馆对其的肯

---

① 魏佳坤，徐跃权．图书馆用户价值研究［D］．东北师范大学硕士学位论文，2011（5）

定和认可。由于受到西南地区图书馆馆舍、馆藏等硬件条件的制约，西南地区图书馆对用户的激励是极其有限的，在短期内无法更改硬件条件的情况下，可以从软环境方面创新读者的激励机制。因此，西南地区图书馆应当设立奖励机制，从西南地区图书馆的各项具体工作出发，从不同角度对用户行为进行嘉奖，使用户感受到西南地区图书馆对其重视。用户的荣誉感得到满足后，便会感到自己在西南地区图书馆中受到了承认，信誉得到了提升。从而对西南地区图书馆有了更高的认同度，一定程度上也提高了西南地区图书馆服务的信誉。

2. 西南地区图书馆用户管理的基本模式

西南地区图书馆用户管理模式是指对用户管理的组成要素之间及其与外部影响因素之间相互作用的方式和过程，是对用户管理活动中各组成要素之间相互关系和外部影响因素对西南地区图书馆用户管理影响关系的组合。西南地区图书馆服务的组成要素包括图书馆及其工作人员、用户、信息资源、信息服务技术与系统和信息服务策略等。西南地区图书馆用户管理是西南地区服务的延伸与扩展，并没有超出西南地区图书馆服务的框架，其组成结构与西南地区图书馆服务完全一致。根据西南地区图书馆用户管理的组成要素及相互关系，西南地区图书馆用户管理的基本模式包括主体模式、技术模式、内容模式、服务策略、面向用户的服务模式等。西南地区图书馆用户管理的外部影响因素既包括社会政治环境、经济环境、科技环境、文化教育环境等宏观环境因素，也包括用户在接受用户管理时所处的时空环境和技术环境等微观环境因素。西南地区图书馆用户信息的管理外部影响因素及关系能够在用户信息管理的基本模式之外催生更多的用户管理模式，各类用户在接受服务管理时所处的时空环境和技术环境也是各类用户管理的外部主要影响因素，在这些因素的影响下，各类用户管理在基本模式之外出现了即时服务、基于位置的服务和个性化服务等管理模式。此外，西南地区图书馆用户管理还包括各个图书馆的一卡通、智能系统的支付和数字图书馆、电视图书馆、手机（移动）图书馆、自助图书馆等各类图书馆的应用。

3. 西南地区图书馆用户管理的内容模式

西南地区图书馆用户管理的内容可以根据用户对信息内容的时间相关性需求与空间相关性需求分为即时性服务和基于位置的服务两部分，西南地区图书馆可以根据用户需求程度的高低逐步开展服务。从目前西南地区图书馆用户的需求现状来看，即时性服务的管理为主要的内容管理模式。根据西南地区图书馆用户对信息资源的需求，目前西南地区图书馆用户管理中即时性服务的管理主要包括即时公共通知、用户即时提醒、即时借阅信息查询、馆藏信息检索、数据库检索、查询图书馆自习座位或电脑空位等实时信息、即时办理讲座预定、文献预约、文献续借、参考咨询、挂失、数字阅读、电子书报刊或收听收看音视频资料、即时专题报道、即时图书馆 2.0 服务等。根据西南地区图书馆现在的发展情况，数字图书馆、手机（移动）图书馆、电视图书馆等在阅读方面较可满足用户临时、实时或无聊时的学习、科研或娱乐等阅读需求，其内容可以兼顾专业性阅读和休闲性阅读，内容载体形式以图书、期刊和报纸为主，适当结合图片、声音、视频，篇幅长短不限，但微阅读更受欢迎。

4. 西南地区图书馆用户管理的技术模式

根据现阶段西南地区图书馆用户对获取数字化信息资源需求的使用情况，西南地区图书馆用户管理网络应以通行的无线局域网和2G、3G、4G等先进的通信网设备为主，数字（电子）资源终端以手机为主，兼顾电子阅读器和其他数字（电子）终端，连接软件以短信息和WAP/WEB浏览器为主，兼顾客户端软件。随着数字技术的发展，西南地区图书馆用户管理的技术模式也要及时跟进。

（五）西南地区图书馆服务的用户管理策略

1. 打造西南地区图书馆在用户心中的意识和品牌形象

由于图书馆长期以来都是被动地等待读者（用户）上门，被动地接受咨询，这在与其他信息机构的竞争中无疑是不利的。尤其在西南地区，以前普遍存在西南地区公共图书馆常常处于“上级领导忽视，基层读者（用户）无视”的尴尬地位，许多居民甚至都不知道有图书馆的存在（云南省景洪市图书馆几天没有一个读者光临，就是笔者见到的真实一面）。在这种情况下，图书馆应靠宣传扩大知名度，充分利用宣传媒体揭示和宣传馆藏资源以及所能提供的服务；在广场、公园、车站、超市等用户经常去的场所张贴信息资源海报，在用户容易浏览的网站页面增加图书馆资源链接。同时，开展形式多样的专题讲座、网上咨询、文献资源展览、用户培训等特色服务，不断增强读者的信息意识，不断拓展服务的深度和广度，凸显西南地区图书馆与其他信息媒体在科学研究、文化服务、教育培训等方面的特色和优势。另外，西南地区图书馆还应该苦练内功，接待好每一位用户。用户是最好的宣传员，他可以把自己的切身感受转达给他人，因此为用户提供满意的服务是最实际、最有效的宣传方法。通过一系列的宣传报道，让更多的用户了解图书馆的职能、作用及信息资源，增强自觉自愿利用西南地区图书馆的意识。

企业在进行营销服务时，必须对市场和用户群进行战略定位，从而有针对性和远见性地来创造品牌，而品牌效应给顾客增加了心理上的满足感和自信心的提高。同样，西南地区图书馆作为服务机构也应该确立准确的战略定位。只有有了准确的战略定位才能有目的性的开展工作、提升自身服务能力和价值，从而更好地满足用户需求。那么，西南地区各个高校图书馆的定位应是结合学校的学科专业，为师生提供信息资源服务，同时兼顾地方政治经济发展。例如，提供更多的自习位置以及专业书籍资料，师生的需求得到满足时，对自身的满意度提高，则会感到自身价值的提高；有很多学生在选择入学学校时，往往会选择知名度高的名校来接受更优等的教育，并以此提高自己的荣誉感和自信心。而西南地区公共图书馆则应该定位在为社会大众服务，这样在馆藏方面就应该以大众需求为主，内容全面，包括儿童读物等。让社会大众可以在西南地区各类图书馆找到自己所需信息，从而产生利用西南地区图书馆的意愿，这样也可以在社会中形成读书阅读的良好氛围。所以，西南地区图书馆可以吸收品牌企业的相关经验，积极主动为自身用户服务，打造自身服务的品牌，使用户在接受服务的同时，更能得到心灵的满足和自信，从而认可西南地区图书馆对自身价值提高所起的重要作用。

2. 搭建西南地区图书馆SNS用户交流平台

SNS是Social Networking Service的缩写，即社交网络服务。它通过将现实生活中的社交圈子复制到网络中，而实现在更大的范围内建立用户的社会关系，创建社会化网络。SNS 依据六度理论，即最多通过六个人你就能够认识任何几个陌生人的理论，以认识朋友的朋友为基础，扩展自己的人脉。SNS 可以充分发挥长尾效应，通常在信息供给不足的时代，文化产品的匮乏使人们的选择只能集中在长尾的“头部”，而网络信息产品极度丰富的 Web2.0 时代则不同，它无限地延长了长尾的“尾部”，突出了差异化、多样性的小批量生产价值。例如，校园 SNS 上学生自己创造的图片、音频以及视频文件，这无疑会使知识、权力和生产能力比历史上任何时刻更加分散，价值创造将更快、流动性更高、变动更快，这样用户转变成了知识的创造者。西南地区图书馆可以应用这种 SNS 模式帮助用户建立交流的平台，让这些用户自创的信息传播得更快，西南地区各类图书馆网站可以创建个人空间，包括个性化新书、喜爱的导读、为知识库贡献过的词条，此外还可以进行更多的自定义功能，设立圈、兴趣小组等模式，体现去中心化的特色，可以将阅读书籍资料后的感想等及时地发布到系统上，供其他用户浏览和交流，当用户的想法和知识提炼受到了其他用户的认同和肯定，自信心和成就感会得到提升，感受到的个人价值也得到了提高。① 同时，要发挥该平台的优势，为用户建立网络阅读社区，可以以聊天室、论坛、社区等方式进行，建立网络学习交流的讨论组织。在西南地区图书馆用户交流平台上发布信息的用户还可以与其他阅读过相同书籍的用户，就书籍知识等进行沟通分享，在互相交流的过程中，可以随时发布自己的想法并吸收其他用户的知识，这样用户也会感到自己得到了新知识，价值有所提高。同样，西南地区图书馆也能掌握用户对于馆藏书籍的关注程度和受欢迎程度，加强用户与图书馆的互动性，为图书馆的书籍采访工作提供一定的方向性和指导性。通过西南地区图书馆用户交流平台，还可以提高用户对西南地区图书馆的积极性和热情，扩大西南地区图书馆的影响力。然后通过彼此的共享找到更多的有价值的东西。

3. 搭建西南地区图书馆的用户展示平台

西南地区图书馆馆员应做好本职工作，做用户与书籍之间的桥梁。其馆员在工作的各项环节中，都应时刻以用户的需求为中心。在采购资源的时候可以先听取用户的意见和推荐，再行采购。对于数据库的购买选择上也应该多听取用户的意见，使用户主动参与到西南地区图书馆的工作之中，更好地贴近用户需求。同样，在借阅过程中，应该从用户角度出发，馆员可在相应的时间内，通过咨询专家或老师，为用户推荐书目，急用户之所急，成为联系用户与信息的纽带，还要用细致周到的心态为用户服务，使用户有一种温暖的感觉，使用户感到自身的服务，也使用户对自身服务更加尊重和信赖，让用户对自身产生获取知识的归属感。

同时要构建西南地区图书馆为用户提供展示平台，就需要借助于各个图书馆开展的各项活动，可以定期举办读书活动和征文活动等，对于表现优秀的用户进行表彰和奖励；还可以举办书画展等各种展览，鼓励用户通过图书馆展示才能，体现个人价值。同样还可以开展图书捐赠和图书漂流活动，鼓励用户将闲置的图书依托图书馆交由有读书需求的人。通过用户的行为使他人受益，在贡献中获得满足感和成就感。在活动中，各个图书馆也将其组织文化和服务的理念等展示给用户。西南地区图书馆在设计活动时，要将重点放在用

---

① 王思敏. Lib2.0 开创图书馆服务的新领域［J］. 重庆图情研究，2010（1）：39－41

户个人才能的展示上。很多用户都是其工作和学习中的优秀人才，可以定期举办用户讲坛，将某一领域里做出杰出贡献或是有显著成果的用户邀请到图书馆之中，为其他用户做讲座和报告、为图书馆的发展提出宝贵意见建议。在各自的图书馆建立网络社区，为充分利用自身资源，借助自身资源取得了科研成果和个人成就的用户等都可以成为图书馆表彰的对象。对用户的奖励可以是颁发证书和物品等，更可以为用户赠送电子阅览机时、增加书籍借阅数量和借阅时间等权限，使用户可以更好地利用图书馆资源。对于为图书馆做出较大贡献或是利用图书馆资源取得了显著成果的用户，可以聘请其为图书馆“荣誉馆员”，参与图书馆的适当服务工作等。同时，对于用户的各种奖励和表彰，可以通过图书馆的宣传栏和网站主页等进行宣传展示。

4. 打造作为文化殿堂的用户交互空间

西南地区图书馆有着丰富的资源，整洁优雅的阅览环境，现代化的服务内容和服务方式，使西南地区图书馆成为一个能满足人们学习、娱乐、休闲、沟通交流和放松心灵的空间，是社会全体公民获取知识、提高价值的文化宝库和源泉。因此，作为公益的服务机构，西南地区图书馆应该积极推行一种以和谐为理想境界的服务文化。不应该作为一个学校或者一个城市的装饰，而应该成为广大用户文化交流和素质提高的教育基地，是用户终身教育的文化场所。用户通过利用图书馆，使自己的知识技能得到改善，精神得到熏陶，促进个人全面发展，人生价值更好地实现，这才是图书馆真正的意义所在。所谓和谐的西南地区图书馆服务文化，就是图书馆邀请国内外知名专家学者为大范围内的读者进行讲学和交流，是一种人与人之间相互影响相互作用的互动行为，是通过馆员之间，各个图书馆与用户之间，用户与用户之间的互动，在图书馆里建立起一种人人心情舒畅，人人享有平等利用权力的空间，相互理解、相互学习、相互促进的美好氛围，使图书馆担当起优化社会精神文化、实现社会和谐的守望者的责任，真正成为每个公民充满人文关怀、温馨的、平等的、自由的精神家园。

西南地区图书馆还可以举办各学科大型的学术会议，这样可以提高西南地区图书馆的知名度和权威性，使西南地区图书馆成为文化和学术的代表场所。这样的形式，可以让普通用户也能够享受到高层次的文化熏陶，感受到价值的提升，也会提高西南地区图书馆在社会群体的影响力和知名度。可以让更多普通用户感受到作为名家为其他人讲授知识的感觉，对于用户心理的成就感和荣誉感起到了非常大的满足作用，用户的个人价值得到了体现和满足。通过此类活动，也可以吸引更多的读者参与到西南地区图书馆的活动之中，活跃西南地区图书馆学术氛围，改变了用户对西南地区图书馆的传统观念。

5. 建立西南地区图书馆用户流失预警机制

西南地区图书馆用户流失是受多方面因素影响的，而这些因素往往是彼此关联、错综复杂的。由于时间上的滞后性，当西南地区图书馆意识到用户流失率过高或者流失数量过大时，已经来不及找补救措施了。因此，为使西南地区图书馆用户的流失率不致过高，西南地区图书馆必须建立相应的用户流失管控系统——预警机制。它在西南地区图书馆用户流失的控制中属于前馈控制，通过识别和监测用户流失倾向迹象来实现对用户流失的控制。西南地区图书馆用户预警机制的建立，可以在用户流失风险尚未出现时，即采取预控措施，使流失风险消灭于萌芽之中或把因用户的流失给西南地区图书馆用户带来的损失降到最低。

建立西南地区图书馆用户流失预警机制的首要工作是用户信息资源数据库的建设。用户信息资源数据库建设应包括四大方面的内容，一是用户自然信息情况：包括用户的基本信息，如年龄、学历、工作单位、研究方向、阅读兴趣、阅读能力等。二是用户访问信息情况，包括用户到馆次数、到馆率、访问各个服务平台率等。三是图书资源利用信息情况，包括图书的流通量、周转率、拒借率、满足率、利用率等。四是用户评价信息情况，包括用户对文献的评价、对服务内容的评价、对服务质量与态度的评价、对服务环境的评价等。建立用户资源信息数据库，就能够有效地开展信息服务和用户服务，不仅可以了解到用户的需求，还可以设想用户的需求，挖掘用户的潜在需求，开展超前服务工作。这样的服务，不仅会使用户感到满意，而且因为超越了用户的期望，会使用户感到意外的惊喜。通过信息库，图书馆可以及时把握读者动态，发现读者流失潜在原因，提前采取有效措施，及时消除流失隐患。所幸的是，现在几乎所有的图书馆都实现了自动化管理，借助自动化管理系统构建用户数据库，只是用户个人阅读兴趣、信息需求记录和部分整体信息需要通过系统数据导出或者人为录入。

6. 建立西南地区用户参与图书馆服务的治理机制

由于用户是图书馆服务的利用者、服务对象，更是图书馆服务的所有者、管理者和治理主体。[①] 所以，西南地区图书馆用户的有效参与对图书馆服务绩效的提升具有重要影响。西南地区各类图书馆应针对自身服务存在的问题，充分认识到用户参与的价值，明确用户在各个图书馆服务中的地位，并对图书馆服务中用户参与的角色、过程、影响因素、参与模式、参与机制等进行系统研究，以吸引用户参与，利用用户资源实现服务目标，来提高西南地区图书馆服务质量和用户满意度，推动西南地区图书馆持续快速发展。[②]

因此，西南地区图书馆应采取措施建立以用户为主体的治理模式，切实保障用户在西南地区图书馆治理中的主体地位和权利；明确用户在西南地区图书馆服务中的角色和作用，利用论坛、博客、座谈、培训等方式吸引用户参与图书馆服务；完善图书馆信息工作制度，建立规划、科学的用户监督与评价机制等。通过以用户为主体的西南地区图书馆治理模式的建立，西南地区图书馆不断增强用户的权利意识，充分发挥用户参与西南地区图书馆服务的主动性和积极性，从而使用户与西南地区图书馆之间达到良好的交互和共同促进，在用户权利得到充分体现的同时，不断提升西南地区图书馆服务的效率和质量。

二、西南地区图书馆馆员管理

西南地区各类型图书馆是整个西南地区图书馆事业的重要支柱。他们担负着为西南地区社会大众和教学、科研服务的双重任务，在促进社会经济、科学、文化、教育事业的发展、提高全民文化素质方面起着重要作用。

① 张月英，等．图书馆读者的主体地位探析［J］．图书馆论坛，2010（5）：16－18

② 张宏涛．用户参与图书馆服务策略研究［J］．图书馆工作研究，2012（3）：46－48

随着经济的发展以及国家对于公共文化服务体系建设的重视及扶持力度的加大，西南地区各级政府对于公共文化的投入也大大加强，使得西南地区图书馆事业整体上有了迅速的发展。信息技术、现代化技术和设备在西南地区图书馆服务中的广泛应用，使西南地区图书馆的服务职能也发生了根本性的转变，而传统的图书借阅已远远满足不了各类型用户的需求，以信息导航、专题检索等为代表的服务内容充分考验着西南地区图书馆管理的主体结构和管理效率，体现人性化管理，突出“以人为核心”的管理模式，即西南地区图书馆的各项管理工作需要把人也就是馆员的需要作为管理工作根本的出发点和落脚点来展示图书馆管理的综合能力。那么，在人起着决定性作用的西南地区图书馆中，如何管理和利用好现有的人力资源，是每一个西南地区图书馆管理者面临的重要课题。①

从管理学的角度出发，西南地区图书馆馆员是提高服务效益的关键要素，是最活跃、最有生命力的因素，是图书馆事业得以发展的“灵魂”所在，因此对馆员的管理是西南地区图书馆管理的核心部分。从哲学的角度出发，“以人为本”是一种思维方式，要求西南地区图书馆在分析、处理具体事务时，坚持以“人”为目的和原则，以“人”之所需为价值准则。“以人为本”的基本思想体现着对人自身的生存境况及生活的关怀，对于西南地区图书馆而言就是要强调馆员的地位、价值和作用，合理地调整西南地区图书馆、图书、馆员之间的关系。②

所谓“以人为本”的管理，就是对馆员的思想、作风和价值观等方面进行合理的管理，其目的在于调动馆员的积极性、创造性，达到馆员自我管理、自我升华的新境界。它要求西南地区图书馆在管理活动中正确认识和处理馆员与其他生产要素的辩证关系，重视馆员的智慧、创造力及其主导能力和决定性作用。③ 所谓人性化管理，就是突出人比物重要，重视馆员发展所必需的物质、精神条件，要做到尊重人、关心人、爱护人、理解人，要关心馆员利益和需求，以激励求动力，制定更合理待遇机制，用馆员集体智慧来创造充满活力的现代图书馆。虽然现代化的管理理念已经全面渗透到当代的图书馆管理中，但还是有很多方面需要特别说明并予以加大重视力度的。

（一）西南地区图书馆馆员的定位与角色

馆员是图书馆发展的根本动力；拥有先进的服务理念，是图书馆服务创新的基础。馆员是知识的载体，是图书馆信息库的建造者和维护者，是信息资源与读者用户之间的桥梁与纽带。对于图书馆来说，优秀的服务将成为图书馆最重要的资源和首要财富。如果一个图书馆能够通过自己的某种独特性，或是一定的规模和馆藏，或某一信息产品，或某一特色服务，在同一行业中形成差别优势，那么，这就是优势。图书馆的服务要突出的是服务的特性与特色。特色馆藏、特色服务、特色活动、特色环境等都可形成图书馆服务的特色。

数字环境下原有的单一型知识结构的传统图书馆员已不适应时代发展的需要，现代化图书馆建设需要的是全面发展的新型图书馆馆员。传统图书馆工作的馆员是以书为媒介与

---

① 高晓红．试论公共图书馆人力资源的管理［J］．图书馆论坛．2012（5）：220－221

② 孙雪峰．文化大发展进程中基于“人本”理念的图书馆馆员管理［J］．现代商业，2012（8）：136－137

③ 孙雪峰．文化大发展进程中基于“人本”理念的图书馆馆员管理［J］．现代商业，2012（8）：136－137

读者结合，而在数字环境下，处于主导地位的是人与计算机的结合，图书馆馆员主要通过计算机和数字技术从事业务活动并为用户服务。许多学者提出了一些新的术语来描述数字环境下图书馆馆员的角色，如 Cyberarian（可直译为赛博馆员）、对答网络技术人员、网络交换手和信息向导、信息的筛选者和过滤者等。在西南地区图书馆实现数字化的今天，西南地区图书馆馆员被赋予了新的内容。虽然对数字环境下图书馆馆员角色的描述不一，但可以肯定的是工作环境改变了，图书馆馆员要扮演的角色也发生了很大的变化。随着信息时代的发展，图书馆员的职责也随之而变，其社会角色由单一化向多元化转变。我国著名科学家钱学森说："现代图书馆、档案馆、情报单位的工作人员应该是信息专家或信息工程师，是信息系统的建设者，也是信息使用者的向导和顾问。"这段话为今后准确地把握数字时代西南地区图书馆馆员的定位和社会角色指明了方向。①

1. 西南地区图书馆馆员的职能定位

（1）目标方向定位

多年来，图书馆馆员的主要工作是纸质文献的采购、分类、编目、流通、检索和统计，而今由于信息技术的发展，电子文献正在改变图书馆文献的收藏、服务及管理方式。相应的，图书馆馆员应从传统意识中解放出来，改变原有的"图书馆，管图书"的观念，努力掌握新技术、新技能，适应日益复杂的网络环境。为此，首先要从思想认识上确定自我角色的转变，敢于面对现实，勇于改变自我。只有认识到自己角色与时代要求的差距，才会采取措施缩小这种差距。只有真正俯下身子去应对挑战，才能在挑战中证明自己存在的价值。因此，目标上的定位是角色转变的前提，从内在心理上决定了一个图书馆馆员到底想不想完成角色转变，有没有信心完成角色转变。②

（2）知识结构定位

信息服务工作是知识密集型工作，未来的图书馆馆员，将会从事更细密、更科学的脑力思考和技术活动。馆员是图书馆业务的研究者，图书馆宏观发展的设计者，必须具备各种能力，才能完成引导师生在信息海洋中搜寻所需信息这一使命。面对浩渺的信息资源，图书馆馆员必须能够做到大批量，高效率的过滤、选择、分析、加工、传递、转化和贮藏有效信息。由于现代科学的交叉、渗透、分化、综合，馆员需要掌握综合性知识，除专业知识外，还应该了解如哲学、社会科学、自然科学、经济学、统计学等方面的知识。只有将知识融会贯通，才能使馆员的思维能力得到加强，综合素质得到提高，才能在工作中得心应手，游刃有余。

（3）能力技术定位

能力技术定位是目标方向与知识结构定位在现实中的外化。通过能力技术定位，图书馆馆员应具备信息鉴别与处理能力、计算机与网络应用能力、文字表达能力、科研能力与综合分析能力。及时跟踪和获取国内、国际最先进的信息资料，用科学的思维方式去分析，快速截取有价值的信息，过滤掉无用的灰色信息，完成作为图书管理人员加速信息的潜在能量向教育、教学和科研活动物化的过程。

---

① 梁转琴．图书馆馆员管理模式的创新研究［J］．价值工程．2012（8）：313－314

② 张若群．现代信息化图书馆馆员管理与培养［J］．黑龙江史志，2012（21）：63－64

2. 西南地区图书馆馆员的待遇定位

待遇偏低是导致精英外流、图书馆人才匮乏的根本原因。要繁荣图书馆事业，必须妥善解决图书馆职工，尤其是专业技术人员的社会地位、经济地位、技术职称和其他福利待遇等问题。在欧美，图书馆员与律师、会计师和医生等被列为同等的专业人员，这与它们推行图书馆员专业资格制度有关。应成立图书馆协会，建立和完善图书馆专业人员制度；建立并规范专业考核和评价体系，规定只有获得专业资格者方能上专业技术岗位；确立专业人员应有的专业地位，区分专业人员和非专业人员岗位及其职责范围、上岗要求和福利待遇，充分调动各类人员的积极性和创造性。①

3. 西南地区图书馆馆员的服务意识定位

西南地区图书馆工作的服务性、社会性决定了从业者应具备大众服务员的品质。乐于和善于做分编、贴条形码、接待用户乃至扫描、抹桌、背书、拔草等十分琐碎而繁重的“粗活”；其学术性、智能性决定了从业者应具备学问家的素质，乐于和善于做高层次的开发研究和著书立说的“细活”。总之，西南地区图书馆馆员应是“文”“武”兼备、“粗”“细”适宜的多面手或复合型人才。要建设一支素质相称、结构合理的图书馆专业队伍，必须调整和提高现有队伍水平，加强西南地区图书馆馆员的管理，切实推进西南地区图书馆队伍的教育、培养和提高，并通过人事制度改革优化西南地区图书馆馆员队伍体系，开展“公开、平等、竞争、择优”的选聘模式，实行竞争上岗，选拔真正的合乎现代图书馆专业要求的工作者，这种选拔制度是确保图书馆“以人为本”管理模式顺利实行的重要保障。

4. 西南地区图书馆馆员管理的角色

（1）西南地区图书馆馆员是文化繁荣昌盛的践行者和传播者

党的“十七大”、“十八大”的核心任务中大力推进公共文化服务体系快速发展的战略，意义重大，它吹响了文化强国的号角。推广全民阅读活动是促进文化大发展、大繁荣和培育人文精神的重要途径。从知识获取力量、从经典汲取智慧、从文明启迪创新，应该是推动全民阅读活动的追求，也应该以此在全国文化信息共享工程建设中起到引领作用。西南地区图书馆应该充分发挥其资源和环境优势，向社会开放阅览，为人们阅读奉献精品、为城乡文化丰富内涵，是西南地区图书馆馆员义不容辞的社会责任和职业行为的最高境界。

（2）西南地区图书馆馆员是共享资源的建设者和管理者

数字时代西南地区图书馆馆员又是共享资源的建设者，西南地区图书馆也是一个巨大的信息资源共享系统，馆员担任建设者的任务。其中包括这么几个方面：一是特色数据库建设。在数字图书馆、手机（移动）图书馆、自助图书馆、电视图书馆的发展时代，西南地区图书馆工作重点之一就是将本馆利用价值高、具有本馆特色的馆藏数字化，建立特色数据库及各类专业的数据库，并通过网络提供信息服务或资源共享。二是对数字资源的挖掘和整合。对其进行归纳、鉴别、推理、分析，使之系统化、浓缩化、准确化，整合成符

① 张若群．现代信息化图书馆馆员管理与培养［J］．黑龙江史志，2012（21）：63－64

合经济、文化、教育、教学、科研、管理等需要的方便用户利用的数字信息资源。三是对各类图书馆文献信息资源的加工和挖掘开发。为用户建立一个科学、规范的文献储存和检索系统，即对所引进的文献进行科学的分类编目，根据西南地区广大用户的需求加工二次、三次文献资料，编制馆藏目录索引等二次文献检索工具，为西南地区广大用户提供定题、定制和跟踪服务。①

（3）西南地区图书馆馆员是信息资源的导航员和信息提供者

数字环境下，信息导航的“信息”包括实体馆藏和虚拟馆藏。随着信息量呈几何级数迅速膨胀，面对浩如烟海、内容庞杂、良莠不齐、瞬息多变的信息源的增加及用户高层次的需求，西南地区图书馆馆员不再是单纯的文献资源管理者，更应当是信息资源的导航员，不但熟知馆藏文献的信息，而且要整合与挖掘网上信息资源，从众多的网址中择取质量可靠、登录方便、费用经济、界面友好的那些信息源，以“书签”或热键连接的方式保存在本馆网页中，为用户提供详尽的网络导航服务。用户可以通过这些网页导航进入协作馆的网页，访问和利用协作馆的馆藏信息。虚拟馆藏如此，实体馆藏同样。有了馆员的导航服务，用户就能快速有效地获得信息，更加有效地利用信息资源，不再对其望而却步。

（4）西南地区图书馆馆员是图书馆用户的教育者和培训者

图书馆担负着社会教育的神圣职能，在数字化时代的今天，网络信息的开发和利用对用户素质提出更高的要求。让用户更快更全地获得所需信息资源是西南地区图书馆馆员义不容辞的责任和义务，因此，积极主动地帮助用户熟悉和运用各种新技术，采取多种方式、方法培训教育用户，使其掌握和提高信息处理、信息检索和获取信息的专门技术和能力，根据用户需要引导他们利用先进手段，快速有效地获得信息，更加有效地利用信息资源，就成为馆员的重要任务。西南地区图书馆馆员不仅是信息的提供和传递者，也是信息检索的向导和指南，肩负着教育、辅导的光荣使命。开设专门的网上信息培训课程，帮助用户建设和管理个人数据库，等等，利用网络的交互性及时与用户沟通，解答用户的疑难问题；为用户编制信息用户使用指南和网上信息资源指南；选择适用的界面和所需文献信息的传递方式，帮助用户选择所需检索的数据库，确定文献存取的最佳途径，引导和协调用户通过网络直接存取信息资源；把有关信息资源的知识和馆员自身实践的经验传授给用户，定期举办用户培训班、讲座等，使他们清楚地了解图书馆内外都有些什么资源，以及利用这些资源的途径和方法。

综上所述，随着社会环境的变化，西南地区图书馆馆员只有准确把握自己的社会角色，以其鲜明、独具特色的个性标识，才能完成新的社会数字环境赋予西南地区图书馆事业的历史使命，得到广大用户的肯定。如今西南地区图书馆馆员的社会角色发生了显著的变化，长期稳定的职业观念也随之而变。社会角色的变化，决定了西南地区图书馆馆员的素质等多项因子都要重新定位，才能协调发展。所以，作为数字时代的西南地区图书馆馆员，要在公共文化服务体系中实现发展新亮点，实现自身的价值，才能最终赢得社会地位。②

---

① 梁转琴．图书馆馆员管理模式的创新研究［J］．价值工程.2012（8）：313－314

② 梁转琴．图书馆馆员管理模式的创新研究［J］．价值工程.2012（8）：313－314

（二）西南地区图书馆馆员管理的必要性

1. 馆员管理是西南地区图书馆服务开展的基本业务

首先，西南地区图书馆的根本支撑点是知识，其中文献的收集到加工开发和利用并形成二次、三次文献是专业性很强的工作，必须有专业的人才来承担。其次，网络化、数字化和科技现代化是手段，是西南地区图书馆馆员应用来为用户服务的。西南地区图书馆馆员的作用在于较好地掌握信息检索技术，对本馆所藏信息资源的类型、收录范围和分布状况了如指掌，能够引导用户充分利用西南地区图书馆的各种资源。虽然西南地区各类图书馆馆员分工不同，但殊途同归，都要求他们具备图书馆的基础业务知识。所以，西南地区图书馆人才管理体系必须全面，不能厚此薄彼、轻重不分。

2. 馆员管理是西南地区图书馆强化系统化管理的基础

图书馆馆员认证制度是美国公共图书馆目前普遍实行的一种图书馆职业资格认证制度。它的特点是强化图书馆系统的重要作用，提供政府及法律的驱动及保障，注重继续教育与认证制度相结合等，此举带动了图书馆行业职业化的发展，从而推动了整个图书馆事业职业化水平的全面提升。如果西南地区图书馆借鉴这种做法，将在很大程度上提高西南地区图书馆从业人员的整体素质和服务水平，建立起一支强大的西南地区图书馆人力资源梯队。

3. 馆员管理是培养西南地区图书馆馆员职业感的必然

职业认同是个体对于从事的职业目标、职业社会价值和其他因素的看法，与社会对该职业的评价及期望的一致，即个人对他人或群体的有关职业方面的看法、认知完全赞同或认可。图书馆职业认同感是指馆员对图书馆职业的积极看法和情感，以及决定自己积极行为倾向的心理状态。职业认同是个体在职业情景下自我成长的内动力。诚然，西南地区图书馆培养馆员的职业认同感将是西南地区图书馆事业持续发展的最佳源动力。只有在一个良好的人才成长环境中，在一个人才资源管理得当的学习型西南地区图书馆中，才能令人有归属感，有上进心，有为了自己所从事的职业贡献终身精力的理想和信念。

4. 馆员管理是制定西南地区图书馆人才战略的关键

西南地区图书馆应根据自己的实际情况、目标定位和发展方向，制定出与之相适应的人力资源战略。要对现有人员的状况，如学历、专业、技能、个人兴趣、综合素质等进行全面考察和分析，这样在制订计划时才会心中有数，科学有据，保证人才任用制度的连续性和合理化。西南地区图书馆应关注每个馆员的发展，通过培训教育、专业进修等多种方式使馆员的专业水平得到提高，引导、帮助他们根据自身情况定出适当的职业发展计划，把个人的发展与西南地区图书馆的发展相结合，让他们感到有工作的强烈意愿和满腔热情，激发出他们的潜力，更好地完成工作。

（三）西南地区图书馆馆员管理存在的弊端

1. 传统图书馆馆员管理的编制问题

由于西南地区图书馆是整个公共文化服务体系中的一部分，长期忽视成本管理，不讲究投入产出，在人事管理上侧重于编制管理，忽视人力资源资本管理，工作人员的职级和待遇论资排辈，不问能力高低，没有形成人才成长的良好环境，由此导致人才严重流失，留守人员不是能力不够，就是工作积极性差，于是工作效率低下，学术水平整体滑坡，服务水平自然提高不了。随着信息技术在西南地区图书馆中的应用，信息服务工作发生了根本的转变，包括信息咨询、网络建设、信息检索等多方面内容。因此，西南地区图书馆应该需要图书馆网站规划与建设、计算机系统维护、信息参考咨询等各类人才。而在大多数西南地区图书馆中，信息服务人员都配置不足，导致了信息服务的工作只停留在简单的知识加工和信息采集层面，从而制约了信息服务工作的深入开展。

2. 西南地区图书馆馆员知识结构的困境

在西南地区图书馆的工作人员当中，当前，大多数的馆员都缺乏综合知识，高学历、双学历的人才不多，甚至没有，这种现象在西南地区尤为严重。而当今西南地区图书馆职能的转变要求图书馆职员在服务方式和手段上都要与现代化接轨，要有知识整合的能力。如果西南地区图书馆馆员不思进取，缺乏新技术的应用技能，就很难达到图书馆现代技术的要求。①

目前，西南地区图书馆馆员的素质结构直接影响到信息服务水平，也是做好西南地区图书馆信息服务工作的必要条件。西南地区图书馆馆员的素质结构主要包括专业结构、职称结构、性别结构、年龄结构等多个组成部分。目前，在西南地区图书馆从事信息服务工作的馆员中普遍存在以下几个方面问题：

第一，专业结构不合理。由于信息服务方式的多样化，西南地区图书馆馆员在掌握自身专业知识的同时，也需要掌握其他的专业知识。西南地区图书馆完整的专业结构的形成，需要做到各种专业人员的优化。现在普遍存在专业结构不合理的情况。

第二，职称结构不合理。图书馆理想的职称结构是由初级人员做基础、中级人员做骨干、高级人员做带头人的立体结构，使不同专业水平的人员各展其能，发挥自身优势，从而发挥整体效率。目前，西南地区好多图书馆存在初级人员做中级人员的工作，出现无法完成工作任务的被动局面。

第三，性别结构不合理。图书馆信息服务工作不仅是一种脑力劳动，也是一种体力劳动，所以在性别结构中，应该形成男女对半结构。男同志可以负责计算机系统维护等体力劳动较多的工作，而女同志可以负责参考咨询、信息检索等细致的工作。目前，大部分西南地区图书馆女性馆员较多，虽然工作中可以做到细致耐心，而且对用户来说更有亲和力，但是在工作中缺乏魄力，动手能力欠缺。男女馆员比例上的不均衡，也在一定程度上制约了西南地区图书馆信息服务工作的开展。②

3. 西南地区图书馆岗位设置不合理

目前，西南地区图书馆事业正处于传统图书馆、数字图书馆、复合图书馆、手机（移动）图书馆、自助图书馆、电视媒体图书馆等多元化互补的新时期，在发展过程中，有些

① 高晓红．试论公共图书馆人力资源的管理［J］．图书馆论坛，2012（5）：220－221

② 杨幸然．浅析高校图书馆信息服务管理中馆员管理存在的问题及对策［J］．改革与开放，2012（10）：54－54

原有的部门和岗位设置已经不能适应新的形势，需要做出相应的调整，或者彻底改变其职能，成为一个新的部门，设置新兴的岗位，引进合适的人员以使其功能和作用得到更合理的运用，使其中的人力资源得到更有效的发挥。

4. 西南地区图书馆馆员缺乏继续教育的平台

在新图书馆运动发生之前，进入图书馆工作就意味着可以安逸到老。传统的服务读者的方式单调重复，根本不需要什么高科技含量和知识更新，只要不是在分编工作的岗位上，无论在外借、报刊，都是简简单单的借还手续，一学就会。既然没有工作施加的压力，也就谈不上继续学习的动力，导致各馆内无人学业务，“采编”硕果仅存。①

另外，西南地区图书馆馆员的服务意识很大程度上决定了图书馆能否为用户提供满意的服务。但是在西南地区图书馆中普遍存在“重物不重人”的现象，只重视基础设施的建设以及经费的投入，而忽视了人力的投入，尤其是人员服务意识方面的培训工作。

（四）西南地区图书馆馆员管理的措施

目前，西南地区图书馆普遍存在管理体制落后的问题，仍然没能改变传统图书馆“重藏轻用”的传统管理思想，与科学管理理论方法严重脱节。对人员缺乏动态的管理制度，同时经费管理方面存在很大问题，低水平重复建设现象严重。在这些问题当中，馆员管理问题成为西南地区图书馆管理工作中的主体问题。笔者从以上西南地区图书馆馆员管理的定位角色和弊端分析中，本着立足西南地区图书馆管理者的角度，认为可以围绕西南地区图书馆馆员管理的人性化模式、强大的馆员队伍体系、完善的保障制度、完善的监督激励机制等方面来思考解决方案。

1. 建立人性化的西南地区图书馆馆员管理模式

随着图书馆发展由馆藏资源逐步扩展到知识服务领域，作为服务主体的图书馆馆员实际上在承受越来越重的压力，如何做好科学管理的问题也随之突出。传统的图书馆管理是以馆藏、设施等有形物质资源为中心，而馆员只是上述物品的“配件”；而在当代西南地区图书馆中，馆员的创造性和才能的发挥在西南地区图书馆功能开展中的作用越来越明显。因此，西南地区图书馆管理不仅要考虑满足用户需要，更要考虑西南地区图书馆馆员的效用如何发挥到最大。如果片面地强调服务客体而对服务主体重视不够，直接导致用户日益增长的信息需求与西南地区图书馆信息服务的能力相对落后这一矛盾长久得不到解决。因此，建立人性化的西南地区图书馆馆员管理模式，树立“馆员第一”的理念，把馆员管理作为西南地区图书馆的核心资源来科学管理，既符合和谐社会的时代要求，又体现了科学发展的人才观。②

通常在管理学中提到的“以人为本”，在图书馆中多注重于面向用户服务。由于馆员的职业素质好坏直接决定了西南地区图书馆服务的效果、体现了每个馆员在广大用户心目中的威信和主人翁的责任感，使其成为用户心目中的专家、老师、咨询师。由于传统体制的影响，传统的馆员在读者心目当中一直以来被看作工作人员、甚至是服务员而“吆来喝

① 高晓红．试论公共图书馆人力资源的管理［J］．图书馆论坛，2012（5）：220－221

② 高晓红．试论公共图书馆人力资源的管理［J］．图书馆论坛，2012（5）：220－221

去”，这无形中降低了馆员在读者心目中的地位，更是直接导致馆员社会地位难以与其从事文化事业的工作性质相匹配的原因。数字时代的西南地区图书馆可以在提高馆员自身素质的基础上，通过提供更多更好的人性化服务以使用户意识到馆员是相关领域的专家，形成有问题请教和咨询馆员的习惯，以此提升馆员在用户心目中的地位，进一步在社会上树立馆员的新形象。

2. 建立完善的西南地区图书馆馆员管理保障制度

管理的科学化制度是西南地区图书馆管理保障的必要条件。西南地区图书馆是一个工作量大、秩序庞杂的系统，它需要建立健全规章制度，做到按章办事。保障制度要充分体现“以人为本”，必须切实可行、公正合理。在西南地区图书馆管理上，要做到有制可依，有制必依，执制必严，违制必究。

（1）建立和完善思想教育机制

通过思想教育制度的确立，促使馆员加强思想教育学习，提高政治觉悟，增强事业心和责任感，使其自觉地为追求理想和信念而工作。一是要加强职业道德教育，使西南地区图书馆馆员坚持图书馆是社会公益性事业，坚决树立“用户服务至上”的信念；二是要加强纪律教育，督促西南地区图书馆馆员学习各项规章制度，规范自身行为；三是要加强作风教育，形成积极主动的学习作风、务实肯干的工作作风；四是要鼓励西南地区图书馆馆员积极参加在职教育，不断提高自己的知识储备，争做复合型人才；五是根据不同岗位进行岗位培训，建立先培训后上岗的岗位证书制度，以保证馆员一接触实际工作就很熟悉，很快能得心应手，理论与实践相对照、相结合，甚至在实际工作中有所发现、有所创新；六是最大限度地调动和激发图书馆工作人员的创新能力和工作积极性，把人力资源开发与管理引入西南地区图书馆的中长期发展规划之中，力争做到“因人而异使人尽其能，因才量用使人尽其力，任人唯贤使人尽其才，梯次搭配使人尽其用”，这将是整个西南地区图书馆事业蓬勃发展的活力之源。

（2）建立和完善考评机制

建立绩效考评体系一般可分为选取考评内容、编写考评题目、选择考评方法及制定考评制度等几个部分。考评内容主要是以岗位的工作职责来确定，但要与西南地区图书馆的管理理念相一致，要有所侧重，不要考评与工作无关的内容。绩效考评制度应包括考评的目的和用途、考评的原则、考评的一般程序等方面的内容。绩效考评制度的建立也就标志着西南地区图书馆绩效考评体系已经建立。激励机制的建立应以人为本，根据西南地区图书馆馆员的日常工作表现、工作态度以及工作成果，做出客观公正的评价。而西南地区图书馆管理者应统筹全局，全面了解西南地区图书馆馆员的思想业务水平，让最合适的人担任最合适的工作，“能者上，庸者下”，以此激发每一位馆员的潜能。①

然而，现代的绩效考核已大大超出传统的标准，而且密切地融入到西南地区图书馆管理的各项活动中，成为整个管理的核心。西南地区图书馆必须建立一套科学、公平、合理的考核体系，其中拟定一个可行的考核标准是关键。考核应重点检查西南地区图书馆馆员履行职责的情况，坚持定性与定量相结合，考核标准应视不同类别、不同级别岗位而有所

① 孙雪峰．文化大发展进程中基于“人本”理念的图书馆馆员管理［J］．现代商业，2012（6）：136－137

区别，确保具有针对性。并且，考核标准的制定不能僵硬，更不能一成不变，要具有灵活性，侧重于提高积极性，以鼓励、激励为主。必须认识到有考核就有奖罚，但奖罚只是手段、激励是目的，其最终目的是要西南地区图书馆馆员们发现和改进不足从而提升工作效益。因此，整个绩效考核系统强调对西南地区图书馆馆员的绩效进行管理，通过不断给予指导和反馈以帮助馆员们更好地做好工作。

（3）建立和完善竞争机制

在西南地区图书馆的管理中，必须建立科学的内部竞争机制，并进一步规范竞争手段，逐步培养西南地区图书馆馆员的竞争意识，以达到保持西南地区图书馆的生机与活力的目的。所谓科学的竞争机制，是形成公平竞争、公正录用、优胜劣汰的价值取向，达到人力资源的优化配置。对于不合格馆员，不惮实行待岗安置。在整个西南地区图书馆内形成争学新知识、掌握新技能、奋发向上的良性氛围。

3. 建立和完善监督激励机制

哈佛大学詹姆斯教授研究激励问题得出结论：无激励——个体能力发挥20%～30%，有激励——个体能力发挥80%～90%，可见激励的极大功能。而西南地区图书馆提供的是知识服务，又具有潜在性、创造性、效果滞后性的特点，有效的监督激励手段就格外重要。首先可以在每个西南地区图书馆网站主页上和馆内显眼处设立公示区，说明该室的规章制度、服务项目与要求，公布该室人员的姓名、照片、职务，进行每月的“用户服务之星”选举活动，并公布选举结果。并在每个西南地区图书馆网站主页上和各个图书室门口设立意见反馈箱，通过意见反馈箱，用户随时可以提出意见与建议，并同时可投票选举每月的“用户服务之星”。每月收集所有的意见与建议，公示处理结果。对于每月选举出的几名“用户服务之星”给予适当的物质与精神奖励，外出考察、培训等也要优先考虑。① 把西南地区图书馆馆员放置于随时接受用户监督的位置，既激发西南地区图书馆馆员的工作热情，也提高西南地区图书馆的工作效率。

建立和完善西南地区图书馆馆员的激励机制，是从制度上体现“以人为本”式的管理。有效的激励机制可以在西南地区图书馆馆员之间形成良性的竞争氛围。多劳多得、少劳少得、不劳不得，这不仅是分配制度的重要原则，更是人性化管理的目标之一。作为西南地区图书馆管理活动中不可缺少的环节，科学有效的激励机制是西南地区图书馆发展的动力保证。良好的激励机制不仅可以激发西南地区图书馆馆员的潜在能量、激发其积极性和创造力，更能够有效地保障西南地区图书馆长期健康的发展。首先，要设置适当的目标，让西南地区图书馆馆员拥有希望和追求，激发其积极性、创造性，并为之不断努力拚搏。设定目标时要根据西南地区图书馆馆员的实际情况来制定不同的标准，要量才任用。一旦设定较高的工作目标给工作能力较强的馆员，就等于向其提出工作挑战，在完成工作目标后，他们会体会到自己的人生价值和社会价值。其次，要设置适当的物质激励，在商品经济社会模式下，适当的物质奖励，有利于激发西南地区图书馆馆员的斗志，一定程度上能够最大限度地挖掘其潜力，并促使其向更高目标迈进、更出色地完成任务，从而推动西南地区图书馆事业的发展。

---

① 张依凤. 图书馆馆员素养：职业精神与专业水准［EB/OL］.［2013＝12－29］. http：//www. google. com

4. 建立强大的西南地区图书馆馆员队伍体系

在目前信息爆炸、知识水平迅猛发展的大环境下，作为西南地区图书馆“以人为本”管理中主体存在的馆员面临着新知识、新技术的不断挑战，甚至有部分馆员因知识更新缓慢或是无心业务而跟不上社会发展的现实情况，要在管理中注重馆员的“全面发展”，提升其专业素质，努力在西南地区图书馆内营造一种钻研业务、提高学术水平的氛围。在注重传统西南地区图书馆馆员搜集整理信息资源、服务读者、本专业研究等能力的继承和发扬之外，鉴于当代西南地区图书馆正历经传统图书馆由复合图书馆到数字图书馆、智能图书馆等多元图书馆的转型发展，还要特别注意数字信息技术的普及、升级。①

（1）西南地区图书馆馆员的优化

西南地区图书馆的人力资源管理应该把人作为最重要的资源，以人的能力、特长、兴趣、心理状况等综合情况来科学地安排工作，并且在工作中充分考虑馆员的成长和价值，能使西南地区图书馆的服务职能达到最优化，打造具有本馆特色的服务品牌。在美国，图书馆员的综合素质非常高，馆员一定要有专业的硕士学位，许多甚至拥有博士学位，这类人工资很高，他们主要从事管理和参考咨询、读者辅导等专业性工作；辅助人员则对学历没有特别的要求，通过招聘参加工作，在图书馆中主要从事普通的借还图书、书架整理、图书分类和电脑输入等事务性工作，他们的报酬相对就低得多。西南地区图书馆可以借鉴国外的经验，这样的馆员管理和使用就使得西南地区图书馆以较少的投入获得了足够的人力资源保障，更好地服务于社会和用户。②

（2）西南地区图书馆馆员要充实各专业基础知识

当代的西南地区图书馆信息资源用户群体往往具备专业性、综合性很强的特点。为了更好地提供优质服务，要求西南地区图书馆馆员不仅要有系统的图书馆学、情报学、信息管理学等基础知识，还要有广博的各种学科知识，只有如此，西南地区图书馆馆员才能在工作中运用图书馆学知识对各类信息进行收集、整理、加工、组织、检索和利用，能在原始文献的基础上，对文献信息进行二次乃至三次以上的深加工，开发出令用户满意的西南地区图书馆信息资源产品，为用户提供增值服务，针对不同用户全方位、多角度灵活选择各种信息资源，帮助用户得到可以利用的信息。同时要利用各种专业知识来正确分析，判断信息质量及其利用价值。这就需要西南地区图书馆馆员在具备专业知识的基础上，还应努力使自己逐步成为某一个甚至多个学科方面的信息咨询专家，这一点在专业图书馆馆员的工作中体现尤其明显。

（3）西南地区图书馆馆员应用数字技术的能力

由于数字技术在西南地区图书馆的广泛应用，数字图书馆时代的图书馆员必须要熟练掌握数字技术，比如数字化技术、存储技术、数据库技术、网络通讯技术、多媒体技术、超文本技术、超媒体技术等。总之，由于在当代西南地区图书馆工作中数字技术、网络技术以及传统的馆藏手段、服务手段并行不悖，一定程度上令西南地区图书馆信息资料的存储、传递和检索变得愈发复杂起来。如何适应新形式的发展，为西南地区图书馆的发展，

① 孙雪峰．文化大发展进程中基于“人本”理念的图书馆馆员管理［J］．现代商业，2012（6）：136－137

② 杨小燕．构建“以人为本”的图书馆管理模式［J］．湘潮（下半月），2012（6）：90－91

进而为和谐社会中的文化大发展大繁荣做贡献，就要求当代西南地区图书馆馆员不仅要具有广博的科学文化素质，还要具有快速获取各类信息资料的能力，尤其是要具备对信息资料高效处理、分析重组、快速传递的能力。因此，西南地区图书馆馆员只有从各个方面不断地充实和完善自己，全面提高自身的综合素质，才能适应西南地区图书馆发展的要求，也是构建社会主义和谐社会的本质要求，是西南地区图书馆发展之道，更是西南地区图书馆生存之道。

第四部分　资源保障篇

第七章　西南地区图书馆信息资源保障体系

第一节　西南地区图书馆馆藏资源建设

馆藏资源是图书馆赖以生存的物质基础，因此不同时期的图书馆，都把馆藏资源建设作为图书馆发展的最重要的基础工作。在当前信息资源类型的多元化、读者需求的多样化和充满激烈竞争的信息环境中，西南地区图书馆文献资源建设的手段不仅包括对有形实体文献的入藏，还包括对网上无形信息资源的组织、开发等使用权的购买。信息网络使西南地区图书馆的资源基础突破了传统的馆藏局限而扩展到网络领域，信息资源结构发生了巨大的变化，从而使可供服务的信息资源极大地丰富起来，使馆藏资源和网上资源共同构成西南地区图书馆的资源基础。需要强调指出的是，网络信息资源不能取代西南地区图书馆馆藏文献，所以网络资源和西南地区图书馆馆藏资源是相互依存、相互补充的，应充分发挥各自的功能和优势，不同的图书馆，其馆藏特色也应有所不同，但均应合理安排西南地区图书馆馆藏信息资源与网上信息资源的比例，从而实现两种资源的最佳配置。

一、西南地区图书馆馆藏资源建设的关键

西南地区图书馆在加大电子出版物入藏的力度，使馆藏电子文献所占的比例逐步增加的基础上，还应该积极对文献信息资料进行开发和加工，将原始西南地区图书馆馆藏资源数字化，并放在西南地区图书馆网站上供用户访问、使用，必将大大丰富西南地区图书馆的数字化信息资源，更大限度地发挥西南地区图书馆馆藏文献的作用，这是西南地区各个数字图书馆信息资源建设的重要内容。西南地区图书馆馆藏资源数字化建设包括的内容有：藏书的理念确立、馆藏书目数据的数字化、电子出版物的采购、馆藏文献数字化和特色馆藏资源建设。

（一）确立藏书的理念

在网络环境中，西南地区图书馆信息资源结构发生变化，馆藏资源和网上资源共同构成西南地区图书馆信息服务的资源基础。任何一个图书馆离开网络资源而幻想靠自己有限的馆藏文献资源来提供广泛的信息服务是不可想象的。[①] 因此，西南地区图书馆藏书发展不能局限于建立一个有限的物理实体的馆藏，而要着眼于对全球信息资源的掌握和选择。除了选择入藏有明显载体形式的文献，努力获取重要的联机信息资源的使用权，也应成为藏书发展的重要内容。在对西南地区图书馆资源的评价方面，不应局限于考察馆藏文献的

---

① 论网络环境中的图书馆藏书发展［EB/OL］．［2013－12－10］．http：//www. google. com

数量、质量，还要看西南地区图书馆能从网络上获取多少资源，以及如何把网络中丰富的信息资源转化为西南地区图书馆资源的一部分提供给广大用户。但是应该指出，虽然网络资源大大丰富了西南地区图书馆信息资源基础，但并不意味着网络信息资源可以取代西南地区图书馆馆藏文献。那种认为随着数字时代的来临，可以通过计算机网络获取信息资源，因而没有必要花钱去进行文献资源建设的观点显然是错误的。因为，网络信息资源大多是在图书馆馆藏文献基础上形成的。而且，目前网络信息资源仍以二次信息居多，西南地区图书馆都在将自己所有的馆藏文献转换成全文数据库供用户共享。没有原始文献的全文提供，从网络获取的二次信息，其使用价值是有限的。因此，在网络环境下，各西南地区图书馆仍应致力于馆藏文献的发展，使网络资源与西南地区图书馆馆藏资源相互依存，相互补充，以充分发挥各自的功能和优势。

（二）馆藏书目数据的建设

如何从浩如烟海的文献信息中筛选出对读者有用的信息，已成为虚拟馆藏资源信息服务工作的难点。网络信息资源的选择是开发利用网络信息资源的关键，因此，信息选择能力应当成为评价西南地区图书馆信息服务工作的重要指标。网络信息资源要成为西南地区图书馆的虚拟馆藏，必须经过图书馆的技术加工。网络信息资源的加工、处理程度越深，其利用价值越高。西南地区图书馆应根据用户的特定需求，收集网上各种分散的信息并加以分类、鉴别和深加工，形成方便读者使用的二、三次文献，因此，信息加工能力也应成为西南地区图书馆虚拟馆藏资源质量重要的衡量标准之一。在目前西南地区图书馆虚拟馆藏资源质量评价没有具体标准可依的情况下，各馆可依据办学规模、用户需求等，从信息选择质量、信息组织水平和信息加工能力等方面对自身的虚拟馆藏资源信息服务加以评价。① 所以，建设虚拟馆藏是西南地区图书馆实现降低成本、互通有无、优势互补、方便用户、有效增值的快捷途径。在技术上，要善于引进和开发高新技术及其理论，利用计算机和网络，利用先进设备创建数字化的西南地区图书馆。在服务和产品上，西南地区图书馆要立足自身优势，以用户需求为导向，坚持重点和一般相结合的原则，独立或联合开发信息工作的新特色，实现“人无我有、人有我优”，为用户提供富有特色、高质量、高效率、高层次的西南地区图书馆虚拟馆藏资源体系。

将西南地区图书馆的印刷型文献和其他载体类型的文献信息建立书目信息数据库，提供给用户直接使用，这是西南地区各个数字图书馆实现网络化服务、馆际互借、资源共享的基础。目前西南地区图书馆采用的数据库大致有三种类型：目录型、关系型和全文型。其中目录型投资少，对软硬件设备要求低，可迅速提高查询速度，辅助图书出纳流通，但无法通过网络得到原始文献是其最大弊病。书目数据库的建设主要采取或自建、或购买标准书目数据套录，或套录和自建相结合的方式。套录和自建书目数据库有其各自的优缺点。套录的标准书目著录项较多，数据一般较完善，但受制于标准书目的建设速度。自建书目数据库，建设速度自己可以灵活控制，但书目信息的采集工作量较大，在数据的录入过程中，质量不易控制，因而数据不够标准，影响网上交流和共享效果。因此，西南地区大多数图书馆已经采取套录和自建相结合的方式，有标准书目的购买套录，没有标准书目

① 关于图书馆虚拟馆藏资源建设与发展策略研究［EB/OL］.［2013-12-29］. http：//www. google. com

的自建，取长补短，以达到最佳效果。

（三）电子出版物的采购

电子出版物主要包括CD－ROM、VCD、CD、LD、DVD等，是西南地区各个数字图书馆的主要馆藏文献类型。为适应信息时代的到来和西南地区各个数字图书馆建设的需要，各图书馆馆藏应由单一的印刷型向多载体方向转变，加大电子出版物的入藏力度。电子出版物按其发行方式通常分为两大类：一是单独发行的电子出版物，主要是指以软盘、光盘等载体形式单个发行的电子文献；二是网络电子出版物，主要是指利用计算机网络出版发行的电子图书、期刊、图像和音乐作品等电子文献，并通过网络提供给用户使用。对于单独发行的电子出版物，应该侧重于各类光盘数据库的入藏，以收集一次文献信息数据库为重点。对于网络电子出版物，根据西南地区图书馆的馆藏特色与重点和读者的检索需要，在Internet上有选择地采集出版社发送的电子期刊、电子图书、公用数据库等电子信息，并下载到图书馆服务器上进行查询，或者在图书馆网站上建立各类数据库的镜像站点，直接提供给用户检索信息。①例如，西南地区多数图书馆已经连接CNKI学术期刊镜像站点、人民大学书报全文数据镜像站点等。

（四）馆藏文献资源建设

海量的数字化信息资源是西南地区各个图书馆的物质基础，但在现阶段，大部分图书馆所拥有的数字化信息资源还不够丰富，电子出版物的种类和数量还比较少，还不能充分满足建设西南地区图书馆的需要。因此，将西南地区图书馆原始馆藏文献数字化，必将大大丰富该区域图书馆的数字化信息资源，更大限度地发挥西南地区图书馆馆藏文献的作用。但是，西南地区图书馆的馆藏文献资源何其丰富，如果不进行分工协调，只选取具有各馆特色的资源数字化，将会重复劳动，浪费大量的人力物力，同时也是不现实的。因此，必须确定传统图书馆原始馆藏文献数字化的范围，以降低西南地区图书馆建设的成本，避免重复浪费。选择传统图书馆的原始馆藏文献进行数字化主要方式有三种：选择读者使用频率高的馆藏文献数字化、将西南地区图书馆特色馆藏文献数字化、将有较高价值的西南地区图书馆馆藏文献数字化。这三种方式各有其侧重点，或从满足读者信息需求出发，或从文献的价值出发，无论哪种方式，都不可避免地存在一些问题。因此，在进行西南地区图书馆馆藏文献数字化的过程中，在确定西南地区图书馆原始馆藏数字化范围时，要把三种方式有机结合使用，取长补短，才能取得高质量的、满足读者需求的、体现西南地区图书馆特色的数字化信息资源。

（五）特色馆藏资源建设

西南地区各类图书馆都有其自身的特色文献馆藏、资源特色等。如各高校图书馆有本校的学科、教学、科研特色，公共图书馆有本地区的地方特色，科研情报图书馆有科研特色。即：①学科特色资源是指西南地区各个高校的专业设置而形成的特色，校内特色资源是指西南地区高校师生撰写编译的学术著作、论文、教材、教参、讲义等，高校博硕士研究生的学位论文，在高校召开的学术会议文献等。① 这些都是有研究价值、独一无二的校

① 韦衣昶．特色馆藏资源的数字化建设［J］．大学图书馆学报，2001（1）：14－16

内特色资源，而且由于长期的积累，已初具规模；②地方特色资源是指西南地区地方史料，如地方志、地方史、大事记、地方统计年鉴以及地方风情录、历代地方贤达著作及其研究作品等，反映本地经济、文化发展的出版物等；③馆内特色资源是指西南地区在经过较长时间的文献累积后，大都会在某一方面、某一学科或某一领域形成具有一定规模、结构完整、内容丰富的文献优势，对它们进行系统的、有组织的开发、整理，就能发挥出馆内文献资源特色。显然，西南地区图书馆只有用特色馆藏文献数据库率先占领网络市场，将服务范围扩大，为所有网上读者提供原始的特色文献，西南地区图书馆才能真正变被动封闭式服务为主动开放式服务。

对传统馆藏特色文献数字化，是西南地区图书馆数字化建设中的难题，其技术要求是要尽可能地保持图书、期刊的版式原貌，尽可能符合人们的阅读习惯，尽可能小的存储空间，尽可能快的网络传送，尽可能低的制作成本。目前，根据西南地区图书馆数字化信息资源的组织方式，建设西南地区图书馆数字化信息资源主要采用的方式有：文件方式、超媒体方式、数据库方式、主题树方式。

综上所述，西南地区图书馆网络信息资源的最佳组织方式是数据库方式和超媒体方式相结合，这也是西南地区图书馆网络信息资源组织方式的发展趋势。

二、西南地区图书馆馆藏资源发展的思路

网络环境给西南地区图书馆馆藏书发展带来了重要的影响。适应信息环境的变化，制定正确的藏书发展对策，是西南地区图书馆需要认真研究的问题。丰富的网络信息资源显示网络信息传播旺盛的生命力和强大的服务能力。电子图书、电子期刊、各种数据库借助网络的强大功能成为西南地区图书馆为读者服务的重要资源，是传统文献资源的重要补充，是网络环境下西南地区图书馆进行服务、资源共享和协作协调的基础。传统图书馆必须以客观的态度面对现实，重新认识自己面临的机遇与挑战，采取措施，制定符合发展需要的信息资源的建设策略和原则，突出馆藏资源的特色建设，发展自己物理馆藏的特色优势，并能将馆藏数字化，使西南地区图书馆信息传播、资源共享扩大到全球范围。另外，应根据馆藏特色对网上特色资源进行整理、组织，建设虚拟馆藏，使西南地区图书馆的服务范围、服务领域更宽广。[①]

（一）确立馆藏资源采购原则

西南地区图书馆馆藏资源采购原则应该是：[②]首先，保证馆藏资源的数量，同时高度重视西南地区图书馆馆藏资源的质量。其次，西南地区图书馆资源建设体现在知识、类型、品种多个方面，要保证用户需求的同时，兼顾外来用户和盲人、乞讨者等群体的一般需要，从图书品种、数量等方面界定西南地区各个图书馆重点收藏和一般收藏范围，既要满足普通读者、一般读者的常规需要，又要保证重点读者的特殊需求。第三，对每一学科要确定采购级别，业界一般将采购级别归纳为五级，即最低级、基础级、学习级、研究

① 郭丽杰．网络环境下馆藏资源建设的思考［EB/OL］．［2013－12－10］．http：//www. google. com

② 包丽媛．以评估为契机，加快图书馆馆藏资源建设［J］．吉林省经济管理干部学院学报，2007（5）：65－67

级、完整级。第四，要处理好品种类与复本的关系，对于研究型的读者，在选购时以增加种类来减少每一个品种的复本量，满足特定需求；对于一般的读者，以选择需求量大，娱乐性、知识性的图书并适当减少品种，增加复本量来满足共同需求。第五，根据西南地区图书馆的实际需求，采购图书要规划好印刷型与数字型图书、期刊杂志与报纸、其他文艺和生活等方面的图书资料，重点针对区域范围内的资源采购规划。

（二）馆藏资源的合理配置

随着网络的扩展，许多西南地区图书馆正在改变传统单一的馆藏模式，变静态的收藏为动态收藏加网上信息存取的信息资源建设新模式。但是，各类型西南地区图书馆的服务任务和服务对象的需要不同，在安排馆藏资源和网上资源的比重方面也应该有所区别。一般说来，非研究型的西南地区公共图书馆，主要承担社会教育职能，担负提高广大人民群众科学文化水平和丰富群众精神文化生活的任务，读者需要的主要是各类型文献，因此，这类西南地区图书馆应以扩充馆藏资源为主要任务。

（三）强化虚拟馆藏资源的建设

网络环境下，图书馆的信息资源不仅仅是该馆拥有的文献载体的集合“物理馆藏”，更大部分是馆外网络上的虚拟信息资源，而虚拟馆藏信息资源远远大于实际馆藏。现在，全世界有几万多所图书馆和几万个学术机构将其数据在互联网上开放，发布题录、文摘等信息以及有关研究领域的开发和生产动态，人们可以免费或用很少的费用借阅到INTERNET上的信息和其他图书馆的丰富馆藏，满足多种需求。但由于网络资源的海量、无限、无序，检索工具又难以有效使用，所有这些为读者利用网络资源带来了许多困难。因此，西南地区各个图书馆在充分了解该馆读者需求的基础上，有针对性地收集网上免费资源，注重对网上资源进行选择、加工、组织，使之成为方便读者利用的该馆网络资源，这是一项崭新的工作内容。

（四）加强馆藏资源的特色化建设和分工协调

在网络环境中，各西南地区图书馆拥有的信息资源重复是没有任何意义的。只有西南地区各类图书馆上网的文献资源具有各自的特色，互不雷同，网络才真正是资源丰富的宝库。西南地区图书馆应该借鉴国外的经验，在文献资源建设中彻底转变“大而全”、“小而全”的馆藏模式，加强在自身馆藏发展中的分工协调，使西南地区各类图书馆致力于馆藏特色化建设。如果说过去西南地区图书馆还缺乏紧迫感的话，那么在今天的网络环境中，解决这个问题已成当务之急。

（五）制定严格的联合和批量图书采购规程

图书数量的多少、质量的好坏直接关系到馆藏质量的高低，因此，必要的规章制度是做好西南地区图书馆图书采购工作的根本保障。为此西南地区图书馆要合理选择图书采购的渠道，根据西南地区不同的地域条件严格制定各类图书报刊、数字资源库的联合采购措施、采购策略、采购流程，统一规范联合采购的竞价标准。防止图书采购工作中的随意性、不确定性，使资源建设得到保证。

联合采购和批量集中采购就是将西南地区图书馆零散的采购项目集合起来，形成大规模采购，以此来实现提高西南地区图书馆采购规模经济效益、降低采购成本、提高采购集中度和效率的目标。鉴于此，可将联合采购和批量集中采购列为西南地区图书馆采购图书的发展方向，并制定严格的采购规则。那么规则的制定需要西南地区图书馆有关主管部门的大力支持，研究与完善一系列行之有效的操作办法和措施。西南地区图书馆要主动统筹和协调各采购人的采购需求，合理安排联合采购和批量集中采购的时间节点要求，兼顾各采购单位的利益。要完善联合采购和批量采购资金支付问题。可实行直接支付或集中支付等多种资金支付方式，或各区县的采购资金可集中到主管部门，再统一支付给供应商；或分散直接支付，由各区县按合同规定的时间，各自将款项直接支付给供应商等。

（六）建立信息资源社会保障体系

网络环境为西南地区图书馆信息资源保障体系的构建提供了强有力的技术支持。西南地区图书馆网及其各个区域网中西南地区各类型图书馆应以现有馆藏为基础，以国家网的资源为后盾，加强西南地区图书馆特色化馆藏建设，成为全国信息资源保障体系的中坚力量，满足人们经常性的不同信息需求。同时利用先进信息技术，在西南地区范围开展联机编目，生产联合目录数据库，开展馆际互借、联机检索等活动，实现西南区域性的信息资源共享。①

第二节　西南地区数字图书馆的资源建设

一、西南地区图书馆数字图书馆信息资源的发展

20 世纪末期，数字图书馆的发展从单一机构的建设进入到战略联盟的新阶段。1995 年 5 月，西方 7 国的国家图书馆，在巴黎组成 G7 数字图书馆联盟，明确提出："以现有的数字化项目为基础，构建一个人类知识的虚拟馆藏，通过网络为公众服务。"在欧洲，ONE（OPAC Network Europe）于 1997 年底完成后，建立了由 8 个国家（丹麦、芬兰、法国、荷兰、挪威、瑞典、英国和澳大利亚）15 个成员馆共同组成的虚拟联合目录。

1997 年 6 月 23 日至 25 日，由北京大学图书馆、香港大学图书馆、华盛顿大学图书馆（西雅图）、国立澳大利亚大学图书馆（堪培拉）、墨西哥大学图书馆（墨西哥城）、庆应大学图书馆（东京）、国立新加坡大学图书馆、不列颠哥伦比亚大学图书馆（温哥华）、台湾"中央研究院"8 个国家和地区的 12 个图书馆和信息机构的代表在圣地亚哥共同探讨建立环太平洋数字图书馆联盟事宜，旨在建立一个超越政治、语言和技术障碍的图书馆组成的联盟，是加强各馆的馆藏资源、进行学术信息交流最经济有效和便利的途径。联盟的主要目的是通过数字化途径来促进各成员馆的用户对于学术研究资料的存取利用。

中国高等教育文献保障系统（China Academic Library & Information System，简称 CALIS），建立了文理、工程、农学、医学 4 个全国性文献信息中心，构成 CALIS 资源保障体系的第一层，并在四川大学建设了西南地区文献信息中心，构成了西南地区 CALIS 保障体

① 论网络环境中的图书馆藏书发展［EB/OL］．［2013－12－10］．http：//www. google. com

系的第二层，目前CALIS已发展成为西南地区高校学科建设的最终文献保障基地，到2011年12月为止CALIS覆盖西南地区的高校：广西有38所、四川54所、云南33所、重庆33所、贵州31所。其中CALIS在西南地区高校的主要接点是成都理工大学、成都信息工程学院、第三军医大学、电子科技大学、昆明理工大学、攀枝花学院、四川大学（华西医科）、四川大学工学、四川大学文理学院、西南财经大学、西南交通大学、西南师范大学、云南大学、重庆大学等；“CNKI数字图书馆”在西南地区的典型用户有公共图书馆——贵州省图书馆，西南地区高等院校（高职院校），西南地区党校以及法律系统、医疗系统、科研系统等的建设与发展，为西南地区图书馆服务体系的建设开辟了新的途径。

2002年3月29日，由浙江大学和中国科学院研究生院等单位共同承担的中美百万册数字图书馆建设项目正式启动。该项目由国家投资建设，目标是为我国高校教学科研服务，建成2个数字图书馆技术中心（浙江大学、中国科学院研究生院）和14个数字资源中心（北京大学、清华大学、浙江大学、复旦大学、南京大学、中国科学院研究生院、上海交通大学、西安交通大学、武汉大学、华中科技大学、吉林大学、中山大学、四川大学、北京师范大学），形成一套成熟的支持TB量级数字的对象制作、管理与服务的技术平台，探索多媒体、虚拟现实等技术在数字图书馆中的应用，推动我国数字图书馆技术达到国际领先水平，为数字图书馆建设与服务的可持续发展奠定资源和技术基础。

2000年4月中国数字图书馆联盟本着“资源共享、联合建设、优势互补、互惠互利、自愿参加”的原则，依托中国数字图书馆工程，将围绕技术研究开发、资源建设以及服务推广来建立联盟体系。各联盟单位之间实现全面合作、充分交流。目前已与全国（包括西南地区多家图书馆在内的）90家图书馆结成联盟伙伴，共同促进中国数字化公众信息服务的发展和应用，开拓世界上人口最多、潜力最大的数字化公众信息服务市场。①

根据西南高校图工委提出的西南高校图书馆联盟建设的任务，该研究认为西南地区各类区域性数字图书馆联盟是适应数字化社会的发展要求、数字环境下西南地区图书馆联盟生存的需要而构建的，是基于数字图书馆技术，对西南地区图书馆联盟的继承和发展，是数字环境下，西南地区图书馆成员馆间为共建、共知、共享信息资源，开发西南地区图书馆联机合作编目系统、联机公共检索（OPAC）系统、馆际互借与文献传递系统、网络导航、特色文献数据库建设等组成的受共同认可的协议和合同制约的西南地区图书馆联合体。

西南地区数字图书馆联盟既秉承西南地区图书馆联盟的传统服务项目，又要迎合西南地区数字图书馆的发展规律性和读者的特殊需求，首先，充分利用现代高科技，增加许多不同于以往任何西南地区图书馆联盟的新内容。其次，具体制定西南地区数字图书馆各个成员馆的建设规划和实施方案，依据具有一定规范性、约束性的共同认可的协议和合同，使所有西南地区图书馆联盟成员获得一定的经济利益和社会效益，并共同承担可能遇到的风险。第三，通过费用分摊，增强联盟文献购买力，特别是国外大型数据库的购买力，共同拥有电子数据的使用权。通过联盟的影响力，西南地区图书馆联盟成员馆的凝聚力，给

---

① 该节内容为课题阶段性成果，课题组成员指导的硕士论文《数字图书馆开发中信息资源的发现与获取技术及实现条件研究》和她的阶段性成果《Application of domain ontology based on semantic web technology》中的内容

资源供应商施加压力，最终降低电子资源的价格。第四，负责检查、监督西南地区图书馆联盟成员馆的数字图书馆项目进展情况，协调解决项目建设中出现的问题和困难。第五，成立高效的组织机构，确定西南地区图书馆联盟的专家组成员。第六，筹集项目需要的资金和物质，确保西南地区图书馆联盟工作的有效开展。第七，集体进行或各自进行西南地区图书馆联盟所确定的工作任务，重点做好西南地区图书馆联盟数字化文献的组织、加工、发布、传送、服务、利用等工作。第八，组织人员的技术和技能培训，做好自动化服务方面的协作。①

二、西南地区数字图书馆的支撑技术

随着数字化技术和网络技术的不断发展，信息成为现代社会最纷繁复杂却又最稀缺的资源。因此，如何在海量信息中建设、获取所需信息并把握信息主动权成为困扰信息用户的主要问题。近年来，西南地区数字图书馆迅速发展为可共享、可扩展的知识网络系统，在信息资源的组织、加工、获取方面起到了重大作用。西南地区数字图书馆的发展分为三个阶段，即图书馆自动化阶段、图书馆网络化阶段、数字图书馆阶段。② 数字图书馆发展到今天，已经有比较先进的技术应用其中，如网络技术、数据库技术、多媒体技术、模式识别、图文匹配、图像压缩、异种文档转换与标准化、异种操作平台互连、用户接口设计等许多新的、较复杂的技术。目前，西南地区数字图书馆信息资源组织的理论方法在实践应用中仍然存在着许多问题，尤其是西南地区数字图书馆信息资源的组织和描述能力还远远落后于信息资源增长速度，以至于西南地区图书馆建设的信息不能及时转化为有序的标准格式，与用户实际需要产生了差距。因此，要总结西南地区数字图书馆信息资源组织当前的现状与实践进展，分析存在问题和展望未来的发展趋向；将信息技术与西南地区数字图书馆信息资源建设的实际相结合，来准确有效地组织、描述西南地区数字图书馆的信息资源。

（一）西南地区数字图书馆元数据描述标准

元数据是对数据资源的描述，是信息共享和交换的基础和前提，用于描述数据集的内容、质量、表示方式、空间参考、管理方式以及数据集的其他特征，这一类元数据现在一般称为描述元数据，如 MARC、DC（I）ublin（20re）、MODS 等。元数据是对信息资源进行开发、利用、管理的不同阶段与不同层次，创建不同的功能与作用，可以从不同的角度对这些不同功能与作用的元数据加以归类。在图书情报领域通常把元数据分为描述元数据、结构元数据与管理元数据。结构元数据主要确定元数据的语法结构或者信息单元之间的逻辑联系，比如 HTML、XML 等置标语言以及 METS 模块中的结构元数据。管理元数据是专门对信息资源实施管理的元数据。它描述信息资源管理过程中所涉及的管理信息以及由管理信息进一步揭示的管理政策与管理机制，比如与信息资源的评估、选择、使用权限、加工等有关联的信息与相关机制。③

---

① 王东波．数字图书馆联盟及中国特色数字图书馆联盟建设策略［J］．新世纪图书馆，2004（1）：33－36

② 杨帆．我国数字图书馆个性化信息服务研究综述［J］．现代情报，2009（6）：222－226

③ 郑巧英．国家图书馆管理元数据规范和应用指南［M］．中国北京：北京图书馆，2010－10－1

（二）文献分类法在西南地区数字图书馆信息资源组织中的应用

文献分类法可以说是最传统的知识组织工具，如今也开始向网络化的方向延伸和发展。[①] 它在网络中的应用主要表现：第一，用于联机浏览检索；第二，用于非文本信息的组织；第三，用于超文本系统的管理；第四，作为网络信息组织的通用工具；第五，促进分类主题一体化。

目前，以文献分类法为工具的网络资源检索服务系统，从学科的角度揭示网络信息，是组织网上学术性知识的主要应用模式。国外在这方面的研究起步较早。1997 年，Nacy J. Williamson 对 38 个使用分类法组织资源的网站进行调查，记录每一网站所使用分类法名称、联机分类法索引展示形式、主题树的特点、类目使用级次、分类法的变通、结果显示方式以及应用上的特点，并选取 9 个网站以及一些未采用分类法组织资源的网站，对艺术、历史、健康和旅游方面的信息进行检索，用以分析与确定运用分类法的特点、趋势和存在问题[②]。国内马张华[③]对文献分类法在网络资源组织中的应用特点进行总结：收入资源大多经过精选；调整必要类目；控制类目体系的深度；多种检索途径界面；显示形式、处理层次、编制方式等多样化。这是我国在此领域研究的最早的一篇文献。

另外，近年来，国内外的一些学者及研究机构已认识到主题法在数字信息组织中的重要作用。关键词法的应用、主题词表的应用、标题词表的应用等研究成为热点，为使用户方便快捷地查询到所需的信息，专家们开始建立网络资源统一分类体系，用于组织数字信息资源。

（三）Web 服务资源框架（WSRF）对西南地区数字图书馆的影响

为实现网格与 Web 服务的有效融合，Web 服务必须有能力提供用户访问和操作服务的状态数据，定义规范，便于应用以标准和可操作的方式建设、观测和交互状态资源，并利用 Web 服务的已有功能。2004 年由 IBM、Globus 联盟和 HP 共同提出了 Web 服务资源框架（WS - Resource Framework，WSRF），是根据特定的消息交换和相关的 XML 模型来定义 Web 服务资源方法的描述规范，利用 Web 服务对具有状态的资源进行存取，并定义了描述状态属性的机制及其延伸至 Web 服务中的方式，这些资源是有状态的，服务是无状态的。IBM、Globus 联盟和 HP 认为有状态的资源就具有特定生命周期和描述状态的数据，可被一个或多个 Web 服务访问。因此，将 WSRF 服务资源框架应用于数字图书馆信息资源中，有利于数字图书馆的信息集成和知识管理。[④]

三、西南地区数字图书馆信息资源建设

由于我国不同区域、不同类型的数字图书馆信息资源的建设研究已经开展了很多年，

---

① T. Koch. The Role of Classification Schemes in Internet Resource Description and Discovery [EB/OL]. [2013 - 12 - 27] http：//www. ub. lu. se/desire/radar/reports/D3. 2. 3/class - v10. html

② 韩毅．语义网格环境下数字图书馆知识组织策略与应用研究［EB/OL］．［2013 - 12 - 20］．中国学术期刊全文数据库

③ 马张华．文献分类法在网络资源组织中的应用［J］．图书情报工作，1999（12）：24 - 29

④ Karl Czajkowski. The WS—Resource Framework［EB/OL］．［2013 - 12 - 10］．http：//www. gridhome. com/dvnews/show. aspx？ id - 70&cid = 40

近年来，随着新技术的出现，涌现出一系列将新技术与数字图书馆相结合的研究。西南地区也是如此，并取得了许多研究成果。从这些研究成果中可以看出，西南地区数字图书馆信息资源建设是信息资源和信息用户之间必要的桥梁。设定一个信息资源描述信息，信息资源建设能够根据资源描述在该区域内数字图书馆信息资源库中查找到与需求匹配的信息资源信息并返回给该区域信息资源请求者，即用户，用户就可以选择使用自己需要的信息资源。综合以上学者的研究，西南地区数字图书馆信息资源建设方法可以分为两大类，主动建设和被动建设，如图 7－1 和图 7－2 所示①，其根本区别在于西南地区数字图书馆信息资源提供者和信息资源建设者之间的交互关系②。

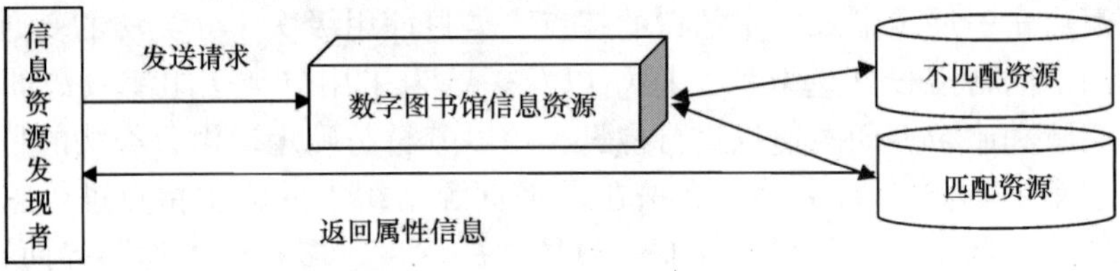

图 7－1　西南地区数字图书馆信息资源主动建设

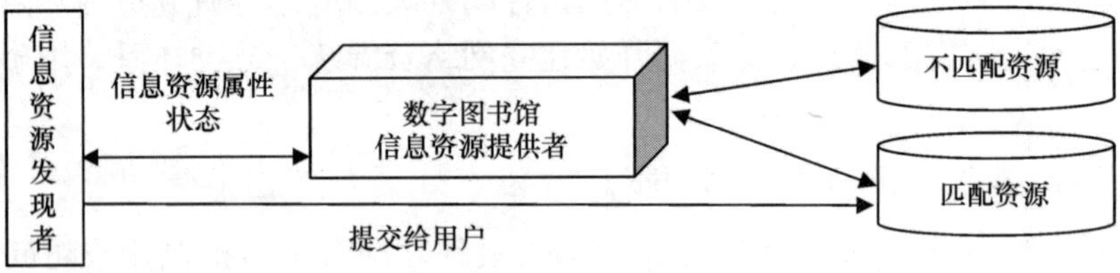

图 7－2　西南地区数字图书馆信息资源被动建设

根据图 7－1 和图 7－2 所示，西南地区数字图书馆信息资源建设模型多种多样，具体可以分为以下内容：①从系统架构来看，资源建设可分为集中模式、层次模式、多层架构四种方案。其中多层架构均属于分布式资源建设方法，是目前的主流方案，也是讨论的异构式信息资源建设的重点方法。②从匹配模式来看，资源建设又可分为属性匹配和语义匹配两种模式。属性匹配通过字符串比较来判断资源的属性值是否满足查询要求，进而得出查询结果。③ 语义匹配引入本体和语义 Web 技术描述资源的语义特征，并通过语义关联判定资源是否满足查询要求，具有更高的查准率。无论是哪种资源建设模式，其最终目的都是在多样性的网格资源中快速、准确地建设目的资源并返回给用户。④ 下面将从整体和局部来讨论网格环境下的西南地区数字图书馆资源建设。

① 沈勇．网格环境下数字图书馆信息资源组织调度模式研究［D］．电子科技大学优秀硕士论文，2006 年

② 赵东．网格计算环境中若干关键技术的研究［D］．电子科技大学博士学位论文，2003 年 5 月：35－43

③ Jagadish H V，Ooi B C，Tan K L，et al. Speeding up search in peer to peer networks with a multi way tree structure［C］. Proceedings of the 2006 ACM SIGMOD International Conference on Management of data. Chicago，2006：1－12

④ Vega－Gorgojo G，Bore Lorenzo M，Gomez－Sanchez E，et al. A semantic approach to discovering learning services in grid—based collaborative systems［J］. Future Generation Computer Systems，2006，22（6）：709－719

（一）西南地区数字图书馆信息资源

作为信息组织中西南地区数字图书馆信息资源建设的要案，要想在不同的西南地区数字图书馆系统之上提供一个统一的资源视图，聚集各种分布的西南地区数字图书馆资源，就必须将西南地区各个数字图书馆的数字资源和电子资源有效地组织起来，形成一个全面的西南地区数字图书馆数字资源库。由于网格资源中数字图书馆的组织是以资源描述为目的，创建一个标准、开放、统一的资源体系，只要将网格内的西南地区各类数字图书馆系统通过映射、翻译等方法整合成一个西南地区数字图书馆信息资源系统，使用户可以通过一个用户界面，就可以访问到网格内所有的西南地区数字图书馆资源。

元数据是专门用来描述数据的特征和属性的，提供某种资源有关信息的结构数据。它在数字图书馆信息组织中的作用主要是资源描述、资源整合、资源评估等。元数据体系发挥了整合、集成的功能，承担了各种元数据系统的转换与解释，为用户提供统一的集成服务。也就是说，元数据是促进西南地区数字图书馆资源建设的基础，也是实现其信息资源建设的基础。元数据为西南地区数字图书馆提供了一个精确描述数据内容、语义和服务的工具，能够有效地组织网格内的西南地区数字图书馆各种资源，实现资源的共享。这是实现资源互联互通的关键，也是资源建设和利用的重要基础。

从具体实现角度出发，可以将表达对象属性的元数据称为描述性元数据，而将实现对象操作的元数据称为操作性元数据。描述性元数据主要表现信息资源本身的特性，如主题、作者、来源、产生的时间等内容；操作性元数据主要用于定义在数据上的操作行为以及进行这些行为所要求的条件等。[①] 西南地区数字图书馆以这些信息为基础，再配合其相应的软件支持，可以实现特定的操作，如图 7－3 所示的统计分析、信息搜索等。操作性元数据是数据、软件和服务进行集成和互操作的基础。

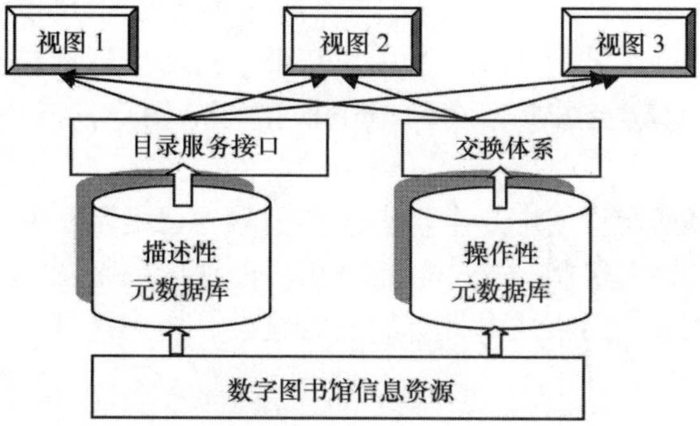

图 7－3　西南地区数字图书馆信息资源元数据的组织模式

信息资源元数据组织的实现过程如图 7－3 所示：系统从描述性元数据库和操作性元数据库中分别抽取需要的元数据，对西南地区数字图书馆信息资源的内容和操作进行定义。此时将生成描述性元数据和操作性元数据，并分别传输到交换体系和目录服务接口。

① Sandiper Software Inc. Metadata Architecture and Standards [EB/OL]. [2011－12－12]. http://www.sandsoft.com/metadata.html

最后通过目录服务接口提供的数据和交换体系确定的服务，定义所需的元数据视图，形成元数据管理系统与其他系统间的接口或用户统一界面。

元数据无论在信息的组织中还是在西南地区数字图书馆信息资源的建设中都起到了至关重要的作用，因此，在西南地区数字图书馆建设过程中，首先应该做的工作就是元数据标准的选择与设计。在多数情况下，主要是选择应用已有的某个或某些元数据标准。元数据标准的选择涉及元数据内容格式、元数据应用规范（包括元数据内容编码语言）和元数据格式语言的选择。一般情况下，主要从西南地区数字图书馆信息资源本身来考虑选择哪种标准。

（二）西南地区数字图书馆信息资源建设的流程

西南地区数字图书馆信息资源在网格中的建设是指根据一定的策略和技术，在网络、大型数据库、数据仓库中，获取目标信息资源的过程，是把西南地区数字图书馆资源与用户联系起来的重要环节，也是西南地区数字图书馆信息资源实现其价值的基本途径。在这一过程中，资源建设用于为用户找到所需的资源地址、标识、名称等信息；资源获取是根据资源建设中已知的资源相关信息（如资源标识符、位置信息等）获得西南地区数字图书馆信息资源，其方法有：①根据信息需求计划输入描述指标，向网格终端的西南地区数字图书馆提交资源申请；②根据西南各数字图书馆信息需求在服务器查找可用的信息资源，并将资源的标识符、位置、名称等信息提供给用户。网格在这个过程中充分发挥高性能调度技术的作用；③用户根据自身的需求并结合一定的策略从可用资源中进行选择，并将所选的资源地址交给网格系统处理；④用户可以通过预约协商功能向西南地区数字图书馆请求某些资源的使用，或提出使用的资源数量、网络宽带等要求；⑤网格根据资源地址或标识符将二次资源请求信息和服务需求提交给相关西南地区数字图书馆的本地资源代理进行处理；⑥本地资源代理查找并返回满足条件的信息资源；⑦用户根据本地策略并结合自身需求对所需的信息资源再次进行选取；⑧用户获得所需的信息资源。

图7－4是西南地区数字图书馆在网格中根据每个用户需求建设并获取资源的具体流程。

以上是从整体上概括流程图中8个基本操作步骤，也是基于网格的西南地区数字图书馆信息资源建设的基本处理机制。这一机制是由西南地区数字图书馆资源建设和资源获取两大功能组成，同时又包含网格技术具有的及时建设、协调调度、预约协商、二次获取等功能。

（三）西南地区数字图书馆信息资源建设的质量保证

西南地区数字图书馆资源本身具有分散、异构、海量的特点，尽管在网格环境下达到了统筹、集成的效果，但西南地区数字图书馆信息资源获取的服务质量一直是人们长期关注的焦点。西南地区数字图书馆信息资源建设与服务质量是信息资源体系及服务能力与用户需求之间的匹配程度，反映的是西南地区数字图书馆提供的所有资源满足用户信息需求的能力。

1. 西南地区数字图书馆信息资源的质量标准

网格环境下的西南地区数字图书馆信息资源种类繁多，如何揭示西南地区数字图书馆

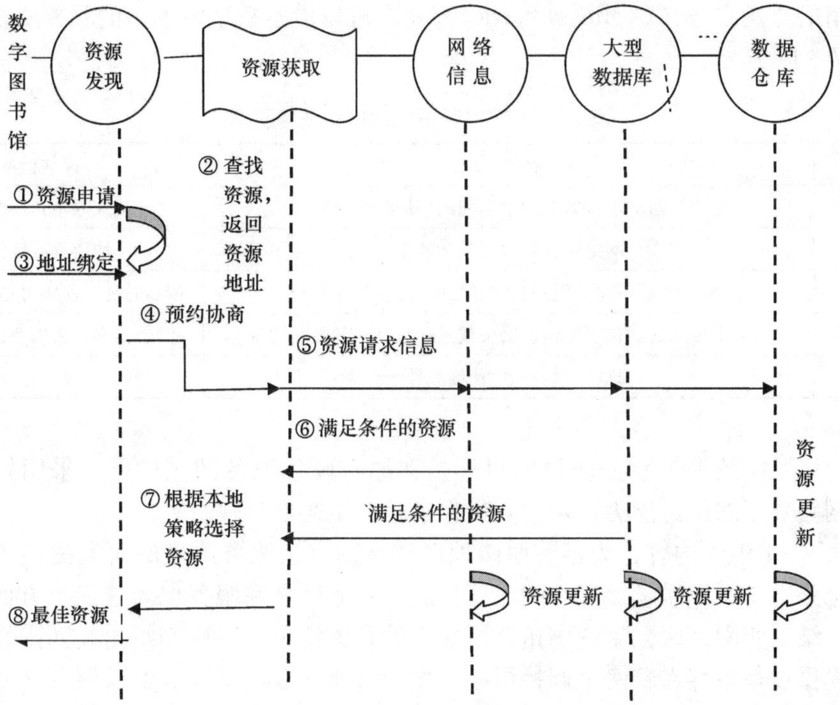

图7－4　西南地区数字图书馆信息资源建设流程

信息资源的特有个性，避免千篇一律简单化，是目前比较重要的问题。国内外图书情报界学者开始关注网格信息资源的质量。在资源建设的质量评价标准的研究中，尽管众说纷纭，但是一个基本的、主要的观点是一致的：评价印刷资源的标准同样适用于网格信息资源的评价；同时强调评价必须根据网格信息资源的特点研究一些新准则。目前认识比较统一的标准主要有以下几个可以借鉴到西南各数字图书馆建设服务的质量要求中：①准确性：获取的信息应该符合用户的要求，真实可靠、内容完整；②时效性：对用户提出的要求应该尽可能及时地返回结果，过期的信息是没有价值的；③可理解性：获得的信息应当清晰明了，易于理解，便于用户理解和使用；④信息的广度和深度：高质量的信息不仅为读者提供直接、事实型的答案，还应为他们提供更深层次、更广的信息，指导用户掌握专业领域的信息渠道，潜移默化地提高用户的信息素养；⑤可操作性：有些信息看似有效，其实并不具备可操作性。不能进行信息的基本操作，如复制、转载、下载等。

2. 西南地区数字图书馆资源建设的质量要求

信息获取的目的是信息使用。西南地区数字图书馆中存储的数据形态如文字、图像、视频、音频、图片等，组合起来是一个分布式海量信息资源库群。如何将用户需求的各种丰富多彩的网格与西南地区数字图书馆信息资源同步、保真、及时地传递到用户手中，这实际可以解释为分布在网格中的西南地区数字图书馆信息服务质量的管理问题。

根据西南地区数字图书馆的本质特征和内在要求，在西南地区数字图书馆信息资源体系保障的情况下，来有效地为用户提供高质量信息传输的服务控制或保证。通常西南地区数字图书馆的质量服务（Quality of Service）要求可以借鉴数字图书馆的服务质量内容来实现，如表7－1[①]所示。

表7－1 数字图书馆的服务质量要求

质量要求	含 义	评估指标
网络可用性	用户与西南地区数字图书馆间的网络连接可靠性	连接失败率，传输失败率
吞吐量	网络中发送数据包的速率	平均速率或峰值速率
传输延迟	两个参照点之间发送和接收数据包的时间间隔	传输时延，连接时延，可变延迟
网络拥塞	网络中传输数据包时错传、丢失或重传数据包的最高比率	出错率，丢失率，重传率
资源释放	释放网络资源的速度和效率	释放时延，释放失败率

西南地区数字图书馆服务质量的目标是在原有硬件设备的基础上，采用新的管理模式，提高网络数据的传送能力，从微观上保证信息资源的传输。

针对表7－1中的内容，为当前西南地区数字图书馆服务质量的研究提供了可资借鉴的方法和思路。将服务质量控制中的次序控制、服务区分和服务保障这三个方面内容进行整理归类，结合西南地区数字图书馆资源建设的具体情况，可以归纳出在西南地区数字图书馆服务提供过程中存在着两个调控层面：控制层面和数据层面。而从服务体系整体上来看，西南地区数字图书馆自身的资源层也很重要，因此第三个层面，即资源层面的服务质量控制也不可或缺。如图7－5所示。

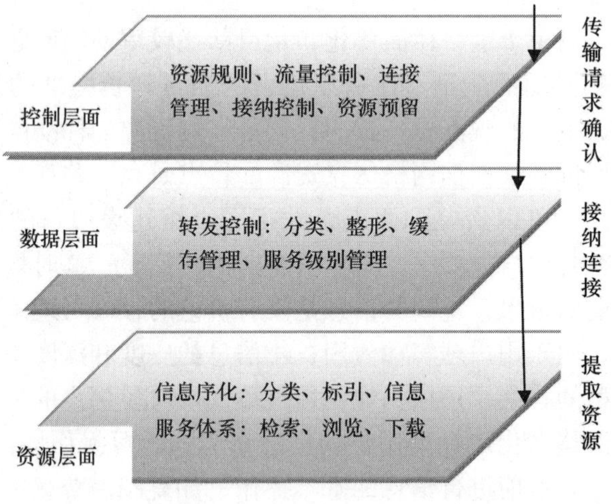

图7－5 西南地区数字图书馆服务质量管理框架

服务质量整体控制层面的功能主要表现在对网络运行情况的实时统计和掌握上，主要包括资源规划、流量控制等5个模块；数据层面的功能主要是网络的情况制定资源分配策

① 张太华，顾新建，叶作亮等．制造网格资源知识和信息获取的系统框架［J］．浙江大学学报（工学版），2009（1）：77－82

略，控制用户数据包传输，以实现不同级别的服务，包括服务级别管理、转发控制等；资源层面的功能是基础性的，主要是关于信息资源的有序组织与管理，以便于实现查寻的快速匹配与提供的目的。当用户利用西南地区数字图书馆信息服务时，就开始向网络提出传输信息的请求，各个层面的服务质量保证亦随之被调用。

3. 西南地区数字图书馆信息资源建设的实现条件

西南地区数字图书馆信息资源建设的实现需要众多的支持条件。无论从微观上的计算机技术本身还是宏观的社会经济、文化环境以及法律制度等方面综合考虑，需解决的问题如下：

（1）法律

法律作为一种社会现象，必须剖析其产生和发展变化的深层背景才能明晰其出现和变动的原因，再来判断其合理的调整范围，最终得出有说服力的结论。① 信息在现代社会中发挥的重要作用有目共睹，甚至被视为和劳动力、生产资料相并列的一种重要的生产要素。在法律知识普及和知识所有者维权意识增强的今天，图书馆著作权的产生不必经由西南地区主管行政机关审查，是自动产生制度。由于信息量大，且获取信息时是由机器根据一定的规则和条件进行获取，因此在西南地区数字图书馆信息资源建设的过程中极易引起知识产权纠纷。如何尽量避免纠纷、在建设有效信息的同时尊重他人的知识产权是一个值得研究的问题。

（2）知识产权保护

知识产权纠纷对中国公司来说一直都不陌生，同样，在西南地区数字图书馆开发中的大量信息资源也会存在或多或少的纠纷。保护知识产权，有利于调动西南地区用户从事科学研究和学术创作的积极性；保护知识产权，有利于促进西南地区图书馆对外贸易，引进外商和外资投资；保护知识产权，有利于促进西南地区图书馆知识管理模式的创新；保护知识产权，有利于促进西南地区图书馆立法的完善。

（3）技术

西南地区数字图书馆的建立是一项庞大的工程，涉及许多新的、较复杂的技术，例如，资料获取的数字化技术、超大规模数据库设计技术、网格技术、模式识别、多媒体技术、数据挖掘技术、图文匹配技术、图像压缩技术、异种操作互连平台、基于内容的检索技术、异种文档转换与标准化以及用户接口设计等。从把资料数字化存储在存储介质上或者从大量的、原始的信息中抽取一直到用户能通过网络方便查询，其中最关键的技术是资料获取技术、数据挖掘技术、数据库设计等。

4. 西南地区数字图书馆信息资源建设的应用系统

按照上述所需的技术支持及体系结构，西南地区数字图书馆开发中需要以下应用系统：

（1）资源加工系统

数字资源加工系统要实现对各种类型、格式的信息及知识的数字化搜集、加工、处

① 黄军辉. 从信息不对称分析医疗纠纷的法律适用［J］. 科技与法律，2006（4）：97－101

理。要实现对获取的资源进行一次加工多次使用的效果，就要建立数字资源加工系统。

（2）异构资源库整合系统

在西南地区数字图书馆开发之前，已经有一批高质量的数据库，将这些数据库整合到西南地区数字图书馆系统中，将极大地扩大西南地区数字图书馆的内容。但原有数据库的内容涉及面广，数据构成形式也存在较大的差异，并且系统平台、应用软件等都不完全相同。目前国内外还没有完全成熟的系统解决办法。有学者参照国外在这方面已经取得的成果，建议采用 XML 封装技术对现有的数据库进行统一封装后与西南地区数字图书馆系统连接，使原有数据库作为西南地区数字图书馆的资源内容得到有效的利用。

（3）数字资源的管理与存储系统

西南地区数字图书馆的信息资源包括元数据和对象数据。一般来说，元数据相对集中存储，对象数据则分布存储。大规模资源管理与存储系统的功能就是要实现所有西南地区数字图书馆信息资源的存储管理，包括根据国内外相关标准和规范定义对象的存储协议、存储格式，维护信息对象的完整性和一致性，以及提供在分布式网络环境下的大规模数字资源高效的存取支持等。

（4）资源调度系统

调度系统功能通过前面介绍的网格技术实现，其目标是通过一个标识来确定西南地区数字图书馆中所有数字资源的状态，建立一个管理所有信息资源的系统，在资源所处的网络环境发生变化时，把唯一标识所对应的值做相应的修改，以此保证服务的正常运转，然后通过调度系统获取分布存储的目标数据。实现调度系统首先要建立一个完善的调度码体系和一个调度机制，直接调用网格中的算法和程序等资源，避免许多重复性的工作。

（5）安全认证系统

西南地区数字图书馆开发中需要设有安全认证系统以确保系统运行安全，确保西南地区数字图书馆各类信息资源为用户有效使用。同时，西南地区数字图书馆开发的信息资源应遵守国家相关法律法规，协调解决好有关版权事宜，避免出现知识产权纠纷。

随着信息技术的飞速发展，越来越多更复杂、更实用的高新技术应用于西南地区数字图书馆的开发工作中。这些西南地区数字图书馆信息资源获取条件的支持技术不断发展成熟，必将使数字图书馆向自动化、网络化、智能化方向发展。

第三节　西南地区图书馆城乡一体化信息资源共享建设

西南地区城乡一体化图书馆信息资源建设与发展的不平衡，直接导致服务的不均等，直接影响西南地区城乡群众平等的文化权利。当前，在认真贯彻落实国家“十二五”精神的同时，西南地区各级政府先后出台了“加快建设公共文化服务体系”的政策和对其加大投入的机制。那么如何合理规划，整合现有资源，创新体制，构建科学高效的西南地区城乡一体化图书馆服务模式，推进西南地区城乡一体化图书馆的发展，将西南地区图书馆建设与统筹城乡相结合，与文化信息资源共享工程相结合，与保护和弘扬民族文化相结合，推动文化大发展、大繁荣相结合，让有限的投入与现有的资源实现社会效益的最大化，在复杂的公共文化系统中找到一条推进城乡公共图书馆普遍均等、惠及全民的服务模式，这些问题亟待总结和研究。这里结合前面第四章中对西南地区图书馆现状的分析，借鉴嘉兴市城乡一体化图书馆服务体系的模式“政府主导，整体规划；三级投入，集中管理；资源共享，服务创新。”来探讨西南地区城乡图书馆资源共享模式，以期改变“西南地区城乡分割”的思维模式，改变西南地区城乡文化差异的格局，维护好群众的基本文化权益。显然，构建西南地区城乡一体化图书馆服务体系的责任主体是西南地区各级政府，政府的主导作用是保证图书馆服务体系建设顺利起步、持续发展的关键。西南区域内的地级市、县（区）、乡镇三级财政分别拨款，从开馆经费、图书购置、设备购置、流通快递、技术支持等方面给予经费保证。

一、西南地区城乡一体化图书馆信息资源建设

城乡一体化图书馆服务体系的建立，是公益性、均等性、便利性的基本性原则在西南地区的城乡“二元化”差异结构调整的有力措施，是以西南地区各级政府为主导，以乡镇为依托，以村为重点，以群众为对象……整合一切服务于城镇、乡村、社区居民的文化信息资源，来培养西南地区城乡居民特别是农民群众的学习兴趣和阅读习惯，是让西南地区城乡居民享受阅读的快乐，树立终身学习的理念，使阅读成为老百姓的一种时尚、一种新的生活方式。构建面向西南地区城乡居民的图书馆服务网络，具体体现在：①

（一）以政府为主导，明确财政经费的投入

西南地区城乡一体化图书馆信息资源共享服务模式的建设，涉及各级政府、各级财政，对经济差异、管理发展不一的西南地区基层图书馆，是一个系统的工程。为了使这些因素都能有效地协调统一，只有发挥政府的职能作用，才能使各级政府、系统之间，形成有效的联系和协调，保证西南地区城乡一体化图书馆信息资源服务体系的正常有效运转，并保持其体系运行的统一、稳定和权威性。例如：2009 年，中共成都市委、成都市人民政府公布了《关于进一步加强基层文化建设的意见》。对成都市基层文化建设中的主要问题作了明确规定，关键问题予以实质性的解决，特别是总体工作目标、工作措施明确具体，并对“关于确保如期完成建设任务”、“关于确保落实专门工作人员”、“关于确保各项经费足额到位”、“关于建立绩效考评机制”四个方面提出明确具体要求。特别是对基层文化建设中的关键问题：经费、人员、管理作了行政性明确规定，解决基层文化建设与发展中的关键性问题，为城乡文化和谐发展铺平了道路。②

（二）以地市级图书馆为中心的城乡图书馆资源共享建设

网络技术的快速发展使西南地区城乡各个图书馆之间通过网络进行资源共建、共享和协调服务成为可能。城乡一体化建设的实施迫切要求信息资源的共享共建，而建设以城市图书馆为中心的区域城乡图书馆联盟，是解决目前西南地区城乡一体化图书馆信息资源共建共享的实际问题，只有协调西南地区城乡一体化图书馆信息服务，才是促进城乡图书馆

---

① 张长黎．城乡一体化与城乡图书馆信息资源共享服务初探［J］．青年文学家，2011（17）：169－171

② 郭星．基于文化权益保障的城乡一体化公共图书馆资源共享模式研究——以成都公共图书馆为例［J］．四川图书馆学报，2012（2）：12－16

建设的一条重要途径。[①] 目前，西南地区省级、市（地）级图书馆投巨资购买的现代化设备，花大力气建立的图书编目、流通借阅、数据库检索、网上信息资源收集等服务项目，只有通过拓展服务范围和领域，才能更大地实现其社会效益。为此，可以借鉴嘉兴市图书馆的经验，以西南地区省级、市（地）级图书馆为中心的区域城乡图书馆联盟可使同一区域内的所有图书馆（室）都能共享该系统内的信息资源，因而不论是对西南地区省级、市（地）级图书馆本身还是对基层图书馆、乡村图书馆，都是一举两得。此外还可由各个省馆、市馆、县馆、联盟馆多方通过协调采购，实现资金的合理使用和资源合理配置，缓解西南地区城乡一体化图书馆的经费短缺和藏书总量不足等问题[②]。另一方面，西南地区城乡一体化图书馆联盟可以以总分馆建设机制为核心，依托实体馆、数字图书馆、文化信息共享工程、联合参考咨询网等现有服务模式，按照科学谋划、分步推进的原则，分别以各地（市）级图书馆为中心，县（区）级图书馆为骨干，联合城乡图书馆，组建地区性图书馆网络，按照多层级、多功能的图书馆的合理布局和规划建设标准，实行联合编目、联机检索和馆际互借。再者，西南地区城乡图书馆在总分馆制建设思想指导下，以总馆为技术支撑；以县（区）馆为主干，构建以乡镇（街道）、村（社区）等基层图书室为主体的多层服务体系；以图书馆传统服务为基础，构建数字图书馆、手机图书馆、云计算等新技术为支撑的西南地区城乡一体化图书馆联盟体系，才能真正实现城乡一体化资源共建共享，共同推进城乡公共文化服务体系建设，为西南地区城乡图书馆提供人员培训和业务管理服务，提高城乡图书馆的人员素质和服务质量，推进西南地区图书馆事业的发展。

二、西南地区城乡一体化民族文化资源平台

西南地区图书馆作为公益性文化事业单位，在促进文化继承与推广，提高人们的思想道德和科学文化素质，促进个人发展及社会进步等方面起着不可替代的作用。对于区域文化建设而言，一方面，西南地区图书馆是文化建设的重要组成部分，它的发展与区域文化、经济、社会发展密切相关，它是一个地区文化发展的标志。另一方面，西南地区图书馆以搜集、整理和提供文献服务为工作的基本点，担负着文化遗产保护，文化资源服务，促进文化教育与文化创新等职能，对于区域文化建设具有重要的促进作用。

西南地区城乡一体化的民族文化建设是保护和弘扬民族文化，在现代文化与传统文化的冲突与交融中进行文化调适，进而形成具有本土特色的先进文化的过程。民族地区文化多样性突出，文化发展水平不平衡，文化传播与信息接受水平多层次化，西南地区图书馆与所处区域的社会文化环境密切相关，其发展思路，包括工作理念、工作重点、工作方式等既受到特定文化环境的规约，又影响着地方文化的建设和发展。要使西南地区图书馆事业在少数民族地区不断发展，并在区域文化建设中充分发挥其作用，就要因地制宜，了解

---

① 陈能华，邹瑜，肖雪．农村图书馆建设过程中的城乡图书馆信息资源共享服务初探［J］．山东图书馆学刊，2009（6）：68－70

② 杨秀平，张玉珍．基于文化权益保障的城乡一体化公共信息资源共享模式研究［J］．图书馆理论与实践．2011（8）：58－61

本土需求，利用本土资源，发掘本土特色，服务地方发展。① 为此，在西南地区图书馆工作中，应重视以下几个维度。

（一）西南地区城乡一体化民族资源发展维度

西南地区城乡一体化民族资源发展是指资源的可持续建设和有选择性的增长。西南民族资源发展是西南地区图书馆城乡一体化的基本工作，有利于保存当地文化遗产，形成西南民族资源特色；同时，为西南地区图书馆城乡一体化开展服务提供文献基础。西南民族地区的文化资源丰富，文化需求多元，西南地区图书馆的资源发展应充分考虑到资源中的文化因素。

1. 关注多种资源形态

西南地区民族文化依托多种形态得以传承与传播，总的来说主要有三种形态：文献形态、非物质形态、实物形态。文献形态是指通过各种记录手段在各种载体上的记录形式。西南民族地区的文献资源既包括有着悠久的书写传统的民族如彝族、纳西族、傣族、藏族等，在长期发展中积累了丰富的民族文字资料，又包括由田野调查者、旅行者及其他人士以各种技术手段记录下来的文献。这些文献类型多样化，既有刊物、图书、报纸、资料汇编、油印资料、会议资料、古籍、手稿、抄本、相片、地图、乐谱、歌词、演讲稿、拓片等书面文献，又有录音、录像、电视节目片段等模拟型及数字型载体形态文献，还有通过数字工具直接形成的原生数字文献（Born Digital Resource）。非物质和实物所承载的知识，是活形态的知识，通过口头传统、生产技术、消费习惯、交际仪礼、节日庆典、宗教仪式、表演艺术、社会风俗、手工技艺等非物质形式，或通过如民居、雕塑、碑刻、设施、服饰、器具、工具、工艺品、场所等物理形式承载。

文献所承载的知识是显性知识，具有实体性、耐久性，可跨时空传播，知识产权归属清晰，价值评价体系成熟。口头知识传统、艺术、技艺等知识表现形态，以及由实物承载的知识是隐性知识，是动态的，即时的，与情境相关，具有代际传承和集体创作的特点，又因个体发挥而显示差异性和多样性。随着社会急剧变革，这一部分资源面临濒危、失传的危险。而事实是，大量的民间文化是以口头和实物的形式承载的。这些脆弱而动态的知识应为西南地区图书馆搜集和收藏的重要组成部分。口头及其他非物质形式所承载的知识，以及以实物所承载的知识，都可通过不同记录手段而成为书面文献或数字文献。数字技术的普及使口头文化和实物文化能及时记录并接近原样呈现，重新通过声音和形象得以传播，既具有口语、展演或实物的直观性，又能像文字符号一样克服人类直接交流限制。

西南地区图书馆以往主要关注的是文献资料，尤其是纸质印刷型文献资料，未能保存活态知识文化，难以使流传在民间的鲜活的知识和多样化的文化形态保存下来并广泛传播。因此，西南民族地区图书馆有必要尤其关注对西南民族地区活态文化的采集、保存、整理，如通过口述历史采集，重大文化活动录像，启动特定文化专题的文献征集活动等，使口头及其他非物质形态的文化资源文献化，从而使活跃于田野的民间文化、村老野语成

① 此节来自于本课题阶段性成果：图书馆在民族地区文化建设中的四个工作维度［C］．信息社会与多元文化——云南省图书馆百年馆庆国际学术研讨会论文集．云南大学出版社，2009（11）：78－80

为西南地区图书馆文献的组成部分，使西南地区图书馆的收藏更丰富。同时，通过搜集原生数字文献及将其他类型文献数字化，实现西南民族文化资料的数字化存储、检索与在线传播。

2. 包容多元文化内容

在漫长的历史变迁中，西南民族的发展经历过分化、融合、重组，很多少数民族都在西南地区，有些少数民族跨境而居，即所谓“十里不同天，一山不同族”，各民族社会发展不平衡，经济、文化差异大。正是自然地理环境、社会发育程度、传统文化等的不同，形成了不同的文化生态系统，孕育了绚丽多彩的文化资源。文化具有西南民族性、地域性，西南民族文化承载着民族情感和理想信仰，体现了西南民族个性特征与精神气质，不同的西南民族有不同的语言、习俗、信仰等，各具特色，在文学艺术、民俗风情，歌舞、节庆、民间工艺品、饮食、服饰、生产方式等方面，都有自己丰富的内涵。在工业化、农业现代化和城镇化建设浪潮中，西南民族地区出现了传统文化与现代文化、本土文化与外来文化并存的局面，文化变迁加剧。人类文化总是处在变化之中的，有时是由外力，而更主要的是由内在动力推动其发展。保护民族文化不能是以封闭和保守的形式实现，而是通过不同文化之间的对话，倡导对不同文化特征、传统和信仰的尊重，发展文化和语言的多样性，人们才能真正理解、珍惜传统文化的价值，推动文化和经济相辅相成的发展，珍贵的西南民族文化遗产才能真正得到保护和发扬。

在全球化背景下，信息技术使资源流动和知识交流日益频繁，本土文化受到以西方先进技术文化为代表的现代文化的冲击、排斥，误解乃至滥用，值得特别加以保护。[①] 2003年12月联合国在瑞士日内瓦发表的《信息社会世界首脑会议原则宣言》中指出，必须关注本土人民（Indigenous People）的特殊情况，并特别关注保护他们的传统和文化遗产，促进文化包容，尊重文化多样性。因此，在多元文化汇聚的西南民族地区，树立冷静的、非民族主义的、全方位的视角以审视各种文化系统，保护文化多样性，维护文化生态平衡，促使西南民族地区在文化变迁中不失文化个性，在文化冲突中不断达致和谐发展，是西南地区图书馆资源发展中应具有的观念。西南地区图书馆加强对各种文化内涵的理解，招聘具有多元文化背景的工作人员，以开放、包容的态度对待多元文化内容，在选择、收藏现代文化、技术资源的同时，积极搜集本土文化资源，尤其是各西南民族语言记录的文献资料，开发合适西南民族文化资源的分类架构和术语表达的信息组织方式，并慎重处理西南民族文化中的敏感资料和神圣、禁忌内容的文献。

（二）西南城乡一体化社区维度

西南民族地区是多元文化人群积聚的地区，面向多元文化，西南地区城乡一体化社区开展服务是西南地区图书馆工作的重心。西南地区民族图书馆应以民族城乡一体化社区为本，面向其所在西南民族城乡一体化社区开展服务，以凝聚西南民族城乡一体化社区关系，促进西南民族城乡一体化社区发展。

---

① World Summit on the Information Society，Declaration of principles. Building the Information society：A global challenge in the new millennium ［EB/OL］. ［2010 -0816］. http：//www. itu. int/dms_ pub/itu - s/md/03/wsis/doc/S03 - WSIS - DOC - 0004!! PDF - E. pdf

1. 营造西南地区城乡一体化社区文化环境

西南少数民族聚居的城乡一体化社区是基于地理因素的实在而非虚拟的城乡一体化社区，多为欠发达的不同民族的城乡一体化社区。西南民族城乡一体化社区成员有着不同的文化背景、语言乃至思维模式，对待文献的态度不同，获取和使用信息的能力不同。西南民族城乡一体化社区成员组成成分多元，造成了一定的区隔。同时，居民在日常生活中缺乏利用西南地区公共图书馆的经验，没有把西南地区图书馆作为生活中的重要公共设施加以利用，使西南地区图书馆处在城乡一体化社区里得不到更好的利用。这是社会不平等和社会疏离的一种空间表达，它既来自物理的，也有来自社会的距离。事实上，无论是在以西南地区图书馆作为场所空间上的汇集，还是以西南地区图书馆活动作为契机进行内容和信息上的沟通，都有利于西南地区城乡一体化社区成员的交互。因此，应强调西南地区图书馆与城乡一体化社区的相互依存，吸引城乡一体化社区成员的参与，激发城乡一体化社区成员使用图书馆。西南地区图书馆除了利用其搜集的文献资料提供阅览外，还应设计与有关城乡一体化社区文化传统相关的各种活动，展览和陈列城乡一体化社区历史、文化，提供城乡一体化社区会议场所。此外，还可开设城乡一体化社区资源网络及社区论坛，将城乡一体化社区资源加以管理和呈现在一个集成的数字化系统中，在西南地区图书馆平台上推进城乡一体化社区成员的交流。通过设计各种推广项目、采用多种语言材料，提供开放的多样的文化环境，使各种文化背景的人们得到相应的文化服务，以促使各种城乡一体化社区成员能珍视和理解自身的文化，并理解城乡一体化社区中其他人的文化传统，激发用户的文化传承与传播的兴趣，营造城乡一体化社区文化环境，满足多元文化需求。

2. 西南城乡一体化社区本土文化

西南地区图书馆应强调本土特色和本土适应，使之更加切合西南城乡一体化社区成员及社区的需要。西南地区图书馆应把自身看作帮助者而非专家，西南城乡一体化社区成员为平等的参与者，在服务计划中强调西南地区城乡一体化社区范围内的广泛包容，使西南地区图书馆的服务能符合该区域城乡一体化社区的发展前景，与该区域城乡一体化社区一起，作为伙伴而非决策者来设计西南地区图书馆计划。应选择一些与大型文化背景相关的西南地区城乡一体化社区事件作为分析单元，以系统揭示西南地区城乡一体化社区中或强或弱的声音，进而从少数民族用户的生活习惯、民族心理、思维方式和接受能力出发，结合西南地区图书馆的特点，有的放矢地提供服务。应把西南地区图书馆建设成汇集、保存、推广西南地区城乡一体化社区文化的核心机构，通过建立地方馆藏，开展口述历史项目，进行讲故事活动等，把西南地区城乡一体化社区文化资源搜集的过程变成与西南地区城乡一体化社区成员互动的过程，增进西南地区图书馆与用户的联系。为此，应培训西南地区图书馆员适应本土环境，熟悉本地用户，最好是吸收本地人作为西南地区图书馆职员或志愿者，从而使西南地区图书馆能真正地欣赏在西南地区城乡一体化社区中本土文化的价值，知道如何搜集、管理本土文化并激发本土文化在西南地区城乡一体化社区的作用，使西南地区图书馆对整个西南地区城乡一体化社区的发展产生影响。

早在1987年,[①] 国际图联的多元文化群体图书馆服务部门（International Federation of Library Associations and Institutions Section on Library Services to Multicultural Populations）即制定了《多元文化社区图书馆服务指南》，至1998年已出版了第二版的修订版，该指南在图书馆的责任、图书馆资源、跨文化及服务、信息及参考咨询、技术服务、延伸服务、职员要求、特殊群体等几个方面提出了指导。美国公共图书馆协会（PLA，Public Library Association）的城乡一体化社区信息分部出台的《公共图书馆建立社区信息和参考服务指南》已出版第四版，提供了图书馆社区服务的全面指导和文献指南[②]，值得借鉴。

（三）能力建设维度

能力建设旨在提升西南地区城乡一体化社区在现代社会中的生存能力和创新能力，不仅是在经济上获得发展，而且在文化权利上得到保障，使生活更为积极、智慧，在全球化背景下自主选择有利于西南民族发展的具有民族特色的发展道路。西南地区图书馆在推动个体及西南地区城乡一体化社区在信息社会中的发展能力具有重要作用。应通过西南地区图书馆的努力来使西南少数民族地区群众有机会获得在现代社会中必要的技能和知识，提供信息保障和知识援助，提升个体及西南地区城乡一体化社区的生存和发展能力。

1. 保障西南民族地区的信息权利

信息权是人的基本权利，人人都有权获取信息并利用信息改善自我的生活境况，表达自我的文化意识与观念，积极参与政治、经济等社会公共事务，从而在社会中获得应有的地位，从信息社会和知识经济中受益。但是，由于受政治、经济、社会等不平等因素的影响，不同群体、不同地域之间的知识差距越来越大。1970年，美国学者蒂奇纳、多诺奥里恩发表《大众传播流动和知识差别的增长》一文，提出“知识沟假设（Knowledge - Gap hypothesis)”，认为“随着大众传媒向社会传播的信息日益增多，社会经济状况较好的人将比社会经济状况较差的人以更快的速度获取这类信息。因此，这两类人之间的知识沟将呈扩大而非缩小之势。”信息传播与接受与人们的教育程度有很大关系，教育程度的高低预示人基本的发展能力，地域发展水平、经济状况等又与教育程度密切相关。在少数民族地区，社会经济发展迟缓，文化水平较低，文盲比重大，交通不便，消息闭塞，不能及时看到报纸和刊物，在信息资源接收处理工具的拥有量、享受信息消费的时间、接受信息及表达自我的能力等方面，都远远比不上城市，长期处于信息资源弱势地位。[③] 西南地区图书馆具有良好的信息资源、信息处理工具及信息传播渠道，应通过扫盲、文化素养教育、信息素养教育和现代信息技术培训等，使用户提高获取信息的能力和自我学习的能力，从而掌握文化、技能，进而有机会参与到主流社会发展中。

---

① International Federation of Library Associations and Institutions Section on Library Services to Multicultural Populations. Multicultural Communities Guidelines for Library Services [EB/OL]. [2010 - 08 - 16]. http://archive.ifla.org/VII/s32/pub/guide - e.htm

② Kenyon A, Casini B P. Guidelines for Establishing Community Information and Referral Services in Public Libraries [M]. 4th ed. Chicago: Public Library Association, 1997

③ [美] W. J. 赛佛林等著，郭镇之等译. 传播理论：起源、方法与应用 [M]. 华夏出版社，2000：274

2. 维护西南少数民族地区的文化权利

在西南少数民族地区，传统文化同外来文化并存，在全球化博弈中，人们普遍认识到，应重视西南民族文化价值，健全文化自我保护机制，促进文化自觉和文化认同，鼓励文化表达，保障文化创造，从而保护西南少数民族地区文化遗产，传承和发扬传统文化，建设本土文化产业，使西南少数民族地区在全球化背景下具有文化复兴能力与创造能力。

依据《世界人权宣言》、《经济、社会及文化权利国际公约》对文化权利的界定，文化权利包括四个方面的内涵：享受文化产品的权利、参与文化活动的权利、开展文化创造的权利、个人的文化创造得到保护的权利。① 《国家“十一五”时期文化发展规划纲要》中特别强调了图书馆是公共文化基础设施建设的组成部分。由此，西南地区图书馆在促进本土文化认同，改善不平衡的信息单向流动，维护西南少数民族地区的文化权利等方面起着重要作用，应通过自身的服务来满足人们的精神文化需求，提高人们的文化素质，促进当地人民的民族自觉意识，激发其参与文化建设的积极性、创造性，促进个体及城乡一体化社区的现代文化适应，提升个体及城乡一体化社区的文化资本。事实上，西南地区图书馆在协助城乡一体化社区充分发掘文化资源，在培育文化产业，打造知名文化品牌，创造不断发展的文化环境，增强民族文化影响力和竞争力等方面大有可为。②

（四）合作维度

西南民族地区图书馆应充分利用民族地区的各种资源，整合西南地区图书馆和社会各种机构的力量，强调资源共享、智慧共享，与其他机构合作建设本土文化资源。同时，应充分考虑西南民族地区的社会背景及经济、文化条件，利用已有的信息服务系统及其他资源，保障西南地区图书馆信息服务的品质。

1. 合作建设文化资源

西南少数民族地区丰富的文化资源有待西南地区图书馆将其文献化、数字化，而在这个过程中，需要各种合作，这种合作将在个人、地区、国家、国际等不同层次的范围内展开。首先，西南地区图书馆应与本土城乡一体化社区合作，以搜集、开发本土文化资源。有了本土城乡一体化社区的参与，文化资源的搜集、整理和利用模式才能契合本土文化的实际，才能使这些文化资源以其原生态的方式得到充分揭示和合理利用。其次，由于文化资源载体的多样性和产生的多源性，西南地区图书馆应积极寻求与博物馆、档案馆的合作，开展资源共建、共享。由于很多西南民族地域分布分散，且在历史发展过程中，各种原因如殖民、探险、田野考察等，导致文献外流，因此，区域间乃至国际合作也是十分必要的。

当西南地区图书馆启动民族文化的资源建设项目时，应将研究机构、技术部门、政府部门、NGO、社会团体乃至个人都视为合作伙伴，做好广泛的资源普查，以共同的协议来保障资源共享机制，以规范化的标准和技术来促进资源合作建设。围绕一个主题或区域来

---

① 艺衡等．文化权利：回溯与解读［M］．社会科学文献出版社，2005

② 新华网：国家“十一五”时期文化发展规划纲要［EB/OL］．［2010－08－16］．http：//news. xinhuanet. com/politics/2006－09/13/content_ 5087533. htm

以同样的标准建设数字收藏，设计联合书目数据库、数字资源登记项目，通过网络实现分布式民族文化资源共知共建共享模式，从而使收藏走向统一化、规范化。不仅要整合分散在不同机构的文化资源，而且要与这些机构合作，促进已有资源的更广范围的使用。

2. 合作开展信息服务与文化活动

与西南地区城乡一体化社区机构及群体乃至个人建立积极的联系，是西南地区图书馆工作成功的关键。西南地区图书馆应分析在该地区城乡一体化社区建设中，重要的社区组织是哪些，有无特别注重社区建设的专门职能，通过在资金筹措、资源建设、文化活动策划等各方面与社区各机构合作，将服务延伸到社区的各种场所。尤其是引导服务的开展，是西南地区图书馆与城乡一体化社区及其他机构进行信息服务合作的重要手段。引导服务避免了该地区城乡一体化社区中不同的机构，非营利组织等提供社会服务的部门间无谓的踢皮球现象。1973 年，美国成立了信息与引导联合会（AIRS ，The Alliance for Information & Referral Services），2007 年，AIRS 出版了《信息与引导服务标准》第 5 版，其中包括 27 个标准，覆盖了信息与引导服务的各个方面，定义了服务的一系列活动纲要，包括城乡一体化社区档案建设、简单或复杂的信息提供、积极帮助用户与城乡一体化社区中某一特定资源的联系、与用户一起工作以克服障碍、保障用户最终得到合适的资源等。[①] 鉴于此，通过合作，以西南地区图书馆为契机来协调城乡一体化社区中具有信息服务功能的各种机构的服务业务，可切实满足一体化社区成员的信息需求，充分发挥西南地区图书馆在城乡一体化社区的枢纽作用。

总之，西南民族地区图书馆应从民族地区的实际出发，以资源发展为依托，以城乡一体化社区服务为本，以能力建设为目标，以合作为手段，开展文化建设，使西南地区图书馆成为集多元文化资料收藏中心、文化活动中心、自我学习中心为一体的，真实保存和展示出西南民族地区传统文化，并为区域文化发展服务的立体空间服务。

---

① Alliance for Information & Referral Service. Standards for Professional Information and Referral [EB/OL]. [2011-08-16]. http://www.flairs.org/AIRS/pdf/AIRS%20Standards%20Version%205.2.pdf

第八章　西南地区图书馆特色资源建设与服务

21世纪图书馆发展的必然趋势是“收藏数字化、操作电脑化、传递网络化、信息存储自由化、资源共享化和结构连接化”。在信息社会，图书馆与所处社会和读者之间那种相互依存关系始终在调整中，而特色图书馆会使上述关系被调整得更具适应性、更理想化。由于特色图书馆绝大部分建立或依托在原有相对综合、普及的各类型、各系统图书馆基础上，它的形成和发展将是图书馆现有特征与功能的强化和升华。图书馆特色化在中国仅仅是一个开端，但它对图书馆的传统意义上的文献收藏内容与服务方式进行了根本性的更新与变革，因而也促使图书馆在藏与用两大基本矛盾方面产生了质的突破。随着现代电子技术和信息技术的飞速发展，越来越多图书馆逐步实现自动化和网络化，图书馆不再是原来意义的“藏书楼”，图书馆要真正实现其地位，就必须树立品牌意识，开发特色数据库，走有特色的发展道路。①

第一节　西南地区图书馆特色资源建设的内涵

特色化是西南地区图书馆信息资源服务的保障基础，是个性化的发展方向，是西南地区图书馆的生命之基，力量之源。构建自身的特色，寻找适合自身发展的道路，是摆在西南地区图书馆面前的重要支点。只有建设具有特色化的西南地区图书馆，才能充分发挥具有西南民族特色的图书馆的优势，才能在“信息爆炸”的数字化时代站稳脚跟，才能拥有更加美好的西南地区图书馆的未来。

一、西南地区图书馆特色资源建设的界定

（一）特色资源建设的内容

民族特色是西南地区图书馆的根本特色，它不仅仅表现在民族语言的特色方面，更多的表现在其发展历程中形成的持久稳定的发展方式和被社会公认的、独特的、优良的办馆特征，表现为具有与众不同的办馆理念、馆风、馆貌、馆藏、服务方式、管理措施和人才模式，网络建设，信息发布和对外宣传。西南民族地区的地域特征表现在共同的地理环境、地理位置、自然资源以及政治、经济、文化、宗教、风俗习惯和民族关系等自然和人文方面。西南地区图书馆所反映的这类环境和状况的各种文献资源（尤其是西南民族地区的各个民族文献资源）的汇集，基于现代技术的西南地区图书馆特色资源的开发利用就是地域特色的表现。馆藏文献资源特色是西南地区图书馆的基本特色。西南

---

①　杨颖．图书馆建设特色资源探讨［J］．黑龙江科技信息，2008（9）：56－57

地区图书馆民族特色资源主要反映的是西南区域内民族历史资源和现实信息资源的总和，是自然环境与社会环境的沿革、发展及现状。西南各个区域民族图书馆都有自己最突出、最优势的民族文献信息资源。图书馆对这类文献信息资源的收藏、为民族建设发展提供信息支持、为研究人员提供专题深层次的服务，就是西南地区图书馆民族文献信息资源特色的体现。

在这里，特色就是独有的品位和风格，是一个图书馆的信息资源与另一个图书馆的信息资源差别之所在。例如，大理州图书馆的“南诏文献”、乐山市图书馆的“乐山大佛文化研究”、桂林图书馆的“桂史文献”等，都是独具地域特点的藏书，就属于特色资源的范畴。有很多学者们所述的图书馆特色资源，从广义上说，具体包括历史特色资源、地域特色资源、专题特色资源以及其他在内容或形式上具有特色的资源。[①]

（二）特色化建设的可持续性与复杂性

特色化是作为一种状态和性质，需要不断地建设、充实和发展，最终目标是形成具有时代气息、含有高新技术的一个体系、一个系统、一个工程。因而西南地区图书馆特色化建设必须与时俱进，是一项长期的艰巨任务和历史使命。

1. 可持续性

可持续性是长久性的深入和延伸。西南地区图书馆可持续性是指在西南地区这个特定的环境、系统里成功地延伸服务的能力。其表现在：西南地区图书馆特色化建设具有协调有效继承和开拓创新的能力；具有巨大的发展潜力和旺盛的生命力；能够担负起为后代扩大更多文明积累的责任。因而决定了西南地区图书馆特色化建设的可持续性。

2. 复杂性

是指特色化系统内部结构具有多层次、多部分，并且各个部分相互连结、嵌套、递归。西南地区图书馆系统内部各个层次之间跨越后，进行整合产生的不可还原的新形状和相互关系，也是复杂性的重要表现。

二、西南地区图书馆特色化建设的目标

不同的用户，对文献的需求各不相同，西南地区图书馆特色化建设主要以不同的用户为中心，围绕特定用户群的需求、服务理念、信息的载体及服务而建，目的是更好地为读者开发深层次服务，为读者建立互动的创新平台。根据西南地区各个图书馆的实际情况，突出各个馆藏文献特征，地区特征、民族文献特征，同时结合本地的社会经济文化现状开展特色化建设。西南地区图书馆特色化建设必须要协同配合，优势互补，实现资源共享。在整体规划、局部建设方面协调协作，才能保证西南地区图书馆特色化建设的系统性。决定特色化建设的走向，使西南地区图书馆特色化建设具有一定的前瞻性，符合信息化发展趋势。同时合理利用财力、物力和人力，保证西南地区图书馆特色化建设的连续性。西南地区图书馆特色化建设技术手段要先进，要与数字化相结合，在构成体系和整体发展思路

① 曹海霞．试论西南地区图书馆特色资源建设与服务［J］．图书与情报，2010（3）：124－126

上要有较高的起点，向国际标准靠拢。内容上迅速反映本地区、本民族学科研究的前沿、水平和热点。

三、西南地区图书馆特色资源库的结构设置

在数据库建设中，内容是高质量数据库的重要标志。西南少数民族数据库从建库规划开始，就应把全面、准确、完整收集反映西南少数民族的起源、历史发展、政治、经济、文化、风俗、科学技术等各个方面的不同载体的文字记载，及西南少数民族各个领域的研究成果作为建库的主要目标。① 在数据源的采集上力求涵盖一切反映民族特色的文献类型，这是一个长期而艰巨的任务，急功近利是难以达到既定目标的。需精心规划，争取多方支持合作，分步分阶段进行。根据西南少数民族文献的特点，其少数民族数据库由四个子数据库构成：

1. 民族文献书目数据库

主要收录系统论述某一民族或多个民族的各个方面的专书专著。这一方面的数据源以各图书馆的书目数据为依据，在数据录入和标准规范方面有很多成功的经验可以吸取。

2. 民族文献论文提要数据库

收录关于研究西南地区少数民族的论文，以及西方学者关于我国西南少数民族研究的论文的汉译本。对于英文原文论文视数量而定，如收集的数量不多，则组织人员翻译题名、著者暂时存放于此库，如数量大则考虑另设西文数据库。书目数据中类似的情况也照此处理。

3. 民族古籍库（原生文献库）

这是最能体现民族特色的一个分库，民族古籍文字种类多，载体复杂，收集困难，所需经费多，建库过程中要解决的问题难度大，需要多方合作支持方能实现。各级民族古籍整理办公室经过多年的收集整理，为建库打下了一个良好的基础。目前只要能收集到的老彝文、指路经、水书、老傣文、古藏文、东巴经、贝叶经及其他载体的文献，可采用照像复制方法保留原貌，再用扫描技术录入照片。对已翻译整理并收入书目库的文献，在两库之间建立连接，使检索者既能看到原貌，又能了解其研究状况。对未经整理的原生文献，在数据库扫描录入照片复制品，同时请民语专家翻译标题，录入论文库，并建立两库之间的连接。这样做的好处是，对数据库软件可以不作民族文字的汉别要求，减少数据库建没的难度，减少经费投入。

4. 全文数据库

对一些有价值的、已不涉及版权的重要文献，采用扫描技术全文录入，建立全文数据库。

---

① 宋光淑，张月芬，张禹．西南民族研究特色数据库建设探讨［J］．大学图书馆学报，2002（4）：34－37

四、西南地区图书馆特色化建设的优势

（一）西南地区图书馆特色化建设支点的确定

特色化建设的支点是西南地区图书馆特色化建设的首要和重要问题。特色化建设的成效主要体现在西南地区图书馆特色服务和特色资源上。如图 8－1 所示：

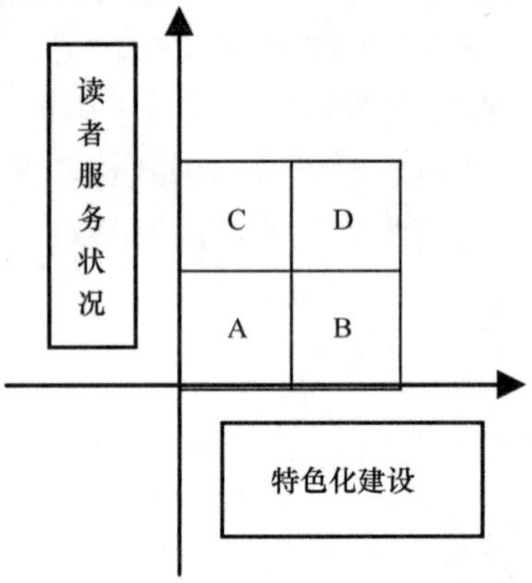

图 8－1　西南地区图书馆特色服务与读者服务状况

图 8－1 中 A 表示特色化建设和读者服务状况处于刚建立阶段，二者都处于一般化状态。B 表示特色建设好，但读者服务一般，二者没有同步进行。C 表示特色建设一般但服务好，说明特色化建设没有跟上时代步子。D 表示特色化建设与特色服务都好，同步进行。

图 8－1 所示：西南民族地区图书馆特色化建设过程中分为两类，一种过程是 A→B→D，一种过程是 A→C→D。两种过程后者较好，因为后者将服务优先考虑。而 A→B 则 B＞A，图书馆特色建设好，但特色服务一般，说明特色文献资源没有得到充分的利用，达不到读者的需求。A→D 则是最理想状态，即特色化建设与特色化服务是同步进行，这种理想状态才能充分发挥西南地区图书馆特色化建设。它既保证特色化建设的有效性，又使各种资源得到合理的利用与配置。特色化馆藏建设和特色服务，是西南地区图书馆特色建设的两支点。二者既相互促进，又相互制约，只有建设与开发具有西南地区图书馆特色的文献信息资源，提供具有西南地区图书馆特色的文献信息服务，才能在信息社会中发挥西南地区各个民族信息资源的独特功能和作用，促进西南地区图书馆特色事业的发展。

（二）西南地区图书馆馆藏特色文献资源建设优势

1. 馆藏特色资源是特色化的基本体现

馆藏特色资源是指其所收藏的文献资料具有自己的独特风格，它包含两个方面的含义：一是指西南地区各个图书馆中独具特色的部分馆藏；二是指西南地区各个图书馆的馆藏体系具有与众不同的特点。一般来说西南地区图书馆馆藏特色资源建设主要突出在以下几个方面：①地方文献的收藏。地方文献是西南地区图书馆特色化结构体系中的重要组成

部分。②各个民族文献收藏（特别是西南少数民族），如各个民族文献的学科特色、各个民族文献的专题特色、各个民族文献的地方特色、各个民族文献的语种特色，尤其是各个民族文字文献的收藏。各个民族文献是西南地区图书馆的民族特色，是西南地区图书馆特色化建设中的重中之重。

2. 西南各个地方出版物、地方人士所著著作收藏

地方出版物、地方人士著作与地方文献、民族文献既有区别又有联系。地方出版物、地方人士著作从某种意义上讲反映西南地区的科学、文化事业的发展标准，是西南地区各个地方文献和民族文献的兼容，是开展西南地区图书馆特色服务的基础。在以上三个方面内容的基础上，为使西南地区图书馆馆藏特色资源的建设更加系统、完善、形成规模和体系，采取了许多措施。如大理州图书馆、广西壮族自治区图书馆等集中资金、突出重点，到各地图书馆，用复印、照相、扫描等方式加强了对民间各个民族文献的搜集，形成了自己的特色图书馆，并通过各自的特色服务产生一定的社会效益和经济效益。又如：云南丽江东巴文化研究所已标音对译了 1 400 种纳西东巴古籍，并由云南人民出版社出版了《纳西东巴古籍译注全集》100 集。商务印书馆出版的《彝文丛刻》、贵州人民出版社出版的《西南彝志选》、民族出版社出版的《宇宙人文论》及分别用彝、汉、英、德、法等 12 种文字再版的《阿诗玛》等彝族文献。还有由云南省少数民族古籍整理规划办公室整理、云南民族出版社出版的《云南省少数民族古籍译丛》等。纸型古籍文献量大，易损坏，沉积于广袤的边寨，古籍抢救、整理工作任重而道远。为永久保存这些资料，可翻拍制成幻灯片，再用扫描技术转化为数字信息。

（三）西南地区图书馆特色文献数据库建设优势

特色化数据库建设是西南地区图书馆特色化信息建设的一个重要方面。数据库是对大量的规范化数据进行管理的集合，是通过集成和利用最新计算机技术、通信技术和数字化技术，建成超大规模、可扩展和可操作的知识库群，它的核心就是数据库建设。如图 8－2 所示：

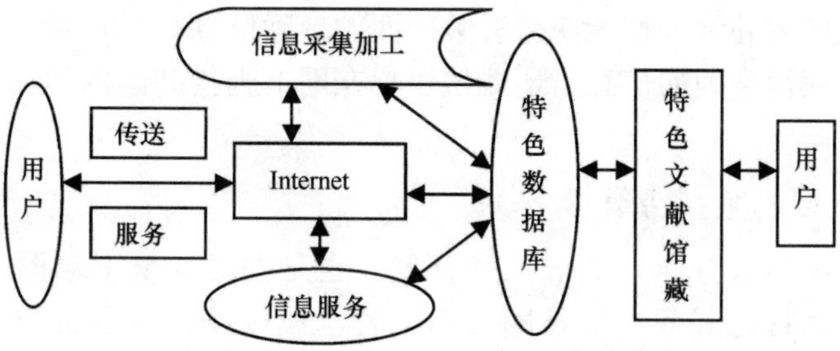

图 8－2　西南地区图书馆特色文献数据库应用系统

特色数据库是在网络的环境下，特色文献馆藏的延伸和发展，是特色文献馆藏的数字化体现，是特色服务方式的变革和完善。西南地区图书馆构建特色数据库主要围绕各种特色信息资源的采集、加工整理、信息的存储和管理、信息的发布和服务、信息的利用与挖掘等具有特殊功能的应用系统平台。建设西南地区图书馆特色数据库要坚持科研与各个民

族文化结合，网络与各个民族特色相结合的原则，集中优势，走联合、合作的道路，使特色民族资源从有限变为无限，在无穷的领域里发挥更大的作用。主要体现在：将西南地区图书馆馆藏的特藏文献数字化，并以此为基础，建设某类、某专类、某专题性的民族数据库，这是建设西南地区图书馆特色数据库的基础。将国内外各种电子出版物中与西南地区各类图书馆馆藏特色文献相吻合的数字信息吸纳入该馆特色数据库中；利用网络将有关图书馆、文献收藏部门、信息部门的有关特色信息吸纳入该馆的特色文献数据库中。如：建立西南地区图书馆民族地方文献数据库，可根据情况和需求分步进行。首先建立西南地区图书馆馆藏民族地方文献数据库。以文献为单元的书目数据库，全面揭示西南地区图书馆馆藏地方文献全貌。所建成的西南地区图书馆书目数据库才能有较高的地方民族文献信息保障率，才能较全面地为用户提供特色化信息服务。如：大理州图书馆是云南省地级图书馆中第一家实现微机管理和检索服务的图书馆，早在10年前就完成了78 000多种近17万册图书书目数据库的建库工作，并实现微机对读者借阅服务。2009—2012年建设数字图书馆，利用计算机对文献信息进行管理与服务，电子阅览室的建成、“全国文化资源共享工程”基层分中心的初步建成等工作，确保了大理州文献信息工作处于该省领先地位，这些都为大理州数字图书馆的建设准备了基础并积累了一定的实践经验。[①] 尤其是在大理州数字图书馆中设立全国独有的“南诏大理国专题数据库”、具有地方特色的“大理专题数据库”，使大理州数字图书馆在建成之初就能独具一格，在民族文化研究学者间形成影响，也为建设民族文化大理州和促进文化产业发展起到十分积极的作用。对大理州各民族的优秀文化通过现代信息手段进行弘扬、传播，对大理州经济社会的全面协调发展，建设和谐大理具有重要意义。

（四）西南地区特色网站和特色资源导航系统的建设优势

建设特色网站是西南地区图书馆在网络环境下增强服务能力的基础。特色资源导航系统可以向用户提供特色资源的分布情况，使馆藏特色资源得到无限延伸，使实际的特色资源与虚拟的特色资源相结合，开拓服务领域的空间。如：广西壮族自治区图书馆特色网重点介绍了文化广西、壮乡广西、广西历史、农村科苑、民族民俗、东南亚等特色信息，通过这种特色网点使国内外读者都能获得有关广西的准确信息。网站和资源导航库的建立不仅方便用户在网上获得准确的信息，还能使用户在网上查找到国内外信息、原始信息、自建信息。

（五）西南地区特色服务优势

特色服务是图书馆服务职责的嵌入和拓展，也是网络环境下对图书馆提出的时代要求。西南地区图书馆特色服务主要是围绕西南各个民族特色数字资源、特色产品信息资源、特色用户信息为中心的特色服务模式。如图8－3所示[②]。

特色信息服务模式是在特色数据库与馆藏特色资源的基础上建立的特色服务模块。此模式主要由两个模块构成，特色信息服务平台与用户信息活动及其环境。该模式的建立有

---

① 彭丽芬．论大理州图书馆数字化建设的前景及需要解决的问题［EB/OL］．［2013－12－10］．http：//www. ynlib. cn/

② 杨亚华．民族地区公共图书馆特色化建设［J］．探讨内蒙古科技与经济，2007（19）：46－48

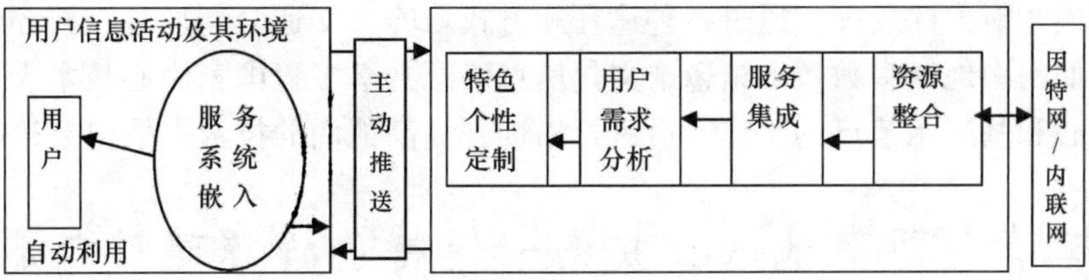

图 8－3　西南地区图书馆特色信息服务模式

利于促进用户在特色信息利用过程中对数字信息对象的灵活处理，知识提炼和协作交流，围绕用户信息活动、用户需要解决的现实问题和用户信息系统来组织、集成、嵌入数字信息资源和信息服务，从而直接、深入、有效地支持用户自助检索、处理、利用信息来解决现实问题的过程，最终让用户满意，从而增进用户利益超越用户期望。这种特色服务的方式、水平决定了馆藏特色资源、数据库、网站和导航系统的效益。西南地区图书馆开展特色服务首先要从特殊的服务对象（特殊用户）、现代化技术实力（信息服务系统）、用户的实际需要和现状出发，扎实有效、稳步进行。特色化服务主要体现在：服务项目特色化、服务内容特色化、服务资源类型特色化、服务方式特色化。

而服务方式特色化主要体现在三个方面的转变：①以一次文献服务为主向以二、三次文献服务为主的转变；②以静态服务为主向动态、静态服务相结合的转变；③从封闭式服务向开放型服务的转变。只有这样，才能体现服务特色，才能更好地为用户提供特色服务。特色服务一旦开展就要精心培育，不能半途而废，最终形成品牌，产生效益。如四川省阿坝州图书馆在文献采集中要兼顾各个少数民族语言，如汉文和藏文印刷文献、电子文献、光盘、杂志、报纸等其他载体，保证文献的质量，保证重要文献和特色资源的完整性和连续性，形成了自己独特的文献资源载体。

（六）西南地区特色资源建设的优势

特色资源的地区化由每个图书馆的特色资源组成，各个图书馆有组织、有目的、有计划分步实施、逐步强化形成文献信息保障系统，达到资源共享。如：从西南地区各个图书馆各种民族文献古籍图书馆的保护、收集、整理入手，不断加强特色资源的开发力度，创造接近于中图法式的表格式西南各个民族图书细目录编制法，分两种方式对西南各个民族古籍进行分类：一种是采用传统的编目方式，主要提供给一般的各个民族语言读者；另一种就是自创的较科学、实用的表格式细目录编制法，主要提供给少数民族学研究者和一些研究员。

（七）西南地区图书馆特色资源管理队伍素质的培训

人是特色化建设的执行者，是特色化建设成败的关键因素。西南地区图书馆面对的是不同的用户，服务人员必须具备高素质。特色化建设要求服务人员在工作方式、工作价值、工作效率、工作成果诸方面将发生质的变化。具有良好的敬业、开拓创新精神，主动服务观念；有良好的专业知识背景；有较强的计算机和网络技术应用能力；有较高的外语水平和民族语言的表达能力等复合型人才。因此西南地区图书馆要注重人才的培养和引进，要注意人才能力的发挥。通过各种途径和方式培养一支适合新形势、新环境的图书馆专业队伍。如西南地区多数图书馆邀请文化信息资源共享工程国家中心技术人员，对西南地区省级中心和基层示范点的工作人员进行培训，提高他们的技术水平和服务水平。

第二节 西南地区公共图书馆特色资源建设与服务

数据库资源是一种新型的信息资源，是现代信息服务的基础，开发和利用数据库已经成为目前图书馆工作的一项重要任务。因此，每个图书馆的特色数据库建设，为每个图书馆利用其他馆的信息资源提供了强有力的保障，有利于图书馆的可持续发展。图书馆特色数据库的开发利用，可满足日益增长的文献信息需求，服务于本地区经济、文化建设。国家文化部在2009年对图书馆第四次的评估标准中也将特色数据库建设作为一项重要的评估指标。

由于特色文献资源本身是多元化的，所以特色资源服务的形式也具有多样化特征。目前，西南地区图书馆特色资源建设与服务开展较好的主要是一些西南地区各个省级、地市级图书馆。2009年到2011年期间笔者通过对西南地区图书馆网站的查阅和实地调查，整理出相关各馆的特色资源建设内容及特色资源服务的途径如下。①

一、西部地区公共图书馆特色数据库的建设

西南地区各个省级、地市图书馆作为文献信息中心，各类图书馆收藏的各种信息资源，是互联网中最基本、最重要的信息源之一；深层次挖掘西南地区各个区域有本地特色文化和根据本地需求建设特色数据库，从而开展多种形式的信息服务应当作为各个省级、地市级图书馆的工作重点之一。

经过多年的努力，许多图书馆在特色数据库建设方面取得了长足的进展，建设了各种特色数据库。但纵观我国西部的特色数据库建设，无论建设的意识还是开发水平，各地区之间都存在着较大的差距。对此，笔者于2010年7—12月期间就西南地区图书馆馆藏特色数据库建设现状与特点，通过实地调查与网上访问、查阅《中国图书馆大全》相关资料的方式，②对一些网站上没有说明或说明不清的图书馆，采用了电子邮件调查。完成了西南地区省级图书馆及部分地市、县（市）级图书馆网站20余家图书馆特色数据库调查，发现西南地区各省均建设了一定数量的特色（专题）数据库。在被调查的70多个县、地市、省级图书馆中，四川图书馆特色数据库有34个，如世界文化与自然遗产、馆藏数字化目录、馆藏地方文献、馆藏家谱族谱等、《蜀典》八卷附张介候先生诗钞一卷、馆藏特色资源精品动画全集、藏族唐卡数据库、四川历代文化名人库、绵竹年画数据库、馆藏古籍善本书（缩微品）目录、馆藏解放前报纸（缩微品）目录、馆藏解放前杂志（缩微品）目

① 该节内容选自本课题阶段性成果：西南地区公共图书馆特色数据库建设的现状调查与分析［J］．新世纪图书馆，2010（6）：78－81

② 《中国图书馆大全》编辑委员会编．中国图书馆大全2007［M］．中国标准出版社，2008

录、四川旅游信息数据库①。重庆图书馆特色数据库有18个，如图片信息数据库、重庆地方文献数据库、善本书目数据库、微缩数据库地方志、革命文献、名人名作、旅游文献、地方文献、报刊目录、西部开发、清末明初报刊篇名索引等。② 云南省图书馆特色数据库有23个，如古籍全文数据库、图片信息数据库、地方文献数据库、剪报信息数据库等。另外，云南还有《云南蝴蝶》、《云南野生动物》两个专题库。有彝、白、哈尼、壮、傣、苗、傈僳、回、拉祜、佤、纳西、瑶、藏、景颇、布朗、普米、怒、阿昌、崩龙、基诺、水、蒙古、布依、独龙、汉等25个民族资源数据库和苦聪人、克木人文献资源库、东巴文化数据库。贵州省图书馆特色数据库有8个，特色资源主要为地方文献。如《贵州名人》数据库、民国图书书目数据库、贵州省古籍联合目录、贵州府县志辑图片数据库、微缩品目录、贵州府县志辑索引数据库，等等③。成都市图书馆特色数据库有：地方文献、成都古籍文献联合目录、专题信息等；广西图书馆特色数据库有12个，如广西游记、广西戏剧、广西音乐、广西非物质文化保护、广西“八桂群星奖”5个专题资源；自建《东南亚风情资源库》、《东南亚研究论文库》、《中国—东盟博览会》三个东南亚数据库；东盟文献特色数据库、广西地方史、广西之窗、民族艺苑、信息汇萃、广西政策法规、东盟资料中心、广西民族民俗民族特色数据库、桂林地方资源图文数据库、农业实用技术数据库、旅游资源、刘三姐文化、广西抗战文化；南宁市图书馆的“壮乡风情”、“南宁国际民歌艺术节”、“走进东盟”；柳州市图书馆的“柳侯文化”、“奇石文化”、“三江农民画”；北海市图书馆的“北部湾海洋养殖技术”等一批优秀地方资源；还有就是与地方经济发展紧密相联的有综合图片库、广西高考招生数据库等④。根据以上调查结果，可以发现西南地区各个省级、地市级图书馆特色资源的内容主要包括两方面：①西南地区图书馆特色资源建设的内容。从馆藏特色资源建设上看，各图书馆都充分考虑本地区的地理、历史、政治、人文、教育、环境、物产等背景因素，努力发掘和搜集各种独具地域特色文献、历史特色文献和其他专题特色文献。从历史和地理的角度看，这些特色资源对于相应的图书馆均具有单一性或独特性，这对于确立图书馆是西南地区文化信息中心、彰显西南地区文化传统和地方特色具有重要的意义。②特色资源服务的形式主要有：其一，传统的馆内阅览服务。主要是针对那些还没有进行数字化或难以数字化的古籍、拓片等历史文献而开展的服务。由于西南地区各个区域的经济发展水平不同，各个图书馆的情况不同，各馆对特色文献进行数字化的程度也不相同。对于那些还没有被数字化的特色文献，读者还需要亲自到图书馆借阅。其二，网上查检阅览服务。西南地区特色资源数字化使得传统的珍贵纸质文献能够通过网络被读者远程利用。数字化后的西南地区特色资源被放到图书馆的网站上以后，读者就可以通过访问该馆主页，查检到该馆数字化的西南地区特色资源，从而足不出户便获取到自己所需的信息。目前大多西南地区省级、地市级图书馆的自建数据库都已涵盖了各自具有地方特色的文献资源，并提供了网上查检阅览服务。

---

① 包和平，宛文红．西部图书馆的特色数字化资源［J］．图书情报工作，2003（7）：60－64

② 关于公共图书馆特色数据库建设［EB/OL］．［2013－05－10］．http：//slyang2005.bokee.com/3811981.html

③ 贵州省图书馆［EB/OL］．［2013－05－12］．http：//www.gzlib.com.cn/tsgc.aspx

④ 杨思洛．省级公共图书馆特色数据库建设调查［J］．图书情报工作，2005（9）：34－35

（一）西南地区民族特色数据库具有明确的地方文献特点

特色数据库的建设要为本地的地方经济和用户服务，还要突出该馆的藏书特色。西南各类图书馆在长年累月的文献资源建设中，可从当地政府工作报告中获取信息，并结合该馆实际建立特色数据库，同时还可相应地调整该馆的文献结构，注重实用性，力求与地方经济建设和社会发展相适应。这种个性形成了区别于其他馆的特色藏书体系。各图书馆结合地域特色，研究和开发馆藏地方文献资源，围绕着当地的历史、文化、科技等发展状况，建设了一批具有地方特色的资源库①。

如成都图书馆的“地方文献”数据库包括了锦绣成都、馆藏特色资源、西部经济开发、地方文献数据库、成都法律法规数据库几部分，其中馆藏特色资源数据库由馆藏成都地方志书目、馆藏成都期刊目录、馆藏四川地名书目、馆藏成都年鉴、地方报纸篇名目录索引组成。

云南图书馆的地方特色包括云南蝴蝶、建设节约型社会、印象老昆明、云南野生动物、云南旅游、少数民族、图书馆季刊、云南小吃、动漫图文、中外获奖影视、纪念中国工农红军长征胜利70周年、云南植物、构建社会主义和谐社会、消防安全、图书馆动态、云南非物质文化遗产、古籍小百科、时事热点、云南土特产、云南花卉、服装、抗战60周年专题书目、文史之窗书目等。

重庆图书馆的“地方文献”数据库有重庆三峡新貌、山城旧影、重庆地方法规、重庆地方文艺、媒体上的重庆、重庆百科、地方出版物书目、地方出版物文摘、地方出版物全文电子书、地方出版物多媒体资源、近现代史大事记等内容，这些都可在网上免费下载和观看。

大理州图书馆的地方特色有南诏文献地方志目录库，收录了大理南诏各个朝代所属巍山县的地方志目录2万多册，还实现了智能扩展和组合检索等功能。

西双版纳州图书馆的地方特色有贝叶经文献目录库3万多册和很多民族家谱等②。

（二）西南地区民族特色数据库建设都以地方社会需求为视角

特色数据库建设要把握社会脉搏，适应时代的需求，只有这样才能充分发挥特色数据库的服务效应并收到良好的社会效应。

2005年是世界反法西斯战争胜利60周年，全国文化信息资源共享工程针对这一特定时期，组织人力、物力积极的建立了“抗日战争专题库”，以丰富多样的形式全面介绍了中国人民反抗日本侵略，争取民族独立的光辉业绩，取得良好的社会效应。例如：同一时期，桂林图书馆也针对相关主题，利用桂林在抗战时期作为大后方，各省文人名士云集，文化出版事业十分活跃，图书馆收藏有许多当时珍贵文献这一特点，组织馆内历史文献部、数据制作部、业务办公室等多个部门，联合广西抗战文化研究会、桂林抗战文化研究会制作了桂林抗战文化网，不但及时宣传了抗日时期桂林的抗日救亡文化运动，还向广大读者展示了桂林图书馆的珍贵馆藏文献。同时，桂林图书馆还利用与广西壮族自治区科技

---

① 赵箐．公共图书馆特色数据库建设［J］．图书馆界，2006（4）：62－65

② 陈奇志．关于西部少数民族文献资源数据库建设的思考［J］．情报资料工作，2001（5）：32－34

厅合作的机会，制作了广西科普网，扩大了图书馆科普宣传的阵地。[①] 又如：乐山市图书馆特色数据库的选题切合地方实际，反映地方特色，兼顾馆藏现状，已建的特色数据库有：乐山公共图书馆系统地方文献联合书目数据库、乐山文化人物数据库、乐山书画艺术数据库、郭沫若研究数据库、三苏（苏洵、苏轼、苏辙）研究数据库、乐山大佛——峨眉山世界双遗产资源数据库等。所以，把握社会需求热点是建立特色数据库的一大重要途径和手段。

社会需求热点的把握需要图书馆工作人员对社会上的热点问题具有一定的感知力，并能认识到热点问题的本质，从整体上把握热点，搞清楚各个热点的内在关系。这样才能在选择切入点时不至于出现偏差，造成建库的失误以及可能产生的不良社会影响。

（三）西南地区民族特色地方专题数据库

西南地区图书馆的专题数据库也是特色数据库的一种，它是根据该馆的条件，为了满足读者的特定需求而建立的有特定主题的数据库。

特色地方专题数据库应首先考虑在优势化、个性化、局部化的体现，结合地域等诸多因素，利用公共图书馆在信息采集、加工方面的优势，选择精当的专题进行筛选、深化，为读者提供价值较高的专题检索，提供专题中涵盖书目、提要、全文，甚至一些胶片、相片、音像等多媒体的检索等。例如：广西建有少数民族旧文献数据库、地方历史文献数据库、抗战时期的桂林出版物数据库、善本书数据库、地方民族专题数据库、桂西北图书馆特色文献资源数据库、旅游资源库、桂西北红土地数据库、桂西北特色旅游数据库、桂西北少数民族文化数据库、桂西北矿产资源数据库、桂西北绿色农业数据库等。

特色地方专题数据库建设要把握社会脉搏，适应时代的需求，只有这样才能充分发挥特色地方专题数据库的服务效应并收到良好的社会效应。例如：贵州省建有傩文化文献数据库、四川省建有西南少数民族数据库、云南省建有国内罕见的贝叶经善本文献专题库等。

特色地方文献是指有关本地的资料、地方出版物等，西南地区各省级图书馆作为该省文献信息中心，拥有大量的地方文献，这是现阶段特色数据库建设的主体。有的图书馆把地方文献数字转化成全文数据库，也有的仅建了文献目录库以便查找。如：四川省图书馆是国内外收藏中国家谱（原件）数量最多的单位之一，该馆的家谱书目数据库支持基本检索和高级检索两种检索方式，用户可通过导航区中的超链接进行选择，也可对二次检索和检索结果进行控制等；四川省甘孜、阿坝、凉山三个民族自治州，是藏、羌、彝等少数民族聚居区，在其悠久的历史中，留下了丰富的民族文献，蕴含着他们不灭的民族精神，是中华民族文化遗产的重要组成部分。可见，四川省建有的甘孜、阿坝、凉山的三个民族自治州文献资源特色数据库，既是对建立甘孜、阿坝、凉山的三个民族自治州文献信息保障机制的需要，也是对这些地区图书馆实现文献信息资源共建共享的前提。根据甘孜、阿坝、凉山的三个民族自治州图书馆的文献资源的特点和现状，已建立的三个特色的数据库是：①甘孜、阿坝、凉山的三个民族自治州地区历代地方文献特色数据库；②甘孜、阿

① 赵莲桥．从乐山市图书馆资源共享的事例：看地市级公共图书馆在资源共建共享中所起的作用［J］．贵图学刊，2008（5）：34－36

坝、凉山的三个民族自治州地区民族资源特色数据库；③甘孜、阿坝、凉山的三个民族自治州地区旅游资源特色数据库。这些特色数据库的建立是实现甘孜、阿坝、凉山的三个民族自治州的文献信息资源共享，在以旅游产业为龙头的地方经济发展中肩负着积极的作用。

由以上调查现状显示，西南地区图书馆自建特色数据库的工作已迈出很大步伐，取得了很大成绩，比如贵州省、广西等图书馆起步较早，成效很显著，都有30多个特色数据库，但统计也显示目前西南图书馆特色数据库还有差距，绝大多数还没有建成特色数据库资源。

（四）西南地区民族特色资源案例举要

搜集和保存人类文化遗产，整合和传递社会文献信息，是古今中外图书馆始终不变的重要社会职能，也是图书馆完成“开发智力资源进行社会教育”、“满足社会成员文化欣赏娱乐消遣”① 等职能的基础。例如，彝族是中华民族大家庭中具有悠久历史和灿烂文化的古老民族。加强彝族文献的搜集、整理、保存、研究、开发、利用等工作，在彝族文化传承与发展中发挥积极作用，是西南彝族图书馆工作的重要职能，是保护少数民族非物质文化遗产的义不容辞的职责。如何搞好彝族文献的挖掘保护、整理传承和开发利用，是摆在西南彝族图书馆界面前需要共同探讨的重要课题。

案例1：西南彝族图书馆特色资源②

西南彝族地区，新中国成立前就有了服务社会公众、学校师生、科研人员的公共、学校、科研等各种系统图书馆。中华人民共和国成立后，彝族地区的社会、经济、文化、科技、教育、医疗卫生等各项事业得到了很大的发展。在党的领导下，人民政府在广大彝族地区积极贯彻民族平等政策，大力推行民族区域自治，从1951年5月至今，先后在彝族聚居区建立了四川凉山、云南楚雄两个彝族自治州及云南红河哈尼族彝族自治州；另建立有云南峨山、南涧、宁蒗、路南、漾濞、景东6个彝族自治县和四川峨边、马边两个彝族自治县，在彝族和其他民族杂居的地区，建立了云南巍山彝族回族自治县、江城哈尼族彝族自治县、新平彝族傣族自治县、元江哈尼族彝族傣族自治县、寻甸回族彝族自治县、景谷傣族彝族自治县、普再哈尼族彝族自治县、禄劝彝族苗族自治县、镇源彝族哈尼族拉祜族自治县、贵州威宁彝族回族苗族自治县、广西隆林彝族自治县。这些民族自治区域都建立了大小规模不等的图书馆和专业图书馆。彝族文献建设，是彝族地区各级各类图书馆建设的一项重要工作。

（1）文化系统的公共图书馆（室）

如上所述，彝族是我国西南地区人口最多且跨境而居的民族之一，主要分布在中国西南的云南、四川、贵州、广西四省区，彝族总人口有900多万，人口居全国少数民族的第六位。目前，在中国西南地区有彝族自治州3个，自治县19个，还有若干民族乡。川、滇、黔、桂四省（区）彝族聚居、散居的凉山、楚雄、红河、大理、文山、甘孜6个州和昆明、思茅、玉溪、曲靖、昭通、丽江、毕节、六盘水、攀枝花、宜宾、泸州、乐山、雅

① 吴慰慈，董焱编著．图书馆学概论［M］．北京图书馆出版社，2002（5）：12－14

② 张颖惠．西南彝族地区公共图书馆特色文献建设研究［J］．西南民族大学学报（人文社科版），2010（8）

安、百色14个市及其下辖的127个县（市）都建有市（地、州）和县两级图书馆、文化馆图书室。其中，每个（市）的部分乡（镇、社区）、村（街道）也成立有乡、村两级图书室、文化室。由此，国家兴办的5级图书馆（室）遍布了广袤的西南彝族地区。

（2）学校系统图书馆（室）

学校系统图书馆分高校专业图书馆和地方中等专业学校图书室。西南地区的省会城市和上述20个彝族聚居或散居州（市）首府都设有各类全日制普通高等高校专业图书馆。此外，各类中等专业学校和127个县（市）中、小学也都设有校图书室。

（3）科研系统图书馆（室）

这里所说的科研系统图书馆（室）是指社会科学研究机构、学术团体内设的专业图书馆和图书资料室。如省、州（市）级的民族研究院（所）、民族研究学会、彝学学会等建立的内部图书馆、资料室。

案例2：西南地区图书馆旅游文献资源特色数据库建设

首先，建设西南地区图书馆旅游文献资源特色数据库的必要性如下：

（1）建设西南地区图书馆旅游文献资源特色数据库是西南旅游经济和社会发展的需要。

旅游经济是社会经济发展的重要组成部分，而社会经济全面发展的标志性重要任务之一则是图书馆事业的快速发展。因而，图书馆与旅游业的关系十分密切。图书馆本身不仅是一种重要的文化旅游资源，而且还是深化旅游的一项重要内容。丰富的旅游资源吸引着大批国内外游客，不少游客不仅要饱览旅游地区的自然景观，也渴望了解旅游地区的风土人情、习俗文化、神话传说等反映本地特色的文化。作为西南各个区域文献信息中心的图书馆，本着服务各个区域经济发展的宗旨，应充分发挥西南地区各种民族文献信息优势，为旅游管理部门提供决策信息，为旅游企业提供参谋信息，为旅游景区提供咨询信息，为广大游客提供旅游服务信息。由于西南地区的旅游资源十分丰富，因此，西南地区图书馆应当建设反映本地区状况的旅游文献资源特色数据库，为该地区各个区域旅游经济发展提供全方位的文献信息支持。

（2）建设西南地区图书馆旅游文献资源特色数据库是区域旅游文献资源共建共享的必然。

建设区域旅游文献资源特色数据库可以深度开发旅游文献信息资源，使旅游地区潜在的资源优势转化为现实的生产力，从而促进区域旅游经济的发展。同时，建设旅游文献资源特色数据库，可以将西南地区的旅游资源优势展现出来，让全世界的人们通过网络了解中国西南地区，从而为西南地区的经济建设提供更多的发展机遇。为了避免文献信息资源的重复建设和资金浪费，西南地区图书馆应加强与旅游机构的协作，共同建设具有本地区特色的旅游文献资源特色数据库，为用户提供网上西南地区图书馆旅游特色文献信息服务。

（3）建设西南地区图书馆旅游文献资源特色数据库是西南地区图书馆自身发展的需要。

在现代信息环境下，各类网络信息服务系统蜂拥而起，冲击着图书馆在文献信息服务市场中原有的主导地位，造成了文献信息服务体系的重组。西南地区图书馆只有具备自己特色的馆藏资源，提供特色服务，才能显示其存在的价值，在文献信息服务的竞争中处于有利位置。因此，民族资源特色化和数字化是当代西南地区图书馆发展的两大主流，特色民族文献资源数字化能够把西南地区图书馆特色馆藏推上新的高度。建设西南地区图书馆旅游文献资源特色数据库，不仅能丰富和突出西南地区图书馆的馆藏特色，而且可以利用网络为西南地区特色民族文献创造现代化的管理平台，为读者提供更完备、多角度的检索系统，从而充分提高西南地区图书馆图书利用率，并为远程利用打下基础，实现资源共享，使西南地区图书馆成为全球旅游文献信息网络的重要信息源和交流中心，提升西南地区图书馆的社会地位，增强西南地区图书馆在文献信息服务市场竞争中的生命力和竞争力。

西南地区图书馆旅游文献资源特色数据库建设的内容如下：

第一，西南地区图书馆旅游文献资源数据库内容

主要收录公开出版发行的西南地区民族旅游文献及相关文献，包括旅游书籍、报刊、工具书、宣传手册、二次文献等；该旅游地区的地方文献、内部资料及流传和隐含的灰色文献，包括照片、手稿、日记、信函、传记、回忆录、戏曲、民间歌谣、故事、绘画、雕塑等；各种有关数据库及电子出版物。西南地区图书馆旅游文献资源特色数据库的建设，可以将西南地区的自然资源信息和人文资源信息全面而具体地展现给用户。

第二，西南地区图书馆旅游综合信息数据库内容

该库是系统、全面反映该地区旅游资源信息的数据库，包括旅游地图数据库（交通图、企业分布图、景点分布图、服务设施分布图等）；旅游景点数据库（企业数据库、接待设施数据库、资源数据库、产品数据库、客源市场数据库、法规政策数据库），该数据库要注重旅游信息的主题性与综合性，使当地旅游资源本身具有的特征充分显示出来，形成当地的旅游主题。

第三，旅游教育、研究及人才数据库

包括西南地区设立的旅游教育、教学和研究咨询机构；历年来的旅游教育、教学及研究成果，包括撰写、参编、翻译的正式出版物、论文、获奖的课题内容等，与旅游教育相关的学术论文、会议文献、专利文献、网络资源等；该地区从事旅游教育和研究的教授、专家的生平介绍、著作、学术思想研究、录音录像及图片等一系列文献。

案例3：峨眉山世界自然文化遗产特色资源数据库建设

西南交通大学参建的“峨眉山世界自然文化遗产特色资源数据库”是四川省高校特色资源数据库的组成部分。峨眉山因其特殊的地理位置，雄秀神奇的自然景观，典型的地质地貌，保护完好的生态环境，特别是地处世界生物区系的结合和过渡地带，拥有丰富的动植物资源，而具有明显的区域特点。峨眉山的自然和文化遗产具有很高的历史、美学、科研、科普和游览观光价值。在项目建设中，西南交通大学首次应用本体论的知识组织理论与方法，并结合元数据的信息资源组织形式，进行了一种理论与实践相结合的尝试。

“峨眉山世界自然文化遗产特色资源数据库”建设从两个阶段进行构造和组织实施。首先进行“峨眉山世界自然文化遗产”这一领域的元概念确定，并确定了最终都是以数字化的表现形式提供资源。其结构如表 8 - 1 所示。峨眉山自然和文化遗产主题下的相关资源具有类型和格式多样、资源分散的特点，在对“峨眉山世界自然文化遗产”领域元概念

进行确定的基础上，确立了主要收录的资源类型为：电子图书、期刊论文、会议论文、学位论文、地方志、网页、视频和照片 8 种类型。

表 8－1　“峨眉山世界自然文化遗产”元概念结构

0 文献本体					
1	内容		3	语言	
	1. 1	自然		3. 1	汉语
	1. 2	文化		3. 2	英语
2	形式			3. 3	日、韩等其他语言
	2. 1	图书	4	载体	
	2. 2	期刊论文		4. 1	纸质
	2. 3	会议论文		4. 2	电子
	2. 4	学位论文		4. 3	多媒体
	2. 5	地方志	5	处理	
	2. 6	网页		5. 1	标引
	2. 7	视频		5. 2	检索
	2. 8	照片		5. 3	分析

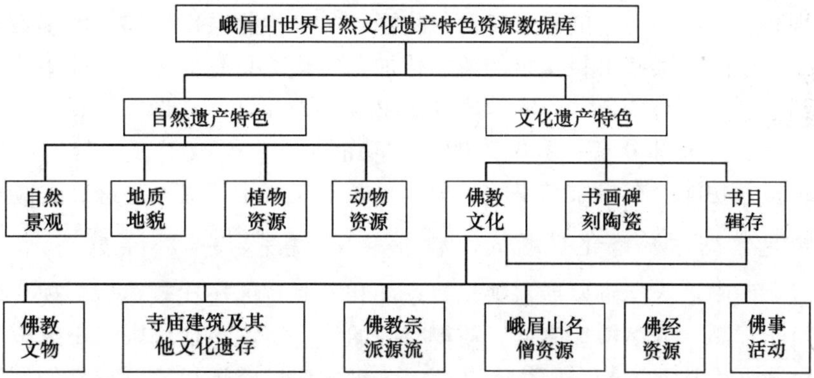

图 8－4　峨眉山世界自然文化遗产特色库的内容组织架构

依据峨眉山世界遗产申报材料的自然遗产和文化遗产清单，并结合元概念结构图，从自然和文化两方面进行资源内容的收集和组织（见图 8－4）。自然遗产主要包含：①自然景观，包括雄伟的山体景观、秀丽的植物景观和神奇的气象景观，共 43 个。②地质地貌，包括在峨眉山首创并以峨眉山区内的地名命名的地层单元组 10 个建组剖面，以及龙门洞三叠系剖面和峨眉山玄武岩等。③植物资源，包括首批列入国家保护的植物和峨眉山特有物种共 139 种，以及世界几大名花之一的杜鹃花 29 种。④动物资源，峨眉山主要的珍稀、濒危动物和特产动物共 74 种。文化遗产主要有：①佛教文化，包括佛教文物、寺庙建筑及其他文化遗存、佛教宗派源流、峨眉山名僧资源、佛经资源和佛事活动。②书画碑刻陶瓷。③书目辑存。其中书画碑刻陶瓷以及书目辑存都与佛教文化有一定相关性。①

二、西南地区公共图书馆特色数据库建设存在的问题

通过调查表明西南地区图书馆的特色数据库建设工作还处在初级阶段，存在不少的问题。②

（一）建库意识较弱，数量相对偏少

西南地区省（市）、县图书馆，拥有特色数据库的图书馆还较少，尚有相当多的图书馆没有开发特色数据库，其中还包括部分“地（市）级”图书馆。有些图书馆虽然开发建设了一些特色数据库，但是形式单一，层次较低。这些从总体反映出西南地区图书馆对于数据库开发方面的意识还比较弱。从特色资源的蕴藏来说，西南地区具有其相对的地域优势。因其独特的自然地理环境、众多的少数民族，这里有着丰富的自然与人文地理、动植物、矿产水利、民族历史语言文化以及旅游等多方面的资源③。而目前关于这些资源的数据库建设仅有几个，相对可开发资源总量来说，数量明显偏少。

（二）文献资源特色利用不足，发展不均衡

统计资料显示，就西南地区而言，特色数据库的数量，四川省明显较多，重庆市、云南省次之，广西、贵州省最少。对文献资源特色利用不足主要表现在：一是类型单一，图书馆在建设特色数据库时，往往只注重涵盖一些文摘、目录、题录等类型的资源，对全文、图片、视频、音频等类型的收录相对忽略了。二是主题层次不够，大多数图书馆特色数据库的开发，仅限于某些书目文献的数字化加工转化，只是低层次、简单化的数据库建设，不能做到主题开掘有特色、资源内容加工整合深入并且存现形式多媒体化技术化。三是系统功能比较弱，大部分特色数据库的检索功能不全，只支持基本检索、检索字段不多，没有高级检索功能，在检索结果的处理上，既不支持排序也不支持二次检索。

（三）特色数据库网络化程度低，利用率低，信息共享环境差

总体来说，西南地区经济发展水平相对东部和沿海省区还比较落后，现代化水平和通信技术还有待于提高，网络覆盖率低，使得有限的信息资源更加局限于小范围的地理环境中，部分特色数据库甚至不能在网络上共享，宝贵的信息资源得不到很好的利用。因此特色数据库网络共享程度也有待于迅速提高。

（四）特色数据库建设重复率比较高

目前西南地区图书馆特色数据库的开发与利用缺乏统一的规划和管理，很多特色数据库建设都各自为政，独立开发的多，联合开发的少，基本上是自建自用。这种现象发生的主要原因就是缺少总体规划，图书馆出自高校、公共等不同的系统，没有一个组织能够跨

---

① 徐革，凌云，李一平，王利．特色库建设中基于本体论和元数据的知识与信息组织应用［J］．情报理论与实践，2006（3）：368－369

② 该节内容选自本课题阶段性成果：西南地区公共图书馆特色数据库建设的现状调查与分析［J］．新世纪图书馆，2010（6）：78－81

③ 肖乃菲．西南地区高校图书馆特色数据库建设的现状与分析［J］．图书馆工作与研究，2009（1）：45－48

系统、跨省区协调组织特色数据库的建设规划和网络共享，这是一个难题。但重要的是在确定建立一个数据库之前，要进行广泛的调查，要确定有无已经建立的相同或类似内容主题的数据库，这和图书馆购书时查重是同样道理。① 随着社会信息化的不断发展，单个图书馆不可能做到信息资源的完整性，只有各个图书馆之间加强合作与交流，协调分工，统一规划，建设一批高质量的特色数据库，走共建共享的道路，才能实现最大限度的获取资源，实现文献信息资源的最有效的利用。西南地区不少图书馆已经意识到资源共建共享的重要意义，并逐步实现特色数据库的共建共享，如四川建立了“四川高校特色数据库”，但图书馆在数据库建设的共享性意识上还很滞后，从西南地区图书馆的总体建设来看，仍是独立开发运行的多，一些高校图书馆的特色数据库只限本校师生享用，一些专题特色数据库不提供具体资料。②

（五）建设技术力量薄弱

据统计显示，西南地区还有四分之三的图书馆没有开发特色数据库，原因当然是多方面的，但是其中有一点很重要的是技术力量的薄弱。由于特色数据库的建设涉及众多的技术，如超大规模内容数据的管理技术、人工智能技术、多媒体技术、媒体数字化技术以及XML技术，而且这些技术的发展日新月异，同时这也是目前图书馆的弱项，非常缺乏这些专业方面的技术人员。这些技术的应用需要依靠一支稳定的、强大的技术队伍来实现。由于受诸多因素的影响，绝大多数的图书馆还缺乏这样的队伍。可见，技术力量的薄弱已成为图书馆特色数据库建设工作的瓶颈。

（六）数据库宣传不够，维护经费不足

许多数据库建成以后缺乏宣传，不但用户少，而且由于缺乏经费长期得不到维护和更新，大大降低了特色数据库的使用效果。因此，西南地区应加大特色数据库建设的宣传力度，使决策层意识到特色数据库建设的重要性，把特色数据库建设纳入国家西部信息基础建设之中。

三、西南地区公共图书馆特色数据库的建设策略

特色数据库建设是图书馆数字化和网络化的基础，也是图书馆实现信息增值的前提条件。特色化意味着优势，具有在网络环境下生存和竞争的能力。西南地区各类图书馆要想在网络资源上占有一席之地，就要进一步加强特色数据库建设，大力开发馆藏地方文献信息资源共建共享，用他山之石建设多形式、多类型的各种地方特色数据库。最大限度满足读者的需求。因此，笔者根据西南地区特色数据库建设的现状和存在的问题分析，借鉴专家学者们研究的主要观点提出如下措施：③

---

① 杜新中，杜宇，马林兴．加快四川省三州贫困地区文献信息保障机制建设的思考［J］．四川图书馆学报，2009（3）：27－31

② 张延敏．西北地区特色数据库现状分析［J］．情报科学，2009（6）：38－42

③ 该节内容来源于课题阶段性成果：西南地区公共图书馆特色数据库建设的现状调查与分析［J］．新世纪图书馆，2011（3）：53－56

（一）建立地区性的组织协调机构

通过机构来规划和协调区域内各个系统特色数据库，尽量减少各自为政，自主建设数据库。西南地区图书馆和科研机构可以积极参与全国各系统数字图书馆工程建设联盟。比如参与中国科学院系统的“国家科学数字图书馆工程”，高校系统的CALIS系统、国家图书馆牵头的“中国数字图书馆工程”。也可以加入与数字图书馆有关的“百县乡宣传文化工作”、“全国文化信息资源共享工程”等。对此，各工程系统将会投入大量的资金，来建设各个系统内的数字图书馆，从而利用这一契机加强和充实特色数据库建设，这样可以提高规划性，避免重复或相似建设，减少浪费。

（二）规范数据库的标准化

目前，西南地区图书馆特色数据库大多数标准化程度低，这给数据交换、联网带来很多麻烦，数据库的利用也大受影响。OCLC之所以能发展到今天这样的规模，很大程度上归功于其自始至终坚持了数据的标准化和规范化。西南地区图书馆特色数据库的建设涉及许多标准，如软硬件平台、元数据标引格式规范、文献著录标准、检索标准等。同时，还应考虑西南地区信息资源的特征，集图书情报界、信息产业界和与标准有关的国内数据库开发商多方的力量共同进行协商研制。另外，有必要根据西南地区图书馆资源的特点，建立一套适合其特色数据库建设的统一标准和规范，使之具有开放性和可移植性。

（三）深入资源调查，突出西南地区民族特色性

在建设图书馆特色数据库前，应该进行科学论证、市场调查，以确定建设主题。如贵州应该选择在当地很有特色而且历史悠久的以茅台酒为主线的酒文化数据库；以都云、湄潭、凤冈茶为特色的茶文化数据库；以贵州较多的苗族、仡佬族、彝族等地方民族特色数据库等的建设以充分反映地方的经济、政治、文化、历史等特色资源。①

西南民族地区图书馆在数据库建设方面要考虑以下几个问题：一是要建设好馆藏书目索引数据库；二是要建设好具有馆藏特色、能够在网上共享的全文数据库；三是要建设具有较强实用性的数据库，为民族地区的经济建设、社会发展和读者需求服务；四是要选择好数据库的管理系统，使数据库的发展适应资源建设发展的需要，要采用分布式的数据库技术，运用平台要支持多种协议、多种操作系统；五是标准化问题，无论是书目索引数据库、文摘数据库，还是全文数据库，都要充分重视格式的标准化。②

西南地区图书馆在建设民族特色数据库时，事先要进行可行性调研和论证，要总结和吸取发达地区图书馆数据库建设的经验教训，尽可能少走弯路。当地几家图书馆要协作协调，加强合作，共同投资建设，以保证特色数据库建设的完整性，真正做到文献资源的共建共享。例如：广西图书馆的数据库建设，除了自治区几大图书馆共同参与完成藏文特色数据库的建设外，应该根据广西的特色支柱产业，建设广西旅游数据库、东盟文献数据库等，为广西地区的经济发展提供服务，为广西各级领导决策提供信息，也让全国和世界更多地了解广西。

---

① 胡京波．关于民族地区图书馆实现文献信息资源共建共享的思考［J］．图书馆论坛，2001（6）：14－18

② 王芳．大学办学特色的形成与图书馆的作用［J］．农业图书情报学刊，2007（7）：190－192

西南地区图书馆要通过建立最新的网络计算机技术、网络通信技术和文献资源数字化技术，建设超大规模、可扩展的、可操作的民族特色数据库，可通过网络检索的形式对民族地区的特色数据库进行查询和浏览，真正使各民族的文化和资源面向世界，为广大读者所共享。

（四）区域联盟建库，共建共享

数据库的建设要耗费大量的人、财、物力，若每个图书馆都进行独立建设，必然会受到技术、人力、资金及信息资源的制约，很难保证建库的质量，与数据库建设的规模化发展也不相适应。因此，图书馆之间以及图书馆与政府机关、科研团体、学校、企业之间应打破界限，从推进网络资源共享的要求出发，实现各单位人、财、物力的优势互补，走联合共建之路。

（五）扩大经费融资，建立新的投入体系

西南地区图书馆应加大特色数据库建设的宣传力度，使决策层意识到特色数据库建设的重要性，把特色数据库建设纳入西南地区信息基础建设之中，制定相应的政策和法规，以激发西南各界对建设特色数据库的研究和投资热情，运用市场经济模式，引入信息营销机制，使西南地区图书馆特色数据库建设走产业化之路，吸收更多资金投入，这才是西南地区图书馆的特色数据库建设的可持续发展之路。① 比如《四川省文化旅游资源数据库》的建设，得到了四川省政府办公厅和旅游局的支持；《WTO与中国中西部未来发展》光盘资料库得了四川省计委、省文化厅的支持；《中国西南民族文化多媒体资料库·羌族历史文化》得到四川省少数民族文化艺术基金会、四川前景文化传播有限公司的支持。在特色数据库建设方面形成了政府、企业、基金会等多渠道资金投入体系，为特色数据库建设的可持续性发展奠定了基础。

（六）加强技术人才建设

技术人才的缺乏是特色数据库建设的瓶颈，在网络环境下，西南地区图书馆员应有丰富的知识和较强工作能力，如系统导航能力、较强的科研能力、信息的敏锐反应能力以及整理加工文献信息的能力等。同时，西南地区图书馆特色数据库建设还需要技术性人才参与。因此，西南地区各图书馆应采取相应的措施来加强人才的建设，如培养敬业精神与质量意识、建立岗位目标责任制、定期培训技能、注重建库队伍的知识结构互补和更新、提高业务水平以及参加相关业务会议、学术交流的机会等。也可以尝试与制作商或者专业公司进行合作，例如由数据库制作商进行数字化处理，由专业的情报检索技术的公司制作检索界面等。

（七）完善特色数据库系统的功能

系统功能强大、检索方便是对特色数据库的一个重要要求。特色数据库必须对其内容进行多角度、多方面、多层次的划分和揭示，尽量给用户提供多种检索途径，方便用户从

---

① 潘长海等．公共图书馆特色数据库建设现状分析与思考［J］．现代情报，2009（12）：105－108

不同角度查找自己所需要的资料。[①] 例如，创造良好的网上检索界面，人机对话尽可能简捷方便，根据文献信息的内容及形式，选取最有可能被利用的检索途径、最能反映其特征，设置丰富有效的检索点；既能提供包括责任者、书名等外部特征检索和全文检索，又能提供主题词和分类检索；既能实现各项之间的“与”、“或”、“非”的逻辑组配检索，又能实现标引词的位置算符检索，并在一次检索结果的基础上实现多次循环检索。在完善检索功能的同时，还要求实现个性化服务，如保存个人检索历史，提供通告服务，提供访问统计与点数统计等。

综上所述，特色数据库需要以该馆馆藏特色、地方特色等地域文化特色资源为基础，以各馆文献信息资源共享为目的，以互联网、科研网以及中国教育为依托，遵循特色数据库建设的“实用化、可扩展化、完整化、标准化”原则，借鉴其他地区图书馆特色数据库建设经验，从而达到各个地域文化特色数据库资源共享的目的，为西南各地的经济、文化、教学与科研提供基本的文献信息保障。

第三节　西南地区高校图书馆特色资源建设与发展

西南地区广西、四川、重庆、贵州、云南地处西南一隅，地理上属于我国同一区域单元，经济、历史、文化方面具有相当的区域共同性。同时，在国家高校建设战略中，西南地区历来被作为一个片区来布局，CALIS 也在西南各个区域设有分中心。那么西南地区高校图书馆特色数据库建设问题应是该地区高校办学特色的定位及其特点。

一、西南地区高校图书馆馆藏特色建设的意义

西南高校图书馆特色资源建设的取向是：能否为西南高校以教学带科研，以科研促教学中起到决定性的作用。因此，对文献资源有侧重地选择并建设西南高校图书馆特色馆藏，能最大限度地满足广大师生的需求，提升西南高校图书馆的吸引力和影响力。同时也能促使西南高校图书馆工作人员在服务理念、服务模式、服务内容上进行创新，不断提高服务质量以适应高校发展的需要。[④]西南高校图书馆只有加大对特色文献资源的收集，利用学校学科综合优势，促进产、学、研结合，推广高新技术在地方经济发展和产业结构中的应用，加强同地区各级政府、企事业单位的联合，拓宽科技成果推广路子。通过这些积极有效的服务，使学校成为西南地区科技信息服务中心，更好地为地方经济服务。同时借助对世居民族的研究成果的广泛的学术影响力，有利于推进西南地区经济文化发展，有利于促进当地的科学技术、城乡建设、旅游开发、中外文化交流等发展，有利于在西南高校图书馆中创建出自身品牌优势。

二、西南地区高校图书馆馆藏特色发展的目标

为突出西南高校图书馆的特色馆藏，特色文化信息资源收集入藏后，应对其进行科学

---

① 林伯珊．从民族地区高校办学特色谈图书馆特色馆藏设计［J］．农业图书情报学刊，2009（3）：106－108

的管理。而建立特色文化信息资源专藏及专门阅览室就是一个很好的方法，它有利于保持收藏的完整性，提高特色文化信息资源的开发利用率，从而更好地发挥其在民族地区特色文化研究、服务教学和科研以及服务地方经济社会发展中应有的重要作用。为此，玉林师范学院图书馆十分注重对桂东南特色文化信息资源的收集、整理与研究，专门设置了一个机构——桂东南地方文献整理研究所，主要研究桂东南特色文献、古籍文献的收集与整理。另外，还设立了桂东南资料室，专门收藏桂东南研究资料，兼收广西地方文献及该馆特藏图书，对收集到的民族特色文化信息资源按照不同文种、载体类型和外表特征，购置不同样式的书架、柜橱，划分成若干馆藏区，分门别类地存放。①

西南边疆民族地区高校图书馆是学校的重要组成部分，是学校发展规划的重要内容，图书馆的定位应围绕学校的总体规划、总目标制订出自己的发展规划。从高校的类型划分看，西南地区的高校属于教学型高校，以教学为主，同时以科研带动学校教学，形成特色的教育体系。广西民族师范学院坐落在中国通往东南亚门户城市、桂西南区域交通枢纽城市、具有悠久历史和光荣革命传统的广西壮族自治区崇左市，被誉为“边陲明珠”、“南疆国门大学”，是在南宁师范高等专科学校的基础上新升格的一所集边疆、民族和跨国文化特性的综合性普通本科高校，在其前身南宁师专 30 年的发展中形成了“以举办合格专科教育为基础，不断改善办学条件，提高教育教学质量，在继续办好教师教育的同时，发展非教师教育，培养高技能应用型人才，将学校发展成为桂西南地区以教师教育为特色并具有地方优势的教学型多科性普通本科高校，为地方基础教育服务，为新兴崇左市及广西经济社会发展乃至中国—东盟自由贸易区建设提供人才支撑和智力支持”的办学目标定位。2009 年，教育部批准南宁师范高等专科学校升格并更名为广西民族师范学院，学院的目标定位随即为立足崇左，面向广西，为民族地区基础教育和经济社会发展服务；实行教师教育和非教师教育相结合；在主要办好社会学科的基础上，积极发展人文学科、理学、管理学等学科门类专业，形成各学科相互支撑、协调发展的办学格局；把学校办成培养基础教育师资和应用型高级专门人才的富有边疆、民族和跨国文化特色的多科性、教学型普通本科高校。因此，广西民族师范学院图书馆要在这一大目标下围绕“教学与科研、边疆、民族和跨国文化特色”进行定位，立足于自身实力和长远发展。把图书馆办成一个开放式的、有特色的、数字化程度较高的文明图书馆，力争成为边疆民族地区的文献信息中心。这样的定位才能凝聚人心，才能有自我超越的努力方向。而目标既定，就应有的放矢，选择适当的建设和发展路径有计划、有步骤地完成目标计划。

三、西南地区高校图书馆的科学定位特色

西南民族地区高校的定位必须依据地方经济社会发展需要，以及所处的地域环境、资源分布、产业结构、人才需求及高校自身的发展历史、文化传统、办学理念、办学宗旨、学科优势等来准确、合理、科学定位，来彰显西南地区高校图书馆与众不同的学科资源特色。如贵州南部布依、苗、水、瑶等少数民族主要聚居区域的黔南民族师范学院图书馆，

① 胡可东，张意柳．试析民族地区高校图书馆的特色文化信息资源建设［EB/OL］．［2013－12－12］．http：//www.12edu.cn

根据黔南民族师范学院办学定位，来配置其学科特色资源，传承发展优秀的民族文化，促进民族地区社会经济文化发展；[①] 黔东南苗族侗族自治州的凯里学院的办学定位是："三性三型"，即地方性、民族性、师范性，多科型、教学型、开放型的办学特色定位形成了凯里学院图书馆资源鲜明的特色。但所追求的目标是一致的，也就是：以特色求发展，致力于高校内涵发展，突出办学特色，实现规模、结构、质量和效益的协调统一，创建高质量的地方特色。[②] 民族地区高校的办学特色最为显著的一个特点就是地方民族文化与教育研究紧密联系。在贵州省高等学校人文社会科学研究基地，各高校通过申报获准成立"地方民族文化与教育研究中心"显得非常重要，它是高校的科研重点和办学特色的有力支撑。在2010年入选的贵州省高等学校人文社会科学研究基地中黔南民族师范学院、凯里学院等申报的"地方民族文化与教育研究中心"也获准成立。省教育厅对各高等学校人文社会科学研究基地主要通过下达科研项目及项目资助经费的方式进行资助，推动基地建设。这是贯彻落实中央关于"推动社会主义文化大发展大繁荣"的方针，努力为民族地区经济文化与社会发展做出积极贡献的重要举措。高校还把传承发展民族文化引入学校教学之中。如凯里学院在办学过程中，有意识地把民族民间文化引入课堂。汉语言文学、旅游等专业分别开设了《苗族语言文学》、《黔东南民族文化旅游》等课程；又如黔南民族师范学院以贵州原生态民族文化的调查、整理为基点，在民族文化研究方面大力开展了贵州民族文化精髓研究与传播，对省内尤其是黔南州世居少数民族布依族、苗族、水族、毛南族等民族传统文化进行调查研究，传承发展民族文化，为地方经济社会发展服务，达到培养人才的目的。黔南民族师范学院有计划有步骤地将丰富多彩的民族传统体育挖掘整理出来引入课堂教学，逐步形成具有一定影响的特色课程；还把贵州侗族大歌、独山花灯、水族音乐、苗族音乐、布依族音乐等作为专门讲述的内容列入《中国民族音乐概论》课程；将黔南水族舞蹈、独山花灯歌舞作为教学内容列入民族舞课程之中。另外，在对民族文化的研究中，学校大力开展民族文化研究与传播，把研究、传承民族文化与培养人才有机结合，逐步形成艰苦创业，传承、发展优秀民族文化，其中水书文化研究已成为学校的一个亮点得到了国内专家组好评。2007年6月国家教育部评估专家组对黔南民族师范学院办学各项工作进行了全面的考察评估，2008年4月9日，国家教育部下发《关于公布北京大学、清华大学等198所普通高等学校本科教学水平评估结论的通知》（教高函〔2008〕8号），黔南民族师范学院喜获良好等次。

四、西南地区高校图书馆民族资源特色

西南地区高校图书馆从目前的发展情况看，基本上是各地教育经费投入的增加和高校的扩招给图书馆带来了一个难得的发展机遇。但从经费配置上看，由于边疆民族地区高校底子薄，资金缺口大，馆藏文献量在50万册以下，馆舍面积为3 000 ~8 000平方米，建有图书馆自动化管理系统，部分升级为网络版，但网络化程度不高；已建成或在建的电子阅览室可以通过校园网与中国教育科研网连接，但各馆网络虚拟资源的开发和利用基本上

---

① 黔南民族师范学院［EB/OL］.［2013 - 12 - 22］. http：//www. sgmtu. edu. cn/

② 凯里学院［EB/OL］.［2013 - 12 - 22］. http：//www. kluniv. cn/Index. html#

处于空白；西南地区各高校对图书馆经费投入与《普通高校图书馆规程》要求相差较大。目前各校在校学生规模在4 000～8 000人之间，随着招生规模的扩大，在校学生数还将继续增加，如果按《普通高等学校本科教学工作随机性水平评估方案（试行）》或《教育部高职高专高校人才培养工作水平评估方案（试行）》规定，生均藏书100册为合格标准，边疆民族地区高校图书馆可提供的文献源与标准要求差距相当大；若按生均按占有2.03平方米的馆舍面积国际指标计算，将有部分高校的图书馆面积亟须扩充；特色馆藏的建设、馆藏文献的数字化、特色数据库、网络虚拟资源的建设还十分落后，与信息社会文献量的剧增不相适应，资源共享难以实施；尤其是具有西南边疆特色、民族特色和跨国文化特色的文献缺乏深层次的开发。

据中国教育在线教育部2011年6月8日公布的"全国普通高校名单（截至2011年5月23日）"共290所，分别是广西壮族自治区61所、贵州省40所、云南省57所、四川省80所、重庆市52所。笔者2009年7月至2011年7月对这290所高校逐个进行网上访问，首先了解其网站、图书馆网页情况见表8－2所示。

表8－2　西南地区高校图书馆网站访问情况表

地区	高校数量	无网页的图书馆		有网页但无法访问的图书馆		可访问的图书馆	
		数量	百分比（%）	数量	百分比（%）	数量	百分比（%）
广西	61	8	13.11%	15	24.59%	36	59.02%
贵州	40	11	27.50%	7	17.50%	18	45.00%
云南	57	13	22.81%	10	17.54%	32	56.14%
四川	80	9	11.25%	12	15.00%	65	81.25%
重庆	52	7	13.46%	6	11.53%	27	51.92%
合计	290	48	16.55%	50	17.24%	178	61.38%

对于可以访问的图书馆，笔者为访问其特色数据库的建设情况，作如下几方面的考察。

（一）西南地区高校图书馆特色数据库的地域分布

根据调查数据，统计出西南地区高校图书馆建有特色数据库的数量及分布比例（表8－3），其中四川省3个高校的特色数据库无法打开，有一个馆的特色数据库不对外开放。

表8－3　西南地区高校图书馆特色数据库地域分布

地区	有特色数据库的高校	占该省（市/州）高校比例	占西南地区高校比例	占特色数据库高校比例
广西	25	40.98%	8.62%	19.69%
贵州	16	40.00%	5.52%	12.60%
云南	22	38.60%	7.59%	17.32%
四川	46	57.50%	15.86%	36.22%
重庆	18	34.62%	6.21%	14.17%
合计	127		43.79%	100%

(二) 西南地区高校图书馆特色数据库的层次分布

据中国教育在线网相关数据的统计，发现在西南290所高校中，有国家“211工程”高校9所，这些高校图书馆都开发了特色数据库，但数量不一，如重庆大学图书馆有15个专题的特色数据库，四川大学有12个，等等。尤值一提的是，四川大学图书馆的“巴蜀文化特色数据库”与“中国循证医学特色库”和“藏文化特色数据库”被列入CALIS“十五”、“十一五”、“十二五”全国高校专题特色库和“211工程”三期项目特色数据库子项目建设，在西南地区高校特色数据库建设方面具有示范作用。此外，历史悠久的本科高校图书馆特色数据库工作也开展得较好，充分利用了自身资源优势，不断更新、新建特色数据库，如四川师范大学图书馆近几年先后建设了考研数据库、教育专题数据库等6个专题数据库。专科高校图书馆在特色数据库建设方面却不尽如人意，仅建有4所，分别为成都纺织高等专科学校图书馆、四川烹饪高等专科图书馆、康定师专图书馆和阿坝师专图书馆，这些图书馆的特色数据库建设或围绕学科专业特色，如四川烹饪高等专科图书馆的“烹饪文献数据库”；或基于地域与民族资源，如康定师专图书馆的“康巴文献书目数据库”。相比之下，职业高校图书馆在特色数据库建设方面明显落后于其他类高校。在2011年笔者调查的20多所西南地区各类职业高校中，仅有重庆城市管理职业学院图书馆自建了“随书光盘库”和重庆工业职业电子学院图书馆自建了“本校教师论文库”，其余图书馆尚处于空白阶段。

(三) 西南地区高校图书馆特色数据库的主题分布

鉴于以上数据，西南地区高校图书馆特色数据库主要包括以下几个方面的主题：

1. 基于地域资源的数据库

以反映特定地域和历史传统文化，或与地方政治、经济和文化发展密切相关的独特资源为对象，构建特色数据库成为高校图书馆的首选。在西南地区高校图书馆中，就有25所建立了此类特色数据库，如西南交通大学图书馆的“峨眉山特色库”、四川农业大学图书馆的“大熊猫专题库”、西华师范大学图书馆的“南充名人信息网”、阿坝师专图书馆的“羌族藏族研究文献数据库”、贵州财经学院图书馆的“贵州经济电子地图”、广西大学图书馆的“东南亚数据库”、重庆大学图书馆的“抗战历史库”以及西南大学图书馆的“抗战文献库”等。

2. 基于学科专业的专题数据库

学科专业的特色性能体现出一个高校办学的特色，因此高校图书馆注重以本校学科专业的特色来建设专题特色数据库，此类特色数据库最多，共有50个。如四川农业大学图书馆关于农业畜牧方面的6个特色数据库、成都中医药大学图书馆“养生保健数据库”、西华大学图书馆和重庆大学图书馆的“汽车特色数据库”、重庆大学图书馆的“生物医药数据库”、西南大学图书馆的“农业经济管理专题库”、广西大学“随书光盘发布系统”、四川理工学院图书馆“酿酒数据库”以及“中国盐文化数据库”等。

3. 基于学校教研成果的数据库

学校师生特别是教师的科研成果能反映出一个学校的科研能力，以此为对象组建特色数据库也是众多高校图书馆的选择。在西南地区高校图书馆中，这类特色数据库大概有36个，如西南交通大学图书馆的“交大教学参考书数据库”、电子科技大学图书馆的“成电人著作收藏库”、云南师范大学图书馆“云南师范大学专家信息库”、重庆大学图书馆“硕士学位论文全文库”、广西大学“优秀本科毕业论文（设计）数据库”、广西大学“博硕士学位论文摘要库”、广西大学“博硕士学位论文全文库”、四川广播电视大学图书馆的“四川电大网络课件库”以及西南交通大学图书馆的“国家级重点学科网上信息资源导航库”等。

4. 基于馆藏书刊资料的数据库

具有他馆、他校所不具备或只有少数馆收有的特色馆藏，往往也成为高校图书馆建设特色数据库时的选择对象。西南地区也有31所高校图书馆建立了这样的特色数据库，如西南大学图书馆“自建光盘数据库（世纪大讲堂、随书光盘）”、昆明理工大学图书馆的“馆藏书目数据库”、西南科技大学图书馆的“新书全文数据库”、四川烹饪高等专科学校图书馆的“特色书目数据库”、广西大学“课程参考书书目数据库”、贵州民族学院图书馆的“《图情快讯》数据库”、西南政法大学图书馆的“缩微图书篇名数据库”和云南大学图书馆的“本校善本书目索引”等。

5. 音像影视数据库

受众多因素的制约，建有音像影视特色数据库的高校图书馆不多，仅有3个，分别是重庆大学图书馆的“非主流音乐空间”、贵州民族学院图书馆“影视空间”和遵义医学院图书馆“遵义医学院图书馆 VOD 视频点播数据库”。

五、西南地区高校图书馆特色化建设与发展路径

高等学校图书馆向来被认为是外界认识高校的窗口，对图书馆建设的评价从某种程度上说是对高校建设和发展理念的评价。谭金玲，韦福安等多数学者们以为，西南民族地区高校图书馆特色化建设与发展应该着重从特色馆藏、图书馆网站、地区文献信息资源中心、优化图书馆员队伍、加强与边疆民族地区生产生活的联系等方面进行规划和实施。

（一）西南地区高校图书馆特色馆藏建设

1. 西南地区高校图书馆特色馆藏建设的内涵

所谓特色馆藏，是指西南地区高校图书馆有别于其他图书馆藏并具有鲜明特点的藏书体系。由于西南地区高校图书馆所处的特定区域决定了它除了具有自身的民族特色外，还具有内地高校所没有的边疆特色，因此，西南地区高校图书馆的藏书体系应当是与该高校当前的专业设置以及当下特色建设发展规划密不可分的。它是在不断加大特色文献的收集和入藏的基础上逐渐形成的。其中，特色文献是构成特色馆藏的最基本的单位。只有不断采购和入藏体现西南地区高校图书馆的特色文献，才能不断形成和完善特色馆藏。如果只是在口头上强调特色馆藏，而实际上却忽视特色文献的实际采集入藏，将永远不可能实现特色馆藏。特色文献资源建设应该和该高校的发展同步，研究和记载与西南地区少数民族

相关的政治经济、历史地理、文教卫生、科学技术、民族等方面的文献资料。①

2. 西南地区高校图书馆特色馆藏建设的目标

西南地区高校图书馆应该在围绕各自学校重点学科、专业的建设、科研状况基础上优化藏书结构的同时，制订切实可行的远期、中期及近期特色馆藏建设的工作计划。一是加大对西南地区特色、民族特色和中国—东南亚跨国文化特色文献的采购。西南地区各类高校尤其是国家公立高校，尽管曾长期因投入不足而发展缓慢，但悠久的历史积淀形成自身较为鲜明的办学理念和发展特色。因此，西南地区高校图书馆特色馆藏应根据教学和科研重点项目的需求，入藏具有鲜明民族特性和西南地区特性的相关文献，是形成特色馆藏的前提。为了更全面地收集民族文献，各个高校图书馆应广泛搜集出版信息，特别是和西南地区出版部门取得联系，征集新书目和书评等出版信息，通过各种书目订单订购西南地区地方文献，或者利用参加书市和书展活动的形式直接选购。由于各学校经费有限，因此在购买馆藏图书的年度预算中有目的地向选购与本地区民族的相关文献倾斜，这是收集民族文献的最基本的途径。二是积极参与西南地区少数民族文献资料的保护和收集整理。彰显西南地区民族特色离不开对西南地区优秀的民族、民俗文化遗产的保护，这也是西部大开发所带来的现实性问题。自21世纪初期以来，国家在加大实施西部大开发的过程中，西南地区少数民族确实迎来千载难逢的发展机遇，但西南地区的自然生态在开发进程中势必在一定程度上遭到破坏，西南地区民族文化资源得不到应有的保护，一些独具西南地区民族特色的歌谣、曲艺、传说等渐渐失传，一些精湛的民族工艺和建筑开始衰微，一些灵验的民族医药开始失去市场，一些有利于培养人类美德的传统礼仪和习俗被逐渐废弃。要想真正了解西南地区少数民族系统完整的传统文化，尤其是内隐文化，已很困难。“实践证明，许多文化事项之所以消失、文化资源之所以枯竭，与其长期闲置、利用不够有很大关系”。这种状况正逐步引起党和政府的关注。各级政府积极组织人力和物力，对西南地区少数民族优秀文化遗产实施有效保护、整理和研究。西南地区高校图书馆应积极响应国家对优秀民族文化保护的号召，结合自己的实际情况，主动地参与民族文献资料的抢救工作。利用新的技术条件，根据各校师生研究的重点对象，收集“活的”形象生动的民族、民俗音像资料和实物，建立有特色的馆藏。②

3. 西南地区高校图书馆特色馆藏的设计

根据《普通高等学校图书馆规程（修订）》第10条规定：“高等学校图书馆应根据学校的发展目标和教学、科学研究的需要，根据馆藏基础及地区或系统文献资源布局的统筹安排，制定文献信息资源建设方案，形成具有本校特色的馆藏体系”。③ 西南地区高校图书馆必须根据各学校的学科专业特点，以专业特色建设为依据、以原始收藏为基础，构建具有各学校特色的馆藏体系，在此基础上将其发展为适应教学、科研需要的文献资源体系

① 钢山．论民族院校图书馆特色馆藏的形成及路径［J］．图书馆学研究，2003（8）：37－38

② 段超．对西部大开发中民族文化资源和文化生态保护问题的再思考［J］．中南民族学院学报（人文社会科学版），2001（5）：61－63

③ 教育部．《普通高等学校图书馆规程（修订）》［EB/OL］．［2013－12－21］．http：//18.83.152/policy/39023212004531084/

并提供网上服务，满足对书目信息检索和原始索取的需求。①

西南地区高校各自都有鲜明的民族文化办学特色，这就是优势，也是品牌。作为为教学和科研服务的图书馆，应重视和关注学校自身的办学特色，在文献信息资源建设上打造特色馆藏。林伯珊等学者认为：图书馆特色馆藏的设计应当考虑围绕高校的办学特色，以原始收藏为基础，构建西南地区高校办学特色的馆藏体系，加大对学校与校内民族研究所民族文献资源的整合建设，使馆藏特色资源能够形成完整性、系统性、适用性、针对性强的科学管理模式，达到有效的开发和利用。其馆藏特色应充分体现出“校园文化特色、学科特色、民族特色、地方专题特色”等特色。

（1）校园文化特色

馆藏的校园文化特色是指西南地区高校图书馆应根据各自学校自身的文化传统、历史地位、所处环境和办学目标，在馆藏文献资源建设上收集体现学校精神文化、学术文化、制度文化、环境文化方面的资源文献以及相关音像、影像资源，为学校特色办学，创办特色以及对外宣传提供文献资源保障。西南地区高校图书馆也要和学校同步，重视校园西南民族文化建设，为学生营造具有民族文化蕴涵的德育载体，使学生不断感知西南民族文化的深厚底蕴和文化魅力，潜移默化地提高学生人文素养，不断强化扎根西南地区的坚定信念，以此提高学生道德素养，为西南地区培养“下得去”、“用得上”、“留得住”的人才。②

（2）学科特色

“学科建设是由人、财、物、信息、课程、科研课题六大要素构成”。信息要素、学术交流要素等都与图书馆馆藏建设有关，充分体现“学科性”无疑是西南地区高校特色资源馆藏建设中最重要、最本质的特色。馆藏的学科特色是指西南地区高校图书馆收集的文献资源必须与该院设置的专业学科建设和所承担的教学科研相适应。特别要充分满足学院重点学科与特色学科建设的需要。主要文献资源有：①国家、省等不同等级的重点专业学科相关的文献资源；②本学院重点专业学科及与学科相匹配的优势专业学科相关文献资源；③国家级、省级、院级教学改革项目及教改成果相关文献资源。

（3）民族特色

馆藏的西南民族特色是指与本地区政治、经济、文化发展有关的民族文献。根据西南地区各个高校所处的地域确定民族文献资源范围，有计划，有重点，有目的地收集聚居在本地区各少数民族的文献资料，结合学院专业设置和专业特色出发，重点收集民族经济、民族体育、民族文学、民族艺术、民族舞蹈、民族服装、民族文化和非物质文化研究性等方面的文献资料，为学院的教学和科研提供全面、系统的信息保障。如黔东南的苗侗文化、安顺的屯堡文化、黔南的布依族、苗族、水族文化，等等。收集与本地区各民族民族文化相关的研究性文献，特别重点收集本学院教师有关民族研究性学术研究、学术交流、学术论文等相关文献。最有效的措施就是加大对学校与校内民族研究所或者是“民族文化与教育研究基地”民族文献资源的整合建设，有效地开发和利用。

---

① 夏有根，谢惠．地方高校图书馆特色馆藏建设策略［J］．情报探索，2007（6）：118－120

② 朱红叶．高校建设特色优势学科图书馆的思考［J］．图书馆论坛，2007（4）：42－44

(4) 地方专题特色

西南地区少数民族用本民族的文字将生产、生活、宗教信仰、历史文化、民间艺术、民间传说等记录下来，形成了独具特色、丰富多彩，极具研究价值的民族文献，为西南地区高校构建“人无我有、人有我优、人优我特”的信息资源建设提供了丰富的资源保障，为西南地区高校收集、整理、利用、再开发提供了可能。西南地区高校图书馆在收藏、整理和研究地方文献时，结合各自学校办学特色的方针，突出特色学科、特色专业，明确地方文献收集的范围和侧重点，使之形成该学科中的某一地方性专题。

(二) 西南地区高校图书馆馆员队伍的建设

没有一支结构合理、素质优化并具特色的图书馆员队伍，民族文献信息资源就不可能得到充分开发和有效利用。近年来，西南地区民族高校尽管走上了发展的快车道，但亟待解决的问题繁多，师资队伍建设尤其是学校发展的瓶颈问题，西南地区高校图书馆队伍建设也理应纳入高校师资队伍建设的视野，而西南地区图书馆馆员队伍的现状却是整体素质不高，结构也不尽合理，尤其缺少能从事西南地区民族语言文字研究的高层次专门人才，从而影响了西南地区高校图书馆特色的发挥。因此，优化西南地区高校图书馆员队伍结构、提高人才素质、加强专业化特色化建设刻不容缓。人才建设总体上应有超前意识，统筹规划，合理安排，注重特色，协调发展。强化外引内培力度，现实可行的途径是：聘任西南地区在民族学、民族问题或跨国民族研究一线的专家为“名誉馆长”，搞好传、帮、带；选派专业人员参与、跟踪学校特色课题的开发、研究；招聘热爱民族教育事业、有西南地区某种民族语言文字专长或其他特长的优秀毕业生及专门人才充实图书馆干部队伍；与兄弟高校特别是民族高校图书馆进行特色人才的共享与交流。此外，还应在学生中开设信息检索与利用课程，努力提高其信息意识和信息利用能力，形成一支庞大的与西南地区民族教育事业和经济建设发展相适应的信息开发与利用队伍。

(三) 西南地区高校图书馆资源的共建共享

1. 根据西南地区各个学校的馆藏优势和区域特色组建民族文献信息中心

数据库是图书馆电子化、数字化和网络化的基础。建设具有边境、民族和跨国特色的数据库，可突出西南地区高校图书馆的馆藏优势和特色，形成合理的文献资源布局。如西南民族大学成立了羌学研究文献资料中心；贵州民族学院建立了全国傩文化研究中心；广西民族大学设立了壮学、瑶学文献资料中心；云南民族大学建立了傣、彝学文献资料研究和协调中心等。这些文献信息中心的建立不仅为民族学科高层次人才培养及科学研究提供了文献信息保障，也为民族学科文献信息的系统化、网络化和特色化奠定了坚实基础。西南边疆高校长期为边疆的教育事业以及构建和谐、安全、稳定的社会做出重大贡献，但由于地理位置偏远，交通及信息闭塞导致自身长期处于边缘发展状态。近年来，国家加大了边疆的开发力度，西南边疆民族地区高校也迎来了发展的春天，并借助国家西部大开发机遇享受民族政策得以升格为本科高校，在相当长的一段时期内主要使命仍然是以培养应用型专门人才为主，这就要求图书馆继续强化自身的服务教学功能。自 2007 年以来，国家社科基金围绕西部地区的社会稳定与发展，研究西部地区历史与现状中的重要理论和现实问题，特设“西部项目、委托项目”和“西南边疆历史与现状综合研究项目”。因此，西南地区高校也应学习上述民族高校建立民族文献信息中心的经验，努力挖掘西南地区高校图书馆特色和优势空间，建立地区特色文献信息中心，这是目前西南地区高校图书馆在特色化建设中着力解决的关键性问题。

2. 西南地区高校图书馆间相互协作，加强联系，共同开发，资源共享

近几年来，西南地区本科层次的民族高校在互通有无和资源共享方面取得的成就为边疆民族地区高校间的合作提供了现实的模式，西南民族大学、广西民族大学、贵州民族学院、西藏民族学院、云南民族大学等高校联合编写了《民族文献提要》（1949—1989年），这些高校又与中南民族学院联合编写了《西南地区民族高校图书馆馆藏民族文献联合目录》，由此可以看出，这些民族高校图书馆在民族文献的收藏方面，各有特点和优势。各高校除收集了大量的当地地方文献资料外，广西民族大学图书馆的壮族和瑶族文献资料则在各馆之中首屈一指；贵州民族学院图书馆则以其丰富的苗、布依、侗、水等族的文献资料取胜，并以其著称于世的傩戏和傩文化的文献收集为最大优势；西南民族大学图书馆则在羌族和彝族文献的收集方面独占鳌头；云南民族大学图书馆除了一贯尽其所能、努力收集全国56个民族的文献资料之外，还以丰富多彩的东巴文化资料和纳西族文献、傣族文献、白族文献、彝族文献、哈尼族文献，以及景颇、佤、傈僳、德昂、布朗、独龙等云南特有民族的文献资料，表现出既求全又具有倾向性的鲜明特色。① 这套联合目录兼容了各馆的上述长处，为这些高校图书馆“互通有无、资源共享”的有效合作打下了坚实可靠的基础，把叫喊了多年的“建立图书馆网络，实现资源共享”的口号变为现实。西南边疆作为一个研究整体正逐渐被边疆学界关注，而云南和广西两省同处一个地理单元，两省拥有长达500多千米的边境线，在边境线上有云南的保山、临沧、德宏、红河、文山和广西的百色、崇左和防城港等地级州（市），几乎每个州（市）都设置有高等高校，本科高校如保山学院、文山学院、百色学院和广西民族师范学院等，这些西南地区高校虽地域相似却又各具鲜明的特色，彼此间有很强的互补性，合作空间广阔，在教学科研和图书馆特色化建设方面完全可以效仿上述的西南民族高校的合作模式。只要西南地区各高校不断加强联系，采取切实可行的配套措施建立图书馆网络，就一定能够在西南地区民族文献资源的开发和利用方面做到互通有无、资源共享和共同进步。

（四）西南地区高校图书馆网站建设的特色

在网络环境下，一个馆的地位、作用和影响及其生存竞争力，主要取决于它在网上拥有多少具备自己鲜明特色的信息资源、信息产品和网上存取与服务能力。② 因此，在特色馆藏建设有一定规模的情况下，建设具有西南地区特色、西南民族特色和跨国文化特色的网站，推出特色资源网页，用自己的“品牌”去攻占网络阵地，以经过选择分析、加工处理的西南地区民族信息去赢得用户的青睐，并通过网站上各种形式的宣传、导读、导航活动，指示西南地区民族文献信息检索路径和方法，揭示地方文献，提供专题信息，解答用户咨询，提高用户的西南民族信息意识和信息获取能力，才能在同行业中形成差别优势，

---

① 董广文. 成功的尝试有益的启示——《西南地区民族院校图书馆民族文献联合目录》评述［J］. 云南图书馆季刊，1993（1）：66－67

② 胡昌斗. 论民族院校图书馆的特色建设［J］. 江西图书馆学刊，2004（2）：12－14

进而产生巨大的社会效益。网页上除开辟读者指南、信息查询、信息开发、课题管理、热站链接、网络数据库检索等内容外，还要设立特色馆藏和特色网站等栏目，对该馆收藏的所有西南地区民族文献以及有关边疆社会、民族概貌、民族风情、民族文化、民族网址和民族网站进行详尽的揭示和报道。网站建设除了突出西南地区特色、民族特色外，还要突出中国—东盟跨国文化特色，由于西南地区所处的区位特色，跨国文化研究往往是西南地区高校图书馆关注的重要课题，如教育的跨国交流与合作、跨国民族经济文化交流与合作的研究，等等。

（五）西南地区各个高校图书馆之间合作机制的建设

"一馆两制"即办馆体制多元化，建立以政府和学校办馆为主体，吸收社会各界共同办馆的体制。这是高校图书馆走向社会，走向市场，在区域经济发展中发挥更大作用的重要途径，也是尽快实现信息产业化、商品化，摆脱困境的现实出路。如广西民族师范学院在图书馆扩建中实行"市、校"共建模式，实现了高校图书馆办馆体制多元化的开端，但是同时更需要加强高校图书馆与地方的联系。一方面大力宣传保护和挖掘优秀的地方民间传统文化，另一方面大胆吸收民族地区各个县、乡地方政府、企业和个体户捐资捐书参与办馆，这样从某种程度上可以有效借助广泛的社会力量参与建馆，更有可能收集到散落地方民间的铭文碑刻、民族古籍等。该校图书馆还把借书证逐步放到生产第一线，让各个图书馆的文献信息与各个民族经济之间的流通渠道畅通无阻，实现资源共享。广西民族师范学院自2007年以来，先后接受教育部的高职高专高校人才培养工作水平评估和专科升格本科学院的考察评估，事实一再表明，该校图书馆无论从馆藏文献规模，还是馆藏文献种类都无法与一些历史悠久的著名高校相比，但该校图书馆的特色化建设却是赢得评估专家好评的重要法宝之一。鉴于广西的经验，西南地区高校的图书馆特色化建设与发展应与时俱进并从自身实际出发，突破高校"千馆一面"的传统格局，集中力量在某一方面建立自己的特色，形成自己不可替代的优势，逐步形成以办学方向和培养目标为指导，教学科研用书为中心，西南地区民族文献为特色的藏书体系，沿着特色馆藏、图书馆网站、地区文献信息资源中心、优化图书馆员队伍、加强与西南地区生产生活的联系等建设与发展路径逐步实现西南地区高校图书馆的特色化。①

（六）西南地区高校图书馆企业特色资源的建设

在产学研模式下，不断完善资源保障体系和资源结构，建设起具有该馆特色的文献资源和文献资源库是提升服务质量，拓展服务内涵的必然要求。

1. 西南地区高校图书馆特色资源建设要满足用户特殊的信息需求

西南地区高校与产学研合作的读者群有其特定的信息需求。一是表现为其学科领域、研究方向对信息资源的需求以应用性、技术性信息为主，侧重职业技术、特色技能，关注当前新学科和高新技术的发展。所以他们特别注重具有指导性的国家标准、行业标准、资格证书考核标准等职业岗位和职业领域的专业劳动的知识信息；二是表现为广大读者对一

---

① 谭金玲，韦福安．西南边疆民族地区院校图书馆特色化建设与发展——兼谈广西民族师范学院图书馆特色化发展路径［J］．南宁师范高等专科学校学报，2009（3）：132－33

些实用性、操作性较强的实训素材类信息资源有较强的信息需求。加快特色资源建设，其建设方针在内容和结构上应充分体现出职业性、技术性等基本特征，较好地满足读者群的信息需求。①

2. 产学研模式下是西南地区高校图书馆自身发展，提升核心竞争力的需要

近年来，由于学校扩招学生人数猛增和图书杂志等价格连年上涨，几乎所有的高职高校图书馆购买能力下降，经费短缺严重，收藏力不够，文献采购量日渐萎缩。因此，必须以有限的资金建设“专而精”的馆藏，通过特色化建设，将经费相对集中地投入到购置特色文献，扩大虚拟馆藏，采集实用的文献信息上来。同时，根据产学研结合企业以及学院专业建设和学科建设的具体实际，建设具有本院特色的各类信息资源，充分体现“人无我有，人有我优”的竞争优势，努力收集具有行业特色的各类资源和灰色文献，才能在激烈的信息竞争环境下赢得竞争优势，提升整体竞争实力。②

3. 西南地区高校图书馆是为产学研一体发展提供信息与数据支持保障的需要

产学研合作作为西南地区高校教育的特色之一，产学研一体发展要求西南地区高校图书馆建设更好的特色资源为广大读者提供信息与数据的支持保障。一方面西南地区高校与企业的合作发展与实际紧密相联，使西南地区高校图书馆特色资源对信息的收集与检索更趋于学科最新的技术、最前沿的发展动态、具体的技术细节与实际经验；另一方面产学研使特色资源的用户群扩大，特色资源尤其是特色资源库具有信息储存、信息开发、信息传递与信息交流的功能，能为社会提供源源不断的知识信息，它的信息服务特别是科技、教育信息的服务是西南地区高校科研与教育改革的有力保证，是科技与工程技术人员顺利完成任务的前提。

六、西南地区高校图书馆特色资源建设策略

（一）做好西南地区高校图书馆特色资源的收集工作

1. 明确西南地区高校图书馆特色资源的收集范围

西南地区高校图书馆特色资源收集的范围主要包括地方报刊、地方年鉴、地方丛书、地方史料、碑刻、族谱及地方人士的著述等，对于西南地区高校图书馆来说，收集与地方特色学科建设及科研有关的信息资源更是责无旁贷。以玉林师院为例，“十一五”期间被列为广西自治区重点建设的学科有：有机化学、华侨华人学；重点建设的实验室有：桂东南社会文化发展研究中心、桂东南特色资源与材料研发中心。教师研究的课题也很有特色，比如桂东南方言、民间音乐、徐松石、高山村，还有大蒜、红菇、荔枝等，都与当地文化、经济、历史等相结合。从这些学科和科研项目可以看出，桂东南的地域特色十分明显。

---

① 陈平华．产学研模式下高职图书馆特色资源建设［J］．职业时空，2010（5）：13－15

② 熊忠华，谭扬．图书馆特色化建设浅议［J］．重庆图情研究，2003（4）：17－20

2. 对西南地区高校图书馆特色资源进行全面整理、甄别、类聚

西南地区高校图书馆特色资源是记载西南地域内自然、社会和历史发展变化及影响的特定文献，素有“一地之百科”的称誉，对了解与研究地方的政治、经济、文化及人物等具有重要的史料价值，在研究了解地情知识、为当地制订地方建设规划、实施科学决策、发展社会文化等方面有着重要作用。如，桂东南地处广西东南部，旅游文化、音乐文化、语言文化、习俗文化、饮食文化以及宗族文化均独具地方特色。再如，玉林师范学院图书馆将特色文化信息资源从桂东南特色旅游文化、语言文化、民俗文化、音乐文化、宗族文化、饮食文化等方面进行分类，设立了桂东南旅游文化研究、习俗研究、文化研究、革命史研究、将军研究、华侨华人研究、地方语言研究等系列专题，每个专题的信息资源都由专人负责收集。

3. 采取多种收集方法

由于西南地区特色文化信息资源具有多样化及分散性的特点，因此，应广开收集渠道，拓宽收集途径，采取多种收集方法。首先，负责采集的人员要了解掌握地方文献的收藏与分布、出版发行情况；经常与当地档案馆、地方志办公室等文化机构保持业务联系；多与专家学者沟通，获得他们的大力支持；定期到民间采集资料；关注读者反馈意见。另外，由于西南地区高校的教师都较为注重对本地区特色文化的研究，有的高校还设有专门的科研部门，他们在进行教学和科研时，往往收集了大量的第一手材料。因此，西南地区高校图书馆在文献收集方面要充分利用这些天时、地利、人和的优越条件，与这些教师和部门建立顺畅的交流渠道。一方面，西南地区高校图书馆采访人员要主动联系，及时听取他们的反馈意见；另一方面，科研部门和科研人员也能从图书馆的人性化服务中（诸如查重查新、专题书目、数字资源、专家工作室等）得到启发和帮助。这样，双方就建立起良性循环的互动关系。

（二）加强西南地区高校图书馆特色资源的开发和利用

西南各个高校图书馆在对文献信息资源进行收集时，首先要对地方特色文献的情况进行调查、整理，确定要建设的目标、重点、主题，然后利用数据挖掘和搜索引擎对这些特色文献信息进行采集、分析、评价和排列，剔除不相关的内容，对符合要求的内容进行科学分类，同等进行描述和标引。这样，经过对特色文化信息资源进行收集、整理和开发后，就形成了比较系统的文献资源体系，可以为读者提供高质量的服务。

1. 编制专题目录和综合性评述

开展服务的人员，需要多与读者沟通，制作新书简介、专题目录等，同时要综合运用目录、索引、文摘、综述等工具和手段，以及网上信息检索、网上文献传递等服务形式，广、快、精、准地为各类专家学者传递文献信息。图书馆在开展特色文化信息资源服务时，还常举办各种报告会、讲座等活动，力求多主题、多途径、多层面满足读者对地方文献的需求，吸引广大读者利用图书馆资源。

2. 开发建设西南地区高校图书馆特色资源数据库

西南地区高校图书馆应当重视馆藏资源的数字化工作，利用其丰富的西南地区高校图

书馆特色资源优势，做好深层次特色数据库建设，建立充分反映民族文化和地域特点的独一无二的特色文献数据库（包括书目数据库、索引数据库及全文数据库），丰富网络信息资源，打破西南地区高校图书馆现有的馆藏重复和短缺现象并存的状况，使西南地区高校图书馆特色文献资源布局逐步趋于合理，为数字图书馆建设和文献资源的共建共享做准备，更有效地为学校教学、科研和地方经济建设服务。

（三）培养一支西南地区高校图书馆高素质的人才队伍

开发西南地区文化信息资源，人才是关键。这就要求西南地区高校图书馆一方面应建立健全人才引进和培养机制，多渠道引进专业技术人才；另一方面，应从本馆的实际情况出发，加强现有图书馆工作人员的继续教育和培训。此外，还应通过经常性的学术交流，提高图书馆工作人员自身的综合素质，以更好地服务于地方特色文献信息资源建设。

在高校，学科建设是龙头，专业教学是永恒的主题。西南地区高校图书馆在对本地区特色文化资源进行收集、整理与开发时，必须与本校的学科建设和专业建设有机地结合起来，为学术研究、地方发展构建一个富有特色的信息服务平台。

（四）加强西南地区高校图书馆特色资源面向企业用户的建设

1. 西南地区高校图书馆特色资源建设应突出各自地域特色

西南地区各类高校所培养的是一线所需要的高级应用型技术人才，应该特别强调学生的实际操作能力。西南地区各类高校图书馆与企业合作的读者，大多是生产第一线的员工，同样强调实际操作和动手能力的培养。因此，西南地区高校图书馆特色资源建设的定位必须与该区域高校教育相适应，特色资源建设方针应在内容和结构上以应用性、技术性信息为主，突出每个区域特色资源的应用价值。信息资源应丰富多样，除基础知识和理论外，更应侧重职业技术、特色技能，特别是实训性信息的开发和使用，同时关注当前新学科和高新技术的发展。

2. 西南地区高校图书馆特色资源建设应强化学科特色

面向学科方向的信息资源是西南地区高校图书馆特色资源建设的内容之一，是为学科建设服务的基础和保障。西南地区高校学科建设的发展离不开信息资源的支持，没有信息资源的支持，建设高水平的学科是不可能的，而面向学科方向的信息资源又是学科建设与发展的重要保障。因此，西南地区高校图书馆特色资源建设应与学院各学科的发展紧密结合，必须为学科的建设提供必要的信息支撑，真正起到保障作用。西南地区高校图书馆在建立特色馆藏时，要对重点学科、特色专业和优势专业的文献进行重点收藏、优先投入。做到馆藏围着重点转，重点围着专业转，以重点带动一般，使重点学科的藏书尽可能丰富、系统和完整。

3. 西南地区高校图书馆特色资源建设应遵循服务特色

西南地区高校图书馆企业合作是西南地区高校图书馆长期发展的必由之路，作为重要信息源的高校图书馆在校企合作方面应发挥重要作用。根据高校的科研实际，建立高校教学课件数据库、重点学科专题数据库、科研成果数据库、科技资源合作数据库等，形成一些有特色的数据库，使之成为高院与企业之间信息交流相结合的纽带；确立为高校与企业信息资源合作交流服务的思想，为高校图书馆与企业提供从一般查询到课题研究的各种信息资源服务上来，并利用网络技术，了解市场最新技术发展动态，为高校图书馆与企业提供信息咨询和知识导航服务，实现高校图书馆与企业工作的不断创新，提高校图书馆与企业合作水平。①

（五）西南地区高校图书馆特色资源建设应充分体现地方特色

西南地区高校图书馆企业合作的一个根本宗旨是强强联合，为地方经济建设服务。而西南地区各类高校的办学宗旨是服务于地方经济，应利用西南地区各个高校的地理环境优势和所设置的某些学科优势，重视收集具有当地特色的地方文献，这些文献可以是记载该地区过去与现在的政治、文化、教育、地理、重要人物事件、风土人情、民间风俗等方面的文献。西南地区高校图书馆可以把地方史料、地方史、大事记、地方统计年鉴、地方风情录、地方出版物作为收集的目标，真正体现出资源建设的特色。

（六）西南地区高校图书馆特色资源建设应体现结构特色

结构特色，即要大力完善西南地区高校图书馆特色资源结构，建立起结构合理、资源丰富、类型多样的资源保障体系，尤其是在大力加强特色纸质资源建设的同时，注重电子资源尤其是特色数据库的建设、开发与利用。由于西南地区各个高校图书馆的能力和经费有限，所以可根据本馆的馆藏基础、人力、经费等现实条件和社会信息需求，优先运用信息重组技术，对馆藏特色资源进行有系统、有组织的开发与整理，揭示其价值，做成新颖独特的数据库，同时，也达到了信息增值的目的。西南地区高校图书馆只有充分开发整理自己的特色文献资源，才能在未来的资源共建共享中取得主动，因为只有资源共建，才能资源共享。

---

① 李永明．网络环境下图书馆特色化建设构想［J］．云南图书馆，2005（4）：31－32

第五部分　服务创新篇

第九章　西南地区图书馆服务体系的创新

党的十七大报告指出要提升我国的“文化软实力”，为落实“十七大”精神，2010 年 2 月 11 日，中共中央提出要加强公共文化服务体系的建设与发展的方针，来推动公益性文化单位的功能建设，完善公共文化服务内容，增强公共文化服务能力。到“十二五”期末，我国公共服务文化机构或场所都实行免费向社会开放，乡镇综合文化站、农家书屋、村和社区文化活动室免费向辖区群众开放，让广大人民群众共享文化发展成果①。图书馆作为人类文化传承的中心，拥有着丰富的馆藏文献知识，在提升国家文化软实力方面有义务也有责任担当重要的角色。只要抓住机遇，进行创新性研究，让图书馆在这次文化强省建设中发挥应有的作用，就能让图书馆服务水平得到一次质的提升。

第一节　西南地区图书馆服务创新的内容和价值及其基本内涵

一、图书馆服务创新的内涵

随着经济体制深刻变革、社会结构深刻变动、利益格局深刻调整、思想观念深刻变化，社会大众对知识信息文化需求出现了多层次、个性化与即时性的发展趋势；与此同时，自然科学与人文社会科学基础理论的纵深拓展，又加快了交叉学科、边缘知识的融合渗透，不断催生出新的知识门类，创造出新的学科领域，为图书馆服务创新与发展提供了历史性机遇。② 因此，西南地区图书馆服务的创新重在坚守扬弃、贵在借鉴创新，即分析并借鉴多种科学理论、成果经验与现代信息技术在不同实证研究模型的推演之下，所揭示的事物由量变到质变运动规律与自然生态相关的依存法则及其蕴含的深刻哲理，为西南地区图书馆回答“传承优良、更新观念、开放融合、接续文明，推动西南地区图书馆服务创新发展”等重大课题。找准方向，提供参考借鉴，实现服务对象、服务内容、服务环境、服务设施的有机融合，更好地适应知识生产和使用两端的需求变化，来强化西南地区图书馆整体服务理念，坚持以人的整体需要为中心，以人性化服务为指导，以服务用户为基本框架，把西南地区图书馆服务过程的所有程序、步骤、资源、条件、人员等要素进行系统整合、高效配置，以提高西南地区图书馆服务质量，优化其人才资源，提升西南地区图书馆社会地位，将直接影响制约着西南地区图书馆事业发展的质量水平。

---

① 姜正云．图书馆流通服务细节的完善［J］．河南图书馆学刊，2007（1）：90－91

② 叶锦青．图书馆服务创新发展的另类启示［J］．图书馆工作与研究，2012（10）：26－28

（一）图书馆服务创新所涉及的因素

服务是图书馆存在的理由，服务水平则通过用户对服务的总体评价来衡量，通俗一点来讲就是用户对图书馆服务的满意度。从图书馆服务的过程来看，影响用户满意的因素有图书馆服务“前”用户的需求和期望，服务“中”用户的感受和服务“后”用户的意见。也就是说图书馆服务“前”，用户满意度是带着需求与期望而来的，如果图书馆很好的满足了用户的需求与期望，当然能获得较高的满意度，反之亦然；图书馆服务“中”，用户满意度是用户对图书馆设施、文献资料、馆员、环境是否安静舒适、馆员服务态度如何等所有方面总体的感受；图书馆服务“后”，用户的意见也就是对图书馆的评价。从图书馆构成来看，影响服务的因素就是馆藏、馆舍与馆员了。图书馆要以用户为中心，一切服务都要以用户需求为出发点，一切评价都以用户满意为指标，为用户提供及时准确的个性化服务；同时，图书馆也要以馆员为中心，因为他们是图书馆服务的执行者，只有把馆员当成图书馆的主人翁，注重其人性化管理，制定科学合理的考核制度，鼓励他们在服务方面做到尽职尽责，才能最终提升图书馆的服务水平。

（二）图书馆服务创新的必要性

图书馆要提高自身服务水平原因是多方面的，首先是图书馆面临着严峻的竞争形势。图书馆竞争包括图书馆内部竞争、图书馆间的竞争、与非图书馆界的竞争三种形式，其中，与非图书馆界的竞争是关键性的实质性的竞争①。凡事一分为二，有竞争就会有合作，如果处理得当，这些所谓的竞争对手也是图书馆的最佳合作对象。其次，提高服务水平也是读者对图书馆服务的要求。某高校曾对365名学生随机调查发现：每一名通过口头、书面或电子邮件直接向图书馆提出投诉的读者背后，就有大约几名感到不满却保持沉默的读者。这几名读者中每个人可能会对其他读者好友造成消极影响，而在这些读者好友中，可能有几人会再把这种不满意传递给另外的人。也就是说，只要有一名读者对图书馆不满意，就会导致数十人感到失望，这就是“蝴蝶”煽动翅膀的效应。也许在图书馆服务中，不经意的几次失误就可能导致大量的读者流失，可见提高图书馆服务水平是多么的重要。

图书馆工作看似简单，要提高服务水平似乎没有多大空间，其实不然，举三个学生对馆员的评价来说明一下：“某书库的那个管理员好凶的、某书库的某阿姨打电话好大声、某书库的某老师好有耐心的”。看似简单的三个评价，有管理员、阿姨、老师三种不同的称呼，也代表了学生恨、无奈和感恩的三种心态，三种不同的结果其实仅仅是工作的一些细节处理不同造成的。② 尊重不是靠人给的，而是要自己争取的，要想让平凡的图书馆工作为人们所认同、欣赏，不在于提高多少技术含量，更重要的是从细节上做到位，并且持之以恒。

（三）图书馆服务创新的基本特性

图书馆服务创新是在图书馆服务过程中，应用新技术和新思想来改善和变革图书馆现

---

① 深圳图书馆．深圳图书馆首推“城市街区24小时自助图书馆系统”［J］．图书馆论坛，2008（4）：52－55

② 陆海．以“读者满意”为目标构建图书馆服务运行机制［J］．大学图书馆学报，2008（5）：30－33

有服务流程和服务产品，提高现有的服务质量和服务效率，扩大服务范围，更新服务内容，增加新的服务项目，创造新的服务价值，最终形成图书馆的竞争优势。[①] 服务是人与人之间的一种特殊形式的“互动”（Interaction），创新是知识之间的重组与发展，而服务创新是图书馆生存与发展的灵魂，是贯穿图书馆发展的主线，是图书馆的核心价值观。图书馆无论是形式的还是内容的创新，其目的都是为了追求新发现、探索新规律、积累新知识，使其能积极应对外部激烈竞争、适应用户变化及其自身更科学、更人性化的发展。服务创新既是一种竞争之道，又是图书馆的立馆之本，其特征主要是内容的丰富性、交互性、连续性、形式多样性等方面。

二、西南地区图书馆服务创新的内容

作为精神文化的服务载体，图书馆正日益面临着文化传播载体和传播方式的变革所带来的挑战和冲击。在文化传播载体数字化和传播方式多元化的影响下，正面临着日益严峻竞争的图书馆除了在硬件上要有所提高外，更重要的是服务理念的创新。作为西南地区图书馆来说，服务理念的更新与创建不仅是自身发展的需要，同时也是应对网络环境下各种信息中心挑战的竞争需要。从这一点说，西南地区图书馆服务理念的更新同样也是一种改革，而真正的改革必须是有破有立。没有改革只能停留在旧有的秩序与格局上固步自封。不断陷入夹缝中求生存的西南地区图书馆如想重新恢复社会文献信息中心的龙头老大地位，必须迅速摆脱各种陈腐观念的束缚，没有创新就不可能有改革。只有创新服务理念才有可能重建西南地区图书馆的社会地位与社会形象。具体来说，西南地区图书馆服务理念创新的内容包括：西南地区图书馆的一切文化载体都是为了用户利用的、每个用户都可以随时获取所需要的文献类型、每类文献都有其用户、节约用户的时间等。显然，不难看出这些内容都是由阮氏图书馆学“五定律”的部分内容脱胎而来，它集中体现了“以用户为中心”和“文献尽其用”的理念，是西南地区图书馆服务理念的创新和延伸[②]。从这个意义上说，西南地区图书馆服务理念的发展与创新不仅仅表现在形式上，同时更重要的是其服务内容的创新。只有达到形式与内容的和谐与统一，西南地区图书馆服务理念才能真正称作是先进的、具有现实指导意义的和长远历史意义的理念。

鉴于以上对图书馆服务创新内涵的分析，本课题在探讨西南地区图书馆服务内容创新趋势之前，有必要对其开展的内容进行介绍，以期获得对其深刻的认识。又由于图书馆是作为开展西南地区公共文化服务的主体机构，因此，笔者选取三大类型西南地区图书馆为对象来探讨其在开展公共文化服务中提供的服务内容，根据课题组在中国教育和科研计算机网站上选取的有代表性的西南地区图书馆的调查情况的统计结果（表9－1和表9－2）。进一步分析表9－1，可以发现西南地区图书馆服务内容创新趋势主要体现在三个方面。

---

① 李先文．现代图书馆服务创新模式的研究［J］．科技情报开发与经济，2009（32）：16－18

② 图书馆服务理念的创新与特色服务观的构建［EB/OL］．［2013－12－10］．http：//www.google.com

表9－1 三大类型西南地区图书馆服务内容

图书馆类型	图书馆名称	提供服务
西南地区公共图书馆	四川省图书馆	馆藏目录，特色资源，电子期刊，电子图书，电子资源，站内检索，读者指南，特色服务，网上咨询台，科技查新，文献查证，科技咨询，社科咨询，文献提供，翻译服务，政府信息，企业资讯，在线服务，培训等
	重庆市图书馆	深度文献检索，参考咨询，业务问询，情报服务，超大附件传送，科技查新委托，会展，讲座，教育培训，特色馆藏，剪报，文献提供，翻译服务，市场研究，馆际互借，数字化制作，广告服务，报刊索引会议录，复制服务，家谱查阅检索服务，光盘数据库检索服务，因特网服务，数字资源检索服务，专利、标准、科技报告检索服务等
	贵州省图书馆	领导决策信息集萃，实时咨询，协同文献咨询，表单咨询，联合参考咨询与文献传递，网络导航，咨询建议，读者指南，馆藏资源，展会讲座，少儿专栏等
西南地区高校图书馆	四川大学	馆际互借，学科服务，科技查新，教学与培训，代查代检，信息共享空间，SCI咨询中心，"酷"服务，整合检索，馆藏目录，电子期刊导航，数据库导航等
	重庆大学	书刊检索，常用资源，馆藏目录，特色资源，用户服务，文献传递，馆际互借，读者培训，学科专题综述，信息检索课，书刊导读，音像服务，研究生培养，代查代检，引文统计，学科联系人，学位论文制作，实时咨询，E－mail咨询，咨询知识库等
	云南大学	资源检索，读者指南，特色服务，数据库资源，代检索服务，文献传递，科技查新，专业文献咨询和检索，定题服务和查新，师生的信息素质教育和培训，学科服务，实时咨询，电话咨询，E－mail咨询，用户教育与读者培训，读者服务，个性服务，资源导航等
西南地区科研图书馆	中国科学院昆明植物所中科院文献情报工作站	问图书馆员，专家咨询，文献传递与馆际互借，学位论文检索，论文收引检索及评价，定题检索，情报服务，科技查新，院内档案查询，Information Commons，培训服务，网络信息资源导航服务，展览与讲座等；学科化服务，网上咨询，电子邮件和电话咨询，当面到馆咨询，全文传递与馆际互借，购书推荐，馆藏目录，科技查新，收引检索，培训服务，信息导航服务，情报研究，电子资源等
	中国科学院成都文献情报中心	实时咨询服务，常见问题，电子邮件咨询，文献信息资源，NSTL成都镜像站，全文传递，馆际互借，科技查新，文献代检，研究生服务，情报服务，网络服务，学科服务，知识产权服务，用户培训，科技网络，中国科学院知识产权网，四川省科技文献信息资源共享平台，信息导航服务等

（一）服务内容的类型逐渐丰富，由事实型向辅助决策型转变

随着用户对网上信息资源利用习惯的养成，用户倾向于在网络上查找自己所需的各种信息，借助于搜索引擎的强大搜索能力，用户能轻而易举获得对简单事实型问题的解答。然而对于复杂的决策性问题，面对海量无序的信息，用户往往无法辨别哪种信息才是自己所需，更无法整合各种信息源，挖掘出隐性信息，此时用户需要更多的是情报和线索，由于问题的复杂性，其答案往往也没有统一标准，因此，西南地区图书馆服务无须提供一个确定的答案，而只需提供相关情报以达到辅助用户决策的目的，这种服务往往需要馆员依靠自身知识能力对参考源进行智力加工，带有明显的知识加工的痕迹，因此，属于一种知

识型服务。比如表9－2所示的政府决策参考和企业竞争情报就是这种类型的西南地区图书馆服务。

由表9－1内容分析归纳出西南地区图书馆服务的主要内容，得到表9－2所示。

表9－2 三大类型西南地区图书馆服务内容

类型	服务内容
西南地区公共图书馆	文献检索，馆际互借，服务指南参考，资源指南参考，书目信息参考，动态信息及相关信息，剪报服务，市场调查，资料翻译，政府决策参考，企业竞争情报，地方文献，省情市情参考，网络信息导航等
西南地区高校图书馆	读者培训，学科导航，专项咨询，网上合作咨询服务，特色数据库，科技查新，代查代检，定题服务，文献提供，馆际互借，信息导航等
西南地区科研图书馆	科学研究咨询，科技查新，定题服务，文献提供，馆际互借，信息导航等

（二）服务内容的范围逐渐扩大，由学术学科型向社会化转变

西南地区图书馆服务的主要途径之一是以西南地区高校图书馆实体为中心的，由于工作地点的限制，其对象主要是高校教职工和学生，这一对象群体的需求特点存在某一共性，即以自己学习或教研所从事的专业为导向。因此，他们的咨询带有强烈的专业性，往往就某一学科内的问题进行提问。这也是以往西南地区高校图书馆服务重视学科咨询、学科导航和学科馆员制度的原因，这样就造就了咨询内容范围局限于学术学科型的困境。根据笔者的调查，西南地区高校图书馆对参考咨询问题的范围有所限定，只接收一般用户提出的有关馆藏资源方面的问题。但随着网络和信息技术的发展，现在用户不必到西南地区高校图书馆就可享受各咨询机构提供的咨询服务，商业咨询机构的参与竞争也扩大了咨询的范围，将更多的非教师学生用户包含进来，也使用户有更多的选择。例如：西南地区高校图书馆提供的市场调查、省情、地市情参考既可以帮助用户了解市场趋势、经济发展、经济统计、经济预测及国际贸易等经济信息，又可以帮助用户获得该区域内各方面的特色性数据指标，从而深入本地市场，发挥区域优势，开展各项经济实践活动，获得社会效益。在将西南地区高校图书馆服务的成果引向社会实践的同时，也是加快西南地区高校图书馆服务面向社会服务的成熟化，成为西南地区高校图书馆服务范围逐步扩大的动力源泉。

（三）服务内容的深度逐渐加深，由简单向复杂转变

西南地区图书馆服务的另一主体是科研图书馆，西南地区科研图书馆的一大特色就是满足科研人员的科研需求，开展深层次的科学研究咨询，解答智力性较强的研究性问题。另外，较一般性的馆际互借、学科导航服务，科技查新、定题服务、代查代检等服务也在难度上有所加大、层次上有所提高，需要较高层次的资质馆员担任。至此，西南地区科研图书馆已经构成了多层次的西南地区图书馆服务体系。

三、西南地区图书馆服务创新的价值

图书馆服务具有其独特的规范和价值观，这些规范和价值观的总和就是图书馆价值。图书馆服务是为了获得知识在传递中的轨迹，是帮助所有用户获得素质提高的价值，是为了获得用户需求被满足的效果，是为了获得人生价值实现的喜悦，是为了从文献服务向知识服务演进来提高图书馆服务的知识含量。图书馆发挥着知识教育、知识服务和知识创新的作用。知识要创新就离不开对已有知识的继承和吸收，知识积累的连续性和系统性是知识创新的基本条件，而全面完整收集、保存和传递信息是图书馆的历史使命，这决定了图书馆在知识经济时代仍然是知识信息的最重要的集散地。① 长期以来，西南地区的图书馆对知识的收集、加工和贮存，使图书馆不仅积累了大量知识信息，而且通过一套独特的、行之有效的技术方法和管理方法，使其馆藏成为高质量的信息资源，西南地区图书馆服务的文化素质与效率得以提高。

（一）有利于西南地区图书馆信息服务人员文化素质的提高

文化素质是学好专业知识，掌握其他学科知识的重要条件。对西南地区图书馆信息服务人员也是这样，如果没有较高的文化素质，就没有能力掌握多学科知识，就没有能力判断事物的优劣，就没有能力从事理论的研究和探讨，就不能更好地提高图书馆信息服务水平。②

目前，多数西南地区图书馆信息服务人员从事着传统的图书馆业务工作，人员素质不高，知识结构单一、老化，对从事现代西南地区图书馆信息服务工作显得力不从心，这也是整个西南地区图书馆界都面临着的危机。从西南地区图书馆信息服务工作要求与发展情况来看，虽不能要求每一个西南地区图书馆信息服务人员都是一部大百科全书，但绝不能“斯文扫地”，一定要做到“薄学”加“博学”，即对多个学科都能有所了解，知识涵盖面要广。这样面对用户各色各样的咨询、检索提问才能够做出准确的判断，提供正确的检索思路，满足读者多层次、多学科、多类型的信息需求。外语是21世纪的通行证，是与国际接轨的重要桥梁和纽带。具有较高的英语水平是现代化信息环境的新要求，显然，西南地区图书馆信息服务人员在不断提高语言表达及人际沟通能力的同时，还要熟练掌握1—2门外语，帮助用户克服语言障碍，提高该馆外文资料的利用率；代替用户翻译和编写外文文摘，做好文献资料的编译服务工作；了解世界学科发展新动态，收集与科研相关的国外情报，才能满足信息时代本区域图书馆信息服务的要求。又由于现代信息技术广泛地应用于图书馆，这要求西南地区图书馆信息服务人员熟练掌握计算机编目、标引，熟悉数据库、多媒体上网检索、光盘检索、联机检索、系统开发、网络维护等理论和技术，才能完成网络环境下西南地区图书馆信息服务的各项工作。面对数字时代出现的新要求和新任务，西南地区图书馆信息服务人员还应加强有关知识产权等法律、法规知识的学习，努力使自己成为复合型人才、多学科型人才。③ 提高西南地区图书馆服务人员健康的心理素质、

① 杜跃华．图书馆知识创新平台的构建研究［J］．辽宁师范大学硕士论文，2009

② 曹晓霞．新世纪图书馆员应具备的素质和能力［J］．图书馆．2008（2）：107－108

③ 刘云英．信息时代图书馆员必备素质探讨［J］．科技情报开发与经济．2009（29）：33－35

团队精神和人际沟通及协调能力、为人师表的形象意识，塑造西南地区图书馆信息服务人员优秀的形象。

（二）有利于西南地区图书馆服务质量的提高

图书馆服务的实现过程由一系列前后衔接、相互制约的行为构成。从管理者对读者期望的认知到服务质量的规范化，从传递服务信息到服务的实际执行，无不渗透着图书馆内部和外部、服务前台与后台、管理者与具体操作者的共同努力。[①] 因此，提升西南地区图书馆服务的质量，需要完善各自图书馆内部管理体系，在各自图书馆内部形成有效的管理和支持系统、建立健全服务质量信息系统、提升馆员的满意度和忠诚度、改善服务手段，来推动西南地区图书馆服务质量的提高。

第二节 西南地区图书馆服务体系创新的规划结构

美国著名的图书馆学家迈克尔·戈曼在图书馆学新五定律中明确指出“图书馆服务于人类文化素质”，“明智地采用科学技术，提高服务质量”。我国柯平教授在图书馆服务新五定律中也曾提出“全心全意为每一个读者或用户服务”，“服务是效率、质量与效用的统一”。纵观前贤学者的观点，由此可见，无论图书馆如何发展，发展到什么程度，服务是其不变的宗旨。只不过随着时代的发展，面对数字化、网络化的环境，图书馆应该从观念到行动、从人员到文献资源、从软件到硬件，在服务观念、服务模式、服务内容、服务手段等方面进行不断的创新，进而构建适应时代需要的全新服务体系，才能不断满足读者的需求。[②]

一、西南地区图书馆服务体系创新的理念

理念是理论与实践的桥梁，服务理念的创新对于西南地区图书馆服务发展至关重要。西南地区图书馆的管理主要是对人的管理，包括馆领导和馆员。西南地区图书馆领导办馆的理念，决定了西南地区图书馆服务的方式、方法和方向。馆员整体素质的提升是做好创新服务的根基。只有全新的服务理念和行动，才有可能充分满足西南地区图书馆用户的需求。

西南地区图书馆服务体系创新的前提首先是服务理念的更新。“一切为了用户、以用户为中心、用户第一”的要素是西南地区图书馆所有工作的出发点和归宿，是西南地区图书馆服务体系工作的重中之重。西南地区图书馆服务体系要从用户的利益和需要出发，围绕用户开展一切工作。以用户为本位、主体，即“以人为本”是西南地区图书馆服务体系界共认的新的管理理念。[③]

（一）西南地区图书馆服务创新的人性化

图书馆的本质始终是人文的，“以人为本”应当贯穿图书馆服务的全过程。其核心的

① 赖辉荣．提升图书馆服务质量的思路及对策研究［J］．国家图书馆学刊，2007 年（3）：78－80

② 陈爱华．基于创新理论的高校图书馆服务创新体系构建研究［J］．农业图书情报学刊，2012（2）：181－184

③ 夏忠革．论图书馆服务创新［J］．管理学家，2012（2）：426－427

价值观是“用户第一”。人性化的服务内涵应当包括一切以用户的需要为前提，想用户所想急用户所急。西南地区图书馆服务体系的发展亦受到广泛关注并得到社会大力支持。另一方面人性化服务还体现在要尊重用户平等对待每一位用户。提倡“无等级差别服务，无身份界限服务，无强制服务，无歧视服务”的四无服务精辟地概括了平等服务的内涵，很值得西南地区图书馆服务人员思考和借鉴。

信息时代的西南地区图书馆服务其资源实现了数字化，传输实现了网络化。传统的服务方式必不适应发展的要求需要改变。首先要变封闭服务为开放服务。即西南地区图书馆服务的所有资源应最大限度地向用户开放，最大限度地提供用户获取信息的便利。其次要变被动服务方式为主动服务。即在提供服务时要主动出击，变“人找信息”为“信息找人”。通过电话、网络等多种方式和途径将信息传递给个人。再次要从传统的简单借阅服务向提供多元化信息服务转变。包括文献传递、定题服务、代查代译、索取原始文献、学科跟踪服务以及文化展示、专题报告、学术研讨、培训辅导等积极多变的信息服务和教育活动。通过多元化的信息服务使西南地区图书馆真正成为社会发展需求的文献信息中心。最后，西南地区图书馆对用户特点进行分析，分析用户服务问题及反馈意见，并同其进行交流，总结出所需资源的特点，通过各种途径如本馆数据库、合作馆数据库、免费网络数据库、搜索引擎等，应用智能代理、数据推送等技术，以用户为中心，通过完善个性化设计，对具体用户所需求的系统界面、资源集合、检索工具与技术，检索结果等进行定制，建立起适合于重点用户的数据库，形成自己的特色资源。实现完全的个性化信息服务，实现西南地区图书馆人性化管理的理念。

（二）西南地区图书馆服务创新的方式

网络的发展改变了信息获取的方式。西南地区图书馆也越来越注重获取信息方式的创新对用户的便利性。主要表现在如下几点：

1. 多样化服务

服务多样化，就是服务内容和服务方式都要丰富多彩，让每一个用户都能高兴而来，满意而归。西南地区图书馆组织图书推荐专栏、专架、举办用户沙龙、知识竞赛、报告会、专题讲座、馆藏文献宣传展等活动，常年举办公益展览、公益讲座、“一句话书评”，每周举办阵地读书，周末电影鉴赏等系列活动，为用户复制文献，提供数字形式的音像视频等服务。把四面八方的用户请进来，创建一个用户之间相互学习、交流、提高的知识平台。

2. 多元化服务

创新服务内容是更好地应用计算机及网络等现代信息技术，充分提示馆藏；开展网上预约、借阅、馆际互借等新服务；建立多种目录、索引、数据库、资源导引库；开展信息导航等向复合化、多元化发展的服务。通过各自图书馆主页进行信息服务，实现信息查询、虚拟资源利用、互动服务、定题服务、原文提供等功能，形成一个新旧兼容、多元并存、相互支撑的新格局，逐渐地将传统服务向现代数字化服务延伸，多种渠道、多种方式以方便使用与充分享用。

3. “一站式”服务

一站式”服务模式集“藏、阅、查、咨、借”于一体，打破了以载体和读者为对象进行分室的传统管理模式。读者的借阅权限不再按身份划分，只凭借该馆的读者身份，则可平等享用这些开放空间内所有类型的文献资源，大流通、大开放的超市模式，节约了读者时间，提供了宽敞舒适的个性化阅读空间，提供了平等、自由获取信息资源的平台，更好地服务于读者。

4. 美化阅读服务，留住传统用户

通过扩大阅览室面积，营造了一个宽敞舒适的环境。同时投入资金、美化环境、新进电脑、阅览桌椅、书架报柜、绿色植物等，大厅、回廊等都以格言装饰，馆内无线网络全覆盖等，以更加优美的环境吸引更多用户走进图书馆。

5. 优化“系列”服务

包括延长开馆时间，设立“闭馆还书籍”，在大厅设咨询服务台。更切合用户需求，量化学科馆员的工作，通过 E - MAIL 为用户主动推送有针对性的信息，明确用户疑问解答流程，包括联机检索疑问、光盘利用疑问、资料查找疑问。

6. “环境”服务

良好的环境是西南地区图书馆创新的外在动力与根本保证。西南地区图书馆应该规划支持服务的技术机制，不断开放馆内外人力资源以建立智力保障机制，营造促进西南地区图书馆知识交流的应用环境。首先要有数字化、网络化和智能化的信息软环境及建立在数字技术基础上的知识网格和西南地区图书馆联盟协同机制。其次要有适合终身学习的空间、设备、结构等硬件环境，提供用户需求的各类服务设备。另外还要注意精神环境的创新。西南地区图书馆作为一个多地区性的文献信息资源中心，不仅仅是提供借、阅服务，还要培养用户的道德情操，提高用户的综合素质，从而促进广大公民整体素质的提升。

7. 数字咨询互动服务

国外对于该方式的服务应用已经相当普遍，但国内仍处于发展阶段。数字环境中西南地区图书馆数字参考咨询的互动服务是突破传统的封闭式结构，注重用户的参与度，体现互动、以人为中心的理念，不受时间与空间的限制，可以实现馆际间的参考咨询，不仅拓宽了知识范畴，而且体现服务方式的灵活性。按照服务方式的不同，用户通过数字咨询体系的合作与设计，并在该体系平台中完成互动服务来实现西南地区图书馆数字参考咨询互动服务的三种模式：异步、实时互动以及合作式。其中，实时互动方式就是借助于互动问答平台，用户具有“问者”与“答者”的双重身份，可以实时回答其他用户的提问，也可以向其他用户提出自己的疑问。这样的实时互动模式可极大地促进需求者与提供者之间的信息交流，西南地区图书馆数字参考咨询互动服务流程如图 9 - 1 所示。①

（三）西南地区图书馆服务创新的知识深入

西南地区图书馆知识服务是提供其知识资源内容的服务，是根据西南地区图书馆用户

① 于秋云．公共图书馆服务创新的途径与内涵［J］．中国科技博览，2011（15）：212 - 222

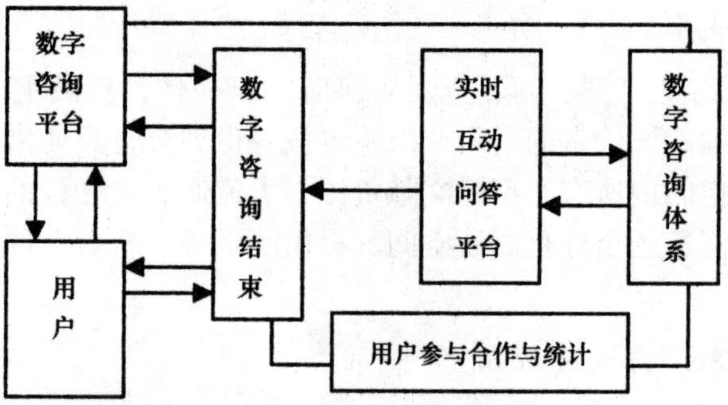

图9-1 西南地区图书馆数字参考咨询互动服务流程

提出的信息需求进行分析，从大量的资源数据库集合中发现并找出对口有效的知识，并用简明、科学、富于逻辑的方式显示出来。西南地区图书馆知识服务要求其馆员要有相当的素质，具有分析信息需求以及检索、综合组织信息的能力。西南地区图书馆知识服务是围绕其知识增值和创新的服务。注重和强调通过西南地区图书馆馆员独特的知识和能力为用户创造价值，通过发挥馆员的研究能力和创新精神为用户提供创造性服务，以提高用户的知识应用和创新效率，来体现西南地区图书馆知识服务的创新价值。知识服务还是专业化和个性化服务。广大用户的信息需求特点主要体现在专业方面。西南地区图书馆要做到对不同专业的用户需求准确把握及时跟踪。西南地区图书馆知识服务还强调针对用户个人的个性化服务，为个人搜集、组织、定制信息资源，尽力满足用户个人需求。西南地区图书馆知识服务比信息服务的层次更深、难度更大。但这也正是西南地区图书馆服务创新的突破口和切入点。①

（四）西南地区图书馆服务创新的特色资源

任何西南地区图书馆都应该有各自的特色，可以体现在馆藏、管理、环境以及科研等方面。西南地区图书馆可以根据本区域的信息特色，在馆藏方面进行特色创新，可以尽量为各自的区域提供全面的馆藏资料，建立本地区特色的信息资源库，为用户提供特色资源服务。

（五）西南地区图书馆服务创新的人才队伍

西南地区图书馆的工作水平和服务质量是通过馆员的工作体现出来的。馆员是西南地区图书馆与用户的桥梁和纽带，是文献信息的管理者和传播者。因此，馆员素质对西南地区图书馆的工作质量和工作效率起着决定性的作用。加强馆员的素质教育，提升服务质量是创新服务的基础和保障，是西南地区图书馆服务创新与发展的动力源。建立富有创造能力和创新精神的西南地区图书馆员队伍，充分调动和发挥馆员的主观能动性是服务创新的关键，也是西南地区图书馆生存与发展的关键。西南地区图书馆馆员要有爱岗敬业的奉献精神，热爱本职工作，热情周到为用户服务，树立良好的职业道德，掌握图书馆学专业知识，具备扎实的图书情报学基础。西南地区图书馆的工作是一种重复性强的服务性劳动，

① 夏忠革．论图书馆服务创新［J］．管理学家，2012（2）：426-427

没有广泛的兴趣、开阔的视野、旺盛的精力、坚定的信念，就很难调动工作人员自身内在的精神力量认真负责任地去完成各项任务。西南地区图书馆工作要求馆员长期不懈、持之以恒、不怕困难、无私奉献。心胸开阔、性格开朗、热情友好、朝气蓬勃的西南地区图书馆人可以使用户产生幸福、友善的情感体验，与用户之间形成无形的心理沟通，提高西南地区图书馆服务质量。此外，面对各种新技术的应用，许多西南地区图书馆馆员感到能力有限、力不从心，缺乏锐意进取的精神和工作热情。应积极地调整自身的心理状态正确评价自己，找出自身与现代科技之间存在的差距，明确努力方向，以适应西南地区图书馆现代化发展的要求。

随着科学技术的高速发展，西南地区图书馆已从传统纸质资源图书馆转变成新型复合式图书馆，西南地区图书馆的业务都是通过计算机操作完成的。这就要求馆员熟练应用现代化信息技术，能在网上完成日常的业务工作，了解网络信息与纸质信息之间的关联和差别，开展多元化的信息服务。为了全面了解西南地区图书馆的信息构成，要求馆员具有较好的外语水平和古汉语水平，并且在某个知识领域有所见长，努力提高西南地区图书馆馆员综合的知识结构。西南地区图书馆馆员必须积极参与到终身教育中，坚持不断学习，更新知识，树立服务意识和信誉意识，具有开拓创新精神，以广大用户的需求为导向，提高专业素质，使自己成为一专多能的复合型人才。跟上时代发展的步伐，以自身知识和能力的不断更新来满足西南地区图书馆创新服务的不断需要。①

西南地区图书馆“以人为本”、以馆员为核心服务创新是一项长期的工作，需要相对固定的馆员才能持续开展。从不同部门抽调人员组成的临时队伍，无法保障队伍的相对稳定，又由于其组织的不稳定性会使其内部成员缺乏归属感和责任心，这对创新工作本身是极其不利的。西南地区图书馆应该选择那些专业知识丰富、知识面广、业务熟练、思维敏捷、乐于协作、创新能力强的馆员，组成固定专职的服务创新队伍，同时，由于创新队伍的成员必须拥有更大的决策权，必须拥有更多的合理决策所需要的信息，必须拥有计划、统筹、组织、与他人协作、评估，然后采取正确行动的权力②。因此，对于西南地区图书馆馆员的选择必须慎重。只有这样，才能既保障西南地区图书馆创新工作能够获得持续稳定的人力支持，又使西南地区图书馆创新队伍的不同成员在协同工作中激发创造力，发挥队伍优势，集思广益，为西南地区图书馆的服务创新工作，以及在网络环境下更好地为西南地区图书馆用户服务提供支持。

二、西南地区图书馆服务创新的模型

西南地区图书馆作为公共文化服务体系中的主要支柱之一，作为西南地区社会经济、文化教育、科学技术发展的核心支撑力量，应与时俱进，及时创新服务体系。尤其是在数字化环境下，西南地区图书馆理应深化服务内容，明确服务的构成要素，形成服务创新模式。

---

① 夏忠革．论图书馆服务创新［J］．管理学家，2012（2）：426－427

② 任伟，金洁，闫珊珊．网络环境下的图书馆服务创新体系研究［J］．科技情报开发与经济，2012，22（17）：7－8

现根据以上西南地区图书馆服务的创新理念、创新方式、创新特色、创新环境、创新知识、创新队伍等的基本要素和第二章到第八章中的现状和基本内容，结合西南地区图书馆目前的服务实际状况，借鉴杨名、沙鸿等人对图书馆服务体系创新的相关研究资料，课题组提出西南地区图书馆服务体系创新的基本模型（图9-2）。

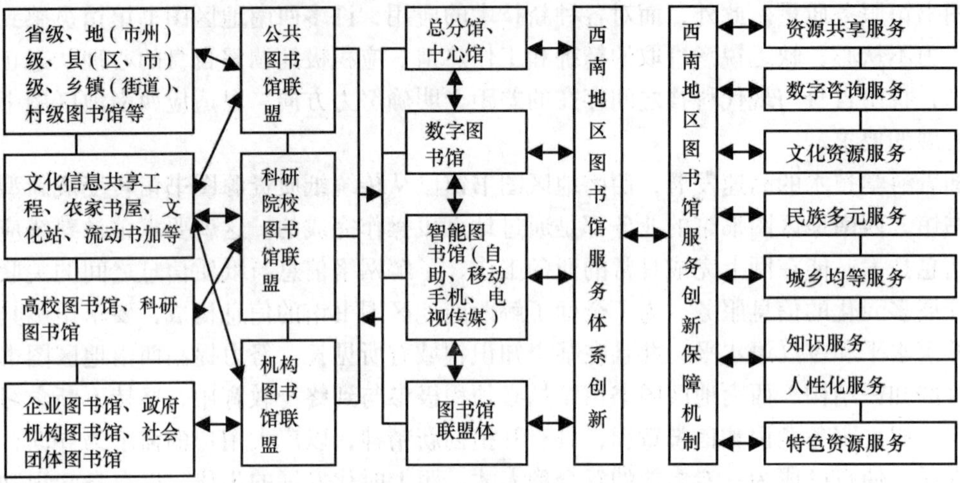

图9-2　西南地区图书馆服务体系创新的基本模型

从图9-2中可以看出西南地区图书馆服务体系创新基本要素是由体系中的各个联盟体中的成员馆或者单一的图书馆和保障机制、服务理念、服务模式、服务资源、服务平台、服务特色、服务队伍等共同联合在一起的创新服务体系。通过西南地区各类图书馆协作网、文化信息共享工程共同联合的服务体系，即各级公共图书馆联盟体“省级、地（市州）级、县（区、市）级、乡镇（街道）、村级图书馆”等，文化信息共享工程、农家书屋、文化站、流动书车，科研院校图书馆联盟体“高校图书馆、科研图书馆”，机构图书馆联盟体“企业图书馆、政府机构图书馆、社会团体图书馆”等联结在一起的，并依托Lib2.0、3G、4G技术环境下的西南地区各类图书馆总分馆、中心馆、数字图书馆、智能图书馆、移动图书馆、手机图书馆、自助图书馆等现代化的图书馆服务创新体系。基于这些要素的建设与完善也就自然成为西南地区图书馆服务体系创新建设的核心内容。

根据图9-2西南地区图书馆服务体系创新的基本结构模型所描述的各个要素的构成与分布情况可以看出，通过西南地区图书馆联盟体的资源共享来实现更好的服务，是建立西南地区图书馆服务体系创新的基本内容所在。那么具体如何实现这一目标、形成服务创新体系的西南地区图书馆服务创新的优势何在？课题组将这些问题再结合以上服务创新的理念就形成了以下探讨的基本内容。

三、西南地区图书馆服务创新的动力

西南地区图书馆服务的创新是一个受多方面因素影响的活动。外因主要有：社会的需求、社会竞争、政府的支持；内因主要有：自身的创新意识、自身的创新能力。

（一）西南地区图书馆服务创新的动力理论

1. 西南地区图书馆服务创新动力主要表现在两个方面，即内源动力与外源动力

内源动力是一种自发的内在力量，存在于西南地区图书馆系统内部，产生于西南地区图书馆参与市场竞争和进行自我发展的内在需要，以及西南地区图书馆对服务创新工作社会、经济利益最大化的追求。具体来说，西南地区图书馆服务创新的内源动力是指该地区图书馆服务在新技术的作用下，产生更高质量的服务创新理论、服务创新内容、服务创新模式等，使西南地区图书馆的发展优势更加明显。

2. 外源动力

是指西南地区图书馆建设和发展所赖以生存的外部环境对图书馆的作用力，主要来源于西南地区图书馆与社会需求的交互过程中，及政府有意识地对文化产业的规划和行为。社会需求和政府行为是影响西南地区图书馆外部竞争优势的重要因素，还有社会经济的发展、文化进步等因素，它们衍生出的社会关系，形成了西南地区图书馆服务创新的外源动力。①

（二）西南地区图书馆服务创新的动力类型

1. 服务利益

人的行为动力来源于个体满足“自我”和社会的利益，没有某种利益就不会产生某种行为。西南地区图书馆服务创新利益是通过服务创新行为所能够获得的各方面的满足。包括西南地区图书馆通过服务创新对社会带来的公共利益和社会对西南地区图书馆的利益回报。服务利益的大小具有诱导和进一步激励西南地区图书馆从事服务创新工作的双重功能。只有当服务创新能给西南地区图书馆和社会带来实实在在的好处时，西南地区图书馆才有足够的动力去进行服务创新。这是西南地区图书馆服务创新的根本动力。

2. 社会需求

市场经济学理论指出了顾客在客户主导创新过程中的能动作用主要是对信息市场需求的关注，以及通过教育和帮助加强用户参与。有学者认为客户密集度和参与度是影响服务企业创新模式的两种主要的信息市场需求驱动力之一。社会成员和政府组织的信息需求能够形成西南地区图书馆服务变革和创新的强大动力。这种需求拉动机制的形成需要一定的社会经济条件，并因这种条件的不同而表现出明显差异的作用效果。社会是西南地区图书馆创新得以实现的场所，社会需求的变化影响该地区图书馆信息资源的利用水平和服务效益，为西南地区图书馆提供了新的发展机会和新的服务思路，引导西南地区图书馆发展创新活动。

随着信息资源的快速增长，人们生活中对信息资源的需求和依赖；社会的发展、公民素质的提高、人们休闲时间的增加、休闲文明程度的提高，这都意味着社会对西南地区图书馆新的需求。特别是在城乡一体化的发展中，社会对西南地区图书馆有较大的需求。西

① 束漫．城市发展中的图书馆服务创新［J］．现代情报，2006（2）：9－12

南地区图书馆向所有民众开放，信息资源丰富，有适合各种职业用户获取图书和信息的资源。西南地区图书馆能够为民众开设各种讲座和培训，满足民众对提高职业素质和各方面素质的要求。

同时，西南地区图书馆应该适应社会需求，积极创新，在信息资源的组织，信息资源的提供，娱乐文化信息的提供方面以社会需求为中心，满足社会的需求，服务逐渐向社会需求的期望值靠近。特别是针对少年儿童的服务，西南地区图书馆要开展适合少年儿童特点的活动，围绕少年儿童的成长，以文献信息为强有力的支撑，采取灵活、生动、有趣的各种活动，提高少年儿童对图书的兴趣，提高少年儿童利用图书馆进行学习的能力，对少年儿童开展综合的素质教育，培养新一代的人才。

3. 技术进步

随着信息技术的快速发展，推动了服务创新。服务创新关键因素是信息技术的良好组织与交流。建立在网络与信息技术基础上的西南地区图书馆信息服务，由于其软硬件系统、服务模式与服务手段、服务资源等都是与计算机网络技术密切相关，西南地区图书馆服务创新所涉及的因素更多、更复杂，因此西南地区图书馆服务创新技术也更加独特。

4. 政府支持

由于西南地区图书馆服务效益显现的长期性，决定了短时期内无法直接观察到西南地区图书馆服务在经济社会发展中发挥的作用，因而在文化建设中往往被忽视。国家和西南地区各级政府的介入可以运用公共财政来保障公共文化服务，也就是保障了人民群众对公共文化产品的需求，从而促进西南地区图书馆服务创新快速发展。这就是国家和西南地区各级政府支持的促进机制。

政府的支持，特别是经费投入和政策重视，是西南地区图书馆创新的一大支柱。目前，西南地区还有很多图书馆正在面临着旧馆的改造和新馆的建设，西南地区也有一些政府把图书馆作为区域内自身形象代表来进行建设。西南地区图书馆应该抓住这个难得的机会，在建筑上力求创新，“以人为本”；进而在西南地区图书馆服务的各个领域进行创新。如何充分地争取和利用地方政府的支持，更好地开展西南地区图书馆的服务是一个很重要的问题。西南地区各级政府支持是主要因素。课题组在调查中发现，西南地区只有一部分政府已经增大了财政的投入力度，能实现西南地区图书馆无偿服务的原则。这就要求西南地区各级政府能从宏观的角度权衡利弊得失，除了进行相应的法律修订，注意依法兼顾社会公众的利益外，还可以从政策和财力上给予西南地区必要的倾斜和支持，建立和完善有利于西南地区发展的社会环境和法律机制。

5. 社会竞争

西南地区图书馆能够提供很多信息资源服务，现在已与社会上其他信息行业在竞争与合作，如数图公司、维普公司、出版集团等，而且取得了相当好的经济效益和社会效益。西南地区图书馆必须在竞争中找到新的核心竞争力，这就意味着西南地区图书馆要寻求新的发展机会，开展新的发展活动。特别是由于信息技术与网络的发展，不少很好的搜索引擎正在挑战西南地区图书馆的信息市场。比如，Google 能够提供很多全文的资料，在时间上面和速度方面都较强于图书馆。为了不彻底失去这些方面的用户，美国包括斯坦福大学在内的数家大学图书馆，将自己建立的个人图书馆的资源免费与Google链接，期望用户通过Google使用其个人图书馆的数字资源，发挥个人图书馆的信息功能。这种合作很有社会意义，一方面满足了部分用户的需求，另一方面使自己的信息资源推送出去，保留了一定的市场。在竞争中，合作也是一种手段，西南地区图书馆也可以借鉴并采取这种方式争取多赢的局面。

6. 自身意识

西南地区图书馆为求得生存和更好的发展，自身就必须具有创新意识。不能无视环境的变化，保持原状，不仅会错失发展的良机，还会被社会激烈的行业竞争所淘汰。创新意识是西南地区图书馆领导者创新的基本素质与先决条件。创新意识是人脑在不断运动变化着的客观事物刺激下，自觉产生的改变客观事物现状的愿望和意念。创新意识之所以成为其重要的基本素质，是在21世纪知识经济和信息社会，科学技术快速突破的背景下，由经济和社会发展的要求与领导者的根本职能和职责决定的。这一背景要求西南地区图书馆领导者必须具有高度的适应性，不仅要适应变化的对象和内容，而且要适应变化的力度和节奏，要善于敏锐地发现变化的动向，善于果断地捕捉变化的契机，善于促进西南地区图书馆工作的变革与更新。

7. 自身能力

西南地区图书馆自身的创新能力表现在良好的管理、有效的制度和创新的人才方面。适应社会发展的需求，完善西南地区图书馆管理，更大地发挥信息资源、人力资源和经费设备资源的作用，才能提高西南地区图书馆服务的社会竞争力。西南地区图书馆要想获得更大的发展，则必须有比其他竞争对手更高的效益。可以通过西南地区图书馆信息资源的“增值服务”来提高效益，或者提高服务质量，通过创新发展来提高西南地区图书馆工作效率，降低成本，不仅能使西南地区图书馆信息资源增值，而且还能使西南地区图书馆效益同时提高。

综合以上内容，政府支持、社会需求、技术进步、服务利益、社会竞争、自身意识、自身能力等动力机制中可以看到，这几种动力决定了西南地区图书馆的发展动力机制不是相互孤立、独自发挥作用的，相反，它们之间是相互依存、紧密联系的。只有当几种机制相互配合、共同发挥作用时，对西南地区图书馆服务创新的巨大推动作用才能清楚地显现出来。此外，动力机制不是自生自发的，需要一个不断培育和优化的过程。在这一过程中，国家和西南地区各级政府责无旁贷。西南地区图书馆则应该从塑造共同愿景、追求长远目标、担负社会责任等方面去培育相应的服务创新动力机制。

四、西南地区图书馆组织管理的创新

（一）组织管理结构的创新

组织管理结构也要适应信息化环境中的管理变化，主动改变西南地区图书馆传统金字塔管理模式。首先减少组织层次，通过减少组织结构的中间层次与环节，缩短决策时间，提高工作效率；然后创建以功能为基础的服务部门。如用户服务部和信息服务部等，取代传统的“采分编目流”的标准分工而形成的阅览、采编和期刊部等组织结构，使得组织趋向于扁平化，管理效率得以大大提高。

（二）项目组织的管理创新

把项目组织管理制引进到西南地区图书馆组织管理中，既能够补充西南地区图书馆现代化管理所需要的管理模式，又可以充分激发潜能，发挥员工的积极性。引用项目管理机制，主要是成立课题项目组和工程项目组，通过指定或者竞聘来确定项目负责人，从不同部门调配人手，搭建队伍。建立课题项目组和工程项目组，可以做到专注项目，管理上灵活机动，操作过程中随机应变，避免在传统组织管理模式下出现的课题研究分散，项目统筹困难等问题。同时也通过项目管理制实施成本管理，让西南地区图书馆有限经费得到最优化的利用，确保项目在预算范围内完成。①

（三）组织方式的管理创新

信息化时代，用户对文献信息的需求呈现出多元化、差异化等特点。西南地区图书馆服务“以用户为本”，不能忽视用户的个体性和差异性，用户服务方式需要多元化和个性化。一要增强馆员特色服务和个性服务的意识，加强技能培训和思想教育。二要馆员主动帮助用户，善于从众多资源中提炼信息，为用户提供有利用价值的信息。三要不断开拓用户个性服务，注重针对性，个性服务方式灵活多变，主动开展定题服务、跟踪服务等，了解用户的不同需求，做好用户的个性服务。

用户是西南地区图书馆服务的对象，是西南地区图书馆服务质量最直接的感受与评价者。西南地区图书馆要提倡“以人为本”的服务理念，它要求图书馆的服务要符合人性，在服务过程中要认识人性，重视人的尊严与价值，包容人的弱点，关心残疾人。工作中馆员要以身作则，为了有效地减少噪声源，在工作期间避免穿容易发出响声的鞋；工作交谈尽量用耳语；搬运、摆放图书时要轻拿轻放；推动书车时，速度要慢；打电话时最好找一个僻静的地方。语言作为人际交往的重要工具，馆员在工作中的运用将直接反映出个人修养和服务境界。馆员亲切温暖的话语，会让用户备感亲切，也可避免流通服务中有可能发生的矛盾，因此，用词方面应以温和、礼貌为基调，以劝阻为主导，如“请”、“请勿”等，切忌居高临下，动辄用“禁止”、“不准”等生硬冷漠的词汇。用户直接询问馆员有没有某本书时，如果没有的话最好还要能指出适当的代替书供用户选择，这就需要馆员对馆藏有一定的了解。对于常用的服务用语，西南地区图书馆最好将其规范化，要求馆员牢记在心，并提高馆员普通话水平，严禁使用方言。礼貌文明用语也许大家觉得没有什么新鲜的，但难就难在坚持，尤其是在个人心情不畅、有烦恼之时还能面带微笑地用文明礼貌用语服务就是一种修养、一种境界了。②

（四）组织管理的内容创新

组织管理的内容也要进行重新组织，一要打破传统的线型业务流程，实现工作自动化和服务网络化。二要完善西南地区图书馆主页，设置更多人性化服务栏目，及时为用户传

---

① 冯木维．公共图书馆创新管理模式的思考［J］．南方论刊（增刊），2011（1）：30－31

② 康红．图书馆服务创新策略研究［EB/OL］．［2013－12－30］．http：//www.baidu.com

递信息，开展网上预约、馆际互借、定题服务等个性化服务。三要加快信息开发，建立西南地区图书馆的特色数据库，通过对信息资源的深层次加工，开发二、三次文献信息，提高信息服务档次。四要深化咨询服务，大力开展用户培训，并完善西南地区图书馆的信息查询系统，加强西南地区图书馆使用方面的培训，提高用户查询技能。

1. 馆藏体系重构

馆藏是西南地区图书馆服务的源头，用户来西南地区图书馆就是因为其拥有大量文献知识，即丰富的馆藏资源。馆藏体系的优劣是决定用户期望的重要因素，构建科学合理的馆藏体系结构是西南地区图书馆服务工作的前提。在西南地区图书馆数字化的今天，电子期刊和馆际互借服务已成为西南地区图书馆服务中不可或缺的重要组成部分。西南地区图书馆的馆藏必须从重收藏向重获取转变，西南地区图书馆的服务也面临着从“有备无患”向“及时供给”的转变，本馆不能提供文献的，可以通过馆际互借等形式提供给用户，或者是提供获取文献的途径。获取是拥有的外在延伸，而拥有则是获取的内在基础，西南地区图书馆要在拥有与获取之间取得一个最佳平衡点，使西南地区图书馆的经费得到最合理最充分的利用，最大程度满足用户对文献资源的需求。

采访工作是西南地区图书馆馆藏体系建设的重点，采访工作最应该创新的就是如何买到用户想要的书。西南地区图书馆可以通过网站让用户推荐图书，也可以通过读书论坛的方式收集反响好的图书，还可以由老师推荐各自专业的图书。西南地区图书馆有了购买的图书目标之后，有些图书可以在西南地区图书馆统一招标时买，有些则要通过邮购的形式及时采购。书买回来之后要及时出新书通报，针对留有联系方式的单个用户还要采取短信、电子邮件等方式告知他们推荐的书已买到或是因某些原因无法采购。总之，西南地区图书馆采访推荐工作不要虎头蛇尾，既要提高用户参与的积极性与图书购买到的成就感，又要让他们感受到西南地区图书馆对他们意见的充分尊重。

编目工作是图书流通的前提，不要死搬教条，可根据实际情况制定符合本馆情况的编目细则，为用户提供尽可能多的检索途径。编目工作看似太过专业，与用户也不太搭边，其实不然，一些小小的编目细节也体现着西南地区图书馆的服务水平，体现着西南地区图书馆对用户的关爱，比如图书标签，因为图书在书架上都是竖着放的，所以书标要尽可能横向贴，分类号、种次号要尽量写在书脊这一面，这样用户就不用歪着脑袋来找书了；有的西南地区图书馆书标是人工书写的则要尽可能工整，漂亮的书法体现在书标上也给用户一种美的享受，编目员的草书对用户来说无形中增加了辨识难度，降低了西南地区图书馆在用户心目中的分量。

2. 馆舍布局设计

谈到馆舍首先就要考虑西南地区图书馆的选址，从照顾用户的角度出发，要选在离用户近，并且不能太过喧嚣的地方。很多西南地区图书馆的建筑设计也给用户以美的享受，甚至成为城市的标志性建筑，这对提升西南地区图书馆的形象与在人们心目中的地位都有无形的价值。随着政府对文化事业投入的增加，各西南地区图书馆要抓住时机，建设好一批代表性的大型西南地区图书馆与深入社区的小型图书馆。

除了西南地区图书馆整体建筑之外，馆内的布局与装饰更重要。西南地区图书馆布置好并不难，难的是推陈出新，及时跟上时代的步伐。西南地区图书馆建筑空间的布局要考虑到用户使用的方便与人性化，在图书馆的一楼一般是用户最先到达、也是必须经过的地方，一般可以设为综合服务区，尽量集中除借阅以外的各种用户服务，包括办理阅读证、还书、理赔处理、参考咨询、书目查询以及投诉接待等业务。这样既符合用户到馆的使用流程，也便于新用户了解西南地区图书馆的使用方法。借阅部门则按用户使用量的多寡合理安排楼层分布，比如说期刊阅览室尽量安排在较低楼层，让人流更多更快；一些需要着重收藏的古籍文献或其他珍本、善本等因为需求量小就可以往高处安排，这样也有利于防潮与文献的保存。馆舍除了大的布局要充分考虑用户方便以外，馆内标识的使用、小件物品的配备、绿化设施的布置也很能体现西南地区图书馆的人文关怀。馆内标识相当于对西南地区图书馆的说明书，如何使西南地区图书馆的分布和使用方式一目了然，设置得当可以使用户免去很多不便。还可因不同的状况给出温馨提示，例如，进入西南地区图书馆注意调整手机铃声状态，雨天地面有积水，提示用户小心路滑等。当冬天来临之时，阅览室可多准备一些热水；当老年用户来馆阅览时，递上一个预先准备好的坐垫；阅览室、咨询室、自修室等窗口可准备一些纸张、笔、纸巾、老花镜等，以备用户不时之需。东西虽小，却体现了对用户的人文关怀，拉近了用户与馆员之间的距离，西南地区图书馆也将因这些小物件的增设而生出一抹融融的暖意。现在的西南地区图书馆一般空间都比较大，在适当的地方安排一个小花园，或者在有的地方添几盆花或其他的植物也很能影响用户的心情。这些看似简单的布置，让用户乐于常来，既可学习之，亦或为休闲放松心情而来，从而获得用户的好感。当然，西南地区图书馆布局也不是一成不变的，在适当的时候还要做到推陈出新。①

书库与阅览室的布置是馆舍的重要组成部分，也有很多影响用户服务感受的地方。书刊摆放做到干净整洁，阅览桌的摆放要注意采光，桌子间的疏密度适中。用胶皮一类的东西粘在椅子腿，可以减少椅子挪动发出的声音。西南地区各个图书馆的阅览区域还分安静学习区和供用户讨论问题的研究室两部分，这样的设置既有利于用户检索文献和讨论问题，又不影响其他用户的安静阅览，还有利于西南地区图书馆工作人员进行管理。在书库的布置上也有很多可以注意的细节。西南地区图书馆可以把一些入库新书、热门书及高频使用的图书集中放在专用书架中，并根据用户的需要及时更新。关于排架与预留空架的问题，最好先统计一下西南地区图书馆各类书的比例，“种次号”大的往往是进书量较大的，要多留空架，以避免频繁的倒架。还有就是现在的书架一般较高，要提供取书用的小梯子，最上一层以及最低一层可以调换那些即将要下架或借阅率较低的书，不一定硬要按“种次号”依次排下来。这些看似很小的细节，却处处体现着以人为本的服务理念，影响着用户对西南地区图书馆服务的评价。

五、西南地区图书馆服务管理模式的创新

（一）建立新型管理模式

管理创新是西南地区图书馆创新与发展的动力和保障。管理创新包括管理思想、管理

① 康红．图书馆服务创新策略研究［EB/OL］．［2013－12－30］．http：//www. baidu. com

制度和管理方式的创新。这种创新既是西南地区图书馆深化改革的内在需求也是适应新形势发展的外在需要。管理创新能使西南地区图书馆打破常规的思维定势，改革管理制度和管理方式，大大提高管理效率。管理创新要求管理者以敏锐的观察力密切关注未来变化的新趋势、新动向，抓住时机，当机立断，迅速作出反应。从而以超前的意识作出决策，确保西南地区图书馆适应形势变化实现可持续发展。对于管理创新，西南地区图书馆界的同行们有过诸多的观点。但更重要的是要营建开放型的创新主体和营造创新型西南地区图书馆文化氛围。这是西南地区图书馆创新发展的决定性因素。开放型创新主体是创新思想形成的物质前提。对于西南地区图书馆而言，凡具有创新能力的部门以及参与创新的个人都可谓创新主体。一个具有持续创新发展能力的西南地区图书馆其管理者必然是开拓型的和具有创造性思维的人。吴慰慈教授说："一个具有创造力的人，往往能超脱具体的知觉情境、思维定势、传统观念和习惯，在习以为常的事物和现象中发现新的联系，提出新的思想，产生新的产品。"所以，作为西南地区图书馆创新主体的管理者，必须具有超前的创新意识。此外，除了管理者是主要的创新主体，西南地区图书馆的全体员工也可以是创新主体。所以还应主张推行馆员创新机制，在各馆大力提倡创新意识，积极培育创新精神。创新型文化是指西南地区图书馆以人力资源为中心，以利于提升智力资本、知识再创造、知识重组与更新为目标的一种图书馆价值观。坚持人才第一、以人为本的管理思想是创立创新型西南地区图书馆文化的指导思想。要尊重、引导、激励馆员自我提高的自觉性与积极性，营造宽松的学习氛围。培养其全新开阔的思维方式来激发其创新意识最大化地开发其潜能和创造力。具体要重点加强以下管理模式的创新。[①]

1. 加强内部管理，创造和谐阅览和工作环境

主要包括三个层面：一是西南地区图书馆内部的和谐问题。要通过加强科学管理，合理设置组织结构，明确科室职责，构建和谐的组织关系；要明确岗位职责，理顺权责关系，构建和谐的工作关系；要加强工作人员的思想教育，不断提高自身修养，构建和谐的人际关系。二是馆藏文献比例结构的和谐问题。认真听取广大用户的意见和建议，真正了解用户的各种需求，调整好图书、期刊、报纸、光盘、磁带等馆藏文献比例关系，为西南地区图书馆提供均衡和谐的服务奠定基础。三是用户与西南地区图书馆之间的和谐问题。要不断丰富西南地区图书馆的馆藏信息资源，尽可能地满足不同层次、不同类型用户的各种需求。同时还要做好用户的教育工作，使用户了解西南地区图书馆，掌握一定的文献检索知识和检索技能，提高文献检索的效率。

2. 加强人才管理，提高队伍素质

西南地区图书馆能否发挥好自身职能作用，能否更好地服务和谐社会建设，归根到底取决于西南地区图书馆人才队伍建设水平的高低。要进一步加大人才培养的力度，建立健全继续教育体系，以改善知识结构、增强创新能力、提高综合素质为目标，分类分层次开展以新理论、新知识、新技能为主要内容的培训教育，促使广大图书管理人员树立终身学习的观念，加强学习，提高自身素质，提升服务水平。要营造人尽其才、才尽其用、人才

---

① 夏忠革. 论图书馆服务创新［J］. 管理学家，2012（2）：426－427

辈出的浓厚氛围，充分调动图书管理人员工作的积极性、主动性和创造性，努力打造高素质的图书管理人才队伍。此外还要做好专业技术人才的引进和培养工作，畅通高层次人才的“绿色通道”，确保高层次人才“引得进、留得住、用得上、做得好”。

3. 建立完善的网络管理机制，发挥西南地区图书馆资源优势

目前是按行政区划设置西南地区图书馆的管理体制，这种体制不利于西南地区图书馆资源共享，制约了西南地区图书馆作用的充分发挥，与现代化的管理与服务方式很不适应。要发挥西南地区图书馆的优势，必须建立完善的西南地区图书馆网络管理机制，打破行政体制造成的资源分割界限，利用西南地区各类图书馆的管理与资源优势，从构建和谐社会、建设和谐文化生态的角度出发，树立大文化观念，发挥西南地区图书馆联盟体（总馆、中心馆）的服务辐射作用，建立和完善西南地区图书馆网络管理机制，整合西南地区各类图书馆的信息资源，发挥整体优势。①

（二）建立专门弱势群体服务模式

首先，领导必须意识到，对于弱势群体的关怀是建设和谐社会的一部分，是西南地区图书馆应尽的责任，是西南地区图书馆必须要做到的。其次，只有建设专门部门进行弱势群体的服务，才能使得这一事业真正的上正轨，才能争取到资金和人力，真正将这件事情做好，并且持久的坚持下去。再次，只有建立专门的部门，才能做到责任明确、分工明确，使得服务弱势群体的工作稳步而扎实的推进下去。目前西南地区图书馆有一些城市内的图书馆已经建立了专门的服务部门进行弱势群体的服务，不管是在业务上，还是在文化建设上，这些部门的工作开展得有声有色，不仅得到了有关部门的好评，也给弱势群体真正提供了优质的服务。最后，应该意识到，只有建立起了专门的部门，才能够系统培养专业人员、建设专业化队伍，进行对于弱势群体的服务，才能使得服务水平不断提高，向专业化、系统化发展。也有一些西南地区图书馆，虽然意识到了服务弱势群体的重要性，但是由于没有建立专门的部门，导致缺乏组织领导、权责混乱，因而导致工作开展不顺利，服务工作三天打鱼，两天晒网，没有任何规划和阶段性，在这种情况下，西南地区图书馆可能投入了很多人力物力但是未见成效，因此这样的工作方式是一定要避免的。所以，西南地区图书馆要从上到下都对服务弱势群体这一事业有正确的认识，要将这件事情当做事业来抓，并系统、有力地坚持下去。②

（三）西南地区图书馆服务的延伸模式

1. 总馆分馆制服务

总馆分馆制模式是国内各中心馆所探索和尝试的延伸服务方式的焦点，亦是构建公共文化服务体系的必由之路，其核心是同“全国文化信息资源共享工程”的文化共享理念相契合的。因此，课题组在这里要强调的是通过创建统一载体和创新发展模式来整合西南地区图书馆的资源，发挥西南地区图书馆的整体作用，带动和促进西南地区图书馆的发展、

① 孙晓春．构建和谐社会中的图书馆服务创新［J］．科技情报开发与经济，2012，22（3）：90－92

② 王桂婷．面向弱势群体的图书馆服务创新［J］．才智，2012（23）：345－347

西南地区图书馆的延伸服务，是搭建以西南地区图书馆为主体的公共文化服务体系。进而建立统一的文献信息共享平台，推进西南地区图书馆自动化、网络化、数字化建设，构建西南地区图书馆联盟体系和西南地区数字图书馆网络，拓展服务功能及覆盖面，让广大用户享受到此种发展模式所带来的高效快捷、优质便利、资源丰富的信息服务。由于经济、地域、文化等不可忽视的发展因素，在具体发展模式上，西南地区各类图书馆在总分馆模式创建上各具特点。比如云南的“云南省高校图书馆联盟体”、四川的“四川公共图书馆协作网”等，都是通过不断地延伸各类图书馆服务领域，扩展服务的空间，建立具有本地区特色的西南地区图书馆服务体系，进而更好地推动西南地区图书馆事业的整体发展。①

2. 讲座服务

讲座不是西南地区图书馆独有的，但是将讲座这种文化传播方式同西南地区图书馆的社会教育职能相结合，并且打造成领导、专家、学者与普通大众广泛交流的平台，同时在社会范围推广开来，是该地区图书馆发展延伸业务的创新之举。西南地区图书馆与其他社会教育手段相比，讲座有着信息量大、反映及时、交流性强、普及面广的特点。这是西南地区图书馆讲座受到社会各阶层的广泛认同和好评的原因，亦是将讲座这种延伸服务逐渐纳入该地区图书馆核心业务的关键所在。如今西南地区图书馆讲座举办得是比较成功的，其讲座品牌亦是所在区域的文化亮点。比如峨眉山图书馆的“峨眉山文化讲座”、贵图讲座、云南图书馆“春城之路”、云南大学图书馆的“人类学讲坛”、广西图书馆的“东南亚大通道”、成都图书馆“天府之国”、重庆图书馆“红色导读”以及遵义市图书馆的“红色根据地”等，不但是西南地区各自图书馆的服务品牌，其讲座本身也都是精彩纷呈，可圈可点。通过讲座的举办以及相关服务的拓展，使讲座这种直观而富于冲击力的知识传播方式成为公民获取知识、接受教育的最佳渠道之一。西南地区图书馆在发挥固有职能的同时，创造出可观的社会效益，实现西南地区图书馆蕴藏于用的文化传播功能，成为该地区图书馆延伸服务领域的成功典范。②

另外，西南地区图书馆延伸服务内容除了上面介绍的几种外，还包括西南地区图书馆多样化服务形式、深化服务内容而开办的公益培训、服务于特定人群而开办的主题网站、致力于专项研究并提供相关服务的参考咨询工作等，还有根据节假日和特定的主题而开展的一系列休闲文化活动。这些延伸服务，在部分西南地区图书馆已经发展得初具规模，自成体系，同时也积累起丰富的经验。而这些服务亮点的打造，无一不是以创新为前提，以科学探索和开展服务延伸为手段，来对西南地区图书馆服务功能的挖掘和深化。③

3. 文化展览

作为文化窗口的西南地区图书馆，利用其馆舍而举办的展览较其他场馆所举办的文化展览更多一点文化的意味，并且已成为西南地区图书馆传播传统文化和现代文化的重要载体，这是西南地区图书馆作为地域文化中心的客观要求和具体体现。目前，在西南地区图书馆每年举办的展览不但上档次，有规模，有数量，而且深具影响力，既是文化宣传的阵

---

① 谢彦君. 从延伸服务的发展谈图书馆服务创新［J］. 管理科学，2012（12）：175－176

② 谢彦君. 从延伸服务的发展谈图书馆服务创新［J］. 管理科学，2012（12）：175－176

③ 谢彦君. 从延伸服务的发展谈图书馆服务创新［J］. 管理科学，2012（12）：175－176

地，也是服务用户的重要形式。西南地区图书馆举办文化展览可以起到丰富公民假日休闲文化生活，传播健康文化信息，陶冶观众艺术情操的目的。各馆根据自身条件，量身定制，去适度发展自己的展览业务，也是提升自身社会影响力和社会知名度的最佳途径之一。

4. 文化娱乐

随着我国全面小康社会的不断推进、城乡一体化进程的加快，城乡社区正在快速兴起。城乡社区是西南地区社会建设和管理的基层和基础，是西南人民生活的基地，所以西南地区图书馆的建设和发展直接影响到公民文化生活的质量。西南地区城乡社区图书馆是西南地区图书馆事业中的一支新的宝贵力量，是其工作新领域的拓展和延伸，就是超越传统的以“书”为本的思想，树立以“人”为本的观念。在西南地区城乡社区建立图书馆，适应广大基层人民群众看书、学习、获取知识、提高科学文化素质的要求，既是构筑学习型城乡社区的有力措施，又能促进“科教兴国”战略的全面实施。①

发挥西南地区城乡社区图书馆文化娱乐功能，使其成为城乡社区休闲娱乐中心，西南地区城乡社区图书馆不仅仅是人们学习的场所，同时还是人们文化娱乐的主要场所。随着生活水平的提高，人们正在积极寻找着更多、更合理、更健康的娱乐方式。西南地区图书馆的用户活动可以同文化馆等单位联合。提供给人们多种娱乐方式和机会，发挥其他娱乐方式所没有的功能，使城乡社区居民在紧张劳动之后的休息和娱乐中，能得到健康的精神享受，使西南地区城乡社区图书馆成为多元化的文化、信息、交流娱乐中心。

5. 阅读推广

立足西南地区，打开西南地区图书馆文化服务新局面。大多数人是有阅读渴望的，并对举办全民阅读活动持欢迎和盼望的态度。作为西南地区图书馆，对区域内人群较为了解和熟悉，充分考虑老年人、残疾人、少年儿童、外来务工等各类群体的特殊需要，从用户的不同角度出发提供不同的行之有效的阅读推广活动，使用户真正了解阅读的本质和乐趣，培养用户内在的主动阅读动力，营造全面阅读的氛围是十分必要和有效的。②

（四）西南地区图书馆服务的“云”模式

西南地区数字图书馆的管理系统通常包括图书自动化管理系统、存储系统、面向服务的门户、统一身份认证系统、检索系统、虚拟参考咨询系统、数字版权保护、馆际互借和全文传递系统、CALIS 资源调度系统、计费系统等大量的应用系统。西南地区图书馆需要建立独立的数据中心，并为此配备和维护基建设施、计算机、网络、空调等大量基础设备，配属专门机构和人员，各系统间的协调性、软硬件兼容性、可管理和可维护性差。而在云计算的商业模式中，更加基础和共性的 IT 相关业务将由专业的供应商托管，使客户降低成本的同时，更专注于自身的业务。

西南地区图书馆的云服务模式需要与自身的定位相结合，规模大、具有重要地位的高级别核心西南地区图书馆，需要建立自己的数据中心，充分依托现有技术，以相对较低的

---

① 徐凤萍. 以人为本理念下的图书馆服务创新［J］. 丝绸之路，2012（2）：76－77

② 徐凤萍. 以人为本理念下的图书馆服务创新［J］. 丝绸之路，2012（2）：76－77

成本实现云计算部署，采用IaaS模式是适合的选择之一。IaaS服务可以充分依托虚拟化技术，将对众多物理资源的需求集中到云端，建立高效、灵活、扩展性强、安全性好的IT基础架构，进行资源的统一动态调配，提高设备使用率，提高各系统和资源的可管理性，并为后续的云技术应用拓展打下基础。大型西南地区数字图书馆可以作为“云”来提供服务。①

对于中小型规模的西南地区图书馆来说，现阶段更适合采用SaaS模式进行云计算应用，从数据存储托管和应用服务托管开始应用。SaaS模式的优势在于可以快速实施通过托管获得专业的数据管理和服务，减少IT业务投入、降低总成本等。采用SaaS模式，将基于Web的用户访问、检索和管理等系统，以及数据资源存储和相关管理系统进行托管，部署小型私有“云”是一种高性价比的方案。

相对于IaaS和SaaS模式，PaaS模式具有承上启下的技术优势，在技术实现上影响上下层架构，在应用中提供关键的平台与中间件接口，在“跨系统操作”、“云数据库”和“门户（POYtal）”等系统的开发方面具有潜在的优势。虽然PaaS模式未来有可能更具技术优势，但其自身技术复杂，对于用户来说，需要掌握新的平台，并基于新平台进行开发，投入成本及风险更大。

西南地区图书馆的迅猛发展，起源于为各类用户提供低成本的知识服务，并承担知识存储的功能。②在数字时代，西南地区图书馆不再是唯一的，甚至不再是主要的知识获取渠道，大多数西南地区图书馆在知识存储方面的地位也在不断弱化。传统非数字化资料的存储和服务，仍然会是西南地区图书馆的主要业务之一，借助云技术和新一代互联网技术，在数字化资料的服务方面，从西南地区图书馆的角色定位出发，可以发掘符合时代的服务模式，这些服务模式可能包括：

1. 为用户提供极低成本电子阅读服务

目前电子图书市场十分火热，但相对来说电子书价格仍然偏高，大量免费的电子图书都属于百年前甚至更古老的读本，近年的畅销书、新出版的各类书籍等，由于版权问题，用户的电子阅读仍然类似于“买书”而非“借书”，西南地区数字图书馆应当提供用户更加廉价的阅读资源。云技术为版权问题提供了一个很好的解决框架，例如，西南地区图书馆通过购买一定数量的电子书，为用户提供云端的在线阅读，或类似借阅的限时授权资料的下载服务等。

2. 专业领域、民族特色的联盟和主动服务

对于某些有专业特色和民族特色的西南地区图书馆，例如，西南地区航空航天高等院校图书馆、民族特色图书馆，通过建立西南地区图书馆联盟，为航空航天专业高校、科研院所、各个民族用户等提供专业的、民族特色的数字馆藏资料服务，并结合学术、工程单位的研究，主动进行技术服务、资料搜集等。

---

① 苑桂萍，杜慰纯，冯花朴，惠瑶．基于云计算图书馆面临的挑战与服务创新［EB/OL］．［2013－12－29］．中国知网，http：//www. vnki. net

3. 用户私有馆藏知识服务

西南地区图书馆借助“云技术”的便利，针对个人、家庭、团体、企业等的特定需求，为其提供私有图书馆。可以通过“云”端的虚拟化私有“云”部署模式，来构建用户的私有馆藏空间，以专业的资料管理和知识管理提供优质服务，并将私有空间拓展到用户私有资料管理等方面，为用户提供能够代替本地个人电脑的存储服务。

西南地区图书馆借助个性化的私有馆藏服务，通过调查、分析用户需求，分析用户的职业和社会角色转变等，提供专业知识推送、网络培训服务、职场及人生规划等工作、学习和生活各方面的综合辅导服务。

4. 专业的数据分析和挖掘服务

基于丰富的馆藏信息，为相关部门提供专业的数据挖掘、知识推送、资料检索分析等服务。进一步加强传统资料分析、查新等服务。

5. 用户自助式服务

“云计算”下的西南地区基层图书馆改变了服务方式，把中心放在数字资源和数字咨询服务上。基于云计算整体架构的西南地区基层图书馆，接入点可以是低端配置的电子通信设备，例如，手机、平板电脑。西南地区基层图书馆馆员与用户间直接的联系将会越来越少，用户面对的将是终端设备上提供的服务列表，他们通过列表进入服务界面来获取自己需要的服务，包括电子资源的检索和阅读，通过“云”服务将各种数据资源和一站式的检索界面结合起来，让用户实现无缝式检索与服务。用户通过自己的移动终端获取资源与服务。今后，如何从西南地区图书馆提供的众多服务中去获得自己想要的资源和服务，将是西南地区基层图书馆馆员关注的问题。由此证明用户获取资源的能力对于西南地区基层图书馆来说变得日益重要，例如，西南地区图书馆的远程数字参考咨询服务建设、数据中心提供的众多服务资源利用、指导用户如何方便快捷获取特定资源和服务、西南地区图书馆服务“云服务”框架模型的建立等这些都是西南地区基层图书馆急需解决“云服务”的关键问题。

六、西南地区图书馆服务创新的策略

（一）构建西南地区图书馆内外互动的组织体制

首先是要建立有利于西南地区图书馆服务创新发展的领导组织体制。通过领导组织的决策，建立完善的工作责任制度，利用工会开展各种活动，沟通馆员和领导之间的交流，调动馆员服务创新的积极性，并建立知识交流式的学习型组织，培养西南地区图书馆馆内的学习气氛，营造开放互学氛围。其次是要设立服务创新的激励途径，建立必要的激励机制和正确的评价标准。① 通过物质、精神等合理的绩效机制来激发馆员知识创新和服务创新，从而提高西南地区图书馆整体的服务能力。

设立用户咨询服务制度，通过固定的用户交流平台，便于用户与用户、用户与馆员的

① 于秋云．公共图书馆服务创新的途径与内涵［J］．中国科技博览，2011（15）：212－222

交流。加强馆员与用户之间的沟通交流，使馆员能够及时了解用户的需求反馈意见和建议，不断调整服务策略，更好地提高西南地区图书馆的服务水平，同时也要放眼社会，扩大对社会服务的态度，以提升西南地区图书馆的知名度，争取更多的社会支持，促进西南地区图书馆可持续发展的良性循环。

建立西南地区图书馆联动机制，最好是全区范围内的新农村书屋互动起来，形成一个整体，图书互借互用，可丰富图书品种，扩大书量。通过努力，新农村书屋一定会起到应有作用，成为提高广大农民群众文化素质的一个重要阵地。同时也为西南地区图书馆服务社会这一文化职能得以充分发挥。时代的发展和变化为西南地区图书馆事业开辟了一个崭新的领域。顺应发展、适应时代，提高服务水平，是西南地区图书馆工作者在新时期的新任务。这些举措的制定和实施，是有效提高现在形势下西南地区图书馆工作重点向数字化转移的工作重心。西南地区图书馆要不失时机地抓好转型建设和提高管理服务水平，牢固树立服务新理念，更好的发挥服务职能，完善服务手段，提高整体业务素质。促进西南地区图书馆整体工作水平和服务水平的提高。更好的服务社会和用户，从而发挥和谐社会先进文化的窗口作用。①

（二）构建西南地区图书馆人才管理制度与业务素质的培养

按照改革的要求，简政放权，实行馆长负责制，让西南地区图书馆馆长可以根据实际，科学管理本馆，引入现代管理竞争机制，全面施行聘任制，推行岗位等级管理制，实行岗位责任制，明确岗位职责，将工作业绩与待遇挂钩，充分调动每一个馆员的积极性。创新西南地区图书馆人才形成机制，确立公开招聘制度，公开引进和培养复合型人才。另一方面要对现有工作人员进行相关知识培训，可与高等院校进行合作，签署人才引进和馆员培训协议，也可采用“上挂”学习，即人员素质较弱的西南地区图书馆要向重点高校图书馆、省级公共图书馆派出专业人员进行挂职学习。

西南地区图书馆要想让馆员在服务过程中真正发挥潜力和积极性，必须拥有合理的激励机制。激励机制不仅涉及物质方面，也要涉及精神方面。一方面，通过物质激励，可以提高馆员的生活质量，这是馆员安心工作的保障；另一方面，通过精神激励，可以增强馆员对自身价值的认识，提高自信心。

而培训机制对于西南地区图书馆的发展具有重要意义。西南地区图书馆应该加大人力资本的投入，组织并鼓励馆员积极参与培训，使人力资源的开发走上规范化、科学化的轨道。毫无疑问，在培训过程中，需要引入更多的新理念、新思想、新知识和新技术，以教育、引导和启发馆员创新服务途径和方法，将知识转化为能力和行动，更好地服务于全体用户。在培训的途径上，西南地区图书馆可以组织在职馆员系统学习有关专业理论和技能，也可以通过在职进修、轮岗培训以及脱岗学习等方式对馆员进行分批培训。

随着西南地区图书馆数字化程度的加快，馆员的工作内容已发生了重大变化，不再是以往单纯的借借还还，而是要在现代计算机技术条件下高效率的开展工作。必须深入到文献内容中去进行深层次开发和挖掘，提高服务档次和水平。因此，需要馆员大幅度提高业务素质、更新观念、深入学习，掌握新技术，紧跟科学发展步伐。当今时代，西南地区图

---

① 张红．信息化时代图书馆服务创新的思考［J］．延安职业技术学院学报，2012（4）：123－124

书馆不仅需要面对更多的社会用户，还要适应馆际互借、合作协调。从文献资源到人力物力方面均实现高度资源共享，真正发挥西南地区图书馆群体优势，使之整体效益得以提高。“高效益”是信息时代的重要特征，西南地区图书馆馆员应利用数字技术将馆藏文献资源有价值的部分转化为实用信息，准确快捷地提供给用户，以实现自身的服务价值。新的数字化工作形式要求西南地区图书馆必须加强管理、培养西南地区图书馆专业人员业务能力，以提高整体工作素质和服务水平。为此，西南地区图书馆应尝试从以下方面进行综合的工作努力。[①]

结合工作特点，营造良好环境，鼓励馆员努力自学，勤于钻研。讲形势、识大体，激发馆员的工作热情，充分挖掘和发挥他们的潜能，实现自我价值。积极引导他们努力学习专业文化知识，提高自身素质，增强业务工作能力，例如，制定奖励措施，鼓励工作人员参加函授、自学考试等，激励工作人员利用业余时间学习；勤出课题。品学兼修，并创造公开、公正、公平的竞争环境。适时重用奖励先进馆员。

积极开展岗位练兵，提高馆员专业理论和技术水平。例如，进行西南地区图书馆法规、图书著录、新型图书管理、西南地区图书馆工作标准化、计算机应用等专题讲座和实训。熟练掌握专业技能。

走出去、请进来，经常性的派出或请进，向西南地区图书馆工作取得新成果的单位学习，交流推广经验，较快提高工作人员的素质。

利用新型教学模式，开展系统培训，如利用广播通信、多媒体技术、教育软件等，为馆员提供学习最新知识的渠道，拓展西南地区图书馆工作人员的科技、经济、管理知识及相关学科知识。

（三）创建西南地区图书馆用户管理的新构思

在当前服务创新存在不足的情况下，鉴于用户的重要作用，西南地区图书馆服务创新过程中有必要吸引用户的参与，发挥用户的作用和优势，以实现西南地区图书馆服务的改进和创新，主要包括：用户识别机制、用户培养机制、用户参与机制等。[②] 用户参与西南地区图书馆服务创新的首要任务是建立用户的识别机制；用户创新在很多领域都存在，但是用户毕竟是少数，现实中又有多种变化因素，识别和发现用户并不容易，因而西南地区图书馆可以考虑从一般用户中培养用户，建立相应的培养机制；用户参与机制是在识别和培养用户之后，西南地区图书馆的主要任务是保证用户的参与，包括建立参与渠道、跟踪信息需求、挖掘解决方案和实时参与创新等内容。

（四）建立完善的西南地区图书馆学科馆员体系

学科馆员机制是近年来一些高校推出的创新服务，主要是以专题信息资源开发为目的，促进学科领域学术服务质量的进一步提高。西南地区高校图书馆可以借鉴这一成功经验，建立西南地区高校图书馆统一的学科馆员机制，就是要派不同学科专业的馆员深入对应的专业系部、深入到不同的高校、深入到公共图书馆、企事业单位团体、科研机构等部门，向师生、居民、农民、员工、研究人员、学者等各类用户介绍该专业馆藏的资源及服

① 张红．信息化时代图书馆服务创新的思考［J］．延安职业技术学院学报，2012（4）：123－124

② 李彦昭，陈朝晖，郑菲．基于领先用户的图书馆服务创新机制研究［J］．图书馆建设，2011（9）：65－57

务类型；了解用户对该专业学科资源的需求方向，从而便于信息资源及知识的更新整合。

（五）构建西南地区图书馆特色服务体系

西南地区图书馆开展特色服务首先要建立一个有自己独特风格的馆藏，在收集和积累特色文献时根据西南地区的实际情况和社会发展的需求做到“有的放矢”，西南地区图书馆将选择部分民族文献、具有地方特色的文献为馆藏发展的特点，加快西南地区图书馆特色馆藏的数字化和特色数据库的建设，建立虚拟的西南地区专业图书馆，开发个性化知识库。例如，云南大理州图书馆的“南诏文献研究”文献资料库、贵州荔波县档案馆和图书馆的“水书”文献资料库等，这些资料要系统完整的收集，深入开发，建立自己的特色文献数据库。正如郭沫若先生的诗篇“龙门有灵秀，钟毓人中龙。[①] 学殖空前富，文章旷代雄。怜才膺斧钺，吐气作霓虹。功业追尼父，千秋太史公。”道出了千百年来人们对世界文化名人司马迁人品、才华的赞扬，对其著作《史记》的高度评价。

（六）构建西南地区图书馆品牌服务体系

1. 服务至上、爱心无限

“服务至上、爱心无限”教育活动有关精神的具体体现，达到了开门纳谏听民声，凝心聚力铸品牌的目的。西南地区图书馆员想方设法为用户提供更加周到的“三心”服务。即：爱心服务、贴心服务、用心服务。

爱心服务：“服务至上，爱心无限”是西南地区图书馆服务工作中不可或缺的一部分，西南地区图书馆员要像关心家人一样，关爱用户，当用户需要帮助时，从容地伸出充满爱心的双手。

贴心服务：例如，在流通窗口准备一些纸张、笔、纸袋以备用户不时之需，天冷时为用户提供一杯热水，或者一个友善的眼神、一个甜美的微笑、一句关心的话语都有可能使用户的情感升华，增加馆员与用户彼此的了解。

用心服务：馆员每天的工作是繁杂、细小事务的重复，但简单不等于容易，把小事做好，同样是一门学问。馆员对自己的岗位，不能轻视，更不能轻慢，而是更为用心地去工作。不仅要想用户所想，急用户所急，还要深入了解用户，熟悉用户的现实状况和潜在需求，分析他们的需求走向，有针对性地提供、推荐文献信息，让他们既能满足信息需求，又节省时间的知识信息增值服务，看重的是实效，而不是形式。只有让用户真正得到收获，才算达到目的。[②]

2. 情感服务

西南地区图书馆馆员在工作中不以制度为约束，视用户为亲人，用真切感人的情感与用户贴心交流沟通，像对待亲人一样对待每一位用户。“多问候一句，多沟通一下，多服务一点，多帮助一些”，向用户传递家庭般的温馨，传递家人般的真情。这样“零距离”的服务得到用户的好评。

---

① 许艳．信息时代图书馆服务创新的思考与探讨［J］．图书馆研究，2012，31（22）：221－222

② 王清非．客户满意的“六真”服务［J］．农电管理，2011（5）：23－24

3. 想用户所想，急用户所急

信息数据的筛选、挖掘、推送服务。西南地区图书馆在工作中要根据不同层次用户对信息资源需求的不同，在满足用户需求时一般采取筛选、挖掘、推送三个步骤完成服务。首先，西南地区图书馆联盟体中的学科馆员团队对浩瀚的网络资源进行选择、整理、分析、筛选出适用于用户的信息资料；其次，在其用户完全不知的情况下对筛选的信息数据进行分析挖掘，获取用户意图，开发挖掘潜在的与用户意图相关的信息并挖掘出用户需求的主题检索数据库或相关网站获取信息数据，不过并不是面对所有用户需求都开展此项服务，开展信息挖掘服务目的是帮助科研人员寻找数据间潜在的关联，提取出有用的信息数据，让用户在最短的时间里得到最有效的信息；最后，将获得的信息第一时间发送给用户，发送方式一般采用实时有效的手机信息和手机邮箱，对科研人员除上述方式外还采用E－mail形式发送，这样能为他们提供原始数据，更好地满足用户对信息数据的利用，从而提高了服务水平和服务效能。“想用户所想，急用户所急”只停留在口头上是不能改善西南地区图书馆服务水平的，所以西南地区图书馆不能靠喊几声口号，而是让用户要见证西南地区图书馆的行动。现在西南地区图书馆已经打破了以前的闭馆式借阅程序，逐渐简化借阅手续，馆藏文献全面向用户开架，用户可自由进入书库选书。最大程度延长西南地区图书馆的开馆时间，实行全周全天对用户开放的制度，以方便用户更好地利用西南地区图书馆资源，最大程度地满足用户的需求。

4. 用户的满意服务

西南地区图书馆传统的用户服务流程存在许多弊病，为了适应新时期用户的需求，西南地区图书馆从便利用户角度重新设计服务流程。与用户开展广泛的交流、学习与合作，减少环节、优化流程，紧紧围绕用户做好服务工作，从而达到与用户共同发展的流程模式。以用户中心的用户服务流程来提升用户价值为目的，始于用户的需求，终于用户的满意，做好服务工作。当用户面对西南地区图书馆服务失误的时候，随时会产生不满，提出抱怨是很正常的，特别是文献流通窗口，如果馆员对用户提出的抱怨不及时处理或者处理不当，会对各个图书馆造成不利影响：如果处理得当，用户的不满很快消除不仅提升了馆员的服务形象而且使用户对西南地区图书馆联盟体产生更强的向心力，从而达到事半功倍的效果。良好的服务补救是西南地区图书馆有效开展工作的根本保证，是打开馆员和用户心结的金钥匙。所以，当服务失误发生时，馆员应第一时间内主动回应，并妥善解决问题，使用户的抱怨消灭在萌芽状态，加深用户对联盟体工作的认识、理解和认可。有效的服务补救方法很多，例如，西南地区图书馆联盟体可以在各个馆或者在联盟体协作网页上设置“用户意见箱”、“馆长信箱”、开通“免费投诉热线”等。方法只是馆员与用户沟通消除不满的桥梁，关键在于两者心理的交融，当服务失误发生时馆员应主动及时回应，对用户提出的意见和不满应耐心倾听，让用户有充分表达意见的机会，切忌一棍子打死的做法。

（七）构建西南地区基层图书馆图书下基层、进社区、进农家的延伸体系

作为西南地区基层图书馆，服务基层是图书馆的工作重点。改革开放以来。不论是城镇还是农村的经济建设都取得了举世瞩目的成就。伴随着生活水平的提高，人们的精神文

化需求也在日增。满足人民基本文化需求是社会主义文化建设的基本任务，而图书下基层、进社区、进农家，正是顺应时代发展需要而产生的新变化。“农家书屋”工程是国家和政府统一规划和组织实施的利国惠民工程。是针对提高农民文化素质、加强农村文化建设的基础性工程。实施“农家书屋”工程，这是西南地区图书馆落实我国社会主义先进文化占领农村阵地的方针大计的有效实施。同时也解决了农民群众“买书难、借书难、看书难”的问题。为切实实现、维护、发展好农民群众的基本文化权益，进一步做好图书资源共享、更好服务基层，发挥新农村书屋的作用，在此项工作中，需着重在以下几个方面进行努力：

搞好基层图书管理员培训工作，为基层培养出合格的图书管理员。

要通过开展丰富多彩的文化活动，营造良好的读书氛围，比如开展读书竞赛、科技讲座，举办技能培训班，培养广大农民学习阅读的兴趣，让读书成为农民闲时的习惯。

要优化图书结构，编制适应农业新技术要求、符合新农民文化需求的书籍。解决农民亟待解决的问题。

要升级新农村书屋的文化传播功能，实行资源整合，建设多功能书屋，将科技讲座融入功能中，帮助农民增收致富。

（八）西南地区图书馆信息资源建设和服务体系的拓展

1. 拓展西南地区图书馆多元化知识信息服务功能

建议从以下几方面拓展西南地区图书馆多元知识信息服务功能。

展开定题跟踪服务，满足西南地区图书馆范围内的用户对某领域的知识需求。

提供精品服务，结合馆藏特点，开创特色服务，在同行中形成一种独特的优势。

拓展服务时空，延长开馆时间、扩大借阅空间、拓展网络服务等。

提供及时的用户培训服务，开展各种形式的知识和信息检索技能培训，促进西南地区图书馆用户信息获取能力的提高。

开展实时在线的数字化参考咨询服务，为用户提供数字化文献原文传递服务和实时咨询解答。

充分利用互联网和现代信息技术进行服务创新，如开展网络信息导航，把自身的信息产品通过网络快速传递给广大用户，并提供个性服务，同时可建立用户服务博客，形成一种有效信息反馈机制。

西南地区图书馆开展服务进社区、进企业、进机关活动，利用西南地区图书馆的资源，开展如公益讲座、展览等服务。

2. 加强西南地区图书馆间的合作，共建共享

树立文献信息资源共享的观念，加强西南地区图书馆之间的合作，减少重复订购，开展网上馆际互借、网上数据库资源共建、联合采购大型电子文献数据库等，构成既松散又统一的社会化网络信息综合服务体系，为西南地区图书馆用户提供优质、高效的文献信息服务。

3. 积极争取西南地区图书馆服务体系建设与运作的经费补充

重视西南地区图书馆的服务建设，通过举办大型用户活动、打响公益服务品牌形象

等，努力向政府多争取资金和向社会各界征集文献资源及捐助。注重合理使用有限资金，降低运营成本，在资金紧张的情况下，应结合实际制定电子文献与印刷型文献协调采访策略，实现传统服务与现代服务并重。

七、西南地区图书馆服务体系的发展趋势

（一）西南地区图书馆服务的人文化

人文精神即人文主义精神，提倡以人为本，重视人的存在价值，主张尊重个人的生存权利及发展机会。西南地区图书馆的人文精神是指西南地区图书馆在整个运行过程中所蕴含的承认、尊重和实现人的价值的精神，是一种具体化的人文精神。它强调在西南地区图书馆工作实践的过程中所体现的以人为本的思想，以满足人的需要、实现人的价值、追求人的发展、体现人文关怀，以创造美与和谐作为西南地区图书馆活动的宗旨。这里的人，既包括作为西南地区图书馆服务主体的人——馆员，也包括西南地区图书馆服务的对象——用户。西南地区图书馆是人文发展和自我完善，发掘自我价值、培养思想的重要场所，成为人文主义者所大力提倡的教育文化的重要组成部分。①

（二）西南地区图书馆服务的社会化

社会主义和谐发展，就是要坚持树立和落实全面、协调、可持续的发展观，做到统筹城乡发展、统筹区域发展、统筹经济社会发展、统筹人与自然发展、统筹国内发展和对外开放。以人为本是构建社会主义和谐社会的核心，以人为本的内涵就是建立起人与人之间互相尊重、互相信任的社会关系，全体人民各尽所能、各得其所、和谐相处、和谐兴国、和谐创业、和谐安邦的社会环境。和谐社会需要全民共同参与、共同努力，不断提高自身的文化素养和思想道德水平，要实现社会的和谐发展，首先要营造良好的社会文化环境，塑造高素质的社会公民，构建学习型社会，树立终身教育的理念。因此，在新时期大力开展西南地区图书馆的社会教育文化职能，是至关重要的。

（三）西南地区图书馆服务的多元化

1. 提供的文献种类越来越多，要求越来越高

在网络环境下，传统的文献借阅服务仍然是西南地区图书馆的基本服务，但服务内容有了很大的变化。一方面对各种多媒体文献，包括影像资料、声像资料以及各式各类的电子出版物的需求越来越多；另一方面对检索类的文献，尤其是便于联机、全文检索的数据库类数字化文献的需求越来越多。西南地区图书馆在此所提供的服务也相应增加，如多媒体电子阅览服务，数据库联机检索服务，光盘数据库服务以及磁带类、光盘类文献的复制、编辑服务等。这些服务都是西南地区图书馆的传统服务内容中没有或者很少涉及的，但在数字环境下的今天已显得十分重要且必不可少。

2. 知识密集型服务的比例增加

西南地区图书馆的服务已不仅仅是提供文献的服务，而是提供资源的服务，是提供可

---

① 李晓静．公共图书馆服务创新思考［J］．内蒙古科技与经济，2012（9）：24－25

以尽量被用户直接掌握或需要的知识的服务。因此，西南地区图书馆服务更注重知识性的服务，对一次文献的整理，加工和无序的信息资源的二次开发，以及将传统形态的文献数字化后加工成为便于共享的电子文献以便查询。同时，对网络中出现的大量全球性资源，进行整理、归类，使之可以被用户有效利用。这些信息加工整理和开发是数字环境下西南地区图书馆工作的新的内容之一。

3. 服务职能的扩展

数字时代是高科技的时代，各种新的信息载体形式和新技术不断涌现并应用于西南地区图书馆服务中，不可避免地要求使用者掌握一些新的操作技能，让用户了解西南地区图书馆，更好、更有效地利用西南地区图书馆的资源，如文献查阅技能培训，网络资源利用培训等。此外，服务内容多样化中也包括了无限扩展的用户群体对西南地区图书馆提高服务深度和广度的更高要求，西南地区图书馆的服务需要通过更多的相互依赖和合作来完成。合作共建可以在西南地区各类图书馆之间进行，如联合馆藏、联合编目及馆际互借等，也可以在西南地区图书馆与其他文献信息服务机构，如各信息中心、信息资源数据库提供商等之间进行，实现了优势互补，资源共享，进而构建全新的西南地区图书馆服务体系。

第三节　西南地区图书馆数字（虚拟）参考咨询服务的创新体系

信息时代，随着数字图书馆的深入开展和信息用户信息需求的日益丰富，以公共图书馆、高校图书馆和科研图书馆为代表的三大类型图书馆逐步尝试利用信息网络技术开展新型信息服务，以其为代表的网络信息服务也逐渐成为图书馆信息服务的重要组成部分，于是，虚拟参考咨询服务便应运而生并广泛开展。在此大背景下，本节对西南地区图书馆网络参考咨询服务体系的创新展开研究，以创新理论为指导，以机制、制度、服务内容、技术手段、营销模式和科学评估机制六个方面为切入点，分析西南地区图书馆网络参考咨询服务研究的背景和现状，通过前面章节中的实地调查资料来对西南地区图书馆网络参考咨询服务创新的内容展开研究，并对其进行全面系统地论述。①

西南地区属于经济欠发达地区，社会经济的各个方面都还有待发展，数字化文献资源基础条件也非常薄弱。从部分重点文献资源的统计调查结果中得知，只有高校图书馆系统情况稍好一些。② 到2011年9月为止，西南地区的状况如下：广西各个地区高校图书馆的参考咨询服务发展得都不平衡，各图书馆间存在较大差距，服务模式及服务内容较为单一，仍以传统服务方式为主，数字参考咨询服务尚处于起步阶段，且基本上还处于彼此独

① 该节内容选自课题阶段性成果：西南区域性图书馆网络参考咨询服务体系的构建［J］．新世纪图书馆，2010（2）：36－39；图书馆虚拟参考咨询服务创新研究［J］．情报理论与实践，2009（9）；图书馆虚拟参考咨询服务创新研究［D］．南昌大学硕士学位论文，2011－04－02；虚拟参考咨询服务创新的四维视角［J］．情报资料工作，2010（3）：59－61，被人大复印资料G9，2010（3）转载

② 张召琪．数字参考咨询服务发展现状与趋势［J］．图书与情报，2008（6）：78－80

立、封闭式服务的状态，合作式的咨询服务还没有得到应有的重视和发展。重庆地区也差不多，图书馆开展的网络参考咨询服务，无论从参与图书馆的数量，还是从所采取的服务形式以及相关的技术与服务保障来说，与国内外水平有很大的差异，可以说，也是处在起步阶段。四川省的综合经济实力在西南地区名列前茅，是文献收藏大省，具有丰富的文化积淀。云南、贵州两省的图书馆也十分重视参考咨询工作。从传统的参考咨询工作到现在的虚拟参考咨询工作，都探索出了一条自己的路子。然而，就西南各地区图书馆开展网络参考咨询服务的现状来看，普遍都存在着发展不平衡、信息资源建设质量不高、服务内容局限、服务方式单一等问题。①

因此，开展西南地区图书馆网络参考咨询服务的合作非常重要。将西南地区较有规模的地、市、州图书馆的文献资源特别是地方文献资源、民族资源、特色资源进行整合，建立各种专题特色数据库，这样不仅可实现资源的高度共享，还可实现智力、专家、服务的共享，这将对推动西南地区图书馆尤其是对条件不足地区的图书馆开展信息服务工作起到重要作用。虚拟咨询是我国未来参考咨询服务的发展趋势，也是西南地区图书馆界的共识。②

一、西南地区图书馆虚拟参考咨询服务一般原理

虚拟参考咨询服务创新是一项系统工程，涉及开展这一业务的图书馆内外部相关方面的综合和协调配套创新，包括管理创新、制度创新、内容创新、技术创新、营销创新、评估创新等。要想实现虚拟咨询服务这一系列创新并非易事，西南地区图书馆必须弄清这一业务本质，找到一个创新突破点，从根本上解决创新系统工程的难题。任何一项业务，运行机制都是其本质所在，因此，西南地区图书馆要以此为突破口，首先掌握其工作原理和运行机制，并在开展虚拟咨询服务的过程中探寻新方式和新路径，以期带动后续相关方面的配套创新。下面是西南地区图书馆着重研究虚拟参考咨询服务运行机制相关问题。③

纵观各种模式的虚拟参考咨询服务，发现它其实是一种基于 Internet 的问答服务机制，它以 E-mail、问题库、实时问答等方式向用户提供咨询服务。在帮助用户获取有用信息方面其与搜索引擎类似，但它们之间却有着本质的不同，虚拟参考咨询的实质是一种基于网络的专家服务机制，由具备信息管理素质的馆员或各个专业的专家基于广泛的信息资源及个人经验和智慧提供多层次信息咨询。专家是其中最重要的因素，担任深层次咨询和提供有针对性的咨询。这就确保了信息的安全性和真实性，是信息增值的关键，是最能体现图书馆特质和价值以及提高整个图书馆层次的因素。④ 因此，可以将虚拟参考咨询服务的一般原理，即“专家”与“用户”之间的交互，运用到西南地区图书馆虚拟参考咨询服务中来，如图 9-3 所示。

---

① 何永新．云南省图书馆如何开展传统参考咨询工作与虚拟参考咨询工作［J］．云南图书馆（季刊），2008（1）：56-58

② 谢青．加强四川省公共图书馆网上参考咨询建设的探讨［J］．四川图书馆学报，2008（5）：99-102

③ 郑标．论我国合作数字参考咨询服务的趋向与拓展［J］．现代情报．2008（9）：55-57

④ 高文泊．论数字参考服务［J］．东北大学学报（社会科学版），2003（2）：154-156

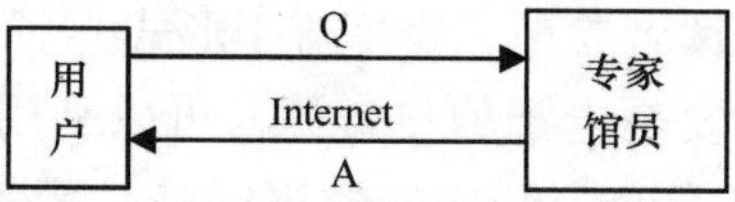

图 9－3　西南地区图书馆虚拟参考咨询服务一般原理

二、西南地区图书馆虚拟参考咨询服务管理的创新

虚拟参考咨询是以网络为媒介来提供参考咨询服务，是以用户为中心，以用户为媒介，以因特网为基础，集各地信息源、参考咨询专家和学科知识门户于一体的数字化问答式服务，其类型包括 BBS、案例库、E－mail 等，通过信息加工、处理、分析、再现等工作来满足读者信息需求的一系列参考咨询服务的总称。

（一）西南地区高校图书馆参考咨询服务

蒲勃在“图书馆学研究”2011 年第 2 期上发表的《重庆区域本科高校图书馆虚拟参考咨询服务比较分析》一文中，对重庆市 15 所高校虚拟参考咨询服务进行调查，其中 5 所高校图书馆无法正常登录，10 所可以正常登录。蒲勃从重视程度、参考源、服务内容和服务方式四个方面针对这些高校网站进行了普查。从其普查统计的结果中可以发现，其中重视程度是通过各个高校图书馆主页的虚拟参考咨询服务栏目设置、链接深度和馆员推介来体现。[①] 链接标识在 10 所高校图书馆主页均有，但称谓不一，不利于虚拟参考咨询的推广。值得提出的是，不管各高校图书馆提供的是馆员咨询，还是专家咨询服务、参考咨询、互动在线、咨询台等其他虚拟参考咨询服务，均可做到使用户一目了然。连接层次也影响参考咨询服务的获得，层次越少读者越容易获得服务。[②] 还有 8 所本科高校图书馆都把虚拟参考咨询服务直接链接在图书馆主页上，显现各自图书馆意识到虚拟参考咨询服务的重要性，并积极为用户提供更加便利的服务。通过咨询馆员的推介来展示其知识和咨询能力，图书馆就可以吸引更多的用户。包括潜在的用户，在咨询过程中，用户可以对咨询馆员进行细致的了解，然后根据需求有针对性的进行咨询。例如，西南大学图书馆设置虚拟参考咨询学科馆员，即图书馆为开展深层次的学科咨询而采取的最新服务措施，针对不同学院，安排不同专业背景的图书馆员分工负责，按学科主动开展全方位的服务，包括用户信息搜集、图书馆信息推介、文献参考服务、学科跟踪服务、学科信息搜集以及用户培训等。重庆邮电大学图书馆虚拟参考咨询学科咨询馆员提供信息咨询服务内容，包括学科文献服务、学科信息搜集、学科信息推介等。这两所图书馆虚拟参考咨询服务均无学科馆员列表，内容大同小异，符合学科馆员设置。而西南政法大学图书馆虚拟参考咨询服务正式建立学科馆员制度，针对教师、研究生开展的深层次信息咨询服务，各学科的联络馆员分别由具有相关专业背景的资深馆员担任，并附有学科馆员列表，但也有图书馆的馆员推介服务过于简单。馆员推介，称谓不一，或参考咨询馆员，或参考咨询员，或服务人员，

---

① 林绚晖，阎巩固．大学生上网行为及网络成瘾探讨［J］．中国心理卫生杂志，2001（4）：281－283

② 蒲勃．重庆区域本科高校图书馆数字参考咨询服务比较分析［J］．图书馆学研究，2011（2）：60－64，80

个别根本就避而不谈，不利于读者参考，容易流于形式。

西南地区图书馆参考源主要是电子信息资源，可以利用的网上参考源有数字图书馆、图书馆自己拥有的网络连接以及专门开展的资讯网站。蒲勃的统计显示，10所本科高校都有书目查询、咨询服务和信息导航等服务，有的高校还提供用户培训。但是10所高校的参考源存在较大的差异，有的高校有参考源超过100个，最少的才仅有16个，这个差距存在的原因是多方面的，学校的知名度和实力、资金支持等都会影响。另外，15所重庆市高校中有11所高校有自建数据库，具有本校学科特色；有9所本科高校图书馆虚拟参考咨询服务能够提供两种以上非实时型的咨询服务，仅重庆交通大学图书馆网站不显示此项服务内容；有3所本科高校图书馆虚拟参考咨询服务开展在线咨询，即QQ在线咨询。而重庆工商大学图书馆在咨询台栏目显示在线咨询服务却是非实时型咨询即BBS。合作式咨询是有团队共同合作展开咨询服务。重庆市本科高校也已完成若干参考源整合，为今后虚拟参考咨询服务开展打下了牢固的基础。例如，重庆数字文献信息资源服务体系（CDISS）与重庆市科委于2002年启动由重庆大学图书馆牵头，西南师范大学、重庆医科大学等7所大学及研究机构联合承担的数字信息资源建设与利用项目建设。[①] CDISS，推进数字文献信息资源的共建、共知和共享，成为重庆市科技创新体系的重要组成部分。

（二）西南地区公共图书馆虚拟参考咨询服务的管理

1. 运用微博提供西南地区图书馆虚拟参考咨询服务

微博作为最新发展的交流平台，具有其他虚拟参考咨询服务所不具备的很多特色。微博即时发布信息，包括图片、视频、音频信息，即时分享信息，还可以实时互动。微博中可以关注其他自己感兴趣的人，也可以被其他人关注。关注其他人的话，其他人的微博信息将会实时出现在自己的微博页面；被其他人关注，自己的最新微博将会出现在关注者的页面。因此，将微博引入图书馆虚拟参考咨询服务可以帮助图书馆更好的服务于用户，也可以保证图书馆发布的最新消息以更快的速度被用户接受。总之，微博的使用给图书馆的发展注入了新的活力，也为参考咨询服务提供了更加快捷方便的平台。

由于微博的便捷性、草根性和原创性强，受到越来越多人的关注和应用。因此，将微博应用于图书馆虚拟参考咨询服务中，可以改变图书馆的服务方式，进行信息的发布、实时咨询、内部馆员之间的沟通以及用户培训等。目前，在西南地区图书馆中，新浪微博注册并认证的有5个图书馆，分别为重庆图书馆、重庆大学图书馆、成都图书馆、贵州省图书馆和昆明图书馆。贵州省图书馆在其微博的个人说明中，将图书馆的网址、地址、咨询电话等加以注明，需要这些信息的用户便可一目了然。此外，关注其微博内容，大致包括诗歌分享（配图）、贵州省图书馆新书推荐、视频分享和最新馆内信息发布等。在最新馆内信息发布中调查到，在2011年11月18日的微博中，发布了10月20日“掌上贵图”与读者见面的消息；在2011年10月19日的微博中发布了贵州省图书馆举办的活动“图书馆在我身边”的活动通知。

---

① 重庆数字文献信息资源与服务体系（CDISS）［EB/OL］.［2013-12-30］. http://202.202.12.15default.php2010-07-25

成都图书馆也有自己的官方微博，在其主页有专门的咨询服务，提供的咨询包括业务分组和联合参考咨询。其中业务分组可进行实时咨询，在咨询专家离线状态下只能进行离线留言，填写称呼、邮箱、电话以及留言内容，咨询人员会进行回复；联合参考咨询下属3个咨询分别为表单咨询、文献咨询和联合参考咨询网。表单咨询也可以进行实时咨询；文献咨询链接到数字资源跨库检索系统，该系统集成了全国图书馆参考咨询服务联盟的4 000万篇文献供用户检索，用户选取的文献会在24小时内发送到指定邮箱，用户选择的资源库不可以超过5个，以提高检索质量，提高检索的速度和精度。①

2. 西南地区基层图书馆参考咨询服务

在知识经济时代，数字鸿沟进一步加深、城乡社会两极分化严重的情况下，如何使西南地区城乡基层图书馆服务具有得天独厚的优势，这是西南地区基层图书馆参考咨询服务的关键所在。显然，构建一个连接城乡居民所急需的城乡信息、乡村知识等资源掌握者的参考咨询服务平台显得尤为重要。

国内图书馆参考咨询服务成功的模式有很多。例如：2008年4月，在吉林省文化厅的倡议和协调下，长春市公共、高校和科研系统图书馆共同发起成立了吉林省图书馆联盟，探索合作开放资源共享的“城乡服务”新模式，此模式取得较好效益。② 鉴于这种模式，笔者认为可以借鉴到西南地区基层图书馆服务领域中，发挥西南地区基层图书馆参考咨询服务的作用，建立起连接西南地区基层图书馆合作开发资源共享的参考咨询服务新平台。平台构建思路主要由西南地区各个地区市级图书馆来承担建设和维护，县级以及县级以下基层图书馆负责收集、传递城乡用户信息、技术等需求，并把已解决的问题迅速反馈给城乡用户并实施跟踪服务。再由省级图书馆的专业馆员、参考咨询人员把已解决的问题输入到平台数据库里，由地市级图书馆来进行再次整理加工，以利于县级、市级参考咨询人员再次利用和对隐性知识的挖掘，对各种数据进行格式和内容处理并存储，来支持数据的读写、存取操作，为西南地区基层图书馆虚拟参考咨询服务的城乡用户提供所需的资源支持。③

三、西南地区图书馆虚拟参考咨询服务机制的创新

机制创新是指组织机理、运行方式及其相关管理活动的创新，因此，西南地区图书馆虚拟参考咨询服务机制创新即指图书馆在开展虚拟参考咨询服务业务过程中其机理、运行方式和相关管理活动的创新，笔者将上述内容归纳为：运行机制创新、管理机制创新。

（一）西南地区图书馆虚拟参考咨询服务运行机制的创新

总的说来，虚拟参考咨询服务运行机制就是探讨怎样将这一新的服务融合在咨询服务的日常工作流程中。具体说来，数字参考咨询服务运行机制，是指数字参考咨询服务各工

---

① 注：联合参考咨询网链接到联合参考咨询与文献传递网，是中国图书馆参考咨询服务联盟门户网站

② 尹翔宇，苏瑞竹．面向城乡的基层公共图书馆参考咨询服务平台构建［J］．图书馆理论与实践，2011（2）：109－112

③ 彭飞．农村图书馆事业发展模式研究［J］．图书馆杂志，2010（2）：39－40

作环节中的功能及其相互关系，以及这些工作环节产生影响、发挥功能的作用过程、作用原理及其工作方式，它是数字参考咨询服务工作开展的内外因素及相互关系的总称。各工作环节相互联系，相互作用，要保证数字参考咨询服务工作在西南地区图书馆服务体系中有效开展和其目标的真正实现，必须建立西南地区图书馆的一套协调、灵活、高效的运行机制。

1. 运行机制的构成要素

目前，虚拟参考咨询服务的形式多样，鉴于合作虚拟参考咨询成为当前的研究热点并将成为虚拟参考咨询服务发展的主流方向，这里分析西南地区图书馆合作虚拟参考咨询服务，即在网络环境下，西南地区图书馆或是信息机构通过合作的方式向用户提供服务的运行机制。其优点是各馆既可以利用自己的馆藏优势，分散地向用户提供网上咨询，又能接受来自于其他图书馆的咨询请求，提高咨询的效率。[①] 在此之前，首先对西南地区图书馆合作虚拟参考咨询服务系统的各要素进行分析。西南地区图书馆合作数字参考咨询系统要素主要由三个部分组成：①成员馆资料库（Member Profiles）。西南地区图书馆各成员馆资料包含馆藏特色、主题范围、服务用户的类型、地理区域等信息，是今后数字参考咨询服务系统分派信息提问的依据之一；②咨询服务器（Reference Server）。主要负责信息提问的输入、路由（Routing）和回答的软件系统，分派信息提问和协调西南地区图书馆成员馆协同服务的功能，通过相应的机制将提问馆和回答馆有机地联系起来；③知识库（Knowledge Base）。用来存储西南地区图书馆信息用户的需求提问及其解答的数据库，可供信息用户和咨询馆员随时检索。[②]

综合以上所述，西南地区图书馆运行机制包含5个密切相关环节构成（图9－4）：（a）问题接收（Question Acquisition）、（b）提问解析与分派（Triage）、（c）专家答案产生（Expert Answer Generation）、（d）答案发送（Answer Sent）、（e）跟踪（Tracking）。[③]

2. 运行机制的保障措施

通过以上西南地区图书馆虚拟参考咨询服务运行机制的构成及主要要素的介绍，其服务要想良好运转，必须加强其运行主体、知识库和重点工作环节等方面的工作，具体措施如下：

（1）开展用户教育

用户作为西南地区图书馆虚拟参考咨询服务对象和其工作机制的运行主体之一，其素质高低决定了其提问质量高低，进而直接影响到虚拟参考咨询服务工作的开展，因此，开展用户教育应成为西南地区图书馆工作的重点。其主要途径：第一，定期举办报告会、演讲会、新书展等有助于用户更好地利用数字图书馆的活动；第二，有针对性地开展多种形式的用户培训，如专题讲座、上机实习、个别辅导、在线指南等；第三，在咨询过程中，馆员要积极主动地向用户提供服务，帮助用户完善检索思路；第四，开展用户信息素养教育，推介相关服务及资源。

---

① 詹林．知识地图在合作数字参考咨询服务中的应用研究［J］．图书情报知识，2005（4）：105－108

② 崔倩．应用QuestionPoint开展我国合作虚拟咨询服务［J］．图书馆理论与实践，2006（2）：104－105

③ 薛明．网络环境下图书馆数字参考咨询服务研究［D］．吉林大学硕士学位论文，2004

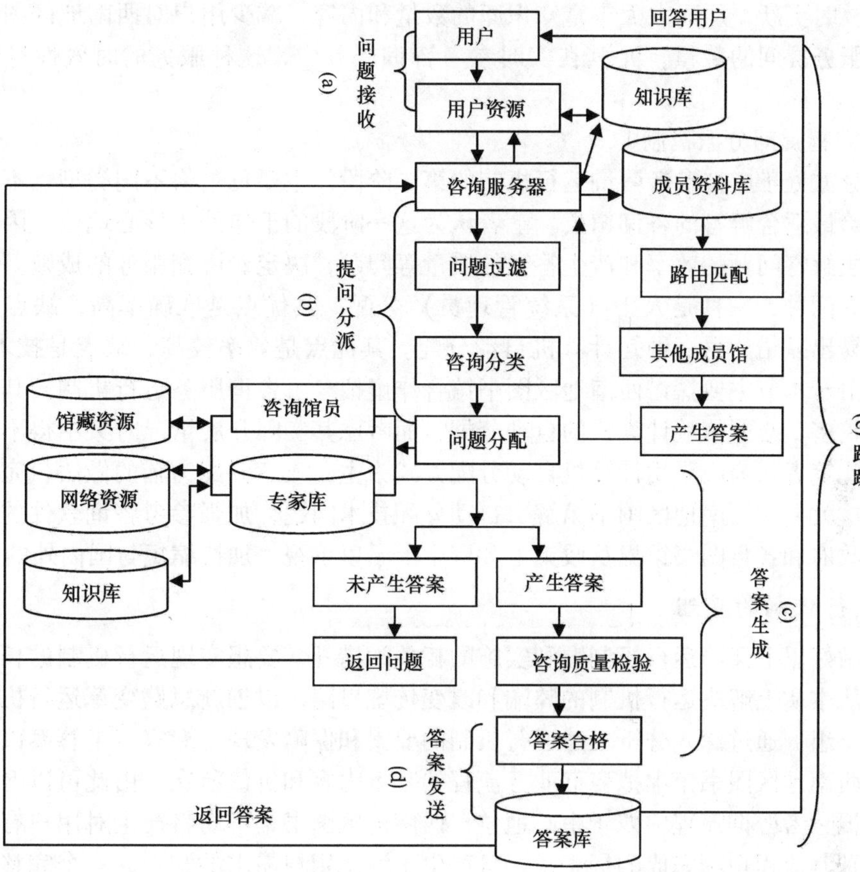

图9－4　西南地区图书馆虚拟参考咨询服务运行机制的构成

（2）重视馆员管理

西南地区图书馆虚拟参考咨询“用户—专家”问答互动机制的另一主体是“专家馆员”，其素质的高低决定了其解答问题质量的高低，将直接影响到西南地区图书馆虚拟参考咨询服务工作的实施效果。因此，重视馆员管理的主要内容包括：一是馆员的培训。首先要通过培训增强专家馆员参考咨询意识；其次要通过培训切实提高馆员的素质；最后要通过馆内部培训大力促进咨询经验交流。二是馆员激励。西南地区各类图书馆的领导应根据馆员的不同需求，采取不同的激励方式（包括经济激励、晋升激励、名誉激励、深造激励、情感激励等），构建起各自图书馆服务多重激励机制，奖励咨询业务能力强的馆员，提高馆员工作积极性。

（3）加强知识库的建设

由于图书馆知识库是提供用户及参考咨询人员进行浏览和检索，促进信息知识共享的，因此，必须重视在实际工作过程中建立西南地区图书馆知识库。首先，要搞好知识库调研工作；其次，应不断动态更新知识库；最后，要做好知识库质量评估工作，保证数据的准确性和规范性、保证数据的及时性。只要西南地区图书馆做好这方面工作，就可确保知识库的及时更新，从而大大丰富知识库的数量和内容，减少用户对西南地区图书馆数字参考咨询服务提问的数量，尤其在实时参考咨询服务中，这种服务的时效性将体现更为明显。①

（4）完善提问分派机制

提问分派处于虚拟参考咨询运行机制的第二阶段，主要负责将不同类型、不同性质的问题分配给最适合解答的咨询馆员。笔者认为这一阶段的工作处于核心地位，因为其关系到后面阶段解答问题的效率和产生答案的质量等问题，决定着咨询服务的成败。目前提问分派方式有两种，一种是人工（系统管理员）分配，其优点是准确率高，缺点是费时费力，很容易出差错。另一种是计算机自动分配。其优点是效率较高，缺点是技术难度大、成本高。由于本节主要探讨西南地区图书馆合作虚拟参考咨询服务运行机制，其接收到的咨询问题较多，必须依赖计算机的自动分配，而考虑其实际开展情况时又不得不考虑成本因素。因此笔者认为应采用计算机自动分配方式为主，人工分配为辅的做法，完善提问分派机制。这就要求西南地区图书馆解决自动分配技术问题，加强参考咨询软件的开发，需要区各级政府和各自图书馆界从政策上和资金上予以重视，加快缩短与国内外的差距。

3. 运行机制的重组

除了做好以上保障运行机制顺利实施的相关举措外，要想实现运行机制的长期高效运转，必须从本质上解决运行机制的弊端和改变传统思路，以创新思路变革运行机制，开展业务流程重组。通过深入分析上述运行机制的要素和保障发现，专家产生答案以满足用户的知识是西南地区图书馆虚拟咨询业务流程的基本内容和价值所在。由此可以看出用户和知识在虚拟参考咨询流程中处于中心地位，西南地区图书馆不妨将产生对用户有价值的知识作为判别其流程顺利完成的标志，一旦产生了满足用户需求的知识，一个完整的流程即告结束，这样西南地区图书馆就将流程的管理转化为对贯穿流程中知识的管理。这正是本节西南地区图书馆合作虚拟咨询业务流程管理的创新思路，也是其合作虚拟咨询业务运行机制的创新。

由此可见，西南地区图书馆合作虚拟参考咨询业务流程是指知识的创新、发现、传播和应用的序列过程，是指西南地区图书馆虚拟参考咨询活动中以人为本的业务流程之中的知识流动。更具体一点是指西南地区参与合作虚拟参考咨询的各成员馆在实施业务流程的过程中根据用户的信息需求对该馆内外知识进行选择、吸收、整理、转化、创新，形成一个无限循环的知识流动过程并产生对用户有价值的知识。其具体做法是：以西南地区图书馆合作虚拟参考咨询业务流程为参照，按其知识的获取、组织、应用和创新的核心内容对西南地区图书馆各成员馆进行合理的业务重组，建立成员馆内部的知识反馈系统，增强成员馆之间的协调性，最终优化业务流程，达到流程创新的目的。至此西南地区图书馆合作虚拟参考咨询流程创新的雏形已初步显现，如图9－5所示。

从图9－5分析可以发现，西南地区图书馆合作虚拟参考咨询服务中的每一环节都可提取出核心信息，加以抽象则对应业务流程中的各知识驻点，每个知识驻点可包含业务流程核心内容中的一项或是几项的综合。其中，问题接收环节标志着虚拟咨询的开始，而虚

① 卢海燕，张曙光．对数字参考咨询建设中几个重要问题的思考［J］．国家图书馆学刊，2003（4）：11－15

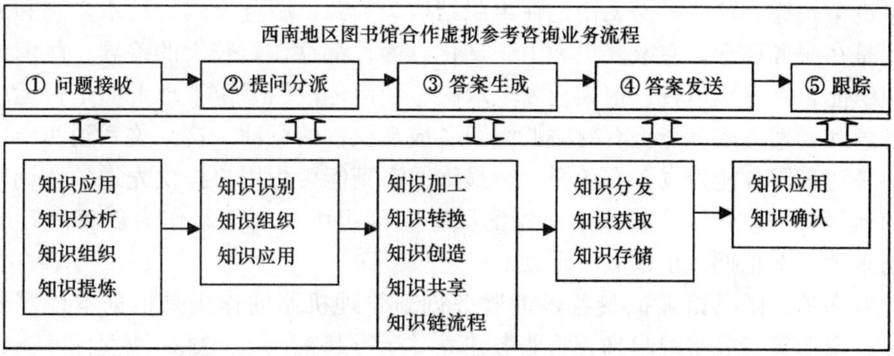

图 9－5　西南地区图书馆合作虚拟参考咨询流程创新

拟咨询本身又是一项知识和技术含量均较高的服务项目，因此它属于一种应用型知识服务，涉及的分析提问和查找知识缺口就是典型的知识应用过程，但该环节也包括其他知识过程，如知识分析、知识组织、知识提炼等；提问分派环节涉及的识别知识类型和知识源则属于知识识别过程，同时它也包括知识组织和知识应用这两个过程；答案生成环节中给出咨询答案则是典型的知识创造过程，知识正是在这里发生质的增值，产生对用户有价值的知识。这其中也包括其他诸如知识加工、知识转换和知识共享过程；答案发送环节则主要是将答案发送至用户手中并对其进行存储，这属于知识的分发，也叫知识的传播。对于用户来讲，还涉及知识的获取；跟踪环节最主要的活动就是跟踪问题处理进展和接收用户成功获得所需信息后的反馈，这显然是一种知识确认。

现在，西南地区图书馆已实现了对虚拟参考咨询服务业务流程的创新管理。接下来西南地区图书馆还要找出该创新流程中的关键因素，以实现虚拟参考服务内部知识交流与共享的畅通无阻，从而促进西南地区图书馆虚拟参考服务组织流程的有序、高效。

从图 9－5 中用户提问构成了业务流程的起点，后续各项工作的进行都必须在此基础上进行，因此，准确地得出用户的信息需求成为创新流程中的关键因素之一，也是西南地区图书馆首要完成的任务。其次，准确识别用户的信息需求，启动创新流程后，要保证后续工作的顺利延续，就要对流程中的各环节进行管理优化，这也是创新流程中的关键因素之一。专业素质优良的咨询馆员和管理人员一起借助于对虚拟咨询流程的管理优化，加大各环节之间的关联，加快知识的流动速度，使知识在虚拟参考服务内部各知识驻点之间通过共享交流形成一系列积累并创造价值服务用户。

（二）西南地区图书馆虚拟参考咨询服务管理机制创新

西南地区图书馆虚拟参考咨询服务的目的是向更多用户提供信息和知识服务，致力于解决读者的知识需求。然而，作为西南地区图书馆的一项新的参考业务，虚拟参考咨询既没有既定的模式可以遵循，也没有现成的经验可供效仿。在此基础下，西南地区图书馆与其说虚拟参考咨询是技术变革，不如说它是管理创新，因为技术可以购买而管理则往往无法替代。这是因为西南地区图书馆现有的虚拟参考咨询服务都是分区域进行的，每个区域所处的经济社会发展程度不一样，参加西南地区图书馆虚拟参考咨询服务组织的成员机构发展水平也不一样，这些机构无论是在组织结构、资源、服务方式、技术体制和地理位置方面，还是在服务理念、专家知识和组织文化方面，都存在着较大的差异，西南地区图书馆合作组织能否良好地运转，很大程度上取决于西南地区图书馆管理者们是否运用创造性的服务理念和管理方式，能否有效协调组织各成员机构的行动。这又关系到西南地区图书馆虚拟参考咨询服务能否真正有效开展，最终关系到能否为用户提供先进的咨询服务。因此，西南地区图书馆应该将虚拟参考咨询服务管理组织机制创新作为创新内容的首要方面，从宏观大局上把握，予以高度重视。

建立西南地区图书馆虚拟参考咨询服务创新管理机制的作用是根据本地需要，把技术、人员、资源等有效组织起来，将服务建立并运行起来，从而更好地发挥西南地区图书馆提供的虚拟参考咨询服务的公益性作用。其创新管理机制的建立涉及多方面的内容，笔者参考国内外业内人士关于虚拟参考咨询服务规范方面的研究，发现尚未形成统一规范的认识。根据国际图联（IFLA）参考咨询专业委员会在IFLA网站上发布的《IFLA数字参考咨询指南》（*IFLA Digital Reference Guidelines*）[①] 有关服务管理的内容来探讨西南地区图书馆虚拟参考咨询服务的内部管理机制、用户管理机制、合作机制、法律保护机制的创新。

1. 内部管理机制

信息网络技术和数字图书馆的发展是西南地区图书馆虚拟参考咨询服务内部管理创新的基础和前提，这里称其为“推力”。用户对西南地区图书馆虚拟参考咨询服务的需求是进行理念创新的根本动力，处于内部管理创新的核心地位，这里称其为“引力”。同行竞争是西南地区图书馆虚拟参考咨询服务内部管理创新的外在影响因素，这里称其为“压力”。三者的共同作用促进西南地区图书馆虚拟参考咨询服务内部管理创新的本质变革，引领西南地区图书馆虚拟参考咨询服务后继工作的全面开展（图9－6）。另外，内部管理创新的主体包括管理者理念——除旧布新；馆员理念——以人为本；用户理念——用户至上这三方面。由此可以看其虚拟参考咨询服务内部管理创新主要体现在管理模式和馆员管理的创新。

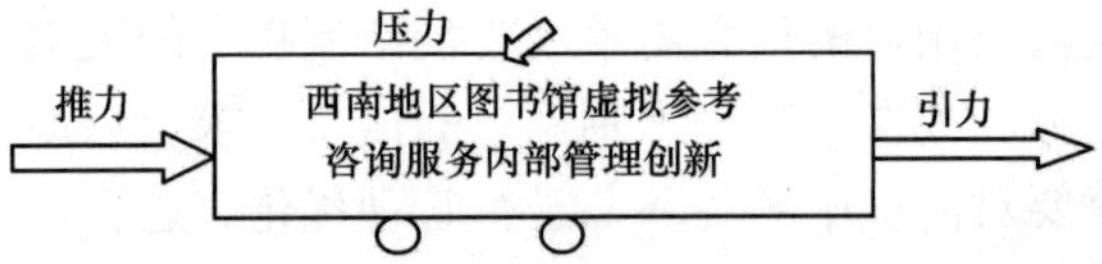

图9－6　西南地区图书馆虚拟参考咨询服务内部管理创新动力因素

（1）管理模式

伴随着西南地区图书馆虚拟参考咨询服务流程的重组和组织结构的转型，其管理模式也相应发生一系列转变并逐步摆脱了传统分级式结构化管理的诸多弊端。这主要表现在西南地区图书馆虚拟参考咨询中知识管理机制引入。引入知识管理体制的优势是能促使其虚拟参考咨询服务各部门信息的交流和人员的互动，并最终实现服务效率的提高和服务效益

① The International Federation of Library Associations and Institutions. *IFLA Digital Reference Guidelines*. Retrieved July 6, 2010, http：//archive. ifla. org/VII/s36/pubs/drg03. Htm

的最大化。原因在于西南地区图书馆虚拟参考咨询服务主要是通过基于网络的用户和专家问答互动来实现各种知识的最优化共享与利用，生成可再利用的知识并最终实现虚拟参考咨询服务的价值。其中，用户和专家互动只是一种外在形式，而隐藏在其中的知识互动才是其核心内容，知识从专家馆员手中产生到传递给用户可被称作一个完整的服务周期。因此，西南地区图书馆虚拟参考咨询服务是体现知识的积累、组织、综合和再创造者的价值所在，同时也是促进其发展的变革力量，而以知识互动为核心的知识管理体制能从本质上提高知识重组和再创的速率，从而大大缩短虚拟参考咨询单次服务的周期，最终从根本上提高整个行业的服务效益。如图9－7所示。

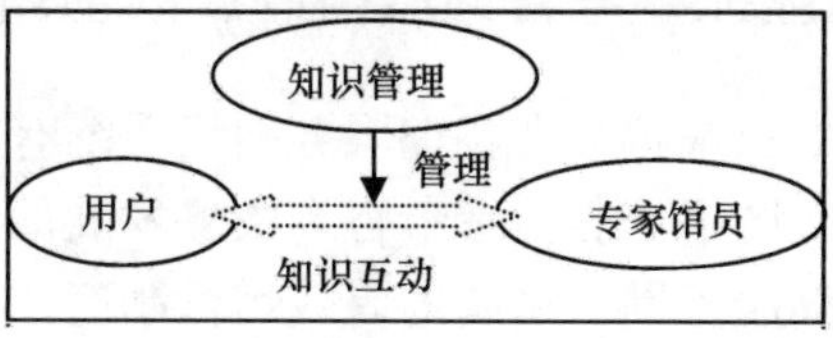

图9－7　西南地区图书馆虚拟参考咨询服务互动管理

（2）馆员管理

西南地区图书馆虚拟参考咨询服务馆员管理机制创新主要表现为在创新服务理念的指导下，树立起以馆员为本的管理机制，包括以下三方面：第一，要完善馆员引进机制，尊重咨询馆员，创建人才第一的机制，大力引进优秀人才；第二，要转变培育机制，培养知识型馆员，注重打造馆员的知识生产力，充分发挥他们的业务才能和技能素质提高工作效率；第三，要建立有效的激励机制，帮助馆员树立终身学习的意识，在学习过程中不断提高自身创新和运用新知识的能力。

2. 用户管理机制

用户管理机制体现在树立“以人为本”的用户管理理念。西南地区图书馆的宗旨是“用户第一，服务至上”，包含着更多的公益性质，因此在西南地区图书馆虚拟参考咨询服务管理过程中更要遵循“用户至上”的原则，关注咨询服务产业的用户需求，提供良好的咨询产品和服务，并提高用户满意度。如中国科学院国家科学图书馆成都中心站以“读者至上、需求为本”为新型服务理念，在国内外图书馆界首次全面开展了读者流程驱动、嵌入式、情景敏感型的网上实时咨询服务。在当今以需求为导向的市场环境下，这不仅是西南地区图书馆开展虚拟参考咨询服务的内在要求，更是西南地区图书馆合作虚拟参考咨询服务发展的趋势所在。

3. 成员馆合作机制

通过管理创新实现数字资源与人力资源的充分共享是合作虚拟参考咨询的基本思想，因此在开展西南地区图书馆虚拟参考咨询过程中还应加强各成员馆间的合作，并建立起较科学合理的合作组织机制，最大程度地促进资源共享，实现西南地区图书馆虚拟参考咨询的广泛合作，以此创新虚拟参考咨询服务体系。

4. 法律保护机制

除了前面提到的机制外，西南地区图书馆虚拟参考咨询服务管理机制还涉及相关法律问题，为此笔者认为构建西南地区图书馆虚拟参考咨询服务法律保护机制的重点有两点：一是要建立西南地区图书馆合作虚拟咨询服务相应的知识产权保护机制，维护各成员馆间的合法利益；二是要建立西南地区图书馆虚拟参考咨询服务用户隐私权保护机制，推动用户信息安全化。也就是说在现有隐私权法律法规基础上建立西南地区图书馆合作虚拟参考咨询行业的用户隐私权保护机制，从制度层面来维护用户的隐私权，以此激发和提升用户使用西南地区图书馆虚拟参考咨询服务的积极性和信任度，最终推动虚拟参考咨询健康发展。①

四、西南地区图书馆虚拟参考咨询服务制度的创新

制度创新是西南地区图书馆虚拟参考咨询服务网络系统有效运行的保证，该项创新属于活力创新，是激发西南地区图书馆虚拟参考咨询服务发展的动力机制。因此，只有建好西南地区图书馆虚拟参考咨询服务网络系统的有效运行制度，才能确保其虚拟参考咨询服务网络系统的顺利运行并实现其目标。西南地区图书馆虚拟参考咨询服务的制度范畴包含很多内容：广义的是涉及网络安全、信息安全、资源版权的处理、咨询规则、服务处理、解决问题责任等；狭义的是内部组织形式和操作规程，它包括咨询部门的组织形式和各种章程、条例、守则、规程、程序、标准等。由于广义上的西南地区图书馆虚拟参考咨询服务制度外延较广，涉及的问题诸多，且不利于深入探讨西南地区图书馆虚拟参考咨询服务制度的本质，因此，笔者选取狭义的虚拟参考咨询服务制度作为研究对象，将其概括为如何构建西南地区图书馆虚拟参考咨询服务体系的组织系统和制约运行的规则系统，它包括两方面的内容：一是其服务规则创新；二是其服务组织创新。

（一）虚拟参考咨询服务规则的创新

除了做好服务理念创新以外，还要通过制定相关的服务规则将其制度化作为西南地区图书馆长期坚持的方针。即制定服务政策、服务管理等过程中涉及的主要问题。目前西南地区图书馆开展虚拟参考咨询的各图书馆几乎都针对各自馆情制定出了相关的服务规则并日趋规范，为其以后在制度方面的发展和创新打下了坚实的基础。各馆的服务规则在内容制定方面有或多或少的不同，但主要内容基本包括：西南地区图书馆虚拟参考咨询服务的定义及服务范围、合作成员馆、服务时间等基本情况；在服务政策中应明确服务的理念与原则；详细、统一的西南地区图书馆参考咨询馆员工作规范和用户行为规范；西南地区图书馆合作虚拟咨询服务的中心管理者与成员馆管理者的职责的明确划分。

无论何种组织，何种部门，“规则制度”作为一种硬性的行为导向标准和规范，都是组织进行程序化管理的依据，也是促进各项工作顺利有序完成的重要保障。具体到西南地区图书馆虚拟参考咨询服务这项业务流程，其创新是促进西南地区图书馆虚拟参考咨询服务不断发展革新的有力保证。主要创新内容表现在三个方面：

1. 建立西南地区图书馆馆员职业资格制度，推动参考咨询人力资源的社会化

职业资格制度是一种职业的准入控制，国外信息咨询业从业人员几乎都必须获得相关

---

① 梁妍．虚拟参考咨询用户隐私权制度保护的原则和方法研究［J］．情报探索，2010（1）：52－55

职业资格。应将西南地区图书馆虚拟参考咨询作为一种标准行业，以职业资格制度加以规范；设立获取馆员职业资格的相关要求和条件（考试成绩和从业经历等），且使馆员职业资格证书考试的内容与参考馆员的素质要求相挂钩，所有应聘馆员职位的人都应达到要求才能聘用，这就既保证了从业馆员的质量，又拓宽了馆员的来源途径，从制度上保障西南地区图书馆虚拟咨询聘任社会专家的规范性，可以利用社会上人力资源相对丰富的优势聘用各方面专家，完善参考咨询人员知识结构，扩大参考咨询人员队伍，完成咨询队伍建设。

2. 建立学科馆员制度，推动西南地区图书馆虚拟参考咨询人力资源的专家化

在西南地区图书馆设置学科馆员制度，有利于馆员充分发挥各自的学科优势，显示其学科专业知识（隐性知识），提升西南地区图书馆虚拟参考咨询隐性知识资源的利用深度，解决教师和研究生等用户学科资源需求的各种问题。从中可以看出，这一制度间接地提升了西南地区图书馆显性和隐性知识互相转化与共享的效果，因而可以促进西南地区图书馆咨询部门业务流程中知识的创新、知识链的形成和以用户服务为中心的咨询业务的重新整合，也就达到帮助推动其虚拟参考咨询服务创新式互动管理的目的。① 鉴于以上考虑，西南地区图书馆可以将学科馆员和知识创新管理机制相结合，具体做法是：将西南地区图书馆参考馆员按学科进行分类，并为每门学科设立一名专门的学科负责人，集中管理该学科的馆员，最后由知识主管来集中管理各学科负责人。如图 9 – 8 所示。

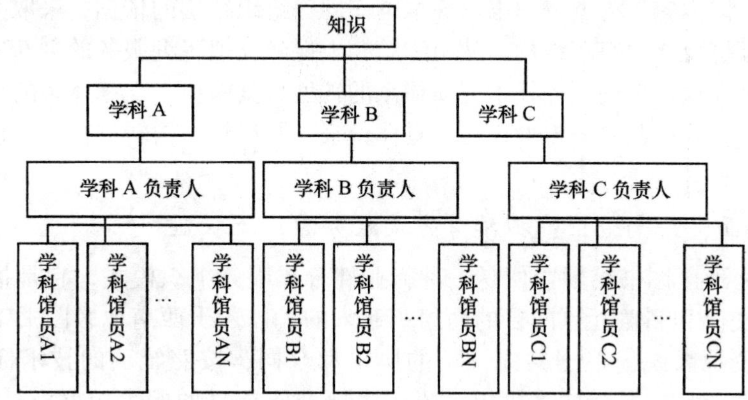

图 9 – 8 西南地区图书馆创新学科馆员制度

3. 建立协作共享制度，推动西南地区图书馆人力资源的协作化

目前西南地区图书馆合作虚拟参考咨询的模式多种多样，主要有垂直分层式、平行式和混合式这三种。② 基于当前创新模式层出不穷地发展，西南地区图书馆有必要根据各自的馆情针对性地选取区域、全国或是全球性的合作，并将其作为一种制度贯穿下来。鉴于西南地区图书馆虚拟参考咨询作为图书馆的核心业务，其合作必须依赖于图书

① 徐俊华．高校图书馆参考咨询服务体制与模式研究［J］．大学图书情报学刊，2009（4）：34 – 37

② 张喜年．合作数字参考咨询服务模式比较分析［J］．情报杂志，2006（4）：134 – 136

馆实体间的合作，因此，笔者认为比较可行的合作共享制度的建立应当依附于西南地区图书馆联盟这种资源共享组织形式的形成。西南地区图书馆联盟是依托网络建立起来的西南地区图书馆资源共享体系，它可以被看成是一个庞大的虚拟合作组织，其中每个西南地区图书馆都是其联盟成员，这样各个图书馆不再是单独的个体图书馆，而是整个联盟的主体部分。有了组织上统一的保障，西南地区各个图书馆之间更容易协调一致，以主人翁的地位积极开展各种形式的图书馆虚拟参考咨询服务，借助联盟成员间的合理分工制度完成图书馆虚拟参考咨询业务，借助联盟成员间的学习制度加大馆员间关于图书馆虚拟参考咨询业务的交流和探讨。另外，要建立相应的利益补偿制度、分配制度和奖励制度，以解决在开展西南地区图书馆虚拟参考咨询业务过程中各联盟成员间权益与义务的协调、合作与分工、费用结算等问题，提高西南地区图书馆各联盟成员的主动性与积极性。

（二）虚拟参考咨询服务组织的创新

如果说理念创新是西南地区图书馆虚拟参考咨询服务创新的先导，技术创新是西南地区图书馆虚拟参考咨询服务创新的支撑，那么组织模式创新则是西南地区图书馆虚拟参考咨询服务创新的重要保障。因为任何服务的开展都是依托一定的组织模式进行的，只有适应西南地区图书馆虚拟咨询业务开展的组织模式才能促进虚拟咨询绩效的发挥。西南地区图书馆虚拟参考咨询服务组织模式主要是指其组织结构。因此，西南地区图书馆必须变革传统组织结构，以内容作为划分图书馆虚拟咨询部门组织结构的依据，采取开放的、动态的、适应外部环境变化的组织结构，从组织结构上保障虚拟咨询服务的创新发展。其组织结构的创新体现在虚拟咨询服务技术支撑体系的转型，其中技术支撑体系的创新发展在设计组织结构转型模式中起到决定性作用。具体说来，其组织结构转型模式的设计应从以下两层面开展工作：

1. 宏观层面，西南地区虚拟参考咨询服务的广泛联盟

现存的西南地区图书馆联盟便是一种行业性合作服务组织模式，它是指为了实现资源共享、合作交流和利益互惠的目的而组织起来的、以若干西南地区图书馆为主体，联合相关的信息资源系统，根据共同认可的协议和合同，按照统一的技术标准和工作程序，通过一定的信息传递结构，执行一项或多项合作项目的图书馆联合体。如图 9－9 所示。①

作为一种创新型组织模式中的西南地区图书馆联盟对于推动馆际协作，乃至馆际间的各项业务合作，包括西南地区图书馆的核心业务，起着重要的作用并具有强大的生命力。② 中国高等教育文献保障系统（简称 CALIS）便是良好的实例，由它规划并运行的“分布式联合系统（DCVRS）”得到了图书馆界的广泛支持并取得了良好的合作图书馆实践效果。那么，在建立西南地区图书馆联盟的过程中，还必须注意以下三点：一是运作模式的选取。目前，西南地区图书馆联盟主要有集中型、松散型、紧密组合型这三种

① 唐虹，李军，金燕．探讨社区图书馆联盟的组织结构与运行机制［J］．图书馆论坛，2010（1）：27－29

② 范亚芳，郭太敏．我国区域性图书馆联盟运行机制研究［J］．图书馆工作与研究，2009（3）：8－11

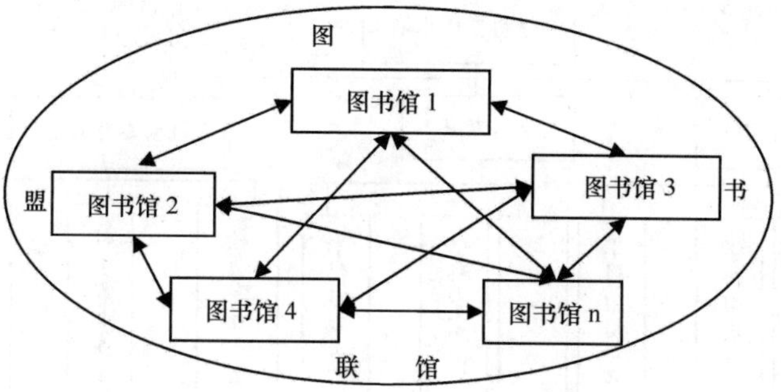

图 9-9　西南地区图书馆联盟

运作模式。[①] 总体说来，集中型、紧密型西南地区图书馆联盟，较松散型西南地区图书馆联盟成效显著，这是因为前两者的整合程度较高，更能实现资源和服务共享；二是组织结构的设计。赫里格尔和斯洛坎姆根据外部环境和内部选择两方面因素，将组织结构分为高度集权制、直线职能制、矩阵组织制、多分部制（又称事业部制）这四种类型；三是西南地区图书馆职能的设置。职能的设置应完善，主要包括以下几点：第一是指导各成员馆在开展虚拟咨询业务过程中的任务的分配与协调；第二是做好资源联合建设和共享；第三是研究和统一成员馆业务工作中的相关技术标准及有关规则等；第四是为成员馆提供相关技术支持和技术保障；第五是组织成员馆人员的培训，不断提高现代化信息服务水平。

2. 微观层面，西南地区图书馆虚拟咨询部门内部应建立起扁平化资源服务团队

目前，图书馆界流行的学科馆员制便是建立动态图书馆资源服务团队的一种方式，它是以解决某一类型或学科的问题而建立起的包括馆员、专家和全社会专业人士在内的学科工作小组。每次开展虚拟咨询业务时，由工作小组内的一位或几位成员共同组成一个临时业务工作组，专门解答某一用户的信息需求。西南地区图书馆向用户提供的一项新型信息服务，是传统参考咨询服务的网络形式，目的是通过此项信息服务高效解决用户的某种特定信息需求，然而，很多时候用户需要的不单是某种事实而是线索甚至决策等信息情报，从西南地区图书馆个体考虑，这就需要内部馆员利用和整合各种资源，并对它们进行智力加工。所以，无论是从服务内容、服务过程还是服务目标来看，虚拟咨询的本质都是西南地区图书馆资源的应用。因此，笔者认为它属于一项高增值的西南地区图书馆资源服务行业。而传统图书馆以职能和部门为条块分割的组织结构无法适应这种智力密集型的知识服务行业，势必造成效率低下甚至无法满足用户需求等根本问题。图 9-10 采用以业务为中心的扁平化组织结构便能很好地解决这一问题，构建西南地区图书馆资源服务团队则是一种形式。

① 陈会谦．区域图书馆联盟发展趋势及经验分析［J］．情报理论与实践，2010（4）：75-79

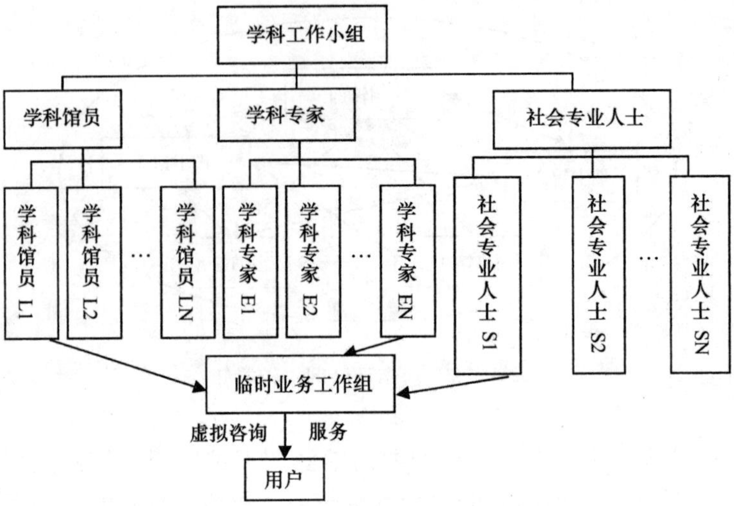

图9-10 西南地区图书馆虚拟咨询部门扁平化组织结构图

第四节 西南地区图书馆文献信息传递中馆际互借服务的创新体系

馆际互借起源于西方，早在1901年，美国国会图书馆便开始对其他图书馆实行馆际外借服务，并向大约400多家图书馆提供印刷目录卡片。① 1909年，美国图书馆协会(ALA)大会第一次把馆际间的合作和资源共享作为大会主题加以讨论。而馆际互借获得大发展和广泛应用则得益于20世纪最后二三十年全球信息技术和网络技术的飞速发展。1917年第一部馆际互借法诞生，后几经重订和修改。1993年，由美国图书馆协会参考与成人服务专业委员会再次制定《美国国家馆际互借法》。2001年，美国图书馆协会参考与用户服务专业委员会馆际互借委员会又对旧法进行修改，修改的文本被称为《美国馆际互借法》(2001年修订本)。

我国图书馆馆际互借开始于20世纪50年代，当时开展了一些文献信息资源建设的协作协调工作。80年代初，由于缺少全国馆藏联合目录，馆际互借也只局限于本地区或本系统内以邮寄方式进行。② 自21世纪以来，随着计算机技术的广泛应用和国家信息高速公路的建设，电子图书、电子期刊、光盘和网络数据库大量涌现，馆际互借获得了广泛的应用和蓬勃的发展，已成为西南地区乃至全国图书馆开展资源共享服务体系的主要形式之一。③

---

① 范洁．中美图书馆馆际互借比较研究［J］．图书馆理论与实践，2002（2）：31－32

② 石春耘．文献资源共享与文献传递服务［J］．图书馆工作，2003（1）：22－25

③ 钱遒立，印永清．网络时代馆际互借模式之研究［J］．东南大学学报（哲学社会科学版），2002（1）：42－45

一、西南地区图书馆馆际互借标准

为了确保馆际互借（简称 ILL）活动的顺利开展，国际组织纷纷制定相关的数据交换及服务协议，目前较为通用的两个重要标准是 ISOILL 和 NCIP。

（1）ISOILL

ISO10160（服务定义）和 ISO10161（协议说明）是国际标准组织公布的开放系统互连环境下有关馆际互借协议的两个国际标准，简称 ISOILL。第一版于 1993 年公布，1997 年公布了第二版。ISOILL 国际标准的作用是，在由网络模型国际标准 ISO7498 定义的开放系统互连环境下提供一系列用于图书馆实现与馆际互借事务有关的应用层服务。

（2）NCIP

全称为 NISO Circulation Interchange Protocol 的 NCIP，即 Z39. 83。它是美国国家信息标准组织（NISO）的流通数据交换协议。该标准于 2002 年 10 月 17 日被美国国家标准组织批准。NCIP 这一标准定义了为在各自独立的图书馆系统间支持流通活动所需要的各种处理。流通活动包括读者和书目的查询及其更新处理，例如，预约、取走书、续借和登录。新的标准被期望可以支持印刷本和电子资料的流通，能够方便读者直接借阅、远程读者的身份验证、联机付款和电子文献的访问控制。

二、西南地区图书馆馆际互借系统

随着技术的更新和推广，国内外出现了一些较为著名的馆际互借系统，这些基于网络架构的运行平台为西南地区图书馆信息资源共享提供了坚实的保障，这些系统已经在西南地区部分“985”高校图书馆和中国科学院成都分院等部分科研机构图书馆得到很好的应用，并构建了部分高校图书馆间的合作体，为西南地区各个高校资源的共享提供了平台。具有代表性的馆际互借系统如下。

（一）Epixtech 公司的 Horizon Interlibrary Loan 系统

该系统是美国 Epixtech 公司的馆际互借产品，该产品分 3 个独立的子系统：Horizon Reciprocal Borrowing（相互借阅）、Resource Sharing System（RSS，资源共享系统）和 Universal Resource Sharing Application（URSA，世界资源共享应用系统）。Horizon Interlibrary Loan 的请求管理主要是遵循美国国家标准 Z39. 83——流通数据交换协议之相互借阅协议（NCIP DCB），同时也支持馆际互借的国际标准（ISOILL）和 Z39. 50。

（二）OCLC 的 ILLiad 系统

“ILLiad”是 Interlibrary Loan Internet Accessible Database 的首字母缩写。OCLC ILLiad 是一个资源共享管理软件，用软件的方式实现了馆际借阅处理过程。它是由 Virginia Polytechnic Institute and State University 的馆际互借工作人员设计和开发的，并且由 Altas Systems 公司做了进一步的扩展。OCLC ILLiad 系统自动处理馆际互借的日常功能。通过唯一的基于 Windows 的界面，管理图书馆的借出、借入和文献传递，提高了工作效率。用户通过 Web 提交和跟踪他们的请求，OCLC ILLiad 自动处理满足的请求并且当请求完成时与用户保持联系。

（三）CALIS 馆际互借系统

该系统是 CALIS（中国高等教育文献保障系统）公共服务软件系统的重要组成部分，其实现主要基于 Z39. 50 协议和 ISO10160/ISO10161 协议。利用 Z39. 50 协议采用统一的检索界面，实现对所有 CALIS 成员馆的馆藏文献信息的查询和资源定位；通过 ISO10160/ISO10161 馆际互借协议实现用户的互借请求，完成馆际互借的事务处理。①

三、西南地区图书馆馆际互借模式

当前，馆际互借运行模式有：集中式（Centralized）、分布式（Distributed）和“一卡通”服务模式。

1. 集中式馆际互借

是由一个国家级的图书馆或文献供应中心集中提供文献保障服务，图书馆（或用户）直接向中心提出文献申请，中心通过自身馆藏或从他处获得后提供给申请方，与馆际互借相关的用户及事务都由中心集中管理。如果从模式上加以细分，集中式馆际互借又可分为中心型、滴漏型（Hour Glass）、补偿开关型（Subsidized Switching）和自由竞争型（Laissez－Faire）等四种类型。

2. 分布式馆际互借服务模式

是指以区域性的图书馆或文献提供中心作为资源收藏和服务单位，彼此间组成馆际互借服务网络，网络内任何一家成员单位均可向网络内部的其他成员单位索取所需文献，同时也有义务为其他成员单位提供馆际互借服务。从流程上又可以分为馆对馆方式和馆对读者方式。分布式馆际互借模式比集中式起步稍晚，初期的发展速度和使用范围也小于集中式。在国外，德国是分布式馆际互借模式的典型代表。各参与馆首先联成一个开放的网络系统，然后与各馆的出借系统联网，读者可以通过自己的计算机，直接在网上发出联机借阅要求，图书馆以各种适当的方式将文献传递给读者。

综上所述，集中式的馆际互借模式由于起步较早，使用简便，易于推广，因此在国内外的使用面较为广泛。英国、法国和加拿大是该模式的主要代表；我国的国家图书馆、国家科技图书文献中心（NSTL）和中国高校人文社会科学文献中心（CASHL）以及中国科学院馆际互借与文献传递服务体系也均采取这种模式。同时，在西南地区一些具有资源优势和服务优势的高校图书馆和各个省级图书馆、地市级图书馆也在开展和扩大馆际互借业务的过程中，逐渐形成了西南地区各个省级、地市级馆际互借中心。由于西南地区图书馆缺乏统一的协调和管理，各中心在收费标准、请求模式和管理体系上各不相同。在集中模式下，西南地区图书馆和各个中心之间的信息交互和资源共享程度不够充分，单个中心的资源和服务又无法完全满足用户的需求，这样，西南地区图书馆用户要得到尽可能多的文献保障，就需要面对多个中心。在具体操作上，需要同西南地区图书馆多个中心签订协

---

① 李军凯．两种馆际互借模式的比较研究［J］．图书馆理论与实践，2005（4）：34－36

议，到多个中心系统中注册，同时还需面对多套收费标准，采取多种不同发送请求模式和管理体系，这对用户造成了极大的不便。①

3. 一卡通服务

是馆际互借实践的一项突出成果，是“以网络为基础，以知识导航为动力，以资源共享为目标，以提高服务手段为目的”而组建的一种新颖的图书馆联合体。以上海为例，从2003年10月起，青浦区图书馆与上海图书馆及各区（县）图书馆实现了“一卡通”服务，为图书馆事业发展注入了新的活力。这个模式经过几年的发展，已向全国推广。2009年重庆市数字图书馆启用。② 任何持阅读卡的群众可以免费申领一张数字读书卡。“一张卡，拥有一座城市的图书馆。”截至2010年11月，重庆市图书馆流通点数量已增长到58个，深入区县、机关、企业、学校、部队、监狱、社区，主动把服务送到群众身边。重庆市图书馆在茶园新区，一家民营企业提供了几百平米的地方，由市图书馆提供图书，作为辐射周边地区的小型图书馆，还采取流动送书的方式，将图书馆送到市民身边。

目前，重庆市图书馆逐步与全市各区、县、街道、乡镇图书馆以及基层服务点建立“一卡通”服务，让用户随时感受到图书馆服务就在身边，基本建立了市、县（区）、乡镇街道三级图书馆公共服务网络，实现了文献信息资源通借通还、共建共享。③ 如今，凡持有效身份证件（身份证或护照等）的中国公民和外籍人士，均可以到图书馆办理“一卡通”读者证。凡持有“一卡通”读者证的公民，就能在重庆市各公共图书馆（包括街镇馆）里实现通借通还。“一卡通”服务的建立，使图书馆服务更加贴近市民、更加贴近实际，有效地改善了两大服务：一是改善了借阅服务。“一卡通”服务网点多、受众面广、管理规范、服务内容丰富，深受市民青睐。自实行“一卡通”服务以来，办证数、借阅量均迅猛提升，至2011年6月，常年持有重庆市图书馆一卡通读者证已达10 000余人。2011年1月到6月新办证数达2 000余人，书刊流通量达114 464册。在“一卡通”的借阅服务中，重庆市图书馆通过免费办证、送书上门、定期集体借还等形式积极为老年人、进城务工者、驻重庆市部队官兵以及企业等提供服务。二是改善了网上服务。“一卡通”服务项目大大丰富了网上服务的内容。在“一卡通”服务延伸的同时，网上的服务也同步延伸，如文化共享工程资源都共同延伸至各市、县（区）、乡镇街道、村（社区）图书馆以及基层服务点；在所有“一卡通”基层服务点开通网上书目检索、网上续借、网上文献提供等服务。三是“一卡通”通借通还。重庆市图书馆为了突出图书馆行业的公益性、便利性、社会性，截至2012年底，主城区九个区的图书馆还将实现“一卡通”通借通还。

第五节　西南地区图书馆的特色服务创新体系

社会主义和谐社会是人类孜孜以求的一种美好社会，马克思主义政党不懈追求的一种

---

① 强自力．国家文献供应中心模式及对“国家科技图书文献中心”的评价［J］．中国图书馆学报，2003（4）：25－29

② Lars E. Leon. Enhanced resource sharing through group inter－library loan best practices：a conceptual，structural，and proce－dural approach［J］. Libraries and the Academy，2003（3）：419－430

③ 从社区书屋到主城图书馆“一卡通”［N］．重庆日报，2011年3月25日第6版

社会理想。中外历史上都产生过不少有关社会和谐的思想。进入 21 世纪后，中共十六大和十六届三中全会、四中全会，从全面建设小康社会、开创中国特色的社会主义事业新局面的全局出发，明确提出构建社会主义和谐社会的战略任务，并将其作为加强党的执政能力建设的重要内容。中共十六大报告第一次将“社会更加和谐”作为重要目标提出。中共十六届四中全会，进一步提出构建社会主义和谐社会的任务。①

一、西南地区图书馆流动性公益服务体系

随着社会的进步，文化的发展，单纯的文献借阅服务已不能满足城乡公民对文化信息的需求。流动公益讲座与展览等是满足西南地区偏远城乡公民文化信息需求的一种很好的方式，这种形式既解决了西南地区偏远城乡基层图书馆场地不足的问题，也因举办所在单位的配合能很好地解决听众或观众人次问题。流动公益讲座与展览可以说是一种三赢的结果，它既延伸了西南地区图书馆服务，扩大了西南地区图书馆的影响力；又传播了先进文化，满足了举办地居民的文化需求；还有助于营造书香社会，建立和谐的西南地区城乡一体化社区文化。②

（一）强化图书流动站建设，延伸西南地区图书馆的服务触角

图书流动站是图书馆为远离图书馆或不便到馆的用户提供馆外文献服务的一种手段，是与阵地服务并驾齐驱的一种服务方式，具有“分布面广，服务灵活”的优势。这是落实中央“工业反哺农业，城市支持乡村”的方针，加大文献信息资源向农村流动的力度的有效举措。图书流动站在很多国家都普遍存在，到目前为止，西南地区图书馆也已较好地开展了图书流动站服务。如贵州省遵义市图书馆的流动图书点建设，每年由贵州省、遵义市财政拿出一定的专项购书经费，贵州省图书馆还在该省其他地区建立流动图书站，为偏远农村公众提供知识服务，取得了很好的效果。因此，强化图书流动站建设，延伸图书馆服务触角，是完善西南地区城乡农村图书馆服务体系的重要途径。延伸服务是西南地区图书馆追求社会服务效益的最大化，缓解有限的西南地区图书馆资源与日益增长的文化需求矛盾的有效措施。公益讲座是西南地区图书馆近年来着力打造的深受公民喜爱的公共文化服务产品，在许多地方，西南地区图书馆公益讲座成为当地一张文化名片和重要的一项文化活动，包括流动讲座、电子讲座、网络讲座、电视讲座等多种内容和形式。

流动图书馆服务，是为远离图书馆或不便于到馆的用户及潜在用户提供的馆外文献服务。西南地区图书馆应该广泛开展多种多样的流动服务，通过流动图书服务点、流动图书车等形式，把服务延伸至偏远地区或者特殊人群。西南地区流动图书馆服务有灵活、快捷、方便、主动等特点，在方便偏远地区居民或特殊人群获取信息的同时，也达到了传播科学文化知识和图书资源共享的目的，是西南地区图书馆用户服务向纵深方向发展的重要标志。③

---

① Admin. “一卡通”借阅更便捷（青浦报）［EB/OL］.［2013 - 12 - 24］. http://www.nlcd.com.cn/nlcd/news/ShowArticle.asp? ArticleID = 1307

② 薛立静. 公共化服务视域下图书馆服务的创新［J］. 图书馆学刊，2011（2）：92 - 93

③ 郭海明. 面向公众的公共图书馆服务体系研究［J］. 图书馆理论与实践，2010（9）：74 - 77，84

（二）西南地区图书馆公益讲座和信息咨询服务

在知识和信息快速发展的今天，弱势群体由于各种原因导致了知识信息的匮乏，使他们远离了社会。“授人以鱼，不如授人以渔。”图书馆对弱势群体教育要针对自身优势，推出优惠措施，根据他们的不同特点，针对他们所关心的热点和疑难问题，有针对性地邀请一些专家举办免费的专题讲座和培训。[①] 如峨眉山图书馆开展的农业知识讲座、计算机培训、就业技能培训等。通过送书籍等活动，满足他们对知识的渴求；提供电话预约借书、还书，电话代查、代译，电话咨询等服务，做到“一个电话服务全程”，让他们及时了解时事动态、知识和信息，充分感受到整个社会对他们的关心和爱护。同时，西南地区图书馆应在帮助弱势群体最佳地应用现代信息技术方面起关键作用，努力消除信息富有和信息贫困之间的鸿沟。[②]

二、“以人为本”的西南地区图书馆个性化服务体系

“以人为本”是图书馆管理创新的基础。西南地区图书馆为用户提供人性化的服务，就是在做好文献借阅、参考咨询等各项常规服务的同时突破传统的服务模式，为不同层次、不同类型用户提供不同层次的个性服务。

专业化垂直服务是由用户目标驱动的面向解决方案的服务，需要西南地区图书馆馆员具有超前意识，即超前于用户的现实欲望，主动出击，深入目标用户群体，把用户需求与西南地区图书馆提供的信息服务的宣传结合起来；要重视用户需求分析，通过对信息的分析和重组来形成符合用户需求的知识产品，并通过用户的使用效果对知识产品的质量进行评价；它要求西南地区图书馆馆员与用户的联系更明确、更紧密，建立起面向用户使用过程的服务责任制。以用户目标为专业化垂直服务，必将使用户获得“满意加惊喜”的超值服务。

随着知识服务向“个性化”方向的发展，所谓西南地区图书馆个性化，就是针对所有用户独特的信息需求提供有针对性的服务。目前西南地区图书馆个性化信息服务可分为三种形式：一是个性化推送服务或个性化定制服务，利用信息推拉技术，向用户提供信息栏目，实施查询代理服务；二是个性化推荐服务，不但根据用户的特性提供具有针对性的信息，而且还能通过对用户专业特征、研究兴趣的智能分析而主动向用户推荐其可能需要的信息；三是个性化知识决策服务，即利用数据仓库、数据挖掘、知识提取、人工智能等技术对信息内容进行深加工，向用户提供能够用于决策支持、智能查询、科学研究、解决问题的策略。

三、西南地区图书馆数字化服务的创新体系

（一）手机（移动）图书馆服务体系

随着 PDA、电子书等移动设备的不断更新换代，移动阅读成为一种新的阅读时尚，移

---

① 王惠君．图书馆公益讲座的延伸服务［J］．图书馆论坛，2009（12）：204－206

② 俞萍．公共图书馆服务创新刍议［J］．农业图书情报学刊，2011（10）：208－210

动图书馆的服务也将不断更新升级，信息参考咨询，移动图书馆流通，移动语音导览等。但就目前来说，手机作为移动图书馆服务的平台尚不成熟，开发专用的手机图书馆 JAVA 客户端应用系统并实现其与图书馆数字资源的实时连接，这还需要做进一步的努力，将是图书馆 2.0 发展的一个重要方向。① 根据近两年的实践经验显示，未来 3—5 年的时间里，结合目前信息技术和数字图书馆发展的水平，图书馆可以按照分类指导的原则，按照不同的文献服务内容，重点发展移动图书馆的三个方向：

（1）手机实现图书馆与用户之间的信息交互

图书馆可以通过管理系统实现与用户手机的实时绑定，全、实时、快捷地从系统中提取相关的业务信息，或者可通过手机短信或者 WAP 网站实现与手机图书馆系统的捆绑，系统提交查询请求，手机图书馆系统根据请求处理信息并将结果反馈给用户，由此来实现图书馆与用户之间的信息交互交流。

（2）电子图书或平板电脑，构建文本型、文艺类资源的移动阅读

目前，汉王、亚马逊 Kindle－3 及苹果 iPad 等移动设备的出现，使得移动阅读变得触手可及。数字图书馆所拥有的馆藏为其提供了足够丰厚的资源，用户可随时随地登录数字图书馆，在线浏览或下载感兴趣的文学及文艺类作品，感受移动阅读带来的愉悦。

（3）笔记本电脑仍然是多媒体、学术型文献资源的主要利用平台

多媒体类型资源需要足够大的内存空间，对于电子图书与平板电脑，笔记本电脑在容量上所占有的优势显而易见，因此，在今后的一段时间内，媒体、学术型的文献资源，将以笔记本电脑为主。

2007 年底，重庆大学图书馆正式启用手机图书馆服务系统，手机图书馆嵌入在管理系统中，用户实现图书借阅、预约、挂失等服务。

手机图书馆以“注册用户”与“非注册用户”区分服务。“非注册用户”只能享有“公共栏目”中的图书馆概况、图书查询等部分服务，“注册用户”除享有此服务功能外，有“我的图书馆”个性化服务功能，包括图书馆到期通知、信息查询、号码变更、图书续借预约、Blog、BBS 发贴等个性化服务。例如：四川大学图书馆的“手机图书馆”服务模式是：短信服务或手机版网站；手机服务内容：逾期还书、预约图书、个人信息、借阅信息、挂失证件等；手机服务的对象：分校内、校外、未注册用户、使用项目有别，现在都是收费的。成都理工大学图书馆“手机图书馆”服务模式是：WAP 短信手机网站；手机服务内容：新书查询、文献查询、图书预约、续借、新书到馆提醒、借书到期提醒、图书催还等；手机服务的对象：校内注册合法用户、http：//mlib. cdut. edu. cn。

1. 重庆市手机（移动）图书馆

重庆市手机（移动）图书馆——掌上重图，于 2011 年 11 月 9 日举办了“掌上重图”发布会。“掌上重图”以手机为平台，通过移动互联网拓展传统的图书馆服务，使读者能够随时随地查看借阅信息、预约续借图书、下载电子资源。重庆手机图书馆提供：书目查询、我的图书馆、重图新闻、重图电子书、入馆指南、读者互动、阅读通和讲座预告 8 个服务，如图 9－11 所示。重庆市手机（移动）图书馆提供 Android、IOS、Symbian 3 个版

① 陈茹，张秦．论公共图书馆的管理创新［J］．科技情报开发与经济，2008（31）：3－5

本的手机（移动）图书馆客户端软件，覆盖国内90%以上的智能手机操作系统。重图手机（移动）数字图书馆以手机为平台，通过无线网络拓展传统的图书馆服务，使用户能够随时随地查阅借阅信息、预约续借图书、下载电子书刊。

重庆图书馆的用户只要下载并安装重图手机（移动）图书馆客户软件，通过3G、GPRS、Wifi等无线网络就可以登录到重图手机（移动）图书馆。目前，重图手机（移动）图书馆向用户提供“书目检索、我的图书馆、重图电子书、入馆指南、读者互动、阅读通、讲座预告、重图新闻、使用说明”等服务，支持目前大多数型号的智能手机，提供Android、IOS、Symbian 3个版本的手机（移动）图书馆客户端软件。重图手机（移动）图书馆将为用户提供公益的、无限的全天候服务。

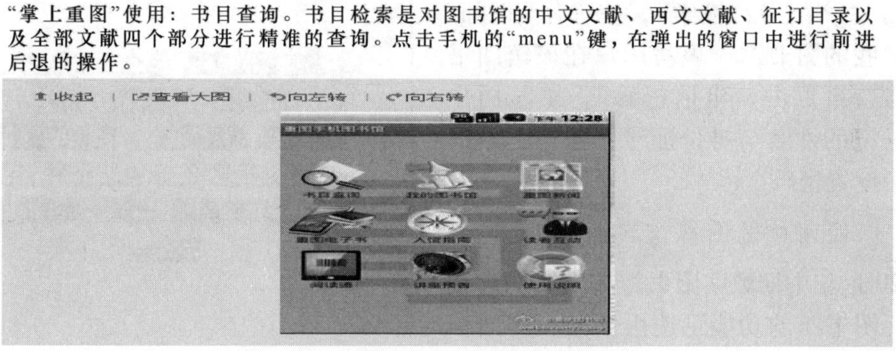

图9－11　重庆手机（移动）图书馆

2. 贵阳市移动图书馆

2011年10月18日，贵阳市图书馆正式开通贵阳移动图书馆服务，只要读者的手机具备上网功能，即可随时随地查阅多种报纸、期刊和热门图书。据悉，这是西南地区首家开通的地市级移动图书馆。可通过电脑、iPad、手机等终端设备，在浏览器地址栏中输入“贵阳移动图书馆”的网址：m. superlib. com/1697即可进入并使用贵阳移动图书馆（如图9－12示）面上的相关提示操作，即可提供贵阳图书馆3万多本电子图书和7 800多万篇报纸全文供用户阅读使用。还可以查询到723家图书馆包括240万种中文电子图书、9亿页全文资料、6 700万篇中文期刊、8 700万篇报纸、1.08亿篇外文期刊，以及论文、标准、专利等中外文文献。读者还可查询检索历史、浏览历史、设置信息推送等。具体操作如下：

在电脑、iPad、手机等工具的浏览器中输入“贵阳移动图书馆”网址：m. superlib. com/1697；

页面打开，在“搜索栏”输入所需图书信息（如“应用数学：计算机类”）后，点击“搜索”按钮；

在打开的搜索结构页面中，点击所需图书链接（如《应用数学：计算机类》）；

点击链接：“以图片方式查看”；

在弹出的页面中，点击链接“登录”；

出现页面“欢迎使用移动图书馆服务。使用前您需要先注册”。

如果用户使用手机登录，手机用户请点击链接“短信快速注册”，然后在弹出页面中输入自己的手机号和邮箱地址（两项必填）后，点击“申请”按钮；稍等片刻后，收到确认短信。点击短信内容提供的链接地址，即可阅读图书内容。①

如果用户使用电脑登录，请点击“OPAC用户登录”，然后在弹出页面中输入OPAC账号与密码（两项必填）后，点击“下一步”按钮，即可阅读图书内容。关于OPAC用户密码的获取，请返回该馆主页页面，在页面右侧点击“该馆书目检索”，在弹出的页面中点击“我的图书馆”填写用户在该馆图书证的证号，再点击“申请密码”，填写用户办证时登记的姓名与身份证号，并在下面的提示框中设置密码。

图9－12 贵阳移动图书馆

（二）西南地区图书馆自助服务体系

自20世纪中期数字图书馆进入人们的视野以来，图书馆的功能迅速由信息收集向信息服务转换，图书馆服务形式由原来的读者被动服务逐渐转向读者自助服务。所谓图书馆自助服务是指无需图书馆工作人员的参与，读者根据个人的兴趣特点、需求、爱好、研究重点和时间安排，灵活、能动地完成书目查询、藏书借阅、文献复印以及网络各种数据库资源的使用、下载等活动，从而实现自我服务的一种读者服务方式。20世纪末，随着无线通信技术融入数字图书馆，图书馆自助服务形式发生了实质性的变化，实现了人性化、数字化、智能化与传统图书馆的完美结合。

RFID技术应用于图书馆管理中，可为读者阅读创建方便的自助环境。从20世纪90年代末开始，美国、澳大利亚、印度、荷兰、马来西亚、新加坡等10多个国家的多个图书馆相继采用了该项技术。在信息化高度发达的美国，已有约2%的图书馆装备了RFID系统；2006年，我国第一家RFID智能图书馆在集美大学诚毅学院图书馆建成并投入使用。这些图书馆将RFID技术运用到图书管理的全过程，使自助服务在图书馆馆内得到全面提升。

数字图书馆是一套面向网络信息中心或图书馆的书籍管理、浏览和发布信息的系统，是一种位于网络的、虚拟的、比特架构的图书馆。它通过将海量资源、信息管理和网络发

① 吕梅．连锁经营理念在公共图书馆服务体系建设中的实践与探索［J］．图书馆学研究，2010（应用版）：11－12

布系统的有机结合，不仅为馆内自助服务的实现提供便利条件，实现对馆内自助服务的有效管理，而且通过移动互联网可以使用户能超越时空的限制，实现随时随地获取图书馆的资源信息。所以只有把馆内、馆外的无线通信终端与数字图书馆系统链接起来，才能实现真正意义上的图书馆馆内、馆外自助服务。

1. 图书馆馆内自助服务内容

包括：智能查找、客户自检、安全检测、自动还书。基于RFID技术的图书馆自助服务还有很大的发展空间。目前，不少大型公司，如国外的VTLS、IBM等，国内的清华同方、深圳峰华科技等都已推出自己的高性能RFID图书管理系统。深圳图书馆开发研制的“城市街区24小时自助图书馆”就是充分利用RFID技术、互联网技术，实现图书馆遍布全城街区，24小时全天候开放的完全自助服务系统。它走出了RFID技术实现的馆内自助服务模式，创立了一种全新的图书馆服务模式。例如，重庆市图书馆自助图书馆、四川的广元市邓小平自助图书馆的建立是西南地区图书馆自助服务体系的开端。

2. 图书馆馆外自助服务

内容主要是短信息服务。短信服务主要通过手机短信发送指令的方式进行服务，信息内容以短小精练的文本为主，服务特色主要体现在信息的及时性和互动性，提供的自助服务有：图书查询、图书预约、新书定制、图书续借、参考咨询、读者留言等。

此外，手机短信息服务还包括图书借期到期提醒、办理读者证事务、新书信息公告、公共信息发布与搜集、邮件、论坛和博客等多种服务内容。

无线上网服务是手机、PDA（Personal Digital Assistant）等无线移动终端利用无线接入技术，实现移动终端与Internet的链接，为用户提供图形化的访问界面，用户可以方便自由地进行大容量图书的查询和阅读。无线上网服务除了实现短信息的所有自助服务内容外，还能实现与图书馆相关期刊数据库的链接、图书的移动阅读等功能。

随着手机域名（.mobi）的开放和3G移动通信技术的推出，一方面无线通信速度越来越快，带宽不断增大；另一方面手机、PDA等终端设备的处理能力越来越强，存储容量越来越大，操作越来越方便，手机（移动）图书馆系统也必将随着无线通信技术的进步，由简单的文字短信服务，到图文并茂的信息服务，再到图像声音俱全的多媒体信息服务不断发展。

第六节 西南地区图书馆民族多元文化服务创新体系

在少数民族聚居的西南地区，有一批为数不少且有一定规模的多元文化的西南地区图书馆。这批多元文化的西南地区图书馆肩负着少数民族的科学技术传播、历史文化遗产的保护，以及研究挖掘当地民族文化遗产等艰巨的任务。多元文化的特点决定了西南地区图书馆的服务特色为：除了必须为日常公民的信息需求提供相关的信息和资料外，还必须具有本民族的特色，馆藏和用户服务工作必须向这方面靠拢。① 因此，开展多元文化服务是

① 王岚霞，李高峰，陈永平等．西部民族地区图书馆多元文化服务及其实现［J］．情报资料工作，2009（5）：77－80

西南地区图书馆服务创新的重要内容选择，也是当前西南地区图书馆服务必须考虑的一个现实问题。

一、西南地区图书馆多元文化服务的特点

图书馆多元文化服务在欧美也是近几十年才兴起的，在我国还称得上比较新的名词。多元文化服务（Multi - cultural Service），有的地方也叫多语言服务（Multi - language Service）。目前，我国图书馆该方面的服务意识还很淡薄，只有东部经济发达地区的个别图书馆开展了一些多元文化服务的相关工作，如上海图书馆从20世纪80年代开始为非沪机构团体或者个人提供借阅服务，现在凡是在上海工作或学习的外国人都可以办理各种借阅证件。发达地区由于与外界往来十分活跃，图书馆多元文化服务过程中侧重于外国语种群体，而针对国内少数民族语言服务的较少。与之相反，西南地区由于地理位置和自然环境的特殊性以及历史现实等方面的原因，长期处于交通闭塞、信息封闭的状态，与外界经济文化交流较少，经济发展比起东部地区和沿海地区要落后很多，所以对外国人群的吸引力远远弱于东部沿海地方，但是西南地区是我国少数民族集聚生存的主要地区，因此，西南地区图书馆在开展多元文化服务时要侧重服务于当地各个少数民族群体，为他们提供少数民族语种相关服务，包括提供少数民族语种资料的收藏和借阅、开展少数民族语种的讲座、咨询等。

在西南少数民族地区开展图书馆多元文化服务，无论是实践还是理论上都存在着瓶颈，都必须认真对待。如要合理对待主流文化与非主流文化的问题、文化静止观与发展观的问题、种族观问题等。① 同时，还要加强西南地区图书馆多元文化理论与实践本土化探索，对于以何种方式开展多元文化服务，必须结合本地区的现状，对西南地区图书馆服务领域的人口学特征、种族组成、经济状况等进行全面的调查，根据西南地区图书馆所在的地域和社区，来确定西南地区图书馆多元文化服务的整体战略，深入地开展本土化研究，制定适合本地区和本社区状况的西南地区图书馆多元文化服务体系，从整体上提高西南少数民族地区的图书馆多元文化服务，最终促进各民族的全面发展，维护西南地区乃至国家的安定与团结。

“民族”是“人们在历史上形成的一个拥有共同语言、共同地域、共同经济生活以及表现于共同文化上的共同心理特征的稳定的共同体”。②目前，我国除汉族之外共有55个少数民族，其中44个通过其“民族自治”地位，拥有自己的自治区、自治州和自治县，并享有一定的权利和特权，如发展有限自治和制定特殊规定，使用和发展少数民族语言，尊重和保护少数民族宗教信仰自由，保持和改革少数民族习俗以及安排和管理自治经济发展和公共事业等。而且，其自治区内的少数民族也可以实行区域自治，担负起发展教育、科技、文化和其他各项社会事业的职责。所以，在一个特定的西南各个少数民族地区，会聚居着一个或多个少数民族，他们就是该地区图书馆服务的重点对象，需要对其需求进行

---

① 刘雅琼．论图书馆多元文化服务［J］．图书情报工作，2009（8）：92 - 95

② 吴建中．21世纪图书馆新论［M］．上海：上海科学技术文献出版社，2003：170 - 173

研究，突出重点，开展西南少数民族地区图书馆文化服务的多元化。①

服务是图书馆一切工作的核心，服务个体的不同需要采取多样的服务手段。② 首先，要加强有关西南地区少数民族文献资料的收藏，其中包括民族语种的资料，这是开展西南少数民族地区图书馆服务的基础。其次，要采取多语言服务，包括西南地区图书馆网站内容要有少数民族信息的展示，检索系统要支持多语言体系、开展多语言咨询，馆内标识牌要采取多语种等。最后，开展西南地区图书馆多元文化的延伸服务，如多语种资料的翻译、少数民族各种生活信息（就业信息、教育信息、健康信息）的展示等等。西南地区图书馆可以依据各自的实力与条件，结合本地区的服务对象，利用该馆的资源，开展多种多样的图书馆多元文化服务。

二、西南地区图书馆多元文化服务的功能

网络信息技术的巨大成功加速了人类的全球化进程，文化之间的多元发展和碰撞是当今世界发展变化的一个重要趋势，多元文化已渗透到社会生活的各个层面，作为社会机构的图书馆在多元化变革大潮中自然也不可能独善其身。

（一）多元文化环境挑战西南地区图书馆的适应能力

随着社会价值观念的多元化渐变，图书馆用户需求也呈现出多元化趋势。西南地区图书馆必须转变自己的服务理念来适应用户需求的多元变化。观念的转变可以延伸和强化图书馆的功能，数字时代的西南地区图书馆不能仅仅满足于文献的保存与知识传递，更应该具有社会文献信息流整序、传递的信息职能，还应该具有进行社会文化教育与开发智力资源的文化教育职能，也可以拥有搜集和保存文献遗产的保存职能，甚至还可以包含一些网吧、影像类型的消遣娱乐职能……③

（二）城乡信息化进程中西南地区少数民族文化的边缘化

文化是一个民族存在的根基，每一个民族之所以作为民族而存在，一个重要的标志，就在于它有自己独特的文化。近些年，随着电视、网络等高科技传媒的普及以及西南地区少数民族旅游资源的快速开发，西南地区各民族之间政治、经济、文化等全方位的交往日益频繁，各民族在多途径了解并学习外来文化的同时，其自身的民族文化也遭受了以汉文化为中心的主流文化的强烈冲击，不少西南地区民族从语言到服饰、从歌舞艺术到礼仪习俗等各层面的文化遗产要么在大量流失，要么正遭遇后继无人的尴尬。④ 如果说，在西南少数民族地区，年长的一代还青睐本民族传统的文化活动，那么，年轻一代则大多失去了对本民族传统文化活动的兴趣，以自卑和漠视的态度对待本民族文化，尤其是一部分外出

---

① 陈永平，李高峰，王岚霞等．构建少数民族地区图书馆多元文化服务体系的思路与模式［J］．图书馆理论与实践，2009（3）：66－69

② 张诚一，Huhua CAO. 包容与和谐：增进少数民族地区发展的相互了解［M］．北京：民族出版社，2008：10

③ 王石平，苏瑞兰．论多元文化并存格局中图书馆的社会使命与责任［J］．农业图书情报学刊，2009（9）：144－146

④ 朱美华，王月娥．文化自觉视角下的少数民族地区图书馆多元文化服务［J］．图书与情报，2011（4）：20－23

打工的年轻人，则努力融入当地社会而慢慢抛弃了本民族文化传统，造成这一局面除了外来文化的强有力冲击，还由于针对西南少数民族的教育内容中少数民族文化的缺位和电视、电脑、网络等高科技生活媒介对传统生活方式的冲击，使西南地区一些少数民族文化面临边缘化。①

（三）西南少数民族地区的文化知识贫困

依据阅读文化的区域性和民族性特征，西南地区少数民族的教育程度必然限制其阅读能力和文化自觉程度，进而影响该地区阅读文化事业的建设和发展。而西南地区图书馆，作为公益性文化机构，可以利用其丰富的资源、良好的阅读环境及现代化的技术手段弥补政府主导的外源性文化自觉路线的不足，通过多元文化服务，唤醒西南地区民众文化自觉的意识。

文化自觉强调的是多样性文化的平等存在，倡导“和而不同”的理念，其动力源于文化主体的内源性需求。对于西南地区少数民族而言，这一需求首先源于知识的贫困。虽然西南地区各级政府长期以来坚持并贯彻“平等、团结、互助”的民族政策，致力于西南地区少数民族教育的平等和协调发展，但是，不同的历史境遇、社会现状和自然条件等多方面的原因造成了西南地区少数民族教育资源的落后，主要表现在两方面：

1. 文盲率高

根据2011年第五次全国人口普查的结果，全国15岁及以上的汉族人口中，文盲人口为7 585万人，占汉族人口的8.6%。少数民族人口中，文盲人数为1 114万人，占少数民族人口的14.63%。其中，文盲率在20%～40%的民族有13个，文盲、半文盲率高于40%的有藏族、珞巴族、撒拉族、门巴族、保安族、东乡族等6个民族，其中保安族、东乡族、门巴族、珞巴族人口中文盲率则高达50%。农业部第七批扶贫联络组2008年在对贵州省土家族和苗族地区的国家级贫困县中最贫困村调查中发现，初中及以下文化程度占总人口的85.11%，有的村文盲占比达到了82.67%。

2. 文化素质存量低

有关资料显示，西部地区少数民族文化素质存量低于全国平均水平，东部地区存量指数最高，达到37.35，其中北京更高达47.20；中部地区存量指数次之，达到36.06；西部地区存量指数最低，达到33.48，远低于全国35.89的水平。在西部少数民族8个省区，除新疆、内蒙古和广西以外，其他主要少数民族聚居区包括宁夏、云南、贵州、青海、西藏的人口文化素质存量都比较低，其中西藏仅为15.59，是北京47.20的三分之一。②

三、西南地区少数民族图书馆多元文化服务的措施

图书馆多元文化服务倡导“尊重差异、包容多样、平等服务”的理念，即尊重不同肤色、不同民族、不同国籍、不同语言、不同宗教信仰、不同风俗习惯的读者，宽容对待其因自然属性和社会属性不同而表现出来的社会行为的差异，对每一个读者都一视同仁并为

① 邱仁富．少数民族地区多样性文化共生发展的传统模式［J］．前沿，2010（1）：76－77

② 黄荣清等．20世纪90年代各民族人口的变动［M］．北京：民族出版社，2004：214－215

其无条件提供平等服务。如前文所说，西南地区少数民族文化的多样性存在，为图书馆多元文化服务提出了现实要求，少数民族文化与异域文化碰撞中的边缘化现象和文化流失让这些地区图书馆传承民族文化的使命变得更加紧迫，而西南地区少数民族的知识渴求更使这些地区图书馆的多元服务变得必不可少。

（一）立足本土，了解服务区域内的用户需求

做好充分的前期调查工作，确定服务对象及其信息需求是开展西南地区图书馆多元文化服务的前提。任何一家图书馆都有一定的服务区域，有特定的服务对象，为此，西南地区图书馆必须结合本地区的现状，建立适合本地区状况的多元文化服务体系。

作为西南地区少数民族图书馆，首先要清楚了解本区域内少数民族群体在全体服务对象中所占的比例以及少数民族群体之间的组成比例，根据比例结构确定主要的服务对象，并对各个少数民族群体读者的语言文字、年龄结构、阅读能力、阅读取向、阅读习惯、宗教信仰等进行全面了解，分析不同民族群体的主要信息需求，根据需求，制定合理的馆藏发展规划，有效配置经费，保持本区域内图书馆多元文化馆藏建设的可持续发展。

（二）建设西南地区图书馆多元文化馆藏

西南地区图书馆的三大基本要素可概括为人、资源和技术，资源建设和技术革新都是为“人”服务的，所以，“以人为本”的理念自始至终贯彻在西南地区图书馆多元文化服务中。特别是西南地区少数民族之间语言文字、风俗习惯、宗教信仰等诸多领域的差异要求西南地区少数民族图书馆充分考虑读者群体的多元化，走多元化馆藏之路，唯有如此，才能践行“尊重差异，包容多样、平等服务”的理念。具体说，西南地区少数民族图书馆多元文化馆藏建设内容包括多语种、多载体、多层次内容等几个方面的文献信息资源建设。因此，各个民族语言应该成为西南地区少数民族图书馆收集的主要文献语种，另外，各个民族的文字是文化的首要传承载体，有哪种民族语言文字的民族图书馆就应着重收藏相应的民族语言文献资料。比如，在云南通海县、云南大理州、云南石林、四川阿坝地区、贵州荔波县、四川峨眉山等图书馆可以加大本民族相应的蒙古文、东巴文、彝文、藏文、水族文、佛教等文献资料的收集。少数民族文化遗产形式不一，既可以从饮食、服饰、建筑、婚俗、出土文物、墓葬、宗教等多种形式展现出来，也可以通过舞蹈、绘画、雕刻、歌曲等艺术形式表现，而以上文化传统的载体类型是各种各样的。因此，西南地区图书馆在资源采集时不能限于纸质文献，更应利用地域优势加强对本地区非物质文化遗产的收集和保护，建设多元载体的少数民族文化信息资源库。在内容层次上，既要突出西南地区特色的社会主义先进文化的传播，又要兼顾西南地区各个民族的文化传承，还要将世界各民族的文明展现给用户，培养用户开阔的视野。

（三）开展多语言咨询服务

多语言咨询服务是指以少数民族语言为相应群体提供服务，是西南地区图书馆多元服务的深层次延伸。西南地区民族图书馆在了解服务区域内民族族群的基础上实现图书馆标识系统语言的多元化、信息检索系统文字的多样性及咨询馆员服务语言的多样性等，都相对于信息技术支持来完成的图书馆多语言文字标识，咨询馆员的多语言服务更加关键，因此在招聘和培养咨询馆员的过程中，了解其民族背景、文化教育背景、特别是其对不同民

族文化的态度至关重要，唯有如此，才能实现馆员与少数民族用户的无障碍沟通和交流，在充分理解和尊重其他民族文化独立性、异质性的前提下更好地在该区域内提供多元化、人性化的服务。

（四）加快西南地区少数民族语言文字的数字化建设

"语言，人类特有的一种符号系统。当作用于人与人关系的时候，它是表达相互反映的中介；当作用于人和客观世界关系的时候，它是认知事物的工具；当作用于文化的时候，它是文化信息的载体。"① 在西南少数民族中，除回族、满族外，其他各个民族都有自己的语言，有些民族内部甚至还使用着多种语言。目前，在全国55个民族共使用100种以上的语言。在经济生活趋同的现代化背景下，语言生活的多元化受到挑战，部分民族产生母语危机现象，如蒙古语、纳西语、水语、畲语、仡佬语、赫哲语、鄂伦春语、裕固语、土家语等，母语危机势必淡化民族文化的特色，影响民族文化认同，因此，在科技高速发展的时代，加快少数民族语言文字的数字化、规范化、标准化建设是西南民族图书馆更好、更有效地开展多元文化服务的关键，有助于西南地区少数民族的日常交际和民族资源数字化，有利于西南地区少数民族经济文化事业发展及西南和谐社会的构建。在我国55个少数民族中，有29个民族有与自己的语言相一致的文字，有的民族分不同派系，使用一种以上的文字，因此，29个少数民族使用文字达54种，如今已有蒙古文、藏文、彝文等多种传统通用民族文字编码字符集、字型、键盘国家标准和国际标准，并且在技术层面上已实现与中、英文等文种的转换和互译。西南地区少数民族图书馆可以用现代化的技术手段整理、保存民族文献，传承和弘扬少数民族优秀文化。

（五）实现西南地区少数民族资源建设的合作（联盟）体系

少数民族地区用户群体的多样性导致了文献信息需求的多样性，使西南地区图书馆的区域合作成为必然。西南地区少数民族图书馆经费的紧张更加需要走资源共建共享之路，来合理配置经费，避免重复购置。网络通信技术和多媒体技术的发展为信息的共享提供了物理上的可能性，超文本标识语言、超媒体技术的产生和应用为信息资源共建共享提供了条件与保障。"区域合作"是图书馆的必走之路，它包括"区域内合作"和"馆际间合作"两种模式，"区域内合作"可分纵横两个方向，在纵向上，建立地方学校图书馆、公共图书馆、乡镇文化站、农家书屋为依托的文化网络；在横向上，加强与地方情报单位、博物馆、档案馆等机构的合作。馆际间合作则主要是针对西南地区少数民族的杂居现象，各自发挥西南地区少数民族图书馆的特色和优势。区域合作的内容包括联合采购、联合编目、文献传递、特色数字馆建设等，实现实体馆藏资源和虚拟馆藏相结合、印刷型文献与其他载体文献相结合、文献检索与原始文献提供相结合的资源共享。② 以贵州省黔东南苗族自治州为例，全州常住人口为3 480 626人（2010年），现在有彝族、白族、傣族、壮族、苗族、回族、傈僳族、拉祜族、佤族、纳西族、瑶族、藏族、景颇族、布朗族、布依族、阿昌族、哈尼族、锡伯族、普米族、蒙古族、怒族、基诺族、德昂族、水族、满族、

---

① 高长江．文化语言学［M］．沈阳：辽宁出版社，1992：13

② 谷遇春．论大湘西区域文献信息资源共建共享［J］．中国图书馆学报，2006（1）：75－77

独龙族等 33 个民族，少数民族人口占全州人口总数的 81.87%，其中苗族人口占 42.09%，侗族人口占 31.86%。[①] 根据当地民族分布特征，将该地最高学府凯里学院图书馆建成黔东南苗族文献信息中心、黔东南旅游文献信息中心，黔东南州科技情报所建成黔东南州经济文献信息中心，而将具有相似人文地理环境的侗族、瑶族民族特色非常浓厚的邻近地区的黔南州建成水族、侗族、苗族文献信息中心，同时以凯里学院图书馆为区域中心，支援并带动该地区州企事业单位图书馆、县级公共图书馆、乡镇文化站和村级农家书屋的建设和发展。

（六）借助“全国文化信息资源共享工程”扩大西南地区图书馆服务范围

“农家书屋”建设是一项面向农村、面向基层的文化工程，是离农民最近的公共文化服务体系。[②] 西南地区图书馆可以通过配置图书、电话咨询、举办培训班等形式，为“农家书屋”提供业务方面的指导服务，也可以把文献资料、讲座、展览等服务直接送到农民身边，或者借助网络和现代通讯技术等方式服务农民，使“农家书屋”真正成为农民的良师益友，把西南地区图书馆的服务延伸到最基层。“农家书屋”是社会主义新农村建设和农村文化服务体系建设的重要组成部分，借助“农家书屋”完善西南地区图书馆服务体系，提升其服务覆盖率，方便、快捷又有效。

到 2012 年 12 月为止，全国文化信息资源共享工程（简称共享工程）对于农村普遍存在的信息匮乏和文化落后的状况已经起到显著的改善作用，已经将各基层公共图书馆作为共享工程分中心建设，有重点地试行“村村通”工程，这为书屋建成共享工程基层点提供了便利。[③] 因此，西南地区图书馆应抓住机遇，逐步改善乡（镇）村农家书屋为其提供数字化文化信息服务的能力，积极引导和促成该区域内农家书屋尽快建成基层点。当然，其必要前提是，要解决好“农家书屋工程”与“社区和乡镇综合文化站建设工程”部门间的协调对接，逐步提高县、乡镇、村基层领导在整合和创新西南地区城乡公共文化服务体系方面的统筹能力。

第七节　西南地区图书馆城乡一体化服务体系的创新途径

一、图书馆在西南地区城乡一体化建设中的重要地位和作用

统筹城乡一体化发展是科学发展观的核心和重点，而统筹城乡一体化文化发展就是统筹城乡发展的重要内容，又是实现城乡协调发展的重要环节。在知识成为社会经济发展主要动力的今天，文化不但是城市核心竞争力的重要支撑，也是农村社会经济发展的重要内容。[④] 西南地区图书馆事业对西南社会发展中文化构成的要素（教育、语言、科技、风俗

① 黔东南苗族侗族自治州［EB/OL］.［2013－12－30］. http：//baike. baidu. com/view/4444766. htm

② 俞萍. 公共图书馆服务创新刍议［J］. 农业图书情报学刊，2011（10）：208－210

③ 林郁芬. 新世纪的图书馆管理创新［EB/OL］.［2011－09－30］. http：//www. google. com

④ 程孝良，李勇佑，钟刚毅. 城乡一体化进程中图书馆发展模式的理性思考——以成都市为例［J］. 图书馆理论与实践，2009（4）：56－57，76

习惯、价值观念、生活方式等）有着潜移默化的作用，深刻影响着乡村城镇化、工业化、现代化的进程。农村公共文化事业是农村社会事业的重要组成部分，是为广大农民提供教育、知识、审美熏陶和休闲娱乐的重要载体，也是农村地区文明程度的标志和象征。作为公共文化产品服务体系重要组成部分的西南地区图书馆事业的发展状况，反映了西南地区人口素质和城市化水平，也是衡量西南地区信息基础设施水平、参与文化竞争实力的重要标准之一。

实施统筹城乡文化发展，大力推进西南地区图书馆城乡一体化建设的重要性在于：着力提高城乡用户的文化素养和文明素质，改变农村落后面貌，满足城乡用户的精神需求，转变城乡用户的思想观念，增强城乡用户的自主创业能力，从根本上转变农村居民的生存方式。城乡图书馆事业发展一体化不仅是西南地区图书馆自身的发展，更要与农村教育、科学普及等各种文化活动有机地结合起来，形成通畅的城乡文化交流通道。在城市繁荣的同时，促进、带动农村社会全面进步，全面推进和谐的西南社会建设。

二、西南地区图书馆城乡一体化服务创新的可行性

西南地区图书馆城乡一体化服务管理的创新是指西南地区图书馆服务管理者通过对创新活动进行筹划、论证、实施和控制，使创新获得成功的一系列活动。长期以来，西南地区图书馆在服务管理和为用户提供服务方面缺乏创新意识，形式单一，使得西南地区图书馆信息资源不能得到充分开发和利用。传统的西南地区图书馆服务工作是等待用户来馆获取信息的被动式服务，这种服务模式受时间、地点的制约，同时也束缚了西南地区图书馆馆员的主动服务意识。因此，西南地区图书馆城乡一体化服务管理应同时具备两个特征：一是公益性，确保社会公众的普遍参与；二是优质高效的服务，保证公共服务效益最大化。二者缺一不可。

（一）西南地区图书馆城乡一体化服务管理体制创新：实现管理社会化

公共服务理念不仅有助于人们重新认识公共服务的公共性，也让人们重新审视公共服务主体的多元性。西方行政改革的实践证明，公共服务领域并不是市场原则的禁区。公共服务的市场化具有完全的可行性。英国政府的文化管理模式“一臂之距”就是成功的典范。这种管理模式的实质就是：依法管理，管办分离，必要时干预。因此，西南各级政府与文化机构应保持适当而必要的距离，既不要管得太多，也不放任自流。西南各级政府通过委托管理、契约监督（评估）等方式，在西南地区图书馆城乡一体化服务管理体制中引入市场化机制，目的在于形成利益引导机制，激发各个西南地区图书馆服务管理单位改善服务的内在动力，从而保证丰富优质的服务。与此同时，实现西南地区图书馆城乡一体化信息服务的机制与生产机制的分离，促进服务生产方式的社会化，有利于西南各个政府由“大包大揽”的全能型政府向“有所为，有所不为”的“小政府”转换，实现“小机构、大服务”。通过委托服务，既填补政府用于社会公益方面资金的不足，又照顾政府无暇顾及的弱势群体，增进社会公平。①

① 杨红．论图书馆的管理创新与服务创新［J］．科技情报开发与经济，2009（18）：95－97

（二）西南地区图书馆城乡一体化服务组织的创新：完善用户参与和政府回应机制

用户参与是西南地区图书馆价值体现和服务水平提升的源泉。西南地区图书馆的本质是为用户服务，失去了用户，就失去了生存的价值。所以，在西南地区图书馆服务体系中，用户要有一个能主动参与、自我管理、自我发展、自我服务的过程，从而构成一个“知情—参与—监督”的完整权利链条。[①] 然而，在实践中，西南地区图书馆用户参与却存在着“效率”与“回应”的两难问题。正如登哈特所言：公共管理者一方面追求着服务效能，另一方面必须把公民的需要和价值放在决策和行动的首要位置上，更加关注公民的需要和利益，并对这些需要和利益做出回应。由于公民参与的时间问题和知识、技术问题而影响公共管理者组织效益与效率的达成，这就导致“效率”与“回应”经常呈现出一种紧张关系。显然，笔者认为导致这个紧张关系所要解决的有效方法是用“对话协商”来缓解这种紧张关系。也就是说西南地区图书馆城乡一体化服务目的是以城乡用户对话协商和公共利益获得为基础，并与用户对话协商和公共利益相结合的组织体系。[②]

三、西南地区图书馆城乡一体化服务创新的思路

新时期，数字图书馆已经成为现代图书馆发展的大趋势，图书馆的管理服务随之也发生了重大转变。从服务的主动性和针对性、服务的样式、服务依托的技术基础到服务的管理等都发生了广泛深刻的变化，西南地区图书馆的管理服务需要适时调整，调整的重点应是加强创新性建设，其具体内容表现为：坚持以人为本的服务理念；坚持治理型的柔性管理模式；拓宽服务功能、增添服务内容；满足社会多方面需求。

1. 要坚持以人为本的服务理念

以人为本是科学发展观的核心，对于公益性的西南地区图书馆城乡一体化服务，在管理服务方面坚持以人为本的服务理念是贯彻落实科学发展观的重要表现。坚持以馆员的自我管理为主和以用户为本的管理服务理念就是坚持以人为本。

2. 要坚持治理型的柔性管理模式

西南地区图书馆管理服务方面的特征表明，管理主要是统治型管理，管理应该将传统的以馆长为中心的权力分散到馆长、部门负责人、科室负责人、专业馆员等多个主体，形成多中心权力配置结构；鼓励在共同目标基础上的参与、协商和合作；重视平衡民意及利益主体诉求的多种结构和规则；把握好控制与协调的辩证关系；提供让用户满意的公共服务等。治理型必然要求是柔性的，也只能是柔性的。因为柔性的管理模式追求组织结构的扁平化、沟通的网络化、权力的结点化和分工的柔性化，与治理型的多元、民主、合作、协调、平衡和开放性特征是相统一的。如果治理型的不能同时是柔性的，就很难使治理型摆脱统治型的控制。所以，西南地区图书馆城乡一体化管理服务的模式需要坚持治理型与

---

① 宋耀辉．政府购买公共服务的理论与实践探索［J］．财经界，2008（6）：113－116

② 陶学荣，陶睿．中国行政体制改革研究［M］．北京：人民出版社，2006：79

柔性相结合。①

3. 要拓宽服务功能，增添服务内容

西南地区图书馆城乡一体化面对的服务对象主要是广大普通用户，应把满足用户获取知识和接受教育的需求作为一项主要的服务功能。比如腾冲县图书馆、和顺图书馆、玉溪市图书馆、德阳市图书馆、遵义市图书馆、开县图书馆、桂林图书馆等都举办公益性讲座、展览、培训班，举办各种各样的群众活动。② 另外，西南地区各级图书馆还要把阵地服务扩展到流动服务。比如，西南地区图书馆协同各级政府共同对偏僻的乡村增添流动服务车，通过办分馆、流动服务点等方式把服务向外延伸。还有人认为，西南地区图书馆要突破传统管理服务模式的禁锢，就必须紧密地配合用户需求，即要对需求提供针对性服务，不断提高用户的满意度，而广大研究工作者及政府决策者都需要图书馆提供这种针对性服务。如重庆市图书馆主动向政府机关定期提供城市建设、市场发展等宏观决策性信息；四川省图书馆、成都市图书馆、南宁图书馆、大理州图书馆、玉溪市图书馆、贵州省图书馆等多家图书馆都针对本地的经济发展，主动为大型企业提供信息咨询服务。玉溪市图书馆主动与本地大中型企业联系，了解信息需求，编辑专题信息，提供信息咨询服务，收到较好社会效益和经济效益。另外，西南地区各个图书馆可以为科研学术带头人、研究生导师、党委政府政策研究人员等建立信息需求档案，开展定题服务。③

4. 要开展多样性服务

西南地区图书馆要以用户为中心，有需要就提供，因此可以把服务模式从“单纯服务型”转变为“服务经营型”，把服务推向市场，开展信息的深加工。如代查、代检索、代复制、联机检索、光盘检索、联机目录查询、网上专题信息服务等。这样做的好处就是有助于实现提供信息资源的范围和载体的更加广泛化。

鉴于以上内容，西南地区图书馆城乡一体化服务管理体系必须坚持以人为本的服务理念，坚持治理型的柔性管理模式，拓宽服务功能，增添服务内容，及时满足社会多方面需求，实现西南地区图书馆城乡一体化管理服务更加人本化和民主化是完全可能的。

四、西南地区图书馆城乡一体化服务创新的内容

（一）城乡一体化服务管理意识

在现代科学技术飞速发展的条件下，西南地区图书馆必须具有创新意识，不仅要适应变化的对象和内容，更要适应变化的力度和节奏，善于发现变化的动向，捕捉变化的契机，同时要本着“用户第一，以人为本”的服务观念，把满足用户需求作为西南地区图书馆城乡一体化服务管理的中心环节和价值取向，以创新理念和创新行为来加强西南地区图

① 兰恩丽．新时期地方公共图书馆管理服务创新思考［J］．遵义师范学院学报，2010（5）：134－136

② 罗西瑙．没有政府统治的治理［M］．剑桥大学出版社，1995

③ 刘小琴．图书馆的传统服务与数字化服务（2006 数字出版年会演讲内容）［EB/OL］．［2011－12－20］. http：//www. sina. com. cn

书馆城乡一体化服务管理，开辟西南地区图书馆城乡一体化服务管理创新新途径。①

（二）城乡一体化服务管理模式

管理模式的创新是西南地区图书馆工作创新的关键。现代的西南地区图书馆馆藏载体由单一的书本转向多样化，而且又正处在传统的图书馆向数字图书馆转变的运行中。西南地区图书馆引入知识管理模式是知识经济发展对西南地区图书馆服务提出的要求，也是西南地区图书馆发展要经历的必然阶段。目前，由于信息技术的发展，商业信息服务机构日趋庞大，它们的服务手段及内容已延伸到各种服务领域，包括在西南地区图书馆领域中的应用，导致西南地区图书馆长期以来形成的垄断性服务的优势正在逐渐丧失。然而，西南地区图书馆馆员多年积累的丰富经验和相应的专业知识，却是西南地区图书馆城乡一体化服务最具竞争力的资源。因此，为适应知识经济社会的发展，西南地区图书馆必须实施服务管理，其内容包括两个方面，即现代信息技术对西南社会数据与信息的处理能力和城乡一体化服务中西南地区图书馆馆员的创新能力。服务管理的核心就是对西南地区图书馆城乡一体化服务中馆员的智力知识资源进行深入开发，而充分开发西南地区图书馆馆员的智力与知识，是西南地区图书馆城乡一体化服务管理的核心和提供知识与服务管理最为有效的切入点。②

（三）城乡一体化服务管理手段

西南地区图书馆城乡一体化服务管理手段要从手工管理转变为利用自动化集成管理系统进行管理。只有不断开拓新的服务方式，适应时代的发展和读者的需求才能更好地体现西南地区图书馆城乡一体化的服务宗旨。即使是传统的外借、内阅服务，也必须融入导读工作才能受到读者的欢迎。以前以手工操作为主的馆际互借也可以通过 E-mail 快速实现。随着网络技术的发展及光盘数据库的大量购入，西南地区图书馆城乡一体化服务可在咨询服务、定题跟踪、情报检索等方面大显身手，同时也使科技查新、引文分析等服务项目的开展成为可能。全新服务项目的开展，必然扩大用户的受益面，直接提高其服务效率。

（四）城乡一体化服务管理人才

西南地区图书馆城乡一体化服务中馆员除掌握图书馆学专业知识及外语、计算机等基本技能外，还必须向其他专业渗透，不能仅停留在充当“保管员”的角色上。西南地区图书馆城乡一体化服务中馆员应具备特定的专业知识，以便了解有关学科发展动态和最新成果，增强自身的文献搜集、整理、加工、存储、检索等能力，真正把馆藏文献中的有价值的信息资源开发出来，将有用的文献信息快速、准确地提供给用户。为此，西南地区图书馆城乡一体化服务必须从整体上采取专业培训、外出进修、岗位学习等措施强化馆员的知识结构，提高其业务水平，培养和造就高素质的馆员队伍。同时，应按西南地区图书馆城乡一体化服务的需求，有计划、有组织、有步骤地配置不同年龄结构、不同学科知识结构和不同职称结构的比较合理的人才队伍，以保证西南地区图书馆城乡一体化服务发展的有效性和持续性。

---

① 徐晓琳，邓胜利．信息服务与管理［J］．图书馆建设，2003（6）：66－67

② 朱黎春，朱小平．网络环境下的图书馆服务模式［J］．吉林广播电视大学学报，2005（4）：86－88

西南地区图书馆城乡一体化服务管理的创新应讲科学、顺民心、重民意，同时还要充分发挥馆员的积极性、创造性、主动性。实践证明，西南地区图书馆领导者的创新行为只有为馆员所接受，其创新意识和决策只有化为员工的自觉行为，才能成为推动西南地区图书馆城乡一体化服务发展的有效动力。创新是一个民族的灵魂，是知识经济发展的灵魂，更是推动社会前进的动力。所以，西南地区图书馆城乡一体化服务只有发扬与时俱进的精神，应用新的服务管理思想、方法和技术，才能更好地服务于用户，才能在激烈的市场竞争中立于不败之地。

（五）城乡一体化服务管理平台

通过建设西南地区图书馆城乡一体化服务馆际互借与文献传递平台，建设总分馆馆藏虚拟联合目录、电子资源数据库联合目录、特色数据库联合目录和公共共享资源联合目录等共享系统，设计开发西南地区图书馆文献传递服务中心网站。通过整合资源，形成合力，推进西南地区城乡一体化“图书馆资源共享工程”的实施。其主要特点是具有兼容性、整体性和综合性，来实现“在共建中共享、在共享中共建”、“一地资源、全国共享，全国资源、为我所用”的美好目标。共建与共享是辩证关系，共建是共享的前提，共享是共建的出发点与落脚点，没有共建无成果可享，不能共享谁来“云”共建。

依托共享工程，因地制宜，以城乡群众的文化信息需求为着力点，开发西南地区图书馆地方特色数据库，开展专题性服务等。城市居民、农民工、乡镇农民是城乡一体化“共享工程”建设的主体，要激发西南地区城乡用户对“图书资源共享工程”的主体参与意识，避免重蹈“乡村运动，乡村不动”的覆辙。这就要求西南地区图书馆牢固树立“以民为本，服务第一”的服务理念，真情为民，用心想事、用心谋事、用心干事。把精力投入到落实中，落实出创造力，落实出亲和力。如为西南地区乡镇、农村农民提供所需的农业政策法规、农业科技信息，农作物病虫害、种子、化肥、农药等信息；为城镇居民提供所需的劳务用工信息，以及社会保障制度、医药卫生保健、家庭教育与理财等信息。

第十章 西南地区图书馆服务创新的保障机制

21世纪是科学技术高度发展的知识经济时代，信息资源的网络化、知识化、数字化，资源共享的全球化，服务功能的多样化和服务内容的个性化，正是图书馆研究的重要课题。图书馆作为人类知识的宝库、人类文化的天堂，在信息经济中扮演着极为重要的角色。信息经济要求图书馆在收集、采访、服务方面更上一层楼，要加强传播新思想、新理论、新观点、新方法、新技术、新潮流的措施。因此，图书馆只有具有完善和有效的方法，才能不断进行管理和服务创新，增加服务的知识、智能含量，才能在激烈的社会竞争中立于不败之地。与此同时，计算机技术、信息技术、通信技术和数字化技术的飞速发展，既改变了人们以往接收、处理和传递信息的方式，也改变了信息本身的产生和存在方式，从而使得图书馆的功能、管理机制、服务方式、服务内容、服务手段发生了根本的变化，这势必要求图书馆不断创新有效的管理与服务措施以适应信息经济时代日新月异的信息需求和发展。也就是说，只有图书馆管理与服务措施的完善，图书馆才具有可持续发展的保障动力；只有图书馆管理与服务措施的创新，图书馆才具有坚韧的生命力。显然，图书馆管理与服务活动的实施和顺利开展的强大支撑和保障就是图书馆服务创新的保障机制。

第一节 西南地区图书馆服务体系的创新机制要借鉴国外的成果和实践经验

一、西南地区图书馆服务可借鉴国外图书馆的交流与合作服务经验

中国图书馆服务与管理体系研究的发展，实际上是中国图书馆界不断借鉴国外图书馆服务管理理论和实践经验，融合中国传统的图书馆，不断探索和建设具有中国特色图书馆服务体系的发展。当今的世界，正朝着全球政治、经济、文化一体化的方向发展。因此，在西南地区图书馆服务与管理体系研究中，要“吸收和借鉴国外图书馆服务管理和实践经验”，结合西南地区图书馆的发展客观环境，具有非常现实的意义。

当前西南地区图书馆服务体系和国际图联的要求还有很大的差距，尤其在图书馆立法、图书馆现代化技术、图书馆服务与管理、网络信息资源开发与组织、应用等方面。在这些方面，要借鉴国外图书馆界已被证明可行的措施和实践，可以大幅度地缩短摸索的道路，提高西南地区图书馆服务与管理水平，免去许多“摸着石头过河”的艰辛。

数字时代国际化将成为图书馆未来的发展趋势。那么，加强西南地区图书馆与国外图书馆的交流与合作，是西南地区图书馆界向国际图书馆界提出的新课题，这些课题内容包括西南地区图书馆服务思想的交流、技术方法的交流、项目的合作和人员的交流；西南地

区图书馆国际交流与合作的国际法环境、国外图书馆法制环境；西南地区图书馆信息资源数据在国际交流中的国家利益问题、西南地区图书馆与国外图书馆合作的方式、信息资源安全等。“制心一处，事无不办”，只要西南地区图书馆人共同努力，相信这些问题都不能成为西南地区图书馆国际交流的阻碍。

回顾过去，思考现在，展望未来，要更加理智和清醒。信息时代，科学已经成为人类现代文明的基石，知识的创新、传播和应用已成为推动经济和社会持续进步的决定因素。西南地区图书馆的发展印证了这一事实，历史不会忘记西南地区图书馆服务发展与演变的过程，它是中国图书馆发展体系中不可缺少的整体元素，它同样伴随着中国图书馆事业的发展而壮大。同时西南地区图书馆的发展同样也是跟随世界图书馆从 20 世纪 30 年代的“新图书馆运动”到“云时代”的“图书馆云服务”等这些里程碑历程的发展而变革的，不仅为西南地区图书馆的跨越式发展打下了坚实的基础，而且，对西南地区图书馆的工作起到了十分重要的指导作用，具有明显的现实意义和深远的历史意义。例如，贵州省移动图书馆、四川自助图书馆等各类图书馆的建设与发展，都证明了西南地区图书馆服务在数字时代的发展和在“云时代”的完善与创新。

二、国外图书馆的交流与合作服务对西南地区图书馆服务的启示

在数字时代，西南地区图书馆有可能延续和呈现深度分化、边缘融合、层次拓展的发展态势。西南地区图书馆服务与管理研究者、工作者应当密切关注并积极顺应这种态势，从更深一层次的角度来细化。一般而言，随着西南地区图书馆服务与管理工作的逐步深入，其基本特性都在逐渐分化与延伸。第一，西南地区图书馆服务与管理逐渐向别的领域渗透、发展，外延在不断扩大。第二，西南地区图书馆服务与管理体系的不断扩大，使服务与管理人员、研究人员多样化，服务管理与研究水平不断提高。第三，西南地区图书馆服务与管理体系研究与实施方法多样化且不断统一。第四，以探讨西南地区图书馆服务、图书馆事业的兴起、发展及其与不同历史时期社会因素相互关系为使命的西南地区图书馆史，在 20 世纪中期以后出现较为明显的分化趋势。

在图书馆与人文社会科学、思维科学、自然科学、系统科学之间的交汇区，存在着许许多多新学科的生长点。一方面，图书馆服务体系要广泛借鉴和引进相关学科的理论和方法；另一方面，相关学科也可以关注和介入图书馆服务体系研究，为这个研究领域带来其他学科的理论和方法。正如西南地区图书馆在数字时代科学技术发展的背景下，已经与数字时代的交叉领域携手合作，使原来包容在普通图书馆中的图书馆对象论、图书馆地位论、图书馆属性论、图书馆体系论、图书馆方法论等内容更加理论化、系统化，使西南地区图书馆服务与管理体系的建设与发展，真正成为推动图书馆所有学科整体性发展逻辑体系完善的特色内容、有西南特定地理环境的、有西南区域民族特色的多学科交叉领域。

根据以上分析，国外图书馆事业的发展理论与实践经验给西南地区图书馆的启示主要表现在西南地区图书馆服务体系的延伸与拓展是社会发展的必然，是数字时代的需求所在。以往的西南地区图书馆服务体系，较多地倾力于微观层次，侧重图书馆内部各工作环节的工作方法、工作规则及管理问题，旨在更好地发挥西南地区图书馆的信息交流、社会教育功能。网络时代，西南地区图书馆服务体系应从微观层次（基层社会）向中观层次

(地区)、宏观层次(国家范围、国际领域)拓展，建立西南地区图书馆服务管理学、发展战略学、布局学等具有中观、宏观研究视角的分支交叉学科领域。

西南地区图书馆服务管理学是以西南地区图书馆服务环境、服务形式、管理方法等为研究对象，来探讨西南地区图书馆服务管理的途径与方式不断发展和创新，为西南地区图书馆服务体系的完善与实施提供参考。以西南地区图书馆体系存在和发展的地域环境、空间形式作为研究对象的布局学，探讨西南地区图书馆服务体系合理或优化的规模结构和类型结构，为西南地区图书情报资源的合理配置提供理论依据。西南地区图书馆事业发展战略学则在宏观层面上研究西南地区图书馆事业的各种全局性问题，如西南地区图书馆事业在未来社会中的地位和作用、确立发展战略的依据、实施发展战略的政策和对策措施等。未来对西南地区图书馆服务与管理体系的研究单靠某种方法不能全面反映事物的全貌，同时运用定量与定性方法能有效帮助学者们认识研究的对象，比运用单一的方法要好。① 未来西南地区图书馆服务与管理学研究还要求有多种相关学科合作研究的支持。其服务与管理环境和对象也将随之发生变化，将更加适应数字时代西南地区图书馆服务与管理体系的创新。

第二节　西南地区图书馆公共文化管理机制的创新

在党的“十七大”和“十八大”报告中提出的全面“实现和建成”小康社会的奋斗目标中都包括快速建立覆盖全社会的公共文化服务体系。这有力地推动了文化事业的发展与繁荣。由于图书馆的独特优势是文化事业发展的基础部分，是重要的社会文化教育机构，显然在建设公共文化服务体系的重大任务中，图书馆在该体系构建中承担着中坚主导力量的角色。

西南地区图书馆作为社会文化教育的宝库、知识的殿堂，为公民进入其中获取信息、知识敞开了大门，是保障公民获取文化权利的基础性公共设施。任何一个公民，都有权利接触其所需要的信息，以提供全民知识信息服务为核心内容的西南地区图书馆事业，正成为西南地区公共文化服务体系的重要组成部分，它是建设西南地区和谐社会的重要阵地和知识资源。

一、西南地区图书馆公共文化服务体系建设的价值

西南地区图书馆是公共文化服务体系建设的基础任务，是先进文化的组成部分，承担收集、整理、提供反映西南各个地方历史和现状的信息资料的功能。是西南地区各级政府举办的非营利性的公共文化服务单位，如图书馆、博物馆、文化馆等提供的公益文化服务，包括公共文化服务设施、资源和服务内容，以及人才、资金、技术和政策机制等方面的内容。因此，西南地区图书馆应从以下几个方面着手构建公共文化服务体系。

(一) 培育公共服务理念，提升西南地区图书馆专业人员素质

构建公共文化服务体系，说到底是为了实现人民群众的基本文化权益，为全面建成小

---

① 袁俊喜．公共图书馆与公共文化服务体系的构建［J］．图书馆，2011（3）：105－106

康社会、构建社会主义和谐社会提供坚实的思想道德基础和良好的文化条件。因此，以人为本是建设西南地区公共文化服务体系的核心理念。培育公共服务理念，是西南地区图书馆践行高品质服务的需要，也是西南地区公共文化服务体系的内在要求和发展方向。加强对西南地区公共文化机构从业人员的培训工作，实施从业资格制度等队伍建设是西南地区公共文化服务工作成功的关键。要为西南地区广大群众提供优质、快捷、方便的文化服务，就必须有一支过硬的队伍。所以，要注重培养人才，要把优秀的复合型人才吸引到西南地区图书馆的队伍中来，为优质的西南地区公共文化服务奠定基础。特别是要培养引进计算机和网络人才，让他们在公共文化服务工作中发挥作用。

（二）实施重大文化工程，延伸西南地区图书馆文化服务方式

现代社会的发展越来越需要科技因素的支持，同时要注重运用现代服务理念，拓宽服务领域，延展服务范围。西南地区图书馆的发展面临许多困难，单一的传统图书馆服务方式是其重要原因。要实施重大文化工程，如全国文化信息资源共享工程和中国数字图书馆等多个文化工程项目来延伸西南地区图书馆的服务方式。文化信息资源共享工程的实施将为西南地区图书馆服务内容和方式带来根本性的变化，丰富的文化信息资源，生动、快捷的传播方式将为公众开阔视野、获取信息提供极大的便利。西南地区图书馆应充分利用文化信息资源共享工程的成果来延伸、丰富服务内容，在加强文献服务的同时，重点发展多媒体阅览室。通过与共享工程中各省、市分中心联网，使西南地区图书馆的实际文献数量增大几倍乃至几十、几百倍，以满足不同层次用户的不同阅读需求，可以使有限的购书经费发挥更大的作用。随着文化信息资源共享工程的不断推进，西南地区图书馆各方面的功效，将会得到更加充分的发挥。

（三）加大政府投入，搞好西南地区图书馆文化服务保障

虽然近年来国家对文化事业的投入总量逐年增加，但总体来看，与加强公共文化服务体系建设的客观要求还存在一定差距。投入不足已成为制约公共文化体系建设的重要因素。为基层群众服务的公共文化机构运转存在较大困难，公共文化服务资源总量偏少、质量不高。根据有关资料显示，2010 年全国人均购书经费 0. 829 元、人均藏书量 0. 46 册，① 这些数据和国际图联公布的 1. 5 ~ 2. 5 册的标准还相距甚远。根据笔者 2009—2012 年在西南地区的调查数据显示，该地区有很多县级图书馆一年的购书经费只有 5 千到 1 万、2 万、3 万、4 万、5 万，其中 2 万以下的县级图书馆每年购书经费占西南地区县级图书馆总数的 80% 以上，5 万左右的县级图书馆每年购书经费仅占西南地区县级图书馆总数的 5%。还有许多县级图书馆购书费得不到保障，文化馆、文化站业务经费和活动经费紧缺，业务工作不能正常开展。为此，笔者认为，只有加强西南地区公共文化服务体系建设，才能推动西南地区社会主义文化事业大繁荣、大发展；只有加大对西南地区文化服务体系建设的投入，才能对西南地区城乡农村相对落后的文化设施有计划、有步骤地进行改造，才能逐步建成西南地区县（市）级图书馆中心点，才能积极面向西南地区乡村和社区的群众提供流动图书借阅服务；只有西南地区各级政府根据文化服务体系建设的需要设立文化发展专项

① 该数据来自 2011 年度《中国图书馆年鉴》第 592 ~ 605 页

资金、加大各级财政对文化服务体系建设的投入，才能真正从财政上保障文化建设。只有将文化服务体系同步建设，才能提升西南地区公民的素质和文化水平，才能以社会主义先进文化凝聚人心，实现西南地区社会和谐。

（四）建立完善的西南地区图书馆服务网络，扩大服务范围

数字时代图书馆肩负着缩小数字鸿沟、消除城乡文化差别的责任与义务。西南地区图书馆应构建以市（地州）、县（县州市）级图书馆为中心，以乡镇图书馆分馆为纽带，以村（社区）图书室和图书流动车为基础，以各系统图书馆联盟为补充，覆盖城乡一体、功能完善、资源共享、管理规范的新型西南地区图书馆服务网络体系，还包括有形的和无形的服务网络。

所谓有形的西南地区图书馆服务网络是指文献资源流通服务体系。即由各地政府主导或统筹安排，所有分馆的人、财、物、信息资源等全部由总馆统一调配和完全共享，真正发挥西南地区图书馆系统整体的最大效用。当然，除了在组织管理体制上的集中外，在技术上和业务管理系统也要实现统一。所谓无形的西南图书馆服务网络是指数字化信息服务体系。数字化信息服务体系也称西南地区数字（移动、自助）图书馆应用服务系统，以搜集、存储、开发和利用数字资源为主，能提供快捷、多途径的检索，还可通过网络远距离传输、复制、下载资源，实现资源共享；文献类型丰富，包含了文本、图片、声像等多种媒体形式。数字化信息极大地改善了人们获取信息的方式和速度，成为西南地区图书馆服务的主要发展方向。

二、西南地区图书馆公共文化管理制度的创新

图书馆的规章制度是图书馆工作实践经验的总结和概括，其制定是根据各地区的具体情况，但随着时间的推移，图书馆工作内容不断发展，认识不断深化，内容必定会有不宜之处。然而，西南地区图书馆行业内制定的大多数规章制度往往自制定以来就没有修订过，因而容易造成现有规章制度的有效性差、实施效果不理想等问题。因此，在建立合理的西南地区图书馆服务管理制度体系的基础上，还应该建立制度创新的机制，也是根据客观情况的变化及时地检查规章制度，发现确有不合理的，就要及时调整。但在调整过程中，掌握划分合理与不合理的制度、正确与不正确的制度界限，最大限度地保持西南地区图书馆服务规章制度的稳定性，尽量减少和避免不必要的变动。因此，只有不断创新西南地区图书馆服务管理制度，才能保证其规章制度的严密性、科学性和规范性，才能保证其工作正常而有序的开展。

（一）建立西南地区图书馆高效系统的管理服务新机制

1. 构建和谐社会体制的城乡平等获取知识的制度保证

促进城乡知识资源的合理流动和优化配置，努力改变城乡文化发展差距的状况，打破城乡二元结构，建立强有力的西南地区图书馆事业城乡一体化发展的宏观管理体制，来加强西南地区图书馆事业城乡一体化建设的推进；建立西南地区图书馆事业城乡一体化管理体制，来促进西南地区图书馆建设工作重心向城镇乡村延伸、知识资源优化重组和部门服

务。逐步建立西南地区图书馆城乡一体化衔接的知识保障体系，促进知识保障向乡（镇）村覆盖。建立西南地区图书馆城乡制度一体化的知识保障机制，即对西南地区城市人口的文化建设投入等都应体现城乡一体化，逐步达到城乡平等。

2. 加快建立西南地区城乡图书馆事业共同发展的机制

按照西南地区图书馆城乡一体化建设的目标和合理配置、集约知识资源的要求，完善和优化各乡村图书馆、文化站（室）的规划，在中心村建设中心分馆，小型村设立文化站的星型结构。[①] 按照体现西南各个区域地方特色、秉承文化传统、突出按照农村生产生活的要求，科学编制好西南各个区域每个乡村文化站的建设规划，进一步丰富乡村文化站的服务内容。

3. 建立西南地区城乡图书馆服务均等供给制度，促进图书馆服务向城乡拓展

加快西南地区图书馆事业城乡一体化知识服务的发展，将西南地区图书馆服务延伸和覆盖到城乡农村。[②] 按照打造西南地区图书馆延伸发展的要求，全面推进西南地区图书馆事业城乡一体化建设。进一步健全“政府主导、市场运作”的投入机制，健全西南各级政府公共财政对城乡图书馆建设的投入机制，把城乡图书馆发展列入西南各级政府公共财政支出的范围，出台资金向农村倾斜政策，建立城乡图书馆建设的专项资金，不断加大向城乡投入力度。建立对西南地区各地县级政府公益文化事业投入的绩效考评机制，保证其以不低于当地财政收入增长的速度逐年增加。建立健全西南地区图书馆城乡一体化建设资金的引导机制，以政府投入的增加，带动乡镇集体、农民和社会力量增加对西南地区图书馆城乡一体化建设的投入；探索市场化的西南地区图书馆城乡一体化建设资金投入机制，把西南地区图书馆城乡一体化建设与农村的经济发展和特色乡村建设结合起来，引导各类文化市场主体参与西南地区图书馆城乡一体化建设，扩大建设资金来源。[③] 在贫困落后地区应从政策上给予优惠，并大力扶持，提供绿色通道，以此来吸引更多的投资力量。经济发达城市可以设立西南地区图书馆事业城乡一体化发展基金等方式，鼓励国内外慈善机构、企业以及个人对西南地区图书馆事业城乡一体化的捐赠。开辟国债、彩票在西南地区图书馆事业城乡一体化投入的渠道。

4. 提高科学民主决策能力，完善西南地区图书馆建设的决策机制

坚持农民参与、专家论证和政府决策相结合的原则，来提高西南地区图书馆城乡一体化建设的科学性与民主性；建立了解农民需求、充分满足农民愿望的西南地区图书馆服务模式。按照“政府主导、农民主体”的要求，通过体制创新，机制创新，构建文化事业普遍实惠的社会主义和谐型新农村，真正实现西南地区图书馆事业城乡统筹发展。

5. 加强西南地区城乡文化交流，提升城乡文化品位

西南地区各级政府在认真总结近年来文化教育、科技、卫生“三下乡”经验的基础上，解放思想，创新思路。真正以农民需求为出发点和归宿，丰富图书下乡的形式和内

① 江苏省图书馆学会编. 21世纪中国沿海地区乡镇图书馆发展战略研究［M］. 中国文史出版社，2002：25－43

② 罗军. 城乡一体化与图书馆发展［J］. 图书馆界，2009（1）：23－25

③ 杨之光. 乡镇图书馆服务模式探究［J］. 图书与情报，2007（5）：123－125

容，发挥好西南地区图书馆的作用，引导图书馆下乡活动。开展知识普及、科学教育、技术培训、咨询服务，提高西南地区城乡公民的文化意识，进一步加强西南各个城市图书馆对乡村的辐射强度。充分利用、发挥西南地区各个城市图书馆事业的优势，通过由西南地区各个城市到县，再到乡镇的梯次辐射过程，带动整个西南地区图书馆事业城乡一体化的有序发展。切实把西南地区图书馆城乡一体化建设与乡村文化交流纳入正常工作，城乡共建、城乡结对、扶持乡村建立自己的文化设施，培养自己的图书馆专业人才，充分发挥现有文化站的作用。

6. 开展西南地区农村图书馆基础设施和文献资源达标活动，加快软硬件建设

乡村文化的开展离不开图书馆基础设施。西南地区图书馆城乡一体化建设首先应该从完善基础设施入手。在馆舍、设备和文献资源建设中要本着多渠道、多方位、多角度的建设方针，配合通信、广播电视等“村村通”工程，综合设计，充分利用现代信息技术，整合西南地区城乡各类文献资源，共建共享。开辟一个不受地域、时空限制的崭新的知识传播渠道，缓解长期以来存在的乡村公民看书难的问题。例如，广西壮族自治州图书馆正在因地制宜地推广广西“文化知识致富型”工程，分批分层次建设好县、乡、村三级图书馆。

7. 专业人才培养和建设是搞好西南地区城乡图书馆事业一体化建设的保证

第一，西南地区图书馆城乡一体化建设专门人才的培养。探索符合西南地区图书馆城乡一体化建设的基础理论和运行模式，以此来指导西南地区图书馆城乡一体化建设的实践，并在实践中不断充实和完善。第二，新模式管理人才的培养。通过西南高校图书馆专业教育定向培训，增加实用性课程的设置，进行人才储备。第三，乡村图书馆人才队伍的培养。西南地区各级政府要出台有关的政策措施，使乡村图书馆专业人员有条件、有待遇，充分调动他们献身乡村图书馆事业的积极性，利用各种有效的形式进行培训和提高知识水平与服务能力。

8. 有效缩小西南地区各个城市外来务工人员与城市公共服务体系之间的差距

外来务工人员为城市的发展和建设做出了很大的贡献，他们已经成为社会结构中的一个阶层，正逐渐融入城市。他们的生存与发展不但直接影响他们自身，而且关系到城市的发展，关系到城乡一体化建设的本质含义。西南地区图书馆应向外来务工人员敞开大门，维护好他们的基本文化权益。根据外来务工人员的需求，充分利用各种服务手段，有针对性地开展知识服务。这是值得西南地区图书馆工作者认真思考和高度重视的问题。

（二）建立西南地区图书馆集中与分散的决策机制

中国目前所处的市场经济体制要求经济活动遵循价值规律，适应供求的变化，通过价格杠杆和竞争机制，实现优胜劣汰，并运用市场对各种经济信号反映比较灵敏的特点，促进生产和需求的及时协调。在这种中国特色社会主义市场经济框架下，西南地区图书馆服务管理系统可以根据市场的需求、自身的经济能力等因素作出自己的决策。但是在强调自主决策的同时，还应建立起西南地区图书馆集中与分散相结合的决策机制，加强西南地区各级政府对各类图书馆的宏观调控。所谓宏观调控主要是指西南地区各级政府通过制定各

种政策和法规，指导、调节、干预和规范图书馆事业的发展。只有建立西南地区图书馆集中与分散的决策机制，才能充分发挥西南地区图书馆服务管理系统的整体效能。

（三）建立以人为本的西南地区图书馆服务的创新机制

服务是图书馆的基本属性。图书馆发展的最终目的就是要提供更好、更完善的服务，图书馆管理的效用也直接反映在服务的效益上。在西南地区图书馆服务中，重藏轻用、以书为本的原则可谓源远流长，而以人为本的理念在西南地区图书馆服务中还没有全面得到应有的重视，这显然背离了图书馆事业建立的初衷。普勒为公共图书馆下过一个经典的定义是：公共图书馆是依据国家法律建立的，是受地方税收与自愿捐赠支持的，是被当作公共信念管理的，每一位维护这个城市的市民都有平等地享有它的参考与流通服务的权利①。普勒的经典定义，笔者认为可借鉴到西南地区图书馆事业的全面发展之中。由此可见，西南地区图书馆服务管理的创新首先应体现在服务上的创新。

西南地区图书馆服务上的创新包括服务理念、服务内容、服务方式、服务手段等诸多方面。其一，要树立以人为本的服务理念，在用户服务中坚持人本原则，实现一切为用户的宗旨；其二，拓宽服务内容，延伸服务领域，全方位覆盖用户需求，力求做到当用户有信息需求时，首先会要求西南地区图书馆为其提供服务；其三，利用现代化的技术手段，为用户提供多样化、实时性、交互性的方便快捷的个性化信息服务。② 总之，西南地区图书馆服务要不断吸纳新知识、新技术，真正做到想用户所想，急读者所急，为用户提供周到满意的服务。

三、西南地区图书馆公共文化服务可持续发展的管理机制

西南地区图书馆管理机制是推动西南地区图书馆事业发展的各种社会动力和约束力。它包括运用何种社会动力，采用何种方法或手段来推动西南地区图书馆活动的进行。

西南地区图书馆管理机制主要包括原动力机制、决策机制、用人机制、竞争机制、合作机制、保障机制等，这些机制相互联系与作用，构成西南地区图书馆管理机制体系。其中西南地区图书馆管理的原动力机制是指西南地区图书馆求生存、求发展的动力及其作用机能，是西南地区图书馆及其员工从维护自身利益出发，对西南地区图书馆内外部环境因素及其变化的反应方式和不同员工行为之间的相互依存、制约和影响方式。从宏观上来说，西南地区图书馆的发展动力源于社会生产力的发展需求和社会成员对信息的需求。从微观上来说，西南地区图书馆的发展动力源于西南地区图书馆的改革、馆员自身的职业责任感与个人发展需求，它们成为西南地区图书馆可持续发展的直接推动力量。因此，为了实现西南地区图书馆的可持续发展，必须构建西南地区图书馆可持续发展的原动力机制，其核心是用户信息需求分析、利益分配与激励措施。

图书馆之所以存在并得到发展，是因为它能为所有用户提供基本的信息需求。过去，图书馆很少主动去研究其用户信息需求，处于一种“闭关自守”的状态。然而在网络环境

---

① 范并思．公共图书馆精神的时代辩护［J］．中国图书馆学报，2004（2）：5－11

② 盛小平．管理创新与我国图书馆可持续发展［J］．图书情报工作，2004（9）：9－14

下，由于信息技术给图书馆发展带来了巨大的变化与冲击，必须重新思考图书馆发展的诸多问题，对于这些问题，根本出发点是从用户信息需求分析开始，既要面对现实，又要面向未来，为图书馆长远发展提供政策指导。为此，西南地区图书馆用户信息需求分析应该包括如下内容：对西南地区图书馆信息服务中用户研究的认识、信息用户研究方法、用户信息需求结构与类型、用户信息需求的内在机理、用户信息需求的存在形式、用户信息需求的影响因素、用户信息吸收与利用效果分析。通过这些分析，可以发现满足西南地区图书馆用户信息需求的现实与潜在机会，挖掘可持续发展的生长点。用户信息需求从外部对西南地区图书馆的可持续发展发生着影响和作用，而利益分配与激励措施可从内部促进西南地区图书馆的可持续发展。

第三节　西南地区图书馆人才管理机制的创新

人力资源建设是图书馆信息资源共享机制良性运行的基础保障之一。在图书馆资源共享中，各个馆员的知识结构和综合素质不仅影响着资源共享的管理水平和服务水平，也影响着资源共享机制的运行效果。所以，要重视西南地区图书馆馆员的继续教育和培训，重视相关专业在校人才的培养，并在馆际间开展广泛的业务交流和培训，努力提高每个馆员的业务素质。同时，通过交换馆员、学习考察等形式互相借鉴，取长补短、共同学习，采取多种措施提高每个馆员的知识与能力，为西南地区图书馆信息资源共享体系机制的良性运行奠定人才基础。

数字时代媒介的更新、信息的丰富、服务条件的提高，要求西南地区图书馆每个馆员的服务能力、知识层次顺应形势的发展，时刻加强新时期系统化知识的学习，利用好现有馆藏为用户提供及时准确的信息，为社会服务；还要求每个馆员以塑造图书馆服务形象为目标，提升自身的形象建设标准，采取多种学习渠道调整自身的知识结构，提高自身工作技能，注重思想建设，牢固树立“用户第一、服务至上”的宗旨，不断适应新形势的发展。

一、西南地区图书馆人力资源管理机制创新的可行性

随着数字图书馆的快速发展，西南地区图书馆服务的发展，除了图书馆主体建设的创新发展外，还要加强对西南地区图书馆人力资源的管理与分析，必须坚持以人为本，建立新型的人力资源管理机制，对推动西南地区图书馆人才发展战略有着十分重要的意义。

1. 数字时代西南地区图书馆服务对人力资源管理提出了更高要求

随着计算机技术的发展，电子阅览室和数字图书馆得到持续发展。西南地区图书馆将是传统图书馆、自动化图书馆、数字图书馆、虚拟图书馆并存互补的时代。在此情形下，西南地区图书馆服务的功能和作用不会有大的改变，但是如何更好地管理和配置各式各样的信息资源，是西南地区图书馆服务面临的最大挑战，可以明确地说，西南地区图书馆服务人员的素质和处理信息的本领决定着西南地区图书馆服务可持续发展的成败。

2. 西南地区图书馆人力资源管理的现状还不能满足数字时代发展的需求

西南地区图书馆传统的工作核心是藏书建设，强调的是劳动纪律的遵守和有关服务态度的改善，而对服务人员的素质、有关服务内涵的深化和有关服务质量的提升缺乏重视，也忽视对员工的继续教育和培训，这种管理方法不能适应现代西南地区图书馆服务对象"以用户为中心"的变化。

3. 人力资源管理的重要性

人力资源管理是西南地区图书馆可持续发展的基础，是其事业的灵魂，是其存在和发展的动力与支撑点，只有具备专业素质的工作人员才能胜任西南地区图书馆数字资源分类、数字索引和网络咨询导航等工作。另外，人力资源管理机制是西南地区图书馆信息资源得到充实应用的有效管理措施，是文献、资金、设备、技术等其他资源能否得到用户充实应用、发挥其价值的体现，是推动其整体效果与利益快速提升的保障，这些都取决于人力资源开发与应用程度的好坏，人力资源管理机制的创新与发展。可行的人力资源管理，将极大地提升西南地区图书馆服务效率，从而产生极大的社会效果与利益。

二、西南地区图书馆人力资源管理机制创新的途径

人力资源是西南地区图书馆所有资源中十分重要的资源，它拥有其他资源所缺乏的协调本领、融合本领、判断本领和想象本领。所以，西南地区图书馆人力资源管理，应坚持"以人为本"的管理理念，充分发挥人力资源开发在西南地区图书馆事业发展中的理论基础性、战略性和决定性作用。

（一）以人为本、合理配置

人是创造、传播和应用知识的主体。首先，西南地区图书馆要树立以人为本的管理理念，解放思想，实事求是，以科学的发展观创建合理的人力资源开发应用与科学的管理体制，强化以人为本的思想，不断提升馆员的素质，只有如此才可以很好地调动人才的主观能动性。其次，西南地区图书馆要依照人的本领，把人才放到相应的岗位上量才应用，最大限度地发挥人才的价值，真正做到人尽其才，才尽其用。

现有的国外图书馆法（条例）已充分体现了以用户为中心的图书馆的服务性、民主性、公益性及馆员的专业性等特点。这为西南地区图书馆人力资源管理机制的建立提供了借鉴的依据。对西南地区图书馆的区位布局，如馆址、面积、交通等的合理性、便利性予以规范，是西南地区图书馆服务的重要内容之一。因为，西南地区图书馆人力资源的管理机制是要便于用户利用，满足用户就近获取的需求，体现以人为本的原则。同时，西南地区图书馆人力资源管理机制还要准确定位用户角色，应对用户的责任和义务予以明确。在信息时代，用户不再仅仅是被服务者了，同时也是西南地区图书馆的建设者之一，目前在图书馆里经常会看到一些不好的现象，比如个别损害图书馆公共设施和图书资料的行为，因此，西南地区图书馆人力资源管理机制也必须对这些不当行为进行适当的规范。

（二）建立形式多样的西南地区图书馆人力资源管理激励机制

建立西南地区图书馆人力资源管理的激励机制，可有效调动馆员的积极性和创造性。

具体的激励方式和标准有很多，如物质激励、精神激励、目标激励、行为激励、知识激励、自我激励等。西南地区图书馆在组织人力资源的整个过程中，可以采用激发和鼓励的方法来引导馆员的行为方式和价值观念，最大限度地调动和激发馆员的积极性、主动性和创造性，使西南地区图书馆馆员更主动地发挥自己的聪明才智，依照各自图书馆所要求的业绩规定和行为规范，提升馆员对图书馆发展的贡献力，从而促进西南地区图书馆的可持续发展。

西南地区图书馆人力资源管理是一项务实工作，必须要有一套完整的机制做保障。第一，建立一套完善的西南地区图书馆人力资源管理规章制度，对不同的学科馆员岗位提出不同的学历、职称、工作经验、专业技能和职责要求，增强馆员的岗位约束力。第二，建立西南地区图书馆续聘和解聘机制，坚持持证上岗，实施定期考核，通过年度考核、职称晋升、竞聘上岗等方式，达到有效的激励约束目的。第三，制定馆员职业生涯规划，根据每位馆员的自身特点和潜在能力，规划其职业生涯发展前景，明确努力方向，激励馆员以饱满的工作热情、良好的工作态度、优质的工作技能为用户提供一流服务。

（三）西南地区图书馆人才培养机制的制定与机构重组

1. 人才培养机制的制定要立足西南地区情况

西南地区图书馆人才培养机制的制定应根据西南地区条件和社会文化领域的基本任务来思考，是确定西南地区图书馆事业发展和管理实施的权威法律保障措施，是西南地区图书馆事业发展的保障，根本目的是保障公众利用图书馆的权益。例如，四川省图书馆为了推动公共图书馆的建设和管理，完善公共图书馆服务体系，明确其法律地位和作用，有效地促进四川省社会经济发展和精神文明建设，根据四川省情，提出制定《四川省公共图书馆管理条例》，该条例纳入 2010 年四川省人大立法委立法计划，来改善四川省公共图书馆的软、硬件设施。云南省人大（含常委会）公布的《云南省文化市场管理条例》（2004 年修正）对各种图书、报刊、录音录像制品和激光视（唱）盘等内容作了明确的管理规定，对加强图书馆、文化馆（站）、广播电视站等文化基础设施的规划设立了部署措施。2002 年 11 月 15 日广西壮族自治区人民政府结合广西实际制定《广西壮族自治区公共图书馆管理办法（修订稿）》来建设广西壮族自治州各个图书馆，满足广西人民群众对科学文化知识的需求，促进广西精神文明和物质文明建设。重庆市委宣传部、重庆市财政局、重庆市文化广播电视局、重庆市新闻出版局等部门发布的“渝委宣〔2010〕49 号文件”《重庆市公共文化服务单位常规管理办法》中明确了区县级图书馆的管理办法和延伸服务措施，规定在市级图书馆的指导下，积极开展分馆建设，有条件的区县积极开展“流动图书馆”和“流动服务点的建设”。

2. 西南地区图书馆人才培养的机构重组

数字时代传统的图书馆管理层与业务层之间的交流，阻碍了信息流通和员工参与决策的过程。① 因此，西南地区图书馆要实行有效的管理，其机构重组是必不可少的。西南地区图书馆组织机构创新的方向是对最基本的管理工作与核心业务工作流程进行脱胎换骨的

---

① 祝业，王伯秋，马明慧，张蜀平．论塑造图书馆服务形象［J］．科技信息，2009（33）：363－364

重新设计，以期在成本、品质、服务和速度等方面得到显著的增长。为适应西南地区图书馆内外环境的变化，提高其应变能力，应相应减少管理层，精简机构，向扁平化发展，这样可以使组织信息流通渠道通畅，协调简单，对外部环境的变化有很强的应变能力。而在业务流程的重组上，将新技术应用于西南地区图书馆业务工作中，重新调整业务工作流程，打破以文献为基础设置的业务机构和部门，将分散的业务流程重新组合，增强业务工作的完整性，强调以用户的需求为中心的服务，从而建立一套能根据用户需求变化及时调整西南地区图书馆各项业务工作流程的科学的组织机构，以适应时代的发展需要。

（四）西南地区图书馆人才培养的监督与考核机制

监督和考核机制对图书馆管理水平和效率起控制和检查的作用。因此，建立西南地区图书馆监督和考核机制是其管理走向理性和客观的重要保证。科学、公正、客观及全面的监督和考核，可以明确管理的效能，管理者因此可以坚持正确的，调整不适宜的，改正错误的规划、方针、政策和决策。监督考核的方式有多种，如任期考核、年度考核或项目考核，结果一般可作为聘任、奖惩或薪金变动的依据。建立有效的监督机构，对西南地区图书馆信息资源共享体系的资金运行情况进行监督，保证其经费投入能得到合理的产出、各个成员馆利益得到最大的实现。对于西南地区图书馆信息资源共享体系内部的违规行为、损人利己行为进行监督，应及时采取措施，按规定的程序进行处罚或终止合同。[①]

（五）西南地区图书馆馆员培养机制的创新途径

图书馆的服务形象取决于馆员职业形象的表现，馆员职业形象又是馆员内在素质的外在表象，它是馆员的思想素质、职业技能、工作态度和举止言谈等各方面素养的综合反映，并在图书馆发展过程中起着决定作用，也是图书馆发展的灵魂和支柱。所以，必须把加强对西南地区图书馆馆员综合素质的培养作为其工作的一项重要内容，坚持长期抓，不停步。

1. 加大西南地区图书馆馆员培养经费的保障力度

由于西南地区图书馆的经费来源直接关系到整个西南地区图书馆事业的兴衰成败，也是西南地区图书馆生存和发展的命脉。所以作为西南地区图书馆事业的保障和宏观管理必须明确规定其馆员培养经费来源。就目前来说，馆员知识结构和素质的高低是制约西南地区图书馆事业发展的重要因素之一。因而，西南地区图书馆馆员培养经费来源的确定也要借鉴其他国家《图书馆法》的相关经验，将馆员培养资金纳入各级政府规划基金和一些社会捐助基金范围，通过分担图书馆馆员培养经费共同构成图书馆建设主体。

2. 加强西南地区图书馆馆员队伍建设

目前西南地区图书馆有很多非专业或者水平较低的从业者还在图书馆系统，这就导致了西南地区图书馆管理上的混乱和服务水平的长期低下，制约了西南地区图书馆事业的发展，不能满足信息社会的需求。日本和中国台湾在《图书馆法》中都明确了馆员的从业资格和素质要求以及待遇，把馆员视为公务员，无疑大大地鼓舞了馆员的工作积极性，同时

---

① 郭海明．面向公众的公共图书馆服务体系研究［J］．图书馆理论与实践，2010（9）：74－77，84

对馆员也提出了高要求，保障了图书馆队伍建设的高素质。相比之下，西南地区图书馆馆员的工作待遇很低，这也降低了他们的工作热情，也是导致服务质量低下的一个重要原因。因此，关于西南地区图书馆人员编制、人员结构、业务素质、业务职称、待遇以及馆长的职责、条件、任免程序等，都应该在西南地区图书馆服务法律保障体系中有明确规定。

3. 营造西南地区图书馆馆员的综合知识培养氛围

随着因特网的普及和现代信息技术在图书馆的广泛应用，图书馆用户需求的多样性，要求馆员必须具备复合化的知识结构和多元化的服务技能。因此，西南地区图书馆要为馆员搭建信息交流平台，要加强对馆员综合知识和服务技能的培训，要开展创建学习型图书馆服务与管理活动等内容，来不断激发馆员的学习兴趣，广泛学习相关知识，不断提高整体技能，从而达到提升西南地区图书馆馆员综合知识培养的目的。

4. 提升西南地区图书馆馆员的综合服务职能

图书馆馆员的素质体现服务，服务体现形象。馆员综合素质的表现形式，是图书馆服务形象的集中反映和内在的支撑。因此，西南地区图书馆要对馆员的综合服务能力进行全方位训练，以达到不断提升其综合服务功能的目的。在上岗前，要培养和树立馆员内在的服务意识，为保证图书馆服务质量做好心理准备。在服务过程中，馆员要时时为用户着想，处处为用户提供便利，态度和蔼、语言亲切、行为规范、服务到位。在用户遇到困难时，馆员应耐心、细致、诚恳地进行解释，得到用户的理解、支持和信赖，以良好的服务质量赢得用户的尊敬，并体现馆员良好的职业素质和职业形象，以良好的服务态度及其优质的行为表现向用户展示西南地区图书馆服务形象。

第四节　西南地区图书馆服务技术支持机制的创新

当前，信息技术已经成为影响人类文明进程的第四种技术，相对于狩猎技术、农业技术和工业技术来说，信息技术对人类社会的冲击更猛、革命性更强、发展速度更快。信息技术是指对各种类型的信息进行收集、加工、存储、转换、传播和利用的以计算机、通信和网络技术为基础的一系列技术的总和。[①] 就图书馆管理创新而言，信息技术的作用是不容低估的。它使图书馆突破时间、空间的局限，朝着虚拟的、网络的数字图书馆演进。图书馆文献信息的数字化，用户可以不受时间、地点的限制，方便地获取所需信息，从而提升图书馆的综合实力，未来图书馆在一定意义上可以被称为“没有围墙”、“没有国界”的图书馆。可以说，在西南地区图书馆中开展数字存取和开发利用网络信息的过程，信息技术都是不可或缺的手段。所以，信息技术是影响西南地区图书馆服务管理创新内容的重要因素，又为西南地区图书馆服务管理体系的创新提供了有力的技术保障。

---

① 金明生．影响图书馆事业未来发展的三个决定性因素［J］．中国图书馆学报，2003（4）：44－46

一、西南地区图书馆服务体系运行的技术构思

除了做好管理创新外，西南地区图书馆服务要想真正实现创新，还必须依靠其技术的支撑和发展。本节是探讨西南地区图书馆服务技术手段创新的路径。

信息技术为西南地区图书馆服务的技术实现提供了坚实基础，西南地区图书馆服务也为信息技术的应用提供了发展方向。西南地区图书馆服务技术手段的创新必须依靠一定的路径来实现，其实现的路径也是围绕这两个方面进行的。归纳起来，西南地区图书馆服务路径的实现包括理论、应用、研发三方面。

（一）理论方面，新型信息技术在西南地区图书馆服务中得到广泛应用

最近几年有很多专家学者大量进行此方面相关理论研究。例如，黄春毅将 RSS 技术创新性地应用于图书馆系统，来解决目前图书馆系统中的相关问题；吴霞提出一种用于知识管理的工具 Wiki 来帮助图书馆实现知识共享，来确定高校和科研图书馆虚拟咨询服务的 Wiki 软件特征；朱月梅则考虑将 Web2.0 中的 Blog、Wiki、RSS 等技术应用于合作数字参考咨询，为图书馆数字咨询服务平台建设提供了理论参考。

（二）应用方面，西南地区图书馆新型咨询工具的大量使用和功能完善

国外实时软件系统（Real Time Software）较我国发展较早，常用于图书馆领域的有几十种。显然，西南地区图书馆服务使用的咨询工具主要是各种软件产品，也就是各种咨询服务系统，如 Virtual Reference Desk、24/7reference、Ask A Librarian、Elibrarian、Question-Point、Live Person、Live Assistance、Live Helper、Virtual Reference Toolkit、Right Now Live、Convey On Demand、Netmeeting、网上联合知识导航系统、数字图书馆个性化信息服务系统等。其中无论是西南地区图书馆购买的系统还是自行研发的各种系统，实时软件系统的使用都日益广泛并占据主流。例如，中国高等教育文献保障系统（CALIS）西南各个中心接点等。

（三）研发方面，实现西南地区图书馆服务的新型信息技术层出不穷

笔者调查了有代表性的三大类型西南地区图书馆参考咨询网站，得出其实现技术如表 10－1 所示。通过表 10－1 的内容总结出目前西南地区图书馆服务运行技术主要有以下几类：

表 10－1　三大类型西南地区图书馆虚拟咨询网站运行技术

西南地区图书馆类型	西南地区图书馆名称	实现技术
西南地区公共图书馆	重庆市图书馆	FAQ，E－mail，智能导航，视频，音频，问题表单，实时咨询技术（Chat），全国图书馆信息咨询协作网等
	四川省图书馆	留言簿，FAQ，总咨询台，电话，网上联合知识导航系统等
	贵州省图书馆	联合参考咨询与文献传递网，BBS，E－mail，FAQ，WEB2.0，实时咨询系统（Dbwin WebTalk V2）等

续表

西南地区图书馆类型	西南地区图书馆名称	实现技术
西南地区高校图书馆	四川大学	FAQ，表单咨询，电话，CALIS 图书馆系统，QuestionPoint 系统的 Chat 模块，CVRS 实时咨询模块等
	西南大学图书馆	常见问题库，E-mail 咨询表单，西南大学数字图书馆个性化信息服务系统等
	云南大学	FAQ，留言簿，网络，电话，E-mail，总咨询台，参考咨询部，阅览室、流通口工作台等
西南地区科研图书馆	中国科学院成都文献中心	E-mail 咨询，FAQ，表单，Ask Librarian，留言板，实时 Chat 技术（QQ），电话，国家科学数字图书馆科学参考咨询台等

1. 异步西南地区图书馆服务技术

主要有 E-mail 和网络表单（Web Form）等。

2. 同步咨询技术

这一类的技术较为主流，主要有实时问答技术（Chat）、即时消息（IM）、同步浏览技术（Co-Browsing）、网页推送技术（Page Pushing）、语音协议（Voice Over IP）、视频音频会议（Audio and Video Conferencing）、网络白板（White Board）和网络呼叫中心（Web-Based Call Center）等。例如，四川大学图书馆利用 Chat 这种网络聊天技术自行研发出实时参考咨询系统服务于广大师生；西南大学图书馆利用同步浏览技术和用户共同浏览所关心的资源与服务系统，为读者同步演示检索过程。除此之外，还利用信息推送技术向用户推送页面，科研人员如急需相关的资料信息，咨询馆员还可通过“附件”在线传送原件，实现西南地区图书馆服务的实时交流；有的西南地区图书馆服务部门则采用宽带 Web 技术开展视频咨询，将实时同步咨询推向用户。

3. 协作咨询技术

主要有提问转发和问题分派技术、计算机协同技术（CSCW）等。当前各西南地区图书馆纷纷利用提问转发和问题分派技术将本地馆所不能解决的问题分配转发给合作馆，以实现西南地区图书馆大范围的合作；计算机协同技术（CSCW）的出现也使分布式协作咨询系统的运行成为可能。

4. 人工智能技术

主要有知识自动获取技术、自动分类技术等。例如，西南地区图书馆的专家系统利用海量汉语短文知识提取技术为用户提供准确信息和开展知识服务、利用自动分类技术提供对 FAQ 的分类浏览或检索，提高用户检索的效果。

5. 多媒体和数字存储技术

最近业界采用多媒体压缩技术新研发出一种 TPI 数字参考咨询系统，可以容纳海量音频视频信息；还有些实力较强的西南地区图书馆利用集群系统、实时备份和灾难恢复①等数字存储技术，提高其存储系统的可用性和灾难恢复能力，以保证全天候的实时服务。

二、西南地区图书馆服务体系运行的技术基础

图书馆服务的发展离不开信息技术的推动，而图书馆服务的创新更需要信息技术的保障与支撑，图书馆服务的理念、目标、战略等，需要信息技术的应用才能变成现实。

考察西南地区图书馆所处的现实条件，分析西南地区图书馆在信息服务方面存在的问题，利用信息技术和信息系统集成理念，首先，在分析西南地区各种文献的不同特点以及用户对各种文献不同的使用习惯的基础上，利用信息集成技术，构建西南地区图书馆文献信息资源集成服务；其次，从网络化服务的全新角度研究西南地区图书馆应采取的信息服务模式，探讨西南地区图书馆在资源集成基础上的信息集成服务体系，试图利用现有的可行性信息技术、数字技术，将具有相同技术属性的信息服务加以集成。同时，在不同技术属性的各项服务之间进行必要的融合和管理上的集成，以期使西南地区图书馆信息服务达到综合集成的效果。西南地区图书馆信息服务网络运行模式应是积极借助网络技术这一平台，积极实现西南地区图书馆信息资源要素的充分集成，以期实现西南地区图书馆信息资源综合效用的最大化。

三、西南地区图书信息资源共享运行的技术支持与保障

图书馆信息资源共享体系的运行是以计算机技术、通信技术、网络技术等为支撑的，他们是图书馆信息资源共享体系机制良性运行的技术保障。此外，还需要统一或互相兼容的自动化系统、统一的技术标准、加强信息安全建设等。比如，美国图书馆信息资源共享体系经历了图书馆自动化系统、图书馆网络化两个发展阶段。与美国相比，西南地区图书馆信息资源共享体系实现的是跨越式的发展，是直接在网络环境下运行的。一方面，它表明西南地区图书馆信息资源共享体系运用先进的信息技术；另一方面，由于西南地区图书馆信息资源共享体系是跨越式的发展，所以存在自动化程度低、兼容性差、自动化标准不统一等问题，缺乏技术基础性的累积。例如，四川省广安市“邓小平图书馆”使用 RFID 技术，实现了读者自助借书、还书、办证、查询、续借、智能架位搜索，使图书馆真正实现了自动化、数字化管理，为用户提供了简捷快速的自助服务，成为西南地区乃至全国图书馆的示范性图书馆，为用户提供更优质的服务。所以，目前，西南地区图书馆服务应尽快解决上述问题，为西南地区图书馆信息资源共享体系运行机制的运行提供技术保障。

（一）西南地区图书馆信息资源共享服务网络的支撑技术

图书馆信息资源共享需要有现代信息技术的支撑，它的发展与计算机网络技术、通信技术的发展密切相关。由于图书馆的联合联机编目、联合目录检索、通借通还、文献传递等都需要计算机网络的支撑，所以，西南地区图书馆信息网络建设应成为信息技术工作中的重点。包括西南地区图书馆网络管理系统的设计和开发、数据库建设、网络布局、通信

---

① 王志秀. 数字参考咨询服务技术研究［J］. 情报科学，2005（11）：1673－1676

系统以及标准化和协议等，涉及经济、技术等问题，需要有详细的计划。

例如，在“中国高等教育文献保障系统（CALIS）”西南各个中心接点项目成立之前，西南地区高校图书馆信息化管理的发展极为不平衡，西南地区高校图书馆使用的管理系统软件，既有不具备网上服务能力的软件，也有国际先进水平的软件、还有不具备国际数据传输标准功能的软件。这种现状根本无法实现各馆书目数据的共享。因此，“中国高等教育文献保障系统（CALIS）”西南地区各个中心接点项目启动以后，西南各个区域内、各个省（直辖市和自治区）的高校使用CALIS中心接点的集成管理系统。[①] 这种集中管理模式节约了设备和人力，减少了数据的冗余和重复劳动，节约了开支，充分发挥了软件的效能。

（二）西南地区图书馆信息资源共享服务网络的保障技术

在知识经济时代，信息技术的广泛应用，如大型关系数据库技术、检索技术、网络技术以及搜索引擎等在西南地区图书馆中的应用，可以保障西南地区图书馆服务资源的存储与传播、开放与共享。同时，西南地区图书馆还可以建立反馈机制，利用专门的分析工具与反馈系统，实现用户与图书馆、信息源之间的交流，使信息资源得到及时的匹配与传送。

西南地区图书馆技术平台是该区域内的信息资源以电子化、数字化、虚拟化和网络化为基础的，构成一个相互联合协作整体化的、充分实现信息资源共享的西南地区图书馆服务网络体系。用户坐在图书馆里或家里的电脑前，使用一个检索界面就可以获得他所需的全部信息，这是一种集咨询功能、文献检索功能、提供功能于一体的现代信息服务。例如，成都图书馆与中国移动四川股份有限公司成都分公司联合推出的“成都手机图书馆”，使读者可通过这个学名叫“方正Apabi触摸屏读报系统”的指尖阅读器，轻松完成每日主要报纸阅览。这是西南地区目前提供无线信息服务的公共图书馆，此举宣告成都图书馆·成都数字图书馆正式步入无线应用领域，实现了互联网和无线通信网络的融合，不仅在产业升级上具有重大战略意义，对普通读者来说，也能亲身体验到实实在在的便捷服务，对推动整个西南地区图书馆服务体系的完善和以人为本的服务理念具有重要的借鉴与推广价值。

（三）西南地区图书馆信息资源共享服务技术的标准

标准化是当前图书馆文献信息资源共享的基本条件之一，如果没有统一的技术标准，图书馆就无法开展合作与协作。西南地区图书馆各种数据库建设、软硬件设备选购、数据加工处理等都必须坚持标准化，必须符合各种国际标准和国内标准。比如国际图联（IFLA）名称规范系统；ISBD（国际标准图书著录格式）；AACR（英美编目条例）；CNMARC（中文机读目录通信格式）；连续出版物著录标准等，以便避免重复劳动并确保不同系统的文献信息资源可以共享。

如果在工作中遇到没有相关技术标准时，可以上报西南地区各个地区（市）级、省级图书馆学会和各地高校图工委、中国图书馆学会等机构，由他们起草、研究和设计针对西

---

① 四川大学图书馆［EB/OL］.［2013－12－28］. http：//baike. baidu. com/view/290563. htm

南地区图书馆服务的相关技术标准，在通过以后，负责在西南地区图书馆开展培训和组织实施，并由西南地区各个省级以上的图书馆管理机构审查通过后赋予其相应的法律效力。

（四）西南地区图书馆信息资源共享服务的信息安全技术

随着信息化的蓬勃发展与深入推进，信息安全问题也日益凸显，由于信息系统自身软件、硬件方面有缺陷和漏洞，加之计算机病毒的泛滥和不断升级，对信息安全造成极大危害。当前，在信息资源收集、加工、生产流程、发布与传播的主要机构图书馆系统建设中，信息安全问题已经成为图书馆信息资源共享系统及其他信息机构应该重视与解决的关键问题之一。①

显然，西南地区图书馆信息系统的安全问题普遍存在，主要包括西南地区图书馆的硬件环境、应用软件、操作系统、系统与用户管理、数据加工与传输等多个层面。又因为信息系统的安全性一般具有动态性、时效性、复杂性、隐蔽性、多样性、相对性等特点，②为了保障西南地区图书馆信息资源共享体系的安全，首先要从西南地区图书馆硬件设备与环境上保障各个图书馆信息系统的稳定性，对西南地区图书馆信息资源共享体系的自动化系统和数据库等进行用户管理、权限设置与程序加密等，有效提高西南地区图书馆信息系统的安全性；其次还要建立严格的西南地区图书馆信息资源数据备份、数据加密、入侵检测、访问控制等制度；最后在实际应用中还要重视西南地区图书馆信息系统防火墙的建设和计算机病毒的防范，并辅之以其他技术和方法，确保西南地区图书馆信息资源共享体系活动的顺利开展。

基于数字化技术、网络化技术、信息技术的基础上来建设西南地区图书馆信息服务系统，其信息资源共享才能真正实现。西南地区图书馆的信息技术建设以虚拟图书馆为核心，就是利用计算机与网络技术，建立数字化图书馆，同时结合西南地区图书馆的管理现状，为用户提供数字化的信息服务。西南地区数字图书馆收藏对象以电子文献为主，可实现西南地区图书馆信息资源共享和远程服务，实现对用户的远程和全天候服务，可以更加满足用户终身学习的要求，为全面提高西南地区用户素质与和谐西南建设，提供高效的西南地区图书馆优质服务，为西南地区和谐社会打造优良的图书馆文化环境。西南地区图书馆一定要以网络服务为重点，把图书馆知识、图书馆信息通过网络送到每个用户、每个家庭、每个企业乃至每个团体里去，让西南地区及全社会的每一位公民都能随时随地进行学习，使西南地区图书馆能更好地完成社会教育、全民教育的义务和职责。

第五节　西南地区图书馆的绩效评价机制的创新

一、图书馆服务体系评价的概念、原则与方法

图书馆作为社会服务业中的重要一员，其服务体系亦具有自身特定的含义。从图书馆

① 江南大学图书馆．构筑创新型文献信息保障平台［M］．兵器工业出版社，2006

② 张宏武．基于和谐社会图书馆服务的创新策略研究［M］．价值工程，2010（2）：321－322

最根本的特性——服务性的角度出发，可以认为图书馆服务体系是指图书馆通过服务环境和服务行为向用户提供各类服务时让用户满意的途径，它是图书馆满足用户需求的主要内容。而有关评价的定义，国内外尚未形成完全统一的概念，综合各种理论观点，可以将评价概括为：依据一定标准、采取科学方法，对相关对象的多个方面进行测度、评判的过程。那么，图书馆服务体系评价是以科学规范的评价体系为依托，对图书馆内部各部门、各环节的服务及管理活动加以测度和评估，以不断提高图书馆工作及服务水平，最大限度地满足读者的信息需求。

随着信息技术和数字图书馆的飞速发展，使图书馆的服务评价发生了变化，有效地指导图书馆的服务。正确地评价各级图书馆的服务价值，具体原则有：前瞻性原则、以图书使用者为中心的原则、任务能够完成原则、各个图书馆服务的过程与最终的服务目标有效地联系原则、科学性与实用性相结合的原则、易操作性原则、定性与定量相结合的原则等。

图书馆服务体系的评价是指上一阶段服务的总结，也是下一阶段服务的开始。因此，图书馆服务评价的方法有：自我评价、专家评价、读者评价、条件价值评估法、成本收益分析法、二次经济影响分析法、时间成本法等。

二、图书馆服务绩效评价的内涵及标准

图书馆作为国家公共文化服务体系的重要组成部分，其社会职能的发挥在很大程度上依赖于科学、合理、规范的服务绩效评价体系，通过服务绩效评价，可以检验图书馆自身发展的优势与劣势，探寻新的战略定位和发展方向。

目前国际上较为流行的图书馆绩效评价指标体系包括：[①] 新西兰公共图书馆的卡尔弗特丘伦的指标体系、[②] 英国公共图书馆绩效评价指标体系以及国际标准化组织以全球图书馆界的研究成果为基础发布的一系列图书馆绩效评价的标准 ISO 11620。英国文化部下属的图书信息档案司根据《全面高效的现代化公共图书馆——标准与评价》对全国所有的公共图书馆开展了评价达标工作，并于 2008 年对《公共图书馆服务标准》进行了第三次修订。美国具有全国性质的公共图书馆评价标准主要是《公共图书馆服务成效评价：规范化操作手册》，ARL 基于 SERVQUAL 理论改进的 LibQUAL + 包括图书馆环境、服务效果、信息控制共 22 个指标，开创了从用户的角度来测评图书馆服务的先河。[③]

我国现行的图书馆服务绩效评价指标体系是结合社会和技术环境及图书馆自身发展特征，依据区域规划级别设有省级公共图书馆标准、地市级公共图书馆评价标准、县级公共图书馆评价标准以及各级别的相应的儿童图书馆评价标准。在 2009 年的新《中国公共图书馆评价标准》中，省级、地市级、县级公共图书馆标准都由“办馆条件”、“基础业务建设”、“读者服务工作”、“业务研究、辅导、协作协调”、“文化共享工程建设、管理、

① 吴新年．图书馆绩效评价研究［J］．情报资料工作，2005（4）：10－14，56

② Department for Culture，Media and Sport. Public Library Service Standards［EB/OL］．［2013－12－26］．http：//www. culture. gov. uk/images/publications/PulbicLibraryServicesApril08. pdf

③ Public Library Association. Output Measures of Public Libraries：A Manual of Standardized Procedures［EB/OL］．［2013－12－13］．http：//www. sjcpl. lib. in. us/aboutsjcpl/staff/napoli/aboutdjn. html

表彰、奖励”等七大部分组成。①

三、基于我国图书馆评估标准的西南地区图书馆评价体系的创新

由于图书馆信息服务评价的标准是与时俱进，反映出评价的灵活性和延伸性，而西南地区图书馆信息服务属于一个发展的范畴，属于一门艺术，因此，不能用一个统一的标准来衡量。所以，西南地区图书馆信息服务的评价是否处理得当和以下因素有关：正确地进行定量分析与定性评价，有效地评价显性因素和隐性因素、静态因素与动态因素，合理地将模糊性与标准性进行结合。要根据以上原则与方法来建立有效的西南地区图书馆服务评价指标体系。

（一）西南地区图书馆服务评价体系的确立

由于西南地区图书馆是一个高效运转的综合性服务系统，环节较多，各个部门分工明确、联系紧密。既有专业化程度较高、综合性较强的技术部门，又有个性色彩较浓、创造性要求较高的服务部门。因此，在进行西南地区图书馆服务评价的过程中，只需重点考察其服务中的工作认真与否、职业道德是否高尚、理论知识是否扎实、业务能力是否过硬、创新意识是否强烈。而对于西南地区图书馆服务人员在服务中的规定要求则可以相对弱化。因为如果使用一个十分周密、规范、程序化的准则要求西南地区图书馆工作人员，将会制约图书馆工作人员的服务行为，使其缺乏创新能力，进而干扰西南地区图书馆服务的改善。

另外，西南地区图书馆服务评价准则不仅要体现服务的阶段性情况，也要体现服务的个性化要求；不仅需要一个统一的准则，同时也应该按照不同的服务评价对象进行有效的变动，为工作人员的个性化、有创造能力的图书馆服务提供一个可以灵活变动的评价指标系统，增加发展的范围。因此，西南地区图书馆服务评价的制定机构在建立西南地区图书馆服务评价指标体系的过程中，一定要符合实际，恰当有效。不能只看重信息的数量，而要注重服务个性评价的灵活性指标的制定；不能只局限于一些便于量化和操作的评价指标的操作，应根据不同的部门、不同的服务环节，分别建立多元化的西南地区图书馆服务评价指标体系。

图书馆服务是由读者体验与感知来决定的。对于读者而言，他们感知到的不仅是服务的产出或结果，而且包括服务的过程，主要表现在：服务期望（Service Expectance），它的形成受图书馆的用户需求、服务经历、服务形象与宣传等因素的影响；服务绩效（Service Performance），它是指图书馆用户实际的服务经历，包含与服务过程有关的功能质量（Functional Quality）和与服务产出或结果有关的技术质量（Technical Quality）；服务因素（Service Factors），它是指支撑图书馆服务的硬、软件环境因素，包括资源、设备和服务人员等。因此服务也就划分为三个方面的评价内容：服务期望、服务绩效、服务因素。

根据以上评价内容的分析，结合西南地区图书馆的实际环境，给出西南地区图书馆服务的指标计算公式：图书馆服务 =（服务绩效/服务期望）×服务因素。图书馆服务（Q）

---

① Sample LibQUAL Notebook. pdf［EB/OL］.［2013 - 12 - 23］. http：//www. libqual. org/Information/index. cfm

是指服务因素（C）在一定的情况下，服务期望（E）与服务绩效（P）差异的函数，因而有三种结果：当 $P < E$ 时，意味着服务低；当 $E = P$ 时，意味着服务一般；当 $P > E$ 时意味着服务高。公式用字母表示为：$Q = (P/E) \times C$。通过这一公式可以有效地计算出某一图书馆在一定时间内的服务指标，再把不同时间点的质量指标用曲线图的形式连接起来，就能对某一图书馆服务的整体质量作出评价。①

（二）西南地区图书馆服务评价结构

对西南地区图书馆服务评价首先需要明确评价什么、由哪些成分组成、需要对哪些要素进行评价。② 对西南地区图书馆服务的评价结构可以分成两大类：一类主要集中于内容的访问和检索；另一类集中于资源的收集、组织和服务方面。其评价内容可以分为三大部分七个层次：③用户层（社会、机构、个人）、界面、系统层（工程学、运行、内容），每个层次都可作为评价要素；Ingrid 认为④图书馆由用户、馆藏、系统与服务三个组成部分构成；Hong Xie⑤ 从用户视角对图书馆的可用性、馆藏质量、服务质量、系统性能和用户意见进行评价。

本研究把对西南地区图书馆服务的评价要素界定为系统/技术、用户和馆藏三方面。结构如下：系统/技术层（组织系统、导航系统、标识系统和检索系统）；用户层（服务和用户体验）；馆藏层（馆藏质量及其他）。其中导航系统又分全局导航系统、局部导航系统、语境导航系统和补充导航系统。

（三）西南地区图书馆服务评价方法

不同的评价目标应使用不同的方法。总结国内外图书馆评价项目中所使用的方法，有以下几种：以系统为中心的方法；以人为中心的方法；调查法；观察法；文献分析法；可用性测试法；服务质量法等。本研究主要借鉴以上归纳的几种方法来阐述西南地区图书馆服务的建设。

（四）西南地区图书馆服务评价标准

西南地区图书馆服务体系的构建就是要让用户能够简单快速地找到其所需的服务需求，也要让西南地区图书馆服务体系的构建者达到其预期的目的，而前者正是后者的目的。而这个目的，就需要评价标准来监督完成。

标准是指用所选择的准则来判断事物，然后用标准来改进措施。不同的西南地区图书馆服务因目标的不同，其评价标准的侧重点也不同，但不管哪类西南地区图书馆服务途

---

① 刘桂珍，郭海明．图书馆信息服务评价研究［J］．新世纪图书馆，2006（4）：9－12

② Chowdhury，G.；Chowdhury，S. Introduction to digital libraries［J］. London：Facet Pub，2003

③ Tefko Saracevic. Digit allibrary evaluation：toward an evolution of concepts［J］. Library trends，2000（3）：363－364

④ Hong（Iris）Xie. Evaluation of digital libraries：Criteria and problems from users' perspectives［M］. Library and Information Science Research，2006（28）：447

⑤ Ingrid Hsieh－Yee. Digit allibrary evaluation：progress and next steps［J］. 2005 Annual Meeting of the America Science and Technology，Charlotte，N. c.，2005－11－01

径，都应努力使服务需求可理解，以用户为中心，更贴近用户需求。①

（五）西南地区图书馆服务评价机制的创新

通过前面几章对西南地区图书馆服务工作机制的分析，已经知道西南地区图书馆服务是以准确分析用户的信息需求为出发点，以圆满解决用户实际问题为落脚点，以用户满意为目标。因此，西南地区图书馆用户对服务的评估在其评估体系中占据着核心地位。另外，分析以上提出和制定的各个评估体系，不难发现西南地区图书馆服务评估指标和体系涉及甚广，用户评价也确是各种评估体系中不可缺少的重要内容，由此进一步证实了西南地区图书馆用户评估在评估体系中的核心地位。

鉴于以上考虑，本课题仅从西南地区图书馆用户评估角度对其评估机制进行探讨，通过调查分析西南地区图书馆实际开展评估工作情况，认为从以下三方面构成西南地区图书馆服务评估机制的内容，可用来作为今后西南地区图书馆评估的参考资料。

1. 在西南地区图书馆服务评估过程中增加用户反馈功能

本课题认为用户反馈功能实质就是一种新型用户评估机制。因为它能使西南地区图书馆服务从用户的角度认识自己的不足，不断修正改善自己，从而起到控制西南地区图书馆服务质量的效果。

2. 构建基于用户视角的西南地区图书馆服务评估模型

西南地区图书馆服务必须以用户为中心，鼓励用户的参与，因此一个好的西南地区图书馆服务质量评估模型应该包括环境、信息获取、用户的个人控制、服务效果这四个方面内容。如图 10－1 所示②。

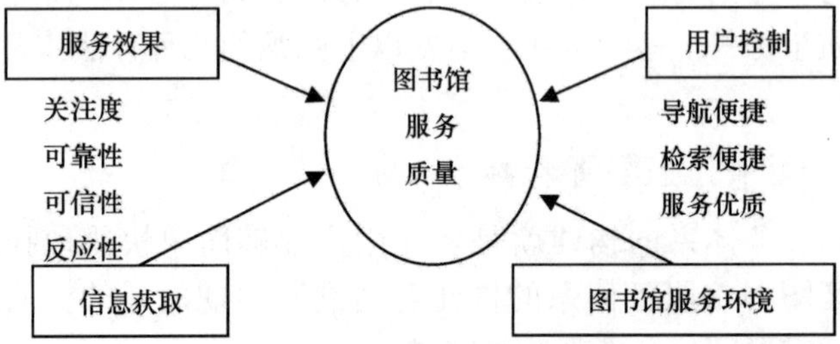

图 10－1 用户视角的西南地区图书馆服务评价模型

3. 在西南地区图书馆服务评估指标体系中新增“以用户为中心”的评估指标

从西南地区图书馆的管理层面和网络环境下的参考咨询服务、馆际间的联合实时咨询角度考虑，西南地区图书馆馆际间的实时咨询服务已被证明能提高花费昂贵的单个实时咨询服务的成本效益。据不完全估计，到 2013 年 3 月为止，大约有 400 多家西南地区图书馆参加了共 76 种联合虚拟咨询服务。然而，不知道西南地区图书馆用户，特别是西南地

① Louis Rosenfeld，Peter Mprville. Information Architecture for the World Wide Web［EB/OL］．［2013－12－20］．http：//www. en8848. com. cn

② 陈素美．用户视角的虚拟参考咨询服务评价模型构建［J］．图书馆工作与研究，2009（8）：67－69

区公共图书馆用户，给馆际间的合作实时咨询提出了什么问题以及这些问题被加盟馆有效回答的程度如何。鉴于用户提出的问题及其解决问题又是西南地区图书馆虚拟咨询的核心工作内容，因此，需要建立严格的西南地区图书馆服务评估体系，特别是精心筛选有关问题回答情况的评估指标，将“用户评估”纳入整个服务评估和考核的硬性指标之列并将其量化。

第六节　西南地区图书馆服务危机预警机制的创新

一、图书馆服务危机预警的概念

图书馆服务危机预警机制——是指对图书馆服务内外环境及工作过程进行监测，根据图书馆服务外部环境及内部条件的变化，对图书馆服务未来的不利事件或风险进行预测和报警。图书馆服务危机预警是整个危机管理过程的第一个阶段，其意义在于：如果能够在图书馆服务危机发生之前就准确地揭示风险前兆，及时把产生危机的根源消除，并能超前反馈给图书馆危机预警系统，及时布置、防危机于未然，从而最大限度地降低由于危机爆发所造成的图书馆服务各种资源的损失，则可以节约大量人力、物力和财力。对于图书馆服务而言，危机预警是整个危机管理工作的第一步，在问题发现及时并且处理得当的情况下，危机事前管理便成为图书馆服务危机管理工作的绝大部分甚至全部。因此，危机预警机制的构建便成为图书馆服务危机管理工作的重中之重。

二、西南地区图书馆服务危机管理理念的认识

国内对于图书馆服务危机管理的研究也刚刚开始，随着近年来在我国所发生的“5·12汶川地震”、“国图事件”、“苏图事件”等的出现，人们开始越来越关注图书馆服务内部管理的潜在危机以及面对突发各种自然灾难事件的处理态度。目前，我国的图书馆服务界还没有开展严格意义上的危机管理，仅仅停留在传统意义上的防火、防盗等安全管理上。据调查，当前，高校大学图书馆服务的危机管理意识明显高于公共图书馆服务。

历史的教训告诉各级政府应该尽快树立图书馆服务危机管理意识，以便积极应对图书馆服务管理危机以及突发事件对图书馆服务的影响，从而提高其核心竞争力。因此，西南地区图书馆服务危机管理，首先应全面贯彻危机管理意识，在馆员中培养危机管理意识，时刻具有危机感，从而做好应对各种危机的心理准备；其次，应建立强效的西南地区图书馆服务危机预警机制。通过西南地区图书馆服务危机管理可以及时发现图书馆服务内部出现的各种隐患，尽快予以解决。一旦出现状况也可以及时采取有效措施，将损失降到最低。

三、构建西南地区图书馆服务危机预警机制的意义

（一）有利于保障西南地区图书馆服务的信息资源安全和读者的人身安全

西南地区图书馆作为一个资源汇集、读者聚集、设备密集的社会文化服务机构，是人

们求知的首选之地。西南地区图书馆服务在给大众带来丰富文化知识的同时，也时刻面临着天灾人祸、管理不善、突发事件、人为破坏等危机。无论什么性质和规模的危机都必然会给西南地区图书馆服务造成不同程度的破坏和损失。如果不能及时控制，危机会急剧恶化，后果不堪设想。近年来，图书馆服务危机事件频频发生，使西南地区各级政府开始认识到建立西南地区图书馆服务危机预警机制的重要性，其作用是保障西南地区图书馆服务资源安全、员工及读者的人身安全。

（二）有利于提高馆员的危机意识

很多危机发生和危机事态扩大的主要原因是西南地区图书馆服务管理者和工作人员缺乏危机意识造成的。没有危机意识，就不可能建立危机预警机制。没有危机预警机制，就难以甄别潜在的危机征兆，避免危机发生。历史经验告诉人们，有效预防和应对西南地区图书馆服务危机的生力军是馆员，馆员参与危机管理工作既是馆员的义务，也是馆员的责任，不管是应对自然灾害，还是应对人为因素造成的危机事件，所有工作人员都必须首先要提高危机意识。所以，只有建立了危机预警机制，才能大大提高馆员的危机意识，才能发挥每一名馆员的主观能动性、积极性和创造性，才能鼓励馆员为西南地区图书馆服务献计献策，从而做好危机的预防工作，消除或减轻各种危机对西南地区图书馆服务造成的损害。

（三）有利于及早发现和甄别危机征兆

西南地区图书馆服务通过建立危机预警机制，及时发现潜在的危机，并对其进行有效的预测和分析，对明显的危机征兆的性质和态势进行直接认定，对于隐蔽的危机则在捕捉到危机征兆的基础上加以综合分析和预判。只要管理者和馆员有较强的危机意识，有敏锐的洞察力，并参照日常细心观察和利用科学手段所获取的各方面信息对潜在的危机进行预测，及时采取有效的预防措施，是完全可以避免危机的发生或将危机造成的损失和影响降到最低。所以，西南地区图书馆服务危机管理的重点在于建立危机预警机制。

（四）有利于提高信息的收集能力

构建西南地区图书馆服务危机预警机制，能用科学的方法及时收集到更加安全、准确的信息。通过分析这些信息，便能发现危机潜在的运行轨迹，并将其及时反馈给管理层。根据这些信息，管理者就能及时发现并修补图书馆服务在人员管理、馆舍管理、设备管理、制度建设、形象建设、信息开发、抗灾能力等方面的漏洞，将危机消灭在萌芽状态之中。

（五）有利于预防和控制

西南地区图书馆服务危机事件有时是突发性的，难以预料，又无章可循，导致不能准确判断或阻止突发的危机事件。但是如果有了危机预警机制，就能提高危机意识，提高对危机的监控和预测水平，提高有效应对危机的处理能力。一旦危机发生，可以通过危机应急预案来控制危机局势，有条不紊地采取应对措施，减少突发事件给西南地区图书馆服务带来的损失。

四、构建科学有效的西南地区图书馆服务危机预警机制

从国内外危机管理的经验看，西南地区图书馆服务危机事件的有效预防和应对，需要设立一个全方位、多层次的组织管理体系，包括树立危机管理意识，制定西南地区图书馆服务危机管理的法律法规，建立危机管理协调机制和体系，构建危机预案和预警系统等方面。

（一）牢固树立危机管理意识

危机意识是危机预警的起点，也是整个危机管理的基础。西南地区图书馆领导和馆员必须具备一定的危机管理意识，了解危机管理的重要性。馆员的危机意识、危机管理能力是进行有效的危机管理的必要条件，也是西南地区图书馆服务危机管理系统中一个重要的组成部分，培养馆员危机管理意识和管理能力是危机管理的起点，也是消除、减少西南地区图书馆服务危机隐患的有效措施。西南地区图书馆领导应该具有较强的危机意识，做好危机防范的心理和物质准备，不断提高自身预测、预防和处理危机的能力。组织馆员学习相关的法律法规和危机预防的知识，经常进行一些应对危机的训练，帮助馆员掌握基本的防灾知识和技能，要充分调动馆员的积极性，让他们主动参与到危机管理中来；要专门对危机应急预案进行宣传教育，确保全体馆员都能掌握应急预案。

（二）建立西南地区图书馆服务危机管理机构

要实现危机预警，西南地区图书馆服务应首先建立危机管理机构，组建危机管理小组。组长由馆长兼任，成员由业务部门负责人及相关工作人员组成。各业务部门再成立以部主任为组长，馆员为成员的下一级危机管理小组。此外，馆长应与危机管理小组长签订危机管理责任书，明确各级危机管理小组及成员的职责范围，做到制度落实，责任到人。其危机管理小组成员要增强危机意识，提高甄别危机的能力，随时注意收集自身图书馆服务潜在的各种危机信息，并将收集到的信息及时上报，以便领导层进行科学分析、判断。做到一旦发现危机隐患或危机发生，能及时启动危机应急预案，以避免危机的发生或蔓延。

（三）建立西南地区图书馆服务危机管理制度

西南地区图书馆服务危机管理规章制度是促进其服务危机管理工作顺利开展，监督管理者和馆员是否真正重视和认真履行预防各种危机事件发生的职责，实现危机预警的制度保证。西南地区图书馆服务危机管理制度主要包括：西南地区图书馆服务的危机上报制度、危机专人报道制度、危机档案管理制度等。

1. 西南地区图书馆服务危机上报制度

西南地区图书馆服务各级危机管理小组应及时将收集到的潜在危机信息进行整理、分析、判断，并立刻向上一级主管部门汇报。在上报危机时，应做到分析出危机的种类、发生危机的原因、危机可能造成的损失和影响、危机的等级，以及危机的初步处理方案等，以便上级主管部门及时掌握西南地区图书馆服务危机管理工作的现状和危机处理的详细情况，及时制定正确的危机处理决策并向更高一级主管部门报告。危机的等级一般分为：良

好状态、正常状态、低风险状态、中风险状态和高风险状态。

2. 建立危机专人报道制度

建立危机报道组，确定危机处理特定发言人也是危机管理制度中必不可少的内容之一。当西南地区图书馆服务发生危机时，由特定发言人负责与媒体的沟通与交流，及时将自身图书馆服务危机产生的原因及危机处理情况对外通报，争取得到社会的支持与民众的谅解，降低危机给自身图书馆服务带来的不利影响。在危机报道制度中应明确规定，危机报道要公平、公开、公正，实事求是，不瞒报，不谎报，不漏报，违者将严肃处理。只有这样，才能从制度上保证危机事件报道的客观性、公正性。

3. 建立危机档案管理制度

危机预警机制中不可缺少的一项内容就是建立危机档案管理制度，西南地区图书馆服务应设专人负责做好危机档案的收集与管理工作。危机事件发生后，必须对已发生危机事件的发生原因、发生过程、事件处理结果、损失情况，以及产生的不良后果等进行分析，及时总结处理危机事件的经验教训，并建立危机档案，由专人负责管理。通过对已发生的危机事件进行梳理、分析和总结，避免危机的再度发生，将西南地区图书馆服务发生的危机转变成自身图书馆服务发展的契机。

（四）建立危机处理应急预案

危机处理应急预案，是指为了科学、有效应对危机而在危机发生前制定的应对方案，这是危机预警机制中最重要的内容，它直接关系到西南地区图书馆服务危机能否发生，发生后能否产生严重后果的大问题。应急预案为西南地区图书馆服务危机制定出一个非常详细的处理方案。例如：火灾应急预案、停水停电应急预案、治安事件应急预案、读者投诉应急预案、网络安全危机应急预案、流行病应急预案、自然灾害应急预案、突发事件应急预案，等等。在各种应急预案中，要有切实可行的应急处理措施等。西南地区图书馆服务还应将各种危机应急预案编制成册，发放到读者和馆员手中，要求他们认真学习，让读者和馆员，尤其是馆员熟练掌握应急预案的内容和各项操作方法，能够做到危机发生时应对自如。

（五）定期举行西南地区图书馆服务危机演习

西南地区图书馆服务人员密集，设备集中且相当一部分设备老化，是最容易发生火灾的场所。一旦发生火灾等突发事件，疏散馆内人员便成为最大的难题。因此，西南地区图书馆服务应定期进行防火应急预案演习。在进行火灾演习时，要与当地消防部门联系，争取得到他们的支持与指导。

（六）建立危机管理协调机制和体系

为了强化危机管理能力，西南地区图书馆服务必须设立一个具有统一领导、分工协作的危机管理体系。组织内人员要责任明确，各部门均有处理问题的权力，这不仅使信息得到及时的反馈，更重要的是让各部门组织在面对危机时能及时做出决策；塑造信息开放的组织系统，让组织内部及公众及时了解真实、准确的信息。危机管理体系不仅是把危机管理的职能整合到西南地区图书馆服务各个部门的职能体系中，整合到日常工作中，以全面提升西南地区图书馆服务的危机处理和应变能力，有效保障读者在西南地区图书馆服务的安全。

（七）制定并完善西南地区图书馆服务危机管理的法律法规

西南地区图书馆服务危机管理法制化是危机管理的重要基石。我国政府为了提高保障公共安全和处置突发事件的能力，最大限度地预防和减少突发事件造成的损害，保障公民的生命和财产安全，维护国家和社会安定，于2006年1月8日制定了“国家突发公共事件总体应急预案”以及一系列相配套的预案。因此，西南地区图书馆服务也应尽早出台应急预案，建立西南地区图书馆服务应急预警机制，使其危机管理早日实现法制化。制定并完善西南地区图书馆服务危机管理的法律法规，使西南地区图书馆服务危机管理工作做到有法可依、有法必依。

预警机制的构建直接影响到西南地区图书馆服务危机管理的整体效果。必须高度重视西南地区图书馆服务危机预警机制的构建，并在其管理实践中充分发挥西南地区图书馆服务危机预警系统的作用，以便对西南地区图书馆服务危机做出及时有效的应对反应。同时，西南地区图书馆服务危机预警机制并不是独立于危机处理等工作的，而是共同构成西南地区图书馆服务危机管理的相互关联的工作，因此，西南地区图书馆服务危机预警还应与西南地区图书馆服务危机管理的其他步骤和环节进行有效的沟通与结合，一方面为西南地区图书馆服务危机应对提供有效信息，一方面对西南地区图书馆服务危机处理效果和预警机制本身进行检验。

第七节　西南地区图书馆服务战略管理机制的创新

在当今图书馆所面临的繁杂而资源稀缺的环境中，战略管理变得必不可少。然而，大多数图书馆管理者却根本没有进行战略思考，这种思考要求观念上的转变，而这种转变则意味着过去从行动到结果的模式必须从理想未来向现实需求的模式进行变革。事实证明，图书馆随着战略管理的开展而获得一系列的竞争优势，通过快速适应各类变革，能够从共同的目标与导向中获得最大的效益。

一、战略管理理论在西南地区图书馆服务中的应用

成书于公元前400年左右的《孙子兵法》被视为最古老的战略管理著作。20世纪初，法约尔对企业内部的管理活动进行整合，提出了管理的五项职能：计划、组织、指挥、协调和控制，其中计划职能是企业管理的首要职能，这可以说是最早出现的企业战略思想。较为成熟的现代企业战略管理理论起源于20世纪60年代中期，1965年，安索夫出版了第一部战略管理著作《公司战略》（*Corporate Strategy*），该书的问世标志着公司战略理论的正式诞生。

目前，在图书馆的发展历史上，众多学者和工作者一直在试图引入企业界的战略管理规划方案，如零基预算（Zerobased Budgeting）、总体质量管理（TQM）等。战略管理理论源自企业管理的实践在公共管理领域的成功运用，为公共文化服务体系中的图书馆提供了

理论依据。为图书馆界探索战略管理在图书馆中的应用提供了可供参考的研究成果。① 很多实践证明，战略管理在图书馆领域的应用，给图书馆事业带来了“最为全面而众多发展的机会”，并有望产生更加理想的实际效果。② 这对西南地区图书馆服务也不例外。

柯平教授指出所谓图书馆战略就是决定图书馆长期发展方向，由一系列目标与相关行动等组成的有目的、有组织、全局性活动体系。并在《图书馆知识管理研究》中将图书馆战略分为两个层次：“图书馆战略”（确切地说是图书馆组织战略）和“图书馆事业战略”。前者是指图书馆个体的发展战略，要从图书馆实际出发，面向未来考虑图书馆的发展，可称为“小战略”。后者是指整个图书馆事业的发展战略，包括各类型、各地区图书馆发展战略，一个国家图书馆事业发展战略乃至全球图书馆发展战略，可称为“大战略”。

笔者根据柯平教授的观点也认为西南地区图书馆服务的战略管理是其组织整体运行的指导思想，其战略管理代表着对处于动态变化的内外部环境之间的组织现状及其未来发展的总体表述，不仅阐明组织存在的理由，更重要的是为远景目标的实现提供可行的思路、方法与途径指导，从而在现实与战略之间架起桥梁。在整个管理过程中，战略管理作为一个关键的环节，被视为获取、分析和展现用以高效决策的信息与数据的手段。显然，战略管理发展机制从其思想理念到活动绩效均对西南地区图书馆服务的发展产生着多个层面的深远影响。③

二、西南地区图书馆服务战略管理的规划机制

在这里笔者从战略管理理论的多个方面来寻求西南地区图书馆服务战略管理规划构建的理论与实践依据：①借鉴国内外的战略管理理论，吸收适合公共部门的原理、方法，以此探讨西南地区图书馆服务战略管理的实质和规律；②考察国内外图书馆的战略规划现状，从我国与发达国家、地区之间的差距中寻求发展方向；③分析国内外图书馆的战略文本，从体例结构、内容要素、发布形态等层面揭示战略管理指导性文件的属性特征；④通过业界专家的意见征询，明确西南地区图书馆服务战略管理的理想预期以及深化、创新管理的方略。

在此基础上，逐渐形成西南地区图书馆服务战略管理活动，尤其是战略管理实践的基本运作原理，从组织机构的建制到战略要素的分析，从战略方案的拟定到规划文本的编制，体现出战略管理活动的一般性发展规律。西南地区图书馆服务战略管理总体方案作为最高层次的组织管理形式，战略管理是西南地区图书馆服务从日常业务管理到未来发展管理的一个思维转变过程。整个战略管理过程划分为战略规划、战略实施与战略评价三个阶段，三者通过运作、监控和反馈机制相互关联，循环递进。为此，本课题将战略管理细分为战略规划分析和战略规划制定两个环节。因此，前者在西南地区图书馆服务战略管理中，体现的是其基本使命的确立以及对内外环境、利益相关者、战略资源和变革预期的分

---

① 柯平．基于战略管理的图书馆战略研究［J］．山东图书馆学刊，2010（3）：6－13

② 该内容来自课题成员的阶段性成果：关于公共图书馆战略规划模型的思考［J］．图书情报工作，2010（15）：16－20

③ 该内容来自课题组成员的阶段性成果：国内外图书馆服务的战略管理机制发展历程［J］．图书馆，2011（4）：27－30

析；后者包括战略定位、计划编制和方案优化等步骤。① 其具体环节与步骤的划分方案是其整个战略管理流程，包含组织保障、目标确立、方案拟定和文本编制等主要环节，具体如下：

1. 组织保障环节

设立专职机构，组建专门战略管理部门，争取人员、经费、设施、时间等方面的支持，明确西南地区图书馆服务管理制度和工作职责、社会使命，提炼核心价值观，提升组织文化层次，打造组织凝聚力，普及、强化共同的价值追求。具体步骤是由西南地区图书馆联盟协作体启动战略管理进程，由此设立的西南地区图书馆服务战略发展部负责收集基本信息，起草战略发展的核心信念，向西南地区图书馆联盟协作体申报，确立后向全馆员工推广。为西南地区图书馆服务战略管理机制以及后期的实施与评价的顺利进行提供组织保障。

2. 目标确立环节

确立战略目标，以西南地区图书馆服务使命为宗旨，以主要的社会功能为分析框架，在指导思想和发展原则的框架下，明确西南地区图书馆服务的现实定位，从馆藏建设、读者服务、业务管理、信息技术等主要领域制定西南地区图书馆服务在可预期的未来中的战略发展目标。使命确立和环境分析为西南地区图书馆服务战略发展的形成提供前提条件，合理、可行的战略发展预期，通过展望得以描述。同时，西南地区图书馆服务发展现状与理想预期在战略资源和利益相关者意愿层面表现出的差距又通过可行性分析反作用于战略组织的修订与完善，最终的分析结果为战略管理制定奠定科学决策的基础。

3. 方案拟定环节

明确战略定位，旨在确定战略管理机制的主要指导思想和策略方针，根据战略发展的内外部环境分析结果，确定竞争与合作的发展定位，选择适宜的进取、协同、聚焦、培育等战略模式，以促进核心竞争优势与能力的高效构建。

编制行动计划，通过内外部发展要素的相关匹配，在趋势预测和需求响应的基础上，制订战略行动计划，划分战略实施领域，将战略目标细化、具体化为可操作的实践举措。

优化实施方案，通过西南地区图书馆服务组织功能与战略行动计划的衔接，以提高战略绩效水平为目标，从业务部门和社会职能的交叉维度以及总体战略、职能战略、业务战略、行动计划等纵向维度，对行动计划的实施顺序和取舍调整做出科学判断，为高效地实施战略管理机制进行策略性的重组与优化。战略定位、行动计划和实施方案是战略管理机制制定的主要内容，三个步骤将西南地区图书馆服务的战略目标具体化、可操作化，将战略意图明确化、书面化，以此保障战略蓝图的科学绘制，促进西南地区图书馆服务战略管理的协同实施。

---

① 该内容来自课题成员的阶段性成果：基于实证分析的图书馆战略规划流程设计［J］．图书情报工作，2011(23)：32－36

4. 文本编制环节

草案拟定，旨在将西南地区图书馆服务的战略分析与制定的结果明确化、书面化，即依照规范的文本结构框架，拟定用以指导实践的纲领性文件；修改通过，旨在获得各利益和权力团体及个人的修改意见，谋求各方的支持、认同、思想统一、修改、编撰、大会通过、定稿；宣传推广，通过在西南地区图书馆馆内外公示战略文本，扩大影响，促进实施、监督与评价，以此推进战略目标和实施方案的广泛理解与认同。此外，西南地区图书馆服务编制的战略发展纲领性指导文件还应向上级主管部门呈交、报批，并具备定期修订、补充的更新机制。除以上基本的编制工作步骤外，就战略管理机制文本自身而言，有一个从体例结构到内容要素的丰富、完善的构建过程。体例结构涉及使命、愿景、目标、任务、计划等主体模块，内容要素分管理路径和保障体系两大类，共同形成核心的必备要素与次要的备选要素。

三、西南地区图书馆服务战略管理的运行机制

为确保西南地区图书馆服务战略管理活动的顺利开展，需要从部门分工、时间安排等方面予以管理程序上的明确，从更加贴近实践的角度设计行动方案。所以，本研究根据广泛参与、积极调动的原则，进行西南地区图书馆服务战略管理的任务分工；同时，根据各环节、步骤的工作量及难易程度，制定西南地区图书馆服务战略管理时间进度，以此明确西南地区图书馆服务战略管理人员及相关组织、个人的管理工作参与环节，并划定各项任务的起止时间（见表 10 – 2）。表 10 – 2 中每行的“★”符号代表该步骤的负责人（部门），承担组织开展西南地区图书馆服务具体战略管理工作的任务。“咨询顾问”是通过提供配套的管理工具来引导、协助西南地区图书馆服务战略管理活动的专业人士，“其他”类型的参与者包括西南地区图书馆服务的用户和相关的友邻部门、机构，这些群体或个人对战略管理的参与程度虽然不高，但在其战略管理分析和文本编制的意见征询等环节中有着重要的作用。馆员代表、其他员工和图情委员（常见于西南地区高校图书馆服务和公共图书馆服务则以相应的文化部门专家为代表）在该馆核心信念确立的过程中也担负着重大的责任。西南地区图书馆战略发展部作为承担其战略管理分析与制定任务的专职部门，从创建之初便全程参与，负责各项议题的组织开展、规划结果和加工、整理。各参与部门和人员仅为举例，特定的西南地区图书馆服务战略，可视具体情况进行增减。任务分工并非绝对的职责划定，在实际操作中，西南地区图书馆服务应遵循参与度的最大化原则，促使用户、员工等核心群体以不同形式参与到不同的战略管理环节中，以此体现西南地区图书馆服务的公共服务实质和战略价值导向。①

① 该节内容来自课题成员的阶段性成果：基于实证分析的图书馆战略规划流程设计［J］．图书情报工作，2011（23）：32 – 36

表 10－2　西南地区图书馆战略规划工作分配及时间进度表

环节	步骤及工作时长	战略发展部	馆领导	部门主任	员工代表	其他员工	图情委员	主管领导	咨询疑问	其他
组织保障	设立专职机构（第 1 周）		★	√					√	
	收集基本情况（第 2 周）	★	√	√					√	
	确立核心信息（第 3 周）	√	★	√	√	√	√		√	
目标确立	分析战略环境（第 3 周）	★	√						√	
	确立战略目标（第 3 周）	★	√						√	√
	评价组织资源（第 4 周）	★	√						√	
	评价支持意愿（第 4 周）	★	√						√	√
方案拟定	明确战略定位（第 4 周）	★	√						√	
	编制实施计划（第 5 周）	★	√	√	√				√	
	优化实施方案（第 5 周）	★							√	
文本编制	草案拟定（第 6 周）	★							√	
	意见征询（第 7～8 周）	★	√	√	√	√	√	√		√
	修改定稿（第 8～9 周）	√	★	√					√	
	宣传推广（第 10 周）	★								

表 10－2 中的总体时间安排以 10 周为一个完整的战略管理周期，文本编制环节因涉及工作步骤和相关人员较多，历时最长，具体的西南地区图书馆服务应视自身的前期基础、条件配备、规划能力等影响因素而定，如设立专职机构会涉及规章制度、人员经费等诸多保障因素，或许需要更长的筹备时间；分析战略环境、编制行动计划等步骤需要的战略管理技术因馆而异；确立核心信念和宣传推广战略文本管理等程序也在不同图书馆服务之间存在着较大的差异，完成的时间各不相同。时间进度表是规范战略管理进程的标尺，认真遵循是确保规划质量的前提条件。尽管能根据西南地区各自图书馆服务的具体情况进行调整，但在尽可能的条件支持下，应该保证充足的时间开展战略管理方案，预留一些时间是比较明智的选择，因为很多时候会出现应对紧急环境变化的临时会议以及反复修改战略文本管理等方面的需要。

（一）战略管理的运行流程

目前国外通行的观点认为战略管理过程（Strategic management process）包括战略制定、战略实施和战略评价三个阶段。

鉴于西南地区图书馆服务的运作特征和发展态势，本研究按其战略管理的逻辑顺序，由总到分，将战略管理的运行流程设计层层细化，提出西南地区图书馆服务战略管理的运行流程框架，如图 10－2 所示。

战略管理是西南地区图书馆服务从日常业务管理到未来发展管理的一个思维转变过程，整个战略管理过程划分为战略管理、战略实施与战略评价三个阶段，通过运作机制、反馈机制相互关联。战略管理阶段又细分为战略管理机制分析和战略管理制定两个环节，

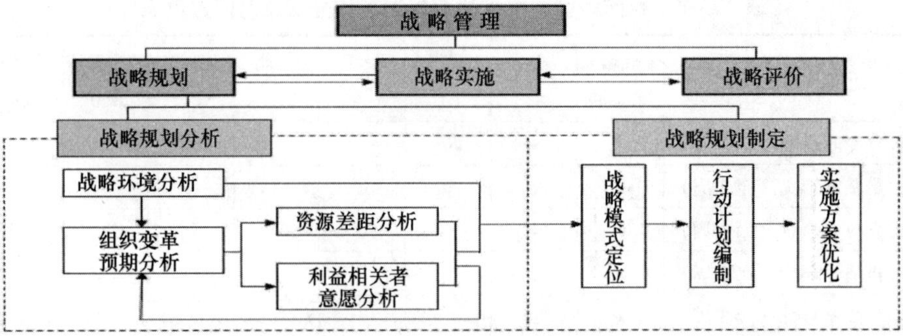

图 10－2　西南地区图书馆服务战略管理的运行流程框架

前者包括对西南地区图书馆服务内外环境、利益相关者、战略资源和变革发展预期的分析；后者包括战略定位、计划编制和方案优化等步骤，彼此之间拥有基于战略思维的内在一致性。①

（二）战略管理技术与方法

在西南地区图书馆服务战略管理的分析和制定过程中，应该掌握一系列的实用方法和操作技巧。企业界的战略管理理论与实践已经摸索出若干可资借鉴的技术，如用于环境分析的 PEST 方法、用于战略定位的 SPACE 矩阵、用于方案选择的 QSPM 模型等。作为公共文化服务部门，西南地区图书馆服务因其有别于企业的特殊性，服务战略管理技术与方法应呈现出公益、平等、文化等特色。

（三）战略环境的多元化

西南地区图书馆服务战略管理的分析与制定既要主动适应内外环境的变化，又要被动接受来自各个层面的直接或间接的影响。复杂的社会运行系统促使战略管理过程必须考虑组织内外的影响因素，必须认真处理各类发展变量带来的显性或隐性的效应。在西南地区图书馆服务战略发展的内外部环境中，经济和技术的影响最为显著，它们与来自用户的需求共同决定着西南地区图书馆服务的战略进程。在内部战略环境中，经费、管理和馆藏的作用明显，西南地区图书馆服务的组织文化的重要程度则超过了硬件设施、员工，甚至信息服务，其作用的发挥受到广泛的重视。总体而言，西南地区图书馆服务的战略环境具有“软化”的趋势，人文的特征日益凸显，尤其是以隐性知识为主的组织惯例对战略管理的影响愈发重大。另一方面，各类公共文化、高等教育、科技创新等领域均有与国民经济发展紧密结合的规划文件，如“国家中长期教育改革和发展规划纲要（2010—2020 年）”等，应成为西南地区图书馆服务战略发展的重要环境变量。尤其是各自图书馆的规划必须充分考虑并融入总体事业的发展，以此应对内外环境的变化，满足社会公众的需求，体现西南地区图书馆服务战略定位的现实意义。

① 该节内容来自课题成员的阶段性成果：关于公共图书馆服务战略规划模型的思考［J］．图书情报工作，2010（15）：16－20

（四）强化战略的风险意识

战略风险来自制定和实施等阶段，分主观和客观两类，理想的战略进程对西南地区图书馆服务的战略管理者提出了更高的风险意识要求。主观层面的战略风险主要体现在战略决策中存在着很多影响流程实效的非理性的主观因素，馆领导的个人偏好和决策者的直觉对战略管理的影响极为显著。有关资料显示，西南地区图书馆服务战略管理者对此的认知往往明显低于其他专家，表现出较低的自我感知敏感度，这种状况很可能导致规划制定时，占主导地位的馆领导过分低估自身的影响，下意识地将个人主观意志过多加入组织的战略思想体系中。此外，战略管理可能对创新思维产生的不利影响没有给予足够的重视，这将在一定程度上阻碍西南地区图书馆服务战略进程。客观层面的战略风险首先体现在统一的战略方案不仅很难适应复杂的发展环境，难以制定出令各方满意的最佳战略方案，其应用效果还受到经济、文化、教育等客观因素的制约。其次西南地区图书馆服务战略管理的绩效也有待大量的实践检验，量化测评体系的构建需要专家系统和计算机辅助软件的支持。另外，业界对西南地区图书馆服务社会形象的普遍忽视导致缺乏对公共文化服务系统的活动要素及其作用的充分认识，无法适应近年来“形象识别”（CI）研究热潮的兴起及其在战略发展中的地位，需要促进西南地区图书馆服务的社会价值认识，加强与其他社会组织有机的协同合作。

（五）创建科学的管理体系

西南地区图书馆服务战略是一个涵盖分析、制定、实施和评价的管理过程，需要科学合理的流程设计和监控机制。从组织建制到业务开展，战略管理机制的管理涉及包括人员配备和工作模式在内的诸多层面。首先，西南地区图书馆服务应该设立专门的战略管理部门，至少在战略分析与制定的阶段需要专职部门的建制。对于分析、制定战略的参与人员，馆领导被认为是最重要的人选，中层管理者、上级领导，以及读者和西南地区图书馆服务员工的代表也应参与，西南地区图书馆服务外的相关部门代表和咨询机构的顾问同样应受到一定的重视。其次，对于战略活动的主要工作环节，组织资源的分析、目标体系的确立、内外环境的分析，以及行动方案的确立成为必备的实践步骤，以往容易忽视的利益相关者分析应予以必要的关注。再次，对于战略形成的组织流程模式，由馆领导总体战略与基层自发形成为特点的上下结合的层级管理最适合西南地区实际，而自上而下和自下而上的流程模式也因其一定的合理性，在特定的西南地区图书馆服务中也具有应用的价值。[①]最后，对于科学决策的保障措施，创新机制和柔性管理被认为最能提高战略决策的灵敏性和灵活度，权变计划、动态竞争、团队学习、充分授权、参与联盟、监测预警等措施也应受到足够的重视。

（六）编制规范的战略文本

战略文本是西南地区图书馆服务战略管理活动形成的最重要的纲领性文件，既代表着管理者最基本的战略思想，又是西南地区图书馆服务长期发展的行动准则和决策依据。由

---

① 该节内容来自课题成员的阶段性成果：基于专家调查的我国图书馆战略规划理想预期［J］．图书馆工作与研究，2011（5）：9－12

于战略文本在很大程度上反映着战略活动的程序与效果，因此其内容和形式特征就应该具备一定的规范和要求，其构成要素因西南地区图书馆服务的地域和类型的差异会有所不同，合理的结构框架在体现形式规范和内容属性的同时也影响着行动方案的执行绩效。第一，就规划时长而言，特定战略文本的有效期应与国民经济发展的5年周期相一致，10年左右的长期规划也可适当涉及。第二，就测评体系而言，量化的指标应该成为战略管理实施与绩效评价的标准，可操作性应得到突显。第三，就战略来源而言，西南地区图书馆服务自身成为战略制定的首选机构，依靠上级主管部门的做法也是有效的选择。另外，各类西南地区图书馆学会和外部机构（如咨询公司）的作用也可适当考虑。第四，就内容要素而言，战略文本中最重要的战略管理方案的要素依次是目标体系、实施策略、愿景展望、使命陈述、环境分析、评价体系和部门分工，而成功关键因素、发展历程和制定过程的重要程度较低；保障体系方面最重要的内容要素依次是经费支持、组织管理、技术应用、信息资源、人力资源和服务承诺，而可行性分析、危机管理和薪酬管理的重要程度较低。

（七）规范战略合作的途径

西南地区图书馆战略发展的特点决定了其规划过程要从全局出发，强调系统、子系统、单元、元素之间以及它们与周围环境之间的相互关系和相互作用，并从中探求系统整体的本质和规律，提高整体效应，追求整体绩效的最大化。西南地区图书馆的部门分工通过战略行动计划得到最高程度的强化，从业务的角度上看，功能的单一化必然会弱化综合职能的发挥，分工带来了共建共享的要求，分工的精细程度与要求共建共享的迫切性之间呈现出正相关的关系。因此，通过各类图书馆的合作分工来促进西南地区图书馆战略进程中的异质要素和系统形成合力、共同作用，以实现特定的目标。作为最高层次的组织管理形式，西南地区图书馆战略管理在调整组织与环境的匹配关系，以及处理组织内部的系统成分时，必须具备合作分工共同发展的基本理念。

四、西南地区图书馆服务战略管理的发展机制

战略管理对西南地区图书馆具有方向性的指导意义，规定了其一定时期内的基本发展目标，以及实现这一目标的基本途径。在组织目标得以确定的同时，管理的价值诉求往往不一而足，战略发展的管理目标可能会相互竞争，也可能与组织目标不一致，甚至会出现因严重的观点分歧而产生派别林立的现象。因此，西南地区图书馆服务战略管理发展机制的规范是目前亟须解决的关键问题。

（一）必须顺应信息时代的需求

随着改革开放的深入和民主政治的建设，公民意识开始提高，纳税人的观念增强对公共部门回应公众需求的呼声日益高涨。西南地区图书馆服务如同其他公共服务机构一样，面临着来自行业内外的经费与读者资源的竞争；绩效评估的实施也促使管理成本与运行效率受到超乎以往的重视。传统的管理手段，尤其是面向内部日常业务的长期计划显现出无法应对环境变革和时代要求的弊端，充分考虑环境的影响并追求长远的效益成为管理者的首要任务。显然，战略思维成为西南地区图书馆服务发展管理的迫切需求。在生存环境发

生巨大变迁的时代，无论何种类型的西南地区图书馆服务均面临着发展快慢乃至能否生存的抉择，战略管理恰好能够以一种全局性的系统观促进西南地区图书馆服务与其环境的关系，并提供对未来定位和责任的更好的思考。

（二）必须促进策略范式的变革

西南地区图书馆服务的发展历程并不缺少计划与策略，如果将战略管理出现之前的阶段称为传统计划范式，那么它往往意味着随机性、应急性、分散式和基于主观评价的决策，而战略管理范式则表现为一种系统性、主动性、团队式和基于客观分析的决策。传统计划范式追求的是基于业务需求的目标制定，反应式的问题解决模式，面对的是较小的风险和模糊的导向焦点，而战略管理范式则朝着基于组织使命的目标制定和前瞻式的问题解决模式转变，面对的是较大的风险和清晰的导向焦点，当然，随之而来的往往是巨大而意义深远的组织变革。

（三）必须增强管理活动的绩效

首先，战略管理一方面能够帮助组织识别长期发展中的关键事务、阻碍、问题及机遇，并通过战略活动予以响应；另一方面有助于形成针对财务预算和短期业务的参考框架。其次，战略管理活动能够识别并设计整个组织的发展目标，进而为实现整个战略而设置行动步骤，通过制定可行性的目标，协调为实现目标而开展的各种行动，以此提升服务绩效。再次，西南地区图书馆服务能够利用管理技术实现资源的有效分配与利用，并确保组织的使命、意愿与具体业务密切结合，以此提高工作效率。最后，战略管理为西南地区图书馆服务提供评价潜在风险和创新思维的可能，通过确立基于团队任务的组织模式来突破传统的等级结构，以此强化、变革传统业务并致力于创新服务的开发。

（四）必须是提升领导的决策水平和管理质量

对于西南地区图书馆服务的管理和决策者，从思想观念上，战略管理为其提供一种组织安全感和逻辑意识，令其对掌控组织发展方向和步骤拥有更大的信心，同时通过一种分析、考察复杂环境的结构性方法，在最大程度上质疑和挑战那些传统意义上本应如此的认识。从管理策略上，战略管理协助管理者聚焦关键事务，进行关于组织战略目标的决策，并提供针对组织、部门和个体绩效的测评基础。从业务水准上，战略思维和管理行为能够促使管理者通过创造性参与提升管理动机和职业道德，将具有战略重要性的事务管理水平提升到超出常规运作的标准。

（五）必须是增进西南地区图书馆服务员工的职业认知和价值构建

西南地区图书馆服务的员工通过管理分析与制定过程的广泛参与，能够在战略意识层面得到显著的提升和完善。其一，对环境的变迁以及西南地区图书馆服务对此的应对策略、竞争优势拥有更好的认识，进而对发展目标和战略定位拥有深入的理解和认同，有助于处理好个人诉求与组织目标，个体职业生涯与组织战略发展的关系。其二，管理活动为西南地区图书馆服务员工提供充分发表见解、交换思想的机会，促进团队创新，提升职业道德和团队精神，为战略计划的协作完成奠定认识前提和思想基础。其三，管理的过程和氛围赋予西南地区图书馆服务员工更大的责任感和主动性，有利于确立、稳固组织战略，激发奉献精神，充分调动参与管理实施的积极性和创造力，促进个人价值与组织使命的密切关联。其四，作为一套参考框架和思维模式，战略管理将组织文化、价值、意愿和使命等意识形态转化为积极的心态、开放的理念、团队的荣誉、职业的自豪，以及以公益价值为导向的主人翁精神。

结　论

图书馆是为所有社会公众提供服务的公益性公共文化和社会教育机构，是集学习阅读、信息交流、展览讲座、文献检索等综合功能和传统文献借阅、数字化网络服务为一体的公共文化服务体系。

本课题立足于图书馆可持续发展的理念，发挥西南地区图书馆民族文化服务体系在国家文化产业中的重要地位和作用，以及在新形势下西南地区图书馆服务体系对和谐社会文化大发展、大繁荣中的作用及其实现途径。从文化服务的角度，探讨西南地区图书馆多元文化的民族性、多维性与复合化、图书馆物质文化的数字化与网络化、图书馆精神文化的互补性与融合化、图书馆制度文化的开放性与一体化、图书馆活动文化的广泛性与时效性等特征。

近年来，西南地区图书馆在各级政府部门的重视与支持下，在各级领导的指导下，在西南地区根据各个区域自身的环境和状况，已经形成了各个区域内规模不同的民族特色的图书馆服务体系，在各个区域内不同图书馆（室）的馆舍建筑环境、阅览室、藏书量、服务流通等方面都是崭新的一面，在多数地区都先后建成图书馆总分馆、联盟、合作等多元化图书馆体系，并实现总馆（包括各分馆）图书流通的“一卡通、手机移动图书馆、自助图书馆”，非建制西南地区城市、乡镇、农村和社区的图书分馆、图书流通点，并在西南地区所有行政村全面建起了“农家书屋”，实现了文化信息资源共享工程基层服务点的全面覆盖。

西南地区图书馆的建设与发展是西南地区各级政府认真贯彻落实中共中央提出的“科学发展观”实施的体现所在，是数字化时代，人文精神和民主制度在西南地区成功实现的产物。诚然，截止到2012年3月，笔者通过调查的数据资料认为西南地区图书馆主要在以下方面有了快速的发展：

（1）图书馆读者服务工作得到了很大的提高，五年来，西南地区各个区域图书馆读者入馆人次、办证人数及借还书册次均大幅提高，读者到馆率逐年递增。

（2）图书馆是各级政府和团体、单位举办的公益性文化事业单位，是开展公共文化服务的重要场所。近年来，西南地区各级政府对图书馆事业的投入加大，财政拨款逐年增加。

（3）设施建设成效显著，三级网络基本形成。“十一五”期间，西南地区图书馆在各个城镇、乡村（街道）、非建制城镇乡的社区建立了图书馆分馆，并实现西南地区各个区域内联盟协作体、总馆（包括各分馆）图书流通的“一卡通、移动图书馆、自助图书馆”，并在西南地区各个行政村全面建起了“农家书屋”，实现了文化信息资源共享工程基层服务点的全面覆盖。目前，西南地区已初步形成一个以各个区域内图书馆总馆为龙头、基层乡镇图书分馆为骨干、社区图书馆和农家书屋（乡村文化站）为节点的覆盖西南地区的一级、二级、三级图书馆网络。

（4）探索新型运作模式，实行联盟协作体、总分馆制。为扩大西南地区图书馆服务的辐射面，满足西南地区居民就近读书的需求，真正实现西南地区公民、村民的文化权利，西南地区图书馆积极探索新型运作模式，在西南地区各个区域内实行图书馆“联盟协作体、总分馆制”。“联盟协作体、总分馆制”就是以西南地区省级（直辖市、自治区）、地市（地市州）级图书馆、院校图书馆、科研院所图书馆、企事业单位、机构团体图书馆等为联盟协作体的主体和跨省、跨行业、跨类型的联盟协作图书馆总馆，西南地区各类图书馆与各地各县（县级区市州）、乡镇村（街道）图书馆和社区图书馆合作建立分馆，实行“四个统一”，即统一采购、统一编目、统一配置、统一管理。各个分馆不仅是联盟协作体、总馆的有机组成部分，也是联盟协作体、总馆服务的延伸与补充，并逐步形成了基础设施标准化、文献资源共享化、服务系统网络化。西南地区图书馆联盟协作体、总分馆制实现了“整合资源、统一管理、共建共享”的图书馆建设理念，突破了传统图书馆的建设模式，节约了图书馆建设投入和管理成本，提高了图书资源的使用效率，实现了文献资源的优化组合，扩大了服务覆盖面，延伸了服务范围，方便了西南地区公民、村民。

（5）文献资源初具规模，基本具备资源共享的条件。西南地区各类图书馆总藏量都在大幅度增加。目前，西南地区各类图书馆规模和环境都在优化和整合，纸质藏书（包括各乡镇原有的藏书）有明显增加，正在积极缩小西南地区常住人口人均藏书、户籍人口藏书与国际标准的差距。在纸质图书稳步增加的同时，不断增加电子文献藏量，加速进行数字化建设。目前西南地区各类图书馆都拥有大量数字资源：国内公开发行的多种重要报纸所载的文献、电子期刊全文数据库、电子图书、工具书等，馆藏文献书目数据都逐步实现数字化，地方文献和特色文献数据库建设进展顺利，还建立起各种专题数据库，同时实现西南地区各类图书馆之间的数据库资源的网络互联，一个连接西南地区各个区域内的图书馆信息网络和数字化资源共享体系已经形成。

（6）不断创新服务模式，努力提高服务水平。为了吸引越来越多的人走进图书馆、利用图书馆。西南地区各类图书馆读者服务工作得到了很大的提高。一是确保基本服务、接待读者方面：五年来，西南地区各类图书馆读者入馆人次、办证人数及借还书册次均大幅提高，读者到馆率逐年递增。服务项目方面：西南地区各类图书馆目前提供图书、报刊、古籍、少儿、电子、专题阅览；图书、光盘外借；文献检索；公益讲座和专题展览；数字资源服务等服务项目。开馆时间方面：西南地区各类图书馆都基本实行天天开放，有90%以上的图书馆每天开放时间为9：00～20：30，节假日照常开馆。二是开展特色服务。在开展读者服务的过程中，注意关注社会弱势群体和未成年人、老年人，为他们开展特色服务，让社会弱势群体平等享受文化服务。西南地区各类图书馆需开辟盲文阅览室，成立盲人读者俱乐部，根据不同地域的特点，选择每个月不同的日子为盲人读者俱乐部活动日。在服务和助推未成年人健康成长方面，举办各类适合未成年人的培训、讲座、展览等；每年寒、暑假，西南地区各类图书馆招募部分少年学生，成为图书馆的“志愿”管理员，让他们参与到西南地区图书馆的管理及活动中来，为孩子们走出校园，锻炼自己，提升素质提供了一个很好的平台。

（7）积极开展公益活动，努力打造品牌亮点。读者活动是西南地区各类图书馆服务的

“活的灵魂”。近年来，西南地区各类图书馆根据读者需要，开展了形式多样，内容丰富的活动，吸引了读者参加；举办讲座、报告会，吸引公民、村民聆听；举办各类展览、百家讲坛等。目前，这些活动已成为深受西南地区公民、村民欢迎的图书馆精神文明品牌。

总之，阅读是每个人增长知识，打开智慧大门的钥匙。为让更多的西南地区公民、村民走进图书馆，成为西南地区各类图书馆的忠实读者，是本课题调查研究的目的；进一步加强西南地区各类图书馆的文献资源建设，更好地为广大读者服务，是西南地区各类图书馆所追求的目标。本课题调查结果表明，近年来西南地区各类图书馆在各级政府的重视和大力支持下，飞速发展。西南地区各类图书馆开展的各类公益服务活动，极大地丰富了西南地区公民、村民的精神文化生活，为西南地区和谐社会精神文明建设搭建了很好的文化平台。

本课题在调查中发现，西南地区各类图书馆存在城市、乡镇（街道）、社区（村）分馆发展不够平衡，布局不够完善，人员编制及乡镇财政投入不足，在服务水平和引导公民、村民对图书馆的利用方面有待提高等问题。为此本课题通过以上研究认为在以下方面要加以改进，也是本课题研究工作的延伸与完善：

（1）进一步推进图书馆设施网络建设，加大各级政府扶持力度，改善乡镇、农村图书馆公共服务的条件

图书馆作为一个公益性文化服务单位，应立足于服务全体公民。通过合理配置公共文化服务资源，公平分配公共文化产品和提供公共文化服务，以保证不同地区、不同群体的人们享有大致相等的基本公共文化产品和服务。尽管西南地区各类图书馆的设施和发展有了很大的改善，但是与我国发达的中东部地区相比，仍有不少差距。首先就是读书的场所不够。一个城市设区、乡镇（街道）、行政村，10 多万人口，只有一个图书分馆，明显供不应求。假如，能因地制宜，合理布点，充分考虑人口密度和需求，在大的社区、工业区、大型村镇等人口密集区域合理地增加图书分馆，实现图书资源合理配置、共享，把“学习型社会”的工作要求落实到基层，同时，也符合西南地区全体公民、村民利用图书馆的方便需求。为此，西南地区各基层政府县（市）乡（镇）两级财政应进一步加大投入力度，促进该区域内图书馆事业的发展，让更多的城乡公民走进图书馆。

（2）进一步提高西南地区各类图书馆的公共服务能力，提升服务水平，保障广大西南地区公民、村民的基本文化权益

宣传和鼓励常住人口办理借书证，户籍人口有借书证。目前西南地区各类图书馆的这些指标和全国同行比、和发达国家地区相比、《创建国家公共文化服务体系示范区建设规划》相比还存在很大差距，存在进一步提高和改善的空间。从整体的调查研究看，西南地区各类图书馆资源的利用都比较好，但是部分乡镇、社区图书馆分馆因受基础条件制约，利用率还有待提高，这主要和各个县（市）级、乡镇图书分馆有效人群覆盖率低有很大关系。覆盖率是指一所图书馆的有效服务半径。任何一个图书馆的服务能力都是有限的，按照国际标准，一所图书馆的服务半径不超过 4 千米，这个距离以外的人群基本上是享受不到这个图书馆的服务的。所以，西南地区各类图书馆应加大服务能力、扩大服务网点，尽可能把所有人都覆盖到不同图书馆的服务半径之中。

（3）促进西南地区图书馆均衡发展，提供可供参考的资料为西南地区各级政府制定相

关政策，尝试鼓励利用社会资源办图书馆

充分利用国家加大对西南地区大开发的政策环境和社会经济快速发展优势，引导和鼓励个人和团体通过捐赠、合作等方式，让整个社会参与图书馆资源的建设。尝试多渠道的经费来源，不仅可以解决图书馆的经费来源不足问题，而且有利于图书馆从真正意义上成为一种社会关注的事业，并使该事业的发展潜力无限。这方面，西南地区各类图书馆也已经进行了积极的尝试。目前有一部分西南地区省级、地市级、县级图书馆已在各个经济开发区内的一些大型工业、企业、事业、团体单位内开设图书流动点，由企业出场地、设施、工作人员，图书馆提供图书资源，业务上完全接受图书馆监督指导，有效地整合了资源。

（4）进一步加大各类图书馆服务的宣传力度，优化馆藏结构，完善服务体系

当前，在西南地区还有很多城乡公民、村民对图书馆的认识还只是借书、还书这个功能，而实际上图书馆开展的服务项目很多，活动很丰富，但有很多城乡公民、村民参与和利用率不足，很多城乡公民、村民对很多服务项目知道、了解的少也是一个重要因素。如何宣传图书馆的服务功能，更好地为提高西南地区全民文化素质服务已成当务之急。各类图书馆馆藏结构是否科学合理，关系到该区域内图书馆的社会价值，直接影响"人均到馆次数"，是西南地区各类图书馆服务工作的一个关键环节。那么如何探讨图书馆在现有的服务工作基础上，进一步重视和加强城乡公民、村民对图书馆需求的调查，通过多种形式和途径把握城乡公民、村民需求的脉搏，建立健全科学的、符合西南地区各类图书馆实际的图书采购和馆藏结构运行机制。同时，创新服务体系，更好地为公民全面提供服务也是今后西南地区图书馆服务的发展趋势。例如：提供文献递送，方便读者利用；加强电子信息资源建设，做好网络信息导航；改进图书馆服务方式，做好导读工作；提供一卡通服务模式；建设与发展城乡一体化服务、多元化服务、机构联合咨询服务、流动服务、合作（联盟）连锁服务、地域资源共建共享与特色服务、数字图书馆服务、自助图书馆服务、移动图书馆服务体系；等等。以用户为本，使用户与图书亲近，最大限度地为用户服务提供便利，为促进西南地区图书馆全面服务发挥更大的作用。

（5）借鉴国外图书馆事业的发展理论与实践经验、引进相关学科的理论和方法，来推进西南地区图书馆服务体系的延伸与拓展

以往的西南地区图书馆服务体系，较多地倾力于微观层次，侧重图书馆内部各工作环节的工作方法、工作规则及管理问题，旨在更好地发挥西南地区图书馆的信息交流、社会教育功能。而数字时代的西南地区图书馆服务体系有可能延续和呈现深度分化、边缘融合、层次拓展的发展态势，那么如何从微观层次（基层社会）向中观层次（地区）、宏观层次（国家范围、国际领域）拓展，来建立西南地区图书馆服务管理学、发展战略学、布局学等具有中观、宏观研究视角的分支交叉学科领域也是本课题研究的后续。

限于研究成员的专业视野和学术水平，研究中出现的问题还很多，请各位专家学者们批评指正。

参考文献

[1] Danuta A Nitecki. Service quality:Research perspectives Library & information SCience research,2005(3):411 -413

[2] ARL. StatsQUAL + ™[EB/OL].[2010 -10 -04]. http://www. digiqual. org

[3] 李海涛,宋琳琳.美国大学图书馆评价主体的研究[J].图书馆学情报学,2010(8):38 -46

[4] 彭宁波.美国高校图书馆用户教育研究评述[J].新世纪图书馆,2010(5):82 -85

[5] 张敏,王乐.图书馆营销活动的评估方法研究[J].图书馆建设,2010(9):80 -83

[6] 岳江君,施国洪,陈敬贤.图书馆服务质量多维度多层次结构模型[J].图书馆,2010(4):36 -40

[7] 柳英.澳大利亚公共图书馆服务标准内容略探[J].图书馆学情报学,2010(8):150 -154

[8] 中华人民共和国国家标准.信息与文献图书馆统计[M].中国标准出版社,2009.7

[9] 张艳芳.回眸近十年国外学者之 LibQUAL + ™[J].图书馆学研究,2010(12):2 -6

[10] 曹培培. LibQUAL + ™服务质量评价方法的思考与改进——以高校图书馆为例[J].图书情报工作,2008(4):100 -103

[11] 史继红.论 Liboual + ™作为图书馆服务质量评价工具的局限性[J].情报科学,2008(3):414 -417

[12] 朱宁. LibQUAL + ™与我国图书馆评估体系的比较研究[J].情报理论与实践,2008(5):747 -750

[13] 王秀华,昊冬曼.从 LibQUAL 的变化看图书馆服务质量测评的发展方向[J].图书情报工作,2008(7):67 -70

[14] 吴冬更,赵熊,解春伟等.网络环境下图书馆服务质量评价方法探析——清华大学图书馆读者满意度调查工作的实践与思考[J].大学图书馆学报,2006(1):49 -52

[15] 陈滨,邵敏.学生读者的需求满意度调查分析——以厦门大学为例[J].大学图书馆学报,2010(3):104 -110

[16] 王丹丹.基于 LIBQUAL + ™的图书馆服务质量评价模式研究[J].图书馆理论与实践,2008(6):44 -46

[17] 曹嵩.基于 LibQUAL + ™的图书馆服务质量评价——嘉兴职业技术学院图书馆服务质量调查与思考[J].图书馆建设,2008(11):73 -76

[18] 谢春枝. LibQUAL + ™图书馆服务质量调查的实证分析——以武汉大学图书馆为例[J].大学图书馆学报,2009(5):24 -28.109

[19] 郭宏伟,孙勇,孙汝杰.基于用户的图书馆服务质量评价系统设计与实现[J].上海高校图书情报工作研究,2009(3):25 -28

[20] 渠彩霞,王桂平.关于同城高校图书馆文献资源共享的思考[J].图书馆论坛,2002(3):46 -48

[21] 张金路,贾传英,刘惊雷.中小城市图书馆一体化管理的构想[J].图书情报工作, 2002(9):14 -16

[22] 强自力.国家文献供应中心模式及对“国家科技图书文献中心”的评价[J].中国图书馆学报,2003(4):25 -29

[23] Lars E. Leon. Enhanced resource sharing through group inter - library loan best practices:A conceptual, structural,and proce - dural approach[J]. Libraries and the Academy,2003(3):419 -430

[24] 张艳芳.神秘顾客法:突破 LibQUAL + ™本土化制约因素的对策[J].图书情报工作,2010(9):35 -38

[25] About LibQUAL + ™ Lite[EB/OL].[2011 - 10 - 06]. http://www. liibqual. org/about/about - lq/LQ - 1ite

[26] Kyrillidou,M.(2009). Ltem Sampling in Service Quality Assessment Surveys to Improve Rates and Reduce Respondent Burden:The “LibQOAL + ™Lite”Randomized CentrelTrial(RCT)(D).[2020 -10 -06]. ht-

tps://www. ideats. illinois. edu/bitstream/handle/2142/14570/KyriUidou. Martha. pdf? sequence = 3
[27] 钱蔚蔚. 天津高校图书馆信息服务质量评价实证研究[J]. 情报杂志,2010(5):3 - 36
[28] 包平,周丽. elimateQUAL + ™图书馆服务质量评价新体系[J]. 大学图书馆学报,2010(5):96 - 100
[29] 王世伟主编. 国际大都市图书馆指标体系研究[M]. 上海科学技术文献出版社,2009
[30] 冯锐. 从技术文化的视角解读图书馆 2.0[J]. 图书馆论坛,2011(1):14 - 16
[31] 高雯雯. 基于多层次模糊评价模型的图书馆读者满意度评价研究[J]. 情报理论与实践,2006(1):18 - 21
[32] 于良芝,谷松,赵峥. SERVQUAL 与图书馆服务质量评估[J]. 大学图书馆学报,2005(1):23 - 24
[33] 胡昌平. 信息服务的社会监督——信息服务的技术质量监督[J]. 情报学报,2001(1):18 - 25
[34] 孙利民. "阅读治疗"——图书馆服务功能的延伸[J]. 吉林省教育学院学报,2010(6):135 - 136
[35] 中国大学图书馆馆长论坛. 图书馆合作与信息资源共享武汉宣言[J]. 大学图书馆学报,2005(6):2 - 4
[36] 朱宁. 地方区域性图书馆联盟服务体系的形式与构成——以湖北省区域图书馆合作服务体系为例[J]. 现代情报,2009(7):118 - 121,125
[37] 于晓燕,杨宁莉. TPI 系统在高校 calis 专题特色数据库建设中的应用[J]. 图书馆工作与研究,2008(5):44 - 46
[38] 崔宇红,刘涛. 图书馆数字资源与 OPAC 系统的整合[J]. 图书馆杂志,2003(1):67 - 68
[39] 黄辰. 资源整合模式及其实现研究[J]. 中国图书馆学报,2004(1):55 - 57
[40] 徐益. 关于图书、情报、档案一体化管理的新思考[J]. 图书情报工作,2001(11):70 - 71
[41] 赵宝耀,李平,尚庆玲. 城市中小型图书馆建设发展的若干思考——以上海市杨浦区延吉图书馆为例[J]. 图书馆杂志,2009(5):32 - 34
[42] Brophy D, Coulling K. Quality management for information and library managers Hampshire[M]. England: Aslib Gower, 1996:133
[43] 中国图书馆学会. 图书馆服务宣言:2008[J]. 图书馆建设,2008(10):1
[44] 韦衣昶. 特色馆藏资源的数字化建设[J]. 大学图书馆学报,2001(6):14 - 16
[45] 于晓燕,杨宁莉. 图书馆数字资源建设的实践研究[J]. 现代图书情报技术,2003(6):312 - 331
[46] House N, A public library effectiveness: theory, measures and determinants. Library and Information Science Research, 1986(3):261 - 283
[47] 李敏,王凭等. 高校图书馆特色数据库建设难点与实践[J]. 情报杂志,2007(11):134 - 138
[48] 张怡婷. ISO 11620 信息与文献——图书馆绩效指针标准[EB/OL]. [2011 - 12 - 20]. http://research. dils. tku. edu. tw/epaper/13/1013data. htm
[49] 肖希明. 构建和谐的图书馆服务文化[J]. 图书馆建设,2006(1):1 - 3
[50] 张应祥. 高校图书馆信息服务质量综合评价研究[J]. 情报杂志,2007(11):128 - 130
[51] 初景利. 图书馆服务质量评价新理念[J]. 图书情报工作,1999(11):3 - 5
[52] 张雅君. 数字图书馆信息服务质量评价模式研究[J]. 现代情报,2007(5):118 - 120
[53] 程亚男. 服务基层,夯实基础[J]. 图书馆论坛,2006(5):34 - 35
[54] 廉立军. 图书馆学科馆员服务质量评价研究[J]. 图书馆理论与实践,2008(1):102 - 103
[55] 范小军. 图书馆服务质量评价指标体系研究[J]. 图书馆建设,2009(8):29 - 30
[56] 张海燕. 第二、三次省级图书馆评估定级标准比较[J]. 图书馆论坛,2003(4):83 - 84
[57] 张文明,李文芳,秦树萍. 普通高等学校图书馆评估指标体系若干问题研究[J]. 青岛远洋船员学院学报,2008(1):70 - 72
[58] 李映嫦. 创新服务理念,拓展服务空间——东莞图书馆的实践与思考[J]. 图书馆论坛,2010(2):

59 - 61

[59] 田华,鄢喜爱.图书馆服务质量评价的分析与调查研究[J].情报探索,2007(6):89 - 90

[60] 金小璞,韩广峰,徐芳.范式演变时期图书馆服务绩效评估研究[J].情报资料工作,2008(2):91 - 92

[61] 张丽华.高校信息服务的评价组织系统及其运作[J].国家图书馆学刊,2004(1):53 - 54

[62] 沈小丁.湖南文献信息资源共建共享协作网成立并正式开通[J].图书馆,2004(6):60116

[63] 蒋永福.文化权利、公共文化服务体系与公共图书馆[J].国家图书馆学刊,2007(4):16 - 20

[64] 王彩云.论高校图书馆与公共文化服务体系的构建[J].图书馆工作与研究,2010(1):26 - 29

[65] 朱前东,高波.德国的图书馆信息资源共享模式[J].大学图书馆学报,2008(5):43 - 48

[66] 刘雅琼,张松颂.图书馆联盟的绩效评估指标体系研究[J].情报资料工作,2009(5):69 - 72

[67] 吴长兰.西部地区公共图书馆协作网建设构想[EB/OL].[2011 - 11 - 21].http://www.google.com

[68] 赵春玲.2006年西南地区市(州)图书馆协作网年会综述[J].云南图书馆,2006(4):60

[69] 尹翔宇,苏瑞竹.面向城乡的基层公共图书馆参考咨询服务平台构建[J].图书馆理论与实践,2011(2):109 - 112

[70] 张广钦,张丽.关于面向公众的基层图书馆服务网络建设[J].中国图书馆学报,2008(2):33 - 37

[71] 彭飞.农村图书馆事业发展模式研究[J].图书馆杂志,2010(2):39 - 40

[72] 郭晓鸣.基于层次分析法的数字图书馆成本衡量研究[J].价值工程,2011(5)183 - 184

[73] 曾照云.LibQUAL +™——图书馆服务质量评价研究综述[J].情报杂志,2009(12):28 - 29

[74] 阚德涛.服务质量分析系统的设计与实现[J].现代图书情报技术,2009(5):30 - 32

[75] 张铁牛,田水泉.新建本科院校实践教学"去中心化"现象的透析与对策[J].当代教育论坛(校长教育研究),2007(3):41 - 44

[76] 王升.酒店业国际顾客感知服务质量因子研究[J].中国经贸导刊,2009(18):102 - 103

[77] 郭艳.全球化时代的后发展国家:国家认同遭遇"去中心化"[J].世界经济与政治,2004(9):38 - 41

[78] 范小华等.图书馆服务质量评价指标体系研究[J].图书馆建设,2009(4):44 - 46

[79] 李东来.图书馆集群管理模式下的资源共享工程建设[J].数字图书馆论坛,2007(1):57 - 61

[80] 冯玲.城市图书馆集群管理的路径选择与实现方式[J].图书馆建设,2007(3):3 - 7

[81] 肖焕忠.区域图书馆集群管理探析[J].图书馆,2007(3):34 - 36

[82] 赵光明.关于儿童与中小学图书馆区域性联盟的探讨[J].图书馆工作与研究,200(9):111 - 114

[83] 黑锦凤.浅谈少年儿童图书馆信息资源建设与共享[J].图书馆工作与研究,2005(6):78 - 79

[84] 陈克闽.图书馆品牌模式构建研究[J].科技情报开发与经济,2009(16):80 - 82

[85] 赖永波.图书馆到移动数字图书馆:服务功能演进与实现途径[J].情报杂志,2011(5):165 - 168

[86] 韦本辉,陈天扬.西南地区农科院(所)图书馆中外文期刊馆藏联合目录[J].农业图书情报学刊,1992(6):42

[87] 缪晓阳.基于公共文化服务体系的地方图书馆联盟的构建和评估[J].中华医学图书情报,2011(6):16 - 19

[88] 罗晓兰,肖希明.我国信息资源共享的政策保障机制[J].情报科学,2009(3):56 - 58

[89] Mary Jane Cedar Face,Deborah Hollens. A Digital Library to Serve a Region. The Bioregion and First Nations Collections of the Southern Oregon Digital Archives[J]. Reference & User Services Quarterli,2004(11)

[90] 胡昌平,曹宁,罗贤春.论网络环境下图书情报组织变革[J].图书馆论坛,2005(6):54 - 58

[91] 徐恩元.我国图书馆文献资源共建共享的发展方略[J].四川图书馆学报,1995(3):25 - 34

[92] 周慧芳.区域图书馆联盟资源共享运行机制浅析[J].河南图书馆学刊,2011(1):71 - 73

[93] 朱亚玲,程华.区域图书馆联盟资源共享机制探讨[J].图书馆建设,2009(12):23 - 25

[94] 谭远宏,赵云.网络环境下图书情报档案一体化研究[J].图书情报工作,2006(2):109 - 111

[95] 季晓林.图书馆办馆新模式:图书、情报、档案一体化管理——对天津泰达图书馆办馆模式的认识与思考[J].图书馆学刊,2004(5):18

[96] 胡以涛,张勇.区域性高校图书馆联盟建设探讨[J].图书馆杂志,2009(2):52-53

[97] 龙敏.高校图书馆信息资源共享运行机制研究[J].图书情报知识,2009(3):42-45

[98] 张学福.图书馆联盟共建共享机制研究[J].中国图书馆学报,2008(1):89-90

[99] 高波.数字信息资源共享动力机制研究[J].中国图书馆学报,2008(3):21-23

[100] 王知津,宋正凯.论情报学发展的后现代主义趋势[J].情报理论与实践,2007(2):145-148

[101] 加强公共文化服务体系建设实施意见[EB/OL].[2008-09-03].http://www.yjjajt.com.cn/2008/9-18/15183943158.html

[102] Giordano T. Library Consortium Models in Europe: a Comparative Analysis[J]. Alexandria,2002(2):41-52

[103] Potter W. G. Recent trends in statewide academic library consortia[J]. Library Trends,1997(3):416-434

[104] Allan B. M., Hirshon A. Hanging together to avoid hanging separately: opportunities for libraries and consortia[J]. Information Technology and Libraries,1998(1):36-44

[105] Bostick, Sharon L., Dugan, Robert E. The history and development of academic Library consortia in the United States: an overview[J]. Journal of Academic Librarianship,2001(2):128-131

[106] Kopp J. J. Library Consortia and Information Technology: the past, the present, the promise[J]. Information Technology and Libraries,1998(1):7-12

[107] ICOLC[EB/OL].[2011-09-06]. http://www.library.yale.edu/consortia/

[108] 黄长著.周文骏,袁名敦主编.中国图书情报网络化研究[M].北京图书馆出版社,2002

[109] 杨晓慧.成其圣代表:推进天津公共文化服务体系建设[EB/OL].[2008-09-03].http://www.tj.xinhuanet.com/misc/2008-01/25/content_12325595.htm

[110] 曹志梅.区域图书馆联合体的建设内容探析[J].情报理论与实践,2007(6):797-799

[111] 锅艳玲,于会萍.基于网络的图书、情报、档案一体化管理模式探讨[J].河北科技图苑,2006(2):30-31

[112] 李永红.现代图书、情报、档案一体化管理新思考[J].档案,2008(1):55-56

[113] 杜忠平.区域城乡一体化图书馆联盟在新农村建设中的作用[J].科技情报开发与经济,2008(31):49-51

[114] 黄衍电,黄文达.财政如何促进社会主义新农村建设[J].经济理论研究,2007(1):110-111

[115] 张晓山.新农村建设一周年得失[J].人民论坛,2007(2):10-11

[116] 张会田.图书馆信息资源共享的市场化运行机制研究[J].图书馆理论与实践,2007(6):13-15

[117] 张莲芬.图书、情报、档案"一体化"建设的现代诠释[J].兰台世界,2006(1):42-43

[118] 中国高等教育文献保障系统虚拟参考咨询子项目[EB/OL].[2008-09-12].http://www.calis.edu.cn/calisnew/calis_index.asp?fid=3&class=7

[119] 张志怡.天津市文化部门加强公共文化服务体系建设[EB/OL].[2008-09-03].http://news.enorth.com.cn/system/2007/01/03/001507199.shtml

[120] 杜景龙,张志敏.基于WebGIS的城市信息一体化综合平台的研究[J].计算机应用研究,2005(6):88-90

[121] 蒋新,吴信岚.美国弗吉尼亚高校虚拟图书馆协作网引发的几点思考[J].情报杂志,2003(4):108-109

[122] Michaelyn Haslam and Eva Stowers. Library-subsidized unmediated document delivery[J]. Library Re-

sources & Technical Services,2001(2):80-93
[123] 范洁.中美图书馆馆际互借比较研究[J].图书馆理论与实践,2002(2):31-32
[124] 石春耘.文献资源共享与文献传递服务[J].图书馆工作,2003(1):22-25
[125] 钱道立,印永清.网络时代馆际互借模式之研究[J].东南大学学报(哲学社会科学版),2002,4(1):42-45
[126] 上海图书馆.馆所简介[EB/OL].[2011-11-12].http://www.library.sh.cn/fwzn/jianjie.htm.
[127] 耿有三.城市与高等院校共建图书馆的可行性定位[J].图书馆理论与实践,2007(4):96-98
[128] 唐虹.社区图书馆联盟——实现校地资源共享及协同发展模式研究[J].图书情报工作,2009(21):86-89
[129] 邬巧容.县级公共图书馆的服务现状与发展对策[J].图书馆论坛,2005(5):185
[130] 梁伟池.论乡镇级图书馆的发展环境[J].图书馆论坛,2005(5)21:9
[131] 雷敏霞.我国农村图书馆(室)十年研究综述[J].图书馆理论与实践,2006(2):115-116
[132] 李国新.我国公共图书馆事业进一步发展的突破口——县级图书馆的振兴与乡镇图书馆的模式[J].图书馆,2005(6):1-5
[133] 葛翠玲.图书、情报、档案一体化构想的否定性检验[J].图书馆杂志,2007(7):10-11
[134] 刘昆雄.论我国21世纪图书馆"两极"发展[J].中国图书馆学报,2002(3):25-28
[135] 陈德芳.建立区域复合图书馆实现信息资源成本效益最大化[J].中国信息导报,2006(12):27-29
[136] 莫泽瑞.UST馆际资源整合模式分析[J].图书情报工作,2007(3):125-128
[137] 燕今伟.图书馆联盟的构建模式和发展机制研究[J].中国图书馆学报,2005(4):24-29
[138] 刘金玲.网络环境下信息资源共享的多层次模式研究[J].图书馆理论与实践,2010(2):4-6,34
[139] 叶艳鸣等.基于虚拟联合目录的高校文献传递服务体系建设[J].四川图书馆学报,2007(3):2-5
[140] 孙秀丽.基于社会学视角的图书馆联盟控制研究[J].情报杂志,2008(2):110-112
[141] 项超美.图书馆:助推创建的"城市教室"[EB/OL].[2008-08-15].http://www.dalianlearningcity.net/lcity/shownews.jsp? id=1119
[142] 任斌,王春.甘为航船当罗盘——访上海科技情报所情报咨询部主任肖沪卫[ED/OL].[2008-08-31].http://www.kmcenter.org/ArticleShow.asp? ArticleID=3686
[143] 王乐群.浅论基于总分馆制的县——乡镇(村)图书馆服务网络构建[J].图书馆论坛,2007(5):147-149,163
[144] 林蓝.总分馆制管理模式下的社区图书馆建设[J].科技情报开发与经济,2005(13):7-8
[145] 黄筱玲.我国文献信息资源共建共享若干问题的思考[J].图书馆,2006(2):56-60
[146] 姜曼莉.我国新一代信息资源共享协作网的建设构想[J].情报科学,2000(12):1067-1069,1043
[147] 于良芝等.走进普遍均等服务时代:近年来我国公共图书馆服务体系构建研究[J].中国图书馆学报,2008(3):31-40
[148] 周德明.关于上海市公共图书馆服务体系建设与完善的思考[J].图书馆杂志,2007(5):32-37
[149] 李军凯.两种馆际互借模式的比较研究[J].图书馆理论与实践,2005(4):34-36
[150] 张建民.城乡图书馆信息服务的创新之举——上海东方社区信息苑的探索与实践[J].图书馆论坛,2008(1):115-118
[151] 周英雄.论城市社区图书馆建设[J].图书馆论坛,2007(4):4-7,15
[152] 赵晖.跨系统图书馆联盟协同管理概念模型及管理体系研究[J].图书馆建设,2010(3):89-92
[153] 冯蕴琛.浅析现代图书馆服务功能的延伸[J].图书馆建设,2008(17):35-36
[154] 陈爱平.论学习型城市对图书馆建设的要求[J].图书馆论坛,2006(5):267-269
[155] 中共北京市委北京市人民政府.关于大力推进首都学习型城市建设的决定[EB/OL].[2008-08-

10]. http://www.cko.com.cn/web/articles/lo/lo_china/city/20070829/88,2902,0.html
[156] 杨艳红,靳红. 现代图书馆联盟建设研究[J]. 情报资料工作,2006(6):64－67
[157] 李家清. 我国图书馆联盟进展及发展策略[J]. 情报资料工作,2007(2):76－79
[158] 赵晖. 图书馆联盟风险及其防范研究[J]. 图书馆,2009(3):94－95
[159] 叶海滨. 拓展现代图书馆的服务功能——谈我馆创办金华市科技信息中心和吴弗之艺术中心[J]. 图书馆建设,2001(4):17－19
[160] 王淑华. 面向社会需求,发展特色服务——"天津图书馆服装信息中心"近年来发展的启示[J]. 图书馆工作与研究,2001(5):50－52
[161] 南京图书馆. 全国公共图书馆延伸服务经验交流会在天津召开[J]. 新世纪图书馆,2007(4):44－45,31
[162] 高原春. 公共图书馆展览业务的发展与探索——以天津图书馆为例[J]. 图书馆工作与研究,2008(6):97－99
[163] 韩丽萍. 学习型社区建设及其评价研究[N]. 天津大学硕士论文,2005:18
[164] 杜燕翔. 图书馆总分馆制的技术支撑[J]. 图书馆论坛,2008(3):51－54,64
[165] 李军凯. 从 CASHL 和 NSTL 看我国文献传递服务的模式和发展趋势[J]. 大学图书馆学报,2004(6):33－37
[166] 舒任颖,肖文建. 图书、情报、档案管理一体化制约因素分析与对策[J]. 情报资料工作,2006(4):28－31
[167] 莫少强. 建立珠三角数字图书馆联盟,实现跨系统文献资源共建共享——广东省推进跨系统文献资源共建共享的经验和今后设想[J]. 图书馆论坛,2009(12):67－69
[168] 赵正良. 对西南地区地州级公共图书馆联盟建设的思考[J]. 云南图书馆(季刊),2006(3):3－6
[169] 景亚南. 澳大利亚公共图书馆活动管窥[J]. 图书馆杂志,2005(1):62－64
[170] Martin William J. Community librarianship:Changing the face of public libraries[M]. London:Clive Bingley,1989
[171] 刘学平. 图书馆品牌服务延伸探析[J]. 现代情报,2009(3):29－34
[172] 孙淑娟. 文化讲座是图书馆服务领域的新拓展——有感于天津图书馆文化讲座[J]. 图书馆工作与研究,2008(4):21－23
[173] 柯平等. 图书馆知识管理研究[J]. 北京图书馆出版社,2006:365－375
[174] 黎丽. 图书馆构建学习型组织的实践与探索[J]. 大学图书馆学报,2006(6):94－96
[175] 贺伟,曹锦丹. 美国亚利桑那大学图书馆的学习型组织建设[J]. 情报科学,2007(6):827－830
[176] 司颖. 试论公共图书馆在学习型家庭创建中的作用[J]. 图书馆杂志,2001(8):36－37
[177] 张建新等. 延伸公共文化服务,加强图书馆服务工作——全国公共图书馆延伸服务经验交流会在津召开[EB/OL]. [2008－10－10]. http://www.022net.com/2007/5－17/422626272624786.html
[178] 高波. 中外区域性图书馆联盟比较研究——兼论其对武汉城市图书馆联盟的启示[J]. 学习与实践,2010(10):136－140

附件目录:

附件一：西南地区图书馆基本情况调查表
附件二：西南地区农村公益性电影行政村及放映队覆盖区域统计表
附件三：西南地区高校图书馆学位论文数据库读者使用情况调查问卷

附件四：西南地区村级基层服务点情况调查表
附件五：关于印发《贵州省农家书屋工程建设管理实施办法》的通知
附件六：西南地区县级以上公共图书馆服务能力调查表
附件七：西南地区农家书屋建设汇总表
附件八:阶段性成果获奖情况
附件九：阶段性成果收录转载情况
附件十：课题组的阶段性成果目录清单

附件一：

西南地区图书馆基本情况调查表

图书馆领导及工作人员基本情况统计

图书馆名称		地址		联系电话		邮编		馆长姓名	
职称		学历		电话		电子邮件地址		业务副馆长姓名	

全馆工作人员总数	工作人员文化程度统计						专业技术职务人员统计					专业成分统计		民族成分统计
	研究生人数	大学人数	大专人数	中专人数	高中人数	初中人数	正研人数	副研人数	馆员人数	助馆人数	管理员人数	图书馆专业人数	其他专业人数	少数民族人数

图书馆基本情况统计

馆舍建筑面积（平方米）		阅览室座席（个）		全年开馆天数		每周开馆天数		每周开馆小时	
馆藏文献总量（册、件）		年度图书馆经费（万元）		年度文献购置费（万元）				馆际互借（册数）	

图书馆馆藏文献总量（册、件）

古籍（册）	图书（册）		报刊（种）		少数民族文字图书（册）、视听文献（件）、报刊（种）			电子文献（件）	开架书刊（册）	开架书刊占总藏量百分比
	中文	外文	中文	外文	民族文字图书	民族文字报刊	民族语言视听文献			

图书馆20　　年新购文献资源量统计

图书（册）		报刊（种）		电子文献（件）	视听文献（件）	少数民族文字图书（册）、视听文献（件）、报刊（种）	其他（册）
中文	外文	中文报刊	外文期刊				

续表

图书馆服务活动（读者登记、书刊文献外借人次、册次）基本情况统计							
文献信息服务				为读者举办各种活动			
解答咨询（条）	代检索课题（项）	编制二、三次文献（种）		是否开展用户培训	是	培训内容：数字资源使用。	
				培训人数			
读　者　服　务				总报告会次数		参加报告会人数	
所在地区人口		开展服务项目：有则请打“√”		举办展览（次）		参观展览人数	
所在地区图书馆数量		预约借书	送书上门	举办讲座（次）		参加讲座人数	
使用何种分类法		复　印	咨询服务	是否主办学术会议		主办学术会议次数	
每周开馆时间（小时）		扫描拍照	数字参考咨询√	是否有茶室、书吧、租书、网吧、读者俱乐部		名称： 上网是否收费：　　收费标准：	
累计办理读者证数（个）		馆际互借	下乡服务	其他活动总次数		活动名称：	
当年流通总人次量		定题服务	障、残人员服务	共参加人次			
书刊外借册次总数（册）		声像资料服务	少儿服务	为领导机关决策提供信息（次）			
拥有分馆数量		流动书车（　辆） 流动书箱（　个）	电子阅览室（有，无，免费，收费）	为科研与经济建设提供信息（次）			
指导农家书屋或共享工程数量							

西南地区各省各类图书馆计算机设施及馆藏数字化资源基本情况统计									
计算机总台数		工作人员用台数		读者检索终端数		电子阅览室台数		是否具备无线上网条件	
图书馆网站网址				上网方式（拨号或宽带）				上网速率（K或兆）	
购买数据库（个）		自建数据库（个）		现代化建设管理软件名称				是否有一站式服务平台	

特色数据库名称	特色数据库类型	特色数据库开发平台	特色数据库使用范围（对外开放，本馆，代查，有偿使用）	提供网上服务的网址

续表

西南地区各省各类图书馆各类资源服务使用效率调查情况					
不同出版时效图书流通状况（请打“√”）		不同类型图书服务使用效率（请打“√”）		不同电子资源读者访问服务使用效率（请打“√”）	
出版时效	服务使用效率	专业书籍	A：80% 以上； B：50% ~70%； C：30% ~50%； D：30% 以下	购买类	A：80% 以上；B：50% ~70%； C：30% ~50%； D：30% 以下
1—2 年内	A：80% 以上； B：50% ~70%； C：30% ~50%； D：30% 以下	民族书籍	A：80% 以上； B：50% ~70%； C：30% ~50%； D：30% 以下	自制类	A：80%以上； B：50% ~70%； C：30% ~50%； D：30% 以下
3—5 年内	A：80% 以上； B：50% ~70%； C：30% ~50%； D：30% 以下	文化书籍	A：80% 以上； B：50% ~70%； C：30% ~50%； D：30% 以下	所导航的 网络资源类	A：80%以上； B：50% ~70%； C：30% ~50%； D：30% 以下
6-10 年内	A：80% 以上； B：50% ~70%； C：30% ~50%； D：30% 以下	工具书籍	A：80% 以上； B：50% ~70%； C：30% ~50%； D：30% 以下	特色类	A：80% 以上； B：50% ~70%； C：30% ~50%； D：30% 以下
10 年以上	A：80% 以上； B：50% ~70%； C：30% ~50%； D：30% 以下	其他书籍	A：80% 以上； B：50% ~70%； C：30% ~50%； D：30% 以下	其他类	A：80% 以上； B：50% ~70%； C：30% ~50%； D：30% 以下
本馆服务上所遇到的主要问题及希望亟须解决的问题（请打钩）		1. 资源的补充和更新 2. 用户信息素养的提高 3. 工作人员素养的提高 4. 资金支持 5. 现代信息技术支持 6. 分馆建设 7. 其他			

开放式问题：（若所留空白不够，请注明题号，写于背面！）

1. 请问贵馆是否参加了国家各类资源共享体系？如 CALIS、全国文献共享工程保障系统或各种图书馆联盟。

2. 主要的资源共享业务是哪些？如联合编目、抄录编目、联合采购、联采统编、数据库共建。

3. 是否与其他馆采取了其他资源共享措施？请简述具体情况。

4. 是否有专人负责资源共享事宜？

5. 请问贵馆开展了哪些特色服务？

6. 请给出贵馆所指导的农家书屋及共享工程网点的名称及所在地。

7. 请问贵馆是否有面向其他机构或农村的延伸服务？请给出这些延伸服务点的名称、所在地及延伸服务方式（如流动书车、流动书箱、集市宣传、共建模式等）。

8. 请问贵馆编制的二、三次文献及专著的名称及出版、流通情况怎样？

9. 请问贵馆拥有哪些特色资源？如地方文献、民族文献、珍善本古籍、某行业或专业文献专藏或其他。

附件二：

西南地区农村公益性电影行政村及放映队覆盖区域统计表

单位名称（盖章）：

放映队名称	负责人姓名	联系电话	所覆盖的乡镇及行政村名称
合计（个）			

附件三：

西南地区高校图书馆学位论文数据库读者使用情况调查问卷

调查地点：________________________________(请调查者填写)

1. 您的身份是：
①教师　②管理人员　③学生　④其他
2. 您的学历层次是：
①专科　②本科　③硕士　④博士　⑤其他
3. 您知道你校图书馆购买了学位论文数据库吗？(不知道的请跳过4项，直接回答5项)
①知道　②不知道
4. 您是通过何种途径了解图书馆的学位论文数据库的？
①图书馆主页宣传/通知　②图书馆张贴的宣传通知　③图书馆工作人员告知　④周围人告知　⑤其他
5. 您知道或听说过哪些学位论文数据库？(可多选)
①CNKI　②万方博硕论文全文数据库　③超星独秀知识库　④学校自建学位论文数据库　⑤国外免费学位论文全文数据库　⑥Proquest 数据库　⑦PQDD 学位论文数据库　⑧其他
6. 您使用过图书馆购买的学位论文数据库吗？(没用过的跳过7~8项，直接回答9项)
①使用过　②没用过
7. 在您使用过的学位论文数据库中，您常用的数据库有哪些？(可多选)
①CNKI　②万方博硕论文全文数据库　③超星独秀知识库　④学校自建学位论文数据库　⑤国外免费学位论文全文数据库　⑥Proquest 数据库　⑦PQDD 学位论文数据库　⑧其他
8. 您在何种情况下会想到使用图书馆学位论文数据库呢？
①科学研究　②撰写学位论文　③完成作业　④无意中使用　⑤好奇心驱使
9. 您习惯如何使用数字资源？
①下载后慢慢看　②下载后打印出来看　③直接在线复制　④其他
10. 您在引用或转载他人学位论文思想与成果时，通常是：
①按著录标准规范标引　②不做任何标引　③只列出重要参考文献　④不知道如何标引
11. 您自己撰写学位论文通常要花多长时间？
①10 天左右　②1 个月左右　③2 个月左右　④3 个月左右　⑤半年左右　⑥1 年左右　⑦其他
12. 您的学位论文内容是？
①自创的　②抄袭的　③自创与抄袭相结合
13. 您觉得学位论文数据库对您的学习、工作、科研等方面有帮助吗？
①帮助很大　②一般　③没啥感觉

14. 您校图书馆现有的学位论文数据库资源是否能满足您的需要？

①能 ②不能 ③还可以

15. 您考虑过学位论文的知识产权问题吗？

①考虑过 ②没考虑过 ③不在考虑范围

16. 您知道学位论文著作权归谁所有吗？

①学校所有 ②学生和学校共同所有 ③学生和导师共同所有 ④学生所有

17. 您在毕业时，学校是否规定要将毕业论文纸质版或电子版提交给学校图书馆或资料室？

①是 ②否 ③不知道

18. 您在毕业时，是否与所在学校签订过学位论文授权使用合同？

①是 ②否 ③不清楚

19. 您赞成学位论文数字化吗？

①同意 ②反对 ③随便

20. 您是否同意学校将自己的学位论文数字化后进行网络传播？

①同意 ②反对 ③随便

21. 您在使用学位论文数据库时遇到的主要障碍是？（可多选）

①网速问题 ②检索问题 ③知识产权问题 ④语言问题 ⑤校外访问问题 ⑥其他

22. 您在使用中遇到问题时，通常寻求帮助的途径是？

①同事/同学 ②老师 ③图书馆员 ④自己解决 ⑤其他

23. 您认为影响图书馆学位论文数据库利用的最主要原因是什么？

①不会检索 ②网速太慢 ③宣传不够 ④资源太陈旧 ⑤没有需要的资源 ⑥其他

24. 您觉得采取何种方式可以提高图书馆学位论文数据库的使用率？（可多选）

①图书馆展开宣传 ②开设信息检索课 ③实时更新数据库资源 ④经常关注图书馆主页 ⑤开展数据库使用培训 ⑥解决网速问题 ⑦其他

您对图书馆工作的建议：____

____

____

再一次感谢您的支持！谢谢！顺祝新年快乐，学业有成！

附件四:

西南地区村级基层服务点情况调查表

<table>
<tr><td colspan="5">名称: 市(州) (县、区) 镇 村</td></tr>
<tr><td colspan="5">活动场地:□村委会 □中小学 □其他________, 总面积________平方米</td></tr>
<tr><td>人员状况</td><td colspan="2">□专职人员________人</td><td colspan="2">□兼职人员________人</td></tr>
<tr><td rowspan="6">运行经费情况</td><td colspan="2">□有运行经费________元/年</td><td colspan="2">□无运行经费</td></tr>
<tr><td rowspan="5">经费来源</td><td>□省级财政补助______元/年</td><td rowspan="5">实际需求</td><td>□省级财政补助________元/年</td></tr>
<tr><td>□地市财政补助______元/年</td><td>□地市财政补助________元/年</td></tr>
<tr><td>□县级财政补助______元/年</td><td>□县级财政补助________元/年</td></tr>
<tr><td>□乡镇财政补助______元/年</td><td>□乡镇财政补助________元/年</td></tr>
<tr><td>□村自筹________元/年</td><td>□村自筹________元/年</td></tr>
<tr><td>各级财政资金补助情况</td><td colspan="4">□中央财政补助________元/年 □省级财政配套补助________元/年
□地市财政配套补助________元/年 □县级财政配套补助________元/年
□乡镇财政配套补助________元/年 □村自筹________元/年</td></tr>
<tr><td>现有设备条件</td><td>基本型□</td><td>电视机______台,DVD 机______台,计算机______台,卫星接收设备______台,移动播放器______台
□互联网接入
□其他________</td><td>扩展型□</td><td>□投影仪和屏幕________台
□宽带接入互联网
□计算机网络教室
□有线电视接入
□其他________</td></tr>
<tr><td>所属类型</td><td colspan="4">□80 平米以上拥有投影仪和屏幕 □80 平米以上无投影仪和屏幕
□50~80 平米拥有投影仪和屏幕 □50~80 平米无投影仪和幕布
□30~50 平米拥有投影仪和屏幕 □30~50 平米无投影仪和幕布
□30 平米以下拥有投影仪和屏幕 □30 平米以下无投影仪和幕布</td></tr>
<tr><td colspan="3">基层点负责人: 联系电话:</td><td colspan="2">年 月 日</td></tr>
</table>

村委会:(公章) 乡镇政府:(公章)

注:1. 请如实填报并加盖有效公章;

2. □是可选项,具备就在其中打“√”,不具备不用填。

附件五：

关于印发《贵州省农家书屋工程建设管理实施办法》的通知

新出发〔2008〕865 号

各市、州、地新闻出版局，各自（自治县、市、市辖区、特区）新闻出版局：

根据新闻出版总署制定的《农家书屋工程建设管理暂行办法》，新闻出版局在深入调查研究、总结试点经验的基础上，结合贵州农家书屋建设实际，制定了《贵州省农家书屋工程建设管理实施办法》，以规范农家书屋工程建设和管理。

现将《贵州省农家书屋工程建设管理实施办法》印发给你们，请按要求组织实施好农家书屋工程建设和管理工作。

二〇〇八年八月二十一日

附件六：

西南地区县级以上公共图书馆服务能力调查表

		2003 年	2004 年	2005 年	2006 年	2007 年	2008 年	2009 年	2010 年	2011 年	2012 年	2013 年
政府补贴(万元)												
购书经费（万元）	财政单列											
	自筹经费											
订购书刊（种）	图书											
	报刊											
读者人数（人）	阅览											
	外借(册)											
流通站点(个)												
政府补贴												
购书经费（万元）	财政单列											
	自筹经费											
订购书刊（种）	图书											
	报刊											
读者人数（人）	阅览											
	外借(册)											
流通站点(个)												
										图书馆 单位：		

附件七:

西南地区农家书屋建设汇总表

县(市、州)名称	建设数(个)	其中(个)					联系人姓名	联系电话
		原有图书室改造数	农民文化家园建设点	农村图书室组委会援建点	新农村创建点	少数民族村		
汇总								

附件八：

阶段性成果获奖情况

(1)阶段性成果“西南地区图书馆服务体系理论研究”获中国图书馆学 2008 年年会一等奖；

(2)阶段性成果“西南地区公共图书馆服务管理存在的问题与对策”获 2010 年全国中小型图书馆联合年会论文一等奖；

(3)阶段性成果“我国图书馆战略规划制定路径的实证研究”获中国图书馆学 2011 年年会一等奖。

附件九：

阶段性成果收录转载情况

(1)阶段性成果"Application of domain ontology - based on semantic web technology" Proceedings of the 2009 International Conference on Computational Intelligence and Natural Computing, CINC 2009, n1, pp. 133 - 136, 2009, EI、ISTP 收录；

(2)阶段性成果"A study on CRM technology implementation and application practices" Proceedings of the 2009 International Conference on Computational Intelligence and Natural Computing, CINC 2009, n 2, pp. 367 - 370, 2009, EI、ISTP 收录；

(3)阶段性成果"A study on Semantic Grid Information Services Oriented regional library consortia" 2009 International Symposium on Computational Intelligence and Design, v 2, pp. 505 - 508, EI、ISTP 收录；

(4)阶段性成果"The study on construction of E - government platform based on SOA and efficiency comparison of serving model" Proceedings of the 2009 International Conference on Computational Intelligence and Natural Computing, CINC 2009, n1, pp. 233 - 236, 2009, EI、ISTP 收录；

(5)阶段性成果"虚拟参考咨询服务创新的四维视角"被人大复印资料 G9, 2010 年第 3 期全文转载 2010 年第 5 期；

(6)阶段性成果"区域图书馆政府信息服务模式探讨"被人大复印资料 G9 全文转载 2009 年第 3 期；

(7)阶段性成果"Research on Digital Resources Directory Service System" 2009 International Conference on Information Management, Innovation Management and Industrial Engineering, ICIII 2009, v 4, pp. 114 - 118, 被 EI、ISTP 收录。

附件十：

课题组的阶段性成果目录清单

序号	成果名称	成果形式	作者	出版社及出版时间或发表刊物及刊物年期
1	西南地区公共图书馆服务管理的现状调查与思考	论文	程结晶	图书馆理论与实践，2010(7)：57－61，75
2	贵州省基层公共图书馆从业人员现状的调查与分析	论文	钟海珍，程结晶	国家图书馆学刊，2010(4)：68－72
3	云南省高校图书馆学位论文数据库使用的调查分析	论文	程结晶，熊咏梅	情报理论与实践，2011(3)：86－90
4	西南地区公共图书馆服务体系建设的现状与思考	论文	程结晶	图书馆，2011(1)：87－89
5	省级公共图书馆为企业提供信息服务的调查与分析	论文	程结晶，熊冬萍	国家图书馆学刊，2012(1)：78－82，92
6	基于图书馆的企业信息需求服务研究	论文	熊冬萍，程结晶，张方	图书馆理论与实践，2010(2)：21－24
7	区域图书馆均衡发展存在的问题及其对策——以贵州省为例	论文	程结晶，董玲	情报理论与实践，2012(5)：85－89
8	西南地区公共图书馆的评估与思考	论文	陈庆苏，程结晶	图书馆，2010(4)：25－28
9	学位论文著作权集体管理机制研究	论文	熊咏梅，程结晶	图书情报工作，2010(11)：67－71
10	西南地区公共图书馆服务管理的现状与分析	论文	董渊，程结晶，熊冬萍	图书情报工作，2010(17)：8－13
11	西南地区公共图书馆特色数据库建设的现状调查与分析	论文	陈庆苏，程结晶	新世纪图书馆，2010(6)：78－81
12	网络环境下个性化信息资源服务途径初探	论文	程结晶，钱晓芳，张方	现代情报，2011(9)：62－66
13	Research on Digital Resources Directory Service System	论文	程结晶，刘晓晓，熊冬萍，张方	2009 International Conference on Information Management, Innovation Management and Industrial Engineering, ICIII 2009, v 4, pp. 114－118，被 EI、ISTP 收录
14	西南地区公共图书馆举办读者活动的现状调查与分析	论文	程结晶，陈庆苏	新世纪图书馆，2011(3)：53－56
15	西南地区图书馆古籍文献保护的现状调查与分析	论文	程结晶，朱逊贤	新世纪图书馆，2012(3)：78－83

续表

序号	成果名称	成果形式	作者	出版社及出版时间或发表刊物及刊物年期
16	西南地区图书馆服务体系理论研究	论文	程结晶	新世纪图书馆,2008(6):6-9,获中国图书馆学2008年年会一等奖
17	西南区域性图书馆网络参考咨询服务体系的构建	论文	张方,程结晶,熊冬萍	新世纪图书馆,2010(2):36-39
18	基于图书馆的企业信息需求服务研究	论文	熊冬萍,程结晶	图书馆理论与实践,2010(2):55-57
19	基于企业需求的图书馆信息服务研究	论文	熊冬萍,程结晶,张方	江西图书馆学刊,2009(3):75-77
20	西南地区公共图书馆服务管理存在的问题与对策	论文	程结晶	获2010年全国中小型图书馆联合年会论文一等奖
21	图书馆服务体系的变革与发展	报告	程结晶	图书情报工作网刊,2010年6期
22	从可持续发展角度看区域图书馆服务体系的服务对象	论文	朱逊贤,程结晶	图书馆学研究,2012(11):73-76
23	学位论文著作权集体管理模式初探	论文	熊咏梅,程结晶	新世纪图书馆,2010(3):52-55
24	数字资源目录服务体系研究	论文	程结晶,熊冬萍,张方	情报理论与实践,2009(11):75-78
25	图书馆在民族地区文化建设中的四个工作维度	报告论文	胡立耘	信息社会与多元化——云南省图书馆百年馆庆国际学术研讨会论文集,云南大学出版社,2009年11月
26	区域图书馆信息服务联盟研究	论文	刘春年,肖花	情报理论与实践,2009(9):61-63
27	基于企业创新驱动的区域图书馆信息服务研究	论文	刘春年,杨德惠	情报理论与实践,2010(8):81-83,86
28	虚拟参考咨询服务创新的四维视角	论文	刘春年,朱晓雯	情报资料工作,2010(3),被人大复印资料G9,2010年第3期转载
29	区域图书馆政府信息服务模式探讨	论文	刘春年,肖花	情报资料工作,2009(2),被人大复印资料G9,2009年第2期转载
30	网络环境下区域图书馆信息服务联盟功能、实效与产业化发展分析	论文	刘春年,肖花	情报理论与实践,2010(12):29-32
31	网络环境下区域图书馆信息服务联盟研究	毕业论文	肖花,导师刘春年	南昌大学硕士学位论文,2011-04-02
32	图书馆虚拟参考咨询服务创新研究	毕业论文	朱晓雯,导师刘春年	南昌大学硕士学位论文,2011-04-02

续表

序号	成果 名称	成果 形式	作　者	出版社及出版时间或发表 刊物及刊物年期
33	A study on CRM technology implementation and application practices	论文	Liu Chunnian, Zhu Xiaowen	Proceedings of the 2009 International Conference on Computational Intelligence and Natural Computing, CINC 2009, n 2, pp. 367 – 370, 2009, EI、ISTP 收录
34	A study on Semantic Grid Information Services Oriented regional library consortia	论文	Liu Chunnian, Xiao Hua	2009 International Symposium on Computational Intelligence and Design, v 2, pp. 505 – 508, EI、ISTP 收录
35	The study on construction of E – government platform based on SOA and efficiency comparison of serving model	论文	Liu Chunnian, Xiao Hua	Proceedings of the 2009 International Conference on Computational Intelligence and Natural Computing, CINC 2009, n1, pp. 233 – 236, 2009, EI、ISTP 收录
36	Application of domain ontology – based on semantic web technology	论文	Liu Chunnian, He Junying	Proceedings of the 2009 International Conference on Computational Intelligence and Natural Computing, CINC 2009, n1, pp. 133 – 136, 2009, EI、ISTP 收录
37	基于实证分析的图书馆战略规划流程设计	论文	赵益民	图书情报工作,2011(23):32 – 36,58
38	我国图书馆战略规划制定路径的实证研究	论文	赵益民	中国图书馆学会年会论文集,国家图书馆出版社 2011 年 10 月第 335 – 343 页获年会征文一等奖

后　记

综上所言，该著作在研究中借鉴国内外研究的实践与理论经验，结合西南地区的发展现状，通过历史的回顾来加深对西南地区图书馆服务体系的认识。在研究过程中坚持理论与实际相结合、继承与发展相结合的原则。采用从调查统计、文献分析、模型建立、比较研究、理论归纳等多个角度对西南地区图书馆服务体系进行全面深入的探索；从用户需求、区域信息化发展角度，运用多学科的原理相结合，以图书馆服务与管理为基点构筑起来的西南地区图书馆服务体系结构框架本身就是理论实践上的创新。这一体系突破传统西南地区图书馆服务以图书馆“借书还书”为中心的基本思路和服务模式，既不脱离西南地区图书馆服务工作，又扩大该区域各类图书馆服务的范畴，有利于西南地区图书馆服务体系理论的创新与实践的发展。主要研究内容归纳如下：

第一，深入分析国内外图书馆服务体系的建设与发展趋势对西南地区图书馆服务体系建设与发展的定位与作用。一是从图书馆服务体系的历史与现实、理论与实践多角度地揭示国内图书馆服务体系的建设现状与发展趋势。二是从定位的角度，即分析西南地区图书馆服务体系建设在公共文化服务体系的建设中的作用与价值关系。西南地区图书馆是公民终身教育和学习的重要基地，是公共文化服务体系的建设的重要内容，是西南地区的公共信息服务中心。首先，提出西南地区图书馆要对社会公众开展多样化的服务，各图书馆要努力参与到城乡社区信息服务中和西南社会公众集中的地方，满足社会公众的文献科技信息需求。其次，分析西南地区图书馆可成为学习资源的提供者，将馆藏的专业文献、专业档案和科技文献提供给城乡社区学院等各类教育机构，西南地区图书馆、城乡社区图书馆等可作为自学和培训的场所供广大公民学习使用。最后，西南地区图书馆可成为广大公民提供各种培训服务的阵地，开展信息素养培训、地方历史文化培训、科技情报机构的科学技术培训等方式对其他组织的学习与创建学习活动提供指导。

第二，对西南地区图书馆服务体系的现状进行研究。一是对西南地区图书馆服务体系建设现状进行系统的调查和深入分析；二是从服务管理创新的角度对西南地区图书馆服务组织与管理进行研究；三是建立西南地区图书馆服务体系的组织结构、资源体系、管理体系、服务体系与保障体系，通过实证分析，剖析国内外图书馆服务体系实施管理的成功案例，为西南地区图书馆服务体系的发展和管理趋向提供经验支持；四是从图书馆服务价值的角度对西南地区图书馆服务管理进行具体的探讨和应用分析。

第三，以图书馆服务为轴心，设计西南地区图书馆服务的创新体系。图书馆服务引导图书馆发展的创新、管理的创新。图书馆服务的创新是指图书馆管理应与时俱进，图书馆服务理论应始终保持对图书馆管理与实践的动态指导能力。要实现西南地区图书馆服务体系的创新，必要前提是西南地区图书馆服务的各种理念、服务模式或组织管理途径等相应地实施创新，这些模式或组织管理途径主要包括图书馆服务观念、图书馆建设、图书馆组织、图书馆机制、图书馆服务体系以及图书馆管理与图书馆服务等的基本领域。

专著手稿《西南地区图书馆服务体系理论研究》是国家社科基金资助项目“项目代号:08XTQ003”最终研究成果。其主要包括:图书馆服务、区域图书馆服务相关概念和理论及内涵;图书馆服务基础理论概述、西南地区图书馆服务体系理论框架、西南地区图书馆服务体系建设的现状与分析、国内外图书馆服务体系的建设与发展趋势、西南地区图书馆服务的组织与管理、西南地区图书馆特色资源服务;西南地区图书馆信息资源管理保障体系;西南地区图书馆服务体系的创新等内容。

该著作程结晶提出选题和撰写计划,全稿由程结晶、胡立耘、赵益民、钟海珍、刘春年、陈淋、刘雪峰等组织编写统稿。编写者为程结晶、胡立耘、赵益民、钟海珍、钱晓芳、彭小芹、刘春年、熊咏梅、叶乃静、陈淋、陈志琴、肖花、贺俊英、朱晓雯、史晓甜、杨德惠、王永隆、赵晓红、徐晓芳、黄秋生、卢苇、刘雪峰。具体分工如下:第一章,程结晶、陈淋、叶乃静、刘春年、陈志琴、肖花、杨德惠、王永隆;第二章,程结晶、钟海珍、陈庆苏、陈淋、钱晓芳、彭小芹、赵晓红、刘雪峰;第三章,程结晶、钱晓芳、钟海针、陈庆苏、陈淋、赵晓红、徐晓芳、刘雪峰;第四章,程结晶、钱晓芳、钟海针、陈淋、赵晓红、黄秋生、卢苇、刘雪峰;第五章,赵益民、程结晶、钱晓芳、陈志琴、陈淋、赵晓红、徐晓芳;第六章,程结晶、赵益民、胡立耘、陈志琴、陈淋、赵晓红、徐晓芳、刘雪峰;第七章,程结晶、钱晓芳、胡立耘、刘春年、陈淋、贺俊英、肖花;第八章,程结晶、彭小芹、钱晓芳、陈淋、黄秋生、卢苇、刘雪峰;第九章,程结晶、赵益民、刘春年、陈淋、朱晓雯、肖花、彭小芹、陈志琴、赵晓红、徐晓芳;第十章,程结晶、彭小芹、陈淋、刘春年、史晓甜、肖花、赵益民、赵晓红、徐晓芳、刘雪峰等撰写。序言与前言由程结晶撰写。

虽有分工,但很多章节由程结晶撰写,全书稿由程结晶、胡立耘、赵益民审核并定稿。其中彭小芹、钱晓芳、陈志琴、陈淋、朱逊贤、熊冬萍、肖花、赵晓红、徐晓芳等参与了文献的调研、统计、整理和书稿校对以及部分现状分析的转写。在书稿撰写过程中,作者先后到西南地区各个省(直辖市/自治区)文化厅和图书馆、西南地区部分地级(市州)文体局和图书馆、西南地区部分县级文体局和图书馆、西南地区部分乡镇村图书馆和农家书屋等单位进行调研。得到以上单位领导和工作人员的大力支持和帮助。并为该书稿提供了相关文件、资料。云南、四川、广西壮族自治区、贵州等地的省(直辖市/自治区)级、地(地级市州)级、县乡村级图书馆等70多家图书馆都为本书遴选了具有代表性的基层图书馆为调研范围。钟海珍、王家陵、李忠昊、程歌、胡晓梅、席毅强、廖恩发、林栩等提供了热情的帮助。本书的出版得到南昌大学的全力支持。得到江西省教育厅科技一般项目(GJJ13082)、江西省社科规划基金(13TQ10)、江西省教育科学规划课题(11YB280)、江西省高校人文社科研究项目(JY1128)等基金的支持。得到中国海洋出版社赵武、黄新峰等编辑给予了积极的帮助、编辑们付出了辛勤的劳动。同时,作者参考并引用大量的文献。在此,一并对上述单位和个人及被引文献作者表示感谢。

限于作者的专业视野和学术水平有限,研究中出现的问题还很多,遗漏和错误之处在所难免,请各位专家、学者、读者们批评指正。

程 结 晶

2014 年 5 月 18 日